Liebe Leserinnen, liebe Leser,

rechtzeitig zum „Tag des Friedhofs" am 21. September 2003 erscheint dieses Buch über die Friedhöfe in Köln mit dem Titel „Mitten im Leben".

Neben Themen, die sich direkt mit dem Sterben, der Trauerarbeit und der Bestattungskultur sowie mit vielen Fragen der Hinterbliebenen befassen, sollen vor allem die zahlreichen Friedhöfe in Köln vorgestellt werden. Hiervon sind in Köln seit der Stadterweiterung im Jahr 1975 mehr als 60 zu finden.

Günter Leitner, Kunsthistoriker, Historiker und Stadtführer sammelte bei seinen unzähligen Friedhofsbegehungen viel Wissen und Kompetenz, die er nun in dieses interessante Buch über Kölner Friedhöfe einbringt. Dabei erhalten Sie, liebe Leserinnen und Leser, eine sehr anschauliche Vorstellung von den einzelnen Örtlichkeiten, schildert er seine Beschreibungen doch in Form eines Spaziergangs.

Wie kaum ein anderer Ort löst der Friedhof eine Vielzahl von Gefühlen aus. Während er für den einen der Ort der Erinnerungen, der Trauer und der Einsamkeit ist, bedeutet er für den anderen eine Oase der Ruhe und des Friedens. Viele suchen Stille, um Raum für innere Einkehr zu finden, manchen ist er Stätte des Zwiegesprächs. Für einige ist der Besuch eines Friedhofs angstbesetzt, weil er sie mit ihrer Vergänglichkeit konfrontiert; andere sehen in ihm einen großen, üppigen, duftenden Garten. Fest steht, Friedhöfe nehmen eine wichtige Funktion für uns alle ein und verdienen daher unsere besondere Beachtung und Pflege.

Mit diesem Buch erhalten Sie eine Fülle neuer Informationen über Köln und seine Friedhofskultur. Vielleicht regt es Sie an, selbst auf Entdeckungsreise zu gehen, den ein oder anderen Friedhof aufzusuchen oder an einer der zahlreichen Führungen teilzunehmen. Vielleicht hilft es aber auch das noch tabubesetzte Thema „Sterben und Tod" vermehrt in den Mittelpunkt der Öffentlichkeit zu stellen. Ich wünsche Ihnen auf jeden Fall schon heute interessante Stunden beim Lesen dieses großangelegten Werkes.

Fritz Schramma
Oberbürgermeister der Stadt Köln

Inhalt

	Grußwort	1
Kapitel I	**Friedhöfe in Köln**	
	Verzeichnis der städtischen, konfessionellen und aufgelassenen Friedhöfe	6 - 8
	Branchenverzeichnis	10 - 35
	Inserierende Firmen und Förderer dieses Buches	
Kapitel II	**Trauerkultur**	
	Der Bestatter, historische Entwicklung eines Berufsstandes	74 - 75
	Bestatterverband Köln i.G.	
	Grabmalpflege und Grabmalvorsorge	114 - 115
	Steinmetz und Bildhauer Genossenschaft Köln eG	
	Karneval auf Melaten	126 - 129
	Günter Leitner	
	Wer nicht sterben kann, kann auch nicht leben	180 - 181
	Dr. Becker-Huberti, Katholisches Stadtdekanat Köln	
	Hospizarbeit	182
	Matthias Schnegg, Katholisches Stadtdekanat Köln	
	Sterbebegleitung	183
	Matthias Schnegg, Katholisches Stadtdekanat Köln	
	Nichts ist so sicher wie der Tod	184 - 185
	Andrea Schlüter, Katholisches Stadtdekanat Köln	
	Ein Singen geht über die Erde	186 - 187
	Andrea Schlüter, Katholisches Stadtdekanat Köln	

HECKER, WERNER, HIMMELREICH & NACKEN
Rechtsanwälte, Wirtschaftsprüfer, Steuerberater | Partnerschaft

Ansprechpartner für Erb- und Erbschafts-
steuerrechtliche Fragen sind in Köln:

Rechtsanwalt Hans-Georg Kurella
Testamentsvollstreckung, Erbrecht und Familienrecht
Brabanter Straße 2, 50674 Köln, Telefon Sekretariat: (0221) 9 20 81-1 43
E-mail: ku@hwhn.de

Rechtsanwalt Dr. Udo Völlings
(Fachanwalt für Familienrecht) Erbrecht, Familienrecht
Brabanter Straße 2, 50674 Köln, Telefon Sekretariat: (0221) 9 20 81-1 49
E-mail: voe@hwhn.de

Rechtsanwältin Dr. Silke Recksiek
Berufungsverfahren vor den Oberlandesgerichten, Familienrecht, Erbrecht
Brabanter Straße 2, 50674 Köln, Telefon Sekretariat: (0221) 9 20 81-1 13
E-mail: chg@hwhn.de

**Steuerberater, Wirtschaftsprüfer
und Dipl.-Kaufmann Uwe Heuser-Modersohn**
Stiftungsbesteuerung, Erbschaft- und Schenkungssteuer, Sponsoring und Spenden
Im Park 20, 50996 Köln, Telefon Sekretariat: (0221) 93 55 21-43
E-mail: ks@hwhn.de

Köln
Leipzig
Berlin

Köln
Rechtsanwälte
Brabanter Straße 2
50674 Köln
Telefon: (0221) 9 20 81-0
Telefax: (0221) 9 20 81-91
e-mail: koeln@hwhn.de
Internet: www.hwhn.de

Köln
Wirtschaftsprüfer
Steuerberater
Im Park 20
50996 Köln
Telefon: (0221) 93 55 21-0
Telefax: (0221) 93 55 21-99
e-mail: nacken@hwhn.de
Internet: www.hwhn.de

CDU-Fraktion im Rat der Stadt Köln

Kompetenz für Köln vor Ort

CDU-Fraktion
im Rat der Stadt Köln
Rathaus, 50667 Köln
Telefon 0221 / 221-25970
Telefax 0221 / 221-26574

www.cdu-koeln.de

Inhalt

Kapitel II (Fortsetzung)	**Dem Tod und der Trauer begegnen**	222 - 227
	Kristiane Voll und Dr. Detlev Prößdorf, Amt für Presse- und Öffentlichkeitsarbeit des Ev. Stadtkirchenverbandes Köln	
	Das Friedhofswesen	252 - 256
	Thomas Kleineberg, Projektarbeit für das Amt für Landschaftspflege und Grünflächen der Stadt Köln	
	Vom Kirchhof zum Zentralfriedhof	257 - 269
	Thomas Kleineberg, Projektarbeit für das Amt für Landschaftspflege und Grünflächen der Stadt Köln	
	Architekten und Kölns Friedhöfe	292 - 299
	Dr. Joh. Ralf Beines, Stadtkonservator, Stadt Köln	
	Rechtlich unselbständige Stiftungen der Stadt Köln	316 - 317
	Günter Schmitz, Stiftungsverwaltung, Stadt Köln	
	Gymnasialer Stiftungsfond	326 - 329
	Kölner Gymnasial- und Stiftungsfonds	
	Die letzte Reise zurück in die Heimat	330 - 331
	Aerotrans - Luftfrachtgesellschaft GmbH	
Kapitel III	***Erben und Vererben***	
	Fachbeiträge zum Thema Recht	332 - 419
	Fachbeiträge zum Thema Steuern	420 - 461
	Impressum	462 - 463
	Auflistung der Friedhöfe mit den Haltestellen der KVB	463 - 464

Engelmann

BESTATTUNGSHAUS
Familienunternehmen seit 1919

Alle Bestattungsarten
Hauseigener Verabschiedungsraum
Eigene Trauerdrucksachenerstellung
Überführungen In- und Ausland
Erledigung aller Formalitäten
Wir beraten Sie auch zu Hause
Tag und Nacht dienstbereit
Bestattungsvorsorge zu Lebzeiten

Ringstraße 33
50996 Köln-Rodenkirchen
Telefon   0221 39 47 06
Telefax   0221 39 37 83
e-mail: engelmannbestattung@t-online.de

Truhensarg in Bordeaux
Dekoration in Sonderausstattung

Friedhöfe in Köln

Bezeichnung		Beschreibung auf Seite
Stadtbezirk 2		
Südfriedhof	Höninger Platz 25, 50969 Köln	36
Rodenkirchen neu	Sürther Straße, 50996 Köln	52
Weiß	Weißer Hauptstraße, 50999 Köln	58
Sürth	Kölnstraße, 50999 Köln	60
Godorf	Immendorfer Straße, 50997 Köln	62
Meschenich	Trenkebergstraße, 50997 Köln	64
Rondorf	Giesdorfer Straße, 50997 Köln	66
Steinneuerhof	Kapellenstraße, 50997 Köln	68
Rodenkirchen alt	Frankstraße, 50996 Köln	70
Stadtbezirk 3		
Melaten	Aachener Straße 204, 50931 Köln	76
Müngersdorf	Kirchenhof, 50933 Köln	96
Weiden neu	Albert-Kindle-Straße, 50859 Köln	98
Weiden alt	Gartenweg, 50859 Köln	102
Widdersdorf alt	Turmgasse, 50859 Köln	104
Widdersdorf neu	Hauptstraße, 50859 Köln	106
Junkersdorf	Statthalterhofweg, 50858 Köln	108
Lövenich	Am Heidstamm, 50859 Köln	112
Stadtbezirk 4		
Westfriedhof	Venloer Straße 1132, 50829 Köln	116
Bocklemünd	Grevenbroicher Straße, 50829 Köln	124
Stadtbezirk 5		
Nordfriedhof	Pallenbergstraße, 50737 Köln	130
Longerich	Alex.-Petoefi-Platz, 50739 Köln	136
Niehl	Feldgärtenstraße, 50735 Köln	142
Stadtbezirk 6		
Chorweiler	Thujaweg, 50765 Köln	146
Worringen	Hackhauser Weg, 50769 Köln	150
Esch	Frohnhofstraße, 50765 Köln	156
Fühlingen	Kriegerhofstraße, 50769 Köln	160
Merkenich	Jungbluthstraße, 50769 Köln	164
Pesch	Birkenweg, 50767 Köln	168
Rheinkassel	Alte Römerstraße, 50769 Köln	172
Volkhoven Weiler	Damiansweg, 50765 Köln	176
Stadtbezirk 7		
Deutz	Rolshover Kirchweg, 51105 Köln	188
Leidenhausen	Schubertstraße, 51145 Köln	192
Eil	Frankfurter Straße, 51145 Köln	194

LUST
auf ganz Köln?

Mit dem 24-StundenTicket

fahren Sie bequem **zu den Friedhöfen in Köln**. Oder sogar mehr: Einkaufen und Geschäftliches rund um die Uhr im ganzen Stadtgebiet. Für 5,30 €! Einfach Ticket kaufen und starten! Infos zu anderen 24-StundenTickets finden Sie an der Haltestelle. Änderungen vorbehalten.

www.kvb-koeln.de
Die schlaue Nummer
zu Fahrplan und Tarif:
01803/ 50 40 30 (9 C/min)

Mobil sein in Köln.

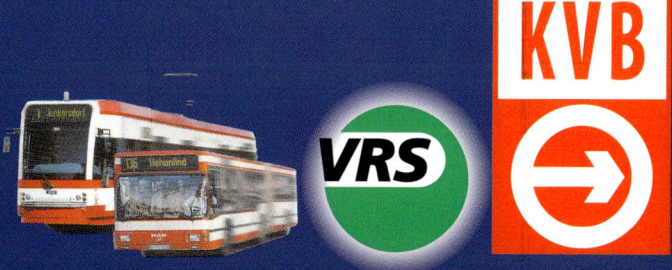

Friedhöfe in Köln

Bezeichnung		Beschreibung auf Seite
Fortsetzung von Stadtbezirk 7:		
Ensen	Kölner Straße, 51149 Köln	196
Langel	Schrogenweg, 51143 Köln	200
Libur	Stockumer-Weg, 51147 Köln	202
Niederzündorf	Burgweg, 51143 Köln	204
Oberzündorf neu	St. Martinstraße, 51143 Köln	206
Porz	Alfred-Nobel-Straße, 51145 Köln	208
Urbach	Mühlenweg, 51145 Köln	210
Wahn	Siebengebirgsallee, 51147 Köln	214
Westhoven	Paulstraße, 51149 Köln	218

Stadtbezirk 8

Mülheim	Frankfurter Straße, 51103 Köln	228
Kalk	Kratzweg 1, 51109 Köln	234
Brück	Lehmbacher Weg, 51109 Köln	240
Rath	Fockerweg, 51107 Köln	244
Brück	Hovenstraße, 51109 Köln	248

Stadtbezirk 9

Schönrather Hof	Haslacher Weg, 51063 Köln	270
Stammheim neu	Stammheimer Ring, 51061 Köln	272
Stammheim alt	Scharffensteinstraße, 51061 Köln	274
Flittard	Hubertusstraße, 51061 Köln	276
Dünnwald	Goffineweg, 51069 Köln	278
Ostfriedhof	Dellbrücker Mauspfad, 51069 Köln	282
Dellbrück	Thurner Straße, 51069 Köln	286
Holweide	Burgwiesenstraße, 51067 Köln	288

Konfessionelle Friedhöfe:

Jüdischer Friedhof	Köln-Bocklemünd, Venloer Straße	300
Katholischer Friedhof	Köln-Thenhoven (Roggendorf), Baptiststraße	302
Katholischer Friedhof	Köln-Mülheim, Sonderburger Straße	304
Katholischer Friedhof	Köln-Immendorf, Immendorfer Hauptstraße	308
Evangelischer Friedhof	Köln-Mülheim, Bergisch-Gladbacher Straße	310
Domgruft	Köln-Mitte	312
Domherrenfriedhof	Köln-Mitte	314

Aufgelassene Friedhöfe (keine weiteren Bestattungen):

Geussenfriedhof	Köln-Lindenthal, Kerpener Straße	318
Jüdischer Friedhof	Köln-Deutz, Eingang über Judenkirchhofsweg	322
Alter Deutzer Kommunalfriedhof	Köln-Deutz, Deutz-Kalker-Straße/Gummersbacher Straße	324

ANS LEBEN ERINNERN
Ein lebendiges Gedenken - Auch über den Tod hinaus

Gegen das Vergessen

In einer Zeit, in der der traditionelle Familienverbund immer mehr auseinanderfällt, in der elektronische Medien zur immer stärkeren Vereinsamung des Menschen führen, wird es um so wichtiger, bewusst ein Zeichen gegen das Vergessen zu setzen. Nach dem Tod eines lieben Angehörigen fühlt man sich oftmals zunächst allein gelassen. Vieles gilt es zu bedenken, wenn man sich vor die Aufgabe gestellt sieht, eine Grabstätte zu gestalten und dem würdigen Gedenken an den Verstorbenen gerecht zu werden.

Das Innehalten und Gedenken am Grab, die Auseinandersetzung mit dem Tod - all dies ist nur dann möglich, wenn man den „Kopf dafür frei" hat. Voraussetzungen für das Gedenken, wie sie die Friedhofsgärtner-Genossenschaft Köln eG für jeden Trauernden schaffen möchte.

Wer positiv und mit Mut in die Zukunft blicken will, braucht den Blick zurück. Gepflegte Gräber setzen ein deutliches Zeichen gegen das Vergessen. Sie sind Brücken zwischen dem Gestern, dem Heute und dem Morgen.

Mit dieser wichtigen Aufgabe müssen Sie sich nicht allein gelassen fühlen. Ihr Friedhofsgärtner hält für Sie ein ganz persönlich auf Sie zugeschnittenes Angebot einer langjährigen Grabpflege ohne Kostensteigerungen bereit.

Dauergrabpflege

Sind Sie im Berufs- und Privatleben stark eingespannt? Haben Sie zu wenig Zeit, um das Grab eines lieben Angehörigen regelmäßig zu pflegen? Dann nutzen Sie die Möglichkeiten der Dauergrabpflege Ihres Friedhofsgärtners. Bei der Dauergrabpflege übernimmt der Friedhofsgärtner die sorgfältige und fachgerechte Pflege eines Grabes. Und dies ohne Kostensteigerungen.

Friedhofsgärtner-Genossenschaft Köln eG
Weinsbergstraße 138
50823 Köln
Telefon: 0221 / 52 56 58
Fax: 0221 / 51 53 62

Branchenverzeichnis

Branchen A-Z — Seite

Alle Firmen sind Berufsgruppen zugeordnet, die jeweilige Auflistung beginnt bei den nachfolgend genannten Seitenzahlen. Die Firmenauflistungen selbst sind jeweils von A-Z sortiert. Allen Firmen sind Seitenangaben zugeordnet, die auf eine oder mehrere Image- bzw. Werbeanzeigen des jeweiligen Unternehmens hinweisen. Bei Rechtsanwälten und Steuerberatern sind weitere Seitenzahlen mit <z.B. 300> angegeben, die auf einen redaktionellen Fachbeitrag des Unternehmens zum Thema Steuern oder Recht verweisen.

- Bestattungsunternehmen — 11
- Dienstleistung — 14
- Friedhofsgärtnereien — 15
- Luftfrachtunternehmen — 19
- Holzgrabmale • Bildhaueratelier — 19
- Kirche • Evang. Beratungsstelle — 19
- Kirchenzeitung • Buchverlag — 19
- Kloster — 19
- Musik für Trauerfeierlichkeiten — 20
- Partei — 20
- Personennahverkehr — 20
- Rechtsanwälte — 21
- Restaurant — 28
- Särge — 29
- Steinmetzbetriebe • Steinbildhauer • Steinrestaurierung — 29
- Steuerberater — 31
- Stiftung — 34
- Taxibetrieb — 34
- Trauerkleidung — 34
- Förderer dieses Buches — 34

LADENER
Einsargungen / Überführungen In- und Ausland

Unsere Dienstleistungen:
- Überführungen im In- und Ausland
- Beurkundungen
- Botschaftsgänge
- Trägerstellung
- Bestattungshilfe
- 24 Std. Dienstbereit

Rochusstr. 83, 50827 Köln
Tel.: 0221 / 530 54 07 Fax: 0221 / 539 59 54

Firmenbezeichnung	Straße Plz, Ort (Ortsteil)	Telefon Telefax	Anzeige auf Seite
			< Redaktion auf Seite>

Bestattungsunternehmen

Firmenbezeichnung	Straße Plz, Ort (Ortsteil)	Telefon Telefax	Anzeige auf Seite
Ahlbach Bestattungen GmbH	Venloer Straße 685-695A 50827 Köln (Bickendorf)	02 21 / 9 58 45 90 02 21 / 9 58 45 95	117
Ahlbach & Peters Bestattungen Inh. Hans-Georg Ahlbach	Kempener Straße 13 50733 Köln	02 21 / 9 72 62 52 02 21 / 9 72 62 54	77
Hans Ahlbach Beerdigungen	Iltistraße 127 50825 Köln (Neu-Ehrenfeld)	02 21 / 55 35 00	119
Arnold- Bestattungshaus	Longericher Straße 395 50739 Köln (Longerich)	02 21 / 9 57 44 40	141, 153
Ferdinand Blatzheim Bestattungen GmbH	Aachener Str. 352 50933 Köln (Braunsfeld)	02 21 / 54 21 26 02 21 / 54 38 50	55, 101, 111
Bestattungen Brodesser OHG	Auf der Ruhr 84 50999 Köln (Weiß)	022 36 / 6 57 52 022 36 / 6 98 39	245
Wilhelm Dahlmeyer GmbH Bestattungsuntenehmen	Dürener Straße 211-213 50931 Köln (Lindenthal)	02 21 / 9 40 81 00	77
Heidemarie Diehm Bestattungen	Alte Heide 3 d 51147 Köln (Wahnheide)	02203 / 6 55 22	215
Engelmann Bestattungshaus	Ringstraße 33 50996 Köln (Rodenkirchen)	02 21 / 39 47 06 02 21 / 39 37 83	5

KuD
Koch & Ditscheid oHG
Ihr Lieferant für Särge,
Urnen und Bestattungswäsche

- Preisgünstig
- Eigene Kühlräume
- Großes Sortiment
- Beheizte Lagerhalle
- 24 Stunden Lieferservice
- Kompetent und zuverlässig

Köhlstraße 5
50827 Köln
Tel. 0221. 473 40 25
Fax 0221. 539 59 54
www.kud-sarghandel.de
kud-sarghandel@t-online.de

Branchenverzeichnis

Firmenbezeichnung	Straße Plz, Ort (Ortsteil)	Telefon Telefax	Anzeige auf Seite
Bestattungen Errens	Neuhalfenshof 12 50769 Köln (Seeberg)	02 21 / 7 94 04 72	139, 143, 147 151, 157, 161 165, 169, 173, 177
Glesius - Bestattungshaus	Mauenheimer Straße 9 50733 Köln (Nippes)	02 21 / 72 75 00 + 9 72 61 00 02 21 / 9 72 61 61	131
Bestattungen Glahn	Frankfurter Straße 226 51147 Köln (Porz-Wahn)	02203 / 6 41 17 02203 / 6 11 67	215
Bestattungen Hampel	Kielsweg 5 51105 Köln (Poll)	02 21 / 83 65 40	189, 197
Huth Bestattungshaus GmbH	Stommelner Straße 94 50259 Pulheim-Sinnersdorf	0 22 38 / 96 55 60 0 22 38 / 9 65 56 55	157
Kremer Bestattungsunternehmen	Jakobstraße 24 50678 Köln	02 21 / 31 50 55 02 21 / 32 46 02	221
Sarg Kreimer	Theklastraße 1 50737 Köln (Weidenpesch)	02 21 / 74 23 51 02 21 / 74 71 73	131
Krein - Bestattungen	In der Konde 54 51107 Köln (Rath-Heumar)	02 21 / 86 15 64 02 21 / 86 60 58	247
Leo Kuckelkorn Bestattungen GmbH	Luxemburger Straße 294 50937 Köln (Klettenberg)	02 21 / 44 94 19 02 21 / 42 43 85	37, 77
Medard Kuckelkorn	Friesenstraße 4-6 50670 Köln	02 21 / 12 00 84	249

Bestattungshaus Mühlenbrink-Püts

Ihr Begleiter im Trauerfall

Rondorfer Hauptstraße 30
50997 Köln-Rondorf
Tel.: 0 22 33 / 922 340

Bonner Straße 58
50677 Köln
Tel.: 02 21 / 93 70 700

Die Bestattung eines Verstorbenen ist eine einmalige, unwiederholbare Handlung
Vertrauen Sie deshalb einem Fachunternehmen

Firmenbezeichnung	Straße Plz, Ort (Ortsteil)	Telefon Telefax	Anzeige auf Seite
Bestattungen J. Langel	Heumarer Str. 12-16 51145 Köln (Porz-Eil)	0 22 03 / 3 11 39	199, 211
Bestattungsinstitut Daniel Lauterbach	Olpener Straße 268-272 51103 Köln (Höhenberg)	02 21 / 87 25 50 02 21 / 87 75 00	229, 235
Bestattungen Lenartz	Kupfergasse 12 51145 Köln (Urbach)	02203 / 2 44 29 + 2 61 23	211
Josef Leuschen Bestattungsunternehmen	Neuhöfferstr. 2 50679 Köln (Deutz)	02 21 / 81 45 61 02 21 / 81 67 49	191
Hans-Georg Maus Bestattungsunternehmen	Am Kiefernwald 22 51061 Köln (Höhenhaus)	02 21 / 60 15 83	153, 229, 281
Josef Minrath Bestattungen	Bonner Straße 268 50968 Köln (Bayenthal)	02 21 / 38 54 12 02 21 / 34 14 49	37
Bestattungshaus Josef Mittler GmbH	Kalk-Mülheimer-Straße 14 51103 Köln (Kalk)	02 21 / 85 10 07 02 21 / 85 10 08	235
Bestattungen Mühlenbrink-Püts KG	Bonner Straße 58 50677 Köln	02 21 / 9 37 07 70 02 21 / 93 70 44 17	12
Bestattungshaus Pilartz	Herzogstraße 10 50667 Köln	02 21 / 25 31 91 02 21 / 25 31 94	95
Bestattungen Pütz OHG	Höninger Weg 210 50969 Köln (Zollstock)	02 21 / 93 64 64-0 02 21 / 3 60 13 51	43, 81

Bestes Handwerk und gelebte Tradition für das letzte Zuhause

gegründet 1928

Peter Braun Sargfabrik KG

Escher Strasse 157   Tel.: (0221) 9 17 11 77   www.sarg-braun.de
50739 Köln   Fax: (0221) 9 17 11 79   info@sarg-braun.de

Mitglied der Gütegemeinschaft Särge aus Vollholz

Branchenverzeichnis

Firmenbezeichnung	Straße Plz, Ort (Ortsteil)	Telefon Telefax	Anzeige auf Seite
Pütz - Sassen Bestattungen	Weidengasse 22 50937 Köln (Innenstadt)	02 21 / 12 10 53 02 21 / 9 13 07 21	49, 121
Josef Schmitz Bestattungen	Waldecker Straße 23 51065 Köln (Buchforst)	02 21 / 96 25 17-0 02 21 / 96 25 17 19	229, 245
Trauerhaus	Mauritiussteinweg 110 50676 Köln	02 21 / 2 34 55 37	15
Peter Vieten Beerdigungsinstitut	Zülpicher Straße 275 50937 Köln	02 21 / 41 46 90 02 21 / 41 05 56	41
Bestattungen Wegener GmbH	v.-Stein-Straße 25 41539 Dormagen	0 21 33 / 4 30 31	83, 119, 131
Bestattungshaus Wiedenau	Elisenstraße 12 + 15 51149 Köln (Porz-Ensen)	0 22 03 / 1 55 18	197, 219
Bestattungshaus Winzen + Feith	August-Haas-Str. 6 50737 Köln	02 21 / 9 57 49 50	137

Dienstleistung

KuD Handelsgesellschaft	Köhlstraße 5 50827 Köln (Ossendorf)	02 21 / 4 73 40 25 02 21 / 5 39 59 54	11

SÄRGE · SARGBESCHLÄGE · STERBEWÄSCHE · BESTATTUNGSBEDARF

Unser eingespieltes Team bietet ...

SERVICE
- Tag- und Nachtbereitschaft, das ganze Jahr
- Termintreue und schnellstmögliche Lieferung
- individuelle Ausstattung nach Wunsch
- große Farbpalette, umfangreicher Farbkatalog
- Musterausstellung

ARBEITSPLATZSICHERUNG
- deutsche Qualitätsprodukte
- Schreinerqualität
- handgeschnitzte Produkte

UMWELT
- Vollholzsärge mit BVSI-Siegel
- Verarbeitung von Eichen und Kiefern aus deutscher Forstwirtschaft
- umweltfreundliche Oberflächenbehandlung

RHEINISCHE SARGFABRIK
H. Hürtgen GmbH & Co. KG
Industriestraße 2
52355 Düren-Lendersdorf

Telefon (0 24 21) 5 44 02
(0 24 21) 50 54 35
(01 72) 9 71 33 80
Telefax (0 24 21) 50 22 13

Firmenbezeichnung	Straße Plz, Ort (Ortsteil)	Telefon Telefax	Anzeige auf Seite
Fa. Ladener	Rochusstraße 83 50827 Köln (Bickendorf)	02 21 / 5 30 54 07 02 21 / 9 53 50 66	10
LDS Löhrer GmbH	Hugo-Junkers-Str. 36-38 50739 Köln (Longerich)	02 21 / 9 70 10 49	16

Friedhofsgärtnereien

Firmen mit einem *gekennzeichnet sind Mitglieder der

Friedhofsgärtner-Genossenschaft Köln eG	Weinsbergstraße 138 50823 Köln (Ehrenfeld)	02 21 / 52 56 58 02 21 / 51 53 62	9, 79, 233
Hans P. Baum * Blumenhaus und Gärtnerei Tätig auf Friedhof: Kalk, Brück (Lehmbacher Weg)	Kratzweg 10-12 51109 Köln (Merheim)	02 21 / 69 28 77 02 21 / 69 89 17	237, 241
Wolfgang Bliersbach Blumen Tätig auf Friedhof: Porz	Gronaustraße 48 51145 Köln (Porz)	0 22 03 / 2 36 35 0 22 03 / 92 19 27	211, 215, 219
Gartenbau Brauer - Schlüter * Inh. Schlüter Tätig auf Friedhof: Niehl, Nord,	Neusser Str. 393/395 50733 Köln (Nippes)	02 21 / 76 35 06 02 21 / 7 02 15 53	133
Blumen Deichsel * Tätig auf Friedhof: Niehl	Feldgärtenstraße 109 50735 Köln (Niehl)	02 21 / 712 12 16 02 21 / 7 12 35 26	143

TrauerHaus®
Bestattung
Begleitung
Information

Brian Müschenborn
Mauritiussteinweg 110 · 50676 Köln
☎ **rund um die Uhr:**
02 21. 23 45 557

Branchenverzeichnis

Firmenbezeichnung	Straße Plz, Ort (Ortsteil)	Telefon Telefax	Anzeige auf Seite
Friedhofsgärtnerei Dillge Tätig auf Friedhof: Deutz, Poll	Allerseelenstraße 23 51105 Köln (Poll)	02 21 / 8 30 24 17	191
Hans-Josef Dittebrand *Grabgestaltung & Grabpflege* Tätig auf Friedhof: Esch, Pesch, Thenhoven, Worringen	Pankratiusstraße 23 50769 Köln (Worringen)	02 21 / 78 36 64	147, 151
Grün an Melaten GmbH * *Friedhofsgärtnerei Grün* Tätig auf Friedhof: Melaten	Geisselstraße 103 a 50823 Köln (Ehrenfeld)	02 21 / 51 38 17 02 21 / 52 79 71	85
Uwe Habel * *Friedhofsgärtnerei* Tätig auf Friedhof: Brück (Lehmbacher Weg), Deutz, Kalk, Merheim	Neufelder Straße 111 51069 Köln (Dellbrück)	02 21 / 9 22 37 74	235
Klaus Habel * *Friedhofsgärtnerei* Tätig auf Friedhof: Dellbrück, Holweide, Ostfriedhof	Möhlstraße 24 51069 Köln (Dellbrück)	02 21 / 68 15 66 02 21 / 6 80 17 49	285
Josef Hasenberg * *Friedhofsgärtnerei* Tätig auf Friedhof: Bocklemünd, Chorweiler, Longerich, Weiler, West, Widdersdorf	Venloer Straße 1079 50829 Köln (Bickendorf)	02 21 / 50 55 11 + 5 30 10 68 02 21 / 50 55 27	123
Blumenhaus Heiliger * Tätig auf Friedhof: Chorweiler, Longerich, Weiler	Hohlgasse 19-21 50739 Köln (Longerich)	0221 / 5 99 19 90 0221 / 5 99 58 59	139

Wer zum Abschied das Besondere sucht

Aussergewöhnliche Dekorationen Hand in Hand mit Ihrem Bestattungsunternehmen.
Dekorationsvorschläge aus verschiedenen Trauerhallen finden Sie auf unserer Internetseite.

Trauerdekorationen Löhrer GmbH · www.trauerdekorationen.de · Telefon: (0221) 97 01 04 9

Firmenbezeichnung	Straße Plz, Ort (Ortsteil)	Telefon Telefax	Anzeige auf Seite
Blumenhaus Klein *Inh: P. Platt* Tätig auf Friedhof: Melaten	Aachener Straße 319 50931 Köln (Lindenthal)	02 21 / 40 26 36 02 21 / 40 80 50	87
Königsfeld & Brandl GbR *Friedhofsgärtnerei* Tätig auf Friedhof: Porz	Kölner Straße 186 51149 Köln (Porz-Ensen)	0 22 03 / 18 69 36 0 22 03 / 18 69 37	197, 219
Blumen Kurpan e.K. * Tätig auf Friedhof: Frechen, Hürth, Rodenkirchen, Rondorf, Steinneuerhof, Sürth, Südfriedhof, Weiß	Höninger Platz 27-29 50969 Köln (Zollstock)	02 21 / 36 40 94 02 21 / 36 55 81	51
Kurt Lamprecht * *Friedhofsgärtnerei* Tätig auf Friedhof: Steinneuerhof, Südfriedhof	Höninger Platz 31 50969 Köln (Zollstock)	02 21 / 36 33 61 02 21 / 36 31 52	47
Hans Lingen * *Blumen- und Gartenbau* Tätig auf Friedhof: Melaten	Piusstraße 117 50931 Köln (Lindenthal)	0221 / 51 65 29	89
Gärtnerei Theo Lingen * *Inh. Oliver Lingen* Tätig auf Friedhof: Melaten	Woensamstraße 8-10 50931 Köln (Lindenthal)	02 21 / 9 52 03 22 02 21 / 52 69 29	87
Franz Lingen *Inh. Frau Karola Lenz* Tätig auf Friedhof: Melaten	Woensamstraße 10 50931 Köln (Lindenthal)	02 21 / 52 14 50	91

Branchenverzeichnis

Firmenbezeichnung	Straße Plz, Ort (Ortsteil)	Telefon Telefax	Anzeige auf Seite
Petra Lippegaus * Friedhofsgärtnerei Tätig auf Friedhof: Brück, Kalk, Lehmbacher Weg	Kratzweg 20 51109 Köln (Merheim)	02 21 / 69 29 41 02 21 / 9 69 04 05	239, 243
May GbR * Friedhofsgärtnerei Tätig auf Friedhof: Bocklemünd, West, Widdersdorf	Westendstraße 10 50827 Köln (Bickendorf)	02 21 / 5 95 31 05 02 21 / 5 95 31 20	123
Gartenbau Max Maenner Inh. J. Weihrauch-Maenner Tätig auf Friedhof: Chorweiler, Esch, Fühlingen, Longerich, Merkenich, Pesch, Thenhoven, Weiler, Worringen	Thujaweg 24 50765 Köln (Volkhoven)	02 21 / 79 14 29	145, 149, 155, 159 161, 165, 169 173, 177
Gärtnerei Josef Puteick * Tätig auf Friedhof: Chorweiler, Esch, Fühlingen, Longerich, Merkenich, Pesch, Thenhoven, Weiler, Worringen	Thujaweg 12 50765 Köln (Volkhoven)	02 21 / 79 95 73 02 21 / 79 61 30	149, 307
Refrather Blumen Ecke	Dolmanstr. 43 0221 51427 Bergisch Gladbach	022 04 / 6 36 28	17, 247
Jakob Röllgen * Friedhofsgärtnerei Tätig auf Friedhof: Chorweiler, Esch, Fühlingen, Longerich, Merkenich, Pesch, Thenhoven, Weiler, Worringen	Thujaweg 26 50765 Köln (Weiler)	02 21 / 79 16 06 02 21 / 78 22 95	137, 143, 147, 151 157, 161, 165, 169 173, 177
W.J. Rossbach-Bäcker * Gartenbau Tätig auf Friedhof: Bocklemünd, West, Widdersdorf	Venloer Straße 1055 50829 Köln (Bickendorf)	02 21 / 5 00 22 42 02 21 / 50 88 06	121
Friedhofsgärtnerei Schönleben * Inhaber: Stephan Koll Tätig auf Friedhof: Steinneuerhof, Südfriedhof	Kalscheurer Weg 50969 Köln (Zollstock)	02 21 / 36 63 82 02 20 / 3 60 44 24	49
Blumen Strunck * Inh.: H. Strunck Tätig auf Friedhof: Melaten	Alte Wallgasse 8 50672 Köln	02 21 / 25 38 44 02 21 / 2 57 44 85	91
Blumen Stommel Tätig auf Friedhof: Steinneuerhof, Südfriedhof	Höninger Platz 5 50969 Köln (Zollstock)	02 21 / 38 32 04 02 21 / 3 60 60 61	47
Gartenbau Hans Wesseling Tätig auf Friedhof: Kath. u. Evang. Friedhof Mülheim	Aschenbrödelweg 1 51067 Köln (Dellbrück)	02 21 / 68 41 36 02 21 / 6 80 48 38	305
Klaus Werker * Friedhofsgärtnerei Tätig auf Friedhof: Brück, Dellbrück, Holweide, Lehmbacher Weg, Ost	Anemonenweg 2 51069 Köln (Dellbrück)	02 21 / 68 55 63 02 21 / 6 80 22 06	35, 251, 285
Weskott Park * Tätig auf Friedhof: Frechen, Hürth, Junkersdorf, Lövenich, Müngersdorf, Weiden	Aachener Straße 1254 50859 Köln (Weiden)	0 22 34 / 76246 0 22 34 / 497434	99

Firmenbezeichnung	Straße Plz, Ort (Ortsteil)	Telefon Telefax	Anzeige auf Seite
Rolf Zillken *Friedhofsgärtnerei*	Fußfallstraße 60 51109 Köln (Merheim)	02 21 / 69 22 12 02 21 / 69 76 34	281
Tätig auf Friedhof: Dellbrück, Deutz, Dünwald, Flittard, Holweide, Kalk, Mülheim, Ostfriedhof, Poll, Rath, Schönrather Hof, Stammheim			
Blumen Zimmer *Friedhofsgärtnerei*	Höninger Platz 27-29 50969 Köln (Zollstock)	02 21 / 36 34 92 02 21 / 3 60 63 04	41
Tätig auf Friedhof: Steinneuerhof, Südfriedhof			

Luftfrachtunternehmen

AEROTRANS *Luftfahrtagentur GmbH*	Flughafen, Gebäude H, Raum 124 51147 Köln	0 22 03 / 40 28 80 0 22 03 / 40 28 82	331

Holzgrabmale • Bildhaueratelier

Holzgrabmale • Bildhaueratelier *Hildegard Junglas*	Alter Traßweg 36 51427 Bergisch-Gladbach-Refrath	0 22 04 / 2 50 66 0 22 04 / 2 39 91	57

Kirche • Beratungsstelle

Evang. Beratungsstelle	Tunisstraße 3 50667 Köln	02 21 / 25 77-461	213

Kirchenzeitung • Buchverlag

J.P Bachem Verlag	Ursulastraße 1 50668 Köln	02 21 / 1 61 91 47	175, 451

Kloster

Kloster der Cellitinnen zur Hl. Maria	Graseggerstraße 105 50737 Köln (Longerich)	02 21 / 97 45 14-0 02 21 / 97 45 14-24	133
Die Dominikaner an St. Andreas	Komödienstraße 4-8 50667 Köln	02 21 / 1 60 66-0	93

Branchenverzeichnis

Firmenbezeichnung	Straße Plz, Ort (Ortsteil)	Telefon Telefax	Anzeige auf Seite
Mutterhaus der Zellitinnen Kloster zur hl. Elisabeth	Gleuler Str. 301 50935 Köln (Lindenthal)	02 21 / 4 30 10 21 02 21 / 46 47 20	93

Musik für Trauerfeierlichkeiten

Markus-Reinhard Ensemble	Fortuinweg 9 50769 Köln (Roggendorf)	02 21 / 78 52 83	217, 305

Partei

CDU-Fraktion im Rat der Stadt Köln	Historisches Rathaus 50667 Köln	02 21 / 2 21-2 59 70 02 21 / 2 21-2 65 74	3

Personennahverkehr

Kölner Verkehrsbetriebe AG	Scheidtweilerstr. 38 50933 Köln	02 21 / 5 47-3303	7

Wie kann ich

- ✘ für mein Alter vorsorgen
- ✘ meine Erbfolge regeln
- ✘ ein sog. Patiententestament errichten
- ✘ über Vormundschaft informiert werden

?

Rechtsanwältin Edith Wege
Fröbelstraße 127 · 50767 Köln · Telefon: 02 21 / 5 90 90 43

Firmenbezeichnung	Straße Plz, Ort (Ortsteil)	Telefon Telefax	Anzeige auf Seite

Rechtsanwälte

TSP = Tätigkeitsschwerpunkt, ISP = Interessenschwerpunkt; <Seitenangabe> = Redaktioneller Fachbeitrag auf Seite

Canan Aras *Rechtsanwältin*	Helenenwallstraße 20 A 50679 Köln (Deutz)	02 21 / 9 65 99 80 02 21 / 9 65 99 82	359, 387
ISP: Ausländerrecht • Familienrecht • Scheidungsrecht • Unterhaltsrecht • Verkehrsunfallrecht			
Fritz Joachim Arnold & *Dr. Carsten Mathias*	Ebertplatz 14-16 50668 Köln	02 21 / 12 10 09 + 12 10 00 02 21 / 13 58 57	25
TSP: Steuerrecht • Privates Baurecht • Gesellschaftsrecht • AGB-Recht • Wirtschaftsrecht • Mietrecht ISP: Handelsvertreterrecht • Erbrecht • Familienrecht			
Norbert Bauschert *Rechtsanwalt*	Ebertplatz 14-16 50668 Köln (Altstadt-Nord)	02 21 / 12 19 19 02 21 / 13 62 18	21, 346, 357
TSP: Verkehrsrecht • Arbeitsrecht • Mietrecht			
Dr. Bense & Kollegen *Anwaltskanzlei*	Hoffmann-v.-Fallersleben-Str. 7 50968 Köln (Marienburg)	02 21 / 34 80 90 02 21 / 34 26 16	55, 365 <364>
Brigitta Biehl *Rechtsanwältin*	Mainzer Straße 71 50678 Köln	02 21 / 9 37 81 40 02 21 / 9 34 92 64	405
TSP: Familien- und Scheidungsrecht • Mietrecht ISP: Wohnungseigentumsrecht			
Norbert Bonk *Rechtsanwalt*	Bünzlauer Straße 2 50858 Köln (Weiden)	0 22 34 / 43 55 00 0 22 34 / 43 54 99	355 <354>
TSP: Erbrecht • Behindertenrecht • Sozialrecht ISP: Arbeitsrecht • Betreuungsrecht			

Norbert Bauschert Rechtsanwalt

Erbrecht Sozialrecht
Arbeitsrecht Mietrecht
Verkehrsrecht
Familienrecht Strafrecht

Bei Rechtsfragen

gut beraten.

Probleme treten oft sehr schnell und unerwartet ein. In meiner Funktion als Fachanwalt für Familien- und Sozialrecht helfe ich Ihnen gerne bei Rechtsfragen, auch in den Bereichen Mietrecht, Erbrecht, Strafrecht, Arbeitsrecht und Verkehrsrecht.

Ebertplatz 14–16 · 50668 Köln · Telefon (02 21) 12 19 19 · Telefax (02 21) 13 62 18 · info@ra-bauschert.de · www.ra-bauschert.de

Branchenverzeichnis

Firmenbezeichnung	Straße Plz, Ort (Ortsteil)	Telefon Telefax	Anzeige auf Seite
Wilhelm Buro *Rechtsanwalt*	Heidestraße 170 51147 Köln (Porz-Wahnheide)	02 21 / 10 20 26 02 21 / 10 20 28	437
TSP: Arbeitsrecht • Ehe- und Familienrecht • Mietrecht ISP: Verkehrsrecht • Beratung und Vertretung mittelständischer Unternehmen			
Gela Eßer-Ponert *Rechtsanwältin*	Änne-Schulte-Str. 14/16 a 51109 Köln (Merheim)	02 21 / 89 77 68 02 21 / 89 36 20	401
TSP: Betreuungsrecht (Vorsorge-Vollmacht / Patientenverfügungen) • Familienrecht • Verkehrsrecht • Mietrecht •Strafrecht			
Udo Eversloh *Rechtsanwalt*	Friesenplatz 2-4 50672 Köln	02 21 / 56 97 56 14 02 21 / 56 10 77	407 <406>
TSP: Steuerrecht • Gesellschaftsrecht • Erbrecht ISP: Leasing • Immobilienrecht			
Udo Gaudig *Rechtsanwalt*	Hohenzollernring 52 50672 Köln	02 21 / 6 60 75 55 02 21 / 6 60 75 56	349, 373, 386 <386>
TSP: Ehe-/Familienrecht (+intern. R.) • Vertragsrecht • Gesellschaftsrecht ISP: Steuer- und Wirtschaftsstrafrecht			
Sabine Grebe *Rechtsanwältin*	Helenenwallstra0e 20 A 50679 Köln (Deutz)	02 21 / 9 65 99 80 02 21 / 9 65 99 82	359, 387 <358>
ISP: Arbeitsrecht • Erbrecht • Kaufrecht • Mietrecht • Verkehrsunfalrecht			
Halft • Lohmar • Faillard • Hürter *Wirtschaftsprüfer •* *Rechtsanwälte • Steuerberater*	Gottesweg 54 50969 Köln (Zollstock)	02 21 / 93 64 59-0 02 21 / 93 64 59-9	24, 45, 421 <459>
TSP: Freiwillige und gesetzliche Abschlußprüfungen • Allgemeines und intern. Steuerrecht • Handels- und Gesellschaftsrecht ISP: Financial Planning • Aktiengesellschaften• Familienrecht			

GROTE ▪ HINDEMITH
RECHTSANWÄLTE

Wir arbeiten seit Jahrzehnten auf allen wesentlichen Gebieten des Zivilrechts

Joachim Hindemith · Jürgen Teutsch · Heinz Spizig · Arvid Hagemann · Kurt Hahn · Jörg Schmieder

An der Münze 10
50668 Köln

Tel 0221/16 79 13
Fax 0221/72 25 08

mail@grote-rechtsanwaelte.de

www.grote-hindemith-rechtsanwaelte.de

Firmenbezeichnung	Straße Plz, Ort (Ortsteil)	Telefon Telefax	Anzeige auf Seite
Bernd Hasenberg *Rechtsanwalt* TSP: Strafrecht • Verkehrsrecht • Erbrecht ISP: Mediation	Oberstraße 19 51149 Köln	0 22 03 / 18 00 80 0 22 03 / 18 00 82	375
Hecker • Werner • Himmelreich & *Nacken* *Rechtsanwälte, Wirtschaftsprüfer,* *Steuerberater*	Brabenter Straße 2 50674 Köln	02 21 / 9 20 81-0 02 21 / 9 20 81-91	3 <412>
Joachim Hindemith *Rechtsanwalt*	An der Münze 10 50668 Köln	02 21 / 16 79 13 02 21 / 72 25 08	22, 27, 343 <342>
Hunold + Partner *Steuerberater • Wirtschaftsprüfer* *• Rechtsanwalt*	Wankelstraße 9 50996 Köln - (Rodenkirchen)	0 22 36 / 39 82-0 0 22 36 / 39 82-82	53, 421 <454>
John & Glöckner *Anwaltssozietät* TSP: Erbricht • Familienrecht • Mietrecht • Arbeitsrecht • Baurecht • Allg. Zivilrecht	Stammheimer Straße 10-12 50735 Köln ((Niehl)	02 21 / 28 31 20 02 21 / 28 31 20-12	343, 369 377, 417 <368>
Rechtsanwälte Jung • Kinzler • *Klingenberg • Petersohn* *Heppekausen • Ridder • Käselau*	Markgrafenstraße 1 51063 Köln (Mülheim)	02 21 / 62 30 38 02 21 / 61 44 03	283 <344>
Junge • Schüngeler und Partner *Rechtsanwälte in GbR* TSP: Unternehmensrecht	Salierring 32 50677 Köln	02 21 / 99 77-113 02 21 / 99 77-170	333 <394>

LEINEN & DERICHS ANWALTSOZIETÄT

50668 Köln
Clever Straße 16
Fon: 0221 – 77 20 9-0
Fax: 0221 – 72 48 89
Koeln@leinen-derichs.de

14467 Potsdam
Kurfürstenstraße 31
Fon: 0331 – 28 999-0
Fax: 0331 – 28 999-14
Potsdam@leinen-derichs.de

10719 Berlin
Meinekestraße 24
Fon: 030 – 88 03 28-0
Fax: 030 – 88 03 28-28
Berlin@leinen-derichs.de

Branchenverzeichnis

Firmenbezeichnung	Straße Plz, Ort (Ortsteil)	Telefon Telefax	Anzeige auf Seite
Kleidon & Thissen *Rechtsanwälte / Steuerberater*	Clevischer Ring 93 51063 Köln	02 21 / 6 40 66 48 02 21 / 64 10 38	231
TSP: Familienrecht • Internationales Familienrecht • Eheverträge • Erbschaft- und Schenkungsteuer • Testamentsgestaltung • Unternehmensnachfolge			
Kanzlei Kling	Aachener Straße 1253 50853 Köln	0 22 34 / 94 8 96 00 0 22 34 / 94 8 96 06	350, 397 <396>
Bernd J. Klinkhammer *Rechtsanwalt*	Weissenburgstraße 53 50670 Köln	02 21 / 72 60 61 02 21 / 72 72 49	373, 387
TSP: Fachanwalt für Sozialrecht			
Rechtsanwälte *Dr. Knott & Becker-Blonigen*	Klosterstraße 11-13 50931 Köln (Lindenthal)	02 21 / 9 40 20 24 02 21 / 9 40 20 25	375, 417
TSP: Erbrecht • Familienrecht • Wirtschaftsrecht ISP: Strafrecht • Lebenspartnerschaftsrecht • Internationales Privatrecht			
Kölschbach Schirmer Partner *Rechtsanwälte Partnergesellschaft*	Hohe Straße 101 50667 Köln (Mitte)	02 21 / 33 77 77-77 02 21 / 33 77 77-99	383 <392>
Dr. Leinen & Derichs *Anwaltssozietät*	Clever Straße 16 50668 Köln	02 21 / 77 20 90 02 21 / 72 48 89	23, 333 <415, 418, 442>
Dr. Rolf Lenzen *Rechtsanwalt*	Merlostraße 2 50668 Köln	02 21 / 7 22 00 27 02 21 / 7 20 02 04	373 <360>
TSP: Arzthaftungsrecht • Steuerrecht • Steuerstrafrecht • Versicherungsrecht ISP: Berufshaftpflicht (Steuerberater, Wirtschaftsprüfer, Notare, Anwälte) • Erbrecht			

H · L · F · H
WIRTSCHAFTSPRÜFER · RECHTSANWÄLTE · STEUERBERATER

Dr. Karl Halft
Rechtsanwalt beim Oberlandesgericht
Wirtschaftsprüfer / Fachanwalt für Steuerrecht

- Allgemeines Steuer- und Wirtschaftsrecht

Dipl.-Kfm. Karl F. Lohmar
Wirtschaftsprüfer / Steuerberater

- Freiwillige und gesetzliche Abschlussprüfungen
- Allgemeines Steuerrecht
- Intern. Steuerrecht
- Existenzgründung und Unternehmensnachfolge

Wolfgang Faillard
Rechtsanwalt / Wirtschaftsprüfer / Steuerberater

- Handels- und Gesellschaftsrecht
- Erbrecht und Testamentsvollstreckung
- Arbeitsrecht und Sozialpläne
- Familienrecht und Stiftungen

Dipl.-Kfm. Joachim Hürter
Wirtschaftsprüfer / Steuerberater

- Aktiengesellschaften
- Due Dilligence und Unternehmensbewertung
- Vereinssteuerrecht
- Rating und Financial Planning

Gottesweg 54 · 50969 Köln · Telefon 02 21 / 93 64 59 - 0 · Telefax 02 21 / 93 64 59 - 9 · Email: office@hlfh.de · www.hlfh.de

Firmenbezeichnung	Straße Plz, Ort (Ortsteil)	Telefon Telefax	Anzeige auf Seite
Tanja Cathrin Liebig *Rechtsanwältin* TSP: Arbeitsrecht • Straf- und Strafverfahrensrecht • Verkehrsrecht ISP: Erbrecht • Ehe- und Familienrecht	Weidengasse 20 50999 Köln (Weiß)	0 22 36 / 33 15 50 0 22 36 / 33 15 51	407, 419
Klaus Litze *Rechtsanwalt* TSP: Allg. Zivilrecht • Arbeitsrecht • Strafrecht	Hohenstaufenring 17 50674 Köln (Mitte)	02 21 / 23 10 38	26, 404
Lorscheid & Kollegen *Rechtsanwälte* TSP: Erbrecht • Familienrecht • Scheidungsrecht ISP: Vertriebsrecht • Arbeitsrecht • Kündigungsschutzrecht	Ebertplatz 4 50668 Köln (Neustadt-Nord)	02 21 / 16 06 30	367, 377 <366>
Anette Michalke *Rechtsanwältin* TSP: Familienrecht • Erbrecht • Vertragsgestaltung	Bachemer Str. 173 50931 Köln	02 21 / 4 00 09 28 02 21 / 4 00 28 09	405 <403>
Martin Mohr *Rechtsanwalt* TSP: Erbrecht; Erbschaft- und Schenkungsteuer ISP: Gesellschaftsrecht • Baurecht • Mietrecht	Zülpicher Straße 313 50937 Köln (Sülz)	02 21 / 9 42 16-0 02 21 / 9 42 19-16	353 <351>
Nogossek & Ingenfeld *Partnerschaft • Rechtsanwälte* TSP: Erbrecht • Steuerrecht • Wirtschaftsrecht	Herwarthstr. 6 /Kaiser-Wilh.-Ring 50672 Köln	02 21 / 9 51 82-0 02 21 / 9 51 82-10	337, 363 <336>
Hans-Josef Pohl & *Hans Georg Döpper* *Steuerberatung - Rechtsbeistand*	Severinstraße 23 50678 Köln (Altstadt-Süd)	02 21 / 31 35 64 02 21 / 31 54 29	437

Arnold • Mathias
Rechtsanwälte

Fritz Joachim Arnold
Fachanwalt für Steuerrecht

Tätigkeitsschwerpunkte:
Steuerrecht
Privates Baurecht
Gesellschaftsrecht

Interessenschwerpunkte:
Handelsvertreterrecht
Erbrecht

Dr. jur. Carsten Mathias

Tätigkeitsschwerpunkte:
Wirtschaftsrecht
AGB-Recht
Mietrecht

Interessenschwerpunkte:
Steuerrecht
Familienrecht

Ebertplatz 14-16
50668 Köln

Tel: 02 21 / 12 10 09
02 21 / 12 00 00
Fax: 02 21 / 13 58 57
E-Mail:
RA-Arnold@netcologne.de

Branchenverzeichnis

Firmenbezeichnung	Straße Plz, Ort (Ortsteil)	Telefon Telefax	Anzeige auf Seite
Dr. Michael Ratz *Rechtsanwalt* TSP: Erbrecht • Nachlassverwaltung • Mietrecht ISP: Arbeitsrecht • Allg. Vertragsrecht	An der Bottmühle 11 50678 Köln	02 21 / 31 69 73	51, 341 <340>
Recke & Recke *Rechtsanwälte* TSP: Familienrecht • Erbrecht	Theodor-Heuss-Ring 28 50668 Köln (Altstadt-Nord) ISP: Arbeitsrecht • Verkehrsrecht	02 21 / 12 20 11-13 02 21 / 13 64 01	337, 363
Dieter Reichenbach *Rechtsanwalt* TSP: Zivilrecht • Familienrecht • Verkehrsrecht	Salierring 6 50677 Köln	02 21 / 31 10 99 02 21 / 32 52 18	337, 363
Wolfgang Rönne *Rechtsanwalt* TSP: Erbrecht • Vermögensnachfolge • Testamentsvollstreckung	Konrad-Adenauer-Ufer 37 50668 Köln (Altstadt-Nord)	02 11 / 1 39 96 95-0 02 11 / 1 39 96 95 - 69	355, 371 409 <370>
Dr. Fritz Rosenberger *Rechtsanwalt* TSP: Erbrecht • Recht der neuen Bundesländer • Immobilien- und Baurecht	Rhodiusstraße 18 51065 Köln (Mülheim)	02 21 / 61 22 38 02 21 / 61 95 19	335, 414 <347>
Dr. Hans-Josef Rüber *Rechtsanwalt* TSP: Unternehmensnachfolge • Familienstiftung und gemeinnützige Stiftungen	Konrad-Adenauer-Ufer 37 50668 Köln	02 21 / 2 72 86-10 02 21 / 2 72 86-11	371, 409 <408>
Michael Schinkel *Rechtsanwalt* TSP: Erbrecht	Hohenstaufenring 63 50674 Köln (Mitte)	02 21 / 23 21 00	350, 387

KLAUS LITZE

RECHTSANWALT

zugelassen beim Amts-, Land- und Oberlandesgericht Köln

Die Kanzlei besteht als Bürogemeinschaft mit einem Kollegen
mitten im Herzen Kölns seit August 1987.

Die Tätigkeitsschwerpunkte liegen im Bereich des allgemeinen Zivilrechts
(inkl. Familienrecht, Mietrecht) sowie des Arbeitsrecht und des Strafrechts.

Die Passion für den Anwaltsberuf hat auch nach 18 Berufsjahren noch nicht nachgelassen
und wird sich hoffentlich noch lange halten.

50674 Köln · Hohenstaufenring 17 · Telefon (0221) 23 10 38 · Telefax (0221) 24 83 56

Firmenbezeichnung	Straße Plz, Ort (Ortsteil)	Telefon Telefax	Anzeige auf Seite
Klaus Schlimm Rechtsanwaltskanzlei TSP: Betreuungsrecht • Familienrecht Erbrecht • Grundstücksrecht • Sozialrecht	Hansaring 45-47 50670 Köln	02 21 / 13 30 13 02 21 / 12 25 78	401
Sabine Schmiesing Rechtsanwältin TSP: Familienrecht • Erbrecht	Lindenstraße 19 50674 Köln (Mitte) ISP: Sportrecht • Vertragsrecht • Mediation	02 21 / 9 23 29 03 02 21 / 9 23 29 00	335, 391 <390>
Norbert Schönleber Rechtsanwalt TSP: Erbrecht • Immobileinrecht • Mietrecht	Weißhausstr. 21 50939 Köln (Sülz)	02 21 / 74 21 30 02 21 / 74 85 56	349 <348>
Markus Sutorius Rechtsanwalt TSP: Mietrecht • WEG-Recht • Bankrecht ISP: Inkasso • Erbrecht	Dürener Str. 140 50931 Köln (Lindenthal)	02 21 / 4 00 90 51 02 21 / 4 00 94 95	375
Theissen Steuer- und Rechtsanwaltskanzlei TSP: Steuerrecht • Strafrecht	Schweinheimer Straße 2 51067 Köln (Holweide)	02 21 / 69 40 57-58 + 69 63 50 02 21 / 69 56 47	289
Bernhard Throm • Dieter Hullmann Rechtsanwälte TSP: Familienrecht	Kieskaulerweg 158 51109 Köln (Merheim)	02 21 / 89 10 52 02 21 / 8 90 33 27	405
van Nes Ziegler, Backes, Heck und Partner • Rechtsanwalts- und Steuerberatungssozietät TSP: Arbeitsrecht • Mietrecht • Straf- und Bußgeldsachen • Erbrecht • Familienrecht • Verkehrsrecht	50674 Köln Barbarossaplatz 2	02 21 / 92 12 92-92 02 21 / 92 12 92-0	383 <382>

GROTE ▪ HINDEMITH

RECHTSANWÄLTE

Wir arbeiten seit Jahrzehnten auf allen wesentlichen Gebieten des Zivilrechts

Joachim Hindemith · Jürgen Teutsch · Heinz Spizig · Arvid Hagemann · Kurt Hahn · Jörg Schmieder

An der Münze 10
50668 Köln

Tel 0221/16 79 13
Fax 0221/72 25 08

mail@grote-
rechtsanwaelte.de

www.grote-hindemith-
rechtsanwaelte.de

Branchenverzeichnis

Firmenbezeichnung	Straße Plz, Ort (Ortsteil)	Telefon Telefax	Anzeige auf Seite
Edith Wege *Rechtsanwältin* TSP: Betreuungsrecht ISP: Familienrecht	Fröbelstr. 127 50767 Köln	02 21 / 5 90 90 43 02 21 / 5 90 69 99	20
Bernd Weidmann *Rechtsanwalt* TSP: Familienrecht • Arbeitsrecht	Blumenthalstraße 70 50668 Köln	02 21 / 7 32 55 55 02 21 / 7 32 93 65	373, 387
Werres & Coll. *Rechtsanwälte* TSP: Erbrecht • Familienrecht • Zivilrecht ISP: Nachlassregelung • Reiserecht • Baurecht • Verkehrsrecht • Mietrecht	Hohenstaufenring 11 50674 Köln (Innenstadt)	02 21 / 92 13 80-0 02 21 / 92 13 80-20	389 <388, 399>
Günter Winkler *Rechtsanwalt* TSP: Vertragsrecht • Arbeitsrecht • Miet-, Familien- und Erbrecht ISP: Datenschutzrecht • Dt.-Span. Rechtsverkehr	Severinskirchplatz 12 50678 Köln	02 21 / 6 60 93 70 02 21 / 32 86 90	377
ZWP ROTONDA GmbH *Wirtschaftsprüfungs-, Steuer-* *beratungsgesellschaft*	Salierring 32 50677 Köln (Neustadt-Süd)	02 21 / 99 77-639 02 21 / 99 77-648	333 <394>

Restaurant

Cafe Stollwerk	Dreikönigenstraße 23 50678 Köln (Altstdt-Süd)	02 21 / 3 10 16 70 02 21 / 9 32 85 89	99, 245

STEINRESTAURIERUNG

H. Ebert

INH. HOLGER KLAUS

NEUE KEMPENER STRASSE 246 · 50739 KÖLN

TELEFON (02 21) 74 24 92 · TELEFAX (02 21) 7 40 64 03

Firmenbezeichnung	Straße Plz, Ort (Ortsteil)	Telefon Telefax	Anzeige auf Seite
Särge			
Peter Braun Sargfabrik KG	Escher Str. 157 50739 Köln	02 21 / 9 17 11 77 02 21 / 9 17 11 79	13
Rheinische Sargfabrik GmbH & Co.KG	Industriestraße 2 52355 Düren-Lendersdorf	0 24 21 / 5 44 02 0 24 21 / 50 22 13	14
Steinmetzbetriebe • Steinbildhauer • Steinrestaurierung			
Egon Becker Grabmalkunst	Frankfurter Straße 249 51103 Köln (Höhenberg)	02 21 / 87 57 23 02 21 / 87 57 23	30, 231
Grabmale Bollig GmbH	Oberer Komarweg / Südfriedhof 50969 Köln (Zollstock)	02 21 / 93 618 40/41/42	45
Dunkel Steinmetzbetriebe GmbH	Venloerstraße 1061-1063 50829 Köln (Vogelsang)	02 21 / 5 00 23 84 02 21 / 5 00 25 19	39, 81, 117
H. Ebert - Steinrestaurierung Inh. Holger Klaus	Neue Kempener Straße 246 50739 Köln	02 21 / 74 24 92 02 21 / 7 40 64 03	28, 241
Rainer Egert Steinmetzmeister • Bildhauer	Kratzweg 4 51109 Köln	02 21 / 69 22 82	237

Branchenverzeichnis

Firmenbezeichnung	Straße Plz, Ort (Ortsteil)	Telefon Telefax	Anzeige auf Seite
Flohr-Faust Grabsteine GmbH	Luxemburger Straße 249 50354 Hürth-Hermühlheim	022 33 / 70 00 34 022 33 / 7 81 61	45
Heuter Marmor Inh. Frau Jutta Kaiser	Geisselstr. 99 50823 Köln (Ehrenfeld)	02 21 / 51 85 51 02 21 / 52 95 13	85
Andreas Huber - Grabmale	Longericher Straße 531 50739 Köln (Longerich)	02 21 / 5 99 37 07	137
Stephan Karnuth Steinbildhauerei • Grabmale	Leonhardsgasse 3 50859 Köln (Widdersdorf)	02 21 / 50 55 15 02 21 / 50 55 17	89, 111
Adelheid Biermann • Steinmetz- & Bildhauer Meisterbetrieb	Bernhardstraße 51 50259 Pulheim-Brauweiler	0 22 34 / 8 26 10 0 22 34 / 80 26 70	101
Rainer Schiefer Steinmetzbetrieb	Thujaweg 1 50765 Köln (Volkhoven)	02 21 / 79 43 17 02 21 / 79 49 21	141
Oswald Schneider • Steinmetz Inhaber: Markus Weisheit	Alte Lohmarer Straße 2 53721 Siegburg	0 22 41 / 6 21 64 022 41 / 5 10 66	29, 99, 241
Grabmale Schmitt GmbH	Sürther Straße 135 50999 Köln (Rodenkirchen)	02 21 / 35 24 15 02 21 / 35 24 15	57
SchwierenStein	Prämonstratenserstraße 53 51069 Köln (Dünnwald)	02 21 / 60 82 56 02 21 / 60 69 39	279
J. Steinnus & Söhne Steinmetz- und Bildhauerbetrieb	Aachener Straße 219 50931 Köln (Melaten)	02 21 / 9 40 49-43 02 21 / 9 40 49-44	83

Fertigung von handwerklichen Grabdenkmälern

Fertigung von Küchenarbeitsplatten Fensterbänken Waschtischen

Andreas Huber
Steinmetz und Bildhauermeister

Longericher Str. 531
50739 Köln
Tel./Fax 02 21 / 5 99 37 07

Firmenbezeichnung	Straße Plz, Ort (Ortsteil)	Telefon Telefax	Anzeige auf Seite
Steinbrecher GmbH & Co. KG	Venloer Straße 1049 50829 Köln (Vogelsang)	02 21 / 50 27 45 02 21 / 5 00 31 11	119
Anno Walk *Steinbildhauerei*	Am Südfriedhof/Hönninger Platz 1 50969 Köln	02 21 / 36 33 46 02 21 / 3 60 15 67	37

Steuerberater

Firmenbezeichnung	Straße Plz, Ort (Ortsteil)	Telefon Telefax	Anzeige auf Seite
Dr. Bense & Kollegen • Anwalts- *kanzlei • Steuerberatung Weiler*	Hoffmann-v.-Fallersleben-Str. 7 50968 Köln (Marienburg)	02 21 / 34 80 90 02 21 / 34 26 16	55, 365 <364>
Dipl.-Kfm. Winfried Darius *Steuerberater*	Maarweg 139 50825 Köln	02 21 / 94 97 10-0	429
Fickus & Fickus *Steuerberater*	Geleniusstr. 1 50931 Köln	02 21 / 56 90 90-0 02 21 /	453 <452>
Fuß & Nick *Steuerberatungsgesellschaft mbH*	Langgasse 8 50858 Köln (Junkersdorf)	02 21 / 4 89 04-0 02 21 / 4 89 04-10	427
Rainer Gansen *Dipl.-Kfm - Dipl.-Betr.Wirt* *Steuerberater - vereid. Buchprüfer*	Aachener Str. 60-62 50674 Köln	02 21 / 57 77 93-0 02 21 / 5 77 79 59	435 <432>
Halft • Lohmar • Faillard • Hürter *Wirtschaftsprüfer • Rechtsanwälte* *• Steuerberater*	Gottesweg 54 50969 Köln (Zollstock)	02 21 / 93 64 59-0 02 21 / 93 64 59-9	24, 45, 421 <459>

SCHWERPUNKTE

- NACHLASSREGELUNGEN UND -GESTALTUNG
- VERMÖGENSPLANUNG UND -BERATUNG
- BETRIEBSWIRTSCHAFTLICHE BERATUNG
- UNTERNEHMENSNACHFOLGE
- EXISTENZGRÜNDUNG

SUSANNE STOCKBRINK

GEREONSKLOSTER 20
50670 KÖLN
TELEFON 02 21/ 1 39 51 49
TELEFAX 02 21/ 1 39 51 53
e-mail s.stockbrink@t-online.de

STEUERBERATERIN

Branchenverzeichnis

Firmenbezeichnung	Straße Plz, Ort (Ortsteil)	Telefon Telefax	Anzeige auf Seite
Hecker • Werner • Himmelreich & Nacken Rechtsanwälte, Wirtschaftsprüfer, Steuerberater	Brabenter Straße 2 50674 Köln	02 21 / 9 20 81-0 02 21 / 9 20 81-91	3 <412>
Günter Holstein Steuerberater	Dollendorfer Straße 4 53639 Königswinter-Oberpleis	0 22 44 / 8 06 24 0 22 44 / 91 27 46	429
Hunold + Partner Steuerberater • Wirtschaftsprüfer • Rechtsanwalt	Wankelstraße 9 50996 Köln (Rodenkirchen)	0 22 36 / 39 82-0 0 22 36 / 39 82-82	53, 421 <454>
INTER AUDIT GmbH Wirtschaftsprüfer-/Steuerberater- gesellschaft	Fasanenweg 4 51109 Köln (Brück)	02 21 / 9 84 10 75 02 21 / 9 84 15 07	417 <416>
Gertrud Josten Steuerberater	Pflasterhofweg 62 50999 Köln (Weiß)	0 22 36 / 6 54 95 0 22 36 / 6 18 42	431, 441 <430>
Kleidon & Thissen Rechtsanwälte / Steuerberater	Clevischer Ring 93 51063 Köln	02 21 / 6 40 66 48 02 21 /	231
Steuerberater Königshofen	Hohenstaufenring 57 a 50674 Köln (Neustadt-Süd)	02 21 / 42 07 47-0 02 21 / 42 07 47-10	425, 441 <424>
Steuerberaterin Monika Kügler	Fridolinstr. 35 50823 Köln (Ehrenfeld)	02 21 / 97 31 48-0 02 21 / 97 31 48-12	439 <461>
Dr. Leinen & Derichs Anwaltssozietät u. Steuerberater	Clever Straße 16 50668 Köln	02 21 / 77 20 90 02 21 / 72 48 89	23, 333 <415, 418, 442>

Steuerberater • Wirtschaftsprüfer

RAUCH, HILLRINGHAUS & ANDERE

Dieter Hillringhaus
*Diplom-Kaufmann
Steuerberater
vereidigter Buchprüfer
Köln*

Winfried Bongartz
*Diplom-Finanzwirt
Steuerberater
vereidigter Buchprüfer
Mönchengladbach*

Jörg Kretschmar
*Diplom-Betriebswirt
Steuerberater
Wirtschaftsprüfer
Mönchengladbach*

**In Kooperation mit:
Andörfer Rechtsanwälte**
Rechtsanwaltssozietät

*Lungengasse 48 - 50
50676 Köln
Tel. (+49) 02 21 92 15 29 -0
Fax: (+49) 02 21 92 15 29 15
rauch-hillringhaus-andere@t-online.de*

Firmenbezeichnung	Straße Plz, Ort (Ortsteil)	Telefon Telefax	Anzeige auf Seite
Achim Lintermann *Steuerberater*	Ebertplatz 4 50668 Köln	02 21 / 13 99 69 20 02 21 / 1 39 96 92 46	427 <426>
Doris Michler *Steuerberaterin*	Olpener Straße 588 51109 Köln (Merheim)	02 21 / 9 89 19 96 02 21 / 9 89 06 60	439
Gerlinde Pesch *Steuerberaterin*	Aachener Str. 510 50933 Köln (Braunsfeld)	02 21 / 9 47 26 10 02 21 / 4 97 19 54	439
Hans-Josef Pohl & Hans Georg Döpper *Steuerberatung - Rechtsbeistand*	Severinstraße 23 50678 Köln (Altstadt-Süd)	02 21 / 31 35 64 02 21 / 31 54 29	437
Rauch, Hillringhaus & Andere *Steuerberater • Wirtschaftsprüfer*	Lungengasse 48-50 50676 Köln (Innenstadt)	02 21 / 92 15 29-0 02 21 / 92 15 29-15	32
Carmen Schütze *Steuerberaterin*	Heidestraße 170 51147 Köln	0 22 03 / 9 66 27-0	437, 441
Ulrike Sommer *Steuerberaterin*	Bonner Straße 178 50968 Köln	02 21 / 38 18 02 + 38 52 06 02 21 / 38 25 17	443
SRP Rogalli, Rybka GmbH *Steuerberatungs- gesellschaft*	Bonner Str. 172-176 50968 Köln	02 21 / 3 49 06-0 02 21 / 3 49 06-70	443
Dipl.-Kfm. Peter Streil *Steuerberater*	Piusstraße 131 50931 Köln (Lindenthal)	02 21 / 9 52 91 30 02 21 / 95 29 13 20	425
Eleonore Steilen • Dipl.-Finw. (FH) *Steuerberaterin*	Bonner Landstraße 91 50996 Köln (Hahnwald)	02 21 / 9 62 32-0	447 <446>
Susanne Stockbrink *Steuerberaterin*	Gereonskloster 20 50670 Köln (Innenstadt)	02 21 / 1 39 51 49 02 21 / 1 39 51 53	31
Theissen • Steuer- und Rechtsanwaltskanzlei	Schweinheimer Straße 2 51067 Köln (Holweide)	02 21 / 69 40 57-58 + 69 63 50 02 21 / 69 56 47	289
van Nes Ziegler, Backes, Heck und PartnerRechtsanwalts- und Steuerberatungssozietät	Barbarossaplatz 2 50674 Köln	02 21 / 92 12 92-0 02 21 / 92 12 92-92	383 <382>
Erik Zupfer *Steuerberatungsgesellschaft mbH*	Eigelstein 98 /Eing. Dagobertstr. 50668 Köln (Innenstadt)	02 21 / 91 28 37 - 0 02 21 / 91 28 37 - 18	429, 441, 443 < 422 >
ZWP ROTONDA GmbH *Wirtschaftsprüfungs-, Steuer- beratungsgesellschaft*	Salierring 32 50677 Köln	02 21 / 99 77-639 02 21 / 99 77-648	333 <394>

Firmenbezeichnung	Straße Plz, Ort (Ortsteil)	Telefon Telefax	Anzeige auf Seite
Stiftung			
Kölner Gymnasial- und Stiftungs- fonds	Stadtwaldgürtel 18 50931 Köln (Lindenthal)	02 21 / 40 63 31-0 02 21 / 40 63 31-9	35
Taxibetrieb			
TAXI-RUF Köln	Bonner Wall 50677 Köln (Neustadt-Süd)	02 11 / 9 37 47-0 02 11 / 9 37 47-117	167
Trauerkleidung			
Kröning	Simonskaul 5 50737 Köln	02 21 / 7 40 81 51 02 21 / 9 74 20 10	171, 305

** Förderer dieses Buches

Besonders bedanken wir uns auch bei den nachstehenden Firmen für Ihre Unterstützung zur Realisierung dieses Buches.

Wolfgang Declair Rechtsanwalt	Rodenkirchener Straße 170-172 50997 Köln	0 22 33 / 2 14 50 0 22 33 / 2 14 58	
Felix - Reisen	Industriestraße 50996 Köln Rodenkirchen	02 21 / 34 02 88-0 02 21 / 34 02 88-88	
Klaus Keller Steuerberater	Großoderscheid 118 51491 Overath - Marialinden	0 22 06 / 62 92	
Heike Krause Rechtsanwältin	Lenauplatz 3 50825 Köln - Ehrenfeld	02 21 / 55 10 60 02 21 / 55 10 20	
Dipl.-Kfm. Gerd Quitmann Steuerberater	Vorgebirgsstraße 12 50677 Köln Südstadt-Neu	02 21 / 9 32 19 79 02 21 / 9 32 19 81	
Dipl.-Kfm. Bernhard Sürken Steuerberater	Mannsfelder Straße 34 50968 Köln	02 21 / 37 27 88	

Der **KÖLNER GYMNASIAL- UND STIFTUNGSFONDS** unterstützt mit 269 Studienstiftungen seit dem Jahr 1422 die schulische und universitäre Ausbildung junger Menschen.

Rund 500 Stipendiaten werden jährlich mit einem Fördervolumen von 1,2 Mio. EURO gefördert.

Bildung stiften

Wo die finanziellen Mittel der Familien und des Staates nicht ausreichen, um begabten Schülern und Studierenden eine gute Ausbildung zu ermöglichen, sieht der Stiftungsfonds seine Aufgabe.

Mit einer Zustiftung können auch Sie einen Beitrag dazu leisten, dass diese traditionsreiche Förderarbeit fortgesetzt werden kann.

Informieren Sie sich unter 0221- 40 633 10.

KÖLNER GYMNASIAL- UND STIFTUNGSFONDS

Stadtwaldgürtel 18
50931 Köln (Lindenthal)
Telefon 0221/406331-0
Fax 0221/406331-9
www.stiftungsfonds.org

Wir bringen Ihr Grab in Form

Rufen sie uns an, wir beraten und arbeiten gerne auf folgenden Friedhöfen für Sie:

Ostfriedhof
Dellbrück (Thurner Str.)
Brück (Hovenstr.)
Lehmbacher Weg
Holweide (Burgwiesenstr.)

Unsere Leistungen:
Gärtnerische Anlage und Gestaltung
Regelmäßige Betreuung und Pflege
Urlaubs - Gießdienst im Sommer
Jahreszeitlich wechselnde Bepflanzung mit Frühjahrs -, Sommer- und Herbstblumen Ihrer Wahl
Grabschmuck zu Allerheiligen, Totensonntag und persönlichen Gedenktagen mit Gestecken, Pflanzschalen und Blumensträuße.

Dienstleistung nach Maß – aus ihrer Friedhofsgärtnerei

Klaus Werker • Meisterbetrieb • Mitglied in der Friedhofsgärtner-Genossenschaft Köln eG
Katterbachstr.69 • 51467 Bergisch - Gladbach • Betriebsstätte: Thurner Kamp 44a • 51069 Köln - Dellbrück
Tel.: 0221 68 55 63 • Fax: 0221 680 22 06 • www.klauswerker.de • e-mail : info@klauswerker.de

Südfriedhof

Als zweiter „Entlastungsfriedhof für Melaten" wurde nach Plänen des Gartenbaudirektors Kowallek (s.u.) der Südfriedhof im Jahre 1900 angelegt und ab 1. April 1901 belegt. Der Charakter des Südfriedhofs sollte parkartig mit landschaftlicher Gestaltung sein.

Die ursprüngliche Anlage des Südfriedhofes umfasste 20 ha. Von 1914-1918 wurde der Friedhof um 7 ha vergrößert, dann 1923 bis 1926 um weitere 24 ha. Schließlich kamen 1930 weitere 14 ha hinzu; die letzte Vergrößerung um 5 ha erfolgte 1963. Jetzt ist der Friedhof ca. 61,5 ha groß. Hierbei sind die Vergrößerungsgebiete im Gegensatz zur ursprünglichen Anlage geradlinig aufgeteilt.

Im Eingangsbereich befindet sich die achteckige Trauerhalle, die aus der Eröffnungszeit stammt. Die an sie gebaute Aufbahrungshalle wurde im Jahre 1912 vollendet.

Der Haupteingang öffnet sich vom Höninger Platz aus.
Der große baumbestandene Hauptweg verläuft achsensymmetrisch auf das Hochkreuz zu.
An seiner Seite liegen vornehmlich die repräsentativen Grabstätten der ersten Belegungszeit, so die Grabstätte Hummerich (Flur 15, signiert mit August Herte,l Köln). Das in Kunststein gefertigte Wandgrab mit raumgreifender Aedikula schließt nach oben mit einem Lorbeerkranz ab (ca. 1920 entstanden).
Neo-klassizistisch ist die Grabstätte Melder (Flur 15). Im Zentrum des Wandgrabes (Muschelkalk) sitzt ein in Trauer versunkener Engel, der die Ruhmesfanfare nach unten geneigt hat (Marmor, ca. 1920). Den Jugendstil atmet das Wandgrab der Familie Franz Herrmann. Von zwei Pfeilern flankiert, die nach oben hin trauernde, betende Engel zeigen, tritt Christus als der Auferstandene, gleichsam mit erweckenden Händen auf die Grabstätte zu (ca. 1914, Muschelkalk, Marmor).

Daneben befindet sich die Grabstätte des langjährigen Präsidenten des 1. FC Köln, Franz Cremer (+ 1967). Er gilt als einer der Väter der Fußballbundesliga. Zwei Deutsche Meisterschaften seines Vereines konnte er miterleben (1962, 1964).
Das den Mittelpunkt der Hauptachse bildende Hochkreuz wurde 1905 von F. Bolte entworfen. Die Bronzereliefs fertigte J. Moest. An den Seiten finden sich Gerichtsposaunen tragende Engel, rückwärtig einer, der sich auf das Flammenschwert stützt.

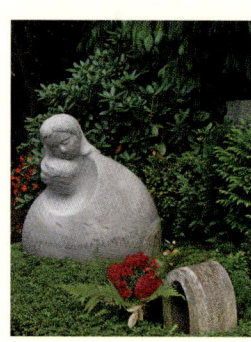

In Flur 15 sind etliche Grabstätten der 1920er Jahre erhalten geblieben. So etwa die Grabstätte der Familie Carl Leissmann (signiert, Carl Muschard, 1920), ein Wandgrab aus Kunststein, das nach vorne hin mit einer Ruhebank zum Verweilen einlädt. Nach oben schließt es mit einem Dreieckssturz. Das Bronzerelief in der Mitte zeigt Christus, der unter der Kreuzeslast zusammen gebrochen ist.
Hier gleich in der Nähe die Grabstätte Fassbender (signiert mit Bruno

Hilfe im Trauerfall!

Durchführung von Erd-, Feuer-, See- und Anonym-Bestattungen

Organisation und Betreuung geistlicher und weltlicher Trauerfeier

Gestaltung und Erstellung von Trauerdrucksachen und Inserationen

Unverbindliche Vorsorgeberatung in unseren Geschäftsräumen oder bei Ihnen zu Hause

BEERDIGUNGS-ANSTALT
LEO KUCKELKORN
BESTATTUNGEN GMBH

Seit 1909 ein Begriff in Köln

Tel.: 44 94 19

Luxemburger Str. 294 · 50937 Köln

zwischen Sülzburgstraße und Sülzgürtel

Erledigung der Formalitäten bei:

Standesamt, Meldebehörde

Friedhof / Krematorium

Krankenkassen Sterbegeldversicherung

Rententrägern

STEINBILDHAUEREI ANNO WALK

Handwerkstradition in vierter Generation

■ **GrabmalKunst**
Fertigung individueller Grabmale

■ **NatursteinAmbiente**
Gestaltung an Haus und Garten

Höninger Platz 1 · 50969 KÖLN · Tel.: 02 21/36 33 46

☧ Bestattungen Josef Minrath

Gründungsjahr 1885

Beratung und Ausführung in allen Stadtteilen

50968 Köln-Bayenthal · Bonner Straße 268

Telefon 02 21/38 54 12 · Telefax 02 21/34 14 49

e-mail: an@bestattungen-minrath.de

Internet: www.bestattungen-minrath.de

Violi, Mailand, 1935). Auf einem Sockel ruht eine große Marmorskulpturengruppe. Vier Trauernde, unter der Last des zu tragenden Sarges schreitende Männer, werden von einer Frau und einem Kind begleitet. Die Gruppe ist von dichter Ausdruckskraft und drückt den massiv empfundenen Schmerz über den Verlust des Verstorbenen aus (erste Bestattung, 1930).

Bemerkenswert ist auch das Holzkreuz der Grabstätte des Sanitätsrats Dr. Peter Mertens, „dirigierender Arzt des städtischen Waisenhauses" (1864-1922). Es zeigt die mit weitgeöffneten Armen wiedergegebene Gottesmutter, zu deren Füssen der tote Christus liegt, begleitet von Maria Magdalena und Johannes.

In direkter Nähe hierzu (Flur 15) die Grabstätte Otto Linse, ein bezeichnendes Grab der Reformkunst (ca. 1922). Nach außen hin sind nach unten geneigte Fackeln gezeigt. Nach oben hin schließt über einem Karniesprofil ein Dreieckssturz mit einem griechischen Kreuz, das in den Winkeln mit Strahlen gefasst ist.

Gegenüber hiervon das Grabkreuz der Grabstätte Weingarten, ein Werk der frühen 1920er Jahre. Das Kreuz wird mit seitlichen Wellungen expressiv belebt.

Künstlerisch auffallend ist die Grabstätte Else Lang (+ 1906), Mimi Lang (+ 2000) und Karl Folz (+ 1999). Zahlreiche Öffnungen könnten für die reichen Facetten ihres künstlerischen tänzerischen und musikalischen Schaffens stehen.

Nahe hierbei die Grabstätte des Lehrers Wilhelm Räderscheidt (1865-1926). Räderscheid war ein bedeutender Autor kölscher Literatur („Ohm Willem").

Von dichter Bildsprache ist auch die Grabstätte der Familie Schwan (wiederverwendet, signiert mit Muschard & Walk, Flur 15). Der Stein zeigt einen abschiedlich seiner Frau zugewandten Mann. Diese wird von einem Engel in die andere Richtung geführt. Hier wird der Abschied zwischen Mann und Frau als eine Notwendigkeit der Wirkmächtigkeit göttlichen Handelns sichtbar und dies in distanzierter Würde (ca. 1923, Kunststein und Marmor).

In Richtung Ausgang sind hinter der Trauerhalle die ersten Kölner Fliegeropfer bestattet, die am 18. Mai 1918 ums Leben gekommen sind (Flur 29). Gleich in der Nähe auch die Grabstätte Neuerburg (Dr. Herrmann Neuerburg, + 1937). Ein gestuftes, rahmendes Rechteck führt auf ein Wandgrab in Travertin hin, das Christus als den über den Tod triumphierenden König zeigt.

In Flur 29 auch die Grabstätte Bräckerbohm. Auf einem Sarkophag sitzend, trauert eine Frau (Marmor, Echermeier fec., 1896).

Äußerst eindrucksvoll ist auch die Grabstätte Rose (Flur 28). Tief gebeugt neigt sich eine in antike Gewänder gehüllte Frau und bringt ihre „tiefe" Trauer über den Verlust eines Menschen zum Ausdruck (ca. 1922, Muschelkalk).

Erwähnung verdient auch die Grab-

Die Grabstätte DeNoël auf dem Friedhof Melaten
von Kölner Steinmetzen und Bildhauern restauriert

Der historische Kölner Friedhof Melaten hat schon immer Künstler, Bildhauer und Steinmetze zu außergewöhnlichen Leistungen animiert.

Da viele dieser herausragenden Arbeiten aus dem 18. und 19. Jahrhundert stammen, hat der Zahn der Zeit natürlich an ihnen genagt.

Vom Stadtkonservator wurden diese wertvollen Zeitzeugen unter Schutz gestellt; ihre Pflege und Erhaltung wird von den ursprünglichen Familien oder von Paten sicher gestellt.

So auch das hier abgebildete Beispiel der Grabstätte DeNoël. Der Kunstsammler Mathias DeNoël lebte von 1782 bis 1849. Er war der erste Konservator des Städtischen Museums und betätigte sich darüber hinaus als Zeichner und volkstümlicher Dichter. Außerdem bemühte er sich erfolgreich um die Wiederbelebung des Kölner Karnevals.

Von seinem beeindruckenden Grabmal auf dem Kölner Melatenfriedhof sind von den ursprünglich sechs Metern Höhe nur noch zwei Drittel erhalten. Der Arbeitsablauf bei der Restaurierung erfolgte in drei Phasen:

Zeichnung und Planung
Zunächst wurde eine Zeichnung des neugotischen Denkmals angefertigt. Das obere Drittel musste rekonstruiert werden, da es weder im Original noch auf Plan erhalten war.

Restaurierung
Der Gesamtzustand des noch vorhandenen Sandstein-Denkmals war äußerst schlecht, so dass viele Profile, Verzierungen und Schmuckwerke ergänzt werden mussten. Die Inschriften auf den Marmortafeln wurden von Hand nachgezeichnet und ausgemalt.

Rekonstruktion
Die anschließende Neuanfertigung der fehlenden Kreuzblumen und Fialen nach den rekonstruierten Plänen war sehr zeitaufwendig und stellte hohe Ansprüche an das bildhauerische Können und die Erfahrung der Steinmetze.

So haben Kölner Steinmetze und Bildhauer dazu beigetragen, dass die Erinnerung an Mathias DeNoël als einem Menschen wach gehalten wird, dessen „thätiges Leben (...) der Kunst und der Altertumskunde, der Erhaltung der Kunstgegenstände seiner Vaterstadt vorzugsweise gewidmet" war (s. Inschrift).

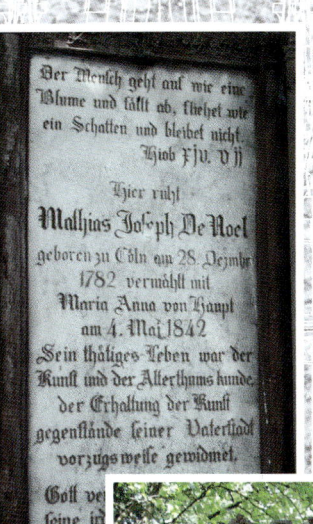

Rolf Dunkel

stätte Deisen (Erstbestattung 1921); ein dreiteiliges Wandgrab, das ein Kreuz hervortreten lässt. Dies wird mit typischen Dekorformen des Art Deco bekrönt (Dreiecke und Kreissegmente, Flur 28).

An dem Weg zwischen Flur 15 und Flur 28 wird mit einem Sarkophag auf den „Weltmeisterfahrer Peter Günther" (1882-1918) aufmerksam gemacht. Ein Porträt schmückt die Front und ein Radhelm der Zeit, der mit Palmzweigen gerahmt ist, den Deckel. Auf der rechten Seite die erinnernde Inschrift: „Der Rennbahn galt sein Leben. Er war ein Meister, der die besten Kämpen der Welt bezwang. Zu früh riss der Tod vom Haupt ihm den goldenen Kranz". Der Steher-Weltmeister von 1911 starb an den Folgen eines Sturzes (Muschelkalk).

In Flur 13 auch die Grabstätte Nikolaus Seche (früheste Bestattung 1918). Das trapezoid in Kunststein geschwungene Grabmal zeigt den im Strahlkranz gerahmten sterbenden Christus, der expressiv tröstend wirkt.

Auf gleichem Weg ist auch die Grabstätte Familie Weiss (Erstbestattung 1918, Muschelkalk) angelegt. In klassizistischer Rahmung wird der auferstandene Christus, das Kreuz schulternd, in segnender Weise aufgefasst (Flur 14).

Hinter dem Hochkreuz nach rechts hin öffnet sich die Grabstätte Familie Steinkrüger (auch Architekt Müller-Grah, + 1917), ein klassizistisches Grabtempelchen mit feinen seitlich ansteigenden Einfriedungen, das im Frontispiz einen Engel mit geöffneten Flügeln zeigt. Entworfen wurde es um 1920 von dem Architekten G. Eberlein (Flur 12).

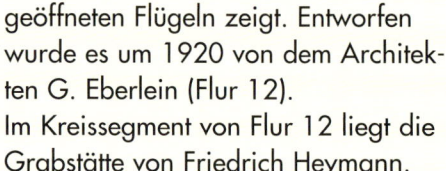

Im Kreissegment von Flur 12 liegt die Grabstätte von Friedrich Heymann. Das geschwungene Wandgrab gibt ein mit Rosen umfangenes Amphorengefäß wieder (ca. 1916).

Von hier aus gleich rechts in Flur 27, die Grabstätte der Familie Elfgen. Es handelt sich um ein breit gelagertes Wandgrab des Jugendstils (ca. 1920).

Auf gleichem Weg (Flur 27) die Grabstätte Konrad Adolfs; eine Grabstele im Geist der 1920er Jahre. Das mittlere Relief zeigt zwei trauernde Engel, deren Hände einen Siegeskranz fassen.

In Flur 27 die Grabstätte Lindgens (Muschelkalk), die mit großen bepflanzbaren Seitenflächen dramaturgisch auf die Mittelwand hinführt. Der zentrale Konsolstein stellt eine weibliche Figur dar, die mit ihrer linken ein Kind schützend umfängt und in ihrer rechten eine „ewige Lampe" hält (ca. 1918). Begraben liegen hier u.a. Adolf Lindgens Kommerzienrat (1856- 1941), Hans Lindgens (1892 –1946), Clara Lindgens geb. v.d. Zypen (1869-1945).

Diagonal hiervon findet sich das Wandgrab der Familie Hartmann-Firnich (Erstbestattung 1918, Flur 32). Christus tritt mit weit geöffneten Armen aus dem Grab. In der Verlängerung der von unten anlaufenden Säulen stehen auf Konsolen trauernde Engel. Das Giebelfrontispiz wird von einer an die Vergänglichkeit gemahnenden Sanduhr bekrönt.

Etwas weiter die Grabstätte der Familie Mathieu Olbertz (Erstbestattung

PETER VIETEN BEERDIGUNGSINSTITUT

Über 100 Jahre Familientradition

Erfahrung bei allen Fragen im Trauerfall

Erd-, Feuer- und Seebestattungen
Überführungen
Bestattungsvorsorge

Zülpicherstraße 275
50937 Köln-Sülz
Tel.: 02 21 / 41 46 90
Fax: 02 21 / 41 05 56

BLUMEN ZIMMER

- Friedhofsgärtnerei
- Meisterbetrieb
- Dauergrabpflege
- Grabneuanlagen
- Trauerfloristik
- Ausbildungsbetrieb
- Südfriedhof Haupteingang

Höninger Platz 27 – 29
50969 Köln
Tel. 02 21 / 36 34 92
Fax 02 21 / 360 63 04

BUNDESGARTENSCHAU POTSDAM 2001
21. April – 7. Oktober 2001
3 Goldmedaillen
1 Ehrenpreis

Überprüfter Fachbetrieb
FRIEDHOFSGÄRTNEREI

1927, Muschelkalk Bronze, Flur 32). Auf den das Grab seitlich begrenzenden Konsolen ruhen in Bronze gearbeitete, Ewigkeit verkündigende Pfauen auf. Sie leiten über zu dem mit Öffnungen durchbrochenen Wandgrab. Den mittleren Teil bildet eine geradezu androgyn zu nennende Figur. Es wirkt so, als sei der Seele des Mannes (Mathieu Olbertz, + 1927, und der Frau Frederike, + 1942) gedacht.

Nahe hiervon die Grabstätte Familie Peter Arens. Das in Sandstein modellierte Wandgrab zeigt in der Mitte ein Säulenpostament, auf dem eine Frau aufruht, die mit weit geöffneten Armen eine Girlande trägt und die Namenstafeln der Verstorbenen umfängt (ca. 1920, Flur 33).

Gleich hinter dieser liegt die Grabstätte der Familie Steinbrücke (Erstbestattung 1943, Flur 33). Vor einem breiten Sockel ist ein in Muschelkalk gehaltenes Kreuz mit Bronze-Christus geschildert.

Rückwärtig hierzu eine gemeinschaftliche Grabstätte der Geistlichen für das (ehem.) Dekanat Köln-Süd (St. Maria Empfängnis, St. Pius, St. Nikolaus, Heilig Geist, St. Mathias, St. Bruno, Flur 33).

Hiervon mit Wegstrecke entfernt (Eingang Oberer Komarweg) liegt der bekannte Liedermacher Karl Berbuer (1900-1977) begraben. Seine Lieder wurden unvergesslich, wie etwa: „Un et Arnöldche fleut", „Heidiwitzka Herr Kapitän", u.a.m. Sein Grabstein zeigt ein aufgeschlagenes Buch aus Marmor, in dem seine Unterschrift lesbar ist (Flur 81).

An den schrecklichen Amoklauf des Flammenwerfers von Volkhoven erinnert die Grabstätte Ursula Kuhr (Lehrerin 1939-1964): „Sie opferte ihr Leben zum Schutze der ihr anvertrauten Schulkinder in Volkhoven". Bei dem Attentat des „Volkhovener Flammenwerfers" warf sie sich beherzt dem Attentäter entgegen, der sie mit Lanzenstichen umbrachte. Nach links wendet sich das Haupt zu den Flammen, nach vorne hin schützt sie ähnlich dem Schutzmantelmotiv die Kinder vor dem Tod (Flur 73).

Von der Priestergrabstätte (zurück zur Flur 33) führt der Weg auf den ab 1920 geschaffenen deutschen Ehrenfriedhof zu, der von der hohen Stele nach dem Entwurf von A. von Hildebrand geprägt ist. Die Grabsteine sind unterschiedlich geformt. Hier ruhen insgesamt 2.577 Soldaten, neben vielen Deutschen auch Russen, Rumänen, Serben und Inder, die in den Kölner Lazaretten gestorben sind. Zur Flur 32 hin liegt der Architekt Otto Bongartz (1895-1970) begraben, dessen Grab mit einer Kreuzblume bezeichnet ist. Bongartz erbaute u.a. die Kirche St. Albertus Magnus in Kriel (Flur 32).

Am Hauptweg des neueren Teiles befindet sich der britische Ehrenfriedhof, erkennbar an den zwei Kuppelbauten, die den Eingang flankieren. Ihnen gegenüber erhebt sich am Ende der Grasanlage ein hohes Steinkreuz. Hier ruhen 2.531 Angehörige der Commonwealth-Staaten, die in und nach dem 1. Weltkrieg aus ganz Westdeutschland hier zur letzten Ruhe gebettet wurden. Der Teil des Südfriedhofes ist englischer Besitz und wird von den Engländern selbst gepflegt. Die Grabsteine sind aus hellem Portland-Stein.

In und nach dem 2. Weltkrieg wurden weitere Angehörige des Britischen Reiches beerdigt, so dass nun über 3.000 Tote des Britischen Commonwealth hier ruhen.

Links und rechts des Hauptweges im südlichen Teil des Friedhofes liegen ca. 4.000 Kölner Fliegeropfer des 2. Weltkrieges in langen Gräberreihen. Am Ende des Hauptweges werden sie überragt von einem hohen Gedenkkreuz.

In südliche Richtung hiervon gelangt man zum Grab von Everhard Hama-

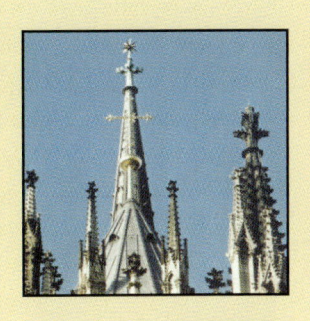

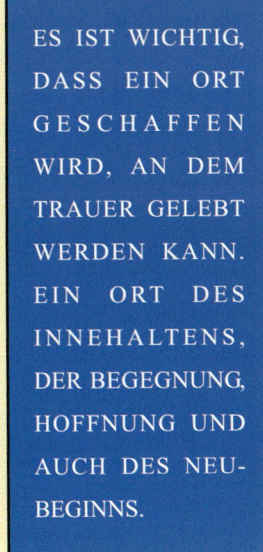

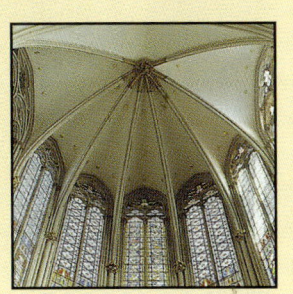

ES IST WICHTIG, DASS EIN ORT GESCHAFFEN WIRD, AN DEM TRAUER GELEBT WERDEN KANN. EIN ORT DES INNEHALTENS, DER BEGEGNUNG, HOFFNUNG UND AUCH DES NEUBEGINNS.

pütz BESTATTUNGEN

Bestattungen Pütz oHG
Höninger Weg 210
50969 Köln-Zollstock
Tel.: 02 21-9 36 46 40
Fax: 02 21-3 60 13 51
e-mail: puetz-bestattungen@netcologne.de
internet: www.puetz-bestattungen.de

Als kompetentes Bestattungsunternehmen, mit fachgeprüften Beratern, möchten wir den trauernden Angehörigen den Abschied von einem geliebten Menschen so gestalten, dass Trauer und Andenken ungestört und würdevoll durchlebt werden kann. Der Mensch steht im Mittelpunkt aller Überlegungen und Handlungen.

Individuelle Wünsche erfüllen wir, wo immer es möglich ist.

cher, von 1945-1965 Präsident und Kommandant der „Kölsche Funke rut wiess". Er hat die Funken nach dem 2. Weltkrieg zu großer Bedeutung geführt. Alljährlich gehen die Roten Funken in Corpsstärke am Allerheiligentag zu seinem Grab.
Nicht weit hiervon liegen, während des 2. Weltkrieges gestorbene, 1.407 deutschen Soldaten in einer Bodensenke, die von Nadelbäumen und Trauerweiden eingerahmt ist, bestattet. In Flur 49 sind eine Reihe qualitätvoller Grabstätten zu finden. So etwa die Grabstätte Groote (ca. 1927) mit einer nachdenklich trauernd Rosen werfenden Frau. Auf der Grabstätte Hünseler (signiert mit Peters, wieder verwendet) befindet sich im oberen Abschluss eine bärtige Christusfigur, die mit der Hand nach oben verweist und den Verstorbenen Gewissheit auf Auferstehung zuspricht. Die Figur ist mit WMF Geislingen signiert.
Still im Ausdruck ist auch die Grabstätte Familie Meid zu nennen, wo eine in Trauer betroffene Frau ihre linke Hand zur Brust führt und mit ihrer rechten einen Kranz hält (ca. 1930). Hier neben auch die Grabstätte des Erzdiözesankonservator Alois Holtmeyer (1872-1931).
Nahe hierbei legt sich in trauernder Weise eine Frau, von rechts greifend über die Namensplatten der Verstorbenen. Die Inschrift lautet: „Für Direktor Otto Wilhelm (1880-1931), Schaffen und Streben war sein Leben (sign. H. Lindelauf, Köln)".
In Flur 48 befindet sich der italienische Ehrenfriedhof, erkennbar an einem schlanken auf 4 Stufen stehenden Obelisk, der mit einem vergoldeten Stern gekrönt ist. Hier ruhen seit 1928 etwa 2.000 italienische Soldaten aus ganz Westdeutschland, die zwischen 1915 und 1918 gefallen sind. Der Weg führt nun über Flur 25 zu einem feinen Hochkreuz von Wilhelm Albermann (Köln), an die Schwestern vom Hl. Augustinus, Mutterhaus Severinsstraße erinnernd: „Herr, sie haben Barmherzigkeit ge-

übt, lass sie Barmherzigkeit finden". Auf der Rückseite das Hiobwort (19, 25): „Ich weiß, dass mein Erlöser lebt und dass ich am jüngsten Tage von der Erde auferstehen werde". Das Kreuz zeigt einen tief nach unten blickenden Christus. Ihm zu Füssen, auf dem anlaufenden Sockel befindet sich ein Kelch, der von Alpha und Omega gerahmt ist.
Gleich daneben liegt die ab 1917 angelegte Grabstätte der Benediktinerinnen der ewigen Anbetung, Köln Raderberg. Das Grabkreuz datiert etwa von 1935.
Eine weitere Grabstätte des Konventes hat ein Kreuz aus den 1950er Jahren (Gebr. Peters, Flur 25).
Im Fortgang dieses Weges (Flur 25) liegt auch die Grabstätte Baur, womit feinen Jugendstilformen ein dreiteiliges Wandgrab aus Muschelkalk beschrieben ist. Das Grab erinnert mit seiner plastischen Form u.a. an den Fahnenjunker Albert Baur, gefallen 1917. Das Mittelrelief wird untersockelt von einem Geschütz. Darüber befindet sich die Gottesmutter mit Jesus, gerahmt von der Hl. Barbara, der Patronin der Artilleristen, aber auch die für eine gute Sterbestunde;

Grabmale Bollig GmbH

Meisterbetrieb

Eine der größten Ausstellungen in Köln

- Über 800 Grabsteine zur Auswahl
- Neueste Materialien aus aller Welt zu günstigen Preisen
- Große Felsenausstellung
- Große Ausstellung für Urnengräber
- Nachbeschriftungen
- Lieferung zu allen Friedhöfen
- Handwerkliche Steine
- Ständig attraktive Angebote
- Reparatur- und Umbauarbeiten

Werkstätte für moderne Grabmalkunst

Filiale: 50354 Hürth (Kalscheuren), Rodenkirchener Straße 2 (Am Bahnhof), Telefon 0 22 33 / 92 21 58
Filiale: 50354 Hürth (Hermülheim), Luxemburger Straße 263, Telefon 0 22 33 / 39 82 43
Fassaden, Treppen, Böden, Fensterbänke, Bäder

50969 Köln (Zollstock)
Oberer Komarweg, Südfriedhof • Telefon: 02 21 / 9 36 18 40

Flohr Faust
GRABSTEINE · BESTATTUNGEN

Wir helfen weiter!

Luxemburger Str. 249 · 50354 Hürth-Hermülheim

Grabsteine:
Tel. 0 22 33 / 70 00 34 · Fax 0 22 33 / 7 81 61

Bestattungen:
Tel. 0 22 33 / 97 80 80 · Fax 0 22 33 / 70 80 29

Geschäftszeiten:
Mo. – Fr. 9.00 – 18.30 Uhr · Sa. 9.00 – 14.00 Uhr

Bei einem Trauerfall sind wir Tag und Nacht über Telefon für Sie erreichbar: 0 22 33 / 97 80 80

H · L · F · H
WIRTSCHAFTSPRÜFER · RECHTSANWÄLTE · STEUERBERATER

Dr. Karl Halft
Rechtsanwalt beim Oberlandesgericht
Wirtschaftsprüfer / Fachanwalt für Steuerrecht

- Allgemeines Steuer- und Wirtschaftsrecht

Dipl.-Kfm. Karl F. Lohmar
Wirtschaftsprüfer / Steuerberater

- Freiwillige und gesetzliche Abschlussprüfungen
- Allgemeines Steuerrecht
- Intern. Steuerrecht
- Existenzgründung und Unternehmensnachfolge

Wolfgang Faillard
Rechtsanwalt / Wirtschaftsprüfer / Steuerberater

- Handels- und Gesellschaftsrecht
- Erbrecht und Testamentsvollstreckung
- Arbeitsrecht und Sozialpläne
- Familienrecht und Stiftungen

Dipl.-Kfm. Joachim Hürter
Wirtschaftsprüfer / Steuerberater

- Aktiengesellschaften
- Due Dilligence und Unternehmensbewertung
- Vereinssteuerrecht
- Rating und Financial Planning

Gottesweg 54 · 50969 Köln · Telefon 02 21 / 93 64 59 - 0 · Telefax 02 21 / 93 64 59 - 9 · Email: office@hlfh.de · www.hlfh.de

rechts wohl der Hl. Albertus Magnus, der Namenspatron. Sehr dekorativ schließt das Grab nach oben hin mit Blattornamenten ab.

In Flur 24 befinden sich drei ausgezeichnete, den Reichtum künstlerischen Schaffens auf diesem Friedhof ausdrückende Grabstätten: Grabstätte Mathie (Nachbelegung, ursprünglich Regierungsbaumeister Carl Moritz). Wiedergegeben ist ein monastisch gekleideter, barfüssiger, ausruhender Pilger mit Stab, gleichsam still betrachtend: „Wir sind nur Gast auf Erden" (Bronzehohlguss um 1920);
bei der Grabstätte Wüst wird eine geradezu expressionistisch erscheinende Frau aus Bronze, sitzend wiedergegeben. Sie fasst mit ihrer Linken zu einem körperbetonenden Gewandbausch, der ihre Brust umfängt. In ihrer rechten befand sich wohl ursprünglich eine Blume, die sie auf das Grab wirft. Es scheint sich um eine Gaia-Allegorie zu handeln. Die Ornamente des Sockels und die Formsprache machen eine Datierung in den frühen 1920er Jahren wahrscheinlich;
die Grabstätte Wiemer darf als typisch für die 1930er Jahre bezeichnet werden. Wilhelm Wiemer (1866-1938) wird unter dem zeitspezifischen Ideal wiedergegeben: kraftvoll und selbstbewusst hält er in seiner rechten eine Grubenlampe und in seiner linken eine Hacke (Flur 24). Rückwärtig hierzu (Flur 22) befindet sich die Grabstätte Wulf-Limper, mit einem feinen neoklassizistischen Tempietto (Muschelkalk), in dessen Sturzinnenseite das Kölnische Wappen sowie Handwerk- und Schifffahrtsymbole mit aufgenommen sind (ca. 1915).

Gegenüber hiervon die Grabstätte Lindemann. Der Stein zeigt die drei Moiren (Schicksalsgöttinnen). Die eine spinnt den Faden, eine vermisst ihn und eine wirft das Wollknäuel nach oben (ca. 1975).

Auf dem Weg zurück wird die Bierbrauerdynastie Jean Sion in den Blick gebracht, wo auch der langjährige Brauerbruderschaftsmeister Hans Sion (1911-1998) begraben liegt (Flur 8).

BLUMEN Lamprecht

DAUER GRAB PFLEGE

Grabpflege · Grabanlagen · Trauerbinderei

Unverbindliche Beratung in allen Fragen der Grabgestaltung, auf Wunsch auch an der Grabstätte.

Abschluß von Dauergrabpflegeverträgen, in Verbindung mit der Friedhofsgärtner Genossenschaft Köln e.G.

Höninger Platz 31 · 50969 Köln
Tel: 36 33 61 · Fax: 36 31 52

DAUER GRAB PFLEGE

BLUMEN Hommel

DAUER GRAB PFLEGE

- Moderne Floristik
- Dauergrabpflege
- Grabanlage · Grabpflege

Höninger Platz 5 · 50969 Köln
Tel: 0221 – 38 32 04 · Fax: 0221 – 73 60 60 61

Dem Weg folgend wird die Grabstätte von Jean Küster erreicht (+ 1977), Gründer und langjähriger Präsident der Lyskircher Junge, dessen Lebenswerk die „Schull- un Veedelszöch" waren.

Gleich bei ihm die Grabstätte F.W. Brückling (1852-1906, Flur 20, Granit, Galvanoplastik). Ein von einer trauernden Frau umfangener Obelisk trägt das bronzene Bildnis des „wilhelminisch" Dargebotenen.

In diesem Bereich befinden sich zahlreiche Wandgräber von exzellenter Qualität, etwa Flur 20 das des Kölner Architekten Adolf Nöcker, u.a. Erbauer der St. Bonifatiuskirche in Nippes. Das feine, neo-romanisch geprägte Wandgrab zeigt im Verein mit Jugendstilelementen in der Mitte Maria mit dem segnenden Jesuskind. Über dem Bronzerelief erscheint Christus im Tondo (Sandstein ca. 1907).

Die Grabstätte Vigilius (Muschelkalk, weißer Marmor, Flur 18) stellt eine Blumen spendende, hockende Frau dar (ca. 1928).

Zur Flur 17 hin, die Grabstätte Leverkus: ein Wandgrab, das im Mittelteil kastenförmige Öffnungen für Urnen birgt und nach oben hin mit Phönix, aus der Asche auferstehend, schließt (Muschelkalk ca. 1925). Auf dem Hauptweg Flur 2 lässt sich die geschwungene Jugendstilgrabstätte Herbert Scheibler (1845-1917) finden (Muschelkalk).

Zum Andenken an ihren Freund Wilhelm Sieber hat die Familie Mauser ein Grab gestiftet „Die Treue reicht über uns hinaus". Dargestellt sind zwei Frauen, die die Hände zueinander reichen und eine Girlande um den Stein legen (Muschelkalk, 1910). Daneben liegt die Grabstätte Alfons Mauser (1872 –1927). Unter einem klassizistischen, tempelähnlichen Bau befindet sich die Darstellung eines bärtigen, nachdenklichen, die rechte auf den Sarkophag stützenden Mannes, der schützend mit seiner Linken einen Jungen umfasst (1919, Muschelkalk, Hochrelief in Marmor, Flur 2).

Gleich hinter dieser Grabstätte geht es links zum Grab des berühmten Kölner Boxers Peter Müller (1927-1992). Der schwarze Granitstein weist auf der linken Seite zwei Boxhandschuhe mit den Kürzeln „P.M." auf.

Zum Ausgang hin, rechts vom Hauptweg, wird an den Planer des Friedhofs erinnert: „In Gott ruht hier der Schöpfer dieses Friedhofes und der Parkanlage Adolph Kowallek, von 1887-bis zu seinem Tod am 16. Mai 1902 Gartendirektor der Stadt Köln. Wir alle sind Samen in Gottes Hand, der aufgeht für die Ewigkeit zu reifen" (Flur 2).

GRAB Gestaltung
GRAB Pflege
MUSTER Anlagen
BERATUNG Vor Ort

Friedhofsgärtnerei Schönleben
Inh. Stephan Koll

Kalscheurer Weg /
Ecke Oberer Komarweg • 50969 Köln
Tel.: 02 21/36 63 82 • Fax: 02 21/3 60 44 24
e-mail: SchoenlebenKoeln@AOL.com

BESTATTUNGEN PÜTZ-SASSEN

WIR BEGLEITEN DEN VERSTORBENEN AUF SEINEM LETZTEN WEG

BESTATTUNGEN · SÄRGE · ÜBERFÜHRUNGEN · TRAUERDEKORATIONEN
AUF WUNSCH HAUSBESUCH · BESTATTUNGSVORSORGEVERTRÄGE
ERLEDIGUNG ALLER FORMALITÄTEN

PS

SEIT 1888

WEIDENGASSE 22 · 50668 KÖLN INNENSTADT

BERRENRATHERSTRASSE 139 · 50937 KÖLN SÜLZ

TELEFON SA-NR. 121053 · FAX 9130721

HSt.: Zollstock-Südfriedhof (U L 12)

HSt.: Zollstock-Südfriedhof (H 131, 138, 149)

Höninger Weg — Ital. Ehrenfriedhof — Leichweg

Höninger Platz

Trauerhalle

Kendenicher Straße

Britischer

HSt.: Kendenicher Str.

H 131, 138

Kriegsgräber 1914-1918

Kriegsgräber 1939-1945

Militärringstraße

Kalscheurer Weg

Oberer Komarweg

HSt.: Oberer Komarweg — H 138, 131

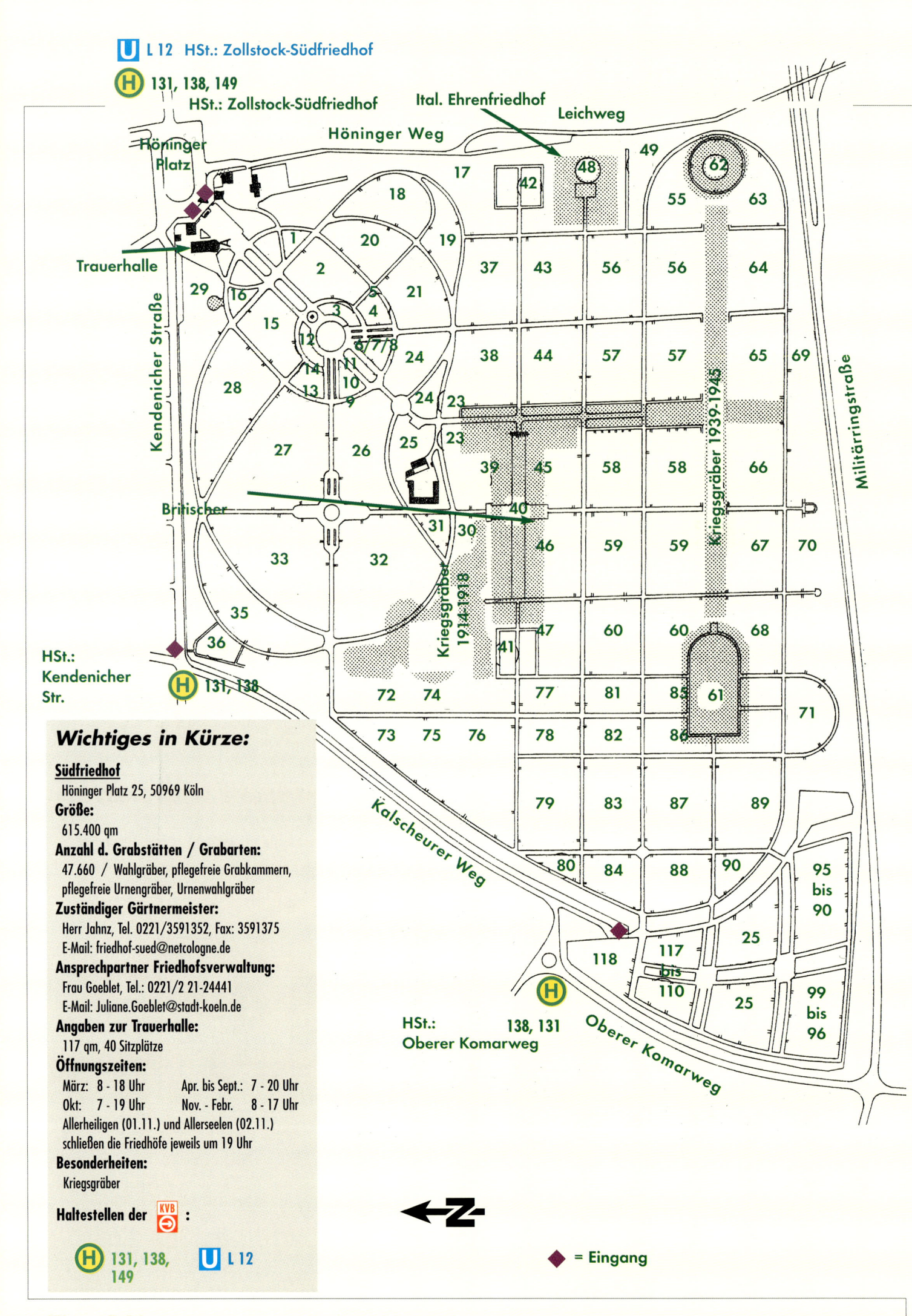

Wichtiges in Kürze:

Südfriedhof
 Höninger Platz 25, 50969 Köln

Größe:
 615.400 qm

Anzahl d. Grabstätten / Grabarten:
 47.660 / Wahlgräber, pflegefreie Grabkammern, pflegefreie Urnengräber, Urnenwahlgräber

Zuständiger Gärtnermeister:
 Herr Jahnz, Tel. 0221/3591352, Fax: 3591375
 E-Mail: friedhof-sued@netcologne.de

Ansprechpartner Friedhofsverwaltung:
 Frau Goeblet, Tel.: 0221/2 21-24441
 E-Mail: Juliane.Goeblet@stadt-koeln.de

Angaben zur Trauerhalle:
 117 qm, 40 Sitzplätze

Öffnungszeiten:
 März: 8 - 18 Uhr   Apr. bis Sept.: 7 - 20 Uhr
 Okt: 7 - 19 Uhr   Nov. - Febr.   8 - 17 Uhr
 Allerheiligen (01.11.) und Allerseelen (02.11.)
 schließen die Friedhöfe jeweils um 19 Uhr

Besonderheiten:
 Kriegsgräber

Haltestellen der KVB :

 H 131, 138, 149   U L 12

♦ = Eingang

Ihr Friedhofsspezialist

Familienunternehmen seit 1907

Für Südfriedhof und andere Kölner Friedhöfe

- Grabpflege
- Grabneuanlagen
- Umgestaltung
- eigene Gärtnerei
- Meisterfloristik

Kurpan
Blumen und Service
SEIT 1907

Höninger Platz 27-29 · 50969 Köln-Zollstock

Info-Nr. **36 40 94**

Dr. Michael Ratz

Rechtsanwalt

Erbrecht • Nachlassverwaltung • Mietrecht
Arbeitsrecht • Allg. Vertragsrecht

An der Bottmühle 11	Telefon 02 21 - 31 69 73
50678 Köln	Telefax 02 21 - 32 29 61

Rodenkirchen neu

Der Friedhof öffnet sich von der Sürther Straße aus über einen Hauptweg zum Hockkreuz. Er wurde mit den älteren, der Sürther Straße zugewandten Teilen 1941 angelegt. Gleich links vom Eingang befinden sich vier Flure mit frühen Bestattungen. Ganz im vorderen Bereich linker Hand die Grabstätte Kasten (1942).

Auf drei Stützen ist ein rechteckiger Granitblock aufgesetzt, eine typische Arbeit der 1940er Jahre.

Besonders erwähnenswert ist auch die Grabstätte des Bildhauers Prof. Willy Meller (1887-1974). Drei Frauen sind übereinander sitzend wiedergegeben. Es scheint sich um die drei Moiren (Schicksalsgöttinen) zu handeln, die eine, die den Lebensfaden spinnt, die zweite, die ihn abmisst und die dritte, die ihn abschneidet.

Gleich um die Ecke hierzu die Grabstätte Melchers (Erstbestattung 1941, Muschelkalk). Auch dieser Stein ist spezifisch für die 1940er Jahre.

Rechts vom Hauptweg (Flur 2) befinden sich die Gräber der kriegsgefallenen Bürger von Rodenkirchen.

Das Hochkreuz aus Muschelkalk ist in eine geradezu expressionistische Dialoggruppe eingebunden, das den im Vordergrund dem Sterbegeschehen beiwohnenden Johannes und die trauernde Gottesmutter zeigt. Die vor Ende des zweiten Weltkrieges entfernte Gruppe wurde 1953 wieder aufgestellt.

Gleich hinter dem Rondell (1. Weg rechts, erster Weg links) lässt sich das geschmiedete Grabkreuz der Grabstätte Theo Heiermann (1925-1996) bemerken. Das in Gusseisen geschaffene Gabelkreuz zeigt Christus mit nach rechts geneigtem Haupt, dessen Seitenwundenblut von Maria, die hier als Ecclesia (Kirche) aufgefasst ist, aufgefangen wird. Das Kreuz wird von einem Rechteck getragen, in dem die das Paradies verlierenden Adam und Eva gezeigt werden. Den Kreuzesstamm umwindet eine Schlange. Der alte Adam ist gleichsam durch den neuen überwunden (1. Kor. 15, 22: „Denn wie in Adam alle sterben, so werden in Christus alle lebendig gemacht werden". 1. Kor. 15, 45: „Adam, der Erste Mensch, wurde ein irdisches Lebewesen. Der Letzte Adam wurde lebendigmachender Geist").

Theo Heiermann war ein bedeutender Bildhauer, der u.a. für zahlreiche Kirchen, auch in Köln, Altäre und Skulpturen geschaffen hat.

Demgegenüber die Grabstätte Möller (ca. 1995 von Mathias Heiermann), wo auf einem Sockel ein steinerner Raddampfer gestaltet ist: als Zeichen für einen Menschen, der der Schifffahrt sehr verbunden war (Köln-Düsseldorfer).

Zwei Grabstätten daneben (Flur 3) liegt die Grabstätte Bernhard Emons (Erstbestattung 1962). Hier wird eine Anbetungsgruppe aus Sandstein (18. Jht.), die zum Kreuz gerichtet ist, wiederverwendet.

Nahe hiervon die Grabstätte des bekannten Journalisten Werner Höfer (+ 1997, Diskussionsrunde „internationaler Frühschoppen").

An den Begründer und Leiter der Stiftung Coenaculum in Michaelshoven, Ehrenbürger der Gemeinde Rodenkirchen erinnert die Grabstätte von Pfr. Erwin te Reh (1911-1991). Die Ein-

Der Weg ist das Ziel

Ihr Partner
für innovative
Wirtschafts- und
Steuerberatung

HUNOLD + PARTNER

planen
entwickeln
begleiten

• controllen

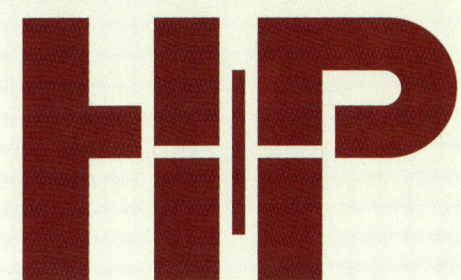

H+P

**Steuerberater
Wirtschaftsprüfer
Rechtsanwalt**

Wankelstraße 9
50996 Köln

Telefon 0 22 36 . 39 82-01
Telefax 0 22 36 . 39 82-82

richtung wendet sich an betreuungsbedürftige Menschen in den Arbeitsfeldern Altenpflege, in der beruflichen Rehabilitation, in der Jugendhilfe oder der Wohnungslosenhilfe.
Von durchdringender Ausdruckskraft ist auch die Grabstätte Dieter Borsum (1967). Christus wird inmitten der Jüngerschar wiedergegeben.
Hier in der Nähe steht das wiederverwendete barocke Grabkreuz (18. Jht.) der Grabstätte Esther Gräfin Schwerin (+ 1985); der am Kreuz sterbende Christus wird oben wie unten von einem Engel begleitet (alle Flur 4, 5).
Auf dem Weg zum neuen Teil des Friedhofs (links Flur 6-10) bewegt das großfigurige Denkmal, das an Opfer der Gewaltherrschaft mahnt. Fünf Liegefiguren machen das Denkmal von oben lesbar. Im Vordergrund links ein Gefesselter und rechts ein entstellt Ausgehungerter; rechts oben ein Soldat, links eine Mutter, die in geschlossener Form ein Kind schützend birgt. Die Mitte wird ausgemacht von einem Soldaten, der sich verkrampft auf eine Trommel stützt.

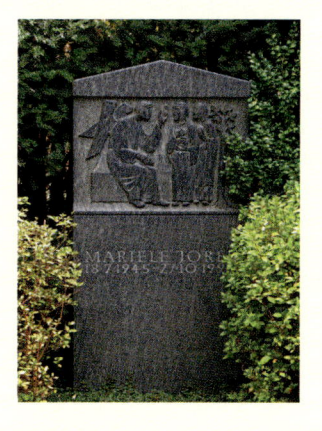

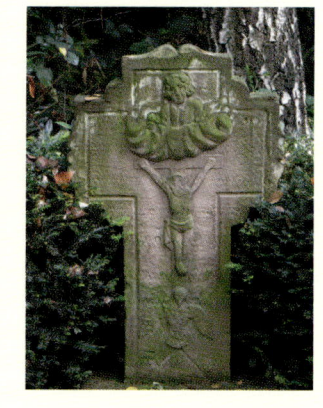

Schmerz, Trauer, Brutalität und Sinnlosigkeit von Krieg und Zerstörung werden, tief betroffen machend, vermittelt (aufgestellt 1968).
In Flur 9 ist die Grabstätte des Bildhauers Prof. Hubert Berke (1908-1979). In einen liegenden Stein ist ein Rhombus mit Kieseln gelegt, der ein Kreuz erkennbar macht. Für St.

Josef in Rodenkirchen hat er die Fenster entworfen.
Neben ihm liegt Gerd Lohmer (1909-1981. Ein schlichtes lateinisches Kreuz ziert sein Grab. Der Architekt Gerd Lohmer hat u.a. die Severinsbrücke erbaut.
In der Nähe hiervon die Grabstätte Peter Kluth (+ 1980), mit einem wiederverwendeten barockem Kreuz (ca. 18. Jht.).
Parallel zur nordöstlich gelegenen Friedhofseinfriedung befindet sich die Grabstätte von Charlotte Hürten (Malerin, 1929-1998, geschaffen vom Ehemann, dem Bildhauer Sepp Hürten). Der Grabstein schließt nach oben mit der Arche Noah, in der Tiere sichtbar werden. Noah greift nach der Taube. Ein Symbol des Friedens zwischen Gott und den Menschen.
Sehr individuell die Grabstätte des Antiquars Hans Buchholz (1929-1993). Wie ein Bücherregal ist der Stein angelegt. In ihm befinden sich eine Stadtansicht von Köln, eine Frauenaktzeichnung, Bücher mit Eule und sein berühmtes Schild „bin gleich zurück".

„Der Rechtsanwalt ist der berufene unabhängige Berater und Vertreter in allen Rechtsangelegenheiten."

(§ 3 Abs. 1 Bundesrechtsanwaltsordnung)

Dr. BENSE & KOLLEGEN
ANWALTSKANZLEI

DR. KURT BENSE
ZUGLEICH FACHANWALT FÜR STEUERRECHT
RECHTSANWALT BEIM OLG KÖLN

KARL FRICKE
REINER WOLFRUM
ERK VON CONRADY
MIRA LANGEMANN

STEUERBERATER
MANFRED WEILER
DIPL.-ING. AGR.

HOFFMANN-VON-FALLERSLEBEN-STRASSE 7 • 50968 KÖLN (MARIENBURG)
TELEFON (02 21) 34 80 90 • TELEFAX (02 21) 34 26 16

FERDINAND BLATZHEIM
Bestattungen

ERD-, FEUER- UND SEEBESTATTUNGEN
ERLEDIGUNG ALLER FORMALITÄTEN
ÜBERFÜHRUNGEN IM GESAMTEN IN- UND AUSLAND
BESTATTUNGSVORSORGE

· Eigene Trauerhalle · www.Bestattungsinstitut.de/blatzheim
Aachener Strasse 352, 50933 Köln, Telefon **0221 / 54 21 26**

Wichtiges in Kürze:

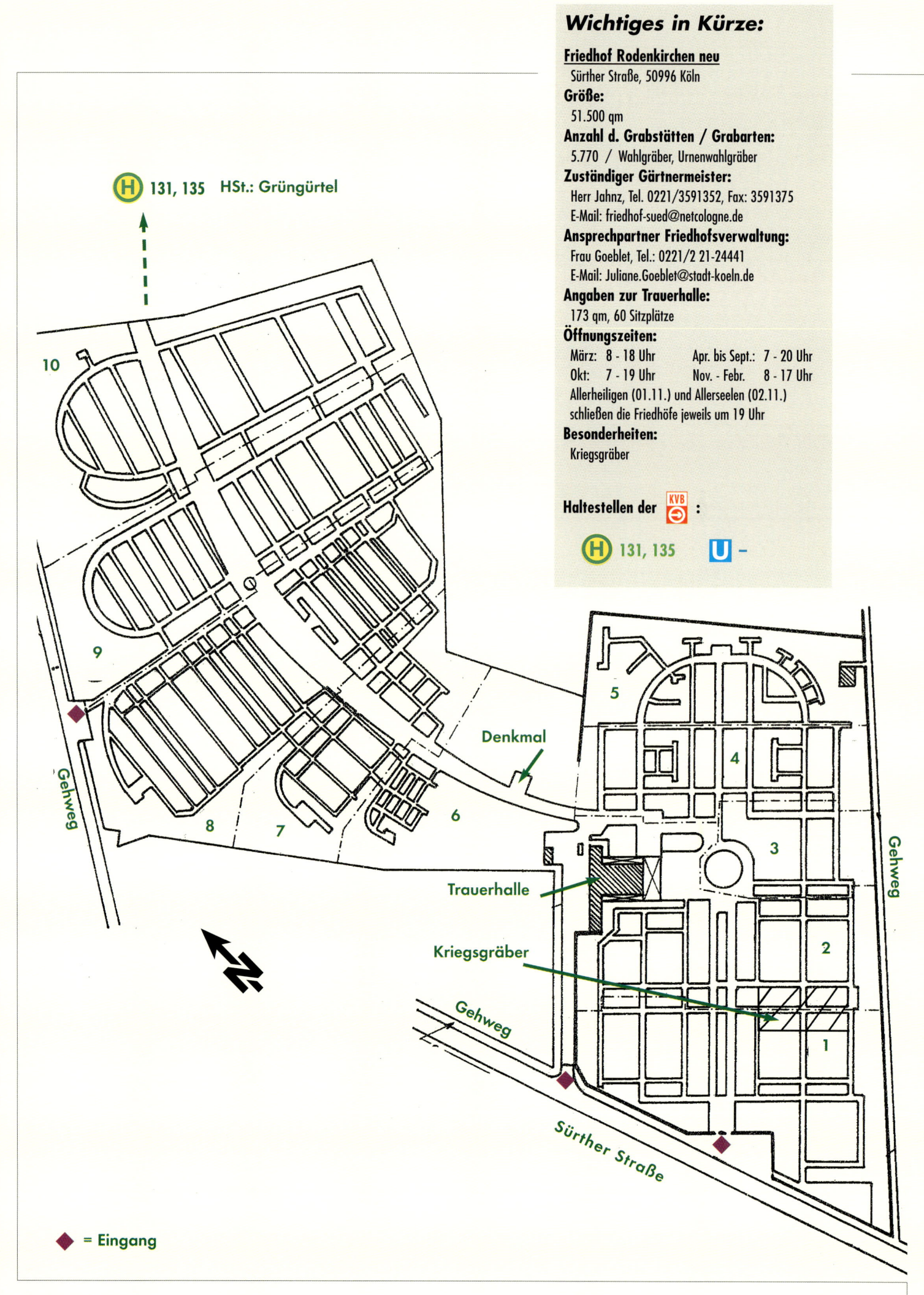

Friedhof Rodenkirchen neu
Sürther Straße, 50996 Köln

Größe:
51.500 qm

Anzahl d. Grabstätten / Grabarten:
5.770 / Wahlgräber, Urnenwahlgräber

Zuständiger Gärtnermeister:
Herr Jahnz, Tel. 0221/3591352, Fax: 3591375
E-Mail: friedhof-sued@netcologne.de

Ansprechpartner Friedhofsverwaltung:
Frau Goeblet, Tel.: 0221/2 21-24441
E-Mail: Juliane.Goeblet@stadt-koeln.de

Angaben zur Trauerhalle:
173 qm, 60 Sitzplätze

Öffnungszeiten:
März: 8 - 18 Uhr   Apr. bis Sept.: 7 - 20 Uhr
Okt: 7 - 19 Uhr   Nov. - Febr.   8 - 17 Uhr
Allerheiligen (01.11.) und Allerseelen (02.11.)
schließen die Friedhöfe jeweils um 19 Uhr

Besonderheiten:
Kriegsgräber

Haltestellen der KVB:
H 131, 135   U -

H 131, 135 HSt.: Grüngürtel

Denkmal
Trauerhalle
Kriegsgräber
Gehweg
Sürther Straße

♦ = Eingang

GRABMALE SCHMITT GMBH

Ausführung sämtlicher Steinmetz- und Marmorarbeiten

Steinmetz und Steinbildhauermeister

Staatlich geprüfter Steintechniker

Lager und Betrieb:
Sürther Straße 135 • 50999 Köln / Rodenkirchen • Tel./Fax: 02 21 / 35 24 15

Büro:
Kieskaulweg 159 • 51109 Köln / Merheim • Tel. 02 21 / 89 35 68

Bildhaueratelier Hildegard Junglas

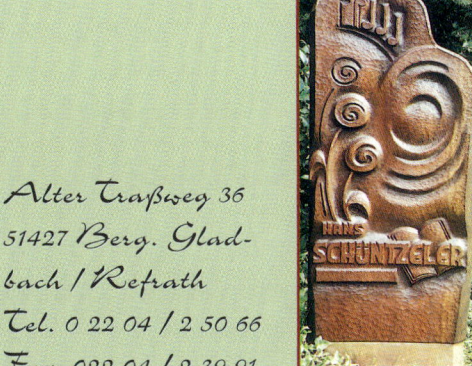

Über 30 Jahre

Künstlerische Holzgrabmale
- wetterfest
- individuell
- nach eigenen Entwürfen

Alter Traßweg 36
51427 Berg. Gladbach / Refrath
Tel. 0 22 04 / 2 50 66
Fax: 022 04 / 2 39 91

Weiß

Pläne für die Errichtung eines kommunalen Friedhofs in Weiß sind schon aus 1916 bekannt.
Im Zusammenhang mit der pfarrlichen Verselbstständigung (1920), wie dies auch bei anderen „südlichen Rheindörfern" der Fall war, wurde dann auch ein eigener kommunaler Begräbnisplatz angelegt und 1921 eröffnet. Der geometrische Heckenfriedhof umfasste ursprünglich nur die Flure 1 bis 4. In den 1960er Jahren wurden die Flure 5, nahe der alten Trauerhalle Paulstraße sowie jüngst die südlichen Areale hinzugewonnen.
Die ältesten Bestattungen befinden sich rechts und links von der Mittelallee, die auf das Hochkreuz führen.
Dies gilt etwa für die im neogotischen Formempfinden errichtete marmorne Kreuzstele der Grabstätte Brodesser (nach 1922, Flur 3).
Dazu kommen die spezifischen Bildauffassungen der 1920er Jahre bei der Grabstätte Peter Esser.
Zumeist handelt es sich um Granitsteine aus schwedischem schwarzen Granit, die relativ niedrig geführt sind. Etwas höher angelegt sind die Wandgrabstätten der Familien Kraus und Keil.
Die Grabstätte Karl Sebastian Keil (+ 1925) zeigt ein freistehendes Granitkreuz, das einen Bronzecorpus aufweist. 
Bei der Wandgrabstätte Wilhelm Krauss (+ 1923) sind dem Granitsockel mit Steinkreuz fein gravierte Blumenmotive eingraviert und machen den ausklingenden Jugendstil spürbar.
Von auffälliger künstlerischer Sprache darf die neuzeitliche Grabstätte Heinz Cornet (+ 1995) genannt werden (kurz vor dem Hochkreuz). Im Sockelbereich findet sich in Form einer Öllampe das Symbol des ewigen Lichtes. Nach oben hin wird unter einem halbkreisförmigen Abschluss eine Treppe gezeigt, die durch ein enges Tor führt. Damit wird auf das auffordernde Wort Jesu hingewiesen, Math. 7, 13: „Geht hinein durch die enge Pforte. Denn die Pforte ist weit, und der Weg ist breit, der zur Verdammnis führt, und viele sind's, die auf ihm hineingehen". Math. 7, 14: „Wie eng ist die Pforte und wie schmal der Weg, der zum Leben führt, und wenige sind's, die ihn finden!" 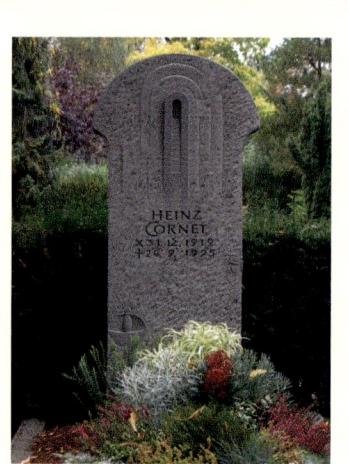
Das an die Gefallenen mahnende, in Kunststein errichtete Hochkreuz bestimmt stark den Wegelauf. Das ganze wirkt wie ein Opferaltar. Rechts und links sind die Namen der Opfer vermerkt. Dies wird in inhaltliche Beziehung zum Lamm Gottes gesetzt, das an der Mittelstele nach unten den Abschluss bildet. Über ihm erscheinen die eucharistischen Symbole von Ähren und Trauben, überhöht von Dornen und Königskrone. Die Darstellung des Opfertodes Christi überhöht nach oben hin das Totengedächtnismal und stellt Bezüge her: „Im Krieg haben sich Menschen ähnlich aufgeopfert wie Christus für die Menschen". Auf dem Schaft heißt es dann auch: „Gedenket der Opfer des Weltkrieges".
Die Gefallenen des 2. Weltkrieges werden im Totengedenken mit den rückwärtig angebrachten Erinnerungstafeln mit einbezogen.
Gleich am Hochkreuz rechts liegt Prof. Dr. Heinz Voigtländer (1918-2002) in der Grabstätte Radermacher begraben. Er war langjähriger Archivar der Kölner Karnevalsgesellschaft „Kölner Narren-Zunft von 1880" und stand im Range eines „Ambs- und Zunftmeister". Mit großer Kenntnis und Begeisterung erforschte er die Gründung von Maria Heinrich alias „Antun Meis" aus dem Jahre 1880.
In direkter Nähe liegt Sophia Nenner (+ 1937) bestattet.
Das aus Diabas gearbeitete Wandgrab bildet eine baldachinähnliche Hülle für eine höchst bemerkenswerte Geislinger Arbeit. Der Auferstandene schaut mit weit geöffneten Armen auf die Gräber und vermittelt glaubwürdig den Hinterbliebenen die Auferstehungshoffnung (signiert mit Würtembergische Metallwarenfabrik Geislingen, ca. 1938).
Hinter dem Hochkreuz (Flur 2) liegt ein sehr feiner medaillonähnlicher Stein für Johannes Wilps (1920-1982), auf dem Christus mit den Emmausjüngern wiedergegeben ist.

Sie bitten ihn (Luk. 24, 29), gleichsam einem Menschen, der todesbedroht ins Dunkle gleitet: „Bleib doch bei uns; denn es wird bald Abend, der Tag hat sich schon geneigt. Da ging er mit hinein, um bei ihnen zu bleiben". Sodann gibt er sich ihnen als der Auferstandene im Brotbrechen zu erkennen.

Kurios ist die Grabstätte für Hans Günter Berchem (+ 1992) am Eingang Paulsstraße (Flur 1, nahe alte Trauerhalle), wo eine Dampflokomotive im oberen Abschlussbereich wiedergegeben ist. Sicherlich hatte der Verstorbene eine Beziehung zu diesem „Bewegungsmittel".

Zum Ausgang hin (Flur 3) befinden sich die Gräber der Kriegsopfer des 2. Weltkrieges aus Weiß.

Typisch für die Nachkriegszeit ist die Grabstätte Clemens Wenning (+ 1948, Weg zwischen Flur 2 und 4). Ein kräftiger, auf Konsolen aufruhender blockartiger weißer Marmorstein zeigt einen blumengeschmückten Kranz, der in Girlanden ausläuft. Zärtlichkeit und Härte begegnen sich.

Dem gegenüber befindet sich die Grabstätte Franz Tost (ca. 1935). Ähnlich auch die Grabstätte Frida Schmitt (+ 1933, Flur 4).

Schließlich soll auf die Grabstätte Müllsroh aufmerksam gemacht werden, wo ein wiederverwendeter Christustondo einer Liegeplatte appliziert ist. Jüngst wurde eine neue Trauerhalle mit 50 Sitzplätzen errichtet.

Wichtiges in Kürze:

Friedhof Weiß
Weißer Hauptstraße, 50999 Köln

Größe:
10.000 qm

Anzahl d. Grabstätten / Grabarten:
990 / Wahlgräber, Urnenwahlgräber

Zuständiger Gärtnermeister:
Herr Jahnz, Tel. 0221/3591352, Fax: 3591375
E-Mail: friedhof-sued@netcologne.de

Ansprechpartner Friedhofsverwaltung:
Frau Goeblet, Tel.: 0221/2 21-24441
E-Mail: Juliane.Goeblet@stadt-koeln.de

Angaben zur Trauerhalle:
105 qm, 50 Sitzplätze

Öffnungszeiten:
März: 8 - 18 Uhr   Apr. bis Sept.: 7 - 20 Uhr
Okt.: 7 - 19 Uhr   Nov. - Febr. 8 - 17 Uhr
Allerheiligen (01.11.) und Allerseelen (02.11.) schließen die Friedhöfe jeweils um 19 Uhr

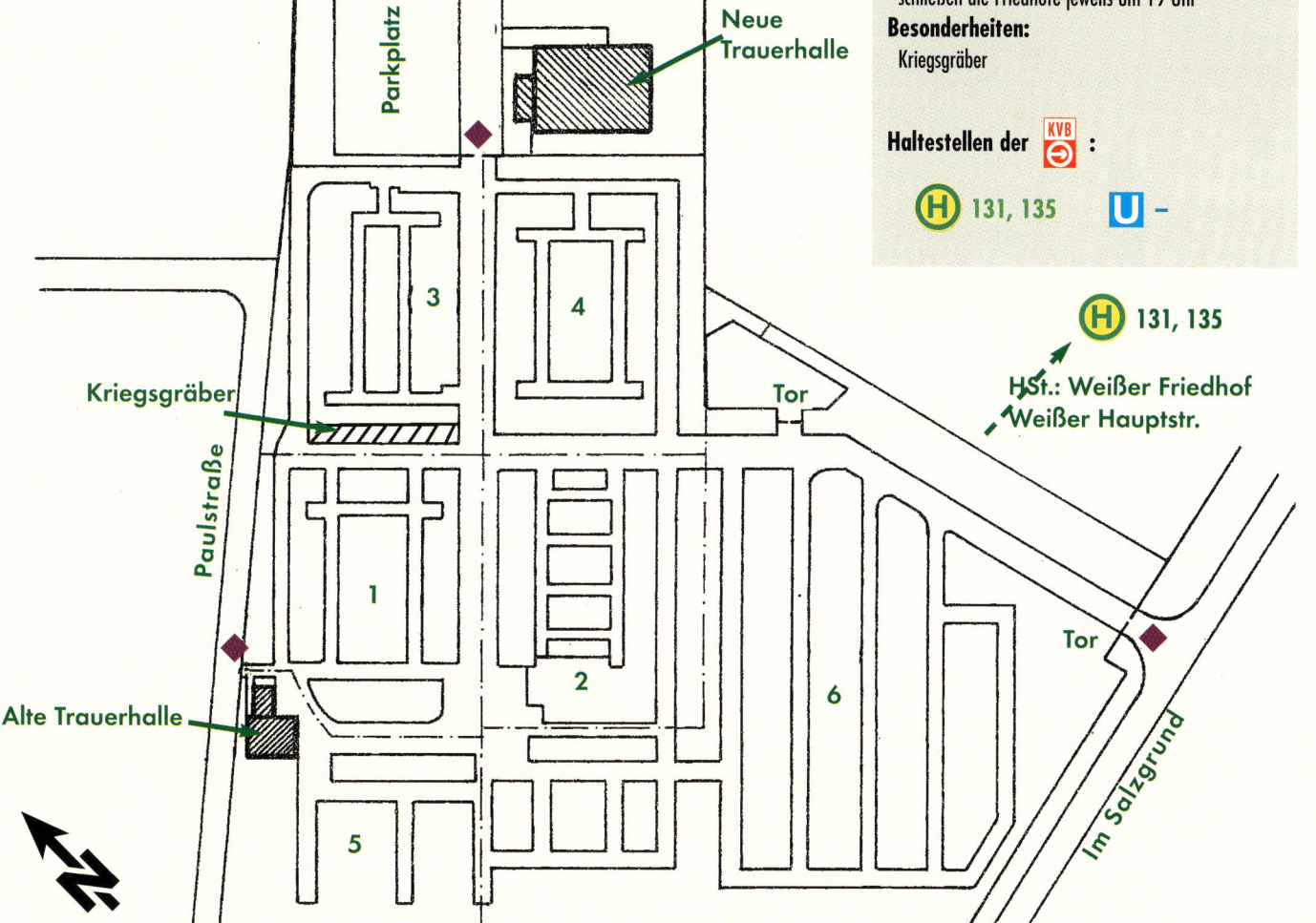

Besonderheiten:
Kriegsgräber

Haltestellen der KVB:
H 131, 135   U –

HSt.: Weißer Friedhof
Weißer Hauptstr.

♦ = Eingang

Sürth

Der Sürther Friedhof wurde zwischen 1894 und 1895 gegründet. Er ersetzte den alten an der St. Remigiuskirche gelegenen Friedhof von 1841.
Den ältesten Teil bilden die ortsnahen südöstlichen Teile. Um 1930 wurde die Anlage nach Norden hin vergrößert. Der Zugang zum Sürther Friedhof erfolgt über die Kölnstraße. Die Einfriedungsgitter stammen aus den 1920er Jahren.
Das schlichte Hochkreuz aus Basaltlava mit Corpus in Galvanoplastik, errichtet 1897, wurde 1930 an die heutige Stelle versetzt.
In direkter Nähe wird mit einem findlingsähnlichen Grabstein an den während seiner Amtszeit verstorbenen Oberbürgermeister von Köln, Harry Blum (1944 bis 17.3. 2000), erinnert. Er war der erste – nach Inkrafttreten der neuen Gemeindeordnung – von der Bevölkerung gewählte Oberbürgermeister. Aufgrund seiner freundlich gewinnenden Art war er sehr beliebt, klar in seinem Blick und pragmatisch im Handeln.
Ihm nahe (nördlich) die im zweiten Weltkrieg gefallenen Sürther Bürger.
In der Nähe der Trauerhalle (50 Sitzplätze) befinden sich frühe Grabstätten (hier Flur 4): ein geschwungenes Wandgrab (ca. 1922) in ungeschliffenem belgischen Granit, das einen Bronzetondo zeigt, erinnert an Gustav Winterfeld;
große Ausdruckskraft hat die ca. 1922 geschaffene Grabstätte der Familie Anton Lenze (Flur 7). Zwei vortretende Stützen zeigen Engelsköpfe, die zum Dreiecksgiebel überleiten. Auf diesem ist ein von Palmen gefasstes Stundenglas als Zeitsymbol erkennbar. Im eigentlichen Wandkörper fußt ein Kreuz mit einem im Profil gezeigten, dornengekrönten Christuskopf.
Das Grabmal ist der „Reformkunst" (ab etwa 1910) zuzuordnen, die in dem Bestreben nach „Vereinfachung der Form und nach individueller Behandlung des Materials" rief. Sie wendet sich demnach gegen „Dutzenddenkmäler", die allerdings ähnlich selten geworden sind wie die „Reformgräber".
Die in Granit (poliert) ca. 1921 angelegte Grabstätte der Familie Erpenbach-Päffgen birgt auch die sterbliche Hülle von Heinrich Erpenbach, Ehrenbürger der Gemeinde Rondorf. Er lebte von 1876-1957. Das Wandgrab zeigt im mittleren Bereich ein einbeschriebenes Kreuz mit einem Christustondo aus Bronze.
Auch zu den frühen Wandgräbern zählt die in Granit geschaffene Grabstätte Joh. Böse (ca. 1926, Flur 7). Granitpfeiler tragen den dreieckigen Sturz, in dessen Mitte ein Bronzetondo mit Christi Antlitz eingesetzt ist.
Selten gut erhalten ist die gusseiserne Einfriedung der Grabstätte Körber. Die Verbindungselemente zu den wie gedrechselt wirkenden Balustern zeigen griechische Kreuze. Die freistehende Kreuzstele in „schwarz-schwedisch" zeigt das Christusmonogramm (ca. 1896).
Auf gleichem Weg befindet sich die Grabstätte der Familie Johann Heinrich Minten (1821-1881), ein monumentales Wandgrab. Gebildet wird es mit einer dominierenden Kreuzstele, das mit einem Tondo eines Jesuskopfes mit Dornenkrone in Bronze die verstorbenen als ihm angehörig ausweist. Ein Sockel aus belgischem Granit nimmt das Wandgrab aus Granit auf, das mit einem Kreuz nach oben hin abschließt, auf dem ein Christustondo zu finden ist. Die Einfassung ist in belgischem Granit gehalten.
Johann Heinrich Minten und seine Ehefrau Maria Anna hatten 1850 den Sürther Mönchhof in Pacht genommen, der Maria Anna Juliana von Haupt (begraben auf Melaten zusammen mit ihren beiden Ehemännern Andreas Breuer und Mathias de Noel) gehörte.
Hier ist auch Josef Minten bestattet. Er war Landrat des damaligen Landkreises Köln (+ 1920, Flur 11).
Die Denkmale von Körber und Minten belegen, wie im ausgehenden 19. und frühen 20. Jht. bei Käuferschichten mittlerer Wohlhabenheit bestimmte Typen von Grabmalen beliebt werden. Technischer Fortschritt im Bearbeiten von Steinen und erleichterte Transportmöglichkeiten erlaubten mit Hilfe von Musterkatalogen über den örtlichen Raum hinaus, eine Art Grabmal-Industrie entstehen zu lassen.
Die Grabstätte Schödder (1835-1918) / Scheuer (1836-1909) zeigt eine Kreuzstele mit einem aus belgischem Granit gearbeiteten Sockel, der ein Marmorkreuz trägt.
Weitere ältere Grabstätten liegen nahe der südlichen Einfriedungsmauer von Flur 9 bis 11 (Nahe der Kölner Strasse), etwa Röhrig (1853-1922, Flur 11) oder Jakob Esser (+ 1913). In ihrer Formsprache sind sie verwandt.
Eine fein zulaufende Kreuzstele aus belgischem Granit überfängt die Grabstätte Kehr / Hummelsheim (ca. 1900).

Der Sockel für das Kreuz ist geradezu spielerisch barock formuliert. Auch hier ist die feine Einfriedung aus Gusseisen erhalten geblieben.

Das aus Marmor geschaffene Wandgrab für Maria Geilenkirchen besticht durch seine ästhetisierende Form. Eine Frau, im ruhigen Stand betroffen, neigt tief ihren Kopf zu einem Rosenbund. Die Trauer um einen Menschen wird durch Schönheit sichtbar (ca. 1944).

Bemerkenswert in seiner Verwendung verschiedener Materialien stellt sich die Grabstätte von Friedrich (Flur 2) dar. Die Einfriedung mit belgischem Granit wird am Kopfende mit Lavabrocken rhythmisiert. Die Namensplatte ist aus schwarzem Glas gefertigt und der Tondo aus Biskuitporzellan (1898).

Insgesamt wirkt die Friedhofsanlage in ihrem alten Teil durch die längs der Wege gepflanzten, hohen Laub- und Nadelbäume geradezu parkartig.

Wichtiges in Kürze:

Friedhof Sürth
Kölnstraße, 50999 Köln

Größe:
23.600 qm

Anzahl d. Grabstätten / Grabarten:
1.790 / Wahlgräber, pflegefreie Grabkammern, pflegefreie Urnengräber, Urnenwahlgräber

Zuständiger Gärtnermeister:
Herr Jahnz, Tel. 0221/3591352, Fax: 3591375
E-Mail: friedhof-sued@netcologne.de

Ansprechpartner Friedhofsverwaltung:
Frau Goeblet, Tel.: 0221/2 21-24441
E-Mail: Juliane.Goeblet@stadt-koeln.de

Angaben zur Trauerhalle:
100 qm, 50 Sitzplätze

Öffnungszeiten:
März: 8 - 18 Uhr   Apr. bis Sept.: 7 - 20 Uhr
Okt: 7 - 19 Uhr   Nov. - Febr. 8 - 17 Uhr
Allerheiligen (01.11.) und Allerseelen (02.11.) schließen die Friedhöfe jeweils um 19 Uhr

Besonderheiten:
Kriegsgräber

Haltestellen der KVB:

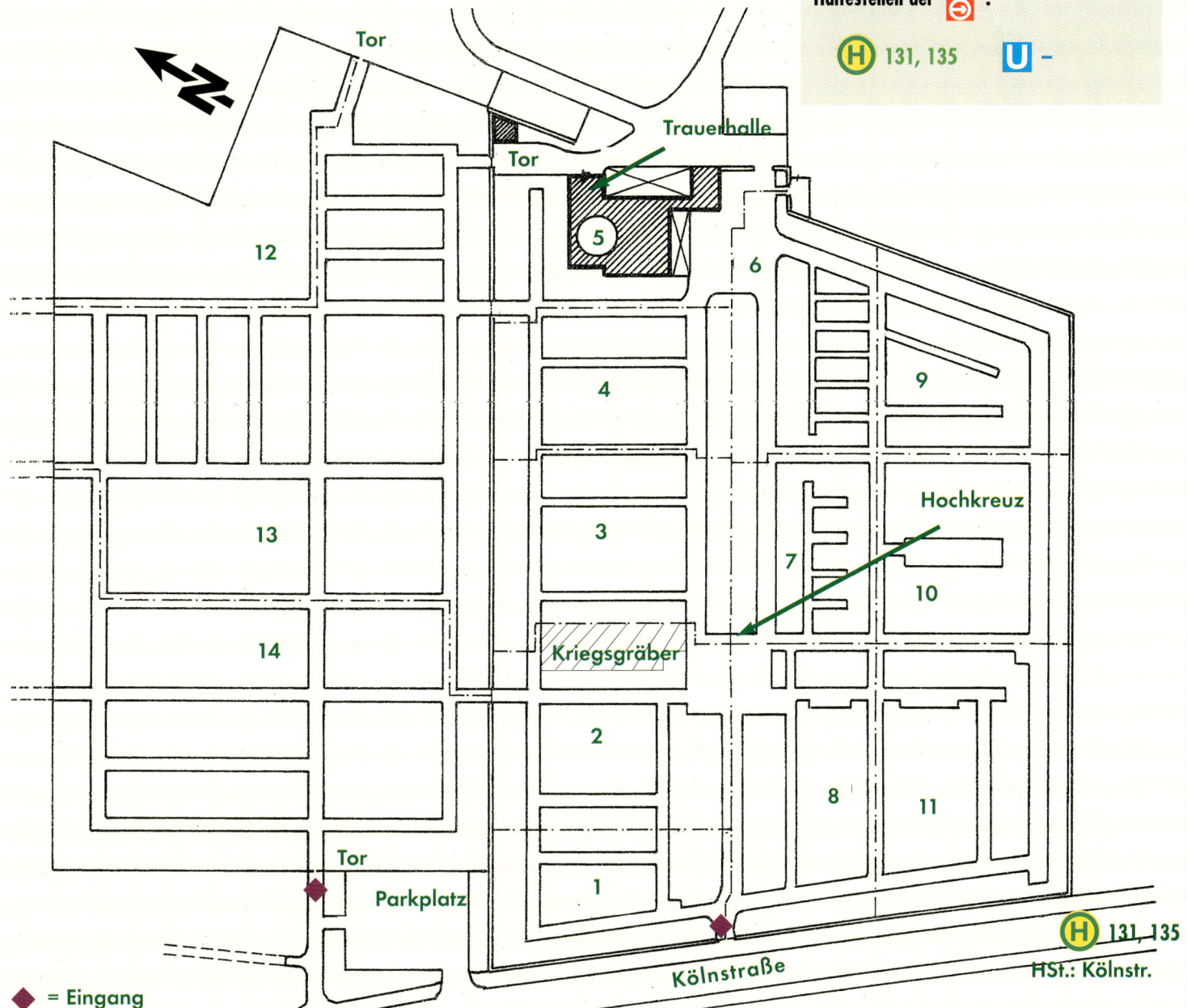

H 131, 135   U –

◆ = Eingang

61

Godorf

Der Friedhof öffnet sich von der Immendorfer Straße mit einer achsensymmetrisch angelegten Allee, die an ihrem Ende auf die Trauerhalle hinführt und an deren westlichem Ende in halbkreisförmiger Anlage an die Gefallenen des 2. Weltkrieges erinnert wird.

Die sorgfältig ausgearbeiteten Zeichnungen von Grundriss und Einfriedung, die von Gemeindebaumeister Quebe im April 1909 gefertigt wurden, lassen erkennen, dass dieser kleine Friedhof mit recht hohen Anforderungen an seine ästhetische Qualität geplant wurde (zitiert nach G. Scholz). Dies bekundet zudem den differenzierten Auftrag der Bürgermeisterei Rondorf für den Ort Godorf.

Die ältesten Flure 1 und 2 des 1909 angelegten Friedhofs erstrecken sich nordwestlich des Eingangs und sind mit mächtigen Linden gesäumt.

Die jüngeren Flure 4, 5 und 6, nach Südosten und Südwesten reichend, kamen in den 1950er Jahren dazu. In die aus Ziegelsteinen gewonnene Friedhofsmauer zur Immendorfer Straße wurde ein vermutlich vom Immendorfer Friedhof stammendes Grabkreuz des 18. Jht. eingelassen. Die erhaltenen Friedhofsgitter der Entstehungszeit umfrieden auf der Nordseite die frühen Grablegen.

Mit ihnen wird an die Eigner der alten Godorfer Hofgüter erinnert. So etwa die Grabstätte Jonas (1850-1912): ein feiner Natursteinsockel, trägt ein aus Bronze gearbeitetes Mittelrelief, das Christus zeigt, der ein Kind an sich nimmt. An die Kindschaft Gottes eines jeden Menschen gemahnt die das Bildnis unterfangene Inschrift: „Kommet her zu mir alle". Auch die gut erhaltene Grabeinfriedung ist erwähnenswert.

Daneben befindet sich die Grabstätte von Wilhelm Broicher (1844-1915) und seiner Ehefrau Christina (1852-1894 Broicherhof). In die aus Kunststein geformte Kreuzstele sind namenführende Granitplatten eingefügt. In das Frontispiz sind Blattmotive eingelassen, die auf die Dreifaltigkeit hinweisen. Das Grabmal wird mit einem über Eck stehenden Kreuz bekrönt.

Künstlerisch auffällig ist auch die Grabstätte Rossbach-Goldschmidt (1. Bestattung 1925). Ein Granitsockel ist mit Dreieckssturz überfasst, in dessen Frontispiz ein Christustondo erscheint. Das Mittelteil bildet eine halbfigurig wiedergegebene Muttergottes, die das stehende Jesuskind den Hinterbliebenen tröstend entgegenhält: Christus ist der Weg zum Vater, eröffnet von der Kirche, die durch Maria verkörpert wird. Das Sandsteinhochkreuz aus der Eröffnungszeit (um 1909) zeigt auf mächtigem Sockel mit schmalem Stelenrumpf ein hohes Kreuz mit geraden Enden und einem streng geformten Corpus nach Beuroner Vorbild (signiert J. Kirsch).

Die dahinter liegende Grabstätte der Familie Cornelius Olligs in schwarzschwedischem Granit zeigt mit Corpus, Laternen und Schriftzeichen in Bronze den zeittypischen Aufbau mit zentraler Kreuzstele und symmetrisch anschließenden Seitenteilen und Pfosten.

Cornelius Olligs heiratete 1852 Maria Agnes Conzen vom Rondorfer Bödinger Hof, zusätzlich erwarben sie den Dohmenhof. Der Sohn Urban ließ die Grabstätte bereits im Zuge der Friedhofserrichtung hier anlegen.

Das Friedhofshochkreuz und das Mittelkreuz der Grabstätte Olligs bilden ein eindrucksvolles Ensemble und machen die Bedeutung der Familie, aber auch ihre Hingewandtheit zum Kreuz deutlich.

Östlich dieses Grabes lässt sich die Grabstätte Broicher, Max Broicher (1856-1931) auffinden. Das in Diabas angelegte dreiteilige Wandgrab zeigt in der Mitte der Kreuzbalken ein Bronze-Medaillon mit dem Ecce Homo Bild (gleiches in Immendorf).

Auf der Südseite in Flur 1 lässt sich die Grabstätte des Gutsbesitzers Johann Peter Zaun und seiner Familie ausmachen. Das Wandgrab weist dreiteiligen Aufbau auf, wobei die Mitte überhöht ist und mit dem Kreuz betont wird. In dieses Granitkreuz ist ein bildhauerisch fein gefügter Corpus eingefügt. Der verstorbene Christus hat sein Haupt tief auf die Grabstätte gebeugt. Er, der den Tod überwunden hat, gibt den Angehörigen Hoffnung, dass den Verstorbenen gleiches zu teil wird. Die früheste Bestattung stammt

von 1918.
Auch die Grabstätte Esser (nahe Trauerhalle, 1870-1932) mit einem dreiteiligen, niedrigen Granitsockel zeigt die spezifische Sprache ausgehender Neogotik.
Auf den südlichen Fluren 4 und 5 ist bemerkenswert die Grabstätte Rossbach (Peter Rossbach, + 1989), wo in einem rechteckigen Block eine senkrecht nach oben steigende Linie ins Dreieck vermittelt, in das ein Halbkreis eingesetzt ist. Ein Motiv der Geborgenheit wird fassbar.

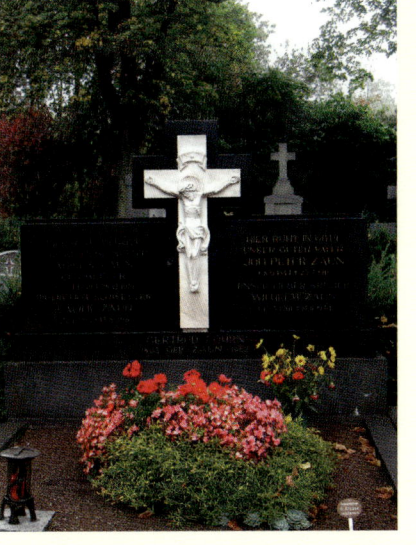

Ebenfalls in Flur 5 die Grabstätte Hans Werner Engels (1954-1968). Aus einem grob bearbeiteten, findlingsähnlichem Stein wird ein im Redegestus betroffener Christus erkennbar, der im feinen, vertieften Relief angelegt ist und gleichsam als Weg weisender zu verkünden scheint: „Ich bin der Weg und die Wahrheit und das Leben; niemand kommt zum Vater außer durch mich" (Joh. 14, 6).
Daneben die Grabstätte Josef Wirtz (1925-1968). Auf einem griechischen Kreuz erscheint der zu Thron sitzende, segnende Christus mit weitgeöffneten Armen, der den Hinterbliebenen heilsgewisse Nähe des Verstorbenen in Christus verheißt.
Die kleine Trauerhalle, die mit der Erweiterung des Godorfer Friedhofes in den 1950er Jahren errichtet wurde, fasst etwa 15 Personen.

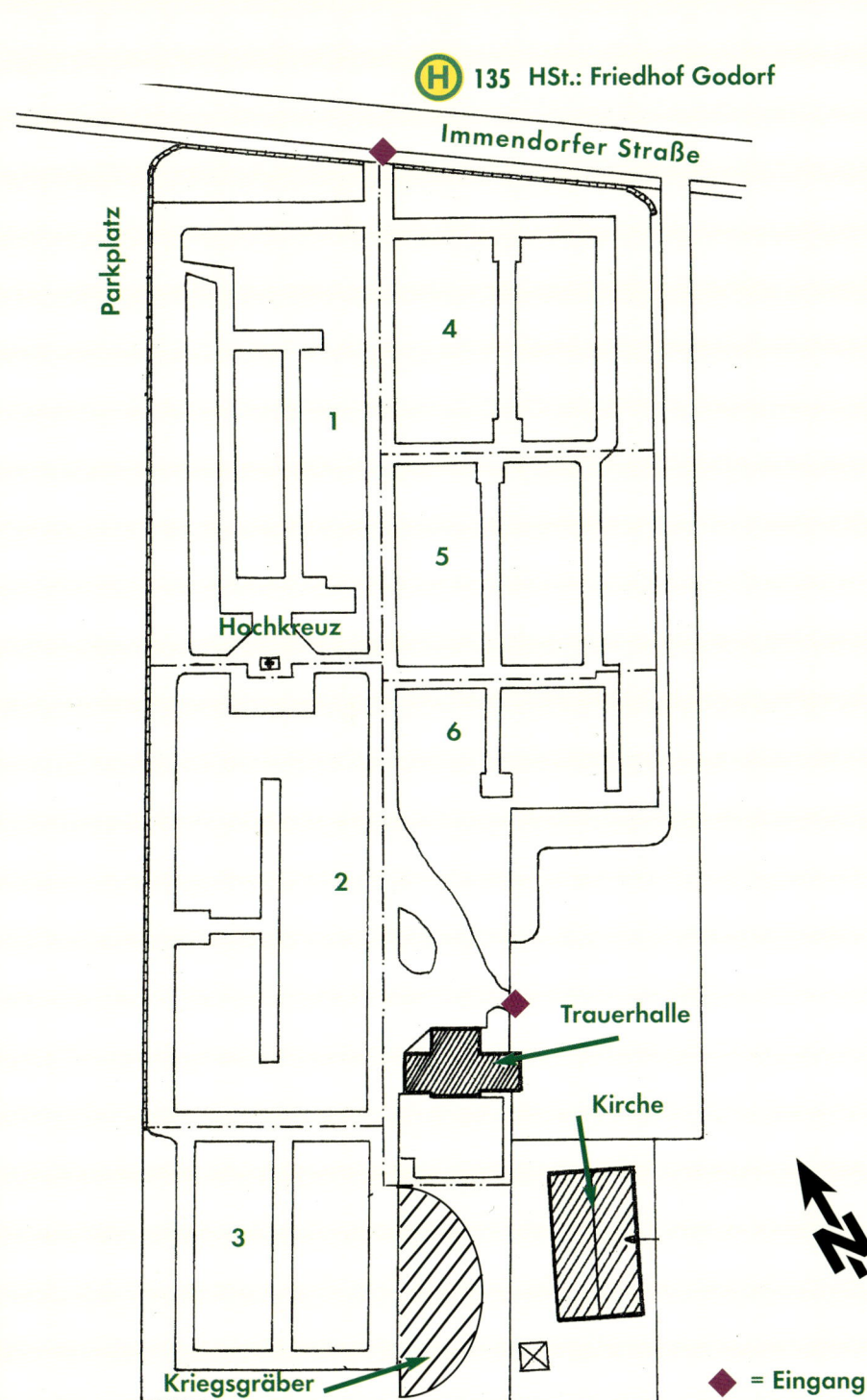

Wichtiges in Kürze:

Friedhof Godorf
Immendorfer Straße, 50997 Köln
Größe:
6.000 qm
Anzahl d. Grabstätten / Grabarten:
820 / Wahlgräber
Zuständiger Gärtnermeister:
Herr Jahnz, Tel. 0221/3591352, Fax: 3591375
E-Mail: friedhof-sued@netcologne.de
Ansprechpartner Friedhofsverwaltung:
Frau Goeblet, Tel.: 0221/2 21-24441
E-Mail: Juliane.Goeblet@stadt-koeln.de
Angaben zur Trauerhalle:
27 qm, 12 Sitzplätze
Öffnungszeiten:
März: 8 - 18 Uhr   Apr. bis Sept.: 7 - 20 Uhr
Okt: 7 - 19 Uhr   Nov. - Febr.: 8 - 17 Uhr
Allerheiligen (01.11.) und Allerseelen (02.11.) schließen die Friedhöfe jeweils um 19 Uhr
Besonderheiten:
Kriegsgräber

Haltestellen der KVB:

H 135   U –

Meschenich

Die den Mittelweg beendende Trauerhalle (zwischen Flur 2 und 3) datiert aus den 1950er Jahren. An ihren Seitenwänden aber auch an der Ostwand der Friedhofsmauer befinden sich kunsthistorisch bedeutende Kreuze vom 16.-18. Jht., die vom ehemaligen Kirchhof St. Blasien stammen (s.u.). Der Gemeinderat der Bürgermeisterei Rondorf beschloss nach dem ersten Weltkrieg die Anlage des Friedhofs. Von der Gutsbesitzerin Witwe Rolshoven und der Witwe Leikert wurde das Grundstück an der Meschenicher Straße (heute Trenkebergstraße) erworben. Demnach wurde der heutige Friedhof kurz nach dem ersten Weltkrieg eröffnet.

Der Hauptweg läuft von der Trenkebergstaße aus auf das Mahnmal für die Gefallenen der Weltkriege. Rechts und links dieses Weges liegen einige späte Vertreter des in der zweiten Hälfte des 19. Jht. beliebten Grabmaltyps der freistehenden Kreuzstele (etwa Franz Moos, + 1920, Klemmer, Hufschlag, ca. 1915).

Von feiner Arbeit darf das Muschelkalk-Grabmal der Familie Leikert (Erstbestattung 1921, vom Alt-Engeldorfer Hof) bezeichnet werden (Flur 8). Zwei kannelierte Säulen mit ionischen Kapitellen tragen einen Dreiecksgiebel, dem mittig ein Kreuz einbeschrieben ist.

Das Grabmal ist das einzige im Rodenkirchener Raum erhaltene Beispiel neoklassizistischen Formwillens (signiert J. Blondian, Brühl in Köln).

Diagonal gegenüber ist die Grabstätte Langel (1830-1878) von großer Ausdruckskraft.

Auf einem schwarzen Granitsockel steht die eindrucksvolle Figur des auferstandenen Christus, der als Trophäe seines Sieges über den Tod das Kreuz in seiner Linken hält und schultert. Mit der erhobenen Rechten wendet er sich im Redegestus auf die Menschen hin und richtet an sie die zuversichtliche Botschaft: „Ich bin die Auferstehung und das Leben. Wer an mich glaubt, wird leben, auch wenn er stirbt" (Joh. 11, 25).

Die Figur ist signiert mit L. Piedboeuf (Bronzeguss um 1905, Flur 8). Daneben befindet sich das Wandgrab der Familie Assenmacher (Gerhard Assenmacher, + 1926).

Das aus Kunststein gearbeitete Wandgrab betont die Mitte, die ein Kreuz mit dem Gekreuzigten zeigt. Dem Kreuz zur Seite sind wellige Steinmodellierungen, kantiger Form beigegeben.

Das Grabmal darf der Reformkunst zugezählt werden. Aus gleichförmiger Bildsprache heraus entwickelt sich ein Individualisierungsprozess. Vom Schema zur Individualität. Unter dem Suppedaneum (Fußsockel) liest sich das Wort „mein Jesus Barmherzigkeit". Signiert ist das Grabmal mit F. u. J. Peters, Köln Süd-Westfriedhof.

Eindrucksvoll darf auch die wiederverwendete Grabstätte Familie Kelter (Margarethe Latz, + 1954) genannt werden (gleiche Flur).

Das in Kunststein gesetzte rundbogig schließende Wandgrab zeigt gleichsam einem Tympanon ein Bronzerelief. Der am Sterbebett einer Frau wiedergegebene Jesus reicht ihr zärtlich die rechte Hand und spricht sie mit erhobener Rechten an. Die Betenden werden von Blumen in Vasen gerahmt. Offenbar handelt es sich bei dem um 1920 entstandenen Bronzerelief um die Schilderung der Erweckung der Tochter des Jairus (MK 5, 41: „Er fasste das Kind an der Hand und sagte zu ihm: Talita kum!, das heißt übersetzt: Mädchen, ich sage dir, steh auf!").

Das Hochkreuz des Friedhofs erinnert an die Gefallenen der beiden Weltkriege, datiert aber um 1920. Es baut mit zwei sich nach oben verjüngenden mächtigen Basaltquadern in gestuften Sockeln auf. Der obere trägt ein schweres Kreuz. Nachdenklich stimmende Ernsthaftigkeit und Trauer, kein Heroismus wohnen ihm inne.

An diesem Hochkreuz wird an den Ehrenbürger der Gemeinde Rodenkirchen Everhard Stolz (1888-1975) erinnert.

Ihm gegenüber sei die Grabstätte des ehemaligen Meschenicher Pfarrers Heinrich Fuchs (1931-1964) erwähnt. Typisch für die Zeit ist auch die Grabstätte Karl Kirchmann (+ 1943, Flur 1). Das Wandgrab ist in einem hellen belgischen Granit angelegt.

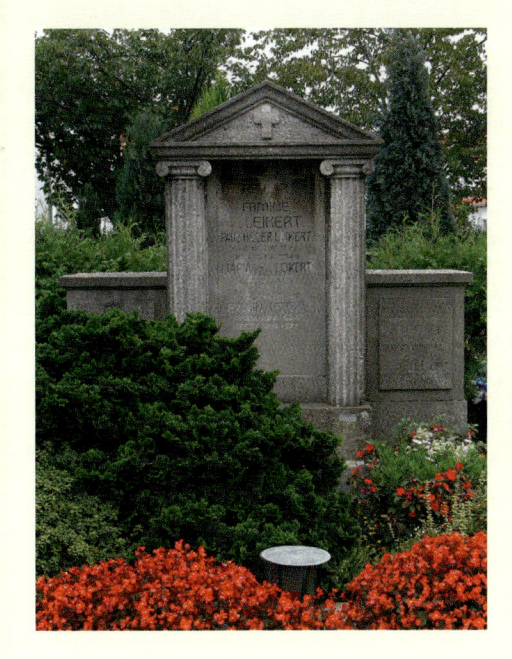

Neben dem mittig eingearbeiteten Kreuz sind die Namen genannt. Der südliche Teil des Friedhofs wurde in den 1960er Jahren dazugewonnen. Die Meschenicher Grabkreuze des alten Kirchhofes, die sich heute entlang der Friedhofsmauer oder der Trauerhalle darbieten sind ausnahmslos aus Trachyt gearbeitet.

Unter anderem ist hier das älteste datierte Grabkreuz des Rodenkirchener Raumes, ca. 95 cm hoch, erhalten, errichtet für eine 1540 verstorbene ungenannte Person (Friedhofsmauer). In der Vierung ist der Umriss eines Wappenschildes mit Herzblätter-Reliefs eingekerbt.

Von gleichem Typus sind im Kölner Raum nur noch zehn Exemplare gefunden worden.

Gut erhalten ist auch in der Variante des „Dreisättelkreuz", das Grabkreuz der Gertrud Bley (+ 1732), wo ein teilweise zerstörtes Halbrelief die schmerzhafte Gottesmutter bildlich vergegenwärtigt (ebenso Friedhofsmauer).

Gut im Zustand ist auch das Grabkreuz des „Endorfer Halffen" Mathias (ca. + 1730) mit Totenschädel über gekreuzten Knochen, das der Vergänglichkeit allem Irdischen Ausdruck verleiht (Friedhofsmauer).

Die Trauerhalle des Friedhofs ist ein kleiner Saalbau und fasst etwa 15 Personen.

Wichtiges in Kürze:

Friedhof Meschenich
Trenkebergstraße, 50997 Köln

Größe:
4.600 qm

Anzahl d. Grabstätten / Grabarten:
790 / Wahlgräber, Urnenwahlgräber

Zuständiger Gärtnermeister:
Herr Jahnz, Tel. 0221/3591352, Fax: 3591375
E-Mail: friedhof-sued@netcologne.de

Ansprechpartner Friedhofsverwaltung:
Frau Goeblet, Tel.: 0221/2 21-24441
E-Mail: Juliane.Goeblet@stadt-koeln.de

Angaben zur Trauerhalle:
27 qm, 12 Sitzplätze

Öffnungszeiten:
März: 8 - 18 Uhr   Apr. bis Sept.: 7 - 20 Uhr
Okt: 7 - 19 Uhr   Nov. - Febr. 8 - 17 Uhr
Allerheiligen (01.11.) und Allerseelen (02.11.) schließen die Friedhöfe jeweils um 19 Uhr

Besonderheiten:
Kriegsgräber

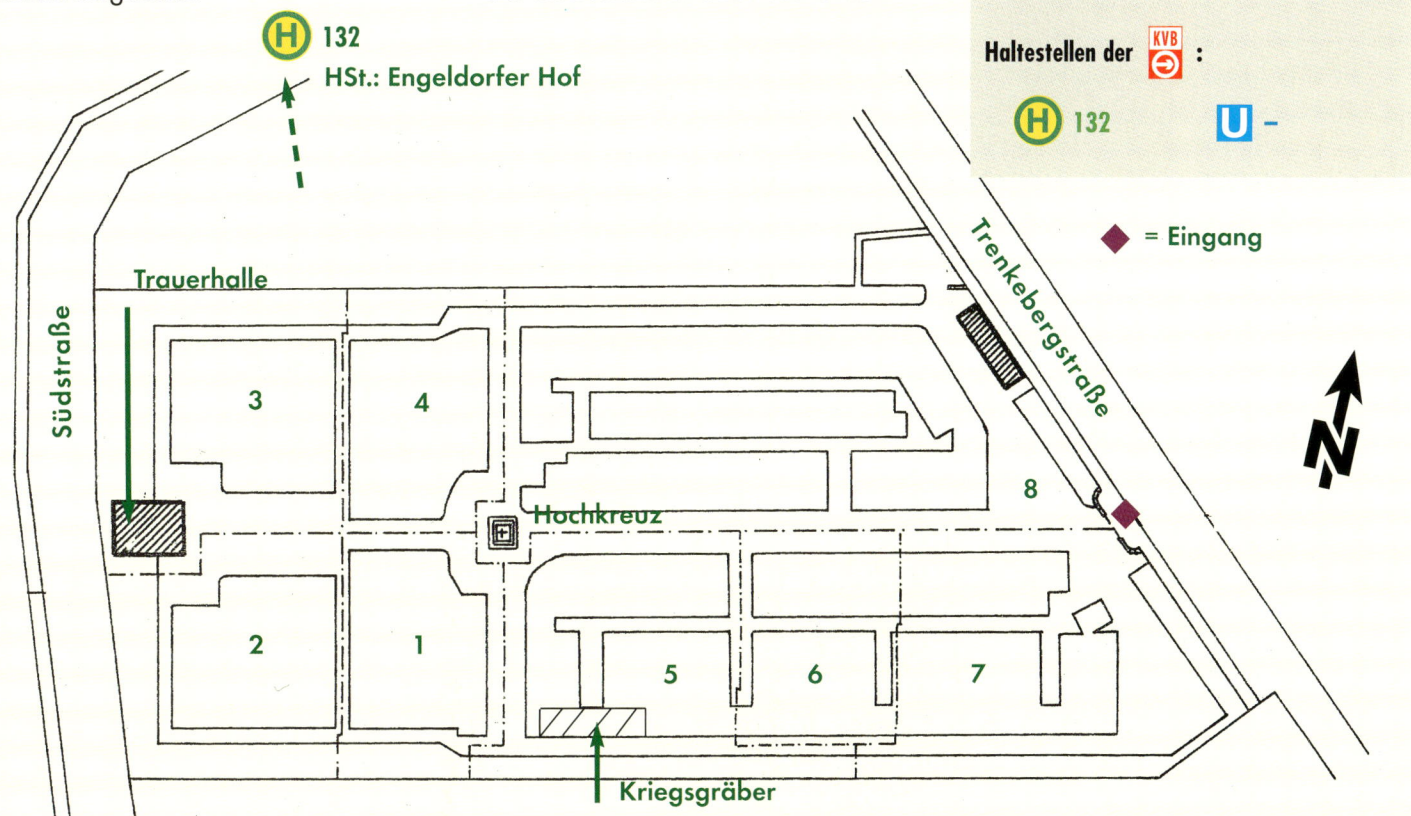

Haltestellen der KVB:
H 132   U –

Rondorf

Der Friedhof liegt weit ab der Ortschaft Rondorf und wurde als Kommunalfriedhof 1915 in Nutzung genommen. Ähnlich dem Godorfer Friedhof wurde der älteste Teil rechteckig angelegt und am Hochkreuz mit einem baumbestandenen Rondell zentriert. Auch hier ist es der Kommunalbaumeister Quebe, der für die klar geordnete Anlage verantwortlich zeigt. Ab 1935 wurde der Friedhof um das südlich des heutigen Hochkreuzes liegende Areal erweitert. Nördlich des heutigen Hauptwegs, der auf die Trauerhalle zuführt, ist die Grabstätte Breuer Esser auffällig (Flur 1). Hier zeigt sich der Einfluss der Friedhofsreformbewegung der frühen 1920er Jahre, mehr zum individuelleren Erinnerungsmal zu finden.

Vor einer Backsteinwand als rahmender Kulisse findet sich die in Muschelkalk gefertigte Pieta, die die Beweinung Christi zu einer Beweinung über den Verlust eines Menschen zu wandeln scheint. Es handelt sich hierbei um das einzige im Rodenkirchener Raum erhaltene expressionistische Grabmal (ca. 1922).

In der Nähe hiervon zeigt der Jugendstil seinen formalen Niederschlag (Grabstätte Battschatt) bei der Gestaltung des mit Blumen geschmückten Rahmens, der auf einen Engel hinführt (Flur 1, ca. 1910).

Nördlich des Hochkreuzes sind die drei großen und repräsentativen Grabstätten der Familie Conzen zu finden.

Der Landwirt Peter Conzen lebte von 1836-1922. In dem weit angelegten Wandgrab aus schwarzem Granit ist mittig die Darstellung des toten Christus zu finden, der von den drei Marien betrauert wird (Flur 2). Das Bronzerelief verdichtet tiefe Betroffenheit und Trauer (ca. 1917, signiert mit Kunst-Bronzegießerei/Peter May/Köln N.). Daneben die Grabstätte Bernhard Conzen (1878-1917), geboren auf dem Johannishof in Rondorf. Der Sockel und die Einfassung sind aus belgischem Granit gewonnen, das eigentliche Erinnerungsmal aus Granit (Tondo fehlt). Die Grabstätte Franz Josef Conzen (1822-1899), verheiratet mit Wilhelmine Conzen, geb. Zehnpfennig (1825-1910, Flur 1) ist durch dekorative, im belgischen Granit gehaltene, nach oben zulaufende Begrenzungen gefasst.

Das sich aus dem Wandgrab zentriert erhebende Grabkreuz zeigt einen Lorbeerkranz in einem Dreiecksgiebel, über dem Erinnerungstafeln aus Granit eingelassen sind. Die obere Tafel zeigt zusätzlich stilisierte Palmen. Nach oben schließt das ganze mit einem Kreuzaufsatz ab, der einen marmornen Christus zeigt. Die Schwelle fordert auf: „bete für uns".

Das Grabmal wurde ursprünglich für den Immendorfer Friedhof gestaltet und nach der Eröffnung des Rondorfer Friedhofs hierhin versetzt. Franz Conzen hat nachweislich bereits im Jahr 1851 auf dem Rondorfer Büchelhof gewohnt, den er später erwarb.

Von dichter Aussage zeugt auch die nahe der Grabstätte Conzen gelegene Grablege des Eberhard Küpper: „Hier ruht unser lieber Sohn, Bruder Heinrich Küpper 1900-1925". Ein feiner in Kunststein gehaltener Korpus thront über einer Granitplatte (Flur 2). Kurz davor liegt die Grabstätte Lenz, angelegt in hellbraunem Granit mit einbeschrie- bener Bronzeplatte, die eine im Brustporträt wiedergebende, nach rechts schauende Christusfigur zeigt.

Bei der Grabstätte Fendel tritt aus einem dreiteiligen Wandgrab (Muschelkalk) das Kreuz mittig hervor. Der in Bronze modellierte Tondo des toten Christus zeigt große Ernsthaftigkeit

(nach 1944, Flur 3).
Gleich dahinter sind die Gräber der Kriegsgefallenen zu finden.
Nahe hierbei ist die Grabstätte Esch, heute Reinardy (Flur 3). Mit dynamischer Bewegtheit tritt ein von neobarockem Formgeist geprägter Engel mit gesenktem Haupt auf die Verstorbenen hin. Nach unten weist die eine Hand, nach oben die andere. Er wirkt wie einer, der die Erweckung durch Gott an die Verstorbenen weitergibt.
Am Ende des Weges zwischen Flur 3 und 4 liegen sich zwei gleich in Diabas gearbeitete Grabstätten gegenüber. Sie erinnern in eindrucksvoller Weise an die am 14.10.1944 sowie am 3.1.1945 „durch feindlichen Fliegerangriff" Gefallenen.
Von den neueren Bestattungen ist Grabstätte Peter Pilz auffällig (4.9.1998). Von einem glatt polierten Sockel, der ein Dreieck trägt, öffnen sich ins Rechteck übergehende Platten, die einen freien Schacht aussparen. In die Dunkelheit tritt Licht (Flur 5).
Auf der Nordseite, parallel zur Buchenhecke sollten die Grabstätte Bernardi (1934), sowie die Grabstätte Krudewig beachtet werden. Beide Grabstätten scheinen von gleicher Hand zu sein und zeigen dreiteilige Wandgräber mit betonter Mitte.
In Flur 1, rückwärtig zur Grabstätte Esser, bewegt einen die Grabstätte Mauck. In einem aufgeschlagenen Buch sind die Namen der Verstorbenen zu lesen: unter anderem auch der eines kleinen Jungen, der mit sieben Jahren verstarb. Ein in Marmor gearbeiteter Teddybär erinnert an die verlorene Kindheit des Jungen durch sein Sterben.
An der östlichen Friedhofsmauer wird an zwei unbekannte Ukrainerinnen gedacht. Einzelschicksale, die häufig verdrängt werden oder aber auch oft nicht rekonstruiert werden können, werden somit dem Angedenken anvertraut. Die Trauerhalle aus den 1950er Jahren fasst etwa 20 Personen.

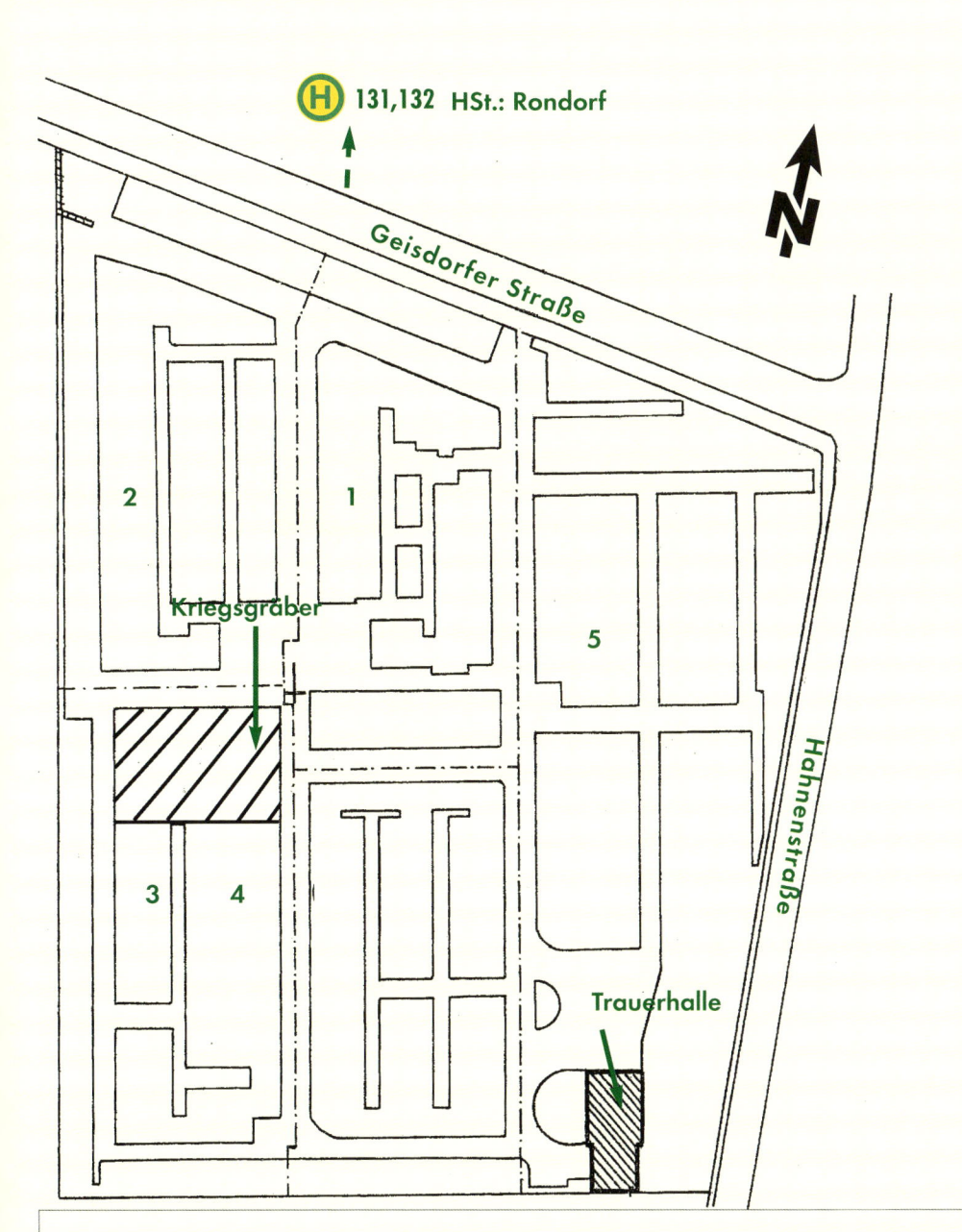

Wichtiges in Kürze:

Friedhof Rondorf
Giesdorfer Straße, 50997 Köln
Größe:
6.000 qm
Anzahl d. Grabstätten / Grabarten:
970 / Wahlgräber, Urnenwahlgräber
Zuständiger Gärtnermeister:
Herr Jahnz, Tel. 0221/3591352, Fax: 3591375
E-Mail: friedhof-sued@netcologne.de
Ansprechpartner Friedhofsverwaltung:
Frau Goeblet, Tel.: 0221/2 21-24441
E-Mail: Juliane.Goeblet@stadt-koeln.de
Angaben zur Trauerhalle:
27 qm, 12 Sitzplätze
Öffnungszeiten:
März: 8 - 18 Uhr   Apr. bis Sept.: 7 - 20 Uhr
Okt: 7 - 19 Uhr   Nov. - Febr. 8 - 17 Uhr
Allerheiligen (01.11.) und Allerseelen (02.11.) schließen die Friedhöfe jeweils um 19 Uhr
Besonderheiten:
Kriegsgräber

Haltestellen der KVB:

H 132,131   U -

Steinneuerhof

Bereits 1967 wurde eine Erweiterung des Südfriedhofes erwogen, was aber aufgrund der benachbarten Bebauung und der Wasserschutzzone nicht möglich war.

In der damaligen Gemarkung Rondorf wurde ein 20 ha großes Gelände für einen weiteren Friedhof im Kölner Süden gewonnen. Der Friedhof wurde am 16.5.1969 eröffnet und war als Entlastung für den Südfriedhof vorgesehen. Auch sollte er eine Art Zentralfriedhof des Südens werden, auf dem auch Rondorf, Höningen und Meschenich beerdigen sollten.

Die Anlage dieses Friedhofs wurde von der Kölner Friedhofsverwaltung geplant (Gartenbauarchitekt Schönbohm) und realisiert.

Das ehemalige landwirtschaftlich genutzte Gelände wurde planiert und die alte Scheune des Steinneuerhofes zur Trauerhalle umgebaut. Ein mächtiges Holzkreuz schmückt die Vorderwand. Durch die Eingemeindungen von 1975 kam der zum Eröffnungszeitpunkt noch auf dem Gebiet der damals bestehenden Gemeinde Rodenkirchen gestaltete Friedhof zur Stadt Köln.

Der Friedhof ist ein wichtiges Zeitdokument für ein Verständnis von Sterben und Tod in den späten 1960er Jahren. Weit vom Leben wurde der Platz für die Toten angelegt.

Heute werden Friedhöfe eher als „Plätze mitten im Leben" gedeutet. Beim Stein der Grabstätte Heidbüchel und Daimiger sind zwei stilisierte Körper in sich zuneigender Form zu finden, die dennoch getrennter Wege gehen. Im Zentrum ihrer Mitten aber sind sie vereint (signiert Hermühler Grabsteine Manfred Flohr, Flur 1).

Gegenüber hiervon wird auf der Grabstätte Mathilde Raube (+ 1972) ein Posaune spielender Engel dargeboten. Er hat nicht die beängstigende Schwere von Gerichtsengeln sondern eine Leichtigkeit frohen Hoffens (Flur 1).

In dieser Flur fallen auch die Grabstätten Schulten sowie Fügel in besonderer Weise auf. Die eine den Geist der Vergänglichkeit atmend, wo in ungeordnetem Grün ein Kreuz inmitten von felsigem Gestein nach oben hin den Weg findet (ca. 1969); die andere Grabstätte zeigt eine geradezu gartenähnliche Grabanlage, die durch ein in mehrfacher Stufung und Staffelung gearbeitetes Kreuz die Auferstehungshoffnung sichtbar macht (Flur 2). Ohne Datum aber sehr dicht von der Formsprache her, ist die Grabstätte Dannenbaum (Flur 2), wo in rustizierender Form drei Kreuze ineinander gefasst sind.

Bei Grabstätte Käthe von Lepel (1892-1971, Flur 2) ist in einen Kissenstein, in tiefer konkaver Form, das griechische Kreuz eingearbeitet.

Die Grabstätte Severin Lindlohr (1890-1971) zeigt Christus, der mit nach oben gewandten Händen als der, der selber gestorben ist, Heilsgewissheit der Auferstehung verheißt. Sehr filigran läuft das Lendentuch in dem Relief nach oben (Flur 4).

Einer alten Bildtradition ist der in Flur 5 zu findende Grabstein für Dr. Geisbusch (1896-1975) verpflichtet. In dem linken Marmorblock findet sich die Darstellung des knabenhaft wiedergegebenen thronsitzenden Christus, der von Maria mit dem linken Arm gehalten wird. Dies ist das Motiv des „sedes sapientiae", Sitz der Weisheit, in dem der „Davidssohn" Christus als Inkarnation der Weisheit, die von Maria ge-fasst wird, erscheint. Die Weisheit ist der Maßstab ewiger Gotteserkenntnis.

Auch die Grabstätte von Alice Gielka (1920-1999) spricht das Thema der Weisheit an (Flur 5). Auf einem hellen Stein, der trapezoid zuläuft und im oberen Bereich mit einem Dreiviertelkreis abschließt, wird eine auf einem Zweig sitzende Eule wiedergegeben. Die Eule ist der Vogel, der in der Dunkelheit schaut, so wie der Mensch hofft, durch die Dunkelheit des Sterbens hindurchgehen zu können. Der Stein ist in den Kunstwerkstätten von Maria Laach etwa um 1999 gefertigt worden.

Ausgesprochen personen- und berufsbezogen ist die Grabstätte des Schreinermeisters Karl Willi Brune (1944-1999) zu benennen. Hier ist aus filigran gefügten leistenartigen Hölzern ein rahmendes lateinisches Kreuz gewonnen, in das wiederum ein Kreuz mit geschwungenen Enden eingegliedert ist (Flur 5).

In gleicher Flur vergleicht der Grabstein der Grabstätte Perschon das Thema des Lebens mit dem des Baumes. Er ist nach oben wie nach unten beschnitten. Die Mitte wird von einem Ast gebildet, der dem Baum entsprossen ist. Er trägt die Namen der Verstorbenen Maria (1902-1993) und August (1891-1976), die sich zum gemeinsamen Leben gefunden haben. Sie beide waren Teil dieses gemeinsamen Lebensbaumes.

In Flur 3 ist ein Feld für anonym Bestattete angelegt. Mehr und mehr wird es üblich, dass Menschen, sei es dass sie keine Angehörigen haben, sei es dass sie Vergänglichkeit in entritualisierter Weise für sich eigen nennen, sich ohne Bezeichnung des Namens bestatten lassen möchten. Der gemeinsame Stein zeigt einen hochrechteckigen Block. Auf der Ecke sind Menschen ohne Gesichter in Ewigkeit miteinander verbunden (signiert: Richerzhagen-Grabmale Bergisch-Gladbach, Refrath).

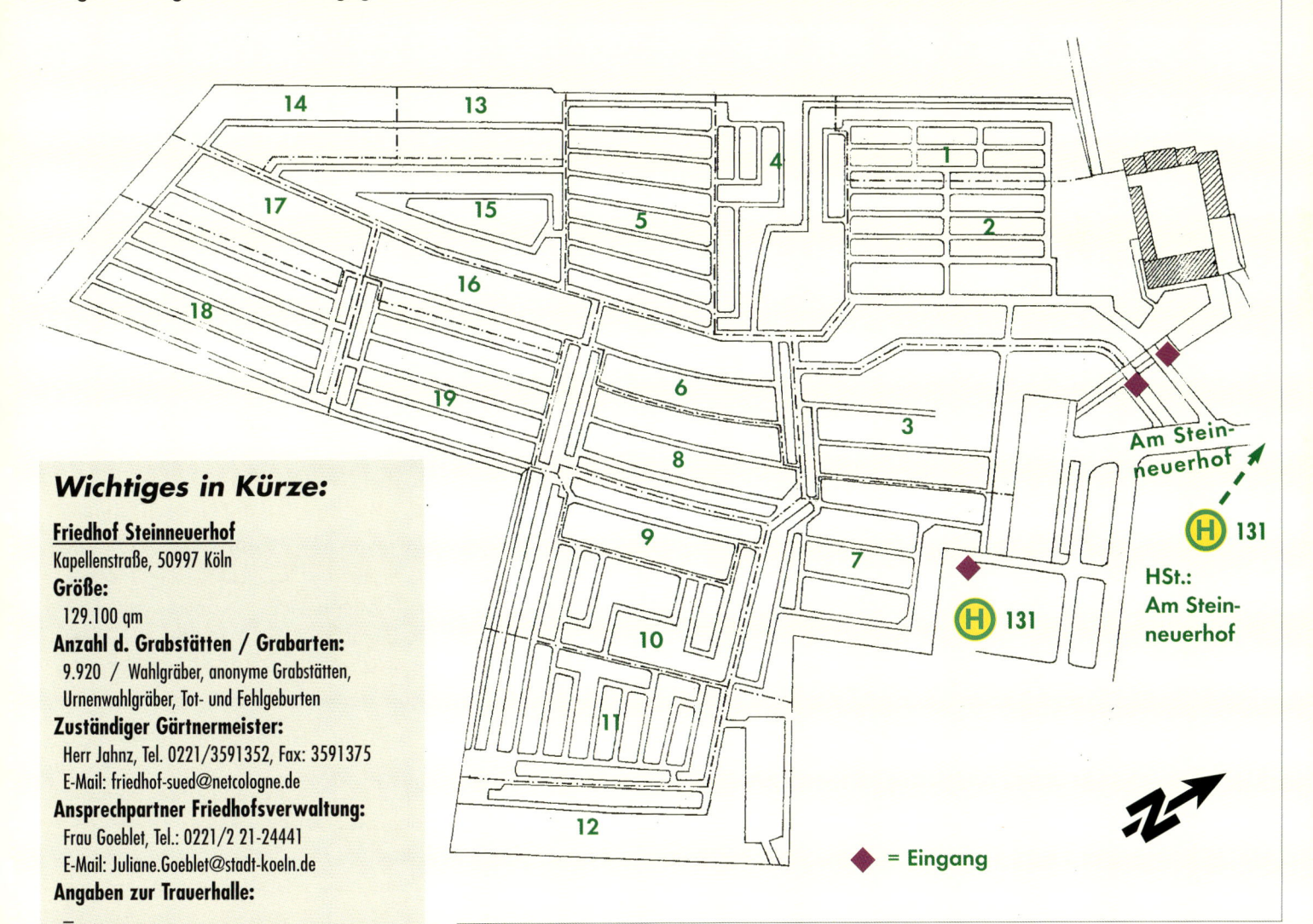

Wichtiges in Kürze:

Friedhof Steinneuerhof
Kapellenstraße, 50997 Köln
Größe:
129.100 qm
Anzahl d. Grabstätten / Grabarten:
9.920 / Wahlgräber, anonyme Grabstätten, Urnenwahlgräber, Tot- und Fehlgeburten
Zuständiger Gärtnermeister:
Herr Jahnz, Tel. 0221/3591352, Fax: 3591375
E-Mail: friedhof-sued@netcologne.de
Ansprechpartner Friedhofsverwaltung:
Frau Goeblet, Tel.: 0221/2 21-24441
E-Mail: Juliane.Goeblet@stadt-koeln.de
Angaben zur Trauerhalle:
–
Öffnungszeiten:
März: 8 - 18 Uhr   Apr. bis Sept.: 7 - 20 Uhr
Okt: 7 - 19 Uhr   Nov. - Febr.: 8 - 17 Uhr
Allerheiligen (01.11.) und Allerseelen (02.11.) schließen die Friedhöfe jeweils um 19 Uhr
Besonderheiten:
–

Haltestellen der KVB:

(H) 131   U –

Rodenkirchen alt

Der Alte Friedhof Rodenkirchen liegt nördlich der Frankstraße und wurde 1854 eröffnet. Angelegt ist er in einer klaren rechtwinkeligen Wegeform, wobei die Hauptachse von Süden nach Norden auf das konkav geschwungene Mahnmal für die Gefallenen der beiden Weltkriege zugeführt ist. Alter und junger Baumbestand machen ihn nahe der Rodenkirchener Rheinbrücke zu einem besinnlichen Platz stillen Gedenkens.

Er verdichtet die Geschichte des ehemaligen selbstständigen Ortes Rodenkirchen.

Aus der frühen Zeit (1854) datiert das Hochkreuz, das auf neoromanischem Sockel aufbaut und im Kreuz Christi die Auferstehung, als dem irdischen Sterben folgende, hoffnungsvoll ausdrückt „O Crux Ave Spes Unica". Südwestlich vom Hochkreuz weist die älteste Grabplatte auf die ursprünglich saarländische Familie Gossi hin (Flur 10). Eduard Gossi (+ 1885) und seine Frau Gertrud (+ 1887) betrieben in Bayenthal das Ausflugslokal „Zur Stadt Köln".

In Flur 10 fällt die Grabstätte Lieschen Mehl auf. Hierbei handelt es sich um ein vom Jugendstil stark beeinflusstes Wandgrab, das ca. 1910 entstanden ist.

Von den älteren erhaltenen Grabstätten datieren die meisten in die 1920er und 1930er Jahre.

Die Grabstätte Lantzerath (ca. 1922, Flur 1) zeigt einen dreiteiligen Aufbau mit betonter Mitte, in der der gekreuzigte Heiland zwischen Alpha und Omega wie lebendig thront. Das Kreuz und der Kelch, die ihm auf den Seitenteilen zugeordnet sind, sprechen das Abendmahl als Teilhabe an Christi Leid, aber eben auch als Zusage an die Auferstehung an.

Jugendstil im Formfluss zeigt die Grabstätte Johann Katzenberg, gestaltet von A. Muschard in Köln Zollstock. Rechts und links von dem qualitätsvoll gearbeiteten Christuskopf haben sich die alten Grableuchten erhalten (Flur 1).

Späte Einflüsse des Jugendstils lassen sich auch in dem laubenähnlich angelegten Grabmal der Familie Ernst Reimbold (+ 1934, Flur 1) erkennen. Es nimmt die Nordostecke des Friedhofs ein und lässt durch die einbeschriebene Rundung das Mittelteil betont erscheinen. Hier findet sich unter einem mit Kreuzgiebel bekrönten Rundbogen eine jugendlich, antikisierend wiedergegebene kniende Frau, die in ihrem Gewandschoß Rosen birgt und – trauernd gefasst – eine auf das Grab wirft.

Ebenfalls aus der Zeit des Jugendstils stammt die Grabstätte Peter Lapp (ca. 1922, Flur 1) mit Bildnis einer Rosen spendenden, knienden Frau.

Künstlerisch auffallend und bildnerisch fein geführt kann die Grabstätte Fuhs/Hilgers (undatiert ca. 1975) genannt werden (Flur 1). Ein Gerichtsengel mit serpentinenartig modellierten Flügeln verkündet die Ankunft der Endzeit.

In der Höhe der Ostseite der Trauerhalle ist die Grabstätte Engels bemerkenswert.

CDU-Fraktion im Rat der Stadt Köln
Kompetenz für Köln vor Ort

„Das Vergangene kennen, nützt dem Künftigen"
CHRISTINE VON SCHWEDEN

Sehr geehrte Leserinen,
sehr geehrter Leser,

die gesellschaftlichen und kulturellen Werte einer Epoche finden ihren Niederschlag auch im Bestattungs- und Friedhofwesen. Friedhöfe sind daher nicht nur Ort des Todes und der Trauer, sondern auch ein Spiegelbild der Kulturgeschichte.

Die Kölner Friedhöfe reihen sich neben zahlreichen Kirchen und anderen Denkmälern als wertvolle Zeugen der Geschichte unserer Stadt ein. Sie haben als Kulturstätte und Grünfläche einen hohen Stellenwert in Köln.

Der städtischen Friedhofsverwaltung in Köln obliegt die Unterhaltung von 58 Friedhöfen, von denen sich 56 im städtischen Eigentum befinden. Auf einer Gesamtfläche von rd. 4,9 Mio. qm verteilen sich die insgesamt 5 Groß-, 13 mittleren sowie 40 Ortsfriedhöfe. Ein besonderes Merkmal der Kölner Friedhofskultur ist die hohe Zahl von Ortsfriedhöfen, die nach unserer Auffassung auch künftig den Bürgern erhalten bleiben muss.

Der CDU ist es seit jeher aufgrund ihrer besonderen Nähe zu christlichen Wertvorstellungen ein tiefes Bedürfnis, einen würdevollen Umgang mit unseren Verstorbenen sicherzustellen und ihr Andenken hochzuhalten. In gleichem Maße gilt es jedoch auch, den Hinterbliebenen in einer schwierigen Zeit den Weg durch das Dickicht der Normen und Regularien zu weisen und einen klaren rechtlichen Rahmen für den Umgang mit dem Tod zu schaffen.

Daher galt das besondere Engagement der Kölner CDU-Fraktion in diesem Bereich auch der Neufassung der Friedhofsgebührensatzung der Stadt Köln. Mit dieser Satzung ist eine größere Gebührengerechtigkeit bei den Nutzungsrechten, eine Reduzierung der Gebührentatbestände sowie eine verbesserte Gebührentransparenz erreicht worden.

In diesem Zusammenhang stimmt uns das von der Landesregierung NRW forcierte Gesetzesvorhaben über das Friedhofs- und Bestattungswesen (Bestattungsgesetz NRW) mehr als nachdenklich. Wesentliche Kritikpunkte an diesem Gesetz sind die eingeräumte Möglichkeit des Betriebs von Friedhöfen und Feuerbestattungsanlagen durch private Dritte, die Aufhebung der Bestattungspflicht von Aschen sowie die Einführung von Aschestreufeldern und der Wegfall der Sargpflicht bei Bestattungen.

Die CDU betrachtet diese Entwicklung mit großer Sorge und ist sich unter anderem mit der Katholischen und der Evangelischen Kirche darüber einig, dass ein derartiges Gesetz erhebliche Beeinträchtigungen der Friedhofs- und Bestattungskultur nach sich zöge.

Treten wir gemeinsam dafür ein, dass unsere Friedhöfe auch weiterhin ein Ort der Würde, des Gedenkens und der Trauer sein können.

Köln, im September 2003

Prof. Dr. Rolf Bietmann MdB
Fraktionsvorsitzender der CDU-Fraktion im Rat der Stadt Köln

Ein in individueller Ausdrucksform aus Kunststein gearbeitetes Kreuz weist auf die Zeit der „Reformkunst" (ca. 1930, Flur 1 zu 2).
Östlich zum Hauptweg lässt sich die Darstellung der Erweckung des Jünglings von Nain finden (Grabstätte Max Weischer 1918-1935, Flur 3), das den frühen Tod des jungen Mannes erläutert. Gläubige Augen staunen: Luk. 7, 15: „Da richtete sich der Tote auf und begann zu sprechen, und Jesus gab ihn seiner Mutter zurück". Zuversichtlich wird am Sockel verkündet: „Zu uns komme dein Reich".
Nahe hiervon die Grabstätte des ehemaligen Polizeikommissars Albert Goebelsmann (Flur 3). Auf dem schwarzen Granit ist ein Bronzerelief angebracht, das eine Frau zeigt, die in inniger Trauer auf den Namen des Verstorbenen schaut und Liebe äussernde Rosen hält (ca. 1935).
Nahe dem Eingang liegt die Grabstätte der Elenore Mechtildis Ritterbach (1919-1936), die am Osterfest als einziges Kind der Eltern verstarb. Zu den Frauen am Grab spricht der in feinen linienhaften Steigravuren angelegte Engel die Worte: „Was sucht ihr den Lebenden bei den Toten?", Luk. 24, 5 (Flur 3).
Direkt am Eingang Flur 5 die Grabstätte Verlinden (um 1910). Ein fein geschwungenes Mittelteil aus Kunststein mit Marmorplatte; die flankierenden Pfeiler sind mit feinen Art Deco Bildmotiven geziert. 
Großflächig, in schwarzem Granit geprägt, erinnert das Grab an die Familie Franz Peters (ca. 1948, Flur 11). 
Gegenüber lässt sich die Priestergrablege der Geistlichen der Pfarrei von St. Maternus finden.
Die auf der Nordwestecke des Friedhofs gestaltete Grabstätte Hansen (+ 1919, Flur 11) zeigt den realistisch wiedergegebenen Auferstandenen, der unter einem bossierten Steinbogen den Menschen zuruft: „Ich bin die Auferstehung und das Leben. Wer an mich glaubt, wird leben, auch wenn er stirbt" (Joh. 11, 25). Symbolisch auffällig mit dem Pelikan als Auferstehungssymbol, der den Seinen aus geöffneter Brust Nahrung spendet, ist die Grabstätte Bartscherer (Flur 10).
Nahe der Trauerhalle ist die Grabstätte des Gastwirtes zur „Schönen Aussicht", Hans Peter Reuscher (Flur 9).
Zurück auf dem Hauptweg erinnert ein liegender belgischer Granitsockel mit einer Schriftplatte aus dünnem Granit an J. B. Wolf, Bürgermeister von Rondorf (1835-1893, Ehrengrab, Schriftplatte aus Granit auf belgischem Granit, Flur 6).
Früh datiert auch am Ausgang (Hauptweg) die Grabstätte Holler um ca. 1900 (Muschelkalk); linksseitig wird auf dem kompakten Stein ein Kreuz dargestellt, das mit Ilex umwunden ist.

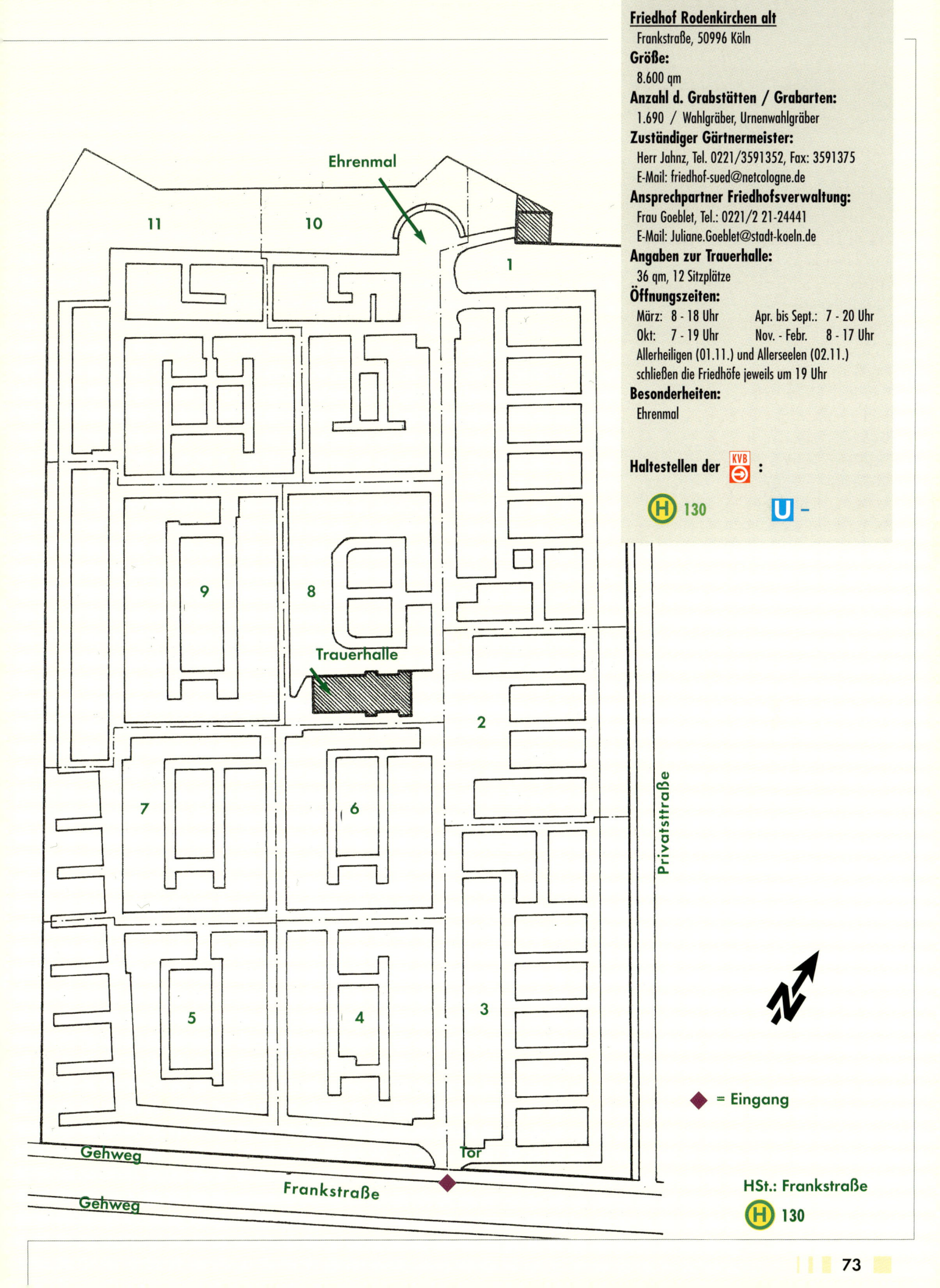

Wichtiges in Kürze:

Friedhof Rodenkirchen alt
Frankstraße, 50996 Köln

Größe:
8.600 qm

Anzahl d. Grabstätten / Grabarten:
1.690 / Wahlgräber, Urnenwahlgräber

Zuständiger Gärtnermeister:
Herr Jahnz, Tel. 0221/3591352, Fax: 3591375
E-Mail: friedhof-sued@netcologne.de

Ansprechpartner Friedhofsverwaltung:
Frau Goeblet, Tel.: 0221/2 21-24441
E-Mail: Juliane.Goeblet@stadt-koeln.de

Angaben zur Trauerhalle:
36 qm, 12 Sitzplätze

Öffnungszeiten:
März: 8 - 18 Uhr   Apr. bis Sept.:   7 - 20 Uhr
Okt: 7 - 19 Uhr   Nov. - Febr.   8 - 17 Uhr
Allerheiligen (01.11.) und Allerseelen (02.11.)
schließen die Friedhöfe jeweils um 19 Uhr

Besonderheiten:
Ehrenmal

Haltestellen der KVB :

(H) 130   U –

◆ = Eingang

HSt.: Frankstraße
(H) 130

Der Bestatter, historische Entwicklung eines

In früheren Zeiten waren Kirche, Zunft, Rat und Nachbarn mit der Abwicklung der Bestattung beschäftigt. Vor allem Nachbarn, im Rahmen einer sogenannten Nachbarschaftshilfe und die Kirche.

Im Vorfeld der eigentlichen Bestattung erledigten die Nachbarn für den Hinterbliebenen so ziemlich alles, was zu erledigen war. Sie bestellten auch meist beim Schreiner den Sarg und beauftragten den Fuhrmann, den Transport zu übernehmen ... es sei denn, dass in ländlichen Gegenden das bäuerliche Fuhrwerk ebenfalls eines Nachbarn zum Transport des Verstorbenen zur Verfügung stand.

Die Durchführung der Bestattung, die Trauerfeier eingeschlossen oblag der Kirche, genauer dem Priester beziehungsweise einem von ihm beauftragten Laienbruder. Früher dominierte zwar die kostenlose Hilfe der Nachbarn und der Kirche. Schon immer war zwangsläufig aber auch das Gewerbe mit dabei. Denn der Schreiner konnte selbstverständlich den Sarg nicht kostenlos liefern. Prinzipiell gleiches galt auch für den Fuhrunternehmer.

Darüber hinaus boten sich schon im Mittelalter sogenannte Grabbitter und Leichenfrauen, die auch Heimbürgerinnen genannt wurden. Auch hier spielte Geld, zumindest Trinkgeld, eine gewisse Rolle.

Die Grabbitter hatten die Aufgabe, Angehörige und Freunde zur Beerdigung einzuladen. Dass viele Sargschreiner diese Tätigkeit mit ausübten, lag nahe.

Aufgrund der einschlägigen Erfahrung, die sie im Laufe der Zeit gesammelt hatten, begannen die Grabbitter, auch die Bestattung „zu ordnen".

Sie nannten sich in diesem Zusammenhang „Bestattungsordner", je nach Region auch Küster, Bürgerläufer, Reitendiener oder Zeremonienmeister. Auch sie gehören neben den Schreinern, Fuhrleuten zu den direkten Vorläufern des heutigen Bestattungsunternehmers. Unter anderem mit einer zunehmenden Ausdehnung der Städte lösten sich viele Menschen aus dem engen Verbund der Familie und Sippe. Eine gewisse kühle Entfremdung gegenüber Nachbarn und eine damit einhergehende Vereinsamung nahmen zu. Die Nachbarschaftshilfe nahm damit ab. Hinzu kamen strengere Hygienevorschriften. Die Formalitäten wurden dadurch komplizierter. Technische Erfindungen führten zu einer maschinellen Sargfertigung in Serie. Der Sargschreiner, der ursprünglich vom handgefertigten Sarg lebte, bekam Konkurrenz in Form von Sargfabriken. Zwangsläufig musste der Sargschreiner seine nebenher betriebene Dienstleistungen ausbauen. Er übernahm immer mehr die Beratung, die amtlichen Formalitäten, den Transport, die Bestattung einschließlich Trauerfeier. Die im 19. Jahrhundert eingeführte Gewerbefreiheit beschleunigte die sich anbahnende Entwicklung. So langsam zeichneten sich damals schon, in Ansätzen, die Konturen des heutigen Bestatters ab!

Bestattungen sind heute Dienstleistungen mit vielfältigen fachlichen und auch sozialen Ansprüchen

Der Leistungsumfang beginnt mit dem ersten Gespräch beim Hinterbliebenen, er endet mit der Grablegung.
Dazwischen liegen breitgefächert in ihrer Charakteristik zum Teil höchst unterschiedliche Tätigkeiten.
Im offiziellen Berufsbild des Bestatters sind eine Reihe verschiedener Arbeitsgebiete enthalten, wobei wiederum jedes Arbeitsgebiet sich aus vielen einzelnen Bausteinen zusammensetzt.
In allen Fällen geht es zuerst einmal um die Klärung der Befugnisse und Vollmachten. Die Antworten setzten Kenntnisse in Fragen der Nachlassregelung damit im Erbrecht voraus. Es folgen die nicht immer einfachen Klärungen von Versicherungsfragen, die Regelung der notwenigen behördlichen und kirchlichen Formalitäten, sowie die Gestaltung beziehungsweise Abwicklung der Trauerfeierlichkeiten und Beisetzung. Unter Umständen kommen Überführungen aus dem In- und Ausland hinzu.

Um sich problemlos zu entlasten, nimmt der Hinterbliebene überwiegend die Dienstleistung des Bestatters im Full-Service in Anspruch. Im offiziellen Berufsbild des Bestatters sind die hiermit verbundenen einzelnen Arbeitsgebiete organisiert, gegliedert.

Auszüge aus dem Berufsbild:

„Regelungen der für Bestattungen notwendigen behördlichen und kirchlichen Formalitäten sowie Regelung von Versicherungsformalitäten, wie zum Beispiel Einziehung und Abrechnung von Sterbegeldansprüchen". Festlegung der Termine für Trauerfeierlichkeiten und Beisetzung. Anbahnung des Gespräches der Familie mit dem Geistlichen der jeweiligen Konfession. Lieferung von Särgen, Sargausstattungen, Zinkeinsätzen, von Bestattungswäsche, Urnen und sonstigen Zubehörartikeln. Lieferung oder Vermittlung von Todesbenachrichtigungen und Danksagungen, von Kondolenzdienern und Kondolenzbüchern. Behandlung und Einbettung von Verstorbenen, Gestellung von Trägern zur Überführung und Beisetzung. Überführungen von Verstorbenen am Sterbeort, von und nach auswärts (In- und Ausland), von Begleitwagen für Angehörige, Geistliche und Trauergefolge, von Kranzwagen. Ausgestaltung von Aufbahrungen und Trauerfeier, Bestellung von Blumenschmuck für Sarg und Urne sowie zur Dekoration der Trauerhalle. Leitung von Trauerfeiern und Bestattungen. Bergung von Verstorbenen nach Unfällen, Ausgrabungen, Umbettungen und Wiederbeisetzungen sowie Beschaffung der dazu erforderlichen amtlichen Genehmigungen."

Das Berufsbild enthält des weiteren noch das Angebot, im Rahmen eines Vorsorgevertrages Einzelheiten einer Bestattung festzulegen. Im Berufsbild des Bestatters überwiegen die Dienstleistungen. Hinzu kommen „Lieferungen", also Handel und Tätigkeiten mit

Berufsstandes

ausgesprochen handwerklichem Charakter. Insgesamt aber sind Handwerk und Handel allein durch die Form der Beratung voll im Dienstleistungsbereich integriert, so dass man guten Gewissens von einem zur Dienstleistung hin orientierten Berufsbild sprechen kann.

Die Preisgestaltung:
Das Angebot eines Bestatters setzt sich zusammen aus eigenen (Dienst-) Leistungen, aus Fremdleistungen und aus Friedhofs- und sonstigen Gebühren. Der Bestatter legt dem Hinterbliebenen auf Wunsch einen Kostenvoranschlag vor. Genaue Absprachen zwischen dem Hinterbliebenen und dem Bestatter sind deshalb absolute Voraussetzungen für einen seriösen Kostenvoranschlag. Damit eine genaue Kontrollmöglichkeit gegeben ist, sollten Kostenvoranschlag sowie die Abrechnung möglichst detailliert gegliedert sein.
Der Anteil der Fremdleistungen kann bei 70 Prozent und höher liegen. Eine sehr wichtige Rolle spielen deshalb die behördlichen Gebühren.

Die soziale Funktion des Bestatters entsteht bei der Beratung. Die Beratung setzt ein Maß an Sensibilität voraus, wie sie wohl in keinem anderen Berufszweig auch nur annähernd verlangt wird.
In Untersuchungen des Frankfurter Theologen Yorick Spiegel nimmt die Trauer einen Verlauf, der sich in vier Phasen beschreiben lässt. Die erste ist die Phase des Schocks und genau in dieser Phase muss der Bestatter die anstehenden nüchternen, teils schwierigen Notwendigkeiten mit den Hinterbliebenen besprechen. Und zwar so, dass Gesprächsergebnisse dabei herauskommen, die es ermöglichen, rechtlich – formal abgesichert, die notwendigen Maßnahmen in die Wege zu leiten.
In der beruflichen Standesauffassung nimmt die Kontaktaufnahme des Bestatters zum Hinterbliebenen und seine Beratung an den Hinterbliebenen einen überdurchschnittlichen Platz ein.

In fast jedem Gespräch des Bestatters mit dem Hinterbliebenen sind mehr oder weniger offen, oft auch seelsorgerisch orientierte Inhalte spürbar. Vor allem bei Hinterbliebenen, die keiner Konfession angehören und die deshalb keinen Seelsorger als Gesprächspartner haben. Oder bei Hinterbliebenen, die alleinstehend zurückbleiben und die deshalb eines besonders intensiven Zuspruchs bedürfen.
Der Kontakt zwischen Bestatter und Hinterbliebenen bleibt, vor allem bei älteren, alleinstehenden Hinterbliebenen nicht selten noch Wochen nach offiziellem Abschluss der Bestattungsformalitäten bestehen. Und da geht es dann auch um kleine, kostenlose Hilfestellungen .... sei es gegenüber Behörden oder in Versicherungsfragen. Vor einigen Jahren wurden in den USA 119 Verwitwete darüber befragt, welche Person ihnen nach dem Tod des Ehepartners eine große Hilfe gewesen sei. Nach den Familienangehörigen (80 Prozent) rangierten die Bestatter mit 76 Prozent an zweiter Stelle.

Die Struktur der Unternehmen:
Rund 90 bis 95 Prozent sind kleinere Familienbetriebe mit durchschnittlich fünf Mitarbeitern. Das Bestattungsgewerbe gehört damit zum wichtigen Mittelstand. Unter anderem „wichtig", weil in diesem Mittelstand breit gestreute Arbeitsplätze erhalten bleiben ... und angeboten werden.

Die berufliche Position des Bestatters:
Über mehrere Entwicklungsstufen hinweg hat sich der Bestatter vom sozial orientierten Nachbarn über den Sargverkäufer zum heutigen hochqualifizierten Dienstleistungsunternehmer entwickelt. Außenstehende sind in der Regel überrascht, wenn man ihnen dieses breite Aufgabenspektrum einmal im Einzelnen vorlegt.
Immer wieder wird geklagt, dass in der Marktwirtschaft so gut wie keine einschränkenden Regelungen auf freiwilliger Basis möglich sind ... In seiner Standesauffassung beschränkt sich der Bestatter in vielfältiger Form auf seine geschäftlichen Aktivitäten, zum Beispiel in seiner Werbung, die er auf ein Minimum begrenzt. Auf freiwilliger Basis hat er eine Fachprüfung eingeführt ... u.s.w.
Jährlich müssen in der Bundesrepublik 700.000 Verstorbene bestattet werden. Dass eine Bestattung, einschließlich aller Formalitäten, ein komplizierter Vorgang ist, zeigt das breit gefächerte Berufsbild auf. Mehr als 700.000 Bestattungen sind damit mehr als 700.000 komplizierte Geschäftsvorfälle, die, nachgewiesenermaßen, reibungslos abgewickelt werden. Im Vergleich zu vielen anderen Branchenbereichen weit überdurchschnittlich „reibungslos".
Dass die Öffentlichkeit Geschäfte, die mit Hinterbliebenen abgewickelt werden, besonders sensibel beobachtet, das ist wünschenswert ... gleichermaßen für den Berufsstand wie für Hinterbliebene. Denn dadurch werden Wettbewerber, die durch ein unqualifiziertes Verhalten und Geschäftsgebaren all das wieder in Frage stellen, was der Berufsstand aufgebaut hat, gewissermaßen durch die Öffentlichkeit kontrolliert.
Mit dem Ableben eines Menschen sind immer noch viele Tabus verbunden. Das mag eine der Ursachen für Reaktionen in der Öffentlichkeit sein, die manchmal etwas unverständlich erscheinen.

Bestatterverband Köln i.G.
Ringstraße 33
50996 Köln - Rodenkirchen
Tel.   02 21 / 9 35 64 83
Fax: 02 21 / 93 37 83
E-Mail: bestatterverband.koeln@
              netcologne.de

Melaten

Auf kaiserliche Anordnung hin wurde in Kölns französischer Zeit im Jahre 1804 ein „Dekret über die Begräbnisse" für die Stadt Köln erlassen. Demnach wurden Beerdigungen innerhalb der mittelalterlichen Stadt untersagt. Weiterhin wurde der katholischen Kirche das Beerdigungsrecht genommen und der Zivilgemeinde überantwortet.
Bei der Suche nach einem geeigneten Platz war der Kölner Universalgelehrte Franz Ferdinand Wallraf behilflich, der nicht nur den Idealen der Aufklärung offen gegenüberstand, sondern auch in der Stadtgemeinde eine unbestrittene Autorität darstellte.

Angelegt wurde der erste Kölner Zentralfriedhof auf dem ehemaligen Areal des alten „Leprosenheim", das in Köln den Namen „Maladen" führte. Hieraus entwickelte sich die Friedhofsbezeichnung „Melaten".
Im Sinne einer klassizistischen Friedhofsanlage entstand ein klar geordnetes rechtwinkliges Wegesystem, das als Hauptweg von der Aachener Straße eine Süd-Nordachse fügt, die von der breiten Ost-West Achse, in Form der Mittelallee geschnitten wird. Die Eröffnung erfolgte mit der Weihe an Peter und Paul am 29. Juni 1810. Diese wurde von dem zu dieser Zeit höchst rangierenden Kölner Geistlichen, dem Dompfarrer Michael Dumont vorgenommen. Er fand auch 1819 auf Melaten sein Grab, das gleich am Hochkreuz gelegen ist. Ein aufgeschlagenes Evangelium, das von einem Pult aus Stein getragen wird, ist von dem priesterlichen Kelch unterfasst (HWG).
Später kamen immer wieder Erweiterungen hinzu, vor allem ab 1888 der alte Ehrenfelder Friedhof.
Der Friedhof ist in seiner Gesamtheit das bedeutendste Denkmal der Kölner Bürgerschaft des 19. Jht. Er bildet mit seiner großen Zahl an erhaltenen Grabdenkmalen ein Kompendium der Grabkultur des 19. Jht., was sich durch die Grabplastik mit ihren vielfältigen sepulchral-ikonographischen Symbolen immer wieder verdichtet erfahren lässt. Darüber hinaus sind auch die Fortentwicklungen in der Grabgestaltung im Sinne der Reformkunst der Zeit ab 1914 an vielen Grabstätten ablesbar.
Bis heute hin werden immer wieder neue Bildsprachen gefunden, verstorbene Bürger Kölns im Andenken lebendig zu halten.
Die Friedhofsmauer entlang der Aachener Straße datiert von 1810. Über dem Tor II (Aachener Straße, alter Hauptweg) lässt sich lesen „Funeribus Agrippinensium Sacer Locus" („für die Gräber der Kölner heiliger Ort").
Am alten Hauptweg findet sich ein weites Spektrum Kölner Geschichte. Gleich zu Beginn auf der rechten Seite sind in einer gemeinsamen Grabstätte

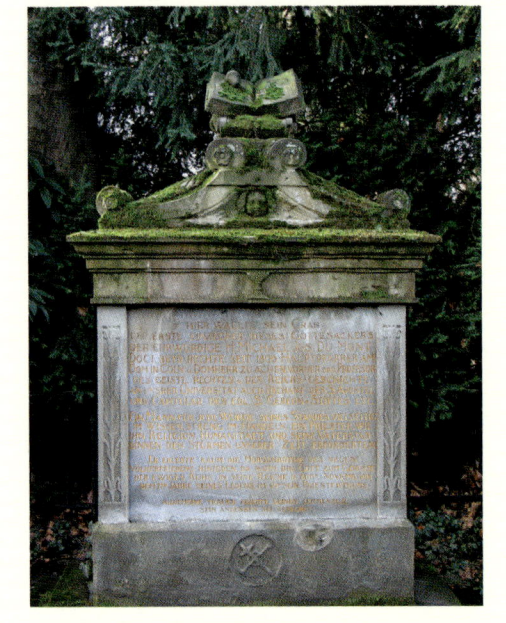

Hilfe im Trauerfall!

Durchführung von Erd-, Feuer-, See- und Anonym-Bestattungen

Organisation und Betreuung geistlicher und weltlicher Trauerfeier

Gestaltung und Erstellung von Trauerdrucksachen und Inserationen

Unverbindliche Vorsorgeberatung in unseren Geschäftsräumen oder bei Ihnen zu Hause

BEERDIGUNGS-ANSTALT
LEO KUCKELKORN
BESTATTUNGEN GMBH

Seit 1909 ein Begriff in Köln

Tel.: 44 94 19

Luxemburger Str. 294 · 50937 Köln
zwischen Sülzburgstraße und Sülzgürtel

Erledigung der Formalitäten bei:

Standesamt, Meldebehörde

Friedhof / Krematorium

Krankenkassen Sterbegeldversicherung

Rententrägern

Ahlbach & Peters Bestattungen

BESTATTUNGS-UNTERNEHMEN

Ahlbach & Peters
Inh. Hans-Georg Ahlbach
50733 Köln
Kempener Str. 13
Telefon (0221) 9 72 62 52
Telefax 9726254

www.ahlbach.de
bestattungen@ahlbach.de

Gerh. Christ Bestattungen
seit 1896 Köln-Niehl

Bestattungen Manns GmbH
seit 1920 Köln-Porz
Telefon (02203) 292084

Ausführung aller Bestattungsarten;
Überführungen im In- und Ausland;
Hausaufbahrungen und Dekorationen
auf den Friedhöfen;
Erledigung der Formalitäten;
Erstellung der Trauerdrucksachen;
Bestattungsvorsorgeberatung
zu Lebzeiten;

Wir bieten seit 1900 bewährte Sachkunde und Erfahrung.

Bestattungshaus Dahlmeyer

Dürener Straße 211-213 • 50931 Köln-Lindenthal • Telefon 0221 / 9 40 81 00

Franz Ferdinand Wallraf (1748-1824) sowie der Stifter des Museumsgebäudes für seine bedeutende Kunstsammlung, Johann Heinrich Richartz (1795-1861) zu finden (HWG zwischen Lit. A und B). Franz Ferdinand Wallraff vermachte seine bedeutende Sammlung der Stadt Köln, die hiermit das erste kommunale Museum Deutschlands eröffnete.

Etwas weiter fällt das große gusseiserne Kreuz der Grablege Boisserée auf (Erstbestattung 1845). Das Kreuz führt das Wappen der Familie. Mit dem Pentagramm und dem Wort „Herr dein Wille geschehe" wird das klare Ja zu Christus verdeutlicht und drückt die Aufstehungshoffnung durch einen Schmetterling im oberen Abschluss aus (HWG zwischen Lit. A und Lit. B).

Schräg gegenüber liegen die Grabstätten der Destillateurfamilie Farina. Johann Maria Farina (+ 1765) wurde in einem Bleisarg auf Melaten übertragen; damit ist sein Grab das älteste auf dem Friedhof (HWG zwischen Lit. A und Lit. B).

Von hier zur Seite ab zur Flur A hin tritt in gravitätischer Form ein geflügelter Todesgenius der Grabstätte Caspar Hamm (1779-1818) auf einen zu. Trauernd stützt er sich mit der einen Hand auf eine nach unten geneigte Fackel, mit der rechten auf einen Obelisken, der im Aufsatz ein tuchumhülltes Gefäß trägt. Die um 1820 entstandene Plastik greift in der Manier Thorvaldsens auf antike Vorbilder zurück (Flur A).

Die neogotische Grabstele für Carl Joest (1786-1848) baut filigran auf und lässt die gotische Architektur als die des himmlischen Jerusalems greifbar erscheinen. Carl Joest war einer der Zuckerfabrikanten von Köln (HWG Zwischen Lit. A und Lit. B).

In der Grabstätte Daniels ruht auch der Kölner Philologe Everhard von Groote. Er setzte sich als Beauftragter der Heeresleitung maßgeblich für die Rückgewinnung kölnischer Kirchenschätze ein, die in der französischen Zeit nach Paris verbracht wurden, so z. B. Rückgewinnung der Kreuzigung Petri von Peter Paul Rubens. Das Grabkreuz mit der Inschrift „consummatum est" („es ist vollbracht") wurde aus Gusseisen geschaffen (Lit. C zwischen HWG und Lit. H).

Bei der Grabstätte Delius (+ 1832) wurde der im Krieg zerstörte Obelisk mit dem trauernden Genius rekonstruiert. Als Regierungspräsident von Köln ließ Delius das Regierungsgebäude errichten (HWG zwischen Lit. B und Lit. C).

In eindrucksvoller Form öffnet sich unter einer Aedikula die Grabstätte für Johann Theodor Essingh (1789-1847). Mittig ist ein vasenähnliches Gefäß angeordnet. Der Übergang der Seele (Vase) vom Leben in dieser Welt in eine andere,

78

ANS LEBEN ERINNERN
DAUERGRABPFLEGE
VERTRAUEN DURCH SICHERHEIT

Vielfältige Leistungen

Das Angebot der Dauergrabpflege umfasst vielfältige Leistungen. Vom Säubern, Gießen und Bepflanzen bis zum Strauß aus den Lieblingsblumen an persönlichen Gedenktagen.

Regelmäßige Kontrollen

Die Friedhofsgärtner-Genossenschaft Köln eG kontrolliert alle Leistungen in regelmäßigen Abständen. So bleibt das liebevolle Gedenken auch aus der Ferne gesichert.

Vorsorge

Denken nicht auch Sie manchmal: Was wird, wenn ich nicht mehr bin? Wer wird meine Grabstelle pflegen? Mit dieser Sorge stehen Sie nicht allein. Es gibt viele Gründe, warum man schon zu Lebzeiten „die Zeit danach" geregelt wissen will. Weil man ganz allein steht oder die Kinder weit entfernt wohnen.

Die Dauergrabpflege ermöglicht schon zu Lebzeiten, alles verbindlich zu regeln. So wird man Sie nicht vergessen. Das gepflegte Grab legt hiervon Zeugnis ab. Wer klar denkend und ohne Angst in die Zukunft schaut, wird auch Vorsorge für die Zeit nach dem Ableben treffen.

In guten Händen

Der für einen Dauergrabpflegevertrag zwischen Auftraggeber und Friedhofsgärtner vereinbarte Betrag wird bei Abschluss in einer Summe bei der Friedhofsgärtner-Genossenschaft Köln eG als Dauergrabpflegeeinrichtung eingezahlt. Die Gelder werden nach streng festgelegten und staatlich überprüften Richtlinien mündelsicher angelegt. Mit den erwirtschafteten Zinserträgen werden die sich im Laufe der Jahre ergebenden Preissteigerungen für die Grabpflege aufgefangen. So kann die Garantie gegeben werden, dass der Auftraggeber oder die Erben von Preissteigerungen verschont bleiben.

Friedhofsgärtner-Genossenschaft Köln eG
Weinsbergstraße 138
50823 Köln
Telefon: 0221 / 52 56 58
Fax: 0221 / 51 53 62

der durch ein Tor führt, wird illustriert (HWG zwischen Lit. B und Lit. C).

Die Grabstätte Broelsch (1812-1884) wurde von Wilhelm Albermann gestaltet. Zwei trauernde Engel flankieren einen Sarkophag, der mit einem großteiligen Christustondo als Schmerzensmann überfangen ist (HWG zwischen Lit. E und Lit. F).

Mit großen Formen der italienischen Renaissance baut die Grabstätte von Johann Wilhelm Syebertz (+ 1855) auf. Der rustizierende, nach oben mit Girlanden geschmückte Pyramidenstumpf nach dem Entwurf von Julius Raschdorff trägt einen quergelagerten Sarkophag mit Reliefs des Verkündigungsengels vor den Frauen am Grab (jüngst restauriert, HWG zwischen Lit. D und Lit. E).

Gleich hier auch gelegen die Grabstätte Mayer (Erstbestattung 1861) / Pfeifer. Sie ist als Wandgrab mit durchbrochener Brüstung fünfachsig angelegt. Der auf die Verstorbenen zuschreitende Christus wirkt dem von Thorvaldsen ähnlich (HWG wie oben).

Mit einem weiträumigen Wandgrab tritt die Grabstätte der Familie Mevissen / Stein hervor. Ionische Säulen tragen eine Aedikula unter der eine bronzene Urne mit einer Phoenixdarstellung geborgen ist (ersetzt ein verloren gegangenes Porträt von Gustav von Mevissen 1815-1899). Der Ehrenbürger von Köln war Gründer der Kölner Handelshochschule und von 1856-1860 Präsident der Handelskammer (HWG zwischen Lt. E und Lit. F).

Zurück auf dem Hauptweg in Richtung Aachener Straße erinnert in Flur Lit. E zwischen HWG und Lit. G ein gusseisernes Kreuz an den Mitbegründer der Köln-Düsseldorfer Handelsschifffahrtsgesellschaft Johann Philipp Heimann (1779-1832).

Ein wohl erhaltenes Sandsteinrelief der Grabstätte Johann Joseph Gronewald (Lit. B zwischen Lit. G und Lit. R) schildert Christus, der ein taubstummes Kind vor den Toren Jerusalems heilt. Die Erschrockenen stehen den Glaubenden und Vertrauenden ausdrucksstark gegenüber. Nach oben hin beschließt das Neorenaissancedenkmal mit dem Stadtwappen von Köln und weist Johann Joseph Gronewald (1804-1873) als verdienten Bürger Kölns aus, der die erste Taubstummenschule Kölns gründete.

Neogotischen Einfluss aus der Zeit der Dombaubewegung verrät die langgezogene Wandgrabstätte der Familien Meurer und Schmits (Lit. G, zwischen Lit. E und Lit. F). Die Namensplatten sind mit Spitzbogen gerahmt, wobei der mittlere mit einem Wimperg überfasste, in ein Konsolteil überleitet, das den inmitten von Engeln gegenwärtigen Christus zeigt. Die Abseiten zieren Engel. Der Dombildhauer Christian Mohr gestaltete es ca. 1865.

Dicht hierbei findet sich eine Erinnerungsstätte an den Begründer des Kölner Hänneschenstheaters Johann Christian Winters (1772-1862). Sein Grab gilt als verschollen, dennoch kann es in dieser Flur vermutet werden, und so wurde im Jahr der 200-

DUNKEL STEINMETZBETRIEBE GmbH

RESTAURIEREN
RENOVIEREN
REKONSTRUIEREN
PATENSCHAFTEN

Venloer Straße 1061 · 50829 Köln
Telefon 02 21- 5 00 23 84 · Telefax 02 21- 5 00 25 19

Am Bahnhof · 41569 Rommerskirchen
Telefon 02 83- 61 51

e-mail: dunkel-steinmetz@t-online.de

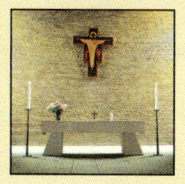

Pütz BESTATTUNGEN

Bestattungen Pütz oHG
Höninger Weg 210
50969 Köln-Zollstock
Tel.: 02 21-9 36 46 40
Fax: 02 21-3 60 13 51
e-mail: puetz-bestattungen@netcologne.de
internet: www.puetz-bestattungen.de

ES IST WICHTIG, DASS EIN ORT GESCHAFFEN WIRD, AN DEM TRAUER GELEBT WERDEN KANN. EIN ORT DES INNEHALTENS, DER BEGEGNUNG, HOFFNUNG UND AUCH DES NEUBEGINNS.

Als kompetentes Bestattungsunternehmen, mit fachgeprüften Beratern, möchten wir den trauernden Angehörigen den Abschied von einem geliebten Menschen so gestalten, dass Trauer und Andenken ungestört und würdevoll durchlebt werden kann.
Der Mensch steht im Mittelpunkt aller Überlegungen und Handlungen.

Individuelle Wünsche erfüllen wir, wo immer es möglich ist.

Jahrfeier des Hänneschenstheaters dieses Denkmal errichtet: ein pultförmiger Sockel, der in Altstadthäuser überleitet, auf deren Dächern Hänneschen und Bärbelchen sowie Tünnes und Schäl stehen.
Von hier aus öffnet sich die Mittelallee, die in Köln aufgrund einer Reihe von sehr aufwendigen Bestattungen auch den Namen „Millionenallee" hat, zu beiden Seiten.
In Richtung Aachener Straße führt rechts vor der Trauerhalle der Weg zu Wilhelm Albermann (1835-1913, in Lit. L, zwischen Lit. Q. und Mauer).
Die Grabstätte des Bildhauers wird mit einem portalähnlichen Wandgrab gebildet. Das Tympanon, das sein Sohn Willy Albermann ausführte, zeigt ein Gerichtsbild. Zu den Seiten wird mit Fanfaren der wiederkommende Christus angekündigt. Er erscheint inmitten von Maria und dem Hl. Reinold, dem Patron der Bildhauer. Seine Gesichtszüge sollen die des Verstorbenen sein.
Der Rheinschiffer Johann Hölzken (1775-1849) hat auf seiner Sandsteinstele ein berufsbezogenes Relief in Form eines Rheinschiffes (Lit. P zwischen Lit. M und Lit. L) abgebildet.
Zurück zur Mittelallee zeugt von grosser Beteiligtheit die Grabstätte Gustav Brandt (+ 1907, MA zwischen HWG und Lit. P). Vor einer portalähnlich angelegten Granitwand ruht auf einer Sitzbank eine in Marmor gearbeitete weibliche Figur. Mit weit geöffneten Armen und darnieder gewandtem Blick hält sie schützend ihre Arme über dem Gedenken der Verstorbenen.
Die symmetrische Frontalität atmet den Geist der strengen Wächterin (Bildhauer: Wilhelm Faßbinder).
Eine geradezu antikisierende Abschiedsstele macht auf die Familie Vorster aufmerksam. Eine Frau, im Profil aufgefasst, reicht am ehelichen Altar ihrem fortschreitenden, hoch dimensioniert wiedergegebenen Mann, abschiedlich die Hand und entlässt ihn, der rückseitig geschildert wird, in die Tiefe des Raumes (Marmor, ca. 1915). Im Grab liegt auch der Mitbegründer der nachfolgenden chemischen Fabrik in Köln Kalk begraben, Friedrich Julius Vorster (1809-1876), der auch das evangelische Krankenhaus in Kalk gestiftet hat.
Auf die Bankiersfamilie Deichmann macht ein hoher Obelisk aufmerksam. Er bildet mit einem von Wilhelm Albermann in Bronze gearbeiteten Portal den Zugang zu einer Gruft. Der Beeutsamkeit der Familie wird durch die Monumentalität des Wandgrabes in beredter Form Ausdruck gegeben. In der Gruft liegt bestattet Wilhelm Ludwig Deichmann (1798-1876), der Mitbegründer der Deutschen Bank (MA zwischen Lit. P und HWG).
Grandios zu nennen ist die Grabstätte der Familie Flammersheim (heute Wisdorf). Die in neogotische Architektur

J. STEINNUS & SÖHNE
Bild- und Steinhauerei

seit **1709** Steinmetzfamilie
seit **1850** in Cöln
seit **1885** in Familienbesitz

- Anamnese
- Brunnen • Sonnenuhren
- Restaurierung
- Plastiken • Reliefs
- Renovierung
- Heraldik • Grabmale
- Sanierung
- Urbane Möbel
- Rekonstruktion
- Wohnaccessoires • Indiv. Anfertigung

Inh. Johann Steinnus
Steinmetz- und Bildhauermeister
Staatl. gepr. Steinrechniker
geprüfter Restaurator i.H.
Handwerker im Denkmalschutz
(UNESCO/Venedig)

Aachener Straße 219, 50931 Köln (gegenüber dem Friedhof Melaten)
Tel. 0221 / 9 40 49 43 • Fax 02 21 / 9 40 49 44 • www.steinnus.de • Email: steinus@aol.com

---

Wegener GmbH

Pelzer–Wegener

BESTATTUNGEN

Erd-, Feuer- und Urnenseebestattungen
Übernahme aller Formalitäten
Eigene Bestattungsfahrzeuge
Eigene Aufbahrungshalle
Überführungen im gesamten
In- und Ausland

Fachgeprüfte Bestatter
Seit 1931

In der dritten Generation das
Haus Ihres Vertrauens

TAG + NACHT
Telefon **51 43 60**

Geisselstraße 13 • Köln-Ehrenfeld
Sechzigstraße 32 • Köln-Nippes

gefasste weiträumige Grabanlage führt mit ihren steinernen Einfriedungen auf die Wandgrabstätte zu, die in einen mehrfach gestuften Aufsatz einleitet. Im Hauptfeld der fünfteilig angelegten Hauptstele entsteigt der auferstandene Christus einer Grabhöhle und geht auf einen Engel mit Flammenschwert zu. Der in Weinlaub gerahmte Vatergott bezeugt dies als seinen Willen. Der Entwurf geht auf Vincenz Statz zurück (ca. 1870). Die wohlhabende Familie besaß in Köln-Zollstock eine Tapetenfabrik, die mechanische Druckverfahren anwandte und damit die Tapete breiten Bevölkerungsschichten öffnete (MA zwischen HWG und Lit. P).

Gegenüber hiervon ist die Grabstätte der Familie Clouth gelegen, die in Nippes seit 1862 die Rheinische Gummiwarenfabrik betrieben. Die Namensplatten des Wandgrabes zeigen feine Jugendstil-Ornamente der Wiener Schule. Wie Wächter wirken die Bronzeengel, die zu den Seiten das Grab flankieren. Das die Sprache der geschlossenen Frontalität sprechende Wandgrab wurde 1904 von Rudolf Bosselt gestaltet (MA zwischen HWG und Lit. G).

Nach einem tragischen Unfall während der Aufführung des „Bettelstudenten" in der Kölner Oper starb der weltbekannte Bariton Wolfgang Anheisser. Eine abgebrochene Stimmgabel, in deren Mitte eine Lyra einbeschrieben ist und die Seiten miteinander verbindet, wurde in Travertin umgesetzt (MA zw. HWG und Lit. G).

Rechts am Querweg (HWG, zwischen Lit. K und L) erscheint die geschrägte Grabplatte für Ernst Friedrich Zwirner (1802-1861). Seit 1833 hatte er die Leitung bei der Fortführung der Dombautätigkeit. Auch entwarf er den Bau der Synagoge in der Glockengasse. Er besaß ein hohes Maß von Sensibilität Altes und Neues formgültig miteinander zu verbinden (s.a. St. Apolinaris in Remagen). Das Medaillon schuf Christian Mohr (ca. 1870).

Wie der eine baute, so betrieb August Reichensperger mit unermüdlichem Eifer die Dombauidee voran. Als führender Vertreter des politischen Katholizismus war er Mitbegründer des Zentrums. Die Kreuzstele aus Granit wird im Sockel mit den Wappen von Köln, Koblenz und Oppenheim gefüllt; in diesen Städten war er Ehrenbürger (Lit. F zwischen HWG und Lit. H).

Einer der bedeutenden Künstler der Gegenwart war Georg Meistermann. Die Grabplatte gestaltete er anlässlich des frühen Todes seiner Tochter. Sie trug das Kreuz einer schweren Erkrankung; dennoch ist die Sonne die große Hoffnung. Das Licht, das einem nach dem Tunnel der Dunkelheit des Sterbens wieder begegnet. Das Bildmotiv findet sich bei Meistermann hiernach häufig wieder. Der 1911 in Solingen geborene war

Ihre Erinnerungen ....
sind uns wichtig

Nach intensiver Beratung erstellen wir für Sie Zeichnungen und fertigen nach Modell individuelle handwerkliche Grabmale aus verschiedenen Natursteinen.
Zu Beisetzungen in vorhandenen Grabstätten führen wir alle notwendigen Steinmetz-Arbeiten für Sie aus.
Gerne beraten wir Sie auch zu Restaurierungen an denkmalgeschützten Grabanlagen oder der Übernahme von Patenschaften historischer Grabmale.

Kommen Sie zu uns und lassen Sie sich unverbindlich beraten.
Wir sind für Sie da!

Ihr Steinmetz für alle Kölner Friedhöfe

HEUTER MARMOR
Inhaber: Jutta Kaiser   Seit 1947
Bildhauer- und Steinmetzbetrieb

Geisselstraße 99 • 50823 Köln (Ehrenfeld)
Tel. 02 21 / 51 85 51 • Fax: 02 21 / 52 95 13
www.heutermarmor.de • Email: heutermarmor@netcologne.de

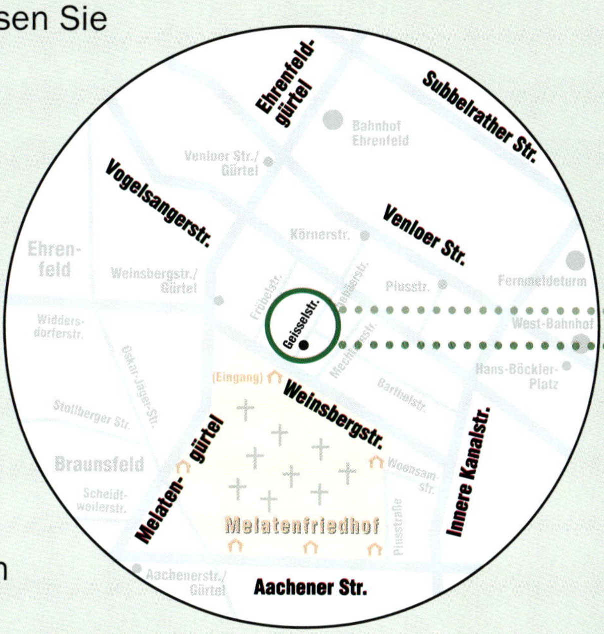

Tradition in Köln ....
verpflichtet

Seit über 125 Jahren pflegen unsere geschulten Gärtner Grabanlagen jeder Größe. Individuelle Erstaufmachungen und Saisonbepflanzungen gehören ebenso zu unseren Dienstleistungen, wie das regelmäßige Säubern und Gießen der uns bereits anvertrauten 3.000 Pflegegräber.
SERVICE wird bei uns groß geschrieben. Einer unserer Mitarbeiter berät Sie auch gerne an der Grabstätte oder zu Hause.
Mustergräber und Bildmaterial unterstützen die kompetente Beratung.

Informieren Sie sich in unserem Beratungsbüro.
Sie finden uns am Friedhofseingang in
Köln-Ehrenfeld / Weinsbergstraße.

IHR FRIEDHOFSGÄRTNER
GRÜN AN MELATEN

Arnold Dircks und Martin Grunwald
Geisselstraße 103 • 50823 Köln
Tel. 02 21 / 51 38 17 • Fax: 02 21 / 52 79 71
Email: adircks@debitel.net

GRÜN
Wir pflegen Ihr Grün

einer der herausragenden rheinischen Künstler. Das Resümee seines Schaffens darf in den zuletzt entstandenen, leidenschaftlich gestalteten Glasfenstern von St. Gereon in Köln gesehen werden (+ 1990, Lit. F, 11).

Den priesterlichen Auftrag, in sich verfangenen Menschen zu helfen, drückt die Grabstätte der „Altstadtpastöre" (MA Flurbezeichnung zwischen K und F) durch das Gleichnis vom verloren gegangenen Schaf aus (Luk. 15, 16). In vorsichtig zärtlicher Weise befreit Jesus das im Dornengestrüpp festhängende Tier.

Bei der Grabstätte beugt sich in tiefer Form ein Todesengel aus Bronze über einen Sarkophag (ca. 1940, MA an Flur 36).

An die bedeutenden Kunstmäzene für Köln erinnert die Grabstätte von Dr. Karl Funke Kaiser (+ 1971) sowie Gertrud Funke Kaiser (+ 1986). Ihre Glassammlung zählt bis heute zu den besonderen Schmückstücken des Museums für Angewandte Kunst in Köln. Die als Gartenplastik gedachte, nun aber das Grab schmückende Edelstahlplastik von Roberto Cordone stammt aus der Serie „Verticale". Eine mit einem Kreuz geöffnete Kugel stellt die Verstorbenen unter das Sterben Christi für diese Welt, macht aber durch den senkrechten Zylinder den Fluss nach oben hin signifikant (MA an Flur 36).

Der Rechtsanwalt Balduin Trimborn (+ 1889) wird auf einem dreiteiligen Wandgrab mit Mittelbetonung in einem Porträtmedaillon vorgestellt. Fast Münzporträts Mark Aurels folgend ist er konterfeit. Seitlich der Kreuzstele links ruht ein Jüngling, der sich auf Codices stützt, die für das kodifizierte Recht und die Wissenschaft stehen. Der auf der rechten Seite dargebotene Engel mit Kreuz weist Trimborn als einen Mann des Glaubens aus (MA zwischen Lit. V und Lit. W).

Mit einem Beispiel neo-barocker Formsprache tritt die Grablege für Laura und Emil Oelbermann (+ 1897) hervor, deren Reichtum legendär war. Ein Engel legt ein schweres Tuch über das Andenken der beiden, das sich in einem Sarkophag sinnbildet. Die Posaune ist nach unten geneigt (Entwurf und Ausführung Karl Janssen, ca. 1900). Laura (1846-1929) begründete eine Stiftung, die mit beträchtlichem Vermögen bis heute noch besteht (MA an Flur 70).

Zu den auffälligen Neuanlagen auf Melaten zählt die Grabstätte Fritz Waffenschmidt (MA an Flur 67). An der Stelle des im Krieg zerstörten Ölbergs der Grabstätte Langer wird nun das Bildmotiv des ringenden, allein gelassenen Jesus in zeitgemäßer Form geschildert. Kay Winkler entwarf 1996 dieses konkav geschwungene Wandgrab, das gleichsam einer Großleinwand das Gethsemane-Geschehen in musivischer Gestaltung einbeschreibt. Beispielhaft für die ruhmesverkündende Berliner Grabmalskunst darf die Grabstätte Grünenberg genannt werden. In inniger Gefühlssprache anempfiehlt ein Engel, der ein Porträtmedaillon des Verstorbenen umfängt, dem Himmel seine Seele. Dr. Hermann Grünenberg (1827-1894) gründete 1858 mit Julius Vorster (s. dort) die chemische Fabrik in Köln Kalk (MA Flur 70).

Dem Gewerkschaftsführers Hans Böckler (1875-1951) wird in Form eines großen Zahnrades, das auf einem Kegelstrumpf aufsitzt, gedacht. Das

Gärtnerei Theo Lingen, Inh. Oliver Lingen
Gärtnerfamilie seit 1884
Mitglied im Fachverband der Kölner Friedhofsgärtner
und in der Friedhofsgärtnergenossenschaft

DAUER GRAB PFLEGE

Woensamstraße 8
(Eingang Trauerhalle)
50931 Köln
Telefon: 0221/9520322
Telefax: 0221/526929
Mobil: 0177/4185655

Grabpflege
Grabgestaltung
Erstaufmachung (Hügel)
Trauerfloristik
moderne Floristik

Kompetent und erfahren
seit über 100 Jahren

blumenhaus klein

seit 1900

Friedhofsgärtnerei
Trauerbinderei
Dauergrabpflege
Mitglied im Fachverband
Floristik-Fachgeschäft
Fleurop und Interflora

Aachener Str. 319 • 50931 Köln
Tel.: 40 26 36 • Fax: 40 80 50

Denkmal mit dem Gewerkschaftssymbol des Zahnrades („alle Räder stehen still, wenn dein starker Arm es will") schuf Ludwig Gies (Flur 60a).
Die Grabstätte für Spiridon Neven Dumont (1967-1995) fasziniert immer wieder durch ihre Bepflanzung. Die Grabplastik eines Engel aus Marmor (ca. 1920) wirft zärtlich Blumen (MA zur Flur 69).
Weiterhin am Hauptweg lässt sich die künstlerisch sehr hervortretende Grabstätte der Familie Josef Schwartz (1849-1906, MA Flur 69) bemerken. Zwei geflügelte Figuren, die als Allegorien von Tod und Schlaf zu deuten sind, werden vor einem geflügelten Kreuz geschildert.

Grabkapelle wurde mit Säulenportal 1913 errichtet (MA an Flur 68).
Mit auffälligem Wandgrab tritt das Gedächtnis an die Familie Früh hervor (ca. 1915). Unter einer flachen Kuppel, die von Säulen getragen wird, ist ein Engel wiedergegeben, der einer Frau den Weg des ewigen Lebens weist. Dieser wird durch das Kreuz, das hinter ihr hervortritt, sichtbar gemacht (Flur 72a).
Auf einem Grabstein würdigt die Stadt

den Grundstock für die moderne Abteilung des Wallraf-Richartz-Museum bildete. Sie umfasste vor allem moderne Malereien und Skulpturen, die er vor dem Zugriff der Nazis sichern konnte. Im Grab liegt auch seine letzte Frau, die Schauspielerin Lucie Millowitsch. Der aus drei Werksteinen zusammengefügte Stein macht unten links drei verzahnte Bäume sichtbar, rechts ein Monogramm für Christus und Maria. Von oben schwebt die Taube des Geistes herab (Flur 72 a).
Auf den ehemaligen Bergwerksbesitzer Alfred Sauer weist eine großräumige Grabstätte hin. Geschildert wird ein Bergwerksarbeiter (Hauer) mit Hacke, der von seiner Arbeit auf ei-

Einer der wenigen erhaltenen Grabaufbauten macht die Grabstätte Otto Betzler aus. Eine neoromanische

Köln die Verdienste von Josef Haubrich (1889-1961), der mit seiner „Stiftung Haubrich" 1946 an die Stadt

nem Bergwerkszugang ausruht. Brennende Grubenleuchten weisen auf das Licht durch die Dunkelheit hin-

Grabmale Karnuth
Meisterbetrieb

Leonhardsgasse 3 · 50859 Köln-Widdersdorf
Telefon 02 21/50 55 15 · Fax 02 21/50 55 17

Seit Jahrtausenden richtet
der Mensch seinen Verstorbenen
ein Grabmal.
Wir setzen uns dafür ein,
das individuelle Grabmal
für Sie zu errichten.

Schön, dass alles geregelt ist...

Es gibt immer wieder Momente im Leben, wo man Unterstützung braucht.
Sei es aus Zeitmangel, gesundheitlichen Gründen oder die zu große Entfernung zur Grabstätte der Lieben.

Dafür gibt es uns.
Wir sorgen, seit 1884 am Friedhof Melaten, für die fachmännische Pflege und Gestaltung der uns anvertrauten Grabstätten.

Die Zeit, die man heutzutage noch für einen Friedhofsbesuch hat, sollte man nicht mit Arbeit, sondern mit dem Gedenken der Verschiedenen verbringen.

Ihr Partner für Dauergrabpflege

Hans Lingen
seit 1884 an Melaten

Inh. Gaby Druselmann
Piusstr. 117 · 50931 Köln
Tel. 02 21/51 65 29

durch hin. Das Werk stammt von Wilhelm Fassbinder (1908, Flur 76a). Durch die Hecken und Bäume schimmert das Marmorrelief „der sterbende Schwan" in getanzter Form. Erinnert wird an den Theaterschuhmacher Theo Pauls (+ 1948), der für die berühmte Primaballerina Anna Pawlowa seine Spitzenschuhe kreierte, die sie in aller Welt berühmt machte (Flur 76a).
Seinen Beruf als sorgsam seine Ware beurteilenden Weinhändler verdeutlicht die Grabstätte Thelen. Georg Grasegger gestaltete in Muschelkalk den liebevoll die Weintrauben prüfenden Winzer. Die 3,10 m hohe Figur darf als eindrucksvolles plastisches Bildnis aus expressionistischer Zeit angesprochen werden (ca. 1913, Flur 76 a).
Mit einem Pavillon der Werkbundzeit wird an die Brauerfamilie Winter erinnert, die bis zum 2. Weltkrieg in der Claessen Kapellmann Straße eine Brauerei betrieb (Flur 76a, ca. 1915).
Die Grabstätte der Familie Ludwig Wilhelm Creutz (+ 1900) schildert einen Engel, der in melancholischer Gestik eine Girlande über die seitlich von ihm gestalteten Porträts des verstorbenen Ehepaars ausbreitet. Das Haupt des Engels wird von einem Diadem aus Mohnpflanzen umfangen (Flur 76).
Für viele wird bei der Betrachtung des Sensenmann ein Schauer spürbar. Jedoch stehen solche Bildmotive bereits seit dem 14. Jht. in der Tradition. Die skelettierte Steinplastik, die teilweise einen Mantel trägt, hält in der rechten Hand eine Sanduhr, die die Zeit (Chronos) symbolisiert. Die Grabstätte nahm den Kaufmann Müllemeister auf; jetzt ist sie patenschaftlich von der Steinmetzfamilie Steinnus übernommen worden. An den jung verstorbenen Sohn Martin, der auch den Kosenamen Fröschlein hatte, erinnert ein kleiner Frosch, der auf dem Rücken liegt und sich das Bäuchlein streichelt (Flur 82).
Dicht hierbei wird an den Architekten Hermann Pflaume (1830-1901, Flur 70 a) gedacht, der in Köln zahlreiche Villen (Marienburg) errichtete. An der Stele wird das von Wilhelm Alberman gestaltete Porträtmedaillon sichtbar.
Von hier aus geht es über Flur M bis zum Hauptweg.
Mit einer länglich nach oben laufenden Stele wird an den ehemaligen Oberbürgermeister von Köln, Dr. Herrmann Becker, erinnert (1820-1885). Der „rote" OB Becker, in dessen Amtszeit die große Stadterweiterung ab 1881 fällt, bereitete damit mittelbar die großen Eingemeindungen von 1888 vor. Über dem Bronzebildnis, das ihn im Profil schildert, wird „Colonia" als Verkörperung von Köln dargestellt (signiert Anton Werres, 1887).
Durch eine hochragende Aedikula mit kannelierten Säulen und einem Dreiecksgiebel wird mit einer Porträtbüste Ferdinand von Hiller benannt (1811-1885). Er war langjähriger städtischer Kapellmeister in Köln (1849-1884) und bestimmte maßgeblich das Musikleben unserer Stadt.
Direkt in der Nähe wird an die Gefallenen im Deutsch-Französischen Krieg von 1870 gedacht.
„Durch das schöne stets das Gute": Der Wahlspruch des Kölner Männer Gesangsverein unterfängt die Porträtbüste seines langjährigen Dirigenten Franz (1805-1876), die von Anton Werres gestaltet wurde.
Zurück über den Hauptweg sieht man unter einem rundbogigen Wandgrab die heute patenschaftlich wiederverwendetet Grabstätte von Prof. Wilhelm Pütz (1806-1877). Ein kleiner Putto ruht auf einem urnenartigen Gefäß und hält einen Lorbeer- sowie einen Rosenkranz mit seinen Händen. Die schweren Folianten und Schriftrollen weisen auf die Gelehrsamkeit des Verstorbenen hin (Inschrift rückseitig, Flur Lit. C neben Lit. J).
Hier ist auch die Grabstätte des Architekten Karl Band (1900-1995) in Form einer Kreuzstele bezeichnet. Karl Band

Blumen Strunck

Meisterbetrieb seit 1872
Friedhofsgärtnerei
Dauergrabpflege
Floristik Fleurop
Dekorationen

Alte Wallgasse 8 50672 Köln
☎ 25 38 44 • Telefax 2 57 44 85
Mail: Blumen.Strunck@t-online.de

Grabgestaltung Franz Lingen

Seit 1912 Ihr Partner für:

- **Fachberatung und Ausführung von Grabgestaltungen**
- **Grabpflege**
- **Kranzbinderei**
- **Moderne Floristik**
- **Bring-Service**

Woensamstraße 10 • 50931 Köln
Tel. 02 21 / 52 14 50

beteiligte sich intensiv am Wiederaufbau der romanischen Kirchen in Köln (Lit. C zwischen Lit. V und Lit. W an der Mauer). Das Kreuz zeigt in alle Himmelsrichtungen und trägt die Inschrift „et in Arcadia ego".
Etwas weiter hiervon zeugt von großer Eindringlichkeit die Grabstätte von Maria Dreesmann. Das früh verstorbene Mädchen (1903-1916) wird von einem Schutzengel umfangen, der herzförmig seine Flügel um das Mädchen hüllt, das schreitend sich in die Obhut des Engels hineinbegibt, dessen Gesicht realistischen Ausdruck hat (Flur 2 in M). Die Inschrift lautet: „Von einem Tage, den die Menschen leben, erblickt ich nur das Morgenrot. Vor Stürmen, die der Menschen Brust durchbeben, bewahrte mich ein früher Tod".
Ein konisch zulaufender Stein benennt die Grabstätte des Stadtphysikus und Sanitätsrates Leuffen (1821-1900, HWG Flur). Eine Sphinx schützt im Sockel bewachend das Totengedenken. Über dem Namen erscheint das umstrahlte Auge Gottes, über das in griechisch das Wort Gnosis (Erkenntnis) lesbar ist. Auf den oberen Abschluss legt sich rechtsseitig eine Schlange und linksseitig ein Zweig. Die verloren gegangene Nähe zu Gott, die durch das Erkenntnisstreben verursacht wurde, ist aufgehoben. Die Einswerdung findet statt.
An den Bildhauer Josef Moest (1873-1914) wird auf dem westlichen Hauptweg gedacht. Er schuf auf Melaten die Grabstätte Euskirchen in eindringlicher Formsprache. Er gehört zu den schillernden Künstlergestalten Kölns, der sich aus der Gotik heraus schulte und ist mit seinen, tiefe Beteiligtheit bekundenden Skulpturen geradezu expressionistisch zu nennen. Frühzeitig erkrankte er an Tuberkulose und verbrachte immer wieder Aufenthalte in Davos. Sein von ihm 1914 selbst entworfenes Grabdenkmal wurde erst 1956 nach dem Original geschaffen. Der ausgezehrte Körper Christi ruht vor Maria, die sich gefasst zu ihm beugt.
Die Grabstätte Isa Dreschner (+ 1907, Flur 52) wird bekrönt von einer in Bronze modellierten Hermesfigur. Im Schritt betroffen hält Hermes das Füllhorn in der Hand. Er gilt schon seit der Antike als der Führer der Seelen.

In Flur 56 schließlich wird das Grabmal Katharina Streifler (+ 1863) auffindbar. Es folgt der formalen Vorgabe der Grabstätte Hamm (s.o.), wo auch der die Fackel nach unten neigende Genius dargeboten ist. Der konisch zulaufende Sockel, auf den sich der Genius stützt wird von einem Kreuz bekrönt. In seiner Hand hält er Mohnkapseln, die erneut den Tod als den Bruder des Schlafes symbolisieren. Melatens Reichtum an Baumarten ist unübertroffen und macht ihn zu einem Ort, wo sich Leben und Sterben in der sich erneuernden Natur immer wieder begegnen.

Verweile Wanderer, nicht mich zu beweinen. Geh hin und tröste mir die lieben Meinen".

Dominikaner in Köln

Dominikanerkonvent Heilig Kreuz
Lindenstr. 45, 50674 Köln
Prior: P. Wolfgang Stickler OP
Tel: 0221-207140
Internet: www.dominikanerkloster-koeln.de

Provinzialat der Dominikaner
Lindenstr. 45, 50674 Köln
Provinzial: P. Hans-Albert Gunk
Tel: 0221-2071415
Internet: www.dominikaner.net

Mission der Dominikaner
Komödienstr. 4-8, 50667 Köln
Leiter der Zentrale: P. Manfred Gerigk OP
Tel: 0221-1397856
Internet: www.dominikaner-mission.de

Dominikanerkonvent an St. Andreas
Komödienstr. 4-8, 50667 Köln
Prior: P. Nikolaus Natke OP
Tel: 0221-160660
Internet: www.sankt-andreas.de

KLOSTER ZUR HL. ELISABETH

MUTTERHAUS DER
AUGUSTINNERINNEN - CELLITINNEN
GLEUELER STRASSE 301
50935 KÖLN-LINDENTHAL

WIR MÜSSEN
DIE MENSCHEN
FROH MACHEN.
ELISABETH V. THÜRINGEN

Wichtiges in Kürze:

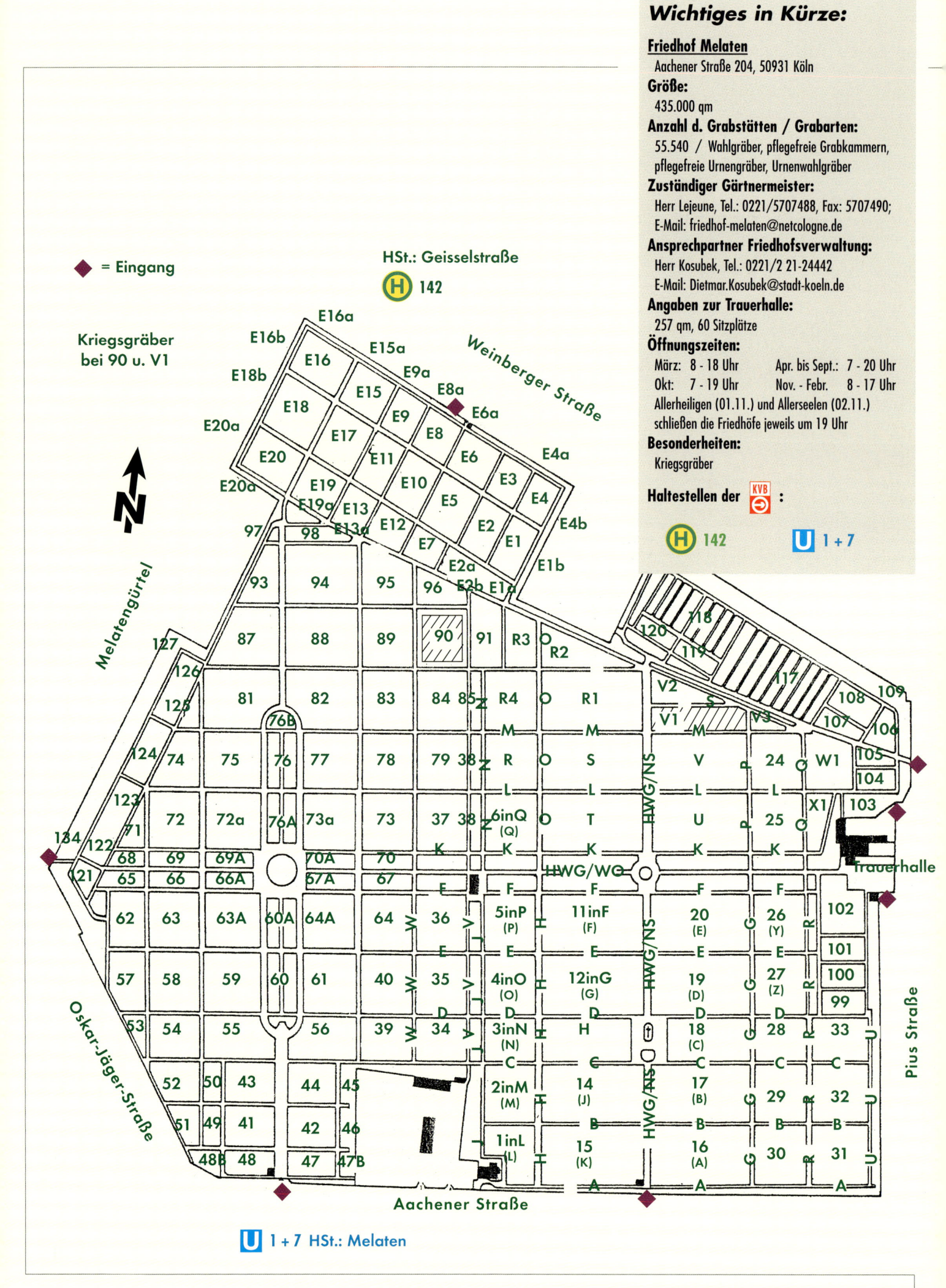

Friedhof Melaten
Aachener Straße 204, 50931 Köln

Größe:
435.000 qm

Anzahl d. Grabstätten / Grabarten:
55.540 / Wahlgräber, pflegefreie Grabkammern, pflegefreie Urnengräber, Urnenwahlgräber

Zuständiger Gärtnermeister:
Herr Lejeune, Tel.: 0221/5707488, Fax: 5707490;
E-Mail: friedhof-melaten@netcologne.de

Ansprechpartner Friedhofsverwaltung:
Herr Kosubek, Tel.: 0221/2 21-24442
E-Mail: Dietmar.Kosubek@stadt-koeln.de

Angaben zur Trauerhalle:
257 qm, 60 Sitzplätze

Öffnungszeiten:
März: 8 - 18 Uhr   Apr. bis Sept.: 7 - 20 Uhr
Okt: 7 - 19 Uhr   Nov. - Febr.   8 - 17 Uhr
Allerheiligen (01.11.) und Allerseelen (02.11.) schließen die Friedhöfe jeweils um 19 Uhr

Besonderheiten:
Kriegsgräber

Haltestellen der KVB:
H 142   U 1 + 7

◆ = Eingang

Kriegsgräber bei 90 u. V1

HSt.: Geisselstraße
H 142

U 1 + 7 HSt.: Melaten

Aachener Straße
Weinberger Straße
Melatengürtel
Oskar-Jäger-Straße
Pius Straße
Trauerhalle

BESTATTUNGSHAUS PILARTZ

Tradition und Fortschritt

Erfahrung und Kompetenz

Die intime Abschiedskapelle

Die firmeneigene Trauerhalle

Bestattungshaus Pilartz

Herzogstr. 10
50667 Köln

Tel 02 21 - 25 31 91
Fax 02 21 - 25 31 94

bestattungshaus@pilartz-koeln.de
www.pilartz-koeln.de

Friedhöfe und Bestattungskultur sind spannende Zeugnisse von gesellschaftlichem Wandel. Unser Unternehmen, im Jahr 1850 gegründet, hat einen langen Weg dieses Wandels mit begleitet. Wir haben uns in unserer langen Firmengeschichte immer den Veränderungen gestellt und uns bemüht, den trauernden Menschen mit ihren Bedürfnissen und Wünschen gerecht zu werden und ihnen hilfreich zur Seite zu stehen. Die Formen des Abschiednehmens werden in unserer heutigen Zeit immer vielfältiger. Wir geben trauernden Menschen Rat und Hilfestellung und unterstützen sie ihren ganz persönlichen Weg des Abschieds zu gehen.
Über alle Veränderungen hinweg stand und steht für uns der Mensch im Mittelpunkt.

Müngersdorf

In der Sitzung vom 29.9.1870 beschloss der Gemeinderat von Müngersdorf die „Anlage eines neuen Kirchhofes" auf dem Gelände zwischen der Aachener Straße und dem Eisweiher der „Brauerei Schmitz". Ein Grundstück wurde von dem Landwirt H. Zimmermann erworben. Die Geschwister Päffgen stifteten das Hauptkreuz, das 1873 in der Mitte des Kirchhofes errichtet wurde. Als erster wurde Wilhelm Denhoven (Flur 2) am 10.7.1874 beerdigt.

Erweiterungen im Norden erfolgten 1949 und im Süden 1953, wobei das Hauptkreuz auf die jetzige Stelle versetzt wurde. Eine weitere Vergrößerung wurde Mitte der 1960er Jahre vorgenommen.

Dank zahlreicher Spenden und einem Zuschuss der Stadt Köln wurde 1961 die vom Bürgerverein erbaute Trauerhalle eingeweiht und der Obhut der Friedhofsverwaltung übergeben. Am Hauptweg, überleitend zur Flur 8 macht die Priestergrabstätte an die Pfarrer der kath. Pfarrgemeinde St. Vitalis erinnerlich: Pastor Leo Ditges (1878-1955), dessen Wirken in Müngersdorf fast legendenhaft gesehen wird. Weil er das 13. Kind der Familie war, nannte er sich Leo XIII. Sein Andenken hält eine Krippenfigur von St. Vitalis und ein nach ihm benannter Korn präsent.
Der neben ihm bestattete Pastor Peter Josef Sauren (1897-1924) machte sich um die Beibehaltung der Wendelinus-Oktav (alter Pfarrpatron) verdient. Das Grabkreuz führt die Form des griechischen Kreuzes, mit Weintrauben und Weinblätter geziert sowie einem eucharistischen Kelch.
Gegenüber fällt die Grabstätte des Pfarrers Laurenz Josef Hubert Thissen auf (1826-1897, signiert mit Peter Reufsteck, Köln Melaten Aachener Straße 233). Die schwarze, fein gravierte Granitplatte zeigt einen Kelch, der mit einer weit drapierten Stola umfangen ist. Die Inschrift bezeichnet den Verstorbenen als besonders verdienten Seelsorger, der den Bau der heutigen Kirche betrieb.
In der Nähe befindet sich die Grabstätte des Schriftstellers Paul Schallück (1921-1976), dessen Schaffen Gedichte, Erzählungen, Romane, Hörspiele, Essays, Satiren und Bühnenstücke umfasste. In seinem wohl bedeutendsten Roman "Engelbert Reinicke" setzte er sich mit der nazistischen Diktatur auseinander. Der Studienrat Reinecke mit dem Spitznamen "Beileibenicht", kämpft gegen Krieg, Unmenschlichkeit und Verlust an Würde. Versöhnung mit Frankreich und dem Judentum zu schaffen, blieb sein Anliegen. Er war Mitbegründer der „Germania Judaica", der Bibliothek des deutschen Judentums. Seine Arbeit galt auch der Kölnischen Gesellschaft für christlich-jüdische Zusammenarbeit.
Am Hauptweg des Friedhofs liegt die Grabstätte Röder (+ 1900), ehem. Wirt der Gaststätte Röder. Ein Anker mit Weinlaub verleiht der Hoffnung auf das ewige Gastmahl Ausdruck. Typisch für die Arbeiten der galvanoplastischen Anstalten Geislingen ist auch die Engelsfigur der Grabstätte Schuhmacher – Zimmermann – Remagen. Der von einem Kreuz hinterfangene Engel erweckt im Redegestus mit seiner Linken gleichsam die Verstorbenen und weist sie mit der rechten zum Himmel (ca. 1915). Die Familie besaß das im Volksmund „Groschen Schumacher" genannte Gasthaus an der Aachener Straße.
Erinnert wird auch an die Eltern von Heinrich Böll, Maria und Heinrich Böll (Flur 10). Über sie schreibt Böll: „ Ich möchte meine Eltern heute fragen können: Was war das, warum seid ihr so liberal gewesen, es entsprach nicht eurer Erziehung... Andererseits hat wahrscheinlich dieses Nicht-Bestehen auf religiöser Praxis, das was religiös in mir geblieben ist sehr gestärkt" (Eine deutsche Erinnerung, 1979).
Das in der Flucht des Weges angelegte und in Basalt gearbeitete Hochkreuz der Grabstätte Müller Anhalt (nach 1992, Flur 18) benennt durch seine

Bepflanzung und die Bildsprache die Lebenshoffnung der Verstorbenen. Das Grab des bedeutenden Architekten Rudolf Schwarz 1897-1961 (Flur 12) wird durch ein einfaches griechisches Kreuz kenntlich, auf dessen oberen und seitlichen Kreuzarmen das Gebet des Vater Unser lesbar ist. So wird der Besucher im Gedenken auch ein Vater Unser für ihn beten. Rudolf Schwarz hat den Aufbau Kölns nach dem 2. Weltkrieg maßgeblich geprägt. Er gilt als einer der Bahnbrecher des neuen Kirchenbaus. Im Kirchenbau soll das, was Kirche bedeutet, vorgebildet werden: erlebte Liturgie, durch die das Volk zum Volk Gottes werden soll. Strenge, Direktheit und Einfachheit zeichnen seine Sakralbauten aus, die Altar und Gemeinde verbinden (u.a. Fronleichnamskirche, Aachen, 1930; St. Mechtern, Köln 1954). Auch die Vitaliskirche hat er neu gestaltet.

Die Grabstätte Hübner wird von einer von Gerhard Marcks geschaffenen Madonna bekrönt.

Das Grab von Hildegard Domizlaff 1898-1987 (Flur 7) weist auf eine bedeutende Bildhauerin hin, die eine Vielzahl sakraler Kunstwerke geschaffen hat. Die Grabplatte hat Elmar Hillebrandt gestaltet.

Auch das Grab des Bildhauers Prof. Josef Jäckel (1907-1985), das ein Holzkreuz mit einem in Kupfer getriebenen Korpus hervorhebt (Flur 6), verdient besondere Erwähnung. Josef Jäckel hat u.a den Hochaltar von St. Josef Köln-Dellbrück entworfen.

Nachdenklich stimmt das im Verfall stehende Holzkreuz Ursel Wenzel „Hier ruht unser einziges Kind, *1935, gefallen 1945 durch die Flieger". Eindringlich wird deutlich wie auch in Müngersdorf durch Kriegsbombardierungen Menschenleben vernichtet wurden (Flur 6).

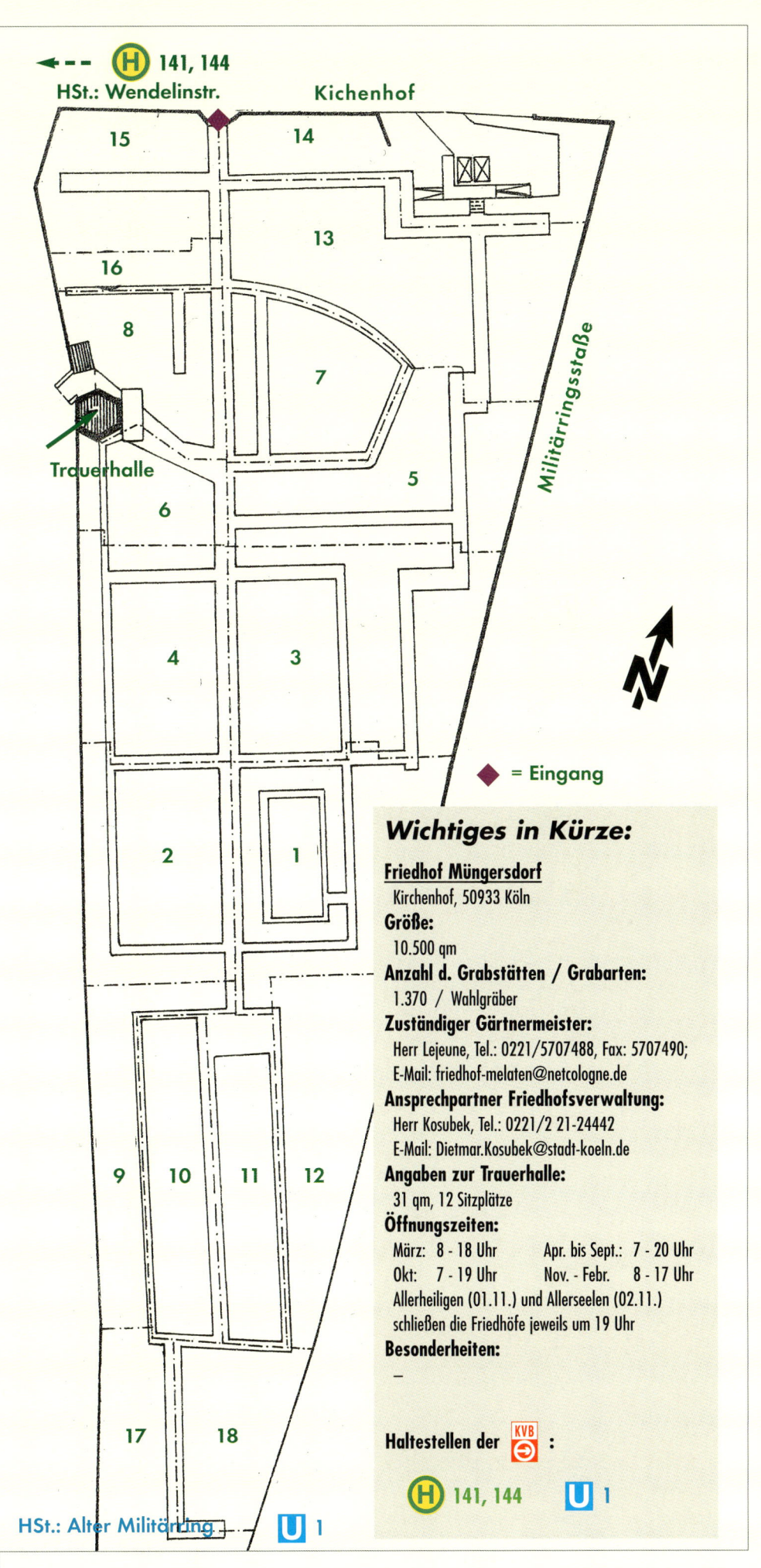

Wichtiges in Kürze:

Friedhof Müngersdorf
Kirchenhof, 50933 Köln

Größe:
10.500 qm

Anzahl d. Grabstätten / Grabarten:
1.370 / Wahlgräber

Zuständiger Gärtnermeister:
Herr Lejeune, Tel.: 0221/5707488, Fax: 5707490;
E-Mail: friedhof-melaten@netcologne.de

Ansprechpartner Friedhofsverwaltung:
Herr Kosubek, Tel.: 0221/2 21-24442
E-Mail: Dietmar.Kosubek@stadt-koeln.de

Angaben zur Trauerhalle:
31 qm, 12 Sitzplätze

Öffnungszeiten:
März: 8 - 18 Uhr   Apr. bis Sept.: 7 - 20 Uhr
Okt: 7 - 19 Uhr   Nov. - Febr.   8 - 17 Uhr
Allerheiligen (01.11.) und Allerseelen (02.11.)
schließen die Friedhöfe jeweils um 19 Uhr

Besonderheiten:
—

Haltestellen der KVB:
H 141, 144   U 1

Weiden neu

Mit dem stärkeren Anwachsen der westliche Vororte Köln wurde am Ortsausgang von Weiden nördlich der Aachener Straße ab 1959 ein weites Friedhofsareal angelegt, das aus insgesamt 13 Fluren besteht.
Der Hauptzugang des Friedhofs erfolgt über die nach dem Weidener Pfarrer benannte Albert Kindle Straße. Der größte Teil der Grabstätten ist in künstlerisch gestalteten Granitsteinen geschaffen.

Nahe der Trauerhalle (in Flur 6) ist ein eigenes Gräberfeld den Verstorbenen der Heilsarmee gewidmet: „Er ist unser Friede", „wir mit Zuversicht auf Christus hin vertraut". In eindrucksvoller Weise werden immer wieder neue Trostbotschaften benannt, die wie Losungen für die Verstorbenen wirken. Wie auch „im Dienste Gottes für Menschen, die im Schatten leben", „In Gottes Hand getröstet", „geborgen in Jesus, einer, der Gottes Gnade fand".
Typisch für die 1970er Jahre Grabkunst ist die Grabstätte Fried (nahe Flur 5), wo einem nach oben gerundeten Dreieck ein griechisches Kreuz einbeschrieben ist.
Erwähnt werden sollte die Grabstätte von Prof. Dr. Richard Rost, ehemaliger Leiter des Instituts für Kreislaufforschung und Kardiologie an der Sporthochschule Köln (+ 26.12.1998). Auf seinem Stein: der Äskulapstab, der mit der Schlange umfangen ist (Flur 12), nahe Aachener Straße.
Konzentriert im Formfluss lässt sich die Grabstätte Bernardi (Flur 12, mit einer still betrachtenden Frau) bezeichnen.
Auffallend ist auch die Grabstätte Erdmann (+ 1985, Flur 11), wo als Bronzerelief Christus als der Menschenfischer in plastischer Form in Erscheinung tritt.
In direkter Nähe hierzu, also am westlichsten Teil, ist der bedeutende Bildhauer Kurt Wolf von Borries (1928-1985) begraben. Seine Arbeiten sind stets von großer Aussagestärke und mahnender sowie weisender Botschaft: etwa die Ikarusplastik am Friedrich Wilhelm Gymnasium oder die Brunnenplastik im Stadtkirchenverband (Kartäusergasse). In Weiden sind die Bronzeplastiken von „Moses" sowie „Das Gespräch" an der evangelischen Kirche dauerhafte Zeugnisse seines Schaffens.
Sein Grabstein, der trapezoid zuläuft, weist im oberen Abschluss einen Schmetterling als Auferstehungssymbol sowie eine Sonne mit einem Kreuz als Lichthoffnung durch Christus auf.
Nahe hiervon die Grabstätte Wolfgang und Hanni Schuster (signiert von Fa. Walk). Im Frontispiz befindet sich in tiefer Reliefierung ein Taubenpaar, das sich in liebkosender Weise zugewandt ist. Der Frieden, den zwei Menschen haben, wird spürbar.
In Flur 11 befindet sich die Grabstätte des früh verstorbenen Dirk Lattek (1965-1981), Sohn des erfolgreichen deutschen Fußballtrainers Udo Lattek. Das plastische, linksseitig modellierte Reliefbildnis zeigt einen Vater, der seinen lebenden Sohn auf dem Schoss hält. Es scheint gleichsam der Bildtypus der Pieta ins Leben gesetzt. Der Text auf dem Stein lautet: „wer weiß denn, ob das Leben nicht das Todsein ist und das Todsein das Leben?"
Gegenüber wird die Grabstätte Franz Langanki sichtbar. Ein weit das Rad schlagender Pfau wird inmitten von Blattwerk wiedergegeben. Das Fleisch des Pfaus galt nach antiker Vorstellung als unverweslich und verleiht damit der Unvergänglichkeits- und Unsterblichkeitshoffnung Ausdruck.
Sepulchral-ikonographisch hervorzuheben ist auch die Grabstätte Erich Kohlen (1904-1980). Auf dem kreisrunden Stein findet sich mittig eingelassen eine Wellung mit einer Perle, die die Seele im Wellengang der Weltenzeiten symbolisiert (zwischen Flur 10 und 11).
Sehr eindrucksvoll liegt im Bereich der Flur 4 die Grabstätte Nora von Kleist (geborene von Vandemer, + 1970). In dem Sandsteinkreuz mit rauer Oberfläche beharrt Jes. 54, 10: „auch wenn die Berge von ihrem Platz weichen und die Hügel zu wanken beginnen – meine Huld wird nie von dir

Weskott Park

Gestaltung & Pflege
von Grünanlagen

Garten · Friedhof · Firmengrün

Aachener Straße 1254 · D-50859 Köln
e-mail: bernd.weskott@t-online.de · Tel. 0 22 34 / 7 62 46 · Mobil 01 72 / 8 83 30 68 · Fax 0 22 34 / 49 74 34

Oswald Schneider Steinmetzwerkstatt

Inhaber: Markus Weisheit
Steinmetz- und Bildhauermeister

Wir machen Steine. Für Menschen.

Grabmal   Skulptur   Geschenk

Alte Lohmarer Str. 2
53721 Siegburg
Tel. 02241-62164
WWW.STEINE-FUER-MENSCHEN.DE

Cafe · Bistro · Restaurant

Stollwerck

- **Bundeskegelbahn**
- **Internationale Speisen** (Wochenkarte)
- **Parkplatz direkt am Haus**
- **Biergarten**
- **Reueessen und alle anderen festlichen Anlässe in unserem Hause bis 150 Personen**
  Selbstverständlich werden wir Ihre Menüwünsche berücksichtigen

Dreikönigenstrasse 23 · Köln
Tel.: 02 21 - 3 10 16 70 · Fax: 02 21 - 9 32 85 89
Email : HLayeghi@t-online.de

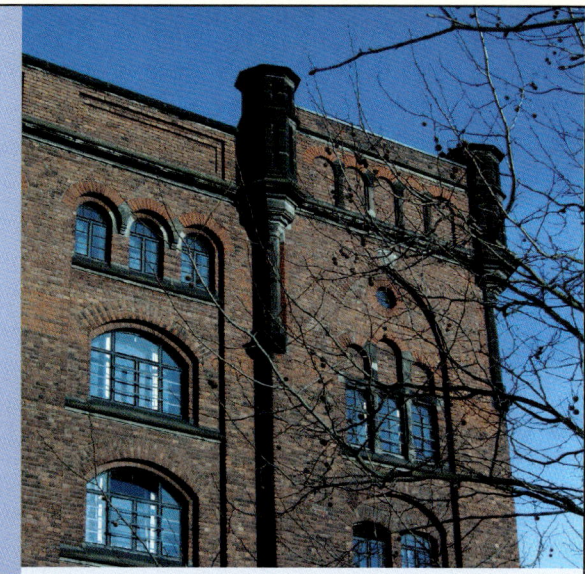

Öffnungszeiten:
Montag bis Samstag 11.00 - 01.00 Uhr durchgehende Küche
Sonntag von 13.00 - 21.00 Uhr

◆ = Eingang

Durchgang zur Erweiterung

Albert-Kindle-Straße

Trauerhalle

Tor

Aachener Straße

H 141
HSt.: Frechener Weg

U 1
HSt.: Weiden Schulstr.

Wichtiges in Kürze:

Friedhof Weiden neu
Albert-Kindle-Straße, 50859 Köln

Größe:
37.800 qm

Anzahl d. Grabstätten / Grabarten:
2.960 / Wahlgräber, Urnenwahlgräber

Zuständiger Gärtnermeister:
Herr Lejeune, Tel.: 0221/5707488, Fax: 5707490;
E-Mail: friedhof-melaten@netcologne.de

Ansprechpartner Friedhofsverwaltung:
Herr Kosubek, Tel.: 0221/2 21-24442
E-Mail: Dietmar.Kosubek@stadt-koeln.de

Angaben zur Trauerhalle:
99 qm, 25 Sitzplätze

Öffnungszeiten:
März: 8 - 18 Uhr   Apr. bis Sept.: 7 - 20 Uhr
Okt: 7 - 19 Uhr   Nov. - Febr. 8 - 17 Uhr
Allerheiligen (01.11.) und Allerseelen (02.11.)
schließen die Friedhöfe jeweils um 19 Uhr

Besonderheiten:
–

Haltestellen der KVB :

H 141   U 1

weichen und der Bund meines Friedens nicht wanken, spricht der Herr, der Erbarmen hat mit dir". Jüngst wurde auch das bekannte Lövenicher Original, Franz Kessler (+ 1.1.2003, Flur 8), Vorstandsmitglied der Lövenicher Neustädter und ihr Literat beigesetzt. Seine witzige und freundliche Art waren sehr beliebt, so dass über 1.000 Trauergäste der Beisetzung beiwohnten. Die Hundertjahrfeier der Gesellschaft konnte er noch komplett vorbereiten, dann starb er plötzlich.

Übersichtlich betrachtet birgt Flur 1 die frühesten Bestattungen aus den 1960er Jahren (1964 ff.), nördlich begrenzt durch den Bahndamm, der dann in numerischer Folge die weiteren folgen.
Die Gedenksteine auf dem neuen Weidener Friedhof zeigen ein hohes Maß von Verschiedenheit bildhauerischen Schaffens. Vor allem die Gedenkstele als Verkündigung von Aussagen findet sich häufig.
Die Trauerhalle fasst etwa 30 Personen.

Adelheid Biermann
Steinmetz- & Bildhauer Meisterbetrieb
vorm. W. Brosig

Steine gestalten.

Denkmäler setzen.

Bernhardstr. 51 · 50259 Pulheim-Brauweiler · Tel.: 0 22 34 / 8 26 10 · Fax: 0 22 34 / 80 26 70

FERDINAND BLATZHEIM Bestattungen

ERD-, FEUER- UND SEEBESTATTUNGEN
ERLEDIGUNG ALLER FORMALITÄTEN
ÜBERFÜHRUNGEN IM GESAMTEN IN- UND AUSLAND
BESTATTUNGSVORSORGE

· Eigene Trauerhalle · www.Bestattungsinstitut.de/blatzheim

Aachener Strasse 352, 50933 Köln, Telefon **0221 / 54 21 26**

Weiden alt

Der alte Weidener Friedhof wurde als Friedhof für Weiden und Lövenich 1895 in Nutzung genommen.
Der Friedhof öffnet sich vom Gartenweg aus mit einer Allee auf das Hochkreuz der Jahrhundertwende hin, zu dessen Seiten die ehemaligen Weidener katholischen Pfarrer Albert Kindle und Dagobert Sommer begraben liegen. Albert Kindle (+ 1959) war der erste Pfarrer der neu erbauten Rektoratskirche St. Marien in Weiden, die 1927 benediziert wurde.
Dagobert Sommer (1910-1982) galt als der „Baupfarrer". In seiner Amtszeit erfolgte der Bau des Josefshaus und der neuen Heilig Geist Kirche (1966-1970).
Hinter den Geistlichen ist an die Kriegsgefallenen und Vermissten Weidener erinnert.
Der älteste Teil des Friedhofs wird von den Fluren 4-7 eingenommen, die sich in Form eines Querrechteckes von Südwesten nach Nordosten erstrecken. Hier sind die frühesten Bestattungen Weidener Bürger erhalten. Bei der Grabstätte der Familie Klein wird ein Bronzerelief mit einer Christusdarstellung als Schmerzensmann unter einem Halbbogen gezeigt, der von einem Kreuz überhöht ist. Die seitlichen Einfassungen aus Sandstein sind in fein geschwungener Form gearbeitet. Die Grabstätte dürfte um 1905 gestaltet worden sein.
Östlich von ihr erstreckt sich die Grabstätte Matthias Hubert Zaun (+ 1907) und Anna Sophia Hubertine Zaun (+ 1908). Auf einem Sarkophag in schwarzem Granit hat sich eine trauernde Frau mit gekreuzten Beinen niedergelassen und umarmt in tiefer Melancholie ein Urnengefäß. Gleichsam das Pauluswort bildhaft verkündend: „Diesen Schatz tragen wir in zerbrechlichen Gefäßen; so wird deutlich, dass das Übermaß der Kraft von Gott und nicht von uns kommt" (2. Kor. 4, 7).
Über der trauernden Figur tritt im flachen Relief das Kreuz Christi hervor, wobei in der Mitte der Kreuzbalken ein in Bronze gehaltener Christuskopf mit einem Ecce Homo Schriftband auf sein Leiden hinweist. Bemerkenswert sind auch die feingearbeiteten, dem Jugendstil nahen Einfriedungsgitter.
Auf dem gestuft angelegten Grabmal Jakob Monius (+ 1904, Flur 6) tritt ein Christuskopf hervor (signiert Johann Steinnuss, Josef Spiegels Nachfolge, Köln-Melaten).
Im Bereich des Quadrums, das die Flure 4-7 zentriert, befindet sich das mit kompletter Einfriedung erhaltene Grab des Wilhelm Gerhard Kreuz (+ 1904, signiert mit R. Dunkel, Melaten 118). Gerhard Kreuz wird als Mitkämpfer der Kriege 1866, 1870, 1871 ausgewiesen. Das Aufsatzkreuz zeigt das plastische Bild einer Christusfigur.

Die in Flur 4 gelegene Grabstätte Nolden birgt einen in Bronze modellierten Christus-Corpus und weist eine aus Mohnkapseln bestehende Girlande auf. Der Tod als Bruder des Schlafes wird mit den Mohnkapseln, aus denen Opium als Schlaf verursachendes Betäubungsmittel geschaffen werden kann, verglichen.

Die Grabstätte Theodor Breuer (Hauptlehrer in Lövenich, 1845-1907), zeigt eine in Kalkstein unter einem Spitzbogen angelegte Marmorerinnerungsplatte, die mit einem Kreuz überfasst ist, an dessen Balkenschnittstellen eine Christusbüste in Carrara Marmor erscheint.
In der Verlängerung des Ost-West Weges liegt die Grabstätte der Familie Heinrich Schuhmacher (1860-1929). Ein fein geschwungener Granitsockel, seitlich von Grableuchten gerahmt, wird von einem Kreuz, das einen Bronzecorpus zeigt, bekrönt (Flur 6, Abschluss Gartenweg).
Beim Grab Rettig (Flur 7, Margarethe Rettig, 1873-1935) wird in Backstein eine Wandfläche angelegt, in die mittig eine Natursteinplatte hineingegeben ist. Dies entspricht typischer Reformkunst der 1930er Jahre. In gleicher Flur liegt die Grabstätte Sauer (1931), wo in Art Deco gemäßer Formsprache sich über gestuftem Sockel ein trapezoides Aufsatzteil erhebt, das einen giebelförmigen Abschluss mit bizarren Ornamenten stilisierter Lilien und einem griechischen Kreuz aufweist.
Die in den 1950er Jahren zusammen mit der Trauerhalle in Nutzung genommenen Flure 2 und 3 zeigen einige bemerkenswerte Grabstätten. Südlich der Halle wird an die Besitzerfamilie von Gut Keuschhof, Gottfried Felten und seiner Verwandten gedacht (+ 1897).
Von dichter Aussage ist der Grabstein

Edith Unrath (+ 1988), wo unter dem XP Abschluss das klare „credo in unum deum" („ich glaube an den einen Gott") ausgesprochen wird. Zum Gartenweg fällt die fein reliefierte Pieta der Grabstätte Sudhold (ca. 1995) auf. Gleich hier auch die Grabstätte von Otto Ritterbach, dem Gründer des lange in Weiden ansässigen Druckereibetriebes.

Gegenüber hiervon wird die Grabstätte Horst Patzke (+ 2002) bemerkbar; zwei verschieden hohe Basaltsäulen. Die rechte schließt mit Weinblättern und einer Weintraube ab.

Am Ausgang Albert Kindle Straße (Flur 5) liegt die künstlerisch auffällige Grabstätte der Familie Jakob (Helga, + 1995). Das Bildrelief zeigt einen mit Dornen gekrönten Christuskopf, von dem Sonnenstrahlen ausgehen. Der nach unten fließende Strahl trennt zwei menschliche Gesichter und leitet zugleich auf ein Kind über, so dass die Einswerdung in der Kindschaft Gottes über Christus Thema bilden könnte. Nach oben hin schließt es im Halbkreis rund mit Rosen ab.

Auf ein enges Tor zulaufende Stufen zeigt die Grabstätte Schirp (Flur 7, + 1997). Das Mathiaswort 7, 14 kommt in den Sinn: „aber das Tor das zum Leben führt ist eng und der Weg dorthin ist schmal und nur wenige finden ihn".

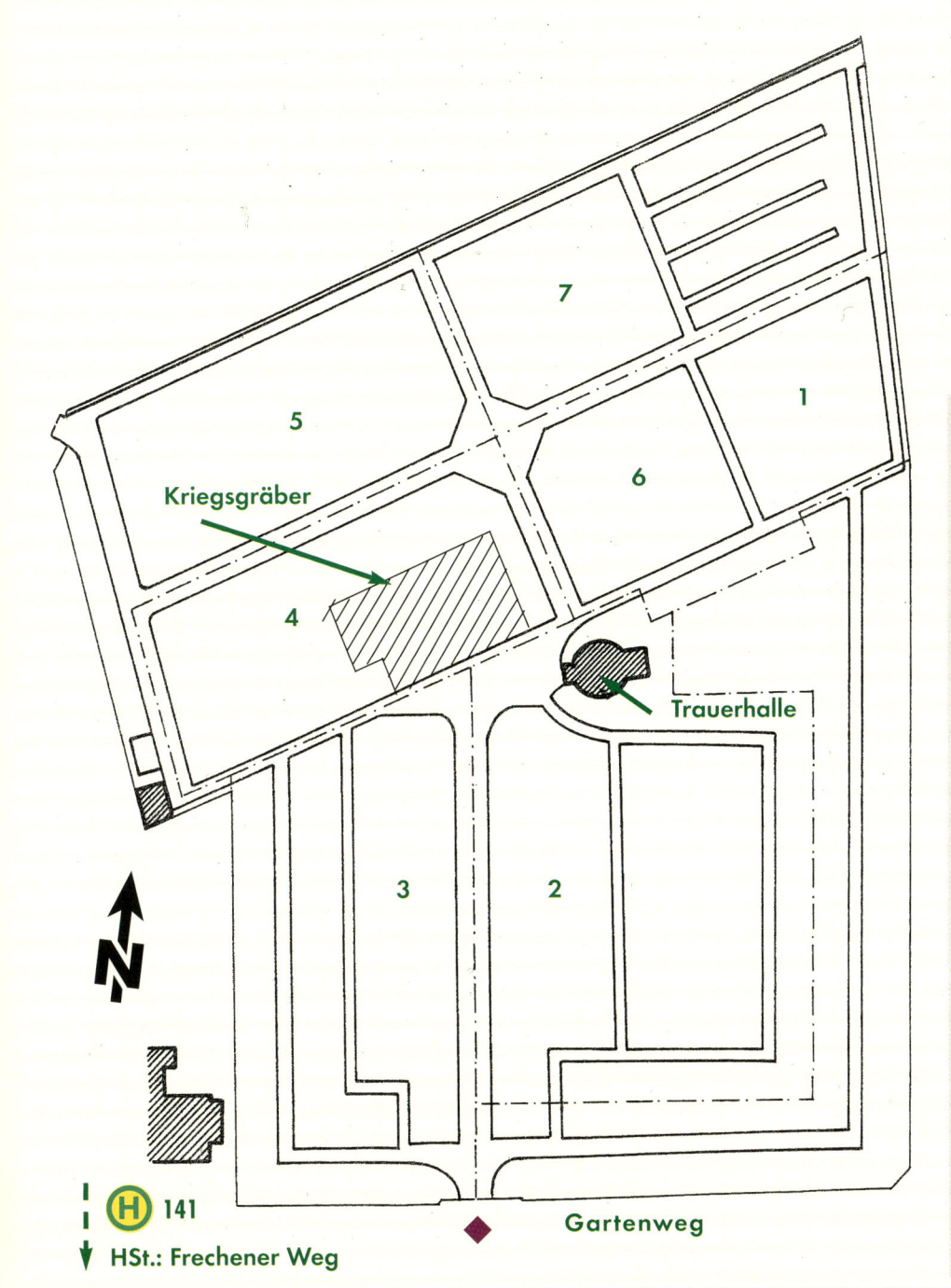

◆ = Eingang

Wichtiges in Kürze:

Friedhof Weiden alt
Gartenweg, 50859 Köln

Größe:
11.400 qm

Anzahl d. Grabstätten / Grabarten:
1.460 / Wahlgräber

Zuständiger Gärtnermeister:
Herr Lejeune, Tel.: 0221/5707488, Fax: 5707490;
E-Mail: friedhof-melaten@netcologne.de

Ansprechpartner Friedhofsverwaltung:
Herr Kosubek, Tel.: 0221/2 21-24442
E-Mail: Dietmar.Kosubek@stadt-koeln.de

Angaben zur Trauerhalle:
39 qm, 12 Sitzplätze

Öffnungszeiten:
März: 8 - 18 Uhr   Apr. bis Sept.: 7 - 20 Uhr
Okt: 7 - 19 Uhr   Nov. - Febr. 8 - 17 Uhr
Allerheiligen (01.11.) und Allerseelen (02.11.)
schließen die Friedhöfe jeweils um 19 Uhr

Besonderheiten:
Kriegsgräber

Haltestellen der KVB:
H 141   U –

Widdersdorf alt

Der alte Widdersdorfer Friedhof ist im klassischen Sinne ein Kirchhof, weil er sich auf der Südseite der Kirche St. Jakobus (18. Jht.) öffnet. Die zur Zeit erkennbaren ca. 140 Grabstätten verteilen sich auf drei Flurstücke. Um 1880 steht der Friedhof im Gemeindeeigentum. Im Jahre 1913 wurde der Friedhof nach Süden vergrößert. Der von der Turmstraße sich nach Westen erstreckende Weg führt auf die Gräber von gefallenen Widdersdorfern hin, die alle zu Kriegsende am 4.3.1945 starben.

Die ältesten Grabkreuze des Friedhofs finden sich auf der Ostseite entlang der Friedhofsmauer. Insgesamt sind dies drei barocke „Winkelstützenkreuze": Merten-Schmitz (1674), Peter Rosellen (1685) und Anna Adams (1693). Der Erhaltungszustand ist schlecht und eine Lesbarkeit der einzelnen Angaben schwerlich möglich. Die aus den 1920er Jahren stammende, im roten Sandstein gehaltene Kreuzigungsgruppe mit Christus, Maria und Johannes wurde im Krieg stark beschädigt. Das Denkmal sollte sowohl für den verstorbenen Pfarrer Dr. Wildt (1838-1915) als auch als Kirchhofskreuz und spätes Denkmal eines Gemeinschaftsgrabes der Widdersdorfer Pastoren dienen. Es fehlt an Inschriften.

Die älteste erhaltene Grabstätte, die namentlich benannt ist, ist die Grabstätte von H.J. Pingen (1808-1874) und seiner Ehefrau (1803-1891) in Flur 2. Auf einem breiten Sockel zieht sich eine Girlande, die aus Eichenblättern gebildet ist als Ruhmesverkündigung einer. Hierauf setzt ein rechteckiges Formteil, das an den Seiten mit Putti auf Voluten geziert ist. Die Konsolen der Putti zeigen auch Eichenlaub. Unter einem gesprengten Rundbogen öffnet sich sodann die Darstellung der trauernden Muttergottesfigur, auf deren Baldachin sich die Darstellung des vollplastischen Christus erblicken lässt. An den Ecken Viertelkugel mit Mohnkapseln, die den Tod als den Bruder des Schlafs ausweisen. Die Grabstätte ist signiert mit dem Namen Nollen, Cöln. Heinrich Pingen war Besitzer des Burg- und Turmhofes.

Dahinter befindet sich die neogotische Grabstätte der Familie des Herrenhausbesitzers (Matthias) Decker, geboren zu Freimersdorf, der „plötzlich am 25.6. 1871 gestorben" ist. Seine Witwe Katharina Decker verstarb 1891. Rechts und links sind auf Konsolen, die maskenähnliche Gesichter zeigen, die Namenspatrone der verstorbenen Eheleute, nämlich Katharina mit Rad und Matthias mit geschulterter Hellebarde wiedergegeben. Die erneuerte Muttergottesfigur ist unter feinem Baldachin mit Stadtarchitektur aufgestellt (signiert mit E. Renard Cöln; er schuf den Heinzelmännchenbrunnen). Das wohl als Abschluss dienende Kreuz ist verloren gegangen (Flur 1).

Gegenüber die Grabstätte des Gutsbesitzers Paul Schmitz (+ 1906); heute Grabstätte Decker (Max Decker, + 1995, signiert mit Steinnus Melaten).

Ein schlichter Granitsockel auf Naturstein trägt einen Kreuzaufsatz (Flur 2). In Flur 1 liegt auch die Grabstätte des ehemaligen Pfarrers und Dechanten von Widdersdorf, Hubertus Weisshaupt (+ 1823). Das Grab baut mit einem mehrfach gestuften Sockel auf und zeigt in der Namensplatte über dem Namen des Verstorbenen den eucharistischen Kelch. Der Kreuzaufsatz fehlt.

Die Grabstätte Hünseler baut auf einem

Natursteinsockel mit reliefierten Giebel. Hier sitzt ein Granitblock auf, der der Verstorbenen der Familie Hünseler (Christian, + 1895 in Widdersdorf) gedenkt. Die Hünselers erwarben 1862 den Tilmeshof. Das aufsteigende Kreuz zeigt in einem gezogenen Quadrat die Namenszeichen „IHS". Von feinem Erscheinungsbild auch die Grabstätte Johann Hubert Koch (1834-1901) und seiner Frau Gertrud (1842-1924) in Flur 1. Auf einem quadratischen Sockel, der einen pyramidalen Abschluss aufweist, sitz diagonal zum Quadrum ein Kreuz auf. Gegenüber die Grabstätte des Apothekers Max Forsbach, der in Lindenthal eine Apotheke besaß (+ 1923, Weg von Flur 1 zu 3). Wie ein Triptychon baut das Grab auf, wobei das Mittelteil ein Bronzemedaillon betont, das Christus in büstenförmiger Weise als Ecce Homo Bildnis zeigt und ihn den trauernden Hinterbliebenen dadurch als – trotz Schmerz und Tod – wiedererweckten Auferstandenen vor Augen führt.

Die Grabstätte der ehemaligen Gutshofbesitzerfamilie Meller (nach 1937, signiert mit A. Hertel, Köln), stellt eine Tryptichon ähnliche Anlage dar, in dessen Mitte ein Kreuz aus Granit hervortritt, dem ein fein modellierter Bronzekorpus des toten Christus eingepasst ist.

Mit der Grabstätte Wilhelm Müller (dreitelig mit Bronzekruzifix) wird auch an den ehemaligen preussischen Landtagsabgeordneten Christian Decker (+ 1914) erinnert.
In Flur 3, nahe der Kirche, ist die Grabstätte Schäffeler mit einem wiederverwendeten Grabkreuz aus dem späten 19. Jht. zu finden. In der Mitte der Kreuzarme ist ein Christuskopf in Marmor bewahrt.
Von gutem Bestand erweist sich die Grabstätte des Bernhard Klosterhalfen (1849-1898). Erwähnt wird auch Anton Sester (1850-1886), ehemaliger Besitzer einer landwirtschaftlichen Kornbrennerei. Seine Eltern waren Wirtsleute in Widdersdorf. Aus dieser Familie gingen die Begründer der Herrmann Sester Kölschbrauerei hervor, die 1929 die Kirchenuhr der Jakobuskirche gestiftet haben.

Wichtiges in Kürze:

Friedhof Widdersdorf alt
Turmgasse, 50859 Köln
Größe:
1.800 qm
Anzahl d. Grabstätten / Grabarten:
260 / Wahlgräber, Urnenwahlgräber
Zuständiger Gärtnermeister:
Herr Lejeune, Tel.: 0221/5707488, Fax: 5707490;
E-Mail: friedhof-melaten@netcologne.de
Ansprechpartner Friedhofsverwaltung:
Herr Kosubek, Tel.: 0221/2 21-24442
E-Mail: Dietmar.Kosubek@stadt-koeln.de
Angaben zur Trauerhalle:
–

Öffnungszeiten:
März: 8 - 18 Uhr   Apr. bis Sept.: 7 - 20 Uhr
Okt: 7 - 19 Uhr   Nov. - Febr. 8 - 17 Uhr
Allerheiligen (01.11.) und Allerseelen (02.11.) schließen die Friedhöfe jeweils um 19 Uhr
Besonderheiten:
Kriegsgräber

Haltestellen der KVB:
H 145   U –

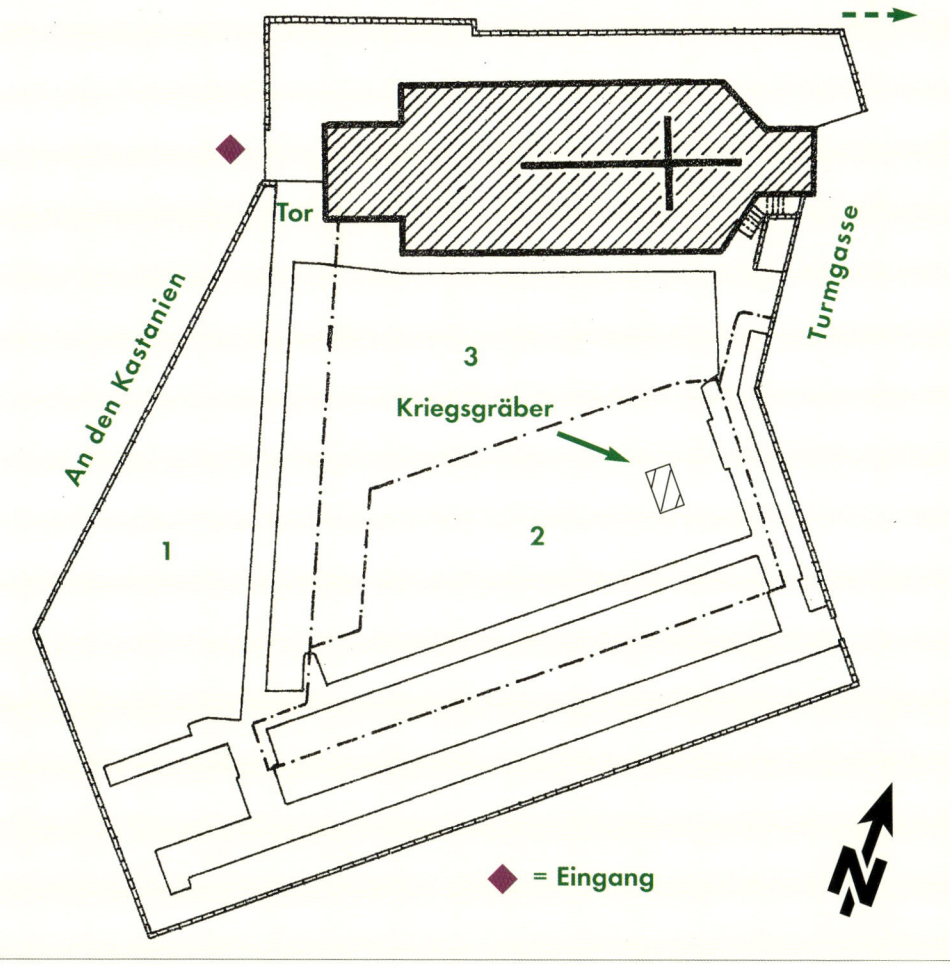

Widdersdorf neu

Der neue Widdersorfer Friedhof, der über die Heckgasse zugänglich ist, zeigt einen winkelförmigen Grundriss. Er wurde 1955, nach dem Pläne laut wurden, den alten Friedhof an der Kirche einzuebnen, angelegt.
Im Bereich der Flur 6 zeigt sich ein fein geschwungenes Kreuz für die Grabstätte Peter Kronenbürger (+ 1976), in dem Christus mit weit geöffneten Armen als der Überwinder des Todes sichtbar wird, der im Auferstehungsgestus dem Himmel entgegenschreitet.
Auf der Grabstätte Herrenbusche befindet sich eine trauernde Engelsgestalt (ca. 1983).
Rückwärtig hierzu lässt sich die Grabstätte Kurt Geisler (+ 1996) finden, wo drei Basaltsäulen verschiedener Höhe nebeneinander gestellt sind: die höchste mit einem Kreuz als Todes- und Auferstehungssymbol.
Sehr bewegend wirken einige Kindergrabstätten. Kurz hintereinander starben die Kinder Gloria, Gregor und Fatima nach kurzer Lebenszeit (+ 1988).
Große Betroffenheit durch seine intensive bildhauerische Formsprache löst auch im Bereich der Kindergrabstätten der Stein für ein Kind aus, das mit nach oben gehaltenen Händen in einer einem Uterus ähnlichen Höhle dargestellt ist.
Künstlerisch auffällig ist die Grabstätte Herrmann Sarling (1914-1972), der in die Widdersdorfer Schmiedefamilie Hoffzimmer hineingeheiratet hat. Zwölf runde Vertiefungen und an sie flach ansetzende Relieflinien machen das Abendmahl Jesu mit den Jüngern fassbar. Als Trostreichung auf das ewige Gastmahl hin kann es gedeutet werden (Flur3).
Rückseitig hiervon die Grabstätte Dick (1994), an dessen Freude an Honig-

bienen der Bienenstock erinnern könnte.

Aktuell gestaltet (2003) ist die Grabstätte Bernd Kurt Platt, wo ein im Sockelbereich glattgehaltener gewellter Blaustein nach oben hin in strukturierter Form abschließt. Die mit dem Ölzweig im Schnabel dargestellte, in Bronze angelegte Taube erinnert als Friedenssymbol an den Alten Bund zwischen Gott und den Menschen. Die Trauerhalle ist ein einschiffiger kapellenähnlicher Bau, in der etwa 25 Trauergäste Abschied nehmen können. Nördlich der Trauerhalle liegt die Grabstätte Marlies Munk, die ein großes geöffnetes Buch in Stein mit betenden Händen zeigt. Die Buchplatte wird von zwei Tujabäumen als Lebensbäumen flankiert. Künstlerisch auffallend, direkt an der Heckgasse gelegen, die Grabstätte Günter Valder (1931-1978), wo auf einem Postament eine tief reliefierte jugendliche Frau steht, die aus einem Blumenstrauß heraus Rosen gelöst hat und sie auf das Grab wirft.
Im Ausgangsbereich die Grabstätte Ljubomir Kostic (1932-2001). Herr Dr. Kostic war im Malteser Flüchtlingsdorf in Köln Bocklemünd, das von 1993-1996 bosnische Kriegsflüchtlinge aufnahm, unermüdlich als Übersetzer tätig (Flur 6 am Ausgang des Friedhofs).

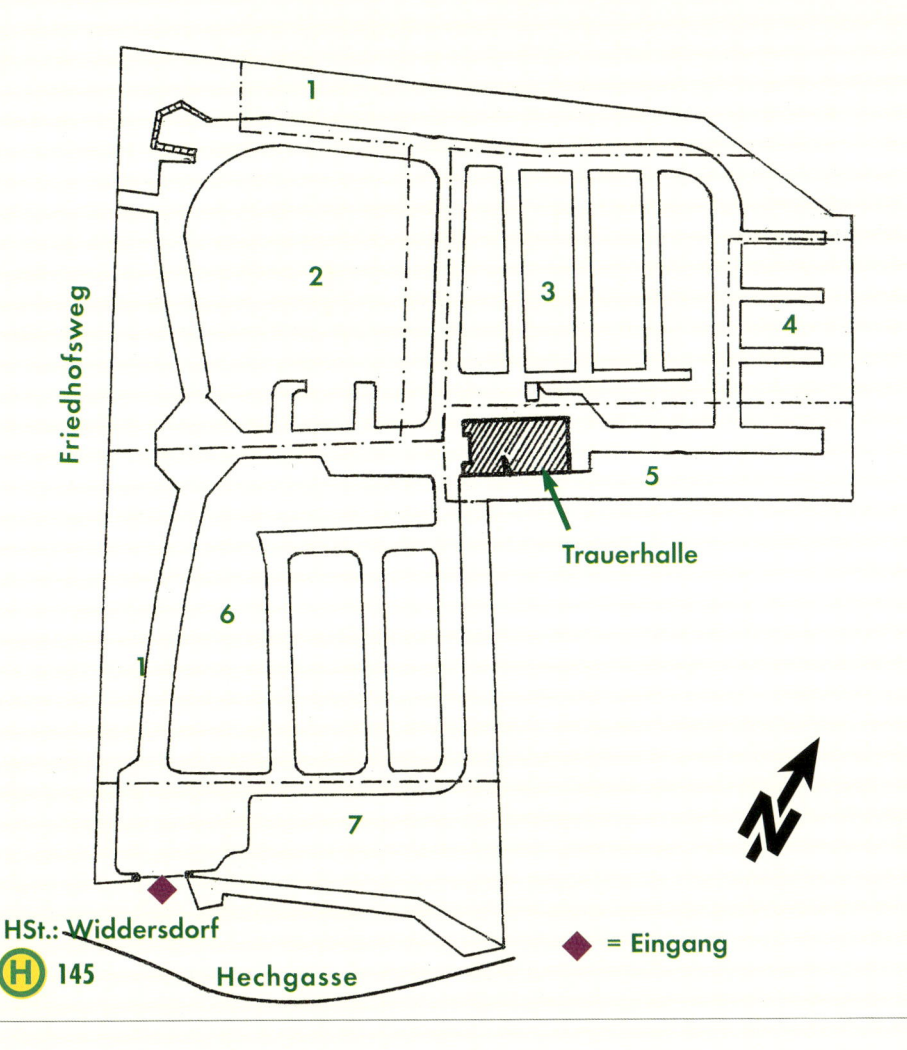

Wichtiges in Kürze:

Friedhof Widdersdorf neu
Hauptstraße, 50859 Köln

Größe:
5.800 qm

Anzahl d. Grabstätten / Grabarten:
510 / Wahlgräber

Zuständiger Gärtnermeister:
Herr Lejeune, Tel.: 0221/5707488, Fax: 5707490;
E-Mail: friedhof-melaten@netcologne.de

Ansprechpartner Friedhofsverwaltung:
Herr Kosubek, Tel.: 0221/2 21-24442
E-Mail: Dietmar.Kosubek@stadt-koeln.de

Angaben zur Trauerhalle:
37 qm, 10 Sitzplätze

Öffnungszeiten:
März: 8 - 18 Uhr   Apr. bis Sept.: 7 - 20 Uhr
Okt: 7 - 19 Uhr   Nov. - Febr. 8 - 17 Uhr
Allerheiligen (01.11.) und Allerseelen (02.11.)
schließen die Friedhöfe jeweils um 19 Uhr

Besonderheiten:
–

Haltestellen der KVB:
(H) 145   U –

Junkersdorf

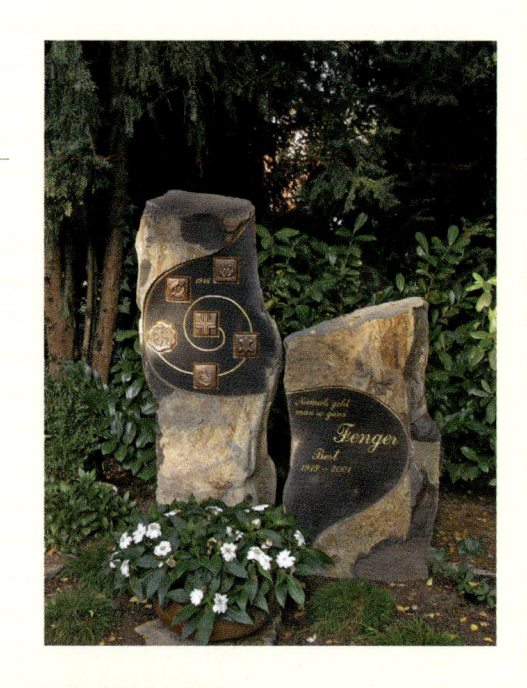

Im Zugang des Junkersdorfer Friedhofs erinnert am Parkplatz ein Gedenkstein an Prof. Dr. Wilhelm Schneider Clauss (1862-1949). Zwei Grielächer tragen das Kölner Stadtwappen und vermitteln in den Spruch „Herr ich danke dir, für das, was du mir gabst". Prof. Schneider Claus war ein bedeutender Kölner Mundartautor.

Vom Statthalterhofweg aus leitet der mittige Weg auf ein filigranes Hochkreuz hin, das die Inschrift hat: „Rette ger (+ 2001), der langjähriger Vorsitzender der Dorfgemeinschaft Junkersdorf war. Zwei verschieden hohe Basaltsäulen nehmen Junkersdorfer und persönliche Bildmotive in plastischen Bronzereliefs auf. Die rechte Basaltsäule greift den Schwung der linken Rahmung auf und leitet in das berühmte Trude Herr Lied „Niemals geht man so ganz" über.

Daneben die Grabstätte Alfons Nowak; einziger Junkersdorfer Einwohner, der ab 1956 Bürgermeister der eigenständigen Gemeinde Lövenich wurde, zu der auch seit 1802 Junkersdorf gehörte, aber auch der letzte. Junkersdorf wurde 1975 nach Köln eingemeindet. Nahe bei ist auch der Kölner Volkssänger Willi Schneider („schütt die Sorgen in ein Gläschen Wein", „man müsste noch mal zwanzig sein") begraben (+ 1989). Daneben erinnert ein schlichtes, geschwungenes Kreuz an die Grafen Metternich. Franziskus Graf Wolf Metternich (1893-1978) war langjähriger Landeskonservator Rheinland. Zahlreiche Veröffentlichungen zu rheinischen Bauwerken, u.a. Monographie über die Brühler Schlösser sind ihm, ebenso wie die Rettung der Holztüren von St. Maria im Kapitol und des Lochnerbildes des Kölner Domes zu verdanken. Mit ihm bestattet ist seine Ehefrau Gräfin Alix Wolf Metternich.

deine Seele! Zur Erinnerung an die Heilige Mission von 19.-26. Juni 1892". Das Kreuz wurde von der alten Pankratiuskirche auf den 1951 zusammen mit der Trauerhalle (Raum für etwa 15 Personen) angelegten neuen Junkersdorfer Friedhof übertragen. Die erste Bestattung erfolgt am 10.10.1952.

In Flur 4, rechts vor der Trauerhalle erreichbar, befinden sich eine Reihe von Grabstätten bedeutender Junkersdorfer Bürger.

So etwa die Grabstätte des Bert Fen-

Auffallend auf dem Junkersdorfer Friedhof ist, dass sich eine Reihe neu-

zeitlicher, künstlerisch qualitätvoll gestalteter Steine mit eigener Bildsprache finden lassen.
So etwa die Grabstätte Nöthen (Flur 5) die eine geradezu expressionistische Darstellung des leidenden Christus zeigt, die im Text Röm. 8, 38 zitiert: „Denn ich bin gewiss: Weder Tod noch Leben, weder Engel noch Mächte, weder Gegenwärtiges noch Zukünftiges, weder Gewalten der Höhe oder Tiefe noch irgendeine andere Kreatur können uns scheiden von der Liebe Gottes, die in Christus Jesus ist, unserem Herrn".
Am Ende der Flur 5 befinden sich die Gräber der beiden Rektoren der Deutschen Sporthochschule in Köln, Lieselotte und Carl Diem. Carl Diem (1882-1962) nimmt mit Hilfe der britischen Militärverwaltung seine Arbeit als erster Rektor der „Deutschen Sporthochschule" in Köln auf und bleibt dies bis zu seinem Tod. Zusammen mit seiner Frau Lieselotte (1906-1992), die ihm später als Rektorin nachfolgt, verfasst er die Autobiographie „Ein Leben für den Sport".
Um die Ecke ist die Grabstätte Kolping, Verwandte des seligen Gesellenvaters gelegen. Ein Fackel tragender Engel macht die späte Formsprache des Jugendstils spürbar (ca. 1935).
Am Ende der Flur 5 tritt die sehenswerte Grabstätte Dr. Peter Hecker (1988) hervor, Sohn des bedeutenden rheinischen Malers Peter Hecker. Das Grabkreuz stand ursprünglich auf einem Priestergrab. Der im zarten Relief gestaltete tote Christus schwebt über dem eucharistischen Kelch. Am Giebel sind die Symbole von Glaube (Kreuz), Hoffnung (Anker) und Liebe (Herz) als christliche Tugenden bildhaft zitiert.
Die Liebe zur Musik verrät das kurios mit einer Klaviertastatur in Stein abschließende Grab des Musiklehrers Ernst August Malangré (Flur 5, + 1987).
Auf dem Grabkreuz des evangelischen Pfarrers Walter Fiebig (+ 1984, Flur 7) vermittelt das Pauluswort die tiefe Gewissheit: „Leben wir, so leben wir dem Herrn, sterben wir, so sterben wir im Herrn, darum wir leben oder sterben, so sind wir des Herrn (Röm. 14, 8, Flur 7).
Auf dem aus metallischem Material geschaffenen Erinnerungsmal der Familie Jost (ca. 1980) wird ein Schmetterling als Auferstehungssymbol ausformuliert (Flur 7).
Auffallend ist auch die von der Firma Peters gearbeitete Grabstätte Spangenberg, die eine kniende, antik gekleidete Frau mit einer erhobenen Schale in den Händen zeigt.
Besonders erwähnenswert ist die Grabstätte Valder, die der Bildhauer Hein Gernot (u.a. Umhüllung der Cassius- und Florentius Schrein, Bonn, Hochaltar Bonner Münster) 1965 schuf.

Aus der kompakten Steinform ergeben sich immer wieder Abwinklungen: Stufen, und Treppen, die mit versetzen Kreuzen in den „Himmel" führen. Erich Valder war langjähriger stv. Diözesanbaumeister (+ 1992).
Das schmiedeeiserne Kreuz der Familie Stromeyer verrät süddeutschen Einfluss.
Ein aufsteigender mit Wellungen strukturierter Granitblock, in den einem Textilgewirk ähnliche Eisenstäbchen eingelassen sind, macht auf die Grabstätte Kirschbaum (+ 1997) aufmerksam.
Im vorderen Bereich des Friedhofs wird der verstorbenen Schwestern des ehemaligen Klosters zum Guten Hirten gedacht.

Wichtiges in Kürze:

Friedhof Junkersdorf
Statthalterhofweg, 50858 Köln
Größe:
25.100 qm
Anzahl d. Grabstätten / Grabarten:
2.240 / Wahlgräber
Zuständiger Gärtnermeister:
Herr Lejeune, Tel.: 0221/5707488, Fax: 5707490;
E-Mail: friedhof-melaten@netcologne.de
Ansprechpartner Friedhofsverwaltung:
Herr Kosubek, Tel.: 0221/2 21-24442
E-Mail: Dietmar.Kosubek@stadt-koeln.de
Angaben zur Trauerhalle:
77 qm, 15 Sitzplätze
Öffnungszeiten:
März: 8 - 18 Uhr   Apr. bis Sept.: 7 - 20 Uhr
Okt: 7 - 19 Uhr   Nov. - Febr.: 8 - 17 Uhr
Allerheiligen (01.11.) und Allerseelen (02.11.) schließen die Friedhöfe jeweils um 19 Uhr
Besonderheiten:
Kriegsgräber

Haltestellen der KVB:
H 143   U -

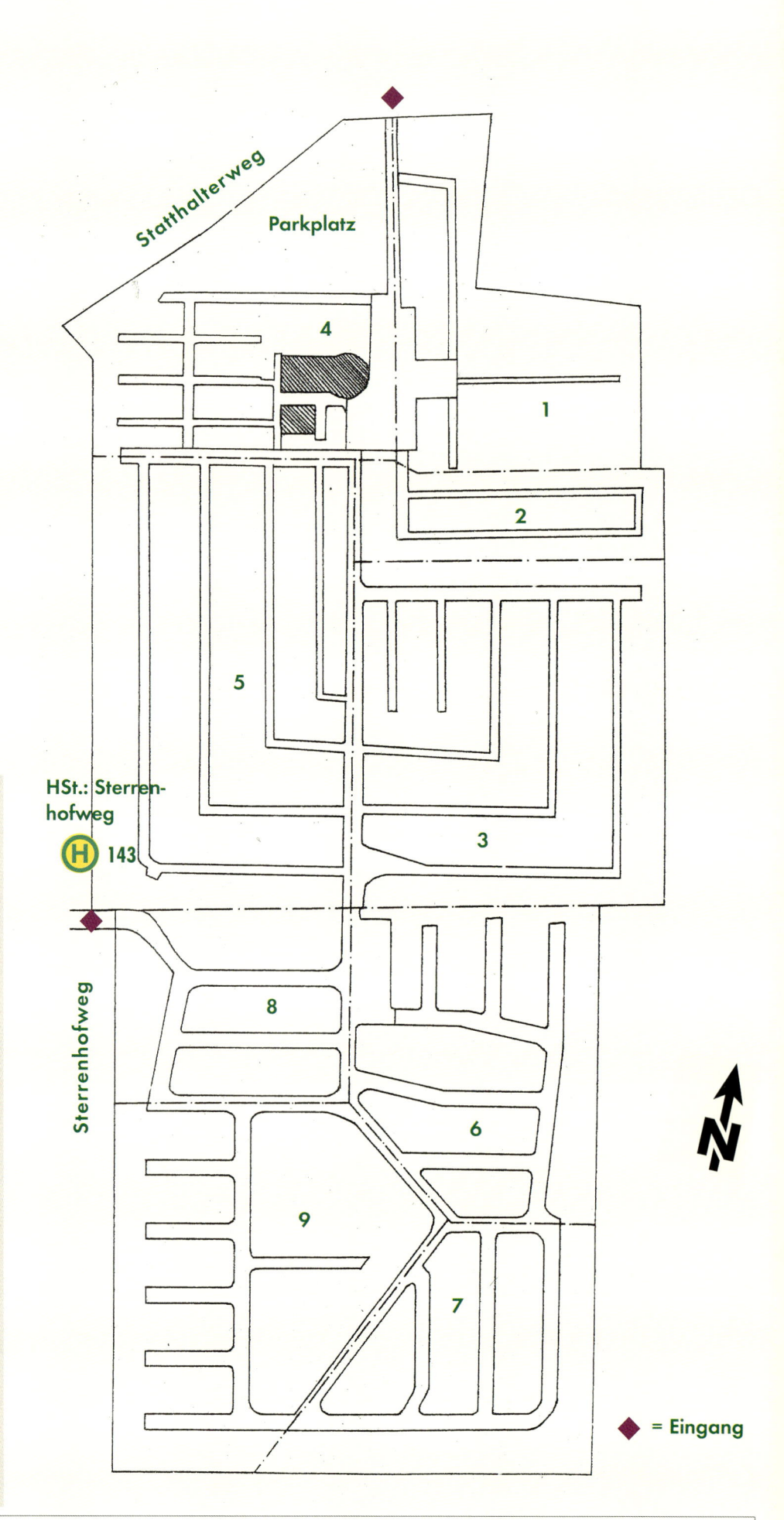

Grabmale Karnuth
Meisterbetrieb

Leonhardsgasse 3 · 50859 Köln-Widdersdorf
Telefon 02 21/50 55 15 · Fax 02 21/50 55 17

Seit Jahrtausenden richtet
der Mensch seinen Verstorbenen
ein Grabmal.
Wir setzen uns dafür ein,
das individuelle Grabmal
für Sie zu errichten.

FERDINAND BLATZHEIM Bestattungen

ERD-, FEUER- UND SEEBESTATTUNGEN
ERLEDIGUNG ALLER FORMALITÄTEN
ÜBERFÜHRUNGEN IM GESAMTEN IN- UND AUSLAND
BESTATTUNGSVORSORGE

· Eigene Trauerhalle · www.Bestattungsinstitut.de/blatzheim

Aachener Strasse 352, 50933 Köln, Telefon **0221 / 54 21 26**

Lövenich

Seit Jahrhunderten lag der Friedhof von Lövenich an der kath. Kirche St. Severin. Im 19. Jht. ergab sich ein langer Rechtstreit über die Eigentümerfrage, der damit endete, dass der Friedhof von Lövenich im Bereich Weidens angelegt wurde.

Mit der Eigenständigkeitsbestrebung von Weiden geht einher, dass 1921 der alte Lövenicher Friedhof geschaffen wurde.

Der Friedhof ist von Süden über die Strasse Am Heidstamm aus erreichbar, wobei der mittlere Weg zum Hochkreuz führt.

Der älteste Teil des Friedhofs wird von Flur 2 gebildet.

In den 1960er Jahren wurde nördlich des Hochkreuzes das leicht geschnürte Areal (Flur 3) hinzugegeben. Der östliche Flur (Flur 4) birgt vornehmlich Gräber aus dieser Zeit.

Das neogotische Hochkreuz führt die Inschrift „ego sum resurrectio et vita qui credit in me etiam si mortuus fuerit vivet" (Joh. 11, 25: „Ich bin die Auferstehung und das Leben, wer an mich glaubt, wird leben, selbst wenn er gestorben ist").

Gleich hinter dem Hochkreuz fällt die Grabstätte Lang (1989) auf, wo auf einem rechteckigen Sockel eine Ellipse aufsetzt, auf die metallische Konturen eingegeben sind; ebenso die Grabstätte Gertrud Fassbender (+ 1999): eine Frau legt sich trauernd auf den Stein.

Auch in Flur 3 befindet sich die Grabstätte Weisert (1991), bei der auf einem nach oben hin gerundeten trapezoiden Stein ein halbkreisförmiger aufgesetzt ist. Beide werden miteinander durch Wassertropfen verbunden, die von oben nach unten und von unten nach oben fließen. Darüber die eindringliche Inschrift: „Und ewig fließt der Tau des Lebens".

Bemerkenswert ist die Holzlade der Grabstätte Winands (+ 1990) mit dem lateinischen Spruch „AMOR OMNIA VINCIT" („Die Liebe besiegt alles"). Die Grabstätte Schlösser (nach 1974) zeigt ein Natursteinkreuz mit einem filigran geschmiedeten Christusbildnis (Flur 3). Die Wundmale sind erkennbar als Leidenstrophäen, aber das Leiden und Sterben sind durch die Auferstehung überwunden (Flur 3 zur Rurseeallee).

Auffallend in der Flur 4 (Mitte linke Seite) ist die Grabstätte Brochhausen (Thea Brochhausen 1934-1969) mit einem tropfenförmig vertieften Stein, der den Zug von Menschen auf einen Berg hin schildert. Die Prozession schließt der Sensenmann und auf der Bergeshöhe empfängt ein Engel die Verstorbenen. Die bejahende und weisende Schrift „er ist auferstanden", verdichtet das Grab zu einem Bekenntnis des tiefen Gottvertrauens.

An die früh verstorbene Ehefrau des Kölner Liedermachers Günter Eilemann erinnert der Grabstein Ulla Eilemann (1920 bis 1968). In einem konisch zulaufenden hellen Granit sind konkave Vertiefungen eingearbeitet, die geradezu Wellen des Lebens erahnbar machen.

Sehr fein gegliedert ist auch die Grabstätte Renate Triltsch-Sobotta (+ 1999). Die Einfriedung wechselt variationsreich. Der Stein läuft konisch zu und birgt in der Mitte eine aufgehende Sonnenblume, die auf der linken Seite von einem griechischen Kreuz flankiert wird.

Offenbar einem Menschen muslimischen Glaubens gibt die Grabstätte Adbil al-Dilaimi (1941-1997) dauerhafte Herberge. Die den Namen führende Holzplatte ist wie ein Minarett angelegt und wird nach oben hin mit einem Halbmond beschlossen (alles Flur 4).

Die ältesten Bestattungen (Flur 2) liegen direkt zum Gartenweg. Hier auch die Grabstätte Nippen (Ecke Kaulen): Gertrud Nippen (1864-1928), Jakob Nippen (1853-1934). Der Natursteinsockel zeigt eine giebelähnliche Architektur, auf dem ein schwerer Granitsockel aufsitzt, der nach oben hin mit einem Kruzifix abschließt, das in Bronze gehalten ist. Die Grabstätte ist von F. Wachsmann und Sohn, Köln Aachener Straße 263 angelegt.

Nahe dem Ausgang findet sich im östlichen Winkel die alte und neue Grabstätte Kaulen (Josef Kaulen 1879-1973). Bei der neueren aus Sandstein (1979) trägt eine Stele die Weltkugel mit einem einbeschriebenen Kreuz. Die Inschrift lautet: „Dein Kreuz ist unsere Hoffnung". Die ältere nennt Carl Kaulen (1857-1925), und Maria Kaulen (1856-1935). Das große, als neogotisches Tryptichon aufgebaute Grabmal, zeigt Christus als den Auferstandenen unter dem mittigen Baldachin, der mit dem Auferstehungsbanner den Menschen im Segensgestus Auferstehungsgewissheit zusagt und ihnen entgegenschreitet. Das Grabmal sockelt vorne auf einem Siegeskranz, der in die von Säulen gerahmte Erinnerungstafel vermittelt. Das Grab schließt ab mit einer Mauerbekrönung, die in stilisierte Blätter überleitet und mit einem achteckigen neogotischen Aufsatz bekrönt ist, der das Kreuz trägt.

Die Rückfront der Grabstätte Kaulen zeigt in lateinischer Inschrift „seminatur in corruptione, surget incorruptione, 1. Cor. 15, 42". Sie enthält auch die frühesten Namen von Verstorbenen aus dem Jahr 1892: Elisabeth Kaulen (1880-1890), Eduard Kaulen (1887-1897) und Walter Kaulen (1822-1892). Fraglich ist demnach, ob das Grab vom alten Lövenicher Kirchhof versetzt worden oder an Verstorbene erinnerlich gemacht wurde. Feine schmiedeiserne Gitter, mit spiraligen Ornamenten frieden die Grabstätte ein (ca. 1925).

Die Trauerhalle ist aus den 1950er Jahren und fasst etwa 20 Personen.

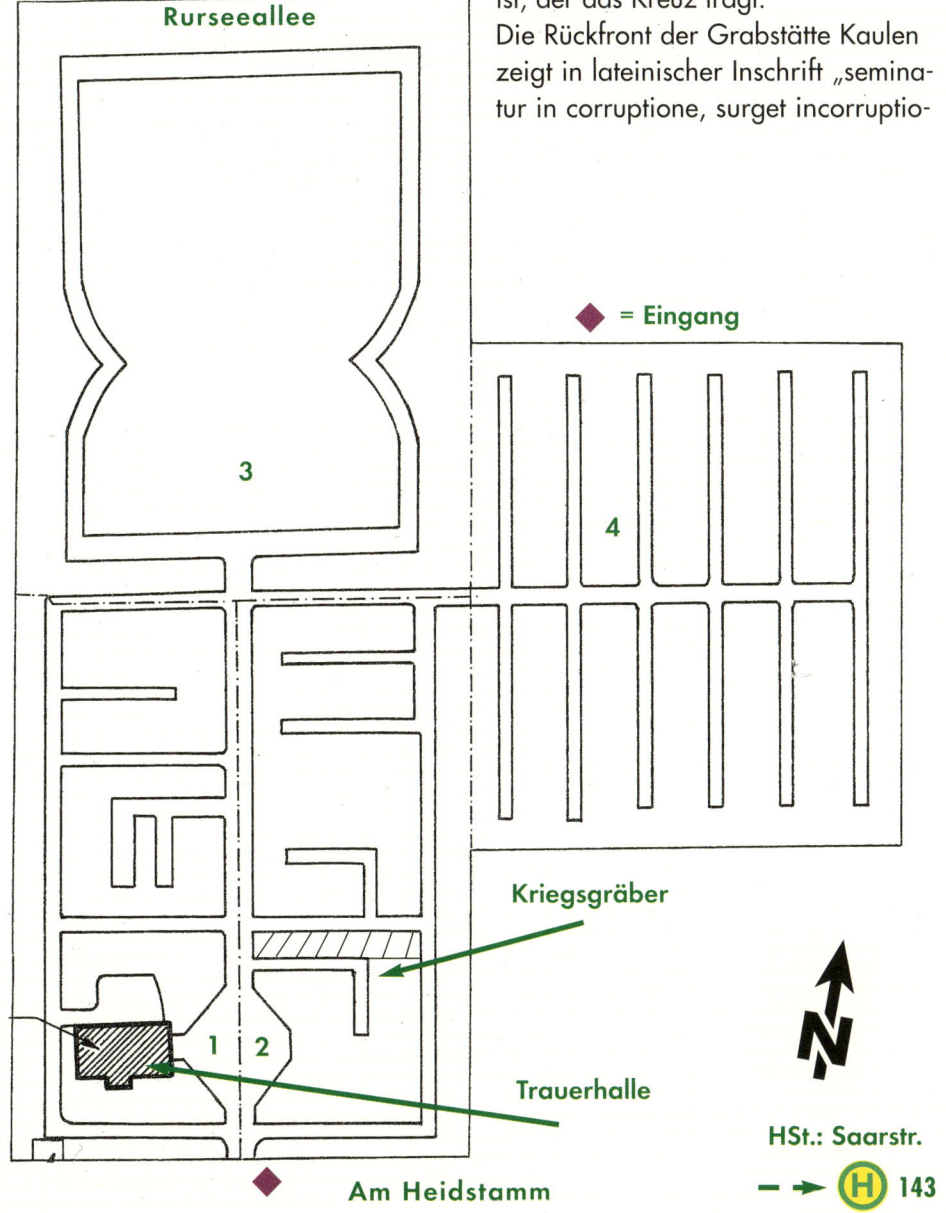

Wichtiges in Kürze:

Friedhof Lövenich
Am Heidstamm, 50859 Köln
Größe:
10.400 qm
Anzahl d. Grabstätten / Grabarten:
1.170 / Wahlgräber
Zuständiger Gärtnermeister:
Herr Lejeune, Tel.: 0221/5707488, Fax: 5707490;
E-Mail: friedhof-melaten@netcologne.de
Ansprechpartner Friedhofsverwaltung:
Herr Kosubek, Tel.: 0221/2 21-24442
E-Mail: Dietmar.Kosubek@stadt-koeln.de
Angaben zur Trauerhalle:
39 qm, 10 Sitzplätze
Öffnungszeiten:
März: 8 - 18 Uhr   Apr. bis Sept.: 7 - 20 Uhr
Okt: 7 - 19 Uhr   Nov. - Febr. 8 - 17 Uhr
Allerheiligen (01.11.) und Allerseelen (02.11.) schließen die Friedhöfe jeweils um 19 Uhr
Besonderheiten:
Kriegsgräber

Haltestellen der KVB:
H 143   U –

Grabmalpflege & Grabmalvorsorge

Nach dem Verlust eines nahestehenden Menschen haben viele Angehörige das Bedürfnis, ihrer Trauer Ausdruck zu geben. Das Grab als einen Ort, an dem sie dem Angehörigen nahe sind und der Trauer Gestalt geben können.

Dem berechtigten Wunsch nach einer würdigen, gepflegten Grabstätte steht jedoch oft die Ungewissheit gegenüber, wer die Gestaltung und Pflege der Grabanlage übernimmt.

Wie wird einmal mein eigenes Grab aussehen? Wie ist die Pflege der Grabstätte gewährleistet? Dies sind oft unausgesprochene Fragen.

Hier hilft der Steinmetz und die Steinmetz-Genossenschaften weiter, die mit dieser Thematik vertraut sind. Sie beraten und bieten von der Grabmalvorsorge bis zur Grabmalpflege einen umfassenden Vorsorgeservice an.

Die Grabmalvorsorge ist ein Service, der alle Familienangehörige im Todesfall erheblich entlastet und Sicherheit gibt. Über die Grabmalvorsorge ist das Erstellen einer Grabanlage nach der Beisetzung gewährleistet. Hierbei liefert der Steinmetz das schon zu Lebzeiten vertraglich vereinbarte Grabmal mit Grabumfassung und Grabzubehör.

Die Grabmalpflege ist eine langfristige Hilfestellung für Hinterbliebene, die sich aufgrund ihres Wohnortes, aus zeitlichen oder gesundheitlichen Gründen nicht mehr um das Grabmal kümmern können. Im Grabmalpflegevertrag wird über einen festgelegten Zeitraum bzw. bis zum Ende der Ruhefrist eine regelmäßige und fachgerechte Pflege des Grabmals, der Grabumfassung und des Grabzubehörs vereinbart. So ist sichergestellt, dass die Grabstätte – auch über den Tod hinaus – in einem dauerhaft würdigen Zustand bewahrt wird.

Folgende Leistungen werden zumeist angeboten, sollten jedoch vom Steinmetz grundsätzlich individuell auf die Wünsche und Bedürfnisse angepasst werden:

- Lieferung der Grabanlage mit Grabmal, Grabumfassung und Zubehör bei Todesfall
- Demontage und Sicherstellung des Grabmals/der Grabumfassung für die Beisetzung
- Ergänzung der Inschriften
- Neufundamentierung und Montage des Grabmals/der Grabumfassung nach der Beisetzung
- Regelmäßige, materialgerechte Reinigung der gesamten Grabanlage
- Regelmäßiges, fachmännisches Tönen der Inschriften
- Regelmäßige, fachgerechte Instandhaltung der Grabumfassung
- Grableuchtenservice mit dauerhaft brennender Flamme

Vorsorge- und Pflegeleistungen, die Grabstein, Grabumfassung oder Grabzubehör betreffen, sollten grundsätzlich nur bei einem Steinmetzbetrieb in Auftrag gegeben werden. Die Erledigung durch branchenfremde Firmen birgt vielfach das Risiko einer unfachmännischen Ausführung und von Schäden wie z.B. durch unsachgemäße Pflege.

Es ist darauf zu achten, dass die Leistungen exakt definiert und vertraglich festgehalten werden. Dieser Vertrag sollte unbedingt treuhänderisch garantiert sein.

Die regelmäßige und fachlich qualifizierte Kontrolle der Arbeiten gewährleistet die Steinmetz-Genossenschaft. Dieser Genossenschaft ist der

geprüft. Sie verwaltet auch die vom Auftraggeber als Einmalzahlung bei Vertragsabschluss geleistete Vertragssumme und nimmt sämtliche Zahlungen an den Steinmetzbetrieb vor.

Ist die Ausführung der Leistungen durch den auftragnehmenden Steinmetzbetrieb, aus welchen Gründen auch immer, nicht mehr sichergestellt, werden durch die Genossenschaft die Arbeiten unmittelbar an ein anderen Mitgliedsbetrieb übergeben. Die jährlich anfallenden Erträge werden dem Treuhand-Konto gutgeschrieben und für Preissteigerungen sowie notwendige Sonderleistungen verwendet.

Der beauftragte Steinmetzbetrieb richtet sich in der Gestaltung und Pflege nach den örtlichen Gegebenheiten und Bestimmungen der jeweiligen Friedhofsordnung.

ausführende Steimetzbetrieb als Mitglied angeschlossen und vom Friedhofsträger zugelassen.

Der Vertrag beinhaltet Angaben über die Grabstätte, die Laufzeit sowie die einzelnen, zu erbringenden Leistungen. Dieser Vertrag wird durch die Genossenschaft

Die wichtigsten Punkte für eine sinnvolle Grabmalvorsorge und Grabmalpflege sind zusammengefasst:

- Das maßgeschneiderte Leistungsangebot durch den Steinmetzfachbetrieb

- Der treuhänderisch garantierte Vorsorge- bzw. Pflegevertrag

- Die Kompetenz und fachkundige Kontrolle der Steinmetz-Genossenschaft

Grabmalvorsorge & Grabmalpflege

Treuhänderisch garantiert

Fachgerecht ausgeführt durch den Steinmetzbetrieb

Informationen bei allen der Genossenschaft angeschlossenen Steinmetzbetrieben oder der

STEINMETZ UND BILDHAUER GENOSSENSCHAFT KÖLN EG

Virchowstraße 8 · 50935 Köln · Telefon 0221 / 43 01 72 8
E-mail info@steinmetz-genossenschaft.de

Westfriedhof

Nach den Eingemeindungen im Kölner Westen (1888) wuchs der Bedarf nach Begräbnisraum. Geplant wurde der Friedhof von Johannes Ibach und Karl Wach. Im Oktober 1917 wurde er eingeweiht.

Eine Reihe von Grabmälern aus der Zeit um 1918 bis ca. 1940 treten, den Forderungen der „Reformkunst" gemäß, dezent in den Grünbereich zurück, doch sind sie vielfach künstlerisch bedeutende Zeugnisse ihrer Entstehungszeit (Dr. R. Beines).

Der Westfriedhof öffnet sich von der Venloer Straße über einen großen Hauptweg, der auf die Trauerhalle von 1921 zuläuft. Dahinter erstreckt sich das 1935 bis 1937 von Hans Heinz Lüttgen erbaute Krematorium.

Am gleich hinter dem südlichen Eingang angelegten Weg sind rechter Hand zahlreiche Grablegen von Ordensleuten (Flur A, Franziskanerinnen, Cellitinen, Kupfergasse) auffindbar. Gegenüber hiervon in Flur A, die Grabstätte Ohly (ca. 1919). Hier ist ein in Kunststein gehaltenes klassizistisches Wandgrab mit einer antik gewandeten Frau dargeboten, die still und betroffen in ihrem Gewandbausch Rosen hält.

Am Hauptweg von Flur A beeindruckt die großflächig formulierte neoklassizistische Wandgrabstätte Tamm. Das Marmorrelief der Mitte gibt einen Mann wieder, der mit Pilgerstab fortschreitet und von einer trauernden Frau Abschied nimmt (ca. 1925). Die als gestuftes Wandgrab mit Kreuz angelegte Grabstätte Löw (ca. 1917, Travertin) verkündet im Rahmen mit Eicheln und Eichenblättern den Ruhm der Verstorbenen.

Ein expressiv das Leiden Christi ausdrückendes Gabelkreuz bezeichnet die Grabstätte Flatten, in der der bedeutende Kölner Theologe Prof. Dr. Heinrich Flatten (1907-1987) ruht.

Rechts hiervon die „heroische" Grabstätte des kriegsgefallenen Leutnant Walter Rehkop (+ 1916): auf einem Sarkophag ist im Frontispiz das blumengerahmte Bildnis des Verstorbenen vorgestellt. Den Sarkophagschmuck unter dem „Reichsadler" bildet ein Eichenlaubkranz mit Säbel und Stahlhelm.

Demgegenüber strahlt die Grabstätte Scholten mit einem antikisierend gekleideten Jüngling, der einen Pilgerstab hält, große Ruhe aus (Bronze). Die Inschrift lautet: „Wer im Gedächtnis seiner Lieben lebt, ist nicht tot, er ist nur fern. Tot nur ist, wer vergessen ist" (ca. 1920).

In Flur D liegt die Grabstätte Heinrich Gräven (ca. 1920). Das in stilisierten neoklassizistischen Formen geschaffene Wandgrab zeigt ein sich abschiedlich zugewandtes, porträthaft aufgefasstes Paar. Der Mann hält einen Pilgerstab in der Hand und wendet sich einer trauernden Frau zu: „Wenn Liebe könnte Wunder tun und Tränen Tote wecken, dann würde dich gewiss nicht hier, die kühle Erde decken."

*„Das einzig Wichtige im Leben
sind die Spuren von Liebe,
die wir hinterlassen,
wenn wir ungefragt weggehen
und Abschied nehmen müssen."*
Albert Schweitzer

AHLBACH
BESTATTUNGEN
TRAUERHALLE
Venloer Straße 685
50827 Köln

0221
☏ 9 58 45 90

DUNKEL
STEINMETZ-BETRIEBE GmbH

GRABSTEINE auch nach Entwurf
BILDHAUER-ARBEITEN
RESTAURIERUNGEN
REPARATUREN
INSCHRIFTEN

Venloer Straße 1061 · 50829 Köln
Telefon 02 21- 5 00 23 84 · Telefax 02 21- 5 00 25 19

Am Bahnhof · 41569 Rommerskirchen
Telefon 02 83- 6151

e-mail: dunkel-steinmetz@t-online.de

Eine Stilkomposition von Neogotik und Jugendstil macht die Grabstätte Johann Fastenrath (1839-1908, Flur D, später hierhin versetzt) aus. An den äußeren Seiten trauern Frauen; die linke trägt ein Rosenbukett, die rechte Palmzweige. Sie sind auf die Porträtbüste von Johann Fastenrath hin gerichtet. Fastenrath hat die Blumenspiele im Gürzenich begründet (sig. Prof. Heinz Brandtsetter 1909). 
Kurz dahinter die Grabstätte Heinzen (1921, Wandgrab aus Sandstein). In gestufter Form wird in einer Apsis das Kreuz in perspektivischer Anordnung als das Zentrum des neuen Lebens durch das Sterben Christi erklärt.
Das von unten geschwungene Wandkreuz der Grabstätte der Familie Josef Felder (1924, Flur A) sowie die daneben liegende Grabstätte Dr. Peter Honecker (ca. 1926, Wandgrab, das Christus als den Auferstandenen schildert) bilden ein eindrucksvolles Ensemble der Auferstehungshoffnung im Kreuz.
Links von der Trauerhalle in Flur P (556-561) liegt die Grabstätte von Stephan Schramma (22.8.1969 bis 31.3.2001), Sohn des amtierenden Oberbürgermeisters. Eine in Diabas gestaltete Stele fasst eindrucksvoll die geeinte Familie auf, die ringend den Sohn und Bruder im miterlebten Sterben loslassen. Er rückt unaufhaltsam aus dem „horizontalen Diesseits" ins „vertikale" Jenseits zum Himmel empor.
In Flur P (Nr. 297) die Grabstätte Bertha Keller (1925): ein aus mehreren Blöcken gebildetes Wandgrab aus Kunststein zeigt in einem mittigen Marmorrelief eine Frau, die sich in trauernder Weise die Hände zum Gesicht hält. Nach oben hin schließt das ganze in gestufter Form mit stilisiertem Akanthus ab.
In Flur N (263-267) liegt die Grabstätte Käthe Zimmer (wiederverwendet): die in Kunststein gefertigte Arbeit stellt eine Frau in antikisierenden Gewändern dar, die von einem Engel in die Ewigkeit geleitet wird.
Bemerkenswert sind die in die Flankierpfeiler integrierten Laternen mit ihren zeitspezifischen Dekoren (1920er Jahre).
Eine künstlerisch äußerst bemerkenswerte Arbeit der Reformkunst ist die Grabstätte Bosgard (Flur O, ca. 1924). U-förmig ist der Sockel angelegt, der in eine Ziegelwand greift. Von ihr steigt eine sich nach oben hin verbreiternde Stele auf, die kreuzförmig schließt und in der Mitte Christus mit Dornenkrone wiedergibt.
Zur Flur 5 hin öffnen sich große Gräberfelder, die an die Gefallenen des 2. Weltkrieges mahnen. Eingeleitet werden die Areale mit einer Bronzeplastik, die einen auf engstem Raum Inhaftierten (O. Zadkine „Die Gefangenen") schildert.
Weiterhin zur Flur V wird der hier bestatteten Opfer der Gewaltherrschaft von 1939-1945 gedacht. In dem Gedenkraum ist eine eindrucksvolle Pieta zu finden (von K. Lehmann).
Neben vielen Ermordeten „verschiedener Nationen" werden auch 788 Opfer der GESTAPO genannt. Die Bronzplastik von Herbert Calleen mit den „Jünglingen im Feuerofen" (Dan. 3, 6 ff.) verdeutlicht die Gefängnissituation und den Schrecken des Krieges von 1939-1945.
Gegenüber in Flur L liegt die Grab-

Ahlbach Beerdigungen

50825 Köln · Neu-Ehrenfeld

☎ 55 35 00

NUR ILTISSTRASSE 127

Erd-, Feuer-, Anonym- und Seebestattungen. Hausbesuche in allen Stadtteilen. Vorsorgeberatung für die spätere Beerdigung. Erledigung aller Formalitäten.

STEINBRECHER GmbH & CoKG
STEINMETZBETRIEB SEIT 1956

AM WESTFRIEDHOF

GROSSE AUSWAHL VON GRABMALEN · URNENGRÄBERN · FELSEN · FINDLINGEN · BRONZEFIGUREN

VENLOER STRASSE 1049 · 50829 KÖLN · TEL. 02 21 / 50 27 45

Pelzer-Wegener

Wegener GmbH

BESTATTUNGEN

Erd-, Feuer- und Urnenseebestattungen
Übernahme aller Formalitäten
Eigene Bestattungsfahrzeuge
Eigene Aufbahrungshalle
Überführungen im gesamten
In- und Ausland

Fachgeprüfte Bestatter
Seit 1931

In der dritten Generation das
Haus Ihres Vertrauens

TAG + NACHT
Telefon **51 43 60**

Geisselstraße 13 • Köln-Ehrenfeld
Sechzigstraße 32 • Köln-Nippes

stätte Willy Ostermann. Der Sockel ist unterfangen mit „die Liebe höret nimmer auf". Rechts und links von der namensführenden Tafel befindet sich eine Frau, die einen Kranz in trauernder Gestik hält, sowie linker Hand ein Mann, der mit der rechten nach einer Sanduhr greift und mit der linken nachdenklich zum Gesicht.

Die Grabstätte Hildegard Franzen (+ 1991) weist ein Kreuz mit einem engen Tor auf, durch das diagonal Treppenstufen führen. Der Tod ist der Weg – über das Kreuz findet man zum Leben.

Vom Zeitgeist des Expressionismus stark geprägt ist die Grabstätte Bussen (früheste Bestattung 1922, Flur K). Das Wandgrab baut kreuzförmig in der Architektur auf. Die Mitte nimmt eine Pyramide ein, die von sieben Sternzeichen gerahmt wird. Nach oben hin schweben zwei auf das Kreuz hin gerichtete Engel. Sehr ungewöhnlich ist in Flur K die Grabstätte Alsdorff (Erstbestattung 1924). Auf einem Sarkophag, der einen nach oben hin zulaufenden Deckel trägt, ist ein ruhender, eher antikisch aufgefasster Jüngling erkennbar. Das Leben hat ein Stück Ruhe gefunden, aber kein Ende. Die Frontseite bildet ein Kreuz, das mit Lorbeerzweigen gerahmt ist.

Die Grabstätte Hoch (ca. 1922) schildert eine Frau in antiken Gewändern, die von einem Engel schützend geführt wird. Nach oben schließt ein Giebel in der spezifischen Formsprache der 1920er Jahre ab.

Direkt auch hier in Flur L die ungewöhnliche Grabstätte von Fritz Berkenfeld (ca. 1926): auf einem vasenartigen Gefäß finden sich antikisierende Reliefs, etwa eine Vestalin mit Leuchte, Charon mit Stab, die Toten führend sowie zwei Männer, die sich um ein Kind sorgen.

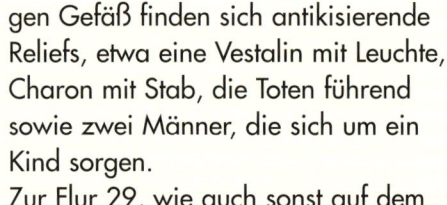

Zur Flur 29, wie auch sonst auf dem Westfriedhof, sind eine Reihe großräumiger Romabestattungen in aufwendigster Form angelegt. Meist sind sie in Granit gehalten und zeigen Bildnisse der Verstorbenen und anempfehlen sie Heiligen.

Auf dem Weg dahin (Flur M) die Grabstätte Hüttemann (1944): ein Engel legt zärtlich seine Rechte auf die Namen und neigt mit der Linken eine Fanfare nach unten. Die Grabstätte des kriegsgefallenen Karl Heinz Steffens (+ 1939) beschließt zum Aufsatz hin ein Schwert inmitten von Eichenlaub, ein Stahlhelm und ein Reichsadler.

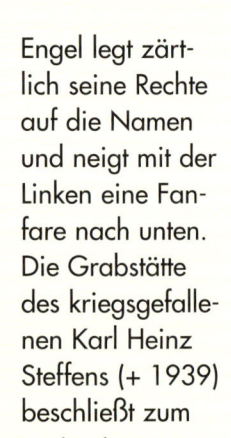

Erinnert werden soll auch an zwei bedeutende Kölner: im Zugangsbereich des Mühlenwegs ruht Friedel Haumann; in Flur C (WA 373) Rudi Conin. Beide haben viel für Köln getan; im kirchlichen, im politischen, vor allem aber im sozialen Bereich wie auch im Karneval.

Friedhofsgärtnerei & Blumenfachgeschäft

Gartenbau Rossbach-Bäcker
in Köln seit 1822

Neuanlage und Pflege von Gräbern
Dauergrabpflege

Venloer Straße 1055 | 50829 Köln | Ruf: 02 21 5 00 22 42 | Fax: 02 21 50 88 06 | eMail: kontakt@rossbach-baecker.de

Mitglied der Friedhofsgärtner-Genossenschaft Köln eG

BESTATTUNGEN PÜTZ-SASSEN

WIR BEGLEITEN DEN VERSTORBENEN AUF SEINEM LETZTEN WEG

BESTATTUNGEN · SÄRGE · ÜBERFÜHRUNGEN · TRAUERDEKORATIONEN
AUF WUNSCH HAUSBESUCH · BESTATTUNGSVORSORGEVERTRÄGE
ERLEDIGUNG ALLER FORMALITÄTEN

PS

SEIT 1888

WEIDENGASSE 22 · 50668 KÖLN INNENSTADT
BERRENRATHERSTRASSE 139 · 50937 KÖLN SÜLZ

TELEFON SA-NR. 121053 · FAX 9130721

Wichtiges in Kürze:

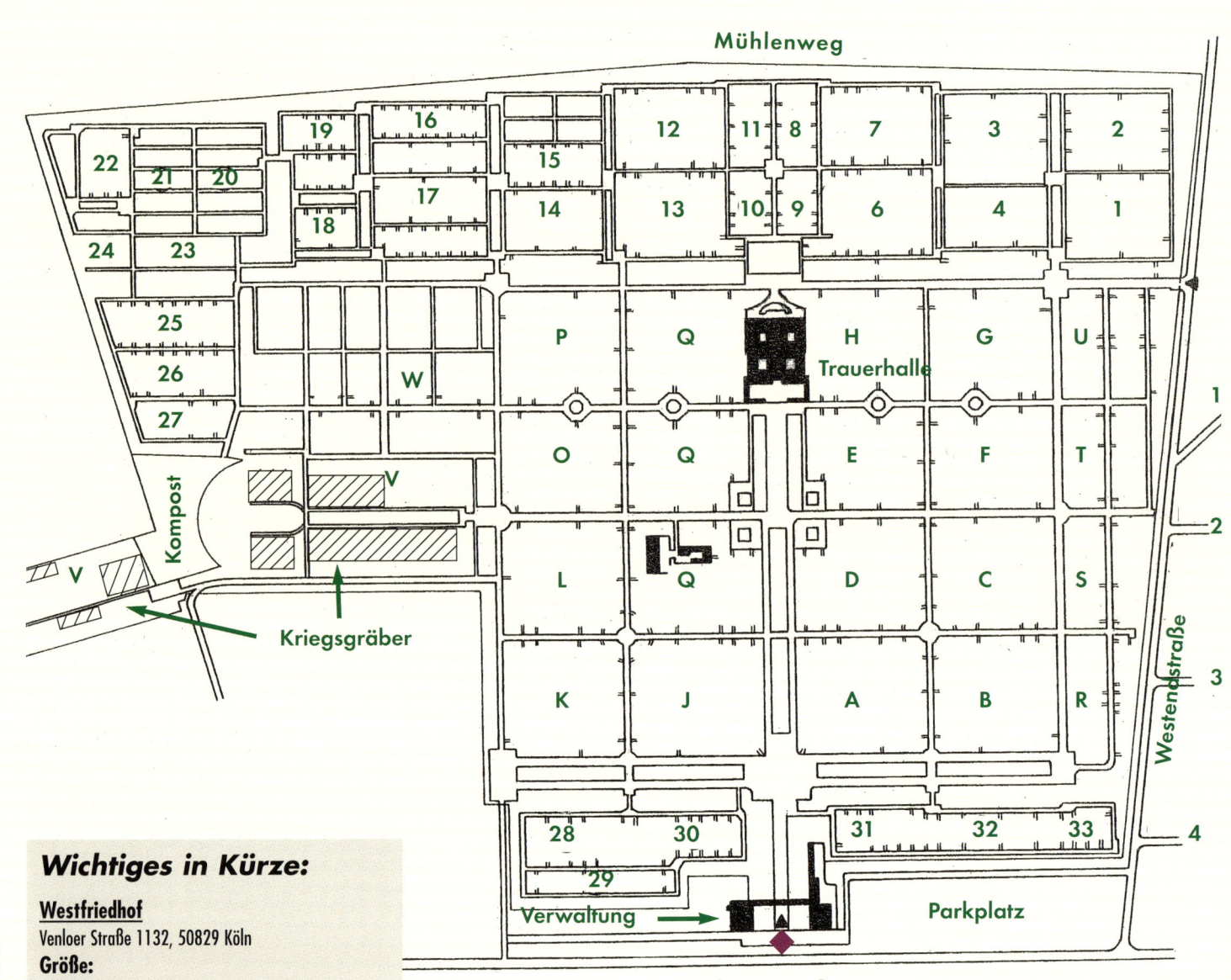

Westfriedhof
Venloer Straße 1132, 50829 Köln

Größe:
523.000 qm

Anzahl d. Grabstätten / Grabarten:
45.580 / Wahlgräber, pflegefreie Grabkammern, pflegefreie Urnengräber, Urnenwahlgräber

Zuständiger Gärtnermeister:
Herr Müngersdorf, Tel.: 0221/501332, Fax: 501332;
E-Mail: friedhof-west@netcologne.de

Ansprechpartner Friedhofsverwaltung:
Frau Hemmerle, Tel.: 0221/2 21-23511
E-Mail: Iris.Hemmerle@stadt-koeln.de

Angaben zur Trauerhalle:
247 qm, 72 Sitzplätze

Öffnungszeiten:
März: 8 - 18 Uhr   Apr. bis Sept.: 7 - 20 Uhr
Okt: 7 - 19 Uhr   Nov. - Febr.: 8 - 17 Uhr
Allerheiligen (01.11.) und Allerseelen (02.11.)
schließen die Friedhöfe jeweils um 19 Uhr

Besonderheiten:
Kriegsgräber

Haltestellen der KVB:
H -   U 3 + 4

U 3 + 4   HSt.: Westfriedhof

1 = Ossendorfer Weg
2 = Karl Benz Straße
3 = Daimler Straße
4 = Karl Bosch Straße

◆ = Eingang

Gartenbau
J. HASENBERG

- Grabgestaltung/-Pflege
- Vorsorgeverträge f. Grabpflege
- Bestattungsvorsorge
- Trauerbinderei
- Floristik-Service/Dekoration
- Gartengestaltung/-Pflege
- Baumschnitt
- Innenraum-Begrünung

50829 Köln
Fax: 50 55 27

Venloer Str. 1079, ☎ 50 55 11
Westend Str. 8, ☎ 530 10 68

MAY GARTENBAU
Friedhofsgärtnerei und Floristik

Neuanlage und Pflege von Gräbern
Dauergrabpflege
Trauerfloristik
Moderne Blumenbinderei
Mitglied der Friedhofsgärtner-Genossenschaft Köln
Hohe Auszeichnungen auf Bundesgartenschauen

Westendstr. 10
Seiteneingang Westfriedhof
50827 Köln
Tel. 5 95 31 05
Fax 5 95 31 20
Internet: blumen-may.de

Bocklemünd

Der alte Bocklemünder Friedhof, zugänglich über die Mengenicher Straße öffnet sich in breit gelagerter Hanglage über das Kriegerdenkmal von 1925, das auch an die Gefallenen des zweiten Welkrieges erinnert. Der Sockel trägt die betroffen machende Inschrift: „Wer den Tod im heiligen Kampf fand, ruht auch in fremder Erde im Vaterland". Die Einweihungsrede hielt der berühmte Kölner Domprediger Pater Dionysius Ortsiefer (1913-1942).

Das mittig erreichbare, ehemalige Wegekreuz, das schon lange das Hochkreuz des Friedhofes bildet, hat die Inschrift: „Adam Jüssenhoven und Margarethe Schult, Eheleute und Halbwinnere zu Mengenich in Dommenhoff hab Gott zu ehr Dieses Creutz aufgericht. IN CRUCE DOMINI SIT SALUS IPSIS ET POST ERITATI" („Im Kreuz des Herrn sei Heil, ihnen selbst und der Nachwelt"). Die verschieden römischen Buchstaben ergeben das als römische Zahlen zu lesende Chronogramm mit der Jahreszahl 1768. Das fein gestufte Wegekreuz führt einen fein modellierten, letztlich vom Leid verschonten Christus.

Im Zugangsbereich des Friedhofs finden sich etliche Grabkreuze vom 17.-18. Jht. Sie stammen von dem alten Kirchhof der Kirche „St. Johannes vor dem Lateinischen Tore" und wurden 1983 am Friedhofsaufgang aufgestellt.

Der jetzige Bocklemünder Friedhof wurde im Jahre 1837 angelegt. Erweiterungen erfolgten 1880 und 1889. Nach 1949 wurde er durch die Stadt Köln vergrößert.

Die ältesten erhaltenen Grabstätten lassen sich in Flur 1 finden. In dieser Flur liegt auch die Grabstätte Schüler-Wolf. In dem tryptychonartigen Grabstein ist im Mittelteil ein marmorner Engel wiedergegeben, der in trauernder, stiller Weise Blumen auf das Grab der Familie wirft (1930er Jahre). In dieser früh belegten Flur können auch die Grabstätten Horbach (1908), sowie auch Müller (früheste genannte Bestattung 1943, feines Marmorrelief mit dem dornengekrönten toten Christus) bemerkt werden.

Wichtig erscheint darüberhinaus die Granitgrabplatte von „Mar. Syb. Hartzheim geb. Pilgram, 1811-1881, gestorben auf Baadenberg" und darunter „Heinrich Josef Hartzheim, 1808 geboren in Geyen, gestorben 1895 auf Baadenberg. RIP". Dies verdeutlicht, dass Grabsteine oder Grabplatten von einem erheblichen historischen Interesse sind, da über den Ort „Baadenberg" wieder weitere historische Zusammenhänge aufgezeigt werden können.

In Flur 2 fällt die jüngst gestaltete Grabstätte Frank Olli Lorbach auf: Zwei höhere Granitstelen flankieren die niedrigere mittlere; die höchste öffnet sich mit einer Dreiviertel-Kreis förmigen Metallplatte zur Mitte hin: die Vollendung des Ganzen ist das Sterben.

Daneben findet sich die Grabstätte Josef Kayser (1960er Jahre). Sie zeigt einen sich aus kompakter Form heraus ergebenen Engel, der eine Krone in seiner Hand hält. Die Trauerhalle fasst etwa 35 Personen.

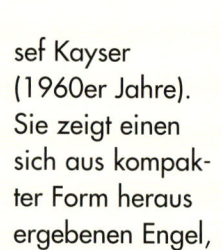

Nahe der Trauerhalle lässt sich die Grabstätte Bedorf (ca. 1975) wahrnehmen. Ein griechisches Kreuz mit feinen Mittelrillen bildet im Zentrum einen metallischen Strahlenkranz. Eindrucksvoll Stille gebietet die Grabstätte Familie Mehmel, wo eine Stele ein kreisrundes Mittelteil führt, dessen Ränderung mit Faltsternen modelliert ist (Flur 10).

In Flur 17 ruht Käthe Kurschildgen (+ 1981). Ein fein bossiertes Kreuz zeigt den auferstandenen Christus, der mit Alpha und Omega Kürzeln gerahmt ist. Im Sockel lässt sich der Text „Mors Porta Vitae" („Der Tod ist das Tor zum Leben") lesen.

Die Grabstätte Sturm weist einen stark bossierten Stein auf, der neben dem Kreuz eucharistisch deutbare Ähren zeigt (Flur 6).

Gegenüber (Flur 5) macht die rauh beschlagene Granitstele an die Familie Feldmann erinnerlich (nach 2002). Zwei farbige Teile in Gold und blau werden in verzahnender Form zusammengebracht: zwei Menschen haben wieder zusammengefunden.

In der weit gezogenen Flur 3 lässt sich die Grabstätte Albert und Christel Deutsch auffinden. In einem Eichenholzrahmen ist ein Gesicht eingebracht, das von zwei Händen geschützt wird. Hier wird die Geborgenheit in Gott spürbar.

Im Zugang zur Grevenbroicher Straße liegt die Grabstätte der „Schwestern von der Liebe Gottes". Die Ordensfrauen haben prägend das Altenstift St. Brigida mit aufgebaut.

Diese Grablege wird von der der ehemaligen Pfarrer von St. Johannes gerahmt: zum einen die Grabstätte von Pfr. Hubert Nathan, Erzbischöflicher Rat, und Pfarrer von 1912-1948 (Flur 6); zum anderen von der des früheren Pfarrers Adolf Spross, in der auch seine Schwester ruht. Eine mit Math. 17 (u.a. Verklärung) gesockelte Figur zeigt einen Sämann, der das Streutuch mit seiner Linken hält, gleichzeitig aber auch eine Weintraube mit seiner rechten Hand fasst: ein Hinweis auf das priesterliche Wirken, das Wort Gottes zu säen und es in der Eucharistie zu empfangen. Adolf Spross lebte von 1909-1980.

In Flur 6 liegt die besonders qualitätvolle Grabstätte der Familie Dr. Müller Schaffrath. Auf einem Bronzerelief wird die Lazaruserweckung durch Christus geschildert. Lazarus tritt aus dem Grab heraus. Dem mit Redegestus Erweckung Gebietenden folgen die überrascht bis erschrocken schauenden Frauen, die gläubig das annehmen, was Gott auch seinem Sohn zu teil werden lässt: die Auferstehung von den Toten.
Die Grabplastik ist signiert mit Franz Linden Düsseldorf, 1912.

Wichtiges in Kürze:

Friedhof Bocklemünd
Grevenbroicher Straße, 50829 Köln
Größe:
18.800 qm
Anzahl d. Grabstätten / Grabarten:
1.320 / Wahlgräber
Zuständiger Gärtnermeister:
Herr Müngersdorf, Tel.: 0221/501332, Fax: 501332;
E-Mail: friedhof-west@netcologne.de
Ansprechpartner Friedhofsverwaltung:
Frau Hemmerle, Tel.: 0221/2 21-23511
E-Mail: Iris.Hemmerle@stadt-koeln.de
Angaben zur Trauerhalle:
47 qm, 25 Sitzplätze
Öffnungszeiten:
März: 8 - 18 Uhr   Apr. bis Sept.: 7 - 20 Uhr
Okt: 7 - 19 Uhr   Nov. - Febr.   8 - 17 Uhr
Allerheiligen (01.11.) und Allerseelen (02.11.)
schließen die Friedhöfe jeweils um 19 Uhr
Besonderheiten:
–

Haltestellen der KVB:

(H) 126   U –

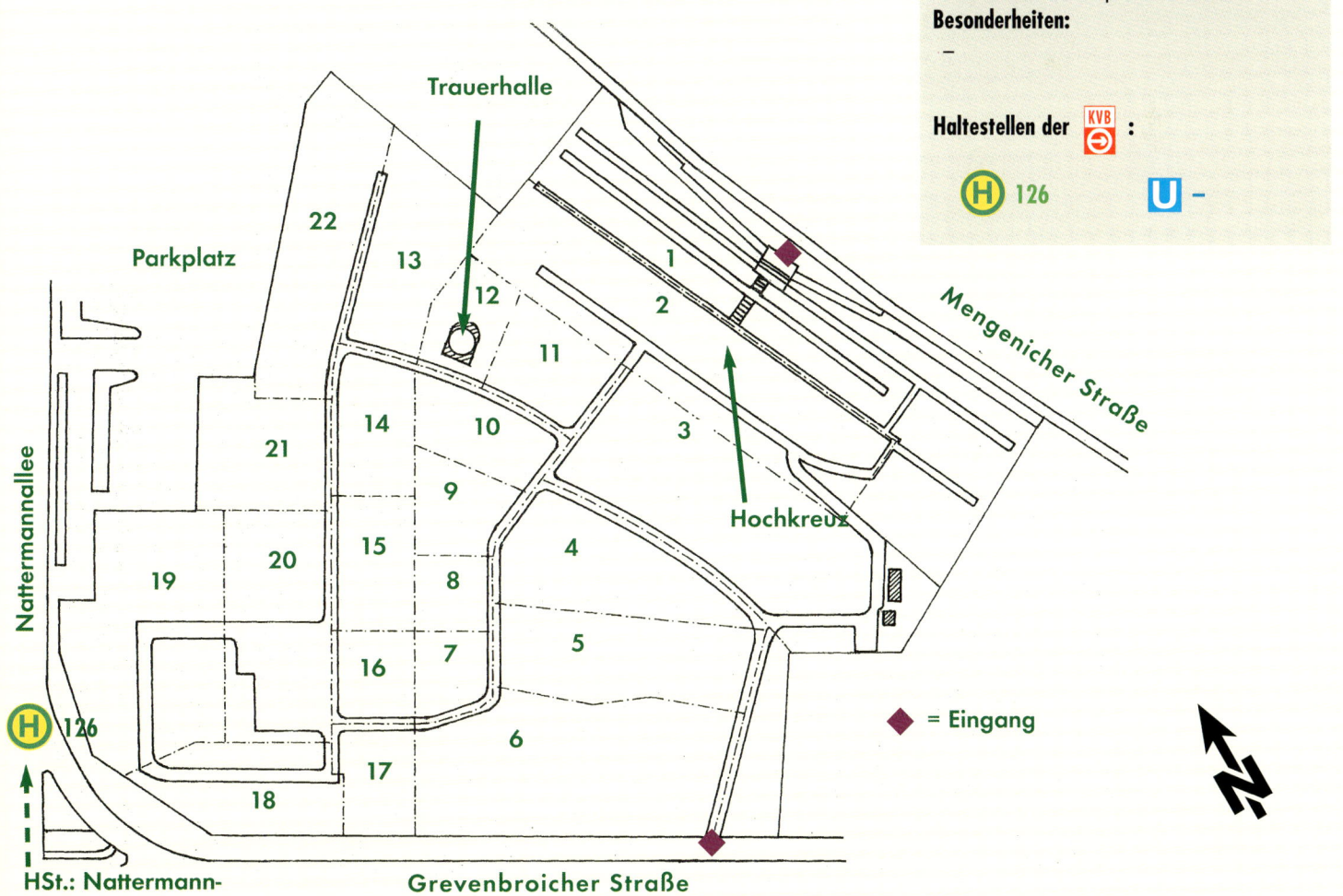

Karneval auf Melaten

Über dieses eher der Trauer entgegenstehende Thema soll nachfolgend gesprochen werden. Doch steht der Karneval dem Sterben so weit fern? Sterben gehört zum Leben, Karneval gehört zu Köln, und wenn das Sterben in Köln zum Leben gehört, dann gehört der Karneval auch ein Stück dorthin, wo die verstorbenen Karnevalisten begraben liegen: auf den Friedhof. Und wenn man in Köln Friedhof sagt, dann denken viele an Melaten und so soll über verstorbene Karnevalisten auf Melaten sinniert werden. Das Gedächtnis an Verstorbene wird in Köln sehr intensiv gepflegt. An den Gräbern derer „vor uns" werden Erinnerungen aufgeschlagen, Menschen passieren Revue. Es wird an Leid aber eben auch an Freud gedacht. Und das Freuen, das Lachen, das Feiern, das hat in diesem karnevalistischen Biotop Köln eben mit Fastelovend zu tun. Daher soll an Menschen erinnert werden, die anderen ein Stück Kultur des Feierns und des Lachens vermittelt haben, eben an Karnevalisten.
Mit ihren Wort- und Liedbeiträgen haben sie sich ein Stück unsterblich gemacht, so wie es in der Inschrift des Toni Steingass Grab heißt: „es bleiben uns ja seine Lieder, sie pflanzen seinen Namen fort, man wird sie singen immer wieder, Land auf – Land ab an jedem Ort". Sie werden in die Säle hineingetragen von den Sitzungspräsidenten und ausgesucht von den Literaten. 
Der Karneval hat in Köln viele Facetten, er umfasst eben nicht nur die Sitzung sondern den ganzen zeitlichen Rahmen vom 11.11. bis zum Aschermittwoch, an dem bekanntlich alles vorbei sein soll.
In uns durch Schriftform dokumentierten Jahrhunderten wird immer wieder deutlich, dass es in Köln stets karnevalistisches Treiben in organisierter aber eben auch in unorganisierter Form gab. Aber erst im Jahre 1823 konnte ein festordnendes Komitee gegründet werden, das sich auch zum Ziel machte einen Corso zu organisieren.
Der erste Präsident war zugleich der Präsident der Kölner Armenverwaltung, Johann Heinrich Franz von Wittgenstein. Erträge des Zuges flossen der Armenverwaltung zu. Klüngel?, nein Verzahnung, gewissermaßen Synergie-Effekte. Von Wittgensteins Grab liegt am alten Hauptweg. Es zeigt eine Grabplatte mit seinen Lebensdaten (1797-1869, HWG zwischen Lit. B und C).
Nicht weit von ihm entfernt lässt sich das künstlerisch feinfühlig gestaltete Grab für Samuel Schier (1791-1824, Lit. B zwischen HWG und Lit. H) auffinden, dem ersten Literaten des Festkomitees. Eine Lyra, das Attribut des Sängers, erinnert an zahlreiche dichterische Beiträge Schiers, etwa: „Die Funken, deren Glänzen unterging / Aufs Neue prangen sie in vollem Staat." 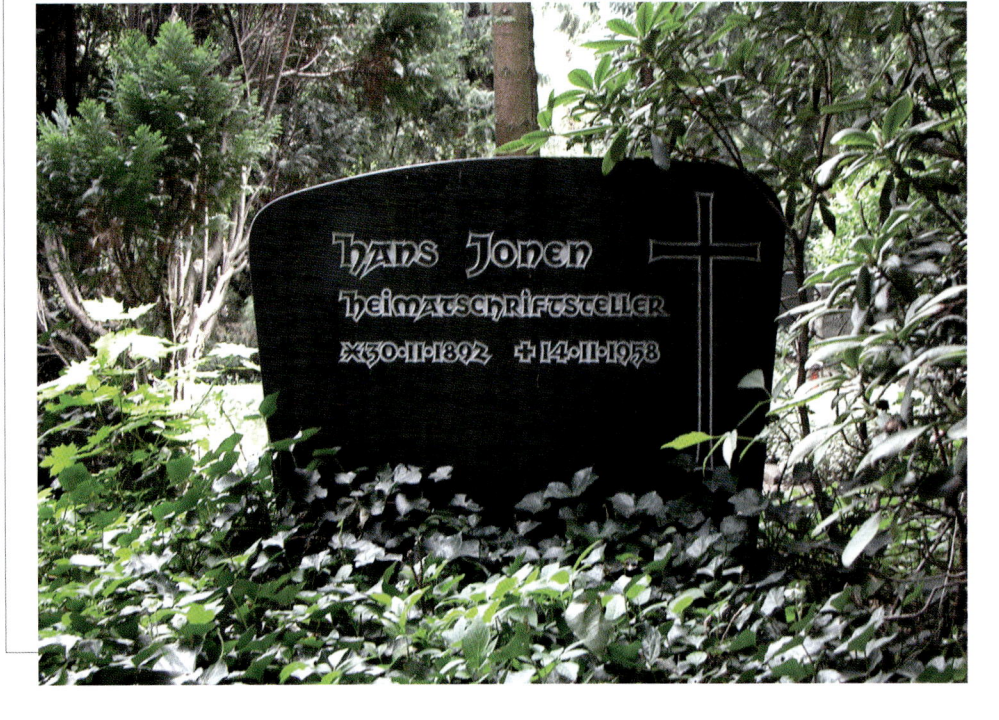
Aus der frühen Zeit ist auch Mathias de Noel (1782-1849) zu nennen. Bestattet ist er im Grab von Peter Anton Breuer, dessen verwitwete Frau de Noel 1842 heiratete (Lit. D zwischen Lit. G und Hauptweg). Er war der erste Kustos der Sammlung Wallraf und gilt als die „Seele" des romantischen Karnevals. Sein Witz und seine

Schlagfertigkeit sind bekannt. Bemerkenswert sind auch seine in der kölschen Sprache verfassten Beiträge, etwa „Hänneschen auf dem Kirchhof", „Alaaf et kölsche Drickestum" etc. Die große, mit neogotischen Maßwerk geschmückte Stele nennt auf der rechten Seite seinen Namen.

Von hier aus führt der Weg zu dem „Karnevals Viertel auf Melaten". Hier lässt sich das Grab des bekanntesten Kölner Liedermachers ausmachen: Willi Ostermann (1876-1936, Lit. R zwischen Lit. B und C). Seit 1907 trat er als Sänger seiner selbst getexteten und komponierten Lieder auf. Und diese haben ihn unsterblich gemacht: „Däm Schmitz sing Frau es durchjebrannt", „och wat wor dat fröher schön doch en Colonia", „die Winands hätt nen Haas im Pott", „kutt erop, bei Palms do es de Pief verstopp". Der Grabstein wird mit einem Porträtmedaillon (W. Klein, 1939) geschmückt, das Ostermann im Profil zeigt.

Schräg gegenüber die Grabstätte des originellen Büttenredners Heri Blum, der in der Figur des ärmen Deuvel jahrelang in der Bütt gestanden hat: „Wenn sie nicht wissen, woröm ich esu schmal bin, Applaus ist das Brot des Künstlers". Er war eine Type, die mit trockener Mimik seine Büttenreden begleitete (gleiche Flur).

Dicht bei ihm leuchtet eine Grablaterne mit einem Funkenemblem und erinnert an Willi Fühling, ein leidenschaftlicher „Roter Funk", der auch in der Funken Kumede mitspielte (gleiche Flur). Rückwärtig findet sich der in Bronze gearbeitete, viele überragende Kopf von Toni Steingass, Volkskünstler, Liedermacher, Kommentator, Moderator. Seine Lieder haben auch ihn unsterblich gemacht: „de Haupsaach es et Hätz es jot", „der schönste Platz ist immer an der Theke", „Hurra, hurra, der liebe Jung ist wieder da" und andere mehr. Das Wandgrab von Herbert Labusga gibt porträthaft den Kopf von Toni Steingass wieder. Vor ihm erinnert eine Vogeltränke an seine Freude an Vögeln; aber auch das Lied „ich bin der Prinz von Krahnenbäumen" möchte sich singen lassen (Flur 29).

Ein schlichter Granitstein macht das Grab von Hans Jonen (1892-1958) erkennbar. Zahlreiche Karnevalsrevuen für Grete Fluß stammen aus seiner Feder. Er gründete die Künstlervereinigung der „Muuzemändelcher". Unsterblich ist der Text seines Liedes „am Aschermittwoch ist alles vorbei", den Jupp Schmitz (siehe dort) berühmt machen sollte (Lit. C zwischen Lit. G und Lit. R).

Der Grabstein für Jupp Schlösser (1902-1983) ist rechteckig geformt mit rundem Abschluss. Seitlich ist in Bronze Christus mit weitgeöffneten Armen als Auferstandener erkennbar. Mit Gerhard Jussenhoven kreierte er über 50 ewig gültige und gern gesungene Lieder: „Die Hüsjer bunt om Aldermaat",

127

„Dat Glockespill vum Rothussturm" und das vom Prinzenführer ungern gehörte Lied „Schau nicht auf die Uhr". Auch „Kornblumenbau" wurde von ihm gesungen (gleiche Flur). Jupp Kürsch (1918-1998) trat mit seinem Bruder selber als „Krätzchensänger" auf. Später war er der Baas (Vorsitzender) der Muuzemändelchen, deren Mitglieder sich darauf verpflichtet haben, das künstlerische Niveau im Karneval zu wahren (Flur 28). Nachfolger von Horst Muys als Bassist im Eilemann Trio wurde 1961 Charly Niedieck (1930-1992). Seine hohe Musikalität paarte sich mit einer grossen Situationskomik, die den Vortrag des Trios stets brillant machte. Seinen Basaltgrabstein (10 cm über dem Rhein, geschaffen von Friedrich Engstenberg) ziert ein Bassbogen auf einer Schiene. Die Bepflanzung in Bucks schildert einen Bass (Flur 28). Ihm genau gegenüber zugeneigt liegt der kürzlich verstorbene Willi Schweden (1928-2002), der seit 1961 Gitarist im Eilemann Trio und Nachfolger von Karl Heinz Nettesheim war. Im Sterben sind sie wieder vereint, die die mehr als dreißig Jahre auf der Bühne des Kölner Karnevals waren.

Das ist kölsche Sentimentalität, aber eben auch Treue und Freundschaft. Auf dem rechteckigen Grabstein für Jupp Schmitz (1901-1991, Flur XI) ist in Noten die Anfangsmelodie und der Text zu seinem berühmten Lied „Am Aschermittwoch ist alles vorbei" erkennbar. Unvergessen bleibt sein Auftritt bei der Prinzenproklamation 1964, wo er sich in kurzer Lederhose der Volksmusik mit dem Lied vom dem Hirtenknaben von St. Katrein widmete. Weitere Lieder wie „Wer soll das bezahlen, wer hat das bestellt", „wir kommen alle, alle in den Himmel", „ich fahr mit meiner Lisa zum schiefen Turm von Pisa" sowie „es ist noch Suppe da" machten auch ihn unsterblich. Ja und das ist eben auch Melaten, ein Platz für Unsterbliche.

Als Bassist im Eilemann Trio begann Horst Muys (1925-1970) seine karnevalistische Laufbahn. Ursprünglich durchlief er eine Ausbildung als Schauspieler, spielte dann im Eilemann-Trio und trat ab 1961 als Einzelredner auf. Seine Pointen gefielen nicht immer, so dass Muys ins karnevalistische Interdikt genommen. Dann aber sang er sich mit seinem „Ne Besuch em Zoo" wieder in die Herzen der Kölner. Der schlichte, liegende Grabstein nennt ihn „der liebe Jung aus Köln am Rhein" (Lit. L zwischen Lit. Q und Lit. R). Die auf einem Pult aufruhende Grabplatte für Karl Leibl gedenkt des ehemaligen Domkapellmeister (1784-1870, Lit. L zwischen HWG und Lit. P). Er gliederte sich als Bajuware schnell in das Festkomitee ein und komponierte eigene Karnevalsmelodien, die auch zum Motto der Session passten.

Wer kannte nicht den langjährigen Festkomiteepräsidenten Ferdi Leisten (1914-1995), an den in einem großen Wandgrab mit seiner Familie erinnert wird. Seine ruhige, differenzierte manchmal süffisante Art machte ihn zum langjährigen Nestor Kölner Karnevals (Flur 12 in G). Das von Engeln gehaltene Medaillon zeigt das Kölner Stadtwappen sowie den Hermesstab und seinen Hut. Die Leistens waren Kaufleute.

Ohne die Sartorys wäre vieles im Karneval kaum möglich gewesen, denn seit 1948 sind die „Sartory-Säle" der Veranstaltungsort zahlreicher Karnevalssitzungen.

Der künstlerisch auffällige Stein stellt das Gottvertrauen höher als die gesellschaftliche Bedeutsamkeit: Christus verabschiedet sich von der Jüngern „Siehe ich bin bei euch bis an der Welt Ende" (Math. 28, 20). In dem Grab liegt auch der Prinz Karneval von Köln für das Jahr 1976, Hans Lindemann (1925-1983), begraben, Kopf an Kopf zu Hans Burckhardt (1925-1983), seinem Bauern im Trifolium von 1976. Freundschaft im Sterben oder wie der Namen der Karnevalsgesellschaft, für die sie Dreigestirn waren: „Mer blieve zosamme".

Eine abgebrochene Rundstele ziert das Grab eines der bedeutendsten Kölner Komponisten und Textdichter des 19. Jht. Josef Roesberg (1824-1871, Lit. E zwischen HWG und Lit. H). In die alte Form gebracht wurde es dank der Karnevalsgesellschaft Schnüsse Tring. Das Lied über die selbstbewusste Dienstmagd aus Ossendorf hatte Roesberg verfasst. Hier eine Strophe:
„Un Madamm, de Strohß zo kehre,
Eß dann doch kein Schecklichkeit.
Auch fexeeren uns de Häre,
wamm´mer an der Pumpe steiht..."
Ein weiträumiges Wandgrab benennt die Grabstätte für Thomas Liessem (1900-1973). Als junger Festkomiteepräsident (1935-1939) wehrte er sich vehement gegen die Gleichschaltung des Kölner Karnevals. Er forderte den todkranken Willi Ostermann auf, ein Abschiedslied auf Köln zu schreiben, das er selbst, kurz nach dem Tod Ostermanns 1936 sang und mit ihm die Kölsche Nationalhymne schuf: „Wenn ich su an ming Heimat denke un sin d´r Dom su vör mer ston, mööch ich direk op Heim an schwenke, ich mööch zo Foß noh Kölle gon". Das „sehr zum Wohle" des Spirituosenhändlers erklingt noch heute sehr häufig. Das Porträtmedaillon zeigt ihn nach rechts schauend im Profil (Flur 35).

Abschließend soll an Willi Millowitsch gedacht sein. Er war zwar in dem Sinne kein Karnevalist sondern ein Volksschauspieler. Aber viele Kölner kennen ihn von seinen Auftritten auf Sitzungen, wo er im Dinerjackett auftrat und sein „ich bin ene kölsche Jung" oder „Schnaps das war sein letztes Wort" sang. Er war im Karneval eine Kultfigur, fast eine „Kölner Ikone". Der rechteckige Grabstein mit dem Namen Millowitsch entstand 1945 für seinen verstorbenen Vater Peter (Flur 72 a).

Nordfriedhof

Mit dem Nordfriedhof beschloss 1895 die Stadtverordnetenversammlung einen "Entlastungsfriedhof" für Melaten. Grünplanerisch wurde er von A. Kowallek übernommen und konnte bereits am 18.5.1896 in Dienst gestellt werden.

Es handelt es sich um einen landschaftlich angelegten "Parkfriedhof", mit einer deutlichen Mittelachse vom Haupteingang ausgehend (Flure A und B, 1-28). Nach dem zweiten Weltkrieg wurden Erweiterungen zur Pallenbergstraße hin vorgenommen (Flure 32-83).

Der Friedhof öffnet sich mit den alten Teilen von der Merheimer Straße aus und führt auf ein erstes Rondell mit einem aus Bronze gestalteten, ruhenden Pilger zu, der in antikisierenden Gewändern gekleidet ist. Das Bildnis ist signiert mit „W.S. anno domini 1978": „Befiehl dem Herrn deine Wege und hoffe auf ihn, er wird es wohl machen" (Ps. 37, 5).

In Flur D fällt die zeitgenössische Grabstätte Emil Beckmann (1876-1962) auf. Ein Wandgrab trägt einen Kalvarienberg, der den am Kreuz sterbenden Christus inmitten der Schächergruppe darstellt (signiert mit Heuter Marmor).

Im Zugangsbereich zur Flur A liegt die Grabstätte Simons (ca. 1918, Sandstein). Christus ist mit weit geöffneten Armen in der Mitte des Wandgrabes wiedergegeben.

In Marmor gefügt ist nahe bei dieser die Grabstätte Ostmann (ca. 1921). Hier hält ein ruhender Engel Rosen im Schoss. Die Seitenteile tragen rosengeschmückte Konsolen.

Die gleiche Flur birgt in einem großräumlich angelegten Wandgrab die sterblichen Hüllen der Familie von Leo Dahlen (1943,). Christus am Ölberg mit seinem sich dem Willen des Vaters beugenden Wort, bestimmt die Botschaft.

In Muschelkalk und Marmor (Figur) wurde die Grabstätte Bönsch und Lieffertz ca. 1920 modelliert. Christus hält den Verstorbenen weit die Leben verheissenden Hände entgegen. Er wird von zwei anbetenden Engeln flankiert.

In der Grabstätte Thelen wird der Gekreuzigte in zeittypischer Weise (ca. 1920) als der Verklärte, den Tod durchschreitende wiedergegeben.

Das wiederverwendete Grab für die Familie Heikaus (ca. 1920) schildert eine säulenartig aufgefasste Frau, die in annehmender Weise den Menschen entgegentritt und ihnen mit der Inschrift zuspricht: „Gottes Segen über euch".

Ebenso in Flur A befindet sich die

SARG KREiMER

Theklastrasse 1 • Ecke Neusser Strasse
50737 Köln (Weidenpesch)
Tel. 02 21 / 74 23 51 • Fax: 0 2 21 / 74 71 73

Durchführung aller **Bestattungsarten**
Überführung von und nach allen **Orten**

Rat und **Hilfe** bei allen **Sterbefällen**
Erledigung aller **Formalitäten**

Glesius Bestattungen

Inh. Willi Glesius

Mauenheimer Straße 9 · 50733 Köln (Nippes)
Tel. 72 75 00 – 9 72 61 00

Wegener GmbH

Pelzer – Wegener

BESTATTUNGEN
Erd-, Feuer- und Urnenseebestattungen
Übernahme aller Formalitäten
Eigene Bestattungsfahrzeuge
Eigene Aufbahrungshalle
Überführungen im gesamten
In- und Ausland

Fachgeprüfte Bestatter
Seit 1931

In der dritten Generation das
Haus Ihres Vertrauens

TAG + NACHT
Telefon **51 43 60**

Geisselstraße 13 • Köln-Ehrenfeld
Sechzigstraße 32 • Köln-Nippes

Grabstätte Arens (ca. 1920). Das der Reformkunst verpflichtete Wandgrab zeigt in expressionistischer Manier Christus, der die Verstorbenen dereinst erweckt.
In Flur B wendet sich bei der Grabstätte Jean Harzheim (ca. 1930) eine in weißem Marmor gehaltene, sitzende Figur auf ein Buch mit Gefäß hin. Der Mensch (Gefäß) sinniert über sein Leben (Buch).
In der Nähe hiervon erinnert ein in Travertin gehaltenes Wandgrab an die Familie Dr. Robert Gerling (1878-1935). Nach oben hin schließen drei Reliefs ab: links ein schreitender Mann mit Schwert, der von einem Mann und einer Frau in den Kampf entlassen wird (dazu passend der Titulus „sein Kampf"); in der Mitte zentral angeordnet ein Mann, der von einer Familie begleitet wird (Titulus „volksverbundenes Wirken"), was durch die Zusammenkunft der Menschen sichtbar gemacht wird; zur Rechten die Darstellung der Moiren (Schicksalsgöttinnen), eine den Faden spinnend, eine ihn abmessend und schneidend, eine dritte ihn weiterreichend. Der Titulus „das Schicksal" erläutert dies.
Die Wandgrabstätte für Dr. Heinz Konzen schildert den auferstandenen Christus, zu dessen Füssen anbetende Engel wiedergegeben sind (ca. 1925, Granit und Bronze).
Expressiv wird der sterbende Christus bei der Grabstätte Barnickel (ca. 1929, Muschelkalk) geschildert.
Hierneben die Grabstätte Familie Dr. Franz Rolshoven (1915-1942).

Brauer-Schlüter
GARTENBAU-BETRIEB

DAUER GRAB PFLEGE

Grabanlagen und -pflege
moderne Binderei

Balkon- und Beet-Pflanzen

Grabgestaltung und Pflege

Mitglied der
Friedhofsgärtner-
Genossenschaft

Neusser Strasse 393/395
50733 Köln (Nippes)
Telefon: 76 35 06

Schwarze Muttergottes
Kupfergasse, Köln

Kloster der Cellitinnen zur hl. Maria

Wir Cellitinnen sind hervorgegangen aus der Beginen-Bewegung, die ab dem 13. Jahrhundert im Rheinland wirkte. 1828 wurde unsere Gemeinschaft aus zwei Beginen-Konventen neu gegründet als „Kloster der Cellitinnen zur hl. Maria in der Kupfergasse", Köln, nahe dem Gnadenbild der Schwarzen Mutter Gottes. Wie unsere Vorfahren, so versuchen auch wir heute nach der Ordensregel des hl. Augustinus ein in Gott verbundenes Leben in Gemeinschaft zu führen. Unser Auftrag, kranken, alten und hilfsbedürftigen Menschen zu dienen, ist noch immer – wie damals bei den Beginen – aktuell. Falls Sie mehr über uns wissen möchten, wenden Sie sich bitte an die u.a. Adresse.

Graseggerstr. 105 · 50737 Köln (Longerich) · Tel. 0221/974514-0 · Fax 0221/974514-24

Das in Travertin modellierte Mittelrelief gibt Christus wieder, der sich im Redegestus dem Arzt zuwendet, der ein Kind versorgt. Dies wird im Wirkungsbereich der Kirche St. Bonifatius in Nippes sichtbar.

Die in feiner Manier der 1920er Jahre gestaltete Grabstätte Fischer (signiert mit Grüter) zeigt über Eck gestellte Pfeiler, die nach oben hin mit gestuften Kapitellen schließen (Flur A).

Etwas weiter wird in der Grabstätte Familie W. Konzen die Grablegung Christi sichtbar (ca. 1920, Granit). Daneben liegt auffällig das Grabhaus (ohne Namen), das im Mittelrelief das Motiv der Grablege Christi zeigt (ca. 1920, Flur A).

Das spät-klassizistisch geprägte Wandgrab von Peter Lang (1916) führt auf einem Sockel den Auferstehungsengel.

In Flur 8a (hinter Flur A) ist die jüngst verstorbene Uschi Werner Fluss (Nov. 2002) bestattet. Sie war eine bedeutende Interpretin kölscher Texte und liebte die leisen Töne, stets begleitet von Henner Berzau.

In dieser Flur sind eine Reihe von Grabstätten der 1920er Jahre auffindbar.

In Flur 9 liegt eine Erinnerungsstätte der Verstorbenen der Nippeser Bürgerwehr. Treue im Abschied wird fassbar.

An der Ecke der Friedhofsmauer, die zur Schmiedegasse führt, lässt sich in Flur 27 (Eckbereich) die Grabstätte von Trude Herr (1927-1991) entdecken. Trude Herr war eine bedeutende Schauspielerin und ist mit ihrem Lied, „Niemals geht man so ganz" unsterblich geworden.

Links vom Hochkreuz weist ein großes Feld auf die Gefallenen des 1. Weltkrieges (Richtung Nibelungenstraße, Flur 13).

Die Grabstele der Familien Nikolaus Müller (ca. 1904) zählt zu den ältesten auf dem Nordfriedhof. Das Wandgrab ist mit einer Kreuzstele aufgebaut, das im Sockelbereich einen Tondo hervortreten lässt.

Wichtiges in Kürze:

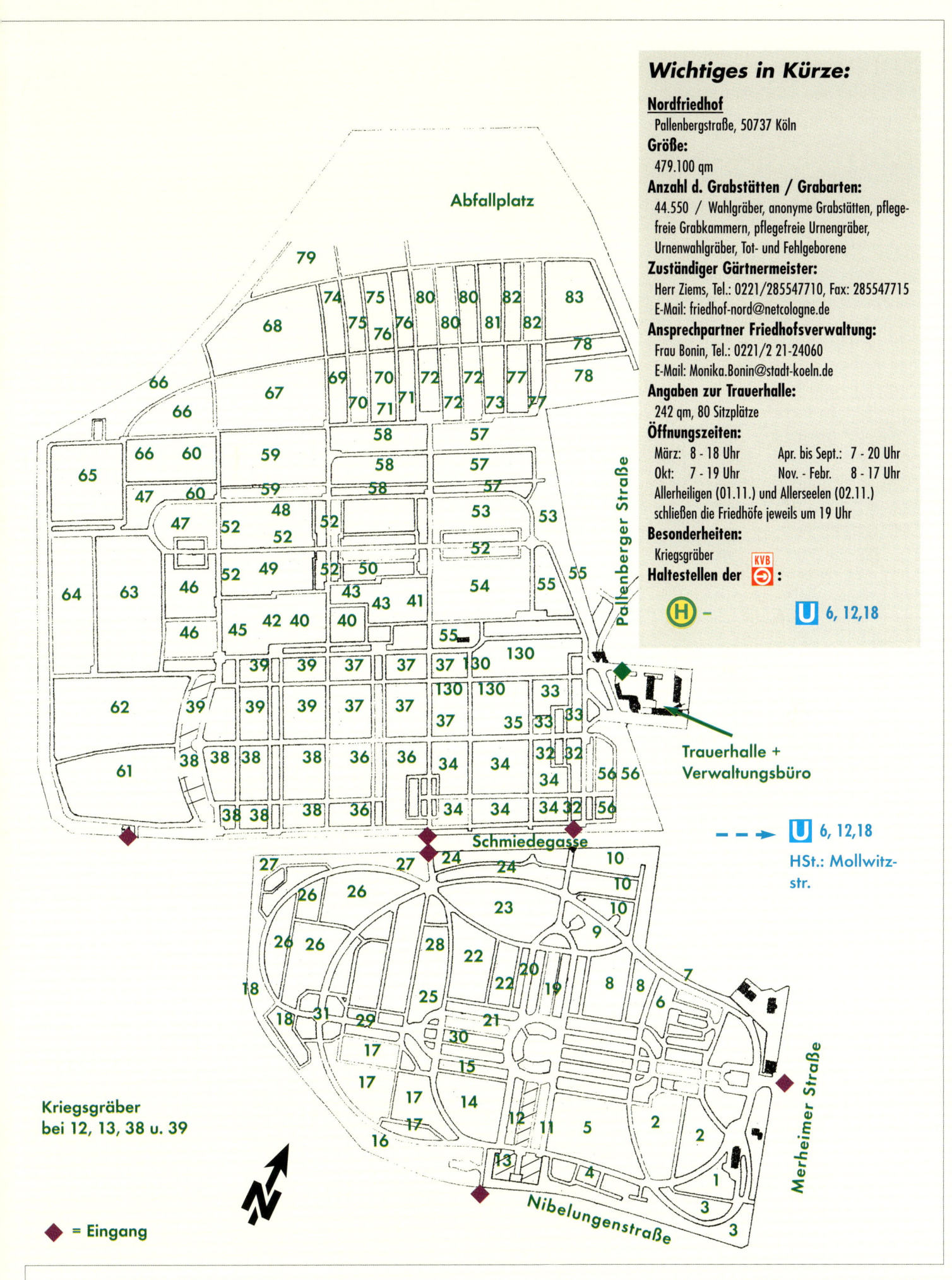

Nordfriedhof
Pallenbergstraße, 50737 Köln

Größe:
479.100 qm

Anzahl d. Grabstätten / Grabarten:
44.550 / Wahlgräber, anonyme Grabstätten, pflegefreie Grabkammern, pflegefreie Urnengräber, Urnenwahlgräber, Tot- und Fehlgeborene

Zuständiger Gärtnermeister:
Herr Ziems, Tel.: 0221/285547710, Fax: 285547715
E-Mail: friedhof-nord@netcologne.de

Ansprechpartner Friedhofsverwaltung:
Frau Bonin, Tel.: 0221/2 21-24060
E-Mail: Monika.Bonin@stadt-koeln.de

Angaben zur Trauerhalle:
242 qm, 80 Sitzplätze

Öffnungszeiten:
März: 8 - 18 Uhr   Apr. bis Sept.: 7 - 20 Uhr
Okt: 7 - 19 Uhr   Nov. - Febr.   8 - 17 Uhr
Allerheiligen (01.11.) und Allerseelen (02.11.)
schließen die Friedhöfe jeweils um 19 Uhr

Besonderheiten:
Kriegsgräber

Haltestellen der KVB:

(H) -   U 6, 12, 18

- - → U 6, 12, 18
HSt.: Mollwitzstr.

Trauerhalle + Verwaltungsbüro

Kriegsgräber
bei 12, 13, 38 u. 39

◆ = Eingang

135

Longerich

Der Eingang zum heutigen Friedhof erfolgt über den Alexander-Petöfi-Platz. Er wurde 1900 angelegt. Die ältesten Teile des Friedhofs werden gebildet von Flur 1, 2, 7 und 9. Ursprünglich waren sie über den Heckweg erreichbar, der über ein Rondell den Zugang bildete.

In Flur 3 und 4 sind die Grabstätten der gefallenen Longericher Bewohner des zweiten Weltkriegs erinnerlich gemacht. An der Biegung dieser Flure (nördlich) befindet sich die Grabstätte der Therese Kaune (+ 1965). Das Grabkreuz aus Stein trägt eine applizierte Emaille-Platte (aus der Hand von Egino Weinert) die den in rot und blau gehaltenen Auferstehungsengel zeigt, der in freundlicher Form die Botschaft der Auferstehung von den Toten ansagt.

Der Biegung folgend erinnert ein Grabstein, der einen Lebensbaum mit kreuzförmig angelegten Ästen und Blättern zeigt, an den berühmten Kölner Archäologen Prof. Dr. Otto Doppelfeld (1907-1979). Sein Lebenswerk war für ihn die Ausgrabung unter dem Kölner Dom. Er wies zahlreiche Vorgängerbauten bis hin in frühe römische Zeiten (1. Jht. n. Chr.) an dieser Stelle nach.

Nicht weit hiervon, parallel zur Strasse, kann die Grabstätte Kvasincka als besonders auffällig bezeichnet werden. Aus hellem Holz heraus ist eine Grabtafel gebildet, in deren Mitte ein Kreuz einbeschrieben ist. Quer zum senkrecht laufenden Kreuz sind die Namen der hier Begrabenen bezeichnet (Flur 8).

Im Zugangsbereich des Friedhofs (von Westen) liegen um das Rondell die frühen Bestattungen des Friedhofs. So etwa die Grabstätte Delhoven, ein Wandgrab in belgischem Granit, das in Marmor den kreuztragenden Christus zeigt (etwa 1954).

Nahe hierbei liegt die Grabstätte Herkrath (ca. 1946). Hier ist in Diabas ein Wandgrab gestaltet, das rechts und links geschwungene Seitenteile aufweist, die in kannelierte Pfeiler überleiten. Das geschwungene Frontispiz zeigt Weintrauben unter einem Kreuz.

Der von hier aus laufende alte Mittelweg weist die frühen Grabstätten aus der Eröffnungszeit des Friedhofs aus: etwa die Grabstätte Becker (1934), ein Wandgrab, das aus Marmor gebildet ist.

Auffällig ist auch die frühe Grabstätte der Helene Pfeil (1871-1905); eine aus Granit gearbeitete Kreuzstele, die

Hilfe aus Ihrer Nachbarschaft:

Bestattungshaus **seit 1851**

WINZEN+FEITH

Gartenstadt-Nord · August-Haas-Straße 6 · 50737 Köln
Longerich · Longericher Hauptstraße 65 · 50739 Köln

☎ (02 21) **9 57 49 50**

Fertigung von handwerklichen Grabdenkmälern

Fertigung von Küchenarbeitsplatten Fensterbänken Waschtischen

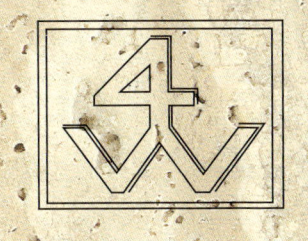

Andreas Huber
Steinmetz und Bildhauermeister

Longericher Str. 531
50739 Köln.
Tel./Fax 02 21/5 99 37 07

Friedhofsgärtnerei

Röllgen

Thujaweg 26 • Köln Weiler
Telefon 0221 / 79 16 06 • Fax: 0221 / 78 22 95

DAUER GRAB PFLEGE
Das Serviceangebot der Friedhofsgärtner

Grabneuanlage und Grabpflege im Kölner Norden und Dormagen

auf belgischen Granit aufbaut, gesockelt mit dem Spruch: „Wenn Liebe könnte Wunder tun und Tränen Tote wecken, so würde dich gewiss nicht hier die kühle Erde decken". Der trapezoid zulaufende, kreuztragende Teil zeigt eine Palme, die, diagonal hierzu gehalten, ein Kreuz aufnimmt. Im Kreuz das Christusmonogramm „IHS".

Gegenüber liegt die Grabstätte Adam Lück (belgischer Granit). Ein Wandgrab niedriger Höhe zeigt im geschwungenen Mittelteil einen in Bronze modellierten Tondo.

Auch die Grabstätte Metzmacher ist der Idee des großen Wandgrabes verpflichtet. Es handelt sich hierbei um ein aus Granit gefügtes Wandgrab, das eine Kreuzstele zentriert (Erstbestattung 1897, ggf. übertragen).

Typisch für die früheste Zeit ist die Grabstätte Christian Becker (+ 1908) zu nennen, eine aus Granit gearbeitete Kreuzstele. In dem Grab liegt auch Pfarrer Peter Becker (1895-1954) begraben.

Das Wandgrab der Grabstätte Cornelius Engels (Granit, um 1905) schließt mittig mit einem Corpus aus Bronze.

Die Grabstätte Düren (Granitgrab, Erstbestattung 1948) zeigt ein aufrecht stehendes Hochkreuz mit einen Christus-Tondo.

Im Eingangsbereich, auch von hohem Alter, liegt die Grabstätte Zander (Erstbestattung 1918, Flur 7). Das Wandgrab zeigt einen mittig wiedergegebenen, mit weit geöffneten Armen dargestellten Christus. Direkt hier in der Nähe eine weit geordnete Grabstätte, die an vier Gefallene des 1. Weltkrieges erinnert. Die vier gemahnenden Erinnerungsmale aus Holz, Granit, Naturstein zeigen individuelle Formsprachen (Flur 1).

In Flur 1 liegt auch die Grabstätte von Nettie von Holtum (ca. 1932). Christus wird im Moment der Vollendung betroffen.

In Flur 2 sind zwei Pfarrer von St. Dionysius in Longerich bestattet: zum einen der Pfarrer Franz Heller (+ 1935) sowie der jüngst verstorbene Pfarrer Siegfried Mathias Kollmann (1936-2001). Er war Pfarrer von 1976-2001. Das Holzkreuz mit dem toten, in gotischer Formsprache aufgefassten Christus, wird rahmend von einer fein als Kreis modellierten Dornenkrone hinterfasst. Priesterliches Wirken kann auch manchmal einen dornenreichen Weg ausmachen.

In Flur 21 darf besonders die Grabstätte der Ärzte Dr. Vanda Antz-Oster (+ 1994) sowie Dr. Josef Antz (+ 1989) hervorgehoben werden. Das Erinnerungsmal aus Bronze zeigt in stilisierter Form zwei Menschen verschiedener Größe, die sich in einiger Form zugewandt sind.

Miteinander verbunden werden sie mit einem plastisch vortretenden Band, das eine Landschaft mit Menschen – um ein Haus versammelt – schildert. Nicht weit von hier entfernt (Flur 17) befindet sich bei der Grabstätte Frisch ein wiederverwandtes altes Marmorgrab (ca. 1930); von oben herab wirft eine antikisierend gekleidete Frau Blumen auf das Grab.

Das Motiv der Blumen spendenden Frau ist, nicht weit entfernt, in zeitgenössische Bildsprache übertragen (Familie Hoffmann Wilfriede 1942-1999). Ruhig gelagert nimmt sie Abschied.

Die Trauerhalle, die in Flur 7 gelegen ist, fasst 50 Personen.

Blumenhaus • Friedhofsgärtnerei Heiliger

Hohlgasse 19 - 21 • 50739 Köln (Longerich)
Telefon 02 21/5 99 19 90 • Fax: 02 21 / 5 99 58 59

Bestattungen Errens

Erd-, Feuer- und Seebestattungen

Tag u. Nacht
0221/ 79 40 472

Neuhalfenshof 12 • 50769 Köln - Seeberg

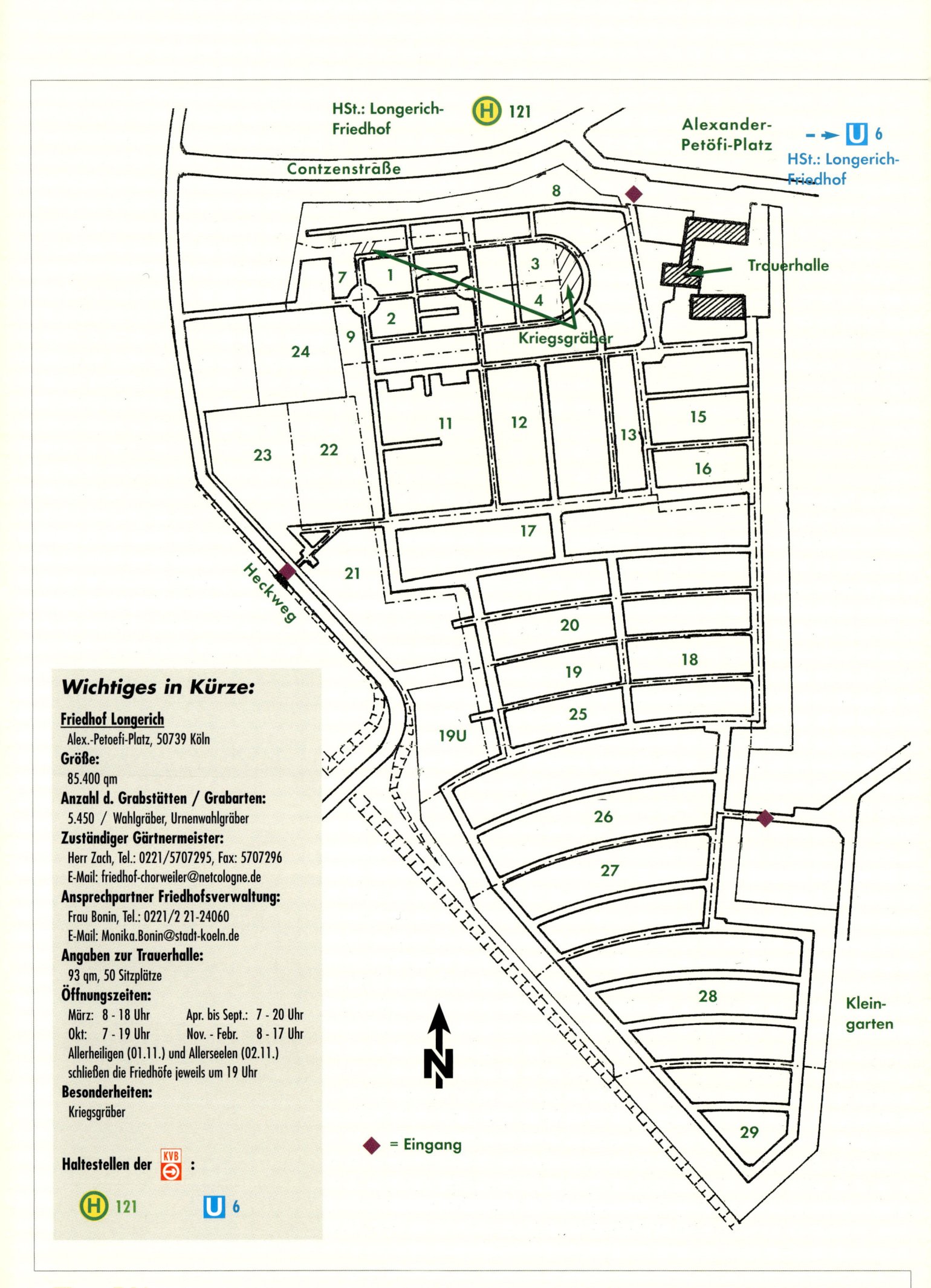

HSt.: Longerich-Friedhof (H) 121
Alexander-Petöfi-Platz
U 6
HSt.: Longerich-Friedhof
Contzenstraße
Trauerhalle
Kriegsgräber
Heckweg
Kleingarten

Wichtiges in Kürze:

Friedhof Longerich
Alex.-Petoefi-Platz, 50739 Köln

Größe:
85.400 qm

Anzahl d. Grabstätten / Grabarten:
5.450 / Wahlgräber, Urnenwahlgräber

Zuständiger Gärtnermeister:
Herr Zach, Tel.: 0221/5707295, Fax: 5707296
E-Mail: friedhof-chorweiler@netcologne.de

Ansprechpartner Friedhofsverwaltung:
Frau Bonin, Tel.: 0221/2 21-24060
E-Mail: Monika.Bonin@stadt-koeln.de

Angaben zur Trauerhalle:
93 qm, 50 Sitzplätze

Öffnungszeiten:
März: 8 - 18 Uhr   Apr. bis Sept.: 7 - 20 Uhr
Okt: 7 - 19 Uhr   Nov. - Febr.   8 - 17 Uhr
Allerheiligen (01.11.) und Allerseelen (02.11.)
schließen die Friedhöfe jeweils um 19 Uhr

Besonderheiten:
Kriegsgräber

Haltestellen der KVB:
(H) 121   U 6

◆ = Eingang

RAINER SCHIEFER
STEINMETZ UND BILDHAUERMEISTER

GRABMALE
BRONZEN
BEIBESCHRIFTUNG
NATURSTEINSPRINGBRUNNEN

Besuchen Sie bitte völlig unverbindlich meine Ausstellung oder fordern Sie meinen Besuch an. Sämtliche Steinmetzarbeiten führe ich persönlich aus.
Ich garantiere Ihnen Qualitätsarbeit zu einem günstigen Preis.

Werkstatt und Ausstellung: 50765 Köln (Volkhoven), Thujaweg 1, (02 21) 79 43 17
Lieferung, Montage nach allen Friedhöfen im Großraum Köln frei
Geschäftszeiten: Montag – Freitag 10.00 – 18.30 Uhr, Samstag 9.00 – 14.00 Uhr

Dienst
den Lebenden
Ehre
den Toten

BESTATTUNGSHAUS ARNOLD

Selbst ein Weg von tausend Meilen beginnt mit einem Schritt.

Jap. Weisheit

Bestattungshaus Arnold, Longericher Straße 395, 50739 Köln (Longerich), Tel. 02 21 / 9 57 44 40

Niehl

Sehenswert sind in der Trauerhalle die Glasfenster aus den 1960er Jahren, wo Nägel, der unteilbare Rock, das Kreuz, die Dornenkrone und die Lanze mit dem Schwamm die Passion Christi in Erinnerung rufen. Die Nordwand schließt mit einem parabelförmigen Bild der Einswerdung.

Der Niehler Friedhof wurde mit seinen ältesten Fluren 1868 eröffnet. Dem Hauptweg sind diese Flure 2-4 symmetrisch zugeordnet, die hinter der Trauerhalle beginnen. Erreichbar ist er von der Feldgärtenstraße.

Die Flure 12 - 26 wurden in den 1950er und 1960er Jahren hinzugewonnen.

Gleich auf der rechten Seite in Flur 5 liegt die Grabstätte der Familie Peter Josef Pohl (1846-1908). Eine Kreuzstele aus Granit zeigt Jugendstilornamente. Peter Josef Pohl war von Beruf Stellmacher und hatte auch einen metallverarbeitenden Betrieb. Aus gleicher Zeit stammt die Grabstätte Theodor Krämer (1867-1907), ebenfalls eine Kreuzstele aus Granit.

Ein großes Wandgrab mit Hochkreuz macht die Grabstätte Neunzig kenntlich. Das um die Jahrhundertwende entstandene Grab aus belgischem Granit mit Sandstein zeigt im Sockel zwei sich entgegenstreckende Hände, die mit einem Kranz umfasst sind. In dem Grab liegt der langjährige Senatspräsident der Roten Funken Constantin Neunzig („Flötschpinsel") begraben.

Gegenüber hiervon die Grabstätte Pulm (Flur 1, ca. 1922), die als Wandgrab aus Kunststein mit einem rechteckigen Sockel gebildet ist, auf den ein halbkreisförmiger Sturz aufsetzt, der Dekorationselemente der 1920er Jahre aufweist.

Ebenso auf der rechten Seite des Hauptweges wird an den Sohn von Peter Josef Pohl und seine Familie erinnert: Christian Pohl (ca. 1920, Muschelkalk).

Das Grab zeigt geschwungene Seitenteile. Das Kreuz ist mit Blattornamenten geziert und nach oben hin mit einem Tuch umfangen. Christian Pohl führte den von dem Vater mit gegründeten metallverarbeitenden Betrieb zu großer Bedeutung.

Dicht hierbei, zur Flur 2 steht auch das alte Hochkreuz, das aus Sandstein geschaffen wurde. Im Sockel erinnert die Inschrift an die Einweihung des Friedhofes im August 1868. Die Inschrift lautet: „Selig die Toten, die im Herrn sterben" (Apoc. 14, 13). Nach oben schließt das Kreuz mit einer Bronzefigur ab.

Hinter der Wegkreuzung wird an den ehemaligen Pfarrer von Niehl, Herrn Johann Heinrich Wolff (1804-1886), „sein Andenken ist im Segen", erinnert. Auf einem polygonalen Sockel ruht die in Sandstein gearbeitete Darstellung des guten Hirten auf, der sein Haupt geradezu zärtlich auf ein Schäfchen hingewandt hat, das er auf dem Rücken trägt.

Gegenüber liegt die Grabstätte seiner verstorbenen Schwester Katharina (ca. 1880), die ebenso eine Erinnerungsstele aufweist, jedoch mit der Darstellung, der innig betenden Muttergottes, die auf der Weltkugel über einer Schlange wiedergegeben ist. Hier werden Identifikationen sichtbar, die sich Christus bezogen für den Geistlichen und marianisch geleitet für die Schwester darstellen. Dass sich Bruder und Schwester so gegenüber liegen, ist in Köln ein einmaliger Ausdruck familiärer Bande.

Gleich dahinter die neuere Priestergrabstätte der verstorbenen Pfarrer von Neu St. Katharina in Niehl: ein Kreuz, das an den Enden gezogen ist, zeigt zum Sockel hin eine Pieta; die Inschrift lautet: „Friedrich Gustav Sauer (Jubilarpriester, geistlicher Rat, 1875-1951, Pastor in Niehl 1912-1947)". Weiterhin liegt in dem Grab auch der ehemalige Pfarrer Msgr. Wilhelm Pfeifer bestattet (1901-1984, Flur 4).

Nicht weit hiervon (rechter Hand von Flur 4) fällt eine in Sandstein gestaltete, polygonal zulaufende Stele auf, die ein kniendes Kind zeigt. Die Grab-

Friedhofsgärtnerei

Röllgen

Thujaweg 26 • Köln Weiler
Telefon 0221 / 79 16 06 • Fax: 0221 / 78 22 95

DAUER GRAB PFLEGE
Das Serviceangebot der Friedhofsgärtner

Grabneuanlage und Grabpflege im Kölner Norden und Dormagen

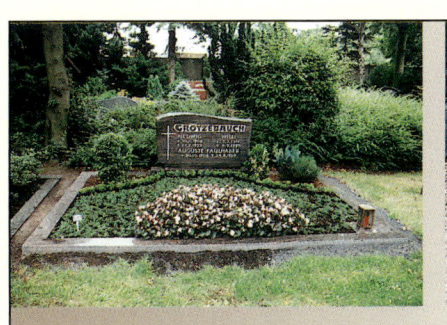

BLUMEN Deichsel vorm. Kemper

- Floristik
- Kranzbinderei
- Grabpflege
- Keramik

DAUER GRAB PFLEGE

Feldgärtenstr. 109 · 50735 Köln-Niehl
Tel. 02 21/7 12 12 16
Fax 02 21/7 12 35 26

Bestattungen

Errens

Erd-, Feuer- und Seebestattungen

Tag u. Nacht
0221/ 79 40 472

Neuhalfenshof 12 • 50769 Köln – Seeberg

143

stätte führt keinen Namen mit Daten, scheint aber aufgrund künstlerischer Ähnlichkeit zu den Grabstätten Wolff, Ende der 1980er Jahre entstanden zu sein.

Hier nahe auch die Grabstätte Denhoven. In diesem Grab wird auch an Franz Otto Denhoven (1806-1886) erinnert. Er war einer der letzten Bürgermeister von Longerich / Niehl vor der Eingemeindung zu Köln im Jahre 1888.

Wichtiges in Kürze:

Friedhof Niehl
Feldgärtenstraße, 50735 Köln
Größe:
50.100 qm
Anzahl d. Grabstätten / Grabarten:
4.430 / Wahlgräber, Urnenwahlgräber
Zuständiger Gärtnermeister:
Herr Zach, Tel.: 0221/5707295, Fax: 5707296
E-Mail: friedhof-chorweiler@netcologne.de
Ansprechpartner Friedhofsverwaltung:
Frau Bonin, Tel.: 0221/2 21-24060
E-Mail: Monika.Bonin@stadt-koeln.de
Angaben zur Trauerhalle:
156 qm, 30 Sitzplätze
Öffnungszeiten:
März: 8 - 18 Uhr   Apr. bis Sept.: 7 - 20 Uhr
Okt: 7 - 19 Uhr   Nov. - Febr.   8 - 17 Uhr
Allerheiligen (01.11.) und Allerseelen (02.11.) schließen die Friedhöfe jeweils um 19 Uhr
Besonderheiten:
–

Haltestellen der KVB:
(H) 134   U –

Am Weg von Flur 3 zu 11b sind weitere Grabstätten aus der frühen Zeit Niehls zu bemerken, etwa die Grabstätte Herrmann van Pée (1830-1910, Granitstele), die Grabstätte Hundgeburth (Ursula, 1853-1911), eine belgische Granitstele, die eine gebrochene Rose und ein hierauf ruhendes Grabkreuz zeigt.
Für die Niehler nicht unbedeutend war der Rektor der Niehler Schule, Ferdinand Solbach (1882-1976). Sein fein geschwungenes Grabkreuz verrät geradezu barocken Formgeist (Muschelkalk).

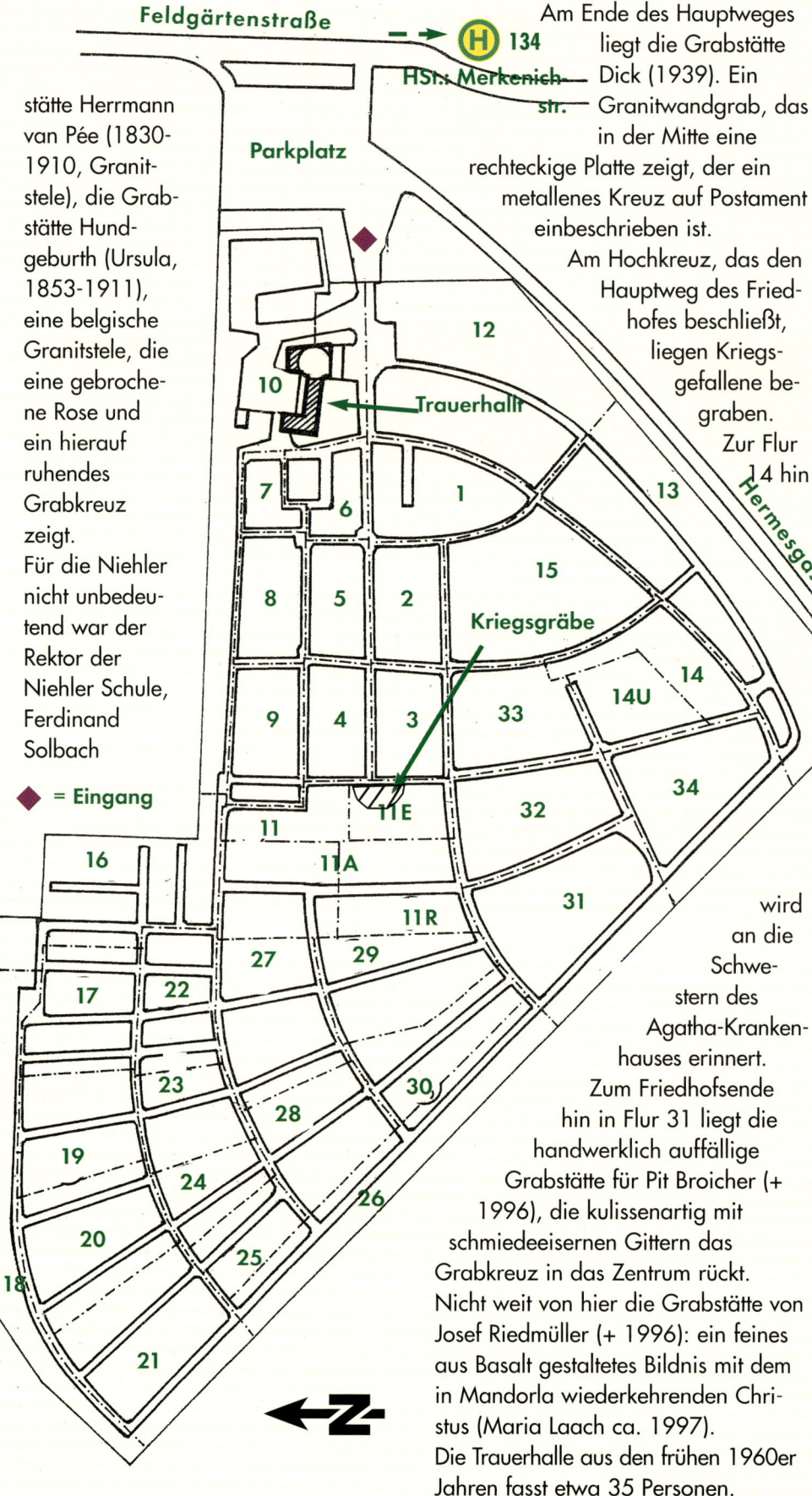

Am Ende des Hauptweges liegt die Grabstätte Dick (1939). Ein Granitwandgrab, das in der Mitte eine rechteckige Platte zeigt, der ein metallenes Kreuz auf Postament einbeschrieben ist.

Am Hochkreuz, das den Hauptweg des Friedhofes beschließt, liegen Kriegsgefallene begraben.
Zur Flur 14 hin wird an die Schwestern des Agatha-Krankenhauses erinnert.
Zum Friedhofsende hin in Flur 31 liegt die handwerklich auffällige Grabstätte für Pit Broicher (+ 1996), die kulissenartig mit schmiedeeisernen Gittern das Grabkreuz in das Zentrum rückt.
Nicht weit von hier die Grabstätte von Josef Riedmüller (+ 1996): ein feines aus Basalt gestaltetes Bildnis mit dem in Mandorla wiederkehrenden Christus (Maria Laach ca. 1997).
Die Trauerhalle aus den frühen 1960er Jahren fasst etwa 35 Personen.

GARTENBAU
MAX MAENNER

Tätig auf allen linksrheinischen Friedhöfen

DAUER GRAB PFLEGE
Das Serviceangebot der Friedhofsgärtner

THUJAWEG 24 / 50765 Köln
TELEFON: 0221 79 14 29
INH. INGRID WEIHRAUCH - MAENNER

TRAUERFLORISTIK
DAUERGRABPFLEGE
GRABGESTALTUNG & PFLEGE

So führt das Schicksal an verborg'nem Band

den Menschen auf geheimnisvollen Pfaden;

doch über ihm wacht eine Götterhand,

und wunderbar entwirret sich der Faden.

Friedrich Schiller

Chorweiler

Mit der Schaffung der „Neuen Stadt" und der Anlage von Chorweiler wurde auch ein neuer Friedhof geplant, der im Oktober 1966 eröffnete.
Der Friedhof ist erreichbar über den Thyaweg und umfasst auf großer Grundfläche 12 Flure, die in rechteckiger Weise angelegt sind.
Hinter einer Brunnenanlage erhebt sich auf einem Hügel die in Sichtbetonweise der 1960er Jahre erbaute Trauerhalle, die etwa 60 Trauergäste fasst.
In der Nähe von Flur 6 fällt die Grabstätte Degen auf. Das aus Granit gestaltete Grab lässt in der Mitte eine in Kunststein modellierte Pieta-Figur erkennen.
In Granit ist auch die Grabstätte Tao und van Tuk (ca. 2000) angelegt. Aufwendig wird eine Grabdekoration verwandt, die wie ein Grundriss zu lesen ist. Beginnend mit einem halben Kreis, von dem diagonal auf die Ecken zulaufende Steinplatten fortgeführt werden, um sich dann in einer Kreuzstele zu verdichten: ein Zentrum, zwei Wege, die wieder Einheit im Kreuz finden.
Nahe auch die still formulierte Sandsteinstele der Familie Arnold Sanke (+ 1994). Das dem Psalm 139, 5 entnommene Wort lautet: „Du aber Herr umschließt mich von allen Seiten". Ein Kreuz mit Diagonalen ziert den Grabstein und interpretiert künstlerisch „alle Seiten" in alle Richtungen (Flur 6).
In Flur 4 ist die Grabstätte Schäferhof auffällig (ca. 1985). Der Grabstein aus Basalt benennt nach oben hin ein Ährenfeld und kann eucharistisch gedeutet werden („wer von diesem Brot isst, wird leben in Ewigkeit", Joh. 6, 51). Nachdenklich stimmt die Inschrift des Grabmales Kretzer (+ 1984), „alles Vergängliche ist nur ein Gleichnis" (Flur 4).
Wie ein Steingarten ist die Grabstätte Karl Wilhelm Schieffer (+ 1985) begrünt und macht die Einswerdung mit dem Schöpfer in der Natur sehr eindrucksvoll erfahrbar.
In Flur 13 stellt die Grabstelle Zündorf mit dem Kölner Stadtwappen in fein modellierter Form den lokalen Bezug her.
Die in Flur 3 auffindbare Grabstätte Helene Müller (1912-1997, Wandgrab in Granit) gibt drei Stelen in schräg auf eine Mitte hin laufende Form wieder, die

146

Friedhofsgärtnerei Röllgen

Thujaweg 26 • Köln Weiler
Telefon 0221 / 79 16 06 • Fax: 0221 / 78 22 95

DAUER GRAB PFLEGE
Das Serviceangebot der Friedhofsgärtner

Grabneuanlage und Grabpflege im Kölner Norden und Dormagen

Josef-Hans Dittebrand

Ihr Gärtner im Kölner Norden

Für Grabgestaltung & Grabpflege

Mitglied im Fachverband

50769 Köln (Worringen) • Pankratiusstr. 23
Tel.: 0221 78 36 64 • Fax: 560 18 14 • Email: hans-josef-Dittebrand@netcologne.de

DAUER GRAB PFLEGE
Das Serviceangebot der Friedhofsgärtner

Bestattungen Errens

Erd-, Feuer- und Seebestattungen

Tag u. Nacht
0221/ 79 40 472

Neuhalfenshof 12 • 50769 Köln – Seeberg

voneinander durch Senkrechten abgetrennt sind. Der mittlere Stein zeigt in fensterartiger Öffnung den die Jünger lehrenden Christus (Bronze). Hier in der Nähe liegt die Grabstätte Tschendke (+ 1997, aus belgischem Granit gewonnen); die Mitte beschließt ein Kreuz mit stilisierten Rosen aus Bronze. Auf der linken Seite zeigt sich ein Laute spielender Engel (Flur 3).
Weiträumig einzusehen ist die große Kreuzstele aus Eisen, die in alle Himmelsrichtungen das Kreuz weist (Flur 10).
Ingesamt gesehen birgt der Chorweiler Friedhof aber auch eine Reihe syrisch-orthodoxer Gräber.

Wichtiges in Kürze:

Friedhof Chorweiler
Thujaweg, 50765 Köln
Größe:
111.200 qm
Anzahl d. Grabstätten / Grabarten:
4.160 / Wahlgräber, pflegefreie Grabkammern, pflegefreie Urnengräber, Urnenwahlgräber
Zuständiger Gärtnermeister:
Herr Zach, Tel.: 0221/5707295, Fax: 5707296
E-Mail: friedhof-chorweiler@netcologne.de
Ansprechpartner Friedhofsverwaltung:
Frau Bonin, Tel.: 0221/2 21-24060
E-Mail: Monika.Bonin@stadt-koeln.de
Angaben zur Trauerhalle:
185 qm, 55 Sitzplätze
Öffnungszeiten:
März: 8 - 18 Uhr   Apr. bis Sept.: 7 - 20 Uhr
Okt: 7 - 19 Uhr   Nov. - Febr.   8 - 17 Uhr
Allerheiligen (01.11.) und Allerseelen (02.11.) schließen die Friedhöfe jeweils um 19 Uhr
Besonderheiten:
–

Haltestellen der KVB :

(H) 126   U –

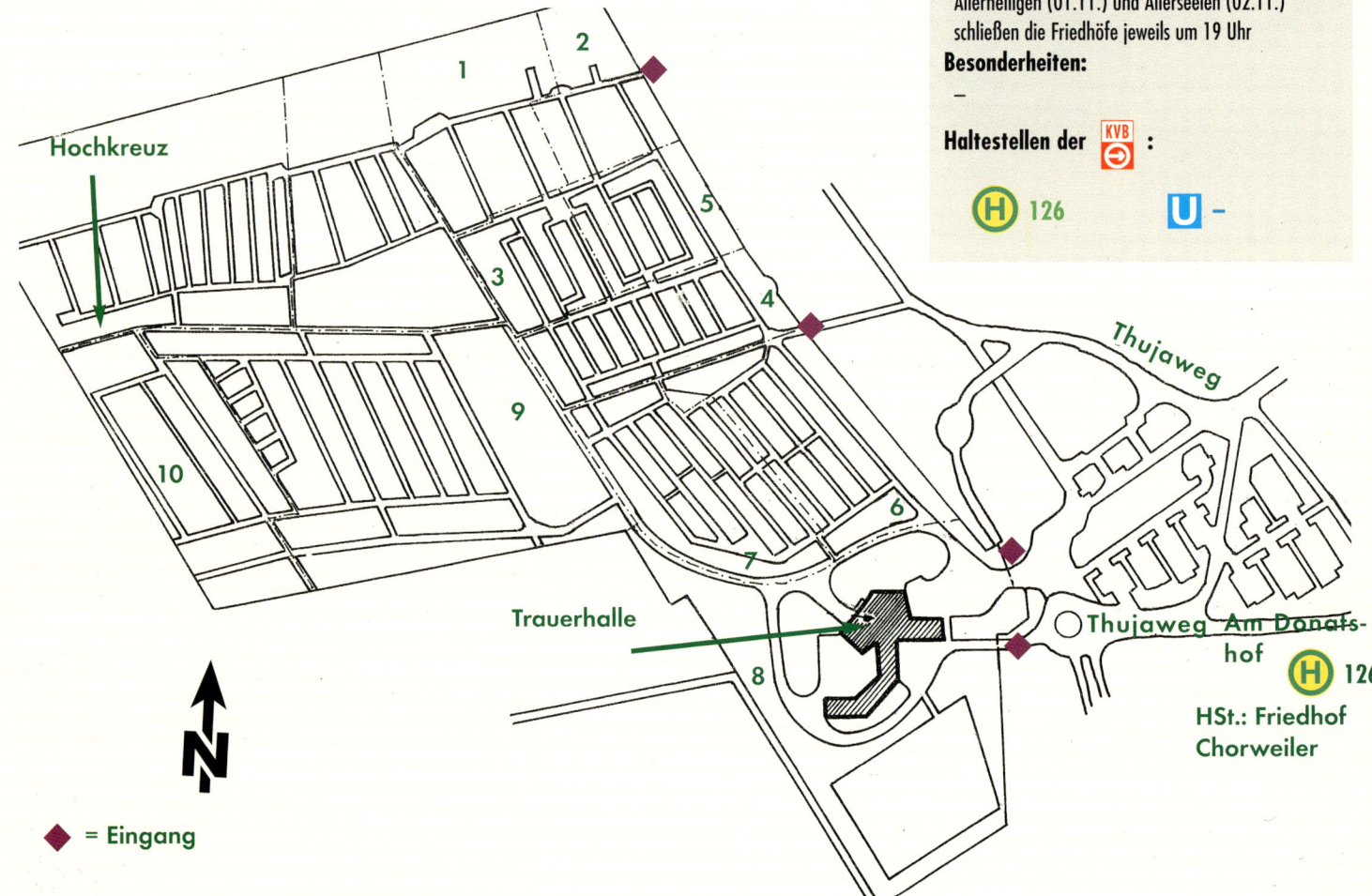

HSt.: Friedhof Chorweiler

◆ = Eingang

Gärtnerei Puteick

– zugelassene Kölner Friedhofsgärtnerei –

Thujaweg 12
50765 Köln (Volkhoven)
Am Friedhof Chorweiler

Telefon (02 21) 79 95 73
Telefax (02 21) 79 61 30

DAUER GRAB PFLEGE
Das Serviceangebot der Friedhofsgärtner

GARTENBAU
MAX MAENNER

Tätig auf allen linksrheinischen Friedhöfen

THUJAWEG 24 / 50765 Köln
TELEFON: 0221 79 14 29
INH. INGRID WEIHRAUCH - MAENNER

TRAUERFLORISTIK
DAUERGRABPFLEGE
GRABGESTALTUNG & PFLEGE

Worringen

Wahrscheinlich wurde am 6.10.1841 erstmals auf dem Worringer Friedhof beerdigt. Demnach ist er im heutigen Stadtbereich von Köln neben Melaten der älteste erhaltene und belegte Friedhof.

Die alten Teile sind noch an der Backsteinmauer erkennbar (Flur 1 - 4). Erinnerungskreuze des alten Kirchhofs (17.-18. Jht.) sind noch am Ende von Flur 2 und 3 an der Mauer erhalten.

In den alten Fluren gelegen ist die Grabstätte Johann Pfahl (ca. 1908). Über Eck gestellt baut ein aus stilisierten Einzelsteinen gebildeter Sockel auf und trägt das mit einem Tuch umhüllte Kreuz.

Die heutige Grabstätte Klein dürfte um die Jahrhundertwende entstanden sein und zeigt eine Kreuzstele in trapezoidem Aufbau, die an den Seiten des Giebels stilisierten Akanthus aufweist. Der Kreuzaufsatz wird mit Weinblättern an den Kreuzenden sowie von den Symbolen der Kardinaltugenden Glaube, Hoffnung und Liebe beschlossen.

Ein feines Grab der Reformkunst stellt die Grabstätte Rellecke dar (wiederverwendet, ca. 1925). Das Wandgrab gliedert im mittleren Band Alpha und Omega zu Seiten des Kreuzes. Nach oben hin wird es mit einem Zinnenfries beschlossen (Flur 1).

Am Ende der Friedhofsmauer (Ende Flur 1) liegt die Grabstätte Heinrich Meurer (ca. 1920). Eine mehrgeschossig aufbauende Grabstele, die unter dem Kreuz einen Blumenkorb mit Rosen darstellt (Granit).

Am Hochkreuz des Friedhofs (1845) liegen etliche Priestergrabstätten. Von dichter Botschaft ist die Grabstele von Pfr. Heinrich Gellissen (+ 1975). Sie setzt den wunderbaren Fischfang ins Bild: ein bezeichnendes Motiv, das auf das priesterliche Tun hindeutet („Fürchte dich nicht! Von jetzt an wirst du Menschen fangen", Luk. 5, 10).

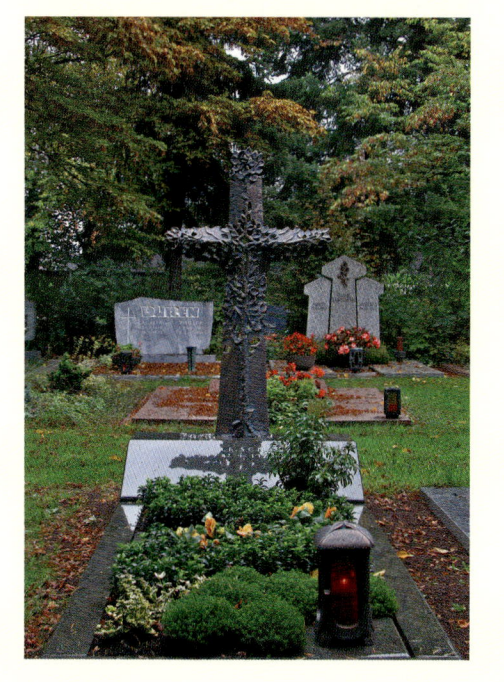

Nahe dem Hochkreuz liegt die Grabstätte Schumacher (Johann Schumacher 1803-1878, Gutsbesitzer und beigeordneter Bürgermeister) mit einer Kreuzstele aus Sandstein. Das Kreuz ist mit einem aus Weinlaub gebildeten Kranz geschmückt. Erhalten hat sich auch die geschmiedete Einfriedung.

Die wiederverwandte Grabstätte, Anna Gertrud Bender (Erstbestattung 1906) birgt die sterbliche Hülle des Architekten Toni Esser. Im Grab liegt auch Johann Bender (1839-1916), „gewesener Deichhauptmann und Bürgermeister von Worringen".

An diesem Weg findet sich auch (zwischen Flur 1 und 4) die Grabstätte Ubber (ca. 1900); eine feine Grabstätte aus belgischem Granit, die einen in Bronze gearbeiteten Christus an einem Baumkreuz wiedergibt. Gegenüber liegt die Grabstätte Becker (1867): die Granitkreuzstele mit einer steinernen Christusfigur frieden gut erhaltene Einfriedungsgitter ein.

Die Grabstätte Fröhner ist von einer neogotischen Architekturstele zu vier Seiten aufgebaut, das mit dem von Wimpergen gerahmten Kreuz abschließt (ca. 1880).

Aus früher Zeit ist auch die Grabstätte Anna Odilia Pierigat (Erstbestattung 1868). Die in Wiederverwendung stehende Kreuzstele betont ein Hochkreuz neogotischer Form.

Am Weg zwischen Flur 4 und 5 liegt das Wandgrab der Familie Weber / Kündgen aus den 1920er Jahren, das nach unten geneigte Fackeln führt und

Friedhofsgärtnerei Röllgen

Thujaweg 26 • Köln Weiler
Telefon 0221 / 79 16 06 • Fax: 0221 / 78 22 95

DAUER GRAB PFLEGE
Das Serviceangebot der Friedhofsgärtner

Grabneuanlage und Grabpflege im Kölner Norden und Dormagen

Josef-Hans Dittebrand

Ihr Gärtner im Kölner Norden

Für Grabgestaltung & Grabpflege

Mitglied im Fachverband

50769 Köln (Worringen) • Pankratiusstr. 23
Tel.: 0221 78 36 64 • Fax: 560 18 14 • Email: hans-josef-Dittebrand@netcologne.de

DAUER GRAB PFLEGE
Das Serviceangebot der Friedhofsgärtner

Bestattungen Errens

Neuhalfenshof 12 • 50769 Köln – Seeberg

Erd-, Feuer- und Seebestattungen

Tag u. Nacht
0221/ 79 40 472

im oberen Abschluss einen Tondo. Ebenfalls an diesem Weg liegt die Grabstätte Lang (Erstbestattung 1916), ein Wandgrab mit mittelbetonter Kreuzstele. Parallel hierzu erinnern eine Reihe von Holzkreuzen an die verstorbenen russischen Gefangenen des 1. Weltkrieges (vor Hochkreuz der Priestergrabstätte rechts). Gleich hinter der Trauerhalle befindet sich die Grabstätte der Familie Zillikens (Erstbestattung 1891): ein Granitgrab mit mittig hervortretender Kreuzstele. In dem Grab der bedeutenden Worringer Landwirtsfamilie ruht auch das ehemalige Ratsmitglied Peter Paul Nesseler (1929-1989).

Hierneben liegt die Grabstätte Fritz Heusgen, ein findlingsartiger Grabstein der 1970er Jahre.

In gleicher Flur können zwei künstlerisch auffällige Stelen genannt werden: die Grabstätte Familie Jungk (ca. 1999). Der Stein schildert nach oben hin eine sitzende Figur, auf die eine Frau mit einem Kind auf einer Treppe zugeht. Der Stein wirkt wie mit einer Harfe abgeschlossen. Weiterhin ist die Grabstätte Hüsch (Erstbestattung 1980) bemerkenswert: eine trapezoid zulaufende Stele mit horizontaler Unterteilung von Schriftbändern und Bildmotiven. Unten ist der Sensenmann zu sehen, darüber Adam und Eva, die das Paradies verlieren. Über Blätter und Bäume wird der Betrachter zur „Sonne" geführt. Die Schrift lautet: „ Dankest du also dem Herrn, deinem Gott, du toll und törichtes Volk. Ist er nicht dein Vater und dein Herr, ist nicht er allein, der dich gemacht und bereitet hat" (1. Mose 37, 6).

In Flur 20 sind einige bemerkenswerte Arbeiten, wie etwa die Grabstätte Rudolf (ca. 1993, Schutzmantelmotiv) und die Grabstätte Horst Schleicher (+ 1994, Blattmotiv) zu sehen.

In Flur 25 die Grabstätte Familie Mies (ca. 1975): auf einer rechteckigen Grabplatte erhebt sich eine stilisiert wiedergegebene Frau, deren Gesicht frontal zum Betrachter weist; ihre Hände hält sie diagonal zum Himmel.

Nahe dem Eingang Krebelspfad (Flur 15) liegt die Grabstele Paul Hollmann (1916-1995), die eine stilisierte, mit großer Kopfbedeckung angelegte Figur zeigt. Integriert ist das Dreieck der Dreifaltigkeit.

In Flur 27 befindet sich die sehenswerte Grabstätte Heike Möller (+ 1985): ein Fahrzeug fährt in ein Haus.

Die Trauerhalle der 1950er Jahre fasst etwa 50 Personen.

**Dienst den Lebenden
Ehre den Toten**

BESTATTUNGSHAUS ARNOLD

Selbst
ein Weg von
tausend Meilen
beginnt
mit einem Schritt.

Jap. Weisheit

Bestattungshaus Arnold, Longericher Straße 395, 50739 Köln (Longerich), Tel. 02 21 / 9 57 44 40

Weine nicht, wenn du mich liebst...
Der Tod ist nichts.
Ich habe mich nur auf die andere Seite begeben.
Ich bin ich.
Du bist Du.
Was wir füreinander waren, sind wir immer noch.
Gib mir den Namen,
den du mir immer gegeben hast.
Lache weiter über das,
worüber wir miteinander gelacht haben.
Bete, lächle, denke an mich.
Das Leben bedeutet, was es immer bedeutet hat.
Weshalb sollte ich deinen Gedanken
entwichen sein,
nur weil ich außerhalb deines Blickfeldes bin?
Ich bin nicht weit,
gerade auf der anderen Seite des Weges...
Siehst du, alles ist gut.
Du wirst mein Herz zurückfinden,
du wirst
darin die geläuterten Zärtlichkeiten wiederfinden,
wenn du mich liebst.

Augustinus

**HANS GEORG MAUS
ÜBER 50 JAHRE
BESTATTUNGEN**

0221 / 601583
Köln Höhenhaus, Dünnwald, Brück, Mülheim,
Holweide

Wenn Sie uns brauchen,
sind wir für Sie da.

Ihr Team vom Hause **MAUS**
Heike Hübner

Kriegsgräber

Trauerhalle

◆ = Eingang

HSt.: Hackhauser Weg
🚌 120

Wichtiges in Kürze:

Friedhof Worringen
Hackhauser Weg, 50769 Köln

Größe:
55.000 qm

Anzahl d. Grabstätten / Grabarten:
4.890 / Wahlgräber, Urnenwahlgräber

Zuständiger Gärtnermeister:
Herr Zach, Tel.: 0221/5707295, Fax: 5707296
E-Mail: friedhof-chorweiler@netcologne.de

Ansprechpartner Friedhofsverwaltung:
Frau Bonin, Tel.: 0221/2 21-24060
E-Mail: Monika.Bonin@stadt-koeln.de

Angaben zur Trauerhalle:
63 qm, 20 Sitzplätze

Öffnungszeiten:

März: 8 - 18 Uhr	Apr. bis Sept.: 7 - 20 Uhr
Okt: 7 - 19 Uhr	Nov. - Febr. 8 - 17 Uhr

Allerheiligen (01.11.) und Allerseelen (02.11.)
schließen die Friedhöfe jeweils um 19 Uhr

Besonderheiten:
Kriegsgräber

Haltestellen der KVB:

🚌 120   U –

GARTENBAU MAX MAENNER

Tätig auf allen linksrheinischen Friedhöfen

DAUER GRAB PFLEGE
Das Serviceangebot der Friedhofsgärtner

THUJAWEG 24 / 50765 Köln
TELEFON: 0221 79 14 29
INH. INGRID WEIHRAUCH - MAENNER

TRAUERFLORISTIK
DAUERGRABPFLEGE
GRABGESTALTUNG & PFLEGE

Nichts ist so hoffnungslos,

dass wir nicht Grund

zu neuer Hoffnung fänden.

Niccholò Machiavelli

Esch

Bei dem Friedhof in Esch handelt es sich um eine Begräbnisstätte mittelalterlichen Ursprungs, die 1862 an die Zivilgemeinde übergeben wurde (damals Sinnersdorf).
Der Zugang erfolgt südlich über ein spätbarockes Portal (ca. 1790) mit einer Kreuzigungsgruppe um 1550. Entlang der alten Einfriedungsmauer ziehen sich neogotische Kreuzwegsstationen; genannt werden auch die Stifter der jeweiligen Stationen, etwa der Gutsbesitzer Ludwig Lungen (+ 1876) bei Station 11 (Jesus wird gekreuzigt).
Der Friedhof birgt vor allem auf der Südseite der Kirche eine Reihe von ausgezeichnet erhaltenen Grabkreuzen vom 16.-18. Jht.
Dicht hierbei eine Grabstele, die durch verjüngende Sockelformen aufbaut und stillebenartig den Anker – um das Kreuz gelegt – wiedergibt, so dass im Kreuz die eigentliche Hoffnung sichtbar wird (vor 1900).
Weiterhin an diesem Weg die Grabstätte des Herrn Lambert Ploog (+ 1846). Die mit „Hansmann, Köln" signierte Grabstätte zeigt in neoklassizistischer Manier eine Aedikula, die raumgreifend die Grabplatte betont. Das Frontispiz belebt in Blattmotiven ein Lilienkreuz, das zu beiden Seiten mit Mohnkapseln endet.
Weiterhin am Weg die Grabstätte der Eheleute Johann Weber zu Orr: auf einem Steinsockel, der einen Siegeskranz aufweist, ruht ein Bronzeengel. Dieser hält in schützender Weise die Hände über die Verstorbenen.

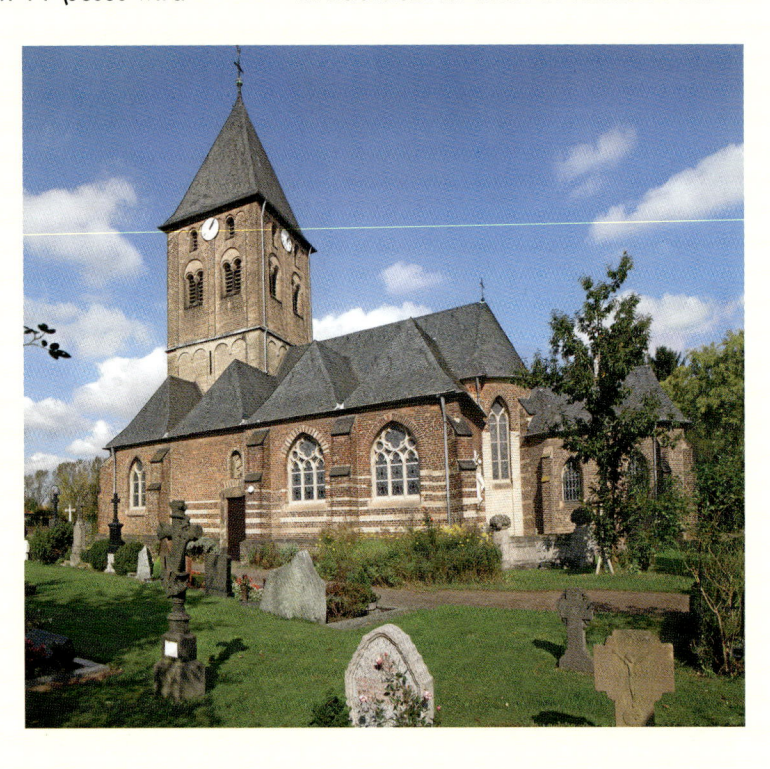

Schräg gegenüber die Grabstätte Balzer, eine Grabstätte der Reformkunst. In Backstein ist eine Art Retabel-Altar mit Hochkreuz gebildet (ca. 1925). Nahe hiervon findet sich das Grabkreuz der Catharina Schulers (+ 1752), ein aus Trachyt gefügtes Kreuz. Die Kreuzenden sind in Kleeblattmotiven ausgeweitet. Die Vorderseite stellt eine reliefierte Gruppe der Dreifaltigkeit dar. 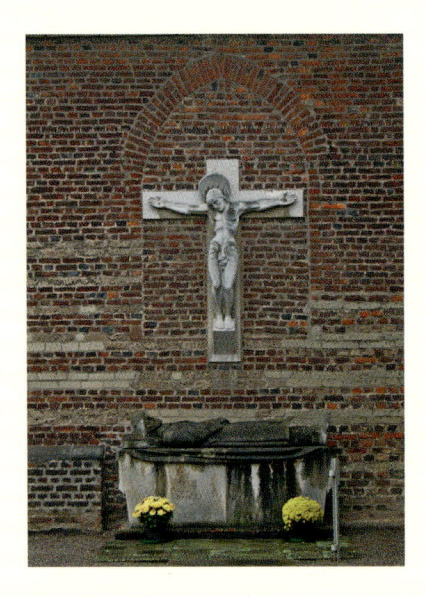
Dem Weg folgend (Südseite der Kirche) lassen sich bei der Grabstätte der Eheleute Fassbender (Granit ca. 1901) sehr gut erhaltene schmiedeeiserne Einfassungsgitter bemerken.
Feine Jugendstilelemente in der rahmenden Fassung illustriert die Grabstätte Bollig (+ 1911).
Von hier aus öffnet sich der Blick auf weitere Kreuze des 17. und 18. Jht. Ein Denkmal aus Muschelkalk erinnert an zehn Kinder, die durch die Explosion eines Blindgängers tragisch umkamen (1916). Der querrechteckige Stein des Wandgrabes trägt die in strenger Antiqua eingemeißelten Namen; seitlich wird das dem Jugendstil zuzurechnende Grab von kannelierten Pfeilern mit Blumenkörbchen beschlossen.
Dicht hierbei die Erinnerungsstätte für die Gefallenen des ersten WK. Ein auf seinem Ranzen ruhender Soldat gleicht einem Schlafenden. Das Mahnmal hinterfängt das ins südliche Querhaus einbeschriebene Kreuz; es zeigt einen expressiv aufgefassten Christus (Hildegard Domitzlaff, 1926).
Nicht weit von hier steht die zum Sakristeiraum gelegene neogotische Kreuzstele, die an die ehemaligen Geistlichen von St. Martinus in Pesch gedenkt.
An der östlichen Friedhofsmauer, nordöstlich der Apsis der Kirche, erstreckt sich die Grabstätte Schulze Berghe (um 1925, wiederverwendet): ein geschwungenes Wandgrab der Reformkunst, das nach oben hin mit einem Kreuz in dem kalligraphisch Alpha und Omega einbeschrieben ist, beschließt.
In dieser Flur (Flur 1), fallen wiederum eine Vielzahl von in Wiederverwendung stehender Kreuze des 17. und 18. Jht. auf.
In den 1970er Jahren wurde der

Hausanschrift
Stommelner Str. 94
50259 Pulheim
(Sinnersdorf)

Internet
www.huth-bestattungshaus.de

seit 1847
huth GMBH
BESTATTUNGSHAUS

„Wenn ihr mich sucht,
sucht mich in euren Herzen.
Habe ich dort eine neue Bleibe gefunden,
lebe ich in euch weiter."

Antoine de Saint-Exupéry

☎ 0 22 38 - **96 55 60**

Bestattungen
Errens

Neuhalfenshof 12 • 50769 Köln – Seeberg

Erd-,
Feuer- und
Seebestattungen

Tag u. Nacht
0221/ 79 40 472

Friedhofsgärtnerei
Röllgen

Thujaweg 26 • Köln Weiler
Telefon 0221 / 79 16 06 • Fax: 0221 / 78 22 95

DAUER GRAB PFLEGE
Das Serviceangebot
der Friedhofsgärtner

Grabneuanlage
und Grabpflege
im
Kölner Norden
und Dormagen

Kirchhof um den weitgezogenen Flur 2 erweitert. Hier fallen ungewöhnliche Formen der Grabgestaltung auf, etwa die Grabstätte Schneiders (ca. 2002), wo in kantigem Profil das Kreuz aufs Grab gelegt ist, um das Ruhen unter dem Kreuz sichtbar zu machen. Gegenüber hiervon die Grabstätte Grunwald Knappe: bei der Marmorstele greifen zwei abstrahierende Körper ineinander. Ein Kissenstein mit einem Clown erinnert an Doris.
Bei Grabstätte E. Beckers (+ 1998) „wachsen" aus einem hellem Stein Federmotive.
In der Nähe des Hochkreuzes die Grabstätte Sigrid Bayer (1959-1984), die in stiller Form ein Paar zeigt, das sich abschiedlich zugewandt ist (Marmor).

Das an einer Buche stehende Hochkreuz (1904, Sandstein, Basaltstufen) ist malerisch in die Baumlandschaft integriert.
An der Westseite der alten Friedhofsmauer führt der Weg nahe des Kircheneingangs an den Grabstätten der Familien Müngersdorff vorbei.
Bei der älteren Grabstätte des Hubertus Müngersdorff handelt es sich um ein Wandgrab aus belgischem Granit, das seitlich durch Rundungen gerahmt ist. Über ein Mäanderband wird in die große Hauptstele übergeleitet. Hier hält die trauernde Muttergottes

Christus im Arm.
Die Grabstätte Wilhelm Müngersdorff (+ 1922) gibt den im Moment der Vollendung betroffenen Christus wieder.
Nahe der Kirche reihen sich die Grabplatten (belgischer Granit) verstorbener Escher Pfarrer, die priesterliche Embleme hervorheben.
Die Bepflanzung an den Rändern entlang der Mauer folgt der um 1800 üblichen. Sie wurden nach mittelalterlichen Quellen ausgesucht (etwa Gewürze wie Ysop, Melisse, Boretsch, Salbei).

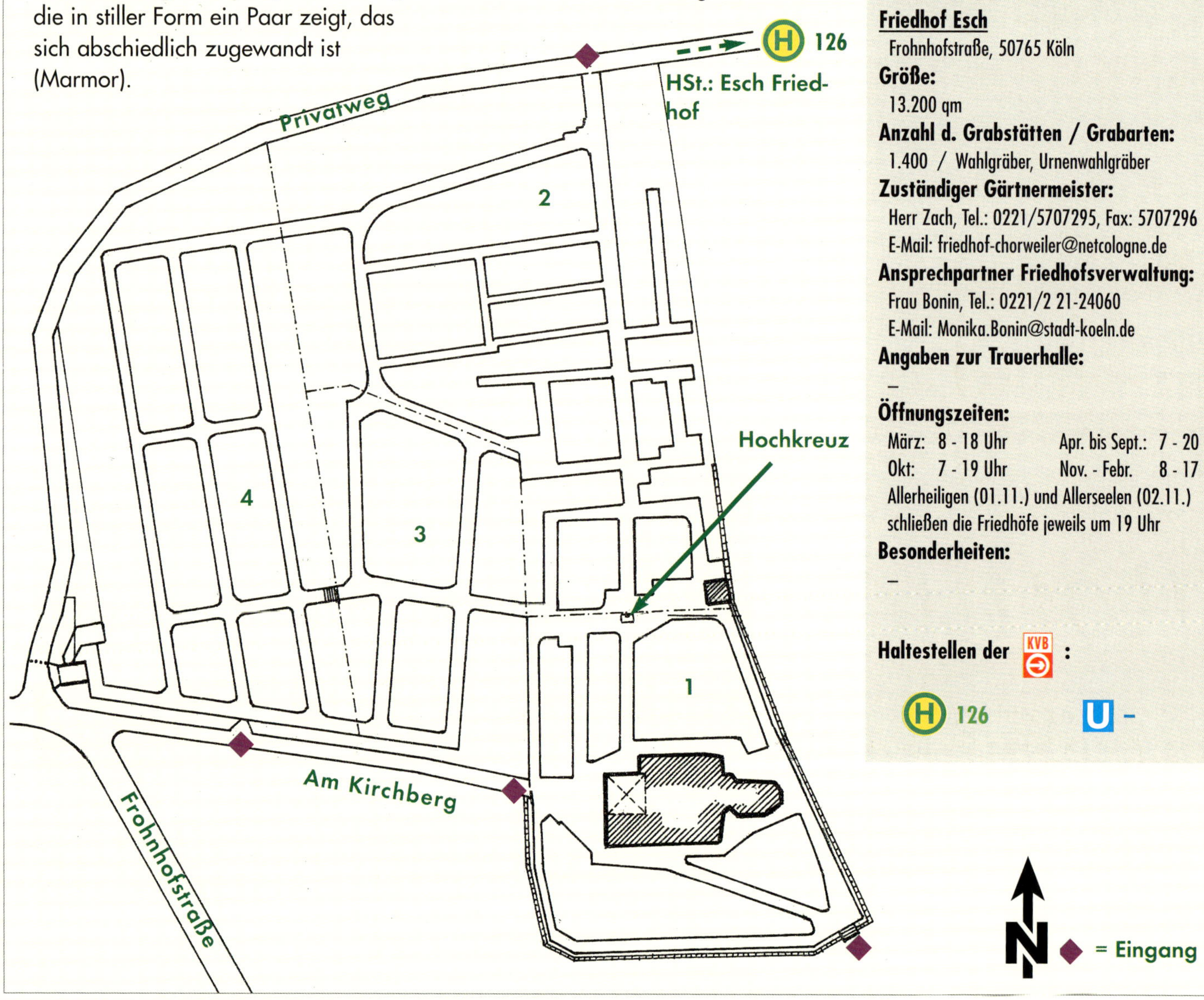

Wichtiges in Kürze:

Friedhof Esch
Frohnhofstraße, 50765 Köln
Größe:
13.200 qm
Anzahl d. Grabstätten / Grabarten:
1.400 / Wahlgräber, Urnenwahlgräber
Zuständiger Gärtnermeister:
Herr Zach, Tel.: 0221/5707295, Fax: 5707296
E-Mail: friedhof-chorweiler@netcologne.de
Ansprechpartner Friedhofsverwaltung:
Frau Bonin, Tel.: 0221/2 21-24060
E-Mail: Monika.Bonin@stadt-koeln.de
Angaben zur Trauerhalle:
–

Öffnungszeiten:
März: 8 - 18 Uhr   Apr. bis Sept.: 7 - 20 Uhr
Okt: 7 - 19 Uhr   Nov. - Febr.: 8 - 17 Uhr
Allerheiligen (01.11.) und Allerseelen (02.11.) schließen die Friedhöfe jeweils um 19 Uhr
Besonderheiten:
–

Haltestellen der KVB:
H 126   U –

♦ = Eingang

GARTENBAU
MAX MAENNER

Tätig auf allen linksrheinischen Friedhöfen

DAUER GRAB PFLEGE
Das Serviceangebot der Friedhofsgärtner

THUJAWEG 24 / 50765 Köln
TELEFON: 0221 79 14 29
INH. INGRID WEIHRAUCH - MAENNER

TRAUERFLORISTIK
DAUERGRABPFLEGE
GRABGESTALTUNG & PFLEGE

Wir denken selten bei dem Licht an Finsternis,
beim Glück ans Elend,
bei der Zufriedenheit an Schmerz,
aber umgekehrt jederzeit.
Immanuel Kant

Fühlingen

Der Friedhof in Fühlingen öffnet sich von der Kriegershofstraße zum Hochkreuz hin. Die alte Breite des Friedhofs ist durch die Backsteinmauer erkennbar, die zudem Tore mit Staketengittern aus der Eröffnungszeit aufweist.

Der kommunale Friedhof von Fühlingen wurde ca. 1860 eröffnet und weist, was den alten Grabdenkmalbestand anbetrifft, zahlreiche Grabanlagen aus dem Zeitraum 1880-1930 auf.

Die ältesten Flure des Friedhofs sind die Flure 1 - 6. Sie wurden in rechtwinkliger Form angelegt.

Ab 1970 kamen die Flure 7 und 8 hinzu. Zudem wurde die Trauerhalle gebaut, die etwa 20 Trauergästen Platz gibt.

Vor etwa 10 Jahren wurden die Flure 9 - 11 hinzu gewonnen.

Der auf das Hochkreuz hinführende Hauptweg birgt, in malerischer Form angelegt, die Grabstätten der frühen Zeit (Flure 1 - 6).

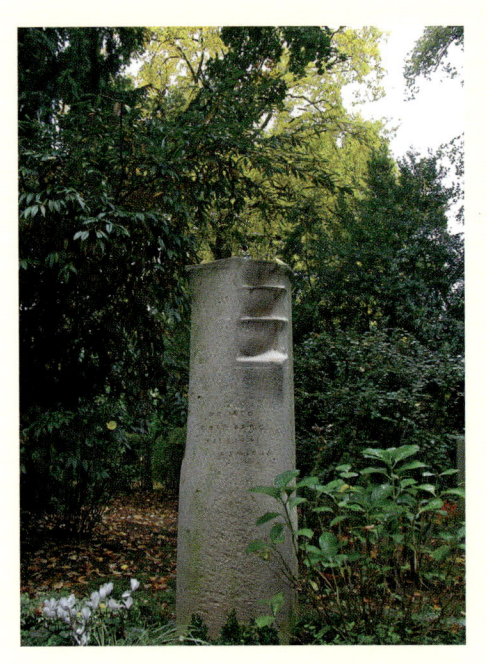

So im vorderen Bereich die Grabstätte Paul Esser (+ 1929), ein Wandgrab aus Granit mit mittig betontem Kreuz.

Weiterhin die Grabstätte Blömer aus belgischem Granit, der im Sockel in bossierender Weise angelegt ist. In Marmor gearbeitete Hände verbinden sich abschiedlich ins Ewige.

Die Kreuzstele beschließt mit einem Marmorkreuz.

Gegenüber die Grabstätte Decker (ca. 1905, früheste Bestattung): eine mittlere Stele im belgischen Granit baut trapezoid auf und schließt im Marmor-Tondo mit der trauernden Gottesmutter. Rechts wie links sind aus vulkanischen Steinen gebildete Hügel mit Gedenktafeln zuammengesetzt. Die Übermoosung dieser Steinhügel erzeugt ein beeindruckendes Ensemble, das die Einswerdung mit der Natur sichtbar macht.

Die Grabstätte Weintz ist durch eine Kreuzstele markiert, deren Mitte von einem mit einem Giebel zulaufenden Teil eingenommen wird und von stilisierten Weinblättern umgeben ist. In der Mitte ruht die aus Granit gearbeitete Grabplatte. Hierneben liegt die Grabstätte Harst (ca. 1912, belgischer Granit). Die seitlichen Einfriedungen wellen sich zu den Eckpfeilern. Von dort aus schwingen die hinteren Begrenzungen zur Kreuzstele hin, die wie bei der Grabstätte Weintz stilisierte Weinblätter als Rahmung für die Erinnerungstafeln der Verstorbenen zeigen. Hier zieht sich jedoch das Rankwerk auch bis auf das Kreuz hin, das in baumartiger Weise aufgefasst ist. An ihm hängt der in Bronze modellierte Christus, der mit „IHS" hinterfangen ist. Auch bei der Grabstätte Pelzer (um 1912) findet sich in ähnlicher Weise das Motiv des Weinlaubs sowie das mit Weinlaub berankte Baumkreuz. In der Mitte der Kreuzbalken erscheint ein Christustondo. Der Sockel (belgischer Granit) führt eine fein geschwungene Bändelbordüre, die ein Wort rahmt: „Dort in jenen Himmelshöh´n werden wir uns wiedersehen". Gegenüber hiervon fällt die Grabstätte Schieffer (Elisabeth 1849-1914) auf, eine zierliche Kreuzstele aus Granit (signiert mit H. Püster, Monheim). Jugendstileinflüsse sind an den Seiten der Schriftplatten erkennbar. Von der großen Bedeutung der Familie Frenger für Fühlingen (Arenshof) zeugen die zahlreichen den Namen führenden Grabstätten am Hauptweg (Flur 1). Künstlerisch am auffälligsten ist die von Sybilla und Theodor Frenger (ca. 1922), die in ihrer Gestaltung der nach Individualisierung rufenden Reformkunst angehört. Das Wandgrab aus Muschelkalk zeigt in geschwungener Form eine Mittelplatte mit den Namen der Verstorbenen, die von Blattwerk und kleinen Perlstäben umsäumt ist.

Weiterhin die Grabstätte Fritz Frenger - Dr. Bierganns und Fischenich (ca.

Friedhofsgärtnerei

Röllgen

Thujaweg 26 • Köln Weiler
Telefon 0221 / 79 16 06 • Fax: 0221 / 78 22 95

DAUER GRAB PFLEGE
Das Serviceangebot der Friedhofsgärtner

Grabneuanlage und Grabpflege im Kölner Norden und Dormagen

Bestattungen Errens

Erd-, Feuer- und Seebestattungen

Tag u. Nacht
0221/ 79 40 472

Neuhalfenshof 12 • 50769 Köln – Seeberg

DAUER GRAB PFLEGE
Das Serviceangebot der Friedhofsgärtner

GARTENBAU MAX MAENNER

Tätig auf allen linksrheinischen Friedhöfen

THUJAWEG 24 / 50765 Köln
TELEFON: 0221 79 14 29
INH. INGRID WEIHRAUCH - MAENNER

TRAUERFLORISTIK
DAUERGRABPFLEGE
GRABGESTALTUNG & PFLEGE

1913). Das von Peter Kribben, Köln, signierte Grab zeigt ein Wandgrab mit mittelbetonter Kreuzstele und Christustondo.
Schräg gegenüber die Grabstätte Zaun, Bollig und Esser. Die aus drei separaten Kreuzstelen bestehende Grablege erinnert mittig in einem hoch aufragenden Granitkreuz an Johann Zaun (1823-1905) und seine Gattin Gertrud (1841-1917). Zur rechten wird diese Stele von einer etwas niedrigeren flankiert und Herr Josef Zaun (1820-1906) sowie Mitglieder der Familie Esser benannt. Links von der mittleren Stele wird Franz Bollig ins Andenken eingeschlossen. Die Grabstätte spricht die Bedeutung der Hofbesitzerfamilie aus und verdeutlicht durch die verschieden hohen Kreuze, alle aus Granit ohne Corpus, eine gewisse Form von Hierarchie in der Bedeutsamkeit. Kurz hierhinter wird mit Grauwacke-Kreuzen Kriegsgefallener gedacht. Das Hochkreuz, auf das der Hauptweg zuläuft besteht aus belgischem Granit. Es baut im Sockel rustizierend auf und ist über fünf Formteile zusammengefügt. Das vierte Teil macht eine Inschrift lesbar: „Ich bin die Auferstehung und das Leben, wer an mich glaubt wird leben, wenn er auch gestorben ist (Joh. 11, 25)". Der Marmortondo zeigt den verstorbenen Christus mit Leidensspuren. Darüber befindet sich der am Kreuz in Bronze gefasste Corpus. Der Tod Christi dominiert die äußere Form, sein Weg weisendes Wort die Hoffnung. Rückwärtig ist die Jahreszahl 1899 genannt, sowie die Werkstatt Johann Steinuss, Köln-Melaten.
Dahinter, in Flur 5a, liegt die Grabstätte des verstorbenen Arztes Dr. med. Rolf Berg (1941-1996). Eine im Sockel bossierend zulaufende Grabstele zeigt am rechten Eckpunkt drei übereinander gestellte Gefäße (Hilarius Schwarz, Köln-Worringen). Besonders auffällig ist im Ausgangsbereich die Grabstätte Familie Weiss (Sabine 1960-2002). Die helle Grabstele widmet sich einem nach unten fliegenden Vogel. Die farblich hervortretende Inschrift lautet: „Zieh vorüber Vogel, vorüber und lehr mich vorüber ziehn".

Trauerhalle

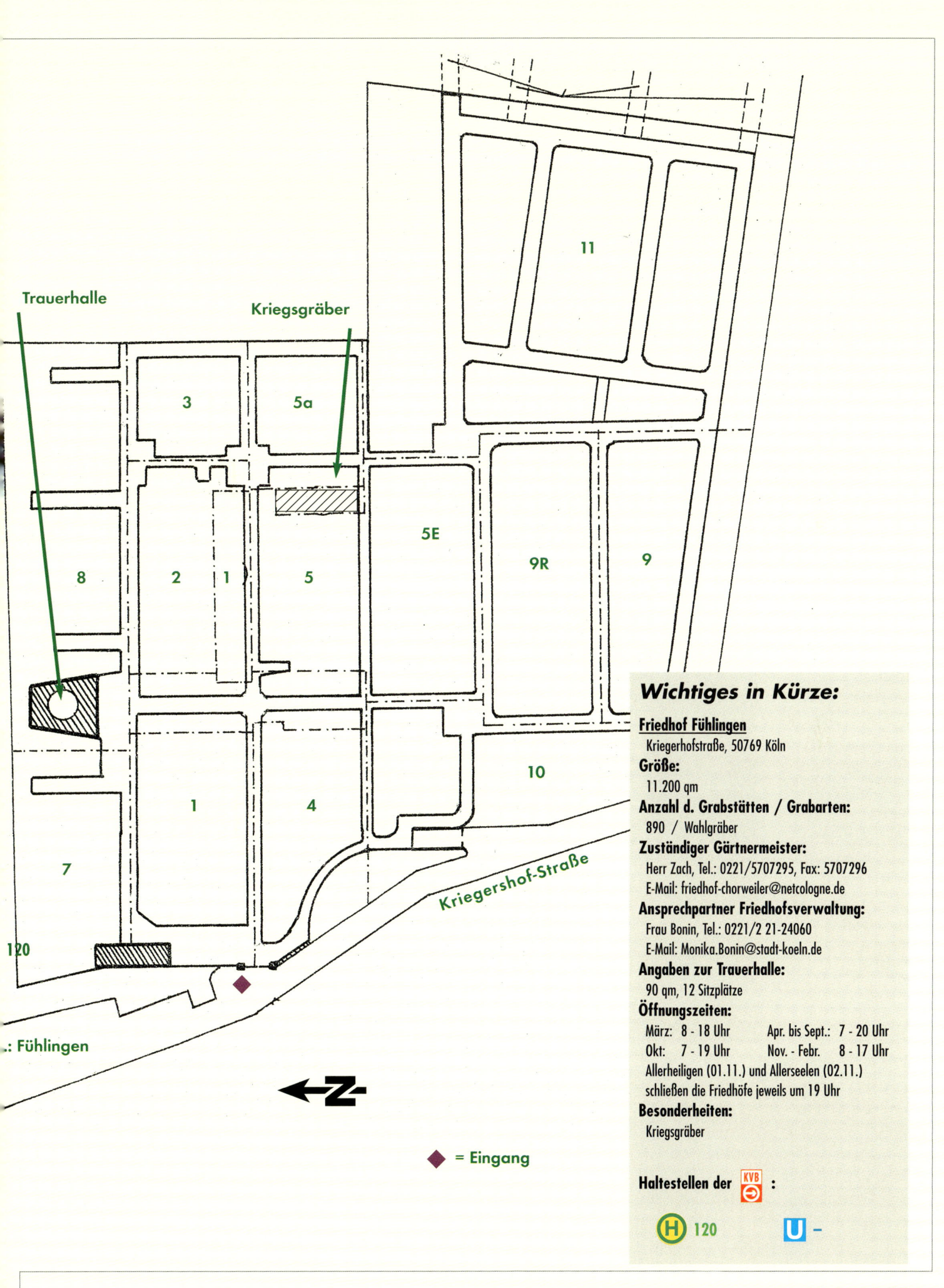

Kriegsgräber

Kriegershof-Straße

: Fühlingen

◆ = Eingang

Wichtiges in Kürze:

Friedhof Fühlingen
Kriegerhofstraße, 50769 Köln
Größe:
11.200 qm
Anzahl d. Grabstätten / Grabarten:
890 / Wahlgräber
Zuständiger Gärtnermeister:
Herr Zach, Tel.: 0221/5707295, Fax: 5707296
E-Mail: friedhof-chorweiler@netcologne.de
Ansprechpartner Friedhofsverwaltung:
Frau Bonin, Tel.: 0221/2 21-24060
E-Mail: Monika.Bonin@stadt-koeln.de
Angaben zur Trauerhalle:
90 qm, 12 Sitzplätze
Öffnungszeiten:
März: 8 - 18 Uhr   Apr. bis Sept.: 7 - 20 Uhr
Okt: 7 - 19 Uhr   Nov. - Febr.   8 - 17 Uhr
Allerheiligen (01.11.) und Allerseelen (02.11.)
schließen die Friedhöfe jeweils um 19 Uhr
Besonderheiten:
Kriegsgräber

Haltestellen der KVB:

(H) 120   U –

Merkenich

Der alte Kirchhof erstreckte sich um die Kirche St. Brictius.
Bereits im Jahre 1867 hatte Caspar Derichs, „Gutsbesitzer und Ackerwirth zu Merkenich ein Grundstück zu einem neuen Kirchhofe für Merkenich" (Nachricht im Historischen Archiv d. Stadt Köln) geschenkt. Wenngleich vom Kirchhof gesprochen wird, handelt es sich um den bis heute genutzten Kommunalfriedhof an der Jungbluthstraße. Interessant ist, dass dennoch von einem Kirchhof gesprochen wird.
Der Friedhof stellt sich als eine regelmäßig gegliederte Anlage dar, die mit ihrer originalen Einfriedung an der Jungbluthstraße die alte Breite des Friedhofs angibt. Er dürfte um 1870 erstmalig belegt worden sein. Er öffnet sich in rechtwinklig geordneter Form von der Jungbluthstraße aus mit einem Hauptkreuz zur Grabstätte der Priester in nordsüdlicher Richtung.
Ursprünglich umfasste er lediglich die Flure 1 - 6 sowie 8. In den 1960er Jahren kamen dann die Flure 7 sowie 9 - 11 hinzu.
Direkt im Zugangsbereich, linker Hand in Richtung Hochkreuz, ist die wiederverwendete Grabstätte Amelin fassbar. Zwei Hände sind sich abschiedlich zugewandt (ca. 1910).
Zwei Grabstätten weiter in nordwestlicher Richtung fällt die künstlerisch sehr fein gestaltete Grabstätte Odendahl (ehemals Friedrich Fröhling, 1908) auf. Gefertigt wurde sie aus Carrara Marmor.
Der kniend, flehende Christus ist mit gefalteten Händen dargeboten, die er auf einen Steinblock stützt. Zu Füßen des Steinblocks ist ein Dornenbusch erkennbar, der den dornigen Weg des Kreuzes sinnbildet. Auf dem Wandgrab sind die Worte Jesu lesbar:
„Vater nicht mein Wille sondern dein Wille geschehe" (im Anklang zu Math. 26, 42: „Mein Vater, wenn dieser Kelch an mir nicht vorübergehen kann, ohne dass ich ihn trinke, geschehe dein Wille").
Von oben herab erscheint ein Engel, der Christus tröstend einen Kelch reicht. Hiermit wird deutlich, dass auch Christus Angst vor dem bevorstehenden Tod hatte, sich aber dem Vatergott anvertraute. Hinter der ringenden Christusgestalt ist der Garten Gethsemane mit einem Baum in verkürzter Form sichtbar gemacht. Das vor ihm liegende Ende in Jerusalem ist durch eine gestufte Architektur angedeutet.
Zwei Grabstätten weiter lässt sich ein feines Grab der Reformkunst finden: Grabstätte Hamacher-Wilms (ca. 1920, Muschelkalk). Die seitlichen Teile werden durch Stufen gebildet, die zum Mittelteil führen, das aus rechteckigen Blöcken zusammengefügt ist. Das Hauptrelief zeigt Maria, die mit weit geöffneten Armen ausdrucksvoll den toten, daniederliegenden Christus beklagt. Das Grab ist mit einem Kreuz überfangen, das auf der Weltkugel steht.
Auf der rechten Seite vom Eingang liegt die Grabstätte Dick (Erstbestattung 1933, Diabas), als rechteckiger Block gearbeitet, der von außen nach innen stufig aufbaut und bezeichnend für Grabgestaltungen der 1920er Jahre zu nennen ist.
Der mittlere Weg führt an Grabstätten der früheren Zeit entlang.
Als Grabdenkmal geschützt ist hier die Grabstätte der Familie Wahlen (ca. 1910) aus belgischem Granit. Das Wandgrab führt in der Mitte ein Kreuz. Dieses wird gebildet von einem Quadrat, das auf die Spitze gestellt ist und die jeweiligen Enden wiederum mit Quadraten markiert. Die Grabstätte Freyaldenhoven (Basalt, Jahrhundertwende 19. zum 20. Jht. entstanden) zeigt eine freistehende Kreuzstele.
Ebenso mit einer freistehenden Grabstele ist die Grabanlage Christine Pilgram, geborene Linnartz (+ 1905) ausgeführt. Sie ist in Granit gefertigt und ruht auf Kunststein.
Der Weg führt auf die „Ruhestätte der Familie Derichs und Dünnwald" zu

Friedhofsgärtnerei

Röllgen

Thujaweg 26 • Köln Weiler
Telefon 0221 / 79 16 06 • Fax: 0221 / 78 22 95

DAUER GRAB PFLEGE
Das Serviceangebot der Friedhofsgärtner

Grabneuanlage und Grabpflege im Kölner Norden und Dormagen

Bestattungen

Errens

Erd-, Feuer- und Seebestattungen

Tag u. Nacht
0221/ 79 40 472

Neuhalfenshof 12 • 50769 Köln – Seeberg

DAUER GRAB PFLEGE
Das Serviceangebot der Friedhofsgärtner

GARTENBAU
MAX MAENNER

Tätig auf allen linksrheinischen Friedhöfen

THUJAWEG 24 / 50765 Köln
TELEFON: 0221 79 14 29
INH. INGRID WEIHRAUCH - MAENNER

TRAUERFLORISTIK
DAUERGRABPFLEGE
GRABGESTALTUNG & PFLEGE

(signiert mit Friedrich Dreesen a. Köln). Eine aus Stein gefügte Kreuzstele erinnert an die für Merkenich wichtige Familie (Grundstück für Friedhof, s.o.). Es atmet den Geist neogotischer Arbeiten. Vom Sockel aufsteigend erwächst ein mittlerer Giebel, auf dessen Spitze Christus als der im Moment der Vollendung betroffene wiedergegeben ist.

Links wird mit der Priestergrabstätte an die ehemaligen katholischen Geistlichen von Merkenich gedacht. Das aus Sandstein gearbeitete Hochkreuz ist signiert mit Nikolaus Nellen, Mülheim am Rhein. Das auf Sockel erwachsende Grab zeigt im mittleren Frontispiz einen priesterlichen Kelch, der mit Stola hinterfangen ist. In dem Grab liegen die Priester Wilhelm Schmitz (1800-1878), Carl Kausemann (1841-1914), Johann Brungs (1877-1942) und Eligius Kastenholz (1911-1973). Die hier in der Nähe gesetzten Grabkreuze aus Grauwacke gemahnen an die Kriegsopfer.

In Flur 1 sind weiterhin die alten Grabstätten der Familien Theisen (ca. 1937, Belgischer Granit), Wahle (ca. 1910, Belgischer Granit) sowie HamachernWilms (Muschelkalk, ca. 1920) aus der Vorkriegszeit gelegen.

Auf dem kleinen Hauptweg sollte auch die Grabstätte der Caecilia Schenkel beachtet werden. Hier ziert das Christusmonogramm „IHS" eine Kreuzstele um 1900 (wiederverwendet).

Es ist keine Trauergäste fassende Trauerhalle vorhanden.

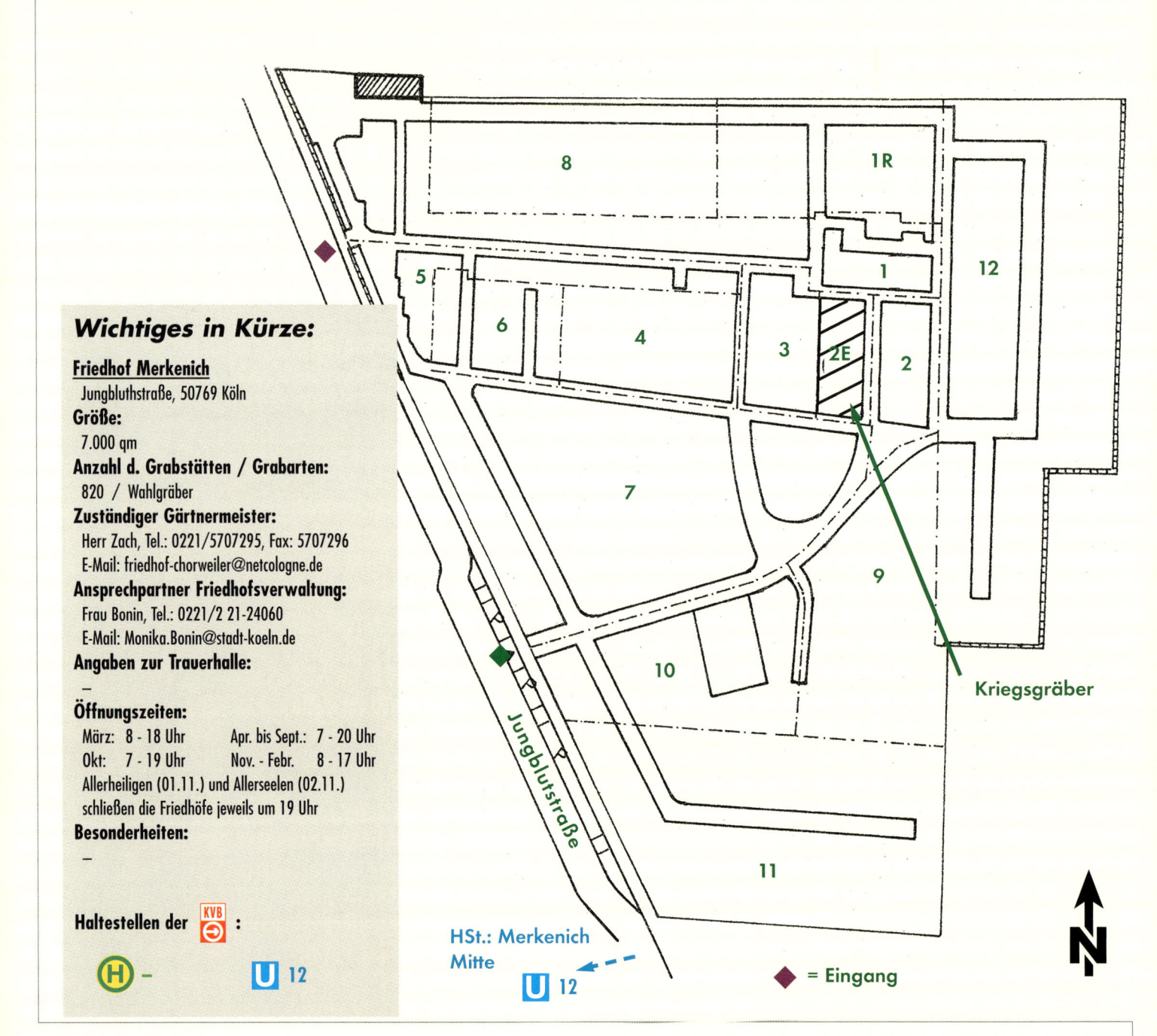

Wichtiges in Kürze:

Friedhof Merkenich
Jungbluthstraße, 50769 Köln
Größe:
7.000 qm
Anzahl d. Grabstätten / Grabarten:
820 / Wahlgräber
Zuständiger Gärtnermeister:
Herr Zach, Tel.: 0221/5707295, Fax: 5707296
E-Mail: friedhof-chorweiler@netcologne.de
Ansprechpartner Friedhofsverwaltung:
Frau Bonin, Tel.: 0221/2 21-24060
E-Mail: Monika.Bonin@stadt-koeln.de
Angaben zur Trauerhalle:
–
Öffnungszeiten:
März: 8 - 18 Uhr   Apr. bis Sept.: 7 - 20 Uhr
Okt: 7 - 19 Uhr   Nov. - Febr.   8 - 17 Uhr
Allerheiligen (01.11.) und Allerseelen (02.11.) schließen die Friedhöfe jeweils um 19 Uhr
Besonderheiten:
–

Haltestellen der KVB:
H – U 12

HSt.: Merkenich Mitte U 12

◆ = Eingang

Fühle mit allem Leid der Welt,

aber richte deine Kräfte nicht dorthin,

wo du machtlos bist,

sondern zum Nächsten, dem du helfen,

den du lieben und erfreuen kannst

Hermann Hesse

„Erfahren"
Sie den Unterschied

TAXI-RUF KÖLN 19 410

Unsere Leistungen für Sie

Bitte bei Bestellung angeben:

- Botenfahrten
- Fahrer mit Fremdsprachenkenntnissen
- Grossraumfahrzeuge bis 8 Personen
- Hochzeitsfahrten
- Kindersitze
- Kleintiermitnahme
- Klimaanlage
- Kombifahrzeuge
- Krankenfahrten
- Kreditkartenannahme
- Mitnahme von Kinderwagen und Fahrrädern
- Nichtraucher / Raucherfahrzeuge
- Rollstuhltransport
- Shuttle- und Veransaltungsservice
- Starthilfe
- Taxiguides für Stadtführungen
- Taxigutscheine
- Vorbestellung und Daueraufträge

TAXI-RUF KÖLN eG

Pesch

Der Friedhof öffnet sich über den Birkenweg auf eine kleine Abschiedshalle hin. Er wurde mit dem Werden von Pesch in den 1960er Jahren angelegt. Zugleich wurden auch alte Grabstätten von den Friedhöfen in Longerich und Esch auf diesen Friedhof transloziert. Vom Grundrissbild ist er klar rechtwinklig mit dem mittelbetonten Hauptweg angeordnet.

Im Eingangsbereich, rechter Hand, wird mit einem Hochkreuz an die Gefallenen der beiden Weltkriege gemahnt.

Hiervon aus weiter rechts wird mit großer Beteiligung an Günter Görke gedacht. Der Granitstein zeigt ein zersprungenes Herz, dessen linke Fläche das Antlitz des Verstorbenen, mit Rosen unterfangen, wiedergibt.

Zur nördlichen Einfriedung hin sind wiederverwendete Grabstätten auffindbar, etwa die Grabstätte Boden (Granit, ca. 1930). Das Wandgrab führt eine mittelbetonte Kreuzstele, auf der ein galvanoplastisch gearbeiteter Corpus an das Sterben Jesu erinnert. Nach vorne hin mit einem Blumenkasten sockelt die Grabstätte der Familie Klöcker, die in das Kunstwollen der „Reformkunst" einzureihen ist. In der Reliefplatte aus Sandstein wird Christus als kreuztragender wiedergegeben (ca. 1922).

Nahe hierbei fällt die Grabstätte der Familie Görgens (ca. 1957) auf. Bei dem dreiteiligen Wandgrab ist zwischen zwei seitlichen, trapezoiden Steinen eine hierzu umgekehrt gestellte trapezoide Stele eingepasst. Diese ist in markanter Form das Kreuz eingegeben.

Die Grabstätte Schumacher-Kriegshof führt ein wiederverwendetes Grabkreuz der 1920er Jahre, das Christus als Verstorbener zeigt.

Kurz vor der Aufbahrungshalle, im rechten Flur gelegen, lässt sich das künstlerisch aufwendige Bronzedenkmal der Grabstätte Marie Luise Schumacher (1961-1996) ausmachen. Ein sichelförmiger Granitsockel trägt einen dreiviertelkreis-förmigen, bauchigen Bronzeaufsatz. Dieser wird filigran von stilisierten Ginkgoblättern unterfangen, die die Zweihäusigkeit des menschlichen Seins im Leben und Sterben symbolisch fassbar machen. Weiterhin werden Menschen in einem weiten Prozessionszug miteinander vereinigt. Nach oben hin beschließt das ganze mit Christus, der als Auferstandener den Menschen entgegenschreitet.

Die hier neben liegende Grabstätte Stoffels zeigt eine Marmorstele mit stilisiertem Blattwerk und symbolisiert den Lebensbaum.

Rechts der Trauerhalle (zur Schule hin) ist die denkmalwerte Grabstätte der Familie Worms (Diabas) erhalten: ein dreiteiliges Wandgrab (1943), das an der mittleren Stele Christus als den Gekreuzigten in galvanoplastischer Form zeigt.

Schräg gegenüber hiervon führt auch die Grabstätte Koter (ca. 1940) eine Granitstele, an die ein galvanoplastisch modellierter Christus gehaltert ist. Nahe der Trauerhalle, eher auf der linken Seite, ist die Grabstätte des bekannten Mundartautors Heribert Klar auffindbar (1933-1992), der, wenngleich kein gebürtiger Kölner, wie kaum einer die kölsche Sprache beherrschte und die kölsche Mentalität verstand. Ein berühmtes Stück von ihm war der Sonettenkranz auf den Kölner Dom:

"Am kölsche Dom do deit mer iwich

Friedhofsgärtnerei

Röllgen

Thujaweg 26 • Köln Weiler
Telefon 0221 / 79 16 06 • Fax: 0221 / 78 22 95

DAUER GRAB PFLEGE
Das Serviceangebot der Friedhofsgärtner

Grabneuanlage und Grabpflege im Kölner Norden und Dormagen

Bestattungen Errens

Erd-, Feuer- und Seebestattungen

Tag u. Nacht
0221/ 79 40 472

Neuhalfenshof 12 • 50769 Köln – Seeberg

DAUER GRAB PFLEGE
Das Serviceangebot der Friedhofsgärtner

GARTENBAU
MAX MAENNER

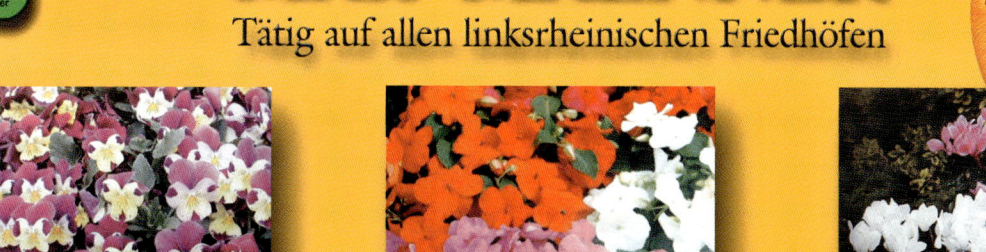

Tätig auf allen linksrheinischen Friedhöfen

THUJAWEG 24 / 50765 Köln
TELEFON: 0221 79 14 29
INH. INGRID WEIHRAUCH - MAENNER

TRAUERFLORISTIK
DAUERGRABPFLEGE
GRABGESTALTUNG & PFLEGE

baue!
Denn unsen Herrjott eß die Möh wahl wäät,
Der Här zo ihre eß et nie zo spät,
Och, wat zom Troor jingk, widder opzobaue.
Renteet sich, un dröm muß mer dat bedrieve.
Deer jeiht bal op: För Jeld kriß do kei Jlöck,
Dat Kunswerk Dom eß doch e prächtich Stöck.
Meer müsse sorje, dat et su deit blieve
Un dat et Jeld un och dä Kunssenn rick,
Bei alle Kölsche, Männer, Kinder, Fraue,
Am Dom ze hange, sich durch Kölle trick.
Dä Dom bezeuch dä Kölsche Jottvertraue.
Dat maht die Kölsche stolz zo aller Zick:
Meer däte faß op Felsjestein he baue".

Bei der Grabstätte Peter Lynen zeigt die kreuzförmige Grabstele einen in Granit gearbeiteten, abstrahierend gezeichneten Christus als den Auferstandenen, dem rechts und links Menschen zugeordnet sind. Wie Jesus öffnen sie weit die Arme nach oben und wissen sich ihm angehörig.

Auffällig auch die Grabstätte Walter, Ingeborg und Udo Birk, bei der in hell glänzendem Granit ein vorderes Kreuz geschaffen wurde, das von einem mattierten hinterfangen ist. Im Kreuz sind alle wieder vereint.

Die „Miteinander-Gemeinschaft" des Lebens drückt sich bei der Grabstätte Schaaf auch im Sterben aus (Josef, + 1989; Margaretha, + 2000): zwei gleichartige Steine führen in „froher Bildplastik" Blumenmotive.

Nahe hierbei findet sich die Grabstätte der Familie Schild, ein Lebensbaum mit seiner überfassenden Krone eint die Verstorbenen, deren Namen seitlich des Stammes eingelassen sind.

Zum Ausgang des Friedhofs ist vor einer großen Hecke die Grabstätte Reiner Miebach besonders auffällig; „Es erwartet die Auferstehung Familie Reiner Miebach."

Das Grab zeigt einen quer gestellten sarkophagähnlichen Stein. Die Namen der weiter in dem Grab ruhenden Verstorbenen sind seitlich lesbar. In die Front des Sarkophages eingebracht ist das Relief eines ankerförmigen Kreuzes, das an den seitlichen Enden mit Weintrauben beschließt. Die Grabstätte entspricht ganz dem Formgeist der 1940er Jahre und belegt, dass das Grab nach hier verlegt worden ist (vom Longericher Friedhof).

Wichtiges in Kürze:

Friedhof Pesch
Birkenweg, 50767 Köln

Größe:
5.000 qm

Anzahl d. Grabstätten / Grabarten:
550 / Wahlgräber

Zuständiger Gärtnermeister:
Herr Zach, Tel.: 0221/5707295, Fax: 5707296
E-Mail: friedhof-chorweiler@netcologne.de

Ansprechpartner Friedhofsverwaltung:
Frau Bonin, Tel.: 0221/2 21-24060
E-Mail: Monika.Bonin@stadt-koeln.de

Angaben zur Trauerhalle:
–

Öffnungszeiten:
März: 8 - 18 Uhr   Apr. bis Sept.: 7 - 20 Uhr
Okt: 7 - 19 Uhr   Nov. - Febr. 8 - 17 Uhr
Allerheiligen (01.11.) und Allerseelen (02.11.) schließen die Friedhöfe jeweils um 19 Uhr

Besonderheiten:
–

Haltestellen der KVB:
(H) 126, 127   U –

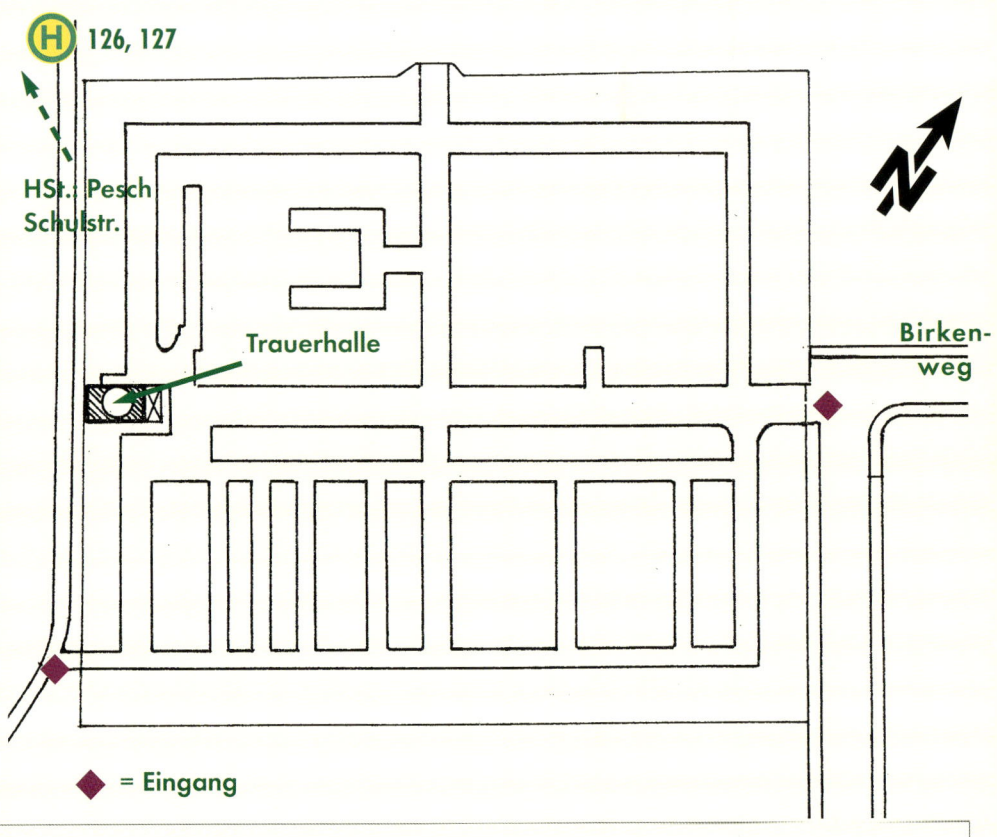

Ein Traum, ein Traum ist unser Leben auf Erden hier.
Wie Schatten wir auf Wolken schweben und schwinden wir.
Und messen unsre trägen Tritte nach Raum und Zeit.
Und sind und wissen's nicht in der Mitte Ewigkeit.
Johannes Gottfried Herder

KRÖNING
KLEIDUNG · KÖLN

Simonskaul 5 · 50737 Köln
Telefon 02 21 / 740 81 51
Telefax 02 21 / 974 20 10
www.kroening.de · info@kroening.de

**Fabrikation · Großhandel
Mode für Damen und Herren
Gesellschaftskleidung · Trauerbekleidung**

Spezialanfertigung von Schützen- & Karnevalsuniformen

Eigener Kundenparkplatz

Rheinkassel

Der in klarer rechtwinkliger Gliederung angelegte Friedhof öffnet sich vom Feldkasseler Weg aus über einen Hauptweg. Die alte Breite des Friedhofs ist über die im Ziegelverbund erhaltene Mauer am Feldkasseler Weg ersichtlich. Der Friedhof ersetzte den alten Kirchhof an der St. Amandus Kirche und wurde 1849 eröffnet.
Die ältesten Flure (1-7) liegen entlang des Hauptweges. Nach 1970 kam die Flur 10 hinzu.
Am Hauptweg, linker Hand befindet sich die Grabstätte der Familie Scheer, eine im belgischen Granit modellierte Kreuzstele. Die Rahmung wird durch Zweige ausgemacht, die thematisch zum Baumkreuz passen, das die Kreuzstele überhöht. Mittig ist die trauernde Muttergottesfigur als Tondo angelegt (früheste Bestattung 1886, Anna Maria Scheer). Im Sockel lautet die Inschrift: „Gottes Wille ist gescheh´n unser Trost ist Wiedersehen".
Die Grabstätte Kappes (ca. 1937) zeigt einen in Bronze modellierten lebensgroßen Christus, der mit geöffneten Armen auf die Verstorbenen zu geht.
Eine zeitgenössische Arbeit von besonderer Auffälligkeit ist die Grabstätte Olaf Schmitz (1964-1985). Die Grabstele zeigt über dem Namen eine Schnecke und schließt nach oben hin mit einer Taube ab, die die Flügel weit geöffnet hat.
Hierunter ist aus dem Sonnengesang des Hl. Franz v. Assisi zitiert: „Gelobt seist du mein Herr für unsere Mutter Erde, die uns hegt und trägt, die hervorbringt alle Frucht, Blumen und Kräuter". So gewinnt die Erde, der der Verstorbene übergeben ist, eine bezugsreiche Deutung.
Typisch für die Reformkunst, die vom Art Deco beeinflusst ist, darf die Grabstätte des Architekten Jakob Detmer (1875-1932) genannt werden. Das Wandgrab zeigt einen senkrecht vortretenden Kreuzbalken, in dessen Breite nach oben hin das Grab quer abschließt. Das Kreuz ist mit einem Halbkreis überfangen. Der Korpus ist eine Galvanoplastik, der Stein Diabas.
Hierneben wird an den ehemaligen Hauptlehrer von Rheinkassel Herrmann Merkamp (1880-1925) erinnert (Granit).
Eine feine Kreuzstele aus Sandstein hat die Grabstätte Platten (1863). Diese wohl älteste Grabstätte auf dem Friedhof zeigt an der Vorderseite neogotisches Maßwerk als Sockelung. Das eigentliche Kreuz ruht auf einem Akanthussockel und ist von neogotischer Formsprache durchflossen. Die früheste Bestattung ist die von W. Siegen (verstorben 1863). Der Korpus ist ein Zinkguss.
Großräumig ist auch die Grabstätte der Familie Franz Müller zu nennen. Sie erinnert an den ehemaligen Besitzer des Waldtscheidter Hofes (1817-1883, gestorben zu Langel; Granit). Das Grab baut mit einem bossierten Sockel auf und zeigt, ebenso aus Granit, ein Hochkreuz.
Hier hinter befinden sich vier Grabstätten, die an Gefallene des 2. Weltkrieges mahnen.
Auf einen früheren „Bürgermeister" von Worringen weist die Grabstätte Heinrich W. Bender hin (1796-1883). Bestattet ist auch Gertrud Simon (1806-1863). Diese Grabstätte ist, ähnlich der Grabstätte Platten und Siegen, in Sandstein gehalten. In die neogotische Rahmung ist eine Marmorplatte mit den Namen eingebracht (Kreuzaufsatz fehlt).
Direkt hierbei linker Hand die Grabstätte Wilhelm Franz Hubert Siegen (geboren zu Langel 1816, gestorben 1878) sowie seiner Frau Maria Sybille. Eine feine in Architektur gefasste neogotische Grabstele trägt die mittig angebrachte Gedenkplatte. Reich ist die architektonische Bildsprache mit Kreuzblumen und dem Kreuzaufsatz zu nennen.
Fein gefügt ist auch die aus belgischem Granit geschaffene Grabstele Fam. Fuchs (ca. 1940).
Gegenüber liegt die Grabstätte Knott (ca. 1905), ein Wandgrab aus Granit, das einen galvanoplastischen gearbeiteten Christus am Kreuz wieder gibt.
In Flur 3 die Grabstätte Familie Conrad Leuther: das Wandgrab zeigt einen Grabstein aus weißem Marmor. Die Inschrift lautet: „Hier harrt der Auferstehung unser liebes unvergessliches Kathrinchen (1929 zu Köln-Merheim linksrheinisch geboren, gestorben 1943 zu Köln)". Mit den bewegenden Worten ist es unterfangen:

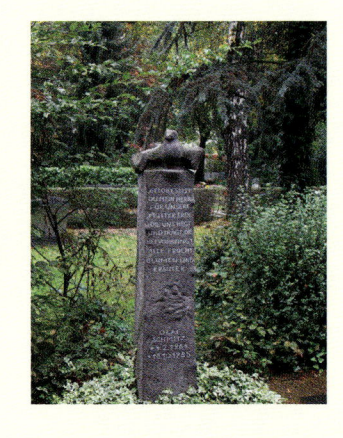

Friedhofsgärtnerei Röllgen

Thujaweg 26 • Köln Weiler
Telefon 0221 / 79 16 06 • Fax: 0221 / 78 22 95

DAUER GRAB PFLEGE
Das Serviceangebot der Friedhofsgärtner

Grabneuanlage und Grabpflege im Kölner Norden und Dormagen

Bestattungen Errens

Erd-, Feuer- und Seebestattungen

Tag u. Nacht
0221/ 79 40 472

Neuhalfenshof 12 • 50769 Köln – Seeberg

GARTENBAU MAX MAENNER

Tätig auf allen linksrheinischen Friedhöfen

DAUER GRAB PFLEGE
Das Serviceangebot der Friedhofsgärtner

THUJAWEG 24 / 50765 Köln
TELEFON: 0221 79 14 29
INH. INGRID WEIHRAUCH - MAENNER

TRAUERFLORISTIK
DAUERGRABPFLEGE
GRABGESTALTUNG & PFLEGE

„Du bist nicht tot, schloss auch dein Auge sich, in unseren Herzen bist du ewiglich". Das Medaillon mit dem Porträt des verstorbenen Mädchens wird durch Rosen gerahmt. Den Weg zurück gelangt man zur Grabstätte der Eheleute Franz Anton Frenger (1807-1878) und Gertrud (1810-1879), Gutsbesitzer auf dem Arenshofe zu Fühlingen, deren Bedeutung durch die Größe der Grabstätte sichtbar gemacht ist (signiert mit Weber und Trichter Siegburg, belgischer Granit).

Auch in belgischem Granit angelegt sind die Grabstätten der ehemaligen Pfarrer von St. Amandus in Rheinkassel. Die früheste Bestattung in der Priestergrablege erinnert an Joseph Adam Heygden (1807-1870), auf dessen Grabplatte aber auch weiterer Geistlicher gedacht wird. Pfr. Heygden hat sich um die Anlage des Friedhofs sehr bemüht. Die gekreuzte Stola zeigt in der Mitte einen auf sie aufruhenden Kelch, der mit einer Hostie überfangen ist (Marmor).

Ähnlich die gegenüberliegende Grabstätte von Pfarrer Johannes Wilhelm Wassong (1831-1897); die belgische Granitplatte hat als Marmorapplikation wiederum einen Kelch mit Hostie, der hier allerdings auf einem Buch steht, das die sieben Siegel benennt. Von feiner Qualität ist das Hochkreuz des Friedhofs, das aus 1849 datiert. Es dürfte demnach in ihm das aus dem Eröffnungsjahr stammende Hochkreuz des Friedhofs anzusprechen sein (Trachyt).

Wichtiges in Kürze:

Friedhof Rheinkassel
Alte Römerstraße, 50769 Köln
Größe:
6.800 qm
Anzahl d. Grabstätten / Grabarten:
740 / Wahlgräber
Zuständiger Gärtnermeister:
Herr Zach, Tel.: 0221/5707295, Fax: 5707296
E-Mail: friedhof-chorweiler@netcologne.de
Ansprechpartner Friedhofsverwaltung:
Frau Bonin, Tel.: 0221/2 21-24060
E-Mail: Monika.Bonin@stadt-koeln.de
Angaben zur Trauerhalle:
30 qm, Vordach ohne Sitzgelegenheiten
Öffnungszeiten:
März: 8 - 18 Uhr   Apr. bis Sept.: 7 - 20 Uhr
Okt: 7 - 19 Uhr   Nov. - Febr.: 8 - 17 Uhr
Allerheiligen (01.11.) und Allerseelen (02.11.)
schließen die Friedhöfe jeweils um 19 Uhr
Besonderheiten:
Kriegsgräber

Haltestellen der KVB:

H 121   U -

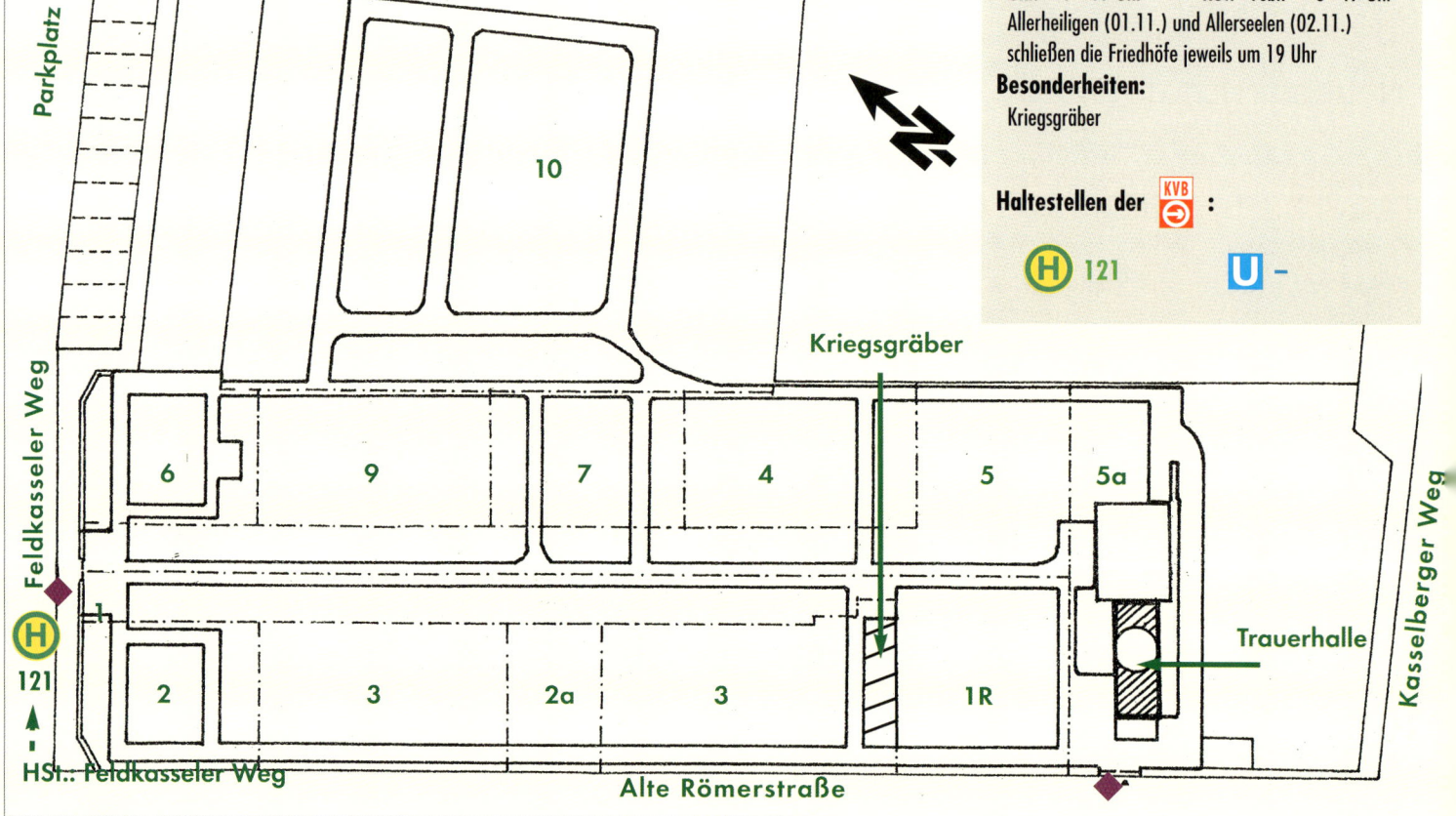

174

Wir verlangen, das Leben müsse einen Sinn haben. Aber es hat ganz genau so viel Sinn, als wir selber ihm zu geben imstande sind.

Hermann Hesse

Kirchenzeitung
FÜR DAS ERZBISTUM KÖLN

... weil ich dazugehöre!

Woche für Woche berichtet die Kirchenzeitung für das Erzbistum Köln aktuell und informativ aus Kirche, Gesellschaft und Politik. Auch unbequeme Themen werden dabei nicht ausgespart, sondern kritisch beleuchtet.

Legen Sie Wert auf seriöse Information und klare Standpunkte - werden Sie Abonnent der Kirchenzeitung für das Erzbistum Köln.

Schreiben Sie uns oder rufen Sie uns an - wir beraten Sie gerne!

Kirchenzeitung für das Erzbistum Köln
J.P. Bachem Verlag, Ursulaplatz 1, 50668 Köln
Tel.: 0221 / 16 19 147 oder per e-mail: vertrieb@kirchenzeitung-koeln.de

Volkhoven Weiler

Der Friedhof von Volkhoven-Weiler ist mit seinen ältesten Teilen an der Einfriedungsmauer erkennbar, die zum Haupttor hin in konkaver Form schwingt.
Er wurde mit den ältesten Fluren (1 und 2), die rechtwinklig dem auf das Hochkreuz zuführenden Hauptweg zugeordnet sind, im Jahre 1900 angelegt. Die jüngere Teile kamen in den 1960er Jahren hinzu.
Im Zugangsbereich ist die Grabstätte Langohr (Erstbestattung 1952) zu finden. Auf einem Granitsockel erhebt sich Christus als der Auferstandene. Grabbildnerisch und künstlerisch auffällig zu nennen ist die Grabstätte Rolf Haberland (1926-1996). Eine geometrisch angelegte Dreiecksform, die sich nach vorne hin neigt, ist mit einem Senklot geziert, was wohl als biographischer Bezug deutbar ist.
Zwei Gräber weiter erweckt die Grabstätte Jack Engels Aufmerksamkeit. Auf der Stele, die auf quadratischem Grundriss aufsteigt, erscheint ein plastisch hervortretender Stern. Der Stern als Geburtssymbol hat lange Bildtradition: er lässt den Verstorbenen unter einem „guten Stern" ruhen.
Das Hochkreuz wurde 1901 errichtet. Es besteht aus belgischem Granit. Es führt die Inschrift: „in hoc signo vinceris" („in diesem Zeichen wirst du siegen"), daher ist es ohne Corpus gestaltet.
Erinnert wird auch an den Landrat Matthias Eberhard (geboren in Trier 1871, + 1944 in Köln), der unter einem blockartigen Stein ruht. Parallel zum Damiansweg, rechts vom Eingang wird mit Erinnerungskreuzen aus Grauwacke an die Gefallenen des zweiten Weltkrieges gemahnt.
In diesem Bereich (Flur 2) hat sich auch die zeitlich frühe Grabstätte der Familie Eberhard Dolff – Pfeiffer erhalten (ca. 1930).

Friedhofsgärtnerei Röllgen

Thujaweg 26 • Köln Weiler
Telefon 0221 / 79 16 06 • Fax: 0221 / 78 22 95

DAUER GRAB PFLEGE
Das Serviceangebot der Friedhofsgärtner

Grabneuanlage und Grabpflege im Kölner Norden und Dormagen

Bestattungen Errens

Neuhalfenshof 12 • 50769 Köln – Seeberg

Erd-, Feuer- und Seebestattungen

Tag u. Nacht
0221/ 79 40 472

DAUER GRAB PFLEGE
Das Serviceangebot der Friedhofsgärtner

GARTENBAU
MAX MAENNER
Tätig auf allen linksrheinischen Friedhöfen

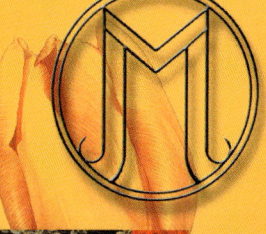

THUJAWEG 24 / 50765 Köln
TELEFON: 0221 79 14 29
INH. INGRID WEIHRAUCH - MAENNER

TRAUERFLORISTIK
DAUERGRABPFLEGE
GRABGESTALTUNG & PFLEGE

Das aus Kunststein geschaffene Wandgrab ist mit zwei flankierenden Kreuzen angelegt, die die Namenstafel rahmen.
Nahe hiervon erinnert ein feines Wandgrab an die Familie Jakob Olig (ca. 1921). Dreiteilig ist es aus Kunststein aufgebaut und zeigt in der Mitte auf trapezoidem Sockel das Kreuz, dessen Tondo großflächig das Antlitz Christi mit Dornenkrone wiedergibt. Die Inschrift unter dem Namen lautet: „Dem Auge fern, dem Herzen ewig nahe".
Südlich des Friedhofs liegt die katholische Kirche St. Cosmas und Damianus (18. Jht. u. 20. Jht.). Ihr zugewandt ist die Grabstätte des früheren Pfarrers Ludwig Heinrich (1899-1969). Das Kreuz und der priesterliche Kelch verdeutlichen seinen priesterlichen Auftrag. 
Ihm schräg gegenüber betrübt die Gedenk- und Grabstätte für die beim Brandattentat in der Volkhovener Schule 1964 zu Todesopfern gewordenen Kinder. Eine zentrierende Stele hinterfängt die Grabkreuze. Sie ist in Baumform gehalten und nach oben hin mit einer Art Kapitell als Wipfelkrone bekrönt. Jedoch schlagen aus dem Baum Flammen und greifen an das austreibende Leben des Baumes, nämlich an die Äste.
So wie die jungen Triebe verbrennen, so wurde auch das Leben junger Menschen durch Feuer vernichtet. Es handelt sich dabei um die Kinder Renate Fühlen (1954-1964), Ingeborg Hahn (1954-1964), Stefan Lischka (1955-1964), Klara Kröver (1955-1964), Rosel Röhrig (1952-1964), Dorothea Binner (1954-1964), Karin Reinold (1952-1964) und Ruth Hoffmann (1953-1964).
Ein offenbar Verwirrter hatte am 11. Juni 1964 mit einem selbstgebauten Flammenwerfer unter den Kindern der Schulklasse gewütet und mit einer Lanze die Lehrerinnen Getrud Bollerath und Ursula Kuhr getötet (hierzu auch bei Südfriedhof). Weitere 22 Personen wurden zum Teil schwer verletzt.
Nach Ursula Kuhr ist auch die im Jahre 1965 als Nachfolgerin der Volksschule in Köln-Volkhoven eröffnete Schule in Köln-Heimersdorf benannt.
Unter großer Anteilnahme der Bevölkerung wurden die umgebrachten Kinder auf dem Volkhovener Friedhof bestattet. Die Grabkreuze sind gleich gestaltet: Rechtecke tragen einen Dreiviertelkreis.
Nahe dieser Stätte tiefster Betroffenheit erfreut die heitere Leichtigkeit vermittelnde Grabstätte von Dieter Altreuther (1928-1999). Auf dem Grabstein ist ein junger Mann locker niedergelassen. Er ähnelt einem Hirten und spielt Akkordeon (Bronzeguss).
In Grabflur 3 fällt die tryptychonartige Grabstätte Hövel in den Blick. Die seitlich, nach oben geschrägten Wandteile tragen die Namen der Verstorbenen. Die mittlere Stele beschließt mit einer kirchlichen Portalarchitektur mittelalterlicher Formgebung. Hier wird hoffnungsfroh die ewige Heimstatt sichtbar gemacht (ca. 1995).
Am Damiansweg (Flur 3), in der Nähe des zweiten Eingangs wird mit einem geschnitzten Holzkreuz an die Familie Heinrich erinnert (ca. 1988). Es zeigt Christus als den Auferstandenen, der den Menschen mit der Siegesfahne entgegentritt. Hier wird das Pauluswort aus dem Korintherbrief konkret: „Tod, wo ist dein Sieg? Tod, wo ist dein Stachel? (1. Kor. 15, 55 ff) ; „Der Stachel des Todes aber ist die Sünde, die Kraft der Sünde ist das Gesetz" (15, 56).

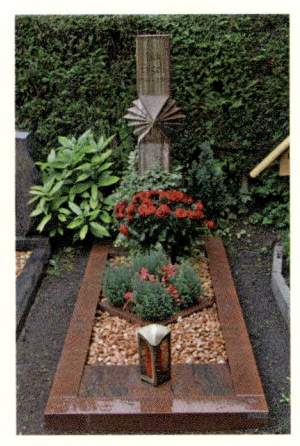

◆ = Eingang

Kriegsgräber

2E

2

H 125
HSt.: Wezelostr.

Hochkreuz

1

Damiansweg

3

4E   4

Denkmal

Wichtiges in Kürze:

Friedhof Volkhoven Weiler
Damiansweg, 50765 Köln

Größe:
5.400 qm

Anzahl d. Grabstätten / Grabarten:
560 / Wahlgräber

Zuständiger Gärtnermeister:
Herr Zach, Tel.: 0221/5707295, Fax: 5707296
E-Mail: friedhof-chorweiler@netcologne.de

Ansprechpartner Friedhofsverwaltung:
Frau Bonin, Tel.: 0221/2 21-24060
E-Mail: Monika.Bonin@stadt-koeln.de

Angaben zur Trauerhalle:
–

Öffnungszeiten:
März: 8 - 18 Uhr   Apr. bis Sept.: 7 - 20 Uhr
Okt: 7 - 19 Uhr   Nov. - Febr.   8 - 17 Uhr
Allerheiligen (01.11.) und Allerseelen (02.11.)
schließen die Friedhöfe jeweils um 19 Uhr

Besonderheiten:
Kriegsgräber

Haltestellen der KVB:

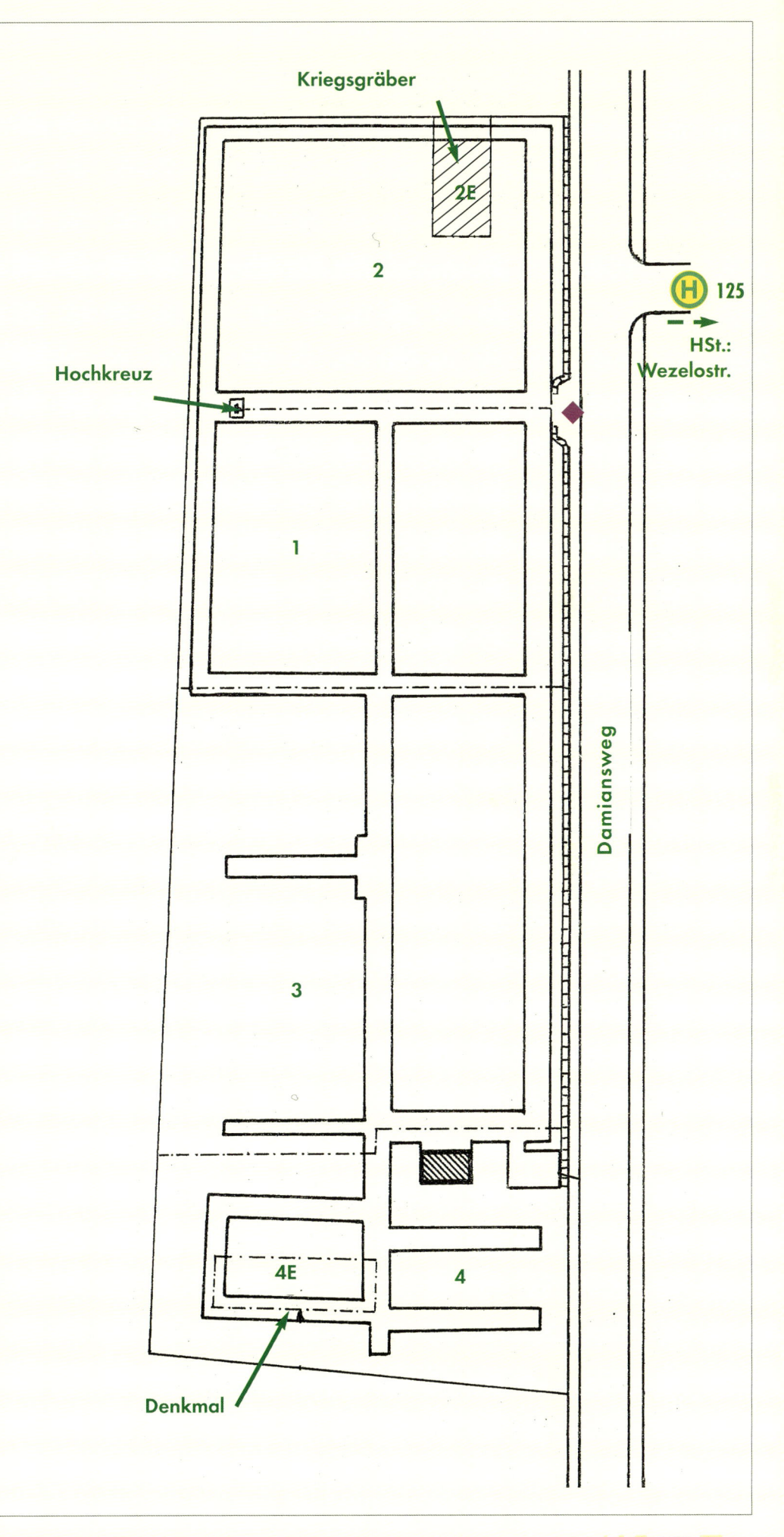

H 125   U –

179

Wer nicht sterben kann, kann auch nicht leben

Wenn das Leben endet, scheint unsere Gesellschaft gerne weg zu sehen. Sterben und Tod sind in hohem Maße tabuisiert. Und die gesellschaftliche Wirklichkeit des Sterbens steht Kopf im Verhältnis zu den Wünschen der Betroffenen: 90 % der Menschen in Krankenhäusern, Altenheimen und Pflegestationen sterben. Sterben die Menschen dort, weil wir Lebenden den Tod auszusperren suchen? Flüchten wir in betäubende Aktivitäten und ablenkendes Vergnügen, weil wir schaft, sich im Leben mit Sterben und Tod auseinander zu setzen.

Unsere Vorfahren haben fast ausnahmslos Sterben und Tod als Teil ihres Lebens begriffen. Für sie war die „ars moriendi", die „Kunst des Sterbens", eine Lebensaufgabe. Nur

Dem Wunsch von 90 % aller Deutschen, zu Hause, im Kreis der Angehörigen, sterben zu dürfen, steht der reale Befund entgegen, wonach den Tod verdängen wollen? Angesichts der Naturregel, dass kein lebendes Wesen dem Tod entfliehen kann, verwundert die fehlende Bereit- im Leben kann man sich auf Leiden, Sterben und Tod vorbereiten. Der „gnädige Tod", den heute die Mehrheit in einem schmerzfreien

Sterben im Schlaf sieht, verstanden unsere Ahnen anders: „Gnädig" war für sie ein lebenslänglich vorbereiteter Tod – ein Leben, das mit Beichte, Empfang der Eucharistie und der Krankensalbung endete, ein Leben, das über den Tod hinaus in das ewige Leben mündet.

Martin Luther formulierte: „Mitten im Leben sind wir mit dem Tod umfangen" und Alanus von Lille dichtet im 13. Jahrhundert:

Unser Wesen zeigt die Rose,
klar beschreibt sie unsre Lage,
unser Leben stellt sie dar.
Die am frühen Morgen blühet,
kaum erblüht verblüht die Blüte,
wenn am Abend alles welkt.
...
Unseres Daseins erste Qualen
tragen schon des Todes Züge
...
Unter dies Gesetz gezwungen,
Mensch erkenne deine Lage
und bedenke, was du bist.

Genau genommen, gibt es keine „ars moriendi" ohne eine „ars vivendi", eine „Kunst des Lebens". „Vivere sub specie aeternitatis", "Leben unter dem Gesichtspunkt der Ewigkeit", heißt hier die Regel. Man soll so leben, wie man sich im Augenblick des Sterbens wünscht, gelebt zu haben. Christliche Lebenskunst ist ein gelungenes Leben, das den Tod übersteht. Deshalb kalkuliert christliches Leben die Vergänglichkeit ein. Nicht ohne Grund erinnert der Priester, der am Aschermittwoch das Aschenkreuz auf die Stirn zeichnet: „Bedenke, Mensch, dass du Staub bist und wieder zum Staub zurückkehren wirst." Christen sehen ihr Leben aus der Perspektive der Ewigkeit.

Wenn Leute agieren, „Lasst euch nicht verführen! ... Lasst euch nicht betrügen ... Lasst euch nicht vertrösten! ... Ihr sterbt mit allen Tieren und es kommt nichts nachher" (Bertolt Brecht, „Gegen Verführung"), dann halten Christen dem ihre Hoffnung gegen alle Hoffnung entgegen: ihren Glauben, dass Christus als erster vorangegangen ist und den Tod überwunden hat. „Tod, wo ist dein Sieg, Tod, wo ist dein Stachel?" Das heißt nicht, dass Christen nicht sterben; aber es heißt, dass für Christen mit dem Tod nicht alles aus ist! Christen haben Zukunft über den Tod hinaus. Christen müssen im Diesseits nicht alles ausleben, weil sie an kein Jenseits glauben. Christen sterben auch – aber sie glauben daran, aus der einen Hand Gottes in die andere Hand zu fallen. Und sie glauben, nein, sie wissen, dass Gott gute und gnädige Hände hat und niemanden ins Nichts fallen lässt, der auf seinen Tod in Christus hingelebt hat.

Als dem Greifswalder Pfarrer Alfons Maria Wachsmann am 21. Februar 1944 in der Todeszelle von Brandenburg befohlen wurde: „Fertig machen", schrieb er noch mit gefesselten Händen seiner Schwester einen Abschiedsbrief. Er begann mit den Worten: „Jetzt ist die Stunde gekommen, die Gott in seiner Liebe für mich bereitet hat." Sein Brief endet: „Das ist jetzt das Ende, aber für mich beginnt das neue Leben."

Wie man lebt, so stirbt man. Und wer nicht sterben kann, kann auch nicht leben – das zumindest gilt für Christen.

Dr. theol. Manfred Becker-Huberti

Hospizarbeit

Mit dem Wiederaufleben des mittelalterlichen Hospizgedankens – der Begleitung Sterbender, Trauernder und ihrer Angehörigen – ist 1967 von England kommend Hospiz als eine „Bürgerbewegung" gewachsen: Bewegung für das Leben im Wissen um den nahenden Tod. Hospiz will stützen, die Lebensumstände der Sterbenden und Trauernden und der Angehörigen so würdig wie möglich zu gestalten. „Leben bis zuletzt" ist ein Stichwort. Es kennt die Gefahr, das Sterben zu verherrlichen, als ob jedes Sterben, wenn man denn nur an die richtigen Leute medizinisch und psychosozial käme, „schön" werden könnte. Hospiz lehrt die Respekt getragene Demut (nicht die Demütigung!) vor dem einzigartigen Lebenswerkes des Menschen in der Gewissheit des Sterbens, des Verlustes, des Todes.

Hospiz ist eine ehrenamtlich getragene Bewegung, ein Zeichen der Solidarität der Menschen füreinander. Sie hat schon sehr vielen Menschen Beistand sein können. Sie hat helfen können, Versöhnung und Erfüllung menschlicher Wünsche angesichts des Todes zu ermöglichen. Hospiz hat auch vielen Menschen Bei – Stand sein können, damit sie tragen, was menschliches Aushalten übersteigen will. Hospiz bietet seine Unterstützung in ambulanten Diensten, in teilstationären „Tageshospizen", in stationären Hospizen und in der Palliativmedizin (nicht mehr vordringlich auf Heilung gerichtete, sondern lindernde Medizin durch Palliativstationen an Krankenhäusern oder durch ambulante Palliativ-Pflegedienste). Hospiz ist kein sich aufs Geistig-geistliche beschränkende Einrichtung, sondern leistet ganz viel handfeste Beistandshilfe zur Bewältigung der alltäglichen Erfordernisse in Sterben und Trauer. Hospiz ist ein Zeichen der Gemeinsamkeit im Menschsein, ein Glaubenszeichen an die Bedeutung und Würde der einzigartigen Lebensgeschichte eines jeden Sterbenden und Trauernden. Hospiz ist eine Bewegung, die Einfluss nimmt in eine Gesellschaft, die sich schwertut mit Tod und Trauer. Die Gesellschaft ist vielleicht dankbar, dass es Leute gibt, die in dieser Menschennot achtvoll und den Einzelnen würdigend mittragen, was selbst unaushaltbar anzuschauen scheint. Das Sterben ist die unbezweifelbarste Gewissheit des Lebens. Und Sterben will nicht Sieg der Lebensvernichtung sein. Es ist Natur, einzigartig zu durchlebendes Schicksal, in aller Demut und Ehrfurcht zu begleitendes Geschehen, so denn Menschen das für sich wollen. Hospiz ist ein hilfreiches Angebot zur Lebenswürde.

Matthias Schnegg

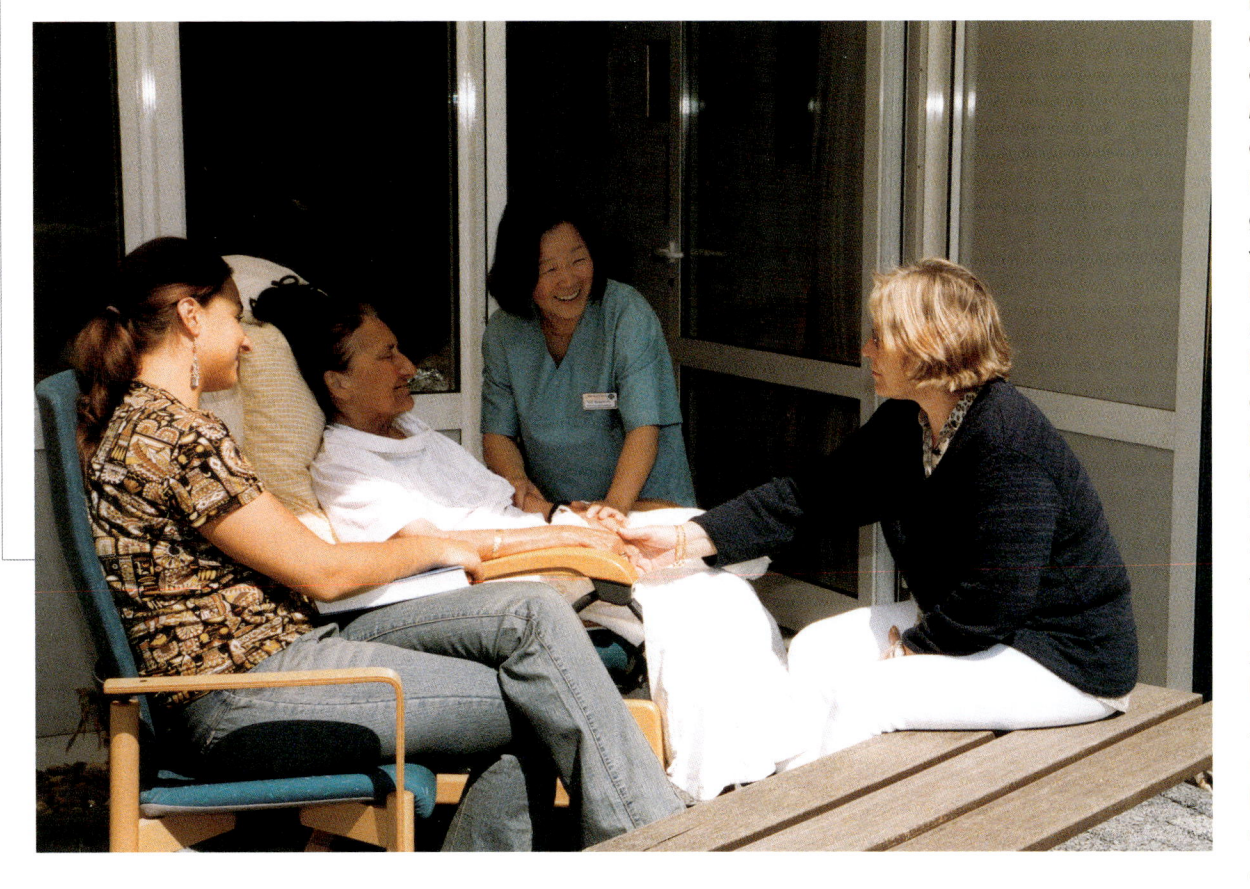

Sterbevorbereitung

Wie gelebt – so gestorben, sagen Menschen sich schon mal und meinen das durchaus auch drohend und abschätzig. Es scheint eine Beziehung zu sein zwischen dem Jetzt und dem, was wir erwarten. Manche meinen, die Vorbereitung auf das Sterben vermiese das Leben. Der Blick auf das Sterben verenge die Möglichkeiten des Lebens. Und als ob es die Mahnung des christlichen Glaubens sei, das Schöne des Lebens mehr in der Vorfreude auf die Ewigkeit zu sehen. Doch wer leben will, des Lebens willig ist, der tut sich schwer, so wenig achten zu sollen auf das, was das Leben auf dieser Erde ausmacht. Und dann kommen Gedanken, nicht einmal verwegen, die sich fragen, ob denn der Schöpfer die Lust und Freude an den unendlichen Möglichkeiten der Schöpfung leugnen wolle? Die Vorbereitung auf das Sterben liegt vielleicht gerade darin, das Leben zu nehmen, in aller Verantwortung und Leichtigkeit, in allen Freuden und Schmerzen, in allen Unerklärbarkeiten in der Einbindung in das Böse, in aller dankbaren Lust der Schöpfungsfülle. Sterben lernen im Wachsen des Vertrauens, dass der Schöpfer nicht vergehen lässt, was er so reich an Leben geschenkt hat.
Ein altes Psalmenwort lädt ein, es aus verschiedenen Richtungen anzuschauen:

Unsere Tage zu zählen lehre uns! Dann gewinnen wir ein weises Herz.
(Ps 90, 12): Lehre uns zu zählen, was an Tagen uns schon geschenkt war (und was uns möglich war, davon wirklich zu leben); lehre uns zu zählen, was an Tagen noch sein kann – und so zu leben, als sei es der letzte der möglichen diesseitigen Tage. Die Fülle, die wir nach dem Tod ersehnen, erhoffen, erglauben, die kennen wir nicht anders als in Bildern erhabener Größe, Freude und ebenso erhabener Ehr-Furcht vor dem göttlich so ganz Anderen. Das Sterben vorbereiten mag geschehen im Leben, nicht nur angesichts des Todes: in Dank, in Verantwortung, in Fragen an den allmächtigen, uns auch undurchdringlichen und zumutenden Gott und in Freude vor dem Schöpfer und den Gaben des uns je einzigartigen Lebens.

Matthias Schnegg

Nichts ist so sicher wie der Tod

Zur Geschichte der Bestattungsformen

Von der Antike bis ins fünfte Jahrhundert nach Christus galt der Tod den Menschen als natürliches Schicksal, in das sie sich wie in die Gesetze der Natur fügten. Trotzdem aber hielt man Distanz zu den Verstorbenen und mied ihre unmittelbare Nähe, weil Tote als unrein galten. Die Verstorbenen wurden aus diesem Grund häufig eingeäschert und außerhalb der Stadt beerdigt. So finden sich etwa die Gräber der Stadt Rom an einer großen Ausfallstraße, der Via Appia, außerhalb der Stadt.

Auch für die ersten Christen blieben die alten Bräuche zunächst erhalten, sie verbanden die antik-heidnischen Todesvorstellungen mit dem Glauben an die Auferstehung. So praktizierten sie weiterhin die Beerdigung außerhalb der Stadt und das Totenmahl, zu dem man sich am dritten, siebten und dreißigsten Tag nach dem Tode und am Jahrestag am Grab versammelte.

Im Laufe der Zeit führte die christliche Auferstehungshoffnung zu einer neuen Verbundenheit mit den Toten. Mehr und mehr wurden sie möglichst in der Nähe von Märtyrern bestattet; diese waren nach dem Glauben der frühen Kirche bereits unmittelbar nach ihrem Martyrium in den Himmel aufgenommen worden und wurden um Fürsprache für die Verstorbenen gebeten.

Auch die Gräber des Märtyrer befanden sich zunächst außerhalb der Städte. Über diesen Gräbern wurden jedoch bald Kirchen erbaut, die dann auch zur Bestattung der Christen dienten. So entstanden christliche Friedhöfe, die später, als die Städte sich weiter ausdehnten, „eingemeindet" wurden.

Damit hatten die Toten ihren Platz unter den Lebenden: im frühen Mittelalter waren die Friedhöfe ein Teil der Stadt und nicht nur Orte der Totenbestattung, sondern auch „Plätze des Lebens" – auf ihnen wurden Geschäfte abgewickelt, es wurde Gericht gehalten und – wie alte Bilder zeigen – auch gelacht und getanzt.

Die Reformation, die im frühen 16. Jahrhundert die Geschlossenheit der mittelalterlichen Vorstellungswelt erschütterte, veränderte auch das Verhältnis der Lebenden zu den Toten. Die tätige Fürbitte für die Verstorbenen und die Fürsprache durch die Märtyrer verloren an Bedeutung, denn die evangelischen Christen wussten ihr Heil allein in Gottes Hand. Im Mittelpunkt der protestantischen Bestattungspraxis standen nicht mehr die Toten, sondern die Hinterbliebenen, denen der Friedhof ein Ort des Trostes, der Ruhe und der Einkehr sein sollte. Gleichzeitig führte ein erstarkendes Hygienebewusstsein dazu, dass eine Reihe von Städten die innerstädtische Bestattung verbot, die Friedhöfe verlegt und weit draußen vor den Toren der Städte neu angelegt wurden.

Bei den Katholiken kümmerten sich die sogenannten Bruderschaften in besonderer Weise um Sterben, Tod und Trauer, sie praktizierten Krankenfürsorge, Trauerbegleitung und Totengedenken und halfen vor allem auch bei der Vorbereitung auf einen „guten Tod", der im Bewusstsein der Menschen zunehmend an Bedeutung gewann. Es gab diese Vereinigungen in fast allen Orten, und ihre Mitglieder leisteten Hilfe beim Herrichten, der Aufbahrung, dem Transport der Toten und der Vorbereitung von Leichenzug und Beerdigung. Entsprechend riet früher mancher Pfarrer den Neuzugezogenen „Seht zu, dass Ihr sieben Nachbarn habt!" – sechs Männer brauchte es als Sargträger, einer trug das Kreuz. Seit der zweiten Hälfte des 20. Jahrhunderts gibt es solche Formen gemeinschaftlichen Trauerns in unseren Breiten nur noch selten, bedingt durch die wachsende Mobilität und die nachlassende Bedeutung familiärer Bindungen haben sich die alten Beziehungs- und Sozialstrukturen aufgelöst. Die Anonymisierung des Todes schreitet fort und die Zahl der namen- und zeichenlosen Rasenbeisetzungen hat zugenommen. Besonders in den Großstädten ersetzen vielfach Rasenfelder die traditionellen Familiengräber, oft erfahren dann Angehörige im Nachhinein schmerzlich, dass sie keinen eigentlichen Ort für ihre Trauer um den Verstorbenen haben. Wachsend ist auch der Trend zu Feuerbestattung und Aschenbeisetzung, wobei gegen diese Praxis auch die katholische Kirche inzwischen nichts mehr einzuwenden hat. Neben die Friedhöfe als die klassischen Orte der Trauer und des Gedenkens sind andere Orte und Weisen der Erinnerung getreten: digitale Gedenkseiten im Internet, so etwa die Internet-Gedenkstätte „Hall of memory", auf denen den Toten statt des steinernen ein virtuelles Grabmal gesetzt wird. Dennoch gibt es nicht nur eine zunehmende Anonymisierung und Entkörperlichung des Todes, sondern zugleich auch eine neue Kultur im Umgang mit Tod und Trauer: Die Krankheit Aids hat Sterbeprozess und Tod im Bewusstsein vieler, auch junger Menschen verankert, und die Hospizbewegung hat viel dazu beigetragen, dass funktionale Routine im Umgang mit Tod und Sterben überwunden wurde und der Sterbende als Individuum in den Mittelpunkt gestellt wird. Fehl- und Totgeburten werden nicht mehr einfach entsorgt, sondern es gibt auch für sie Gedenk- und Erinnerungsstätten, an denen die Trauer ihrer Eltern ihren Ort finden kann. Eine neue Form alltäglicher Erinnerungskultur sind auch die „Kreuze am Straßenrand", die an einen tödlichen Verkehrsunfall erinnern.

Andrea Schlüter

Ein Singen geht über die Erde

Über die christliche Hoffnung

Reinhold Stecher, der Innsbrucker Alt-Bischof, hat den Satz vom Singen über der Erde als Schlagzeile über eine seiner Osterpredigten gestellt. Er schreibt: „Vielleicht klingt dieser Satz in manchen Ohren wie eine Provokation. Ein Singen über dieser Erde? Riecht das nicht wie ein frommes Deodorant, dass die Gerüche einer faulen Welt für ein paar Stunden überlagern soll? Oder wirkt das nicht wie ein dünner, poetischer Rosaanstrich, den man über die rissige, hässliche Wand der Wirklichkeit pinselt? Klingt das nicht wie ein deplaziertes Violinkonzert in einem trostlosen Hinterhof, zwischen Gerümpel, Abfalltonnen und Küchengeruch?"
Was singt, so fragt er weiter, was singt denn über die vertrockneten Steppen der Sahelzone, über die Flüchtlingslager und die Favelas Südamerikas, über das wachsende Elend und die unzähligen ungelösten Probleme dieser unserer Erde, über die düsteren Fanatismen, die Giftgaswolken und das Kinderweinen? Was singt in den vielen Menschen, die an der Verdüsterung der Seele leiden, bis hinein in die Bedrückung der Verlassenheit und Isolation, was singt in der Frau, die mit ihren Kindern verlassen wurde und sich nun allein durchs Leben schlagen muss, was singt in der Intensivstation der Klinik, in der der Fünfzehnjährige mit der Querschnittlähmung und das Mädchen mit dem Gehirntumor liegen …
Die Aufzählung der Unvollkommenheiten, von Leid und Bösem in der Welt lässt sich unendlich weiterführen – gibt es daneben eine andere Wirklichkeit, die es ermöglicht, dass Licht auf die Schattenseiten des Lebens fällt und das ein Singen über diese Erde geht?
Wenn wir einen Blick in das Neue Testament werfen, stellen wir fest, dass Jesus nicht einfach seine Zeit und die Gesellschaft, in der er lebte, von allen drückenden Problemen befreit hat. Er hat weder menschliche Gebrechen noch das soziale Elend seiner Tage einfach weggewischt. Aber: er hat Zeichen der Hoffnung gesetzt, indem er über blinde Augen gestrichen, taube Ohren berührt und die Hand über Aussätzige ausgestreckt oder einen Menschen von dunklen Mächten befreit hat. Zu Beginn seines öffentlichen Wirkens formuliert er sein Programm: „Der Geist des Herrn ruht auf mir, denn der Herr hat mich gesalbt, er hat mich gesandt, damit

ich den Armen eine gute Nachricht bringe; damit ich Gefangenen die Entlassung verkünde und den Blinden das Augenlicht, damit ich die Zerschlagenen in Freiheit setze und ein Gnadenjahr des Herrn ausrufe" (Lk. 4, 18 f). Mit Jesus, so lautet die Botschaft, ist das Reich Gottes nahe und die Herrschaft Gottes angebrochen, sichtbar und erfahrbar in seinem Handeln und seiner Verkündigung. Seine Jünger sind voller Enthusiasmus – sie haben Wunschträume, Träume von Kampf und Sieg, Vertreibung der Römer und von verantwortlichen Posten für sie selbst. Alle diese Träume sind dann ausgeträumt mit der Katastrophe des Karfreitags, mit Jesu Tod am Kreuz – trotzdem aber geht etwas weiter, ist nicht alles aus: das Neue Testament berichtet uns davon, dass der auferweckte Jesus zunächst einer Frau und dann zwei Jüngern auf dem Weg nach Emmaus erscheint. Ganz langsam beginnen die Anhänger die Hoffnung zu nähren, „dass alles gut ausgeht" – nach und nach werden das Dunkel der Erde, des Leids und des Todes durchbrochen von der Dynamik des Auferstandenen.

Mit Vorsicht und Zurückhaltung, behutsam und nicht vereinnahmend führen die Texte der Bibel den Leser schrittweise hin zum Ereignis der Auferstehung, schildern sie in immer neuen Bildern die Begegnung mit dem, in dem der Tod seinen Meister gefunden hat.

Die Hoffnung, dass alles letztendlich gut ausgeht, steht im Kern der Botschaft von der Auferstehung; denen, die darauf vertrauen, sagt sie zu, dass der Zug, ihr Zug, der im Bahnhof ihres Daseins Station macht, nicht im Tunnel hält, sondern sie aus dem Dunkel wieder in die Sonne bringen wird.

Im Johannesevangelium ist die Erzählung von der Auferweckung des Lazarus überliefert: Auf das Wort Jesu „Ich bin die Auferstehung und das Leben. Wer an mich glaubt, wird leben, auch wenn er stirbt" (Joh 11, 25), antwortet Martha mit dem Bekenntnis „Du bist der Sohn Gottes" und bereitet so der Auferweckung ihres Bruders Lazarus den Weg.

Auch Paulus schreibt seinen Brief an die Römer in dieser Gewissheit: „Denn Christus ist gestorben und lebendig geworden, um Herr zu sein über Tote und Lebende" heißt es im 14. Kapitel (Röm 14, 9). Einer ist aus dem Tod zurückgekommen, und damit ist die Welt nicht mehr, was sie war: Ein Singen geht über die Erde: es gibt einen von Ostern geprägten Blick, ein Schauen, Hören und Fühlen der Weltwirklichkeit, das uns vorbeihuschende Lichtpunkte in der Dunkelheit sehen und auf der Straße der Verheißung weitergehen lässt. Die Chance hat eindeutig das Leben, nicht der Tod, denn „er wird alle Tränen von ihren Augen abwischen, der Tod wird nicht mehr sein, keine Trauer, keine Klage und keine Mühsal" (Off 21, 4).

Andrea Schlüter

Deutz

Der etwa 5 Hektar umfassende Friedhof ersetzte ab dem 9.4.1896 den alten Friedhof (gegenüber Deutz, Kalker Bad, nähe Köln/Arena).
Der Friedhof öffnet sich über den Rolshover Kirchweg mit einem Rondell. An diesem Rondell (Flur 1) befindet sich die Grabstätte Stülen (Erstbestattung 1916). In der mittleren Nische des konkav geschwungen Grabmales aus Granit erscheint Christus als der Auferstandene, der mit weit geöffneten Armen den Menschen die Auferstehung zusagt.
Bei der Grabstätte Helbach (ca. 1893, Sandstein) erwächst eine hohe Kreuzstele gewissermaßen über einem Engelskopf, der über Pflanzenmotiven wiedergegeben ist.
Das Hochkreuz ist aus Basalt gewonnen. Es zeigt in der Manier von Willi Albermann jun. einen fein in Bronze gehaltenen, den Moment der Vollendung fassenden Corpus. Im Sockel ist ein Pelikan erkennbar, der die Seinen mit dem Blut seiner Brust ernährt. Dies stellt die christliche Symbolik stets in Verbindung zu Christus, aus dessen „Seitenwunde" die Kirche Nährkraft bezieht.
Daneben wird an die früheren der Seelsorger von St. Heribert in Deutz erinnert. Die Einfriedung wirkt wie der Grundriss eines Kapellenbaus. Die mittlere Stele gibt Christus am Kreuz über dem eucharistischen Kelch wieder. Das eucharistische Opfer nachvollzieht das Leiden und Sterben Jesu.
Vor dem Rondell ist die den Geist der 1920er Jahre bekundende Grabstätte Albert Sünner (1926) bemerkenswert (Diabas, Wandgrab mit Dreiecksgiebel).
An den ehemaligen Nobelpreisträger für Chemie (1950) erinnert hierneben die Grabstätte für Prof. Dr. Kurt Alder (1902-1958). Das schwere Marmorgrab illustriert sehr deutlich seine Bedeutsamkeit.
An diesem Weg (parallel zur Friedhofsmauer, Flur 1 zu 3 östlich) lässt sich auch die dreiteilige Wandgrabstätte von Geheimrat Dr. med. Willems (+ 1906) wahr nehmen: In der Mitte wird durch ein Relief-Porträt der Verstorbene bildhaft vergegenwärtigt (signiert Franz Albermann).
Von Flur 7 in Richtung Flur 13, ist linker Hand die Grabstätte Baum (1961) erreichbar. Auf dem gefertigten, querrechteckig angelegten Stein tritt Christus den Jüngern als Auferstandener entgegen.
In der Grabstätte R. A. Schmidt (+ 1914, Granit) drückt eine galvanoplastisch gearbeitete Frau ihre tiefe Trauer aus.
Einen Apotheker bei seiner Arbeit, wie er nach alter Tradition Rezepturen mischt, schildert der Grabstein der Apothekerfamilie Alf (Erstbestattung 1959).
Hiervon gleich linker Hand gemahnt ein weites Feld an die Gefallenen des 2. Weltkrieges.
An diesem Weg auch die Grabstätte Stemmeler (Erstbestattung 1919): ein Marmorrelief schildert wie Christus von den Seinen zu Grabe gelegt wird. Rückwärtig zur Flur 6 befindet sich die Grabstätte Günther (1905-1927). Die jung verstorbene Frau wird gleichsam an der Brust ihrer Mutter liegend wiedergegeben (Kunststein).
Sehr ungewöhnlich darf die Grabstätte Tillmann (wohl nach 1915) genannt werden. Ein schweres Wandgrab, das rechts wie links erhaltene Laternen der Entstehungszeit zeigt, schließt mit einem ungewöhnlichen Tympanon. Von einem Halbkreis, der in das Kreuz Christi einmündet, gehen wie Lanzen angelegte Blattmotive ab und bezeichnen damit den Lichtkranz des Erlösers (Flur 6).
Ungewöhnlich in der Sprache ist die Grabstätte Küpper-Nelles, wo mit Basaltblöcken ein Pflaster geschaffen ist, auf dem die großen Eheringe liegen. Der große Findling macht Erdgebundenheit deutlich, der das Kreuz als der himmlische Zugang gegenübergestellt ist.
In Flur 6 rechts vom Hauptweg, direkt gelegen, erinnert die Grabstätte Robert Reisch (1833-1904) an den letzten Bürgermeister von Deutz (1888

Ich bin nicht tot, ich tausche nur die Räume.
Ich leb' in Euch und geh' durch Eure Träume.
Michelangelo

Bestattungen Hampel

Tel. (0221) 83 65 40

Gegr. 1883

Kielsweg 5

51105 Köln/Poll

Erd-, Feuer-, Anonym- und Seebestattungen.

Erledigung aller Formalitäten.

Vorsorgeberatung für die spätere Beerdigung.

Hausbesuche in allen Stadtteilen.

kommt Deutz zu Köln). Eine Granitstele trägt das Bronzerelief mit dem Porträt des Bürgermeisters, der von 1867- 1888 für Deutz tätig war. Schräg gegenüber wird auf einen Deutzer aus Leidenschaft aufmerksam gemacht: Wilhelm H. Hochscheid, Ehrenvorsitzender der Bürgervereinigung Deutz sowie Ehrenmitglied zahlreicher Vereine. Auf dem Grabstein ist lesbar: „ein Deutzer Bürger, Wilhelm A. Hochscheid, 1920-2003". Er wird auf einem Porzellanbild wiedergegeben und hält ein Bild des „Düxer Bock" unter dem Arm.
In Flur 33 die Grabstätte der Gertrud Ostermann, geb. Paas (1848-1927, wiederbelegt).

Die Marmorstele, die nach oben hin mit einem Dreieck abschließt, zeigt eine Rosen spendende Frau.
Die Inschrift von ihrem berühmten Sohn Willi lautet: „Wie glöcklich sin die, die ehr Mutter noch han, der mer alles verzälle un die eine berode kann".

Zum Ausgang am Hauptweg wird in gewichtiger Form an den Friedhofsinspektor Meindorfer gedacht: „der erste Betreuer dieses Friedhofs von 1896-1930". Die Stele ist in Diabas mit einem mittigen, rechteckigen Relief gegliedert, das den markanten Kopf des Verstorben zeigt.
Im Eingang auch die Grabstätte der Familie Posthofen: in Granit angelegte Grabstätte (ca. 1911) mit leidendem Christus.
Rückwärtig zum Rondell liegt die Grabstätte Froitzheim (Erstbestattung 1923), eine fein dem Art Deco verpflichtete Grabstätte. Das Wandgrab führt in der Mitte ein Rechteck, das seitlich mit nach oben hin sich verbreiternden Rechtecken gebildet wird. Das Mittelteil wirkt wie ein Grab, das durch das Kreuz aufgeschlossen wurde.

Wichtiges in Kürze:

Friedhof Deutz
Rolshover Kirchweg, 51105 Köln
Größe:
254.800 qm
Anzahl d. Grabstätten / Grabarten:
14.600 / Wahlgräber, pflegefreie Grabkammern, pflegefreie Urnengräber, Urnenwahlgräber
Zuständiger Gärtnermeister:
Herr Schell, Tel.: 02203/186471, Fax: 186472;
E-Mail: fh-leidenhausen@netcologne.de
Ansprechpartner Friedhofsverwaltung:
Frau Aust, Tel.: 0221/2 21-25129
E-Mail: Hannelore.Aust@stadt-koeln.de
Angaben zur Trauerhalle:
175 qm, 50 Sitzplätze
Öffnungszeiten:
März: 8 - 18 Uhr   Apr. bis Sept.: 7 - 20 Uhr
Okt: 7 - 19 Uhr   Nov. - Febr. 8 - 17 Uhr
Allerheiligen (01.11.) und Allerseelen (02.11.) schließen die Friedhöfe jeweils um 19 Uhr
Besonderheiten:
Kriegsgräber

Haltestellen der KVB :

H 151   U 7, 8

Friedhofsgärtnerei Dillge

Blumen und Gestecke für alle Anlässe

Allerseelenstr. 23 · 51105 Köln-Poll
Tel.: 02 21 / 8 30 24 17

Ihr Bestattungsunternehmen
Josef Leuschen

Kompetente Hilfe, zu jeder Zeit
Individuelle Beratung, an jedem Ort
Preiswert & zuverlässig, in jedem Fall

Telefon: 81 45 61
Telefax: 81 67 49

Merheim, Olpener Straße 524
Deutz, Neuhöfferstraße 2

Leidenhausen

Der Friedhof öffnet sich über mehrere Eingänge von der Schubertstraße aus. Er wurde in den 1960er Jahren für die Porzer Bevölkerung als Zentralfriedhof angelegt.

Er ist als Parkfriedhof mit vielen grenzziehenden Hecken ausgebildet und weitet sich nach Osten zur Wahner Heide hin.

In Flur 47 und 48 sind zahlreiche „pflegefreie" Bestattungen zusammengefasst. Sie bestehen jeweils aus einer einstelligen Grabstätte und haben ein Nutzungsrecht von 20 Jahren. Die Pflege liegt ausschließlich bei der Friedhofsverwaltung. Die engen Gestaltungsvorgaben legen folgendes fest: es dürfen nur liegende, dem Erdniveau angepasste Grabsteine angebracht werden. Alles, was die Pflege der Flächen durch Maschinen behindern kann (auch Blumenschmuck und Grableuchten) darf nicht aufgestellt werden. Diese Gräberarten verdeutlichen den Wandel der Bestattungs- und Friedhofskultur: aus den erinnerlich und auch lebendig machenden Grabstätten werden parkähnliche „Plattenfelder". Andererseits wird die Gleichheit im Tod anschaulich erfahrbar.

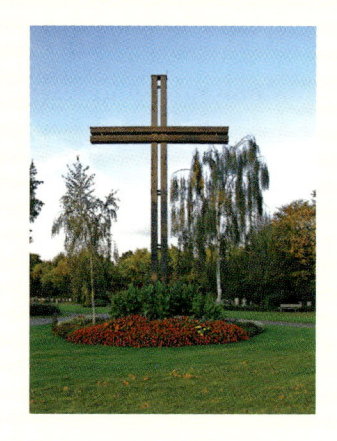

Von auffälliger Form kann die Grabstätte Bartels genannt werden, wo aus Lavasteinen die Einfriedungen und der Grabstein gebildet sind (Flur 34). Dicht hierbei auch die Grabstätte Friedrich Draheim (+ 1989): aus einem schweren Steinblock heraus tritt ein Fisch hervor.

Bei der in Flur 29 auffindbaren Grabstätte Hermi (ohne Datum, 1980er Jahre) trägt eine nach oben sich verjüngende Stele im Abschluss eine Art Kapitell.

An Werke der Wohltätigkeit erinnert die Grabstätte Elisabeth Meyer (+ 1982): eine Frau verteilt an andere Menschen Brote (Bronze, Flur 29). Kurios ist die Grabstätte Karunke (ohne Datum, 1980er Jahre), wo aus Blech U-förmig eine Erinnerungsmal gearbeitet ist. Die oberen U-Arme greifen in einen Kranz, der mit Nägeln gebildet wurde (Flur 28).

Die Grabstätte Familie Troche (späte 1980er Jahre) tritt mit einer Holztafel hervor. Auf ihr ruht unter dem Kreuz zur rechten Seite hin eine Mutter mit einem Kind (Flur 28).

In Flur 26 tritt die Grabstätte Udo Steinkamp (+ 1984) auf einen zu. Der Stein führt an der Vorder- und Rückseite ineinander gesetzte Kreise, in die immer wieder ein Segmentbogen eingebracht ist.

In gleicher Flur liegt die Grabstätte Rombanski. Die mit Holz gerahmte Grabstätte setzt die Namen der Verstorbenen auf einen Querbalken und vor diesen ein doppeltes Kreuz. Hierhinter erstreckt sich die Grabstätte Arvids Werzins. Der Steinsockel, der Gemeinschaftliches sichtbar macht, halbiert sich zu zwei Stelen, die aber nach obenhin wieder in sich zuneigender Form zusammenfinden.

Getrennte Wege sind zu gehen aber ein Begegnen und Vereintsein findet wiederum statt.

Ein fein geschmiedetes Kreuz steht auf der Grabstätte von Adolf Brettschneider (ohne Daten, Flur 26).

In Flur 21 verdeutlicht ein kleines Grab (C. Massute, + 1989) mit einem qualitätvoll geschnitzten Christus- Corpus die Einswerdung mit ihm im Tod.

Bei der Grabstätte Hilbert fließt aus dem oberen Aufsatz des rechteckigen Grabsteines eine Spirale mit Tropfen. Das Motiv der Spirale (Symbol von Ewigkeit) mit einer Öffnung im Zentrum oder aber geschlossen findet sich auch rechts und links im Einfriedungsteil wieder. Das Grab ist sehr geschmackvoll bepflanzt (29.4.2003, Flur 9).

In Flur 72 fällt die Grabstätte Lewalder auf (+ 1980), weil ein feiner blauer Schriftzug, passend zum Fischmotiv auf dem Stein, den Namen des Verstorbenen hervorhebt. Das Hochkreuz mit seinen hohen Balken wirkt sehr eindrucksvoll und gruppiert alle Flure um sich.

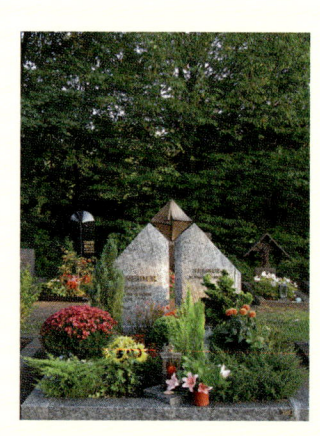

Gleich hier, in Flur 6, ist die Grabstätte Benno Bubert (+ 1994) bemerkbar. Eine sehr filigrane, schmiedeiserne Arbeit gibt Christus als den Gekreuzigten wieder.

In Flur 3 darf auf eine ausgesprochen wohl gestaltete und sehr sehenswerte

Grabstätte hingewiesen werden: Resi Löwenberg (1953-1994). Der gestufte Sockel zeigt Adam und Eva in einem Portal. Zwei Bäume greifen mit ihren Kronen ineinander und bilden dadurch den kompositorischen Rahmen eines Tryptichons. Auf der linken Tafel ist der Namen der verstorbenen jungen Frau genannt. Dem wird der des Namen des Mannes antworten. Sie werden im Paradies wieder vereint sein, denn sie halten sich an den Händen. Im Scheitel des Portals findet sich die Taube des Hl. Geistes, die hier für die Erkenntnis stehen könnte.
Sehr aufwendig ist auch die Grabstätte Helmut Schneider (+ 2001) zu nennen: zwei Granitsteine, die nach oben hin pultförmig abschrägen, tragen auf ihnen entgegengesetzten Schrägen ein Bronzequadrat, das sich zu einem Kreuz hin auffaltet.
Die Trauerhalle bietet für mindestens 100 Menschen Platz.
An ihrem Eingang ist eine Art Thorarolle in aufgerollter Form erkennbar. Sie führt den Text: „Im Gedenken an unsere jüdischen Mitbürger, die in der Zeit von 1943 – 1945 ihres Glaubens wegen umgebracht wurden".

◆ = Eingang

Wichtiges in Kürze:

Friedhof Leidenhausen
Schubertstraße, 51145 Köln
Größe:
146.000 qm
Anzahl d. Grabstätten / Grabarten:
7.770 / Wahlgräber, pflegefreie Grabkammern, pflegefreie Urnengräber, Urnenwahlgräber
Zuständiger Gärtnermeister:
Herr Schell, Tel.: 02203/186471, Fax: 186472;
E-Mail: fh-leidenhausen@netcologne.de
Ansprechpartner Friedhofsverwaltung:
Frau Aust, Tel.: 0221/2 21-25129
E-Mail: Hannelore.Aust@stadt-koeln.de
Angaben zur Trauerhalle:
291 qm, 120 Sitzplätze
Öffnungszeiten:
März: 8 - 18 Uhr   Apr. bis Sept.: 7 - 20 Uhr
Okt: 7 - 19 Uhr   Nov. - Feb.: 8 - 17 Uhr
Allerheiligen (01.11.) und Allerseelen (02.11.) schließen die Friedhöfe jeweils um 19 Uhr
Besonderheiten:
–

Haltestellen der KVB:
(H) 152, 160   U –

Eil

Der Friedhof öffnet sich von der Frankfurter Straße aus auf das Hochkreuz hin und ist breit gelagert, auf rechteckigem Grundriss, parallel zur Frankfurter Straße in Hanglage angelegt. Durch eine eindrucksvolle Heckengliederung werden die einzelnen Grabstätten und Flure benannt. Der Friedhof wurde ca. 1850 (erste Bestattung 1856 genannt) eröffnet und gliedert sich heute in 11 Flure.
Im Zugangsbereich gleich linker Hand wird das Grabmal Zimmermann erkennbar. Die Grabstätte baut auf einem rechteckigen Postament auf und bringt einen blumenwerfenden Engel zur Darstellung (Erstbestattung 1933). Bei der Grabstätte Familie Bellinghausen (Erstbestattung 1927) findet sich ein Wandgrab aus Granit, das eine betonte mittlere Kreuzstele mit einen galvanoplastisch gearbeiteten Christus aufweist.
Signiert ist die Grabstätte Eheleute Matthias Frings mit „Felten Porz". Bei der dreiteiligen Wandgrabstätte mit galvanoplastisch gearbeitetem Christus fallen die besonders gut erhaltenen Einfriedungen auf. Die hängenden Kettenglieder greifen zu eisernen Balustern, die jeweils mit einem Kreuz bekrönt sind (Granit).
Das Hochkreuz baut auf einem Granitsockel auf und ist zu einem Sitzrondell gestaltet. Der Corpus ist aus Bronze galvanoplastisch gearbeitet. Die Inschrift lautet: „Selig sind die Toten, die im Herrn Sterben, Off. 14, 13".
Gleich rechts hinter dem Hochkreuz fällt die Grabstätte Broicher (Erstbestattung 1929) auf. Das Grabkreuz ist dem Hochkreuz ähnlich. Es baut auf einem belgischen Granitsockel auf und schildert Christus am Kreuz in ausdrucksvoller galvanoplastischer Arbeit. Die oberen Kreuzenden schliessen mit Dreipässen.
Der Weg führt schließlich auf die Grabstätte der bedeutenden Landwirtsfamilie Meller zu. Durch die Mittelstele und einbeschriebene Pfeiler verschiedener Formen wird das Grab in fünf Achsen unterteilt.
Auf dem mittleren Sockel erscheint betont Christus als der Auferstandene, der mit weitgeöffneten Armen auf die Verstorbenen hin zugeht, sich zu ihnen hinwendet und sie zu erwecken scheint (ca. 1890, Hauptweg). Sie kann ohne weiteres mit den großen Wandgrabstätten, die zu dieser Zeit auf dem Kölner Melatenfriedhof ebenso aufwendig geschaffen wurden, verglichen werden.
Die in Flur 5 auffindbare Grabstätte Broscheidt (Erstbestattung 1915) zeigt ein auffälliges, dreiteiliges Wandgrab mit mittlerer Stele auf einem Dreieckssturz. In ihm eingelassen ist der verstorben, am Kreuz wiedergegebene Christus, der von Maria und Johannes beweint wird. Die Sonne und der Mond werden als Symbole des trauernden Kosmos seitlich vom Kreuz dargestellt. Auch die Laternen sind aus der Entstehungszeit des Wandgrabes. Schräg gegenüber hiervon erscheint die Grabstätte Paul Zims (+ 1921) mit einer denkmalwerten Kreuzstele aus belgischem Granit.
Bei der Grabstätte des Schmiedemeisters Wilhelm Zündorf (1857-1920) wird ein Sockel aus belgischem Granit sichtbar. Auf diesem ruht ein kräftiger, unregelmäßig zugeschlagener Granitblock auf, der linksseitig mit einen Palmzweig geschmückt ist, der von unten ansteigt und nach oben rechts gebogen ist.
Direkt an der Frankfurter Straße liegen weitere Wandgrabstätten aus Granit: etwa die Grabstätte Franz Langel (+ 1939), ein zeitspezifisches Wandgrab aus Granit mit mittelbetonter Kreuzstele, die einen galvanoplastisch modellierten Christus wieder gibt; die Grabstätte Familie Josef Krämer (Erstbestattung 1937) baut als Wandgrab auf, das nach oben hin mit einem Kreissegment beschließt. In diesem ist der schmerzhafte Christus in Form eines Tondo mit Dornenkrone eingegeben;
die Ruhestätte der Familie Engels (zwischen Flur 1 und Flur 3), am Querweg gelegen: eine dreiteilige Wandgrabstätte, deren mittlere Stele ansteigend geschwungen ist und im Tondo Christus als den Verstorbenen schildert.

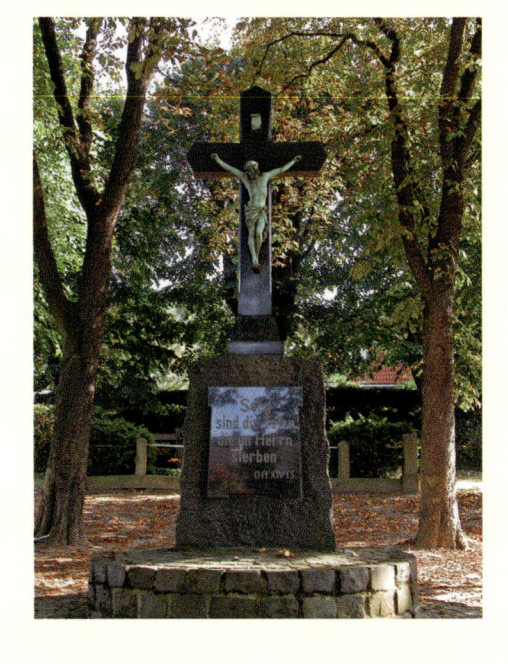

Zum Friedhofseingang (zwischen Flur 3 und Flur 5) lässt sich die bestens erhaltene Grabstätte der Familie Backhausen (Erstbestattung 1930) auffinden. Sie folgt dem Typus der über Eck gestellten Kreuzstele. Auf einem quadratischen Sockel (Kunststein) erhebt sich eine quadratische, gesockelte Granitstele, die über Eck zum Sockel steht. Aus ihm heraus erhebt sich wiederum über Eck das Kreuz, das einen galvanoplastisch geformten Christus wiedergibt.

Im nördöstlichen Hangbereich (Flur 9) steht die Trauerhalle in Form einer kleinen Kapelle. Sie fasst etwa 20 Personen.

In ihrer Nähe ist die Grabstätte der Familie Vogt (Erstbestattung 1966) bildhauerisch hervorzuheben. Im unteren Bereich der Stele wurde ein Querbalken ausgeformt (wie beim Petruskreuz). Er nimmt die Namen der Verstorbenen auf. Die hiervon aufsteigende Stele beschließt ein scheibenartiges Kreuz.

Sehr eindrucksvoll und künstlerisch auffällig darf die Grabstätte von Rembert Schütte (1950-2002) genannt werden. Sie zeigt eine Granitstele, in die Bronzeplastiken eingefügt sind. Im Vordergrund kommt eine durchlöcherte menschliche Hülle zur Ausformung. Nach hinten zu schreitet ein wohl geformter Körper auf eine große, runde Öffnung zu, die tunnelartig wirkt. So wie es auch verstanden werden kann: Der Eintritt des Menschen in diese Welt erfolgt durch den Tunnel (Geburtskanal). In seinem Sterben betritt er wiederum einen tunnelartigen Kanal, durch den hindurch er schreiten muss, um hiernach zu einem neuen Seinszustand gewandelt zu sein.

Wichtiges in Kürze:

Friedhof Eil
Frankfurter Straße, 51145 Köln
Größe:
8.000 qm
Anzahl d. Grabstätten / Grabarten:
930 / Wahlgräber
Zuständiger Gärtnermeister:
Herr Schell, Tel.: 02203/186471, Fax: 186472;
E-Mail: fh-leidenhausen@netcologne.de
Ansprechpartner Friedhofsverwaltung:
Frau Aust, Tel.: 0221/2 21-25129
E-Mail: Hannelore.Aust@stadt-koeln.de
Angaben zur Trauerhalle:
28 qm, 6 Sitzplätze
Öffnungszeiten:
März: 8 - 18 Uhr   Apr. bis Sept.: 7 - 20 Uhr
Okt: 7 - 19 Uhr   Nov. - Febr.   8 - 17 Uhr
Allerheiligen (01.11.) und Allerseelen (02.11.) schließen die Friedhöfe jeweils um 19 Uhr
Besonderheiten:
Kriegsgräber

Haltestellen der KVB:
H 160, 152   U -

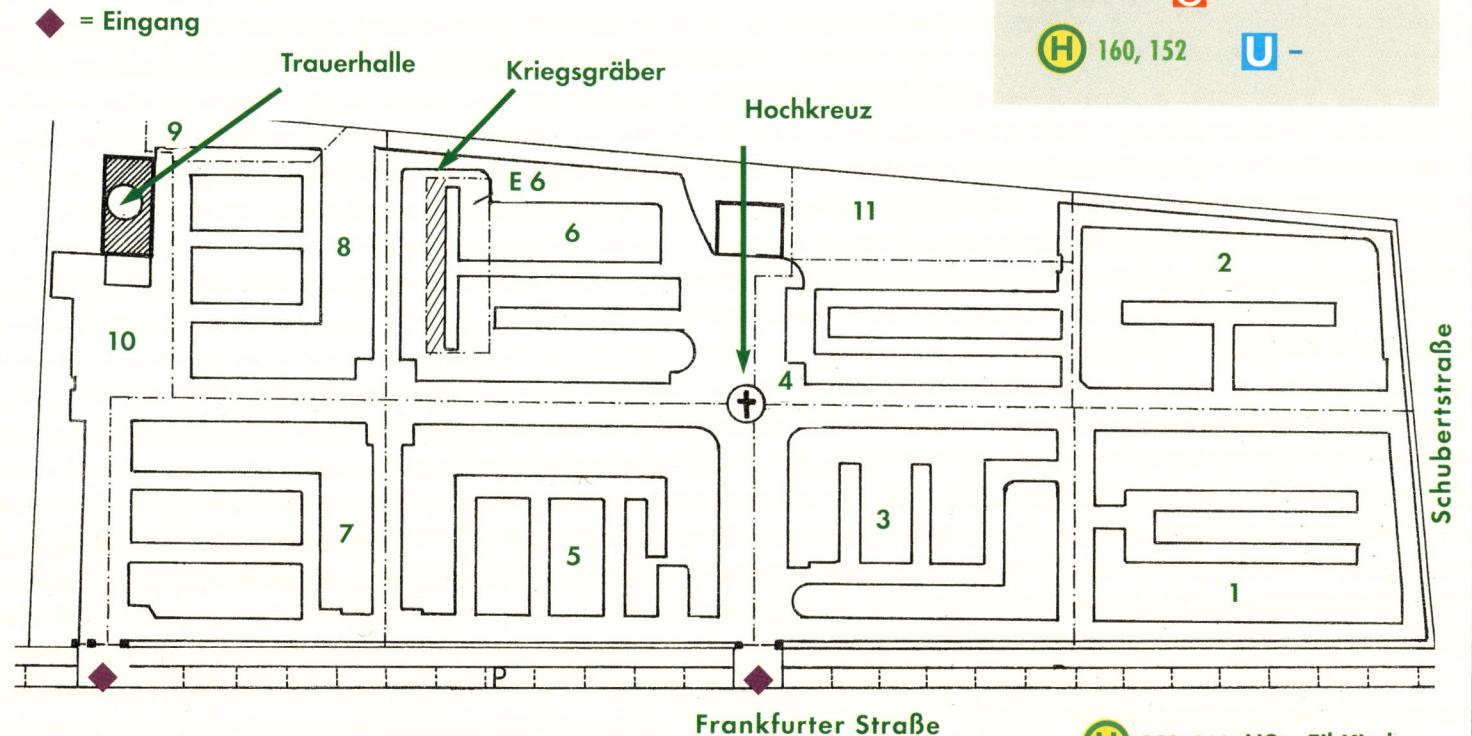

Ensen

Der Friedhof wurde 1862 angelegt. Er öffnet sich von der Kölner Straße aus in nordöstlicher Richtung. Die frühen Grabstätten liegen zwischen den Fluren 1 bis 4. Sie benennen das Gedächtnis mit den auf vielen Kölner Friedhöfen zu findenden typischen Kreuzstelen.

Die mit R. Dunkel, Melaten signierte Grabstätte Josef Robakowski zeigt eine solche (wiederverwendet) um die Jahrhundertwende entstandene. Hier wird auch deutlich, dass die bekannten Kölner Werkstätten auch außerhalb des Stadtgebietes Aufträge wahrnahmen. Die aus belgischem Granit aufgebaute Grabstele lässt Wurzelwerk über die Stirnseite aufwachsen. Dieses geht über zu einem Baumkreuz, das das Monogramm Christi „IHS" ausweist.

Mit der Grabstätte Bäumers (Erstbestattung 1913), die als dreiteiliges Wandgrab gegliedert ist, wird an die Landwirtsfamilie erinnert. Im Sockel wird ein Bauer geschildert, der mit einem Holzpflug pflügt, der von einem Pferd gezogen wird. Nach oben beschließt das ganze mit einem Kreuz. Rückwärtig hierzu gelegen ist die heute wiederverwendete Grabstätte Johann Reinold (Erstbestattung 1918). Auf einem rechteckigen mit Blattwerk geschmückten Sockel trauert eine im Muschelkalk geschaffene Frau. Sie hält mit ihrer linken den Stein und verdichtet das Andenken an die Verstorbenen, indem sie auf die Grabplatte Rosen wirft. Mit ihrer rechten hält sie, in sich tief gefasst, das gebundene Rosenbukett.

Zurückkehrend zum Hauptweg findet sich die Grabstätte Jakob Gürges (Erstbestattung um 1920) als dreiteilige Wandgrabstätte aus Basalt auf, die von den Seiten ausgehend nach oben hin ansteigt. Der mittlere Teil lässt ein fein, im körperplastischen Relief modelliertes Kreuz hervortreten, das nach oben hin mit einem scheibenförmigen Kranz umfangen ist. In der Mitte wird Christus im Marmortondo gezeigt (alles Flur 1). Die aus Muschelkalk gefertigte Grabstätte der Familie Höller (1928) erstreckt sich hierzu rückwärtig (Flur 10). Die zweigeteilte Grabstätte führt im Aufsatz ein angeschnittenes Kreuz, das Christus im Tondo als den dornengekrönten Verstorbenen wiedergibt.

An die große Anzahl der Opfer des 2. Weltkrieges gemahnen die vielen Erinnerungssteine (Flur 9). Die zwei Birken bilden zusammen mit dem großen Steinblock ein eindrucksvolles Ensemble.

Eine Wandgrabstätte aus belgischem Granit, die eine Kreuzstele trägt, deren Corpus verloren ist, überfängt kurz vor Ende des Hauptweges die Ruhestätte der Familie Peter Wirtz (Erstbestattung 1939).

In einer eigenen Flur (22) eröffnet sich die querrechteckig T-förmig gestaltete Grabstätte der Alexianer-Brüder von Ensen. Das Kreuz baut mehrfach gestuft auf und führt geschwungene Enden. Der Corpus des toten Christus ist von großer Dynamik durchdrungen; geradezu wird das Wirken der Brüder als in der Nachfolge des Kreuzes stehender Dienst verdeutlicht (Bronze).

Die Alexianer waren im Jahre 1908 von der Wolkenburg in Köln nach Ensen umgezogen und betreuten die großen psychiatrischen Kliniken. Dicht hierbei liegt die Grabstätte des ehemaligen Pfarrers und Definitors von Ensen-Westhoven (1926), Pfr. Cornelius Koenen. Die Kreuzstele aus Diabas zeigt Christus am Kreuz sterbend über einem Kelch, aus dem eine Hostie emporsteigt.

Hierneben sind zur Ruhe gebettet Pfr. Nikolaus Vogt und seine Schwester. Die dreiteilige Grabstätte ist tryptichonartig aufgefasst. Das mittlere Grabkreuz weist vergoldete Enden auf; lesbar ist die Inschrift: „ob wir leben oder sterben, wir gehören dem Herrn an (Röm. 14, 8), Halleluja". Sogleich daneben (alles Flur 18) wird mit einer liegenden, pultförmig geschrägten Grabplatte an die Grab-

Rat und Hilfe bei Trauerfällen sowie Bestattungsvorsorge

Bestattungshaus Wiedenau

Tag und Nacht dienstbereit

Elisenstraße 15 + 12
51149 Köln-Porz-Ensen
Tel. (0 22 03) 1 55 18

Erledigung aller Formalitäten
Überführungen
Erd-, Feuer-, See- und Anonym-Bestattungen

Bestattungen auf allen Friedhöfen im Kölner Stadtgebiet

GARTENBAU UND FRIEDHOFSGÄRTNEREI

NEUANLAGE UND PFLEGE VON GRÄBERN AUF ALLEN PORZER FRIEDHÖFEN

TRAUERFLORISTIK

GARTENGESTALTUNG UND PFLEGE

GANZJÄHRIGER VERKAUF AM HAUS

Ihr Gärtnerteam
Königsfeld & Brandl

KÖLNER STR. 186   51149 KÖLN PORZ-ENSEN   TEL.: 0 22 03 / 18 69 36   FAX: 18 69 37
Service@Koenigsfeld-Brandl.de
www.Koenigsfeld-Brandl.de   www.Gaertnerteam.de   www.Grabpflegeteam.de

---

Bestattungen Hampel

Gegr. 1883

Kielsweg 5

51105 Köln/Poll

Tel. (0221) 83 65 40

stätte des Pfarrer Scheurer, Pfr. von Westhoven (1849-1893) erinnert. Ihm ist es maßgeblich zu verdanken, dass der Friedhof hier angelegt wurde.
Ein geradezu filigran gestaltetes Grabkreuz, das Christus am Kreuz sehr lebendig auffasst, kennzeichnet die Grabstätte von Pfarrer Till Jakob Bonne (1903-1957).
Aus den 1920er Jahren stammt die Grabstätte Bröscher. Hier wird ein rechteckiger Stein nach oben hin pyramidal beschlossen. Ein kreuzförmiges Bronzerelief mit dem dornengekrönten Christus will Trost spenden.
Die Grabstätte Frau Elisabeth Reinold (Erstbestattung 1909) darf, mit ihren spielerisch dekorativen Formen, als im Geist des Jugendstils sich öffnende Grabstele betrachtet werden.
Erneut eine Kreuzstele auf belgischem Granitsockel findet sich bei der Grabstätte Reinold (Erstbestattung 1905). Das Kruzifix ist galvanoplastisch geschaffen.
Die in Wiederverwendung stehende Grabstätte Weisbrod ist signiert mit Steinnus Melaten, Aachener Straße. Das Grabkreuz der 1920er Jahre will Steine, die zu einem Hügelpostament zusammen gelegt sind, in stilisierter Weise darstellen. Nach oben hin verdichtet sich das ganze über schräg zulaufende Seitenteile zum Kreuz mit galvanoplastisch gestaltetem Christus (Flur 2).
Vom Erscheinungsbild folgt auch der kommunale Friedhof in Ensen den häufig im rechtsrheinischen zu findenden Heckenfriedhöfen, die einzelne Grabstätten oder Grabfelder einfrieden. Der reiche Baumbestand macht ihn zu einem meditativen Platz, an dem das Sterben als ein Zurückfinden zum Schöpfergott erfahren werden kann.

Wichtiges in Kürze:

Friedhof Ensen
Kölner Straße, 51149 Köln
Größe:
13.100 qm
Anzahl d. Grabstätten / Grabarten:
2.000 / Wahlgräber
Zuständiger Gärtnermeister:
Herr Schell, Tel.: 02203/186471, Fax: 186472;
E-Mail: fh-leidenhausen@netcologne.de
Ansprechpartner Friedhofsverwaltung:
Frau Aust, Tel.: 0221/2 21-25129
E-Mail: Hannelore.Aust@stadt-koeln.de
Angaben zur Trauerhalle:
73 qm, 25 Sitzplätze
Öffnungszeiten:
März: 8 - 18 Uhr   Apr. bis Sept.: 7 - 20 Uhr
Okt: 7 - 19 Uhr   Nov. - Febr.   8 - 17 Uhr
Allerheiligen (01.11.) und Allerseelen (02.11.)
schließen die Friedhöfe jeweils um 19 Uhr
Besonderheiten:
Kriegsgräber

Haltestellen der KVB:

H -   U 7, 8

◆ = Eingang

✝ Bestattungen

J. Langel
seit 1926

Tag und Nacht bereit
Tel.: (0 22 03) 3 11 39

– Erledigung aller Formalitäten
– Überführungen
– Erd-, Feuer- und Seebestattungen

Heumarer Strasse 12-16 • 51145 Köln-Porz-Eil

Langel

Der Friedhof öffnet sich vom Schrogenweg in rechteckiger Form und verfügt über 12 Flure. Er wurde in den 1960er Jahren eröffnet.
Am Ende des Hauptweges liegt die Trauerhalle. Sie fasst etwa 25 Personen. Linker Hand wird sie von einem Hochkreuz flankiert (Granit). In der Nähe der Trauerhalle (Urnenbestattung Flur 12 U) fällt die Grabstätte Simone Bohn (1971-1999) auf. Das Grab ist mit Kieseln eingefriedet und mit einem hellen Marmorblock hinterfangen. Er steigt trapezoid an und trägt einen Kreis. Dieser ist mit einer Muschel gefüllt. Seit Jahrhunderten gilt die Muschel als Symbol der Unsterblichkeit der Seele und damit auch als Auferstehungssymbol. Zwei Grabstätten hierneben ist auf der rechten Seite der Grabstätte Hilde Spees (+ 1998, Urnengrab mit Granitplatte) ein gesatteltes Kamel zu erkennen (Flur 12 U).
An der rechts von der Trauerhalle sich erstreckenden Wand ist ein bruckstückartiges Teil eines Hochkreuzes erhalten, das die fünf Wundmale Christi in exzerpierter Form (ohne Corpus) schildert: die beiden Füße, die beiden Hände sowie ein mit Nägeln getroffenes Herz. Nach oben wird die Stele mit der Dornenkrone beschlossen (Ende 19. Jht.).
In Flur 7 lässt sich die feine schmiedeeiserne Arbeit der Grabstätte Knut Nell (+ 2001) finden. Das Grab ist mit schmiedeeisernen Einfriedungen gefasst. Das Kreuz ist mit seinen stilisierten Blättern Süddeutschen formverwandt.
Ein weiteres, sehr kompaktes schmiedeeisernes, mit Wellungen belebtes Kreuz benennt auch die Grabstätte Eich / Piller (Erstbestattung 1979).
Die Granitstele der Grabstätte Dr. Uwe Blum (1945-1990) baut auf einem gewinkelten Grundriss auf, wodurch ein T-förmiges Kreuz ausgebildet wird. Die Basis zitiert das Christusmonogramm „Chi" und „Rho". Die Inschrift lautet: „Des Lebens Ruf an uns wird niemals enden. Wohlan denn, Herz nimm Abschied und gesunde".
Aus hellem Kalkstein ist das Grabkreuz der Grabstätte Karl Haas (1945- 1992) gearbeitet. Es beschreibt eine geschwungene Form mit dekorativen Blattbordüren, die wie mit Bändelwerk aufgelegt sind.
Im Abschluss des Medaillon erscheint Christus als der Gekreuzigte (Flur 7).
Die Grabstätte Familie Scheben weist ein für die 1940er Jahren zeittypisches dreiteiliges Wandgrab in Granit auf, zeittypisch ist auch das eingravierte Bildnis. Es spricht antike Formsprache: ein jugendlicher Mann in kurzer Tunika verabschiedet sich von einer Frau, die in einem langen römischen Gewand wiedergegeben ist (Flur 7).
Die Grabstätte Schröder / Thiel fällt durch ihre Bildsprache auf (Flur 2). Auf dem Basaltgrabstein sind rechts Ähren mit einem Kreuz wiedergegeben, links ein Kreuz mit Blättern und Blumen. Der mittlere Teil wird gebildet von einem geschmiedeten Kreuz aus Eisen. Durch die Ähren wird auf das eucharistische Mahl hingewiesen.
Bei der Grabstätte Dr. Johannes Hermes (+ 1955) ist ein gestufter Rechteckblock aus Granit gebildet, der ein griechisches Kreuz mit Christus-Tondo aufweist. Er ist mit Dornenkrone bekrönt.
Oberhalb der Flur 5 befinden sich die Gedächtnissteine für die Gefallenen des 2. Weltkrieges. Der Weg um die Steine herum ist zum Halbkreis gebogen.
In Flur 9 ist eine Grabstätte der zuletzt Verstorbenen ehemaligen katholischen Pfarrer von Langel angelegt: Edmund Rendel (+ 1956), Peter Hachenberg (+ 1970).
Hierneben das Wandgrab der Familie Esser (Erstbestattung 1927, Granit). Das Mittelteil wird von einem Granitkreuz gebildet, auf dem ein galvanoplastisch gebildeter Corpus befestigt ist.

Aus der frühen Zeit (vom alten Friedhof wohl hier hin versetzt) stammt die Grabstätte Johannes Scheben (Erstbestattung 1920, dreiteiliges Wandgrab mit galvanoplastisch gearbeitetem Christus). Formverwandt hierzu ist die Grabstätte Hermes / Banz (Granit). Die Kreuzstele wächst aus Stufen heraus.

Mit einer sich nach oben hin verbreiternden Basaltstele beschließt die Grabstätte Anneliese Zierer (+ 1940). Sie ist im Aufsatz mit einer Art Blattornament bekrönt (alles in Flur 9).

In Flur 5 wurde bei der Grabstätte Dahmen (ca. 1967) ein feiner Schieferblock verwandt, der findlingsartig wirkt. Er zeigt auf der rechten Seite eine in Bronze gearbeitete, in leichter Formsprache dargestellte Maria, die das Jesuskind trägt. Auch marianisch von der Aussage her ist die Grabstätte Hinzen / Grah in Flur 12. Hier flankieren zwei mit farblichen Strukturen durchdrungene Stelen eine Bronzeplastik der still betrachtenden und betenden Gottesmutter.

Wichtiges in Kürze:

Friedhof Langel
Schrogenweg, 51143 Köln

Größe:
8.600

Anzahl d. Grabstätten / Grabarten:
980 / Wahlgräber

Zuständiger Gärtnermeister:
Herr Schell, Tel.: 02203/186471, Fax: 186472;
E-Mail: fh-leidenhausen@netcologne.de

Ansprechpartner Friedhofsverwaltung:
Frau Aust, Tel.: 0221/2 21-25129
E-Mail: Hannelore.Aust@stadt-koeln.de

Angaben zur Trauerhalle:
60 qm, 20 Sitzplätze

Öffnungszeiten:
März: 8 - 18 Uhr   Apr. bis Sept.: 7 - 20 Uhr
Okt: 7 - 19 Uhr   Nov. - Febr. 8 - 17 Uhr
Allerheiligen (01.11.) und Allerseelen (02.11.) schließen die Friedhöfe jeweils um 19 Uhr

Besonderheiten:
Kriegsgräber

Haltestellen der KVB:
H 164, 501   U –

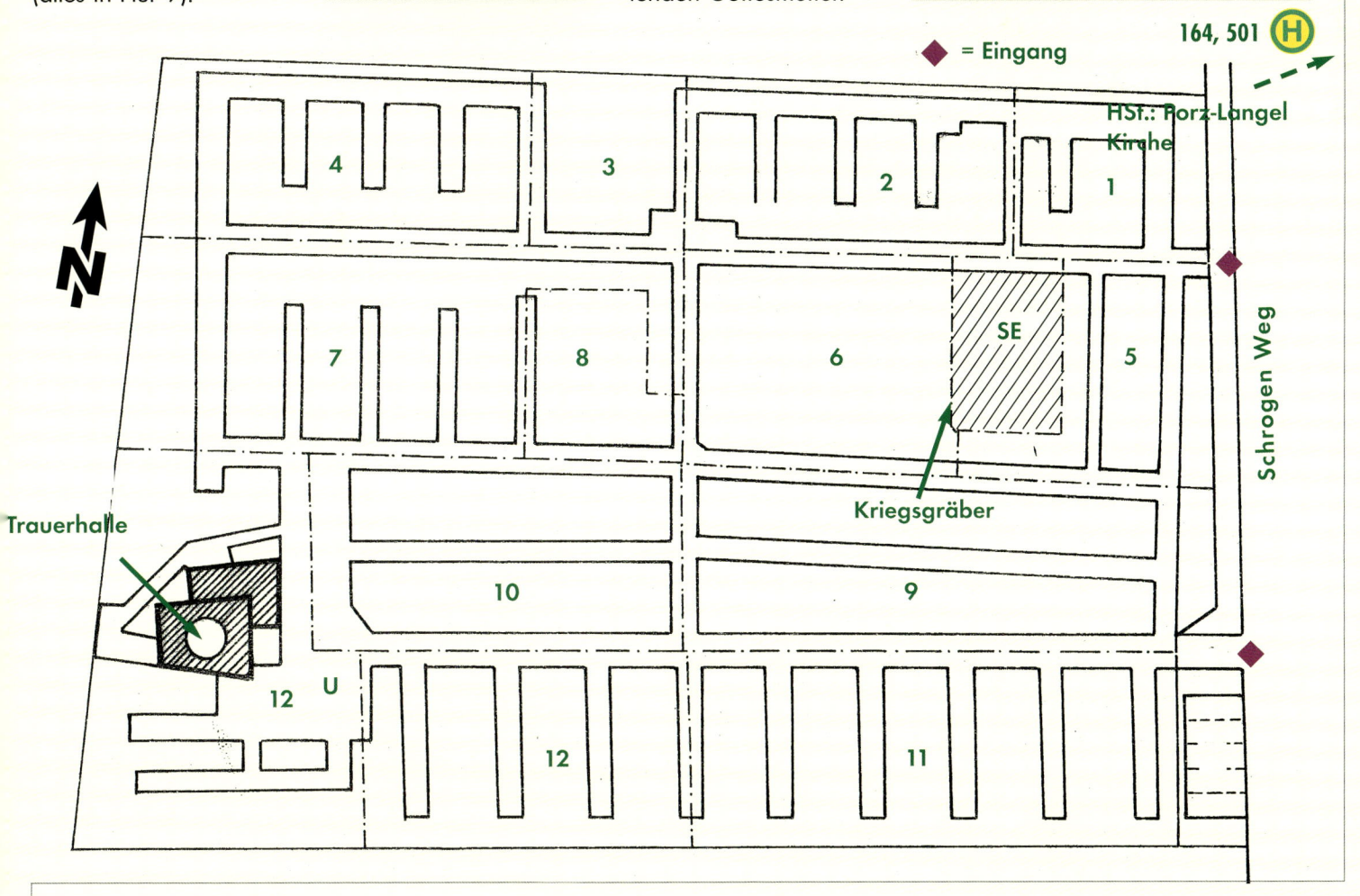

Libur

Libur verfügt über zwei Friedhöfe: den alten an der Nordseite der Kirche St. Margarethen sowie den in den 1960er Jahren angelegten Friedhof am Stockumer Weg.
Die Trauerhalle des neuen Friedhofs stammt aus den 1960er Jahren und fasst ca. 30 Personen. Der Friedhof ist auf insgesamt 11 Flure ausgerichtet, wobei lediglich die Flure 1-3 belegt sind.
Bei der Grabstätte der Familie Bulig ist an den rechteckigen, niedrigen Grabstein linksseitig eine Bronzestele angesetzt, die nach oben hin mit dem auferstehenden Christus beschließt, der die Auferstehungslanze in der Hand hält. Die Inschrift lautet: „Ich aber habe den Tod überwunden". Das Christusmonogramm wird im unteren Abschluss gezeigt (Flur 1).
An diesem Weg liegt auch die Grabstätte Patrick J. Molloy (+ 1999). Seiner irischen Herkunft entsprechend scheint das Grabkreuz wie ein irisches Hochkreuz angelegt zu sein. Auf den Kreuzenden wird der Shamrock, der irische Weißklee, sichtbar. Mit ihm erklärte der Hl. Patrick den Begriff der Dreifaltigkeit. Er ist seither das Symbol für die Kultur und Musik Irlands. Nach unten hin schließt die Grabstele mit einer „keltischen" Harfe ab (Flur 4). 
Auf der Grabstätte Margaretha Gaidzik (Erstbestattung 1987) ist ein helles Scheibenkreuz in Stein mit einer Blüte im Zentrum wiedergegeben (Flur 3).
Bei der Grabstätte Familie Werner Becker (Erstbestattung 1992, Flur 3) stehen zwei Basaltplatten verschiedener Höhe nebeneinander. Am rechten Stein sind Ähren zu erkennen. Der linke gibt einen „bäuerlichen" Sämann wieder. Die Inschrift lautet: „Wenn das Weizenkorn nicht in die Erde kommt und stirbt, bleibt es allein. Stirbt es aber so bringt es reiche Frucht" (Joh. 12, 24).
In einer Grabstätte ruhen die nach der Titelheiligen der Liburer Kirche benannten Frauen Margarethe Besgen (+ 1977) und Margarethe Marti (2001). Ein Scheibenkreuz in hellem Kalkstein ist als Form gewählt; die Umschrift lautet: „Herr Gott, du bist unsere Zuflucht für und für" (Ps. 90, 1).

Hinter der Trauerhalle (Ecke Straße Stockumer Weg /Freiheit) erinnert das „Brölskreuz" an Jodocus Bröl (+ 1862) sowie an Clara Küster (1858). Das Hochkreuz wurde von den Kindern gestiftet und führt einen gestuften Aufbau. Nach oben hin beschließt die Stele mit einem Baldachin. In ihm befindet sich die betende Gottesmutter, die an Immaculatabilder (1854, Dogmatisierung der unbefleckten Empfängnis Mariens) denken lässt, signiert mit „Richartzhagen, Refrath, Bergisch Gladbach".
Der alte Friedhof geht bis ins 17. Jht. zurück. Er ist nördlich der Kirche zu finden und folgt einem rechteckigen Grundrissbild. Er öffnet sich von der Pastor Huthmacher Straße aus zum Barockkreuz des 17. Jht. hin.
Die hoch ansteigende Kreuzstele zeigt im mittleren Teilstück die schmerzhafte Gottesmutter (Schwert im Herzen) und den Lieblingsjünger Johannes. Beide sind mit einer Sonne überfangen, in der das Auge Gottes erkennbar ist. In barocker Manier ist Christus am Kreuz ausdrucksstark dargeboten.
Direkt dahinter befinden sich eine Reihe von Grabstätten, die den verstorbenen Pfarrern von Libur gewidmet sind, etwa: „Hier ruht die irdische Hülle des Hochwürdigen Herrn Pastor Altsiefen, Stifter der hiesigen Pastorath und erster Pfarrer. Er starb am 14.7.1866." Eine Grabplatte ziert eine Rechteckoffnung, in die ein Kelch mit Hostie hineingegeben ist.
Hier hinter liegt der Pfarrer Hermann Caesen (+ 1884). Die Kreuzstele ist mit gotisierendem Maßwerk überfangen. Im oberen Bereich schließt ein Dreipass mit den priesterlichen Emblemen, dem Kelch und der Hostie. 
Auf der neben ihm erkennbaren Kreuzstele ist zu lesen: „Hier ruht in Gott der hochwürdigste Herr Pfarrer Hubert Huthmacher, Erbauer der Kirche (1862-1915), die dankbare Gemeinde."
Gleich nebenan die Grabstätte für den hochwürdigen Johann Krieper (1857-1890). Wiederum werden

die priesterlichen Symbole, diesmal auf der neogotischen, aufwachsenden Kreuzstele benannt. Der Spitzbogen ist überfangen mit einem Dreiblatt, das symbolisch auf die Dreifaltigkeit hin deutbar ist. Nach oben hin beschließt das ganze mit einem Kreuz.
Hierneben das große Kreuz, das an den langjährigen Pfarrer von Libur erinnert, Prof. Adolf Kaelsbach, der hier von 1938-1974 seelsorgerisch wirkte.
Mehr zur Kirche hin wird mit einer Kreuzstele und trauernden Muttergottes im Tondo an Johann Neuhöfer (1831-1930) gedacht. Zitat: „In seinem hundertsten Lebensjahre" (Korpus fehlt, Grabplatte unbefestigt).
Nahe hiervon ist die vom Geist des Jugendstil geprägte Kreuzstele für Katharina Neuhöfer (+ 1922) auffällig. Trapezoid läut der Sockel der Grabstätte nach oben hin und trägt eine fein gravierte Bordüre (Granit, Corpus galvanoplastisch).
An der Ost- und Nordseite der Friedhofsmauer befinden sich eine Reihe von sehr qualitätvollen barocken Grabkreuzen (z.B. Kreuzigung, Schmerzhafte Madonna etc.). Eine von 1662 spricht von „in Gott selig entschlafen".

Erwähnenswert sind auch noch die beiden Grabstätten Familie Schuck (ca. 1920, dreiteiliges Wandgrab, belgischer Granit mit Christustondo) sowie daneben die Grabstätte Laufenberg (Granitstein mit Christus am Ölberg in eingravierter Form).
Zum Ausgang hin nimmt einen die Grabstätte von Renate (1945-1951) mit in die Trauer hinein. Die kubisch aufgebaute Grabstätte stellt ein kleines Engelchen dar, das sich, tief betroffen, auf den Stein stützt und eine Blume auf das Grab hin wirft.

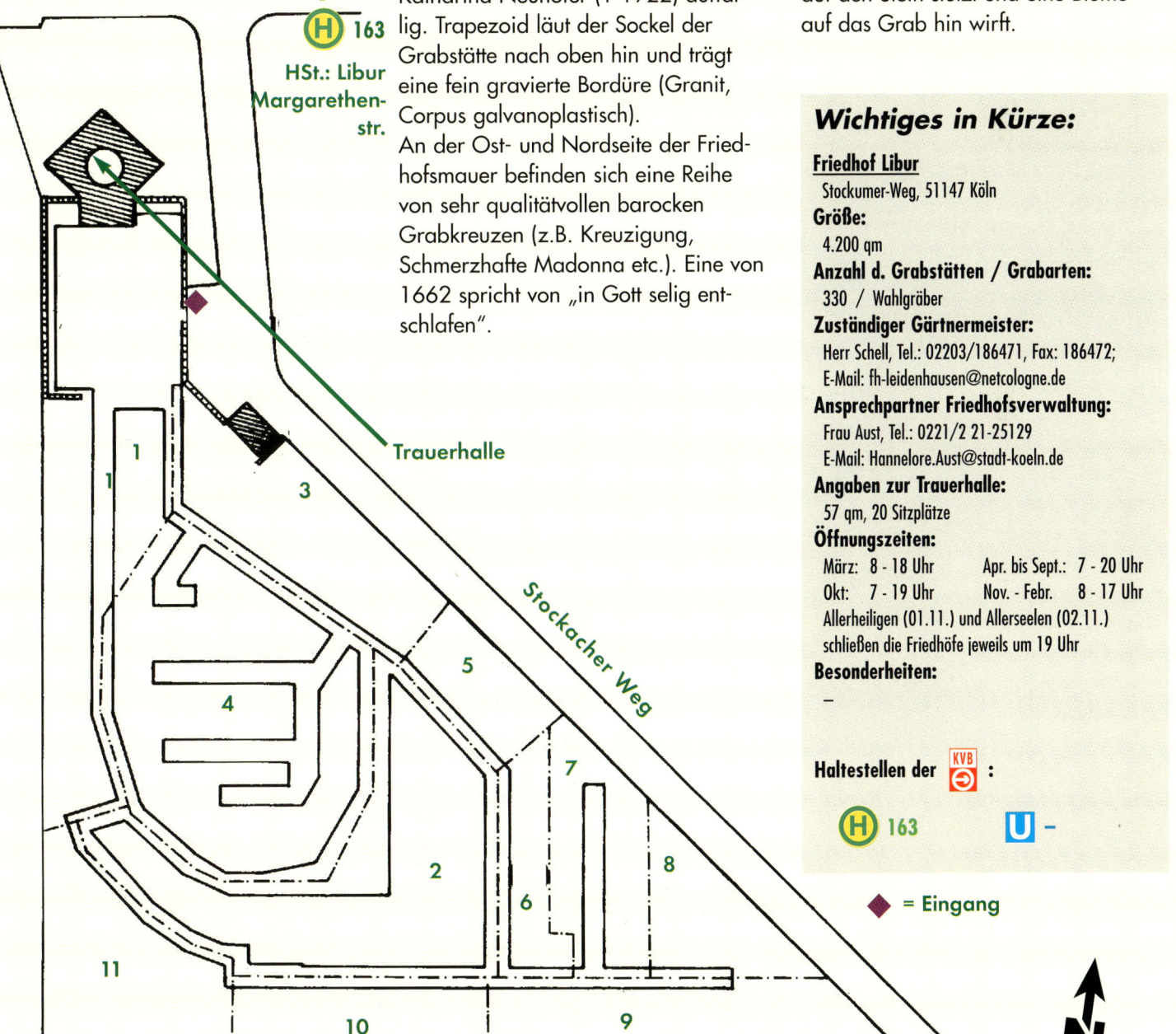

Wichtiges in Kürze:

Friedhof Libur
Stockumer-Weg, 51147 Köln
Größe:
4.200 qm
Anzahl d. Grabstätten / Grabarten:
330 / Wahlgräber
Zuständiger Gärtnermeister:
Herr Schell, Tel.: 02203/186471, Fax: 186472;
E-Mail: fh-leidenhausen@netcologne.de
Ansprechpartner Friedhofsverwaltung:
Frau Aust, Tel.: 0221/2 21-25129
E-Mail: Hannelore.Aust@stadt-koeln.de
Angaben zur Trauerhalle:
57 qm, 20 Sitzplätze
Öffnungszeiten:
März: 8 - 18 Uhr   Apr. bis Sept.: 7 - 20 Uhr
Okt: 7 - 19 Uhr   Nov. - Febr. 8 - 17 Uhr
Allerheiligen (01.11.) und Allerseelen (02.11.) schließen die Friedhöfe jeweils um 19 Uhr
Besonderheiten:
—

Haltestellen der KVB:
H 163   U —

◆ = Eingang

Niederzündorf

Der Friedhof von Niederzündorf befindet sich zwischen der alten romanischen Michaeliskirche (12. Jht., Chor 17. Jht.) und der neogotischen Kirche St. Maria Geburt (1895-1897). Der typische Ortsfriedhof, der kontinuierlich bis in unsere Zeit belegt wurde, erstreckt sich über insgesamt 6 Flure und öffnet sich vom Burgweg aus. Im Zugangsbereich lässt sich die Grabstätte Familie B. Courth (Erstbestattung 1922) bemerken. Ein dreiteiliges Wandgrab aus Granit, das in der mittleren Tafel ein sechseckig gerahmtes Bildfeld führt. Es gibt Christus als den Guten Hirten wieder, der ein Lamm im Arm trägt, das er aus einem Dornengebüsch befreit hat. Die Schriftstelle bei Math. 18, 12-14 lautet: „Was meint ihr? Wenn jemand hundert Schafe hat und eines von ihnen sich verirrt, lässt er dann nicht die neunundneunzig auf den Bergen zurück und sucht das verirrte? Und wenn er es findet - amen, ich sage euch: er freut sich über dieses eine mehr als über die neunundneunzig, die sich nicht verirrt haben. So will auch euer himmlischer Vater nicht, dass einer von diesen Kleinen verloren geht."

Am gleichen Weg liegt die Grabstätte der Landwirtsfamilie Broicher, eine feine in belgischem Granit angelegte, großräumige Wandgrabstätte. Das geschwungene mittlere Abschlussteil, auf dem ein Kreuz aufruht, zeigt in der Mitte unter einem Dreipass eingelassen, einen in Bronze modellierten Christus, der das Kreuz seines Leidens trägt. Weiterhin auffällig sind in dieser Flur aber auch zur Flur 3 reichend, eine Reihe von Kreuzstelen, die teilweise in Wiederverwendung stehen. Sie datieren fast ausnahmslos aus der Jahrhundertwende des 20. Jht. Sie sind in belgischen Granit (Sockelzone) mit einer aufsetzende Kreuzstele gefertigt; häufig ist eine Tondo angebracht.

Fein mit einer, dem Jugendstil verpflichteten, umlaufenden Rosenbordüre geschmückt ist das dreiteilige Wandgrab der Geschwister Schröder (Erstbestattung 1925).

Direkt an der Südeite von St. Michael begleitet den Granitblock der Grabstätte Hübbelmann ein aus Bronze ziseliertes Bäumchen.

Zurück zur Flur 1 (Hauptweg) ist bei der Grabstätte Familie Voosen eine Kreuzstele wiederverwandt, die in einem ovalen Medaillon die anbetende Gottesmutter den Friedhofsbesuchern als Vorbild vor Augen hält.

Die Kreuzstele der Grabstätte Leo Hanf (Erstbestattung 1935) bildet im Sockel einen Steinhügel nach. Sie beschließt mit einem Baumkreuz, das als Baum des Lebens gedeutet werden kann. Das neue Leben hat Christus den Menschen erschlossen, was der Tondo begreiflich macht.

Bei der Grabstätte Meunier (u.a. bestattet: Dr. med. K. Meunier, Sanitätsrat, 1850-1911) tragen zwei schwere Säulen einen Dreieckssturz, auf dem das Kreuz aus Granit aufruht. Das Kruzifix ist galvanoplastisch geformt. Von der großen Bedeutsamkeit der Familie Immendorf (Jacob, 1822-1887), die in Zündorf eine Brauerei besaßen, spricht auch ihre Grablege. Das große geschwungene Wandgrab zeigt auf den flankierenden Pfeilern Gefäße, die mit Rosenkränzen umwunden sind. Die Wandteile schwingen zu einem Postament hin, von dem aus ein Engel (galvanoplastisch, wohl Geislingen) schützend seine Arme auf die Bestatteten hin reicht.

Der Engel steht vor einem Kreuz, das ihn als einen Verkündigungsengel ausweist, der den Menschen das Kreuz als Erlösungszeichen deutet (Flur 1). Die Grabstätte Augstein (im Geist der 1920er Jahre) gliedert sich als dreiteiliges Wandgrab aus Kunststein (Erstbestattung 1938). An den Seiten sind den Pfeilern integrierte Laternen erhalten. Im farbstarken Mosaik wird der im Grab liegende Christus mit goldenen, blauen, gelben und weißen Steinchen hervorgehoben. So wie er im Grab gelegen hat und dann von den Toten auferstanden ist, so können auch die Menschen sich ihn als den Zugang zum Leben erhoffen (zur Flur

3 hin).
Zur Flur 6 hin befindet sich die Grabstätte Helmut Kremer (1934-1987) mit einer rundgefügten Grabstele aus Basalt, die Maria in sich Christus zuwendender Weise schildert. Durchaus auffällig ist der Dreipass, in dem die Komposition geborgen ist.
Gleich hierbei liegt eine unbenannte Grabstätte aus feinem Basalt. Sie macht auf bossierendem Sockel das Trostwort „ruhe sanft" lesbar; linksseitig tut sich eine Palme auf. Die Kreuzstele greift schließlich im oberen Abschluss in ein Baumkreuz (ca. 1930).
Im Osten der neuen Kirche St. Maria Geburt stehen zwei ältere Grabkreuze in Wiederverwendung: die Kreuzstele der Grabstätte Robert Offiara (Erstbestattung 1993) aus der Jahrhundertwende, wo auf bossierenden Steinsockeln das Kreuz den Corpus trägt; weiterhin die Grabstätte Familie Ewald (Erstbestattung 1929) mit einer Kreuzstele (galvanoplastisch gearbeiteter Christus).
Gegenüber hiervon öffnet sich die Grabstätte der Familie Platz (Erstbestattung 1928), ein nach oben geschwungenes dreiteiliges Wandgrab mit dem Jugenstil verwandten Bordüren.
An der Ostseite der Kirche St. Maria Geburt ruhen die Seelsorger der Pfarrgemeinde Zündorf (Erstbestattung 1886). Die raumgreifende, reich begrünte Grablege zeigt einen rechteckig geschwungenen Stein, den eine umlaufende Bordüre fasst, die in Girlanden einmündet. Das Kreuz ruht mit dem Christusmonogramm auf. Auch die Staketengitter der frühen Zeit sind erhalten.
Am Chor der Marienkirche erinnert das Marienbild (19. Jht.) an den Kirchentitel. Das an sie zu richtende „Salve Regina" erklingt so dauerhaft über die Gräber hinweg.

Wichtiges in Kürze:

Friedhof Niederzündorf
Burgweg, 51143 Köln
Größe:
5.700 qm
Anzahl d. Grabstätten / Grabarten:
500 / Wahlgräber
Zuständiger Gärtnermeister:
Herr Schell, Tel.: 02203/186471, Fax: 186472;
E-Mail: fh-leidenhausen@netcologne.de
Ansprechpartner Friedhofsverwaltung:
Frau Aust, Tel.: 0221/2 21-25129
E-Mail: Hannelore.Aust@stadt-koeln.de
Angaben zur Trauerhalle:
–
Öffnungszeiten:
März: 8 - 18 Uhr   Apr. bis Sept.: 7 - 20 Uhr
Okt: 7 - 19 Uhr   Nov. - Febr.:   8 - 17 Uhr
Allerheiligen (01.11.) und Allerseelen (02.11.) schließen die Friedhöfe jeweils um 19 Uhr
Besonderheiten:
Kriegsgräber

Haltestellen der KVB:
(H) 164, 501   U –

Oberzündorf

Der alte Ortsfriedhof von Oberzündorf ist erreichbar über die St. Martinstrasse. Er führt mit seinem Hauptweg direkt auf die Trauerhalle der 1960er Jahre zu. Diese fasst etwa 40 Personen.
In idyllischer Weise öffnet sich der Friedhof auf die alte Kirche St. Martinus (Turm 12. Jht., Saalkirche um 1780) hin, die die typische Kirchhofslandschaft prägt; er wird bis in unsere Zeit genutzt.
In Flur 2 kann sogleich die Grabstätte von Therese Degener (wiederverwendete Sandsteinstele der Jahrhundertwende) bemerkt werden. Die Kreuzstele baut auf einem rechteckigen Sockel auf und trägt über dem Namen von Frau Degener (+ 1997) ein Herz, einen Anker und ein Kreuz, was auf Glaube Hoffnung und Liebe hinweist (1. Kor. 13, 13). Sieben Bögen, in gotischen Maßwerkformen angelegt, rahmen das bildgewordene Pauluswort und verdichten es über die sieben Gaben des Hl. Geistes. Ein Dreiblatt über dem spitzen gotischen Bogen macht den Glauben an die Dreifaltigkeit sichtbar. Das Kreuz des Aufsatzes stellt einen Ausdruck dessen dar.
Gleich rückwärtig hierzu (Flur 2) liegt die Grabstätte Gisela (1943-1999). Die Steinstele weist eine optische Zweiteilung auf, in deren Mitte eine sich verengende Treppe fassbar wird, die in ein enges Tor einmündet. Das Evangelium vom engen Weg wird bewusst: „Geht hinein durch die enge Pforte. Denn die Pforte ist weit, und der Weg ist breit, der zur Verdammnis führt, und viele sind's, die auf ihm hineingehen. Wie eng ist die Pforte und wie schmal der Weg, der zum Leben führt, und wenige sind's, die ihn finden!" (Mat. 7, 13-14).
An die barmherzigen Schwestern „Cellitinnnen nach der Regel des Hl. Augustinus" aus dem Mutterhause Severinsstraße 71-73 erinnert die hohe Grabstelle in Flur 1. Aus Granit erwachsend, zeigt sie in mehrfach gestufter und im Sockelbereich geschwungener Form den gekreuzigten Christus an einem lateinischen Kreuz, dessen Enden dreispitzig zulaufen. Der Corpus ist in galvanoplastischer Form modelliert (1915).
An der alten Kirche finden sich eine Reihe von Grabkreuzen aus der Barockzeit, so etwa das Grabkreuz Penz (1669, Ständerkreuz, Trachyth, Südseite der Kirche). Auf einem dieser Kreuze wird der Name „Oberzündorf" und die Jahreszahl 1635 genannt.
Direkt am Chorhaupt hat sich die Grabstätte von Elisabeth Pohl (1850-1900) erhalten. Die Kreuzstele ist aus Granit und ruht auf einem Sockel aus belgischem Granit. Weiterhin am Chorhaupt (nördliche Seite), erinnert eine Grabstätte an einen ehemaligen Pfarrer (unlesbar) mit einer Sandsteinstele klassizistischer Prägung (um ca. 1840 signiert G.L.). Auf dem Postament wird der priesterliche Kelch sichtbar, der mit einer Stola hinterfangen ist. Die nach unten gewandten Fackeln, als spezifisches Motiv des Klassizismus, machen deutlich, das der Genius verloschen ist. Die im Frontispiz erkennbaren Blattornamente mit Mohnkapseln machen die spezifische Bildsprache des Klassizismus deutlich (der Tod ist der Bruder des Schlafes, dieser wird durch Mohn symbolisiert). Die Verwendung dieses Motivs bei der Grabstätte eines Priesters ist eher ungewöhnlich.
Auch an der Nordseite der Martinskirche sind zahlreiche Grabkreuze der Barockzeit erhalten, etwa ein Winkelstützenkreuz aus Sandstein mit der Inschrift: „Anno 1703... starb der ehrsame Johann Brull, gewesener Kirchmeister". Weiterhin ein rudimentäres Grabmal (Totenschädel mit Gebein).
Daneben ist ein unbeschriftetes Sandsteinkreuz bewahrt, das eine stark plastisch gearbeitete Randleiste aufweist.
Auf einem Gebein liegt ein Totenschädel, über dem der Gekreuzigte erscheint. Über Christus schwebt

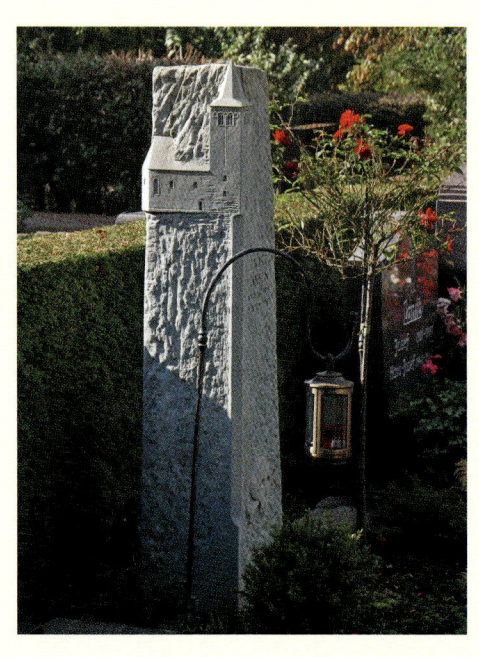

die Taube des Hl. Geistes (ca. 18. Jht., Flur 9).

Tiefe meditative Ruhe strahlt die Grabstätte Dölber mit ihrem fein gearbeiteten griechischen Kreuz aus, dessen Kreuzarme nach oben hin leicht schrägen (ohne Daten, Flur 5).

Bei der Grabstätte Andre Jansen (1912-1997) befinden sich im Sockel des Steines Zitate der alten barocken Grabkreuze von der Nordseite der Kirche (Gebein mit Totenschädel s.o.). Die linke obere, seitliche Ecke wird vom Kirchturm der nahegelegenen Kirche St. Martinus gebildet, die an ihr einschiffiges Langhaus greift. Die Blickrichtung der Bestattung geht auf die Kirche hin, so dass die Einheit zwischen Kirche und dem Verstorbenen gesinnbildet ist.

Dicht hierbei ist die Grabstätte Selbach (Erstbestattung 1990). Ein halbierter, in Wiederverwendung stehender neobarocker Stein, schwingt nach innen wie außen mit einer Volute.

Die Grabstätte Kohm (Erstbestattung 1975) gibt einen querrechteckig gelagerten Stein wieder, in dessen Mitte eine Öffnung mit einem griechischen Kreuz einbeschrieben ist. Zu drei Seiten schließt es mit Blattenden.

In Flur 10 (Nähe St. Martinstraße) wird die Grabstätte Wolfgang Erdle markant benannt (Erstbestattung 2001). Hier ist ein naturgewachsener Stein mit vielen geradezu höhlenartig zu nennenden Öffnungen gesetzt. Ein facettenreiches Leben liegt zurück; gedacht werden kann auch an das Christuswort der Beerdigungsliturgie: „Im Haus meines Vaters gibt es viele Wohnungen. Wenn es nicht so wäre, hätte ich euch dann gesagt: Ich gehe, um einen Platz für euch vorzubereiten?" (Joh. 14, 2).

In gleicher Flur liegt auch die Grabstätte Gerhard Falk (+ 2000). Die Granitstele zeigt einen Dreiviertelkreis, in dessen oberem rechten Viertel ein labyrinthartiges Granitrelief eingegeben ist.

Wichtiges in Kürze:

Friedhof Oberzündorf neu
St. Martinstraße, 51143 Köln

Größe:
11.500 qm

Anzahl d. Grabstätten / Grabarten:
1.200 / Wahlgräber

Zuständiger Gärtnermeister:
Herr Schell, Tel.: 02203/186471, Fax: 02203/186472; E-Mail: fh-leidenhausen@netcologne.de

Ansprechpartner Friedhofsverwaltung:
Frau Aust, Tel.: 0221/2 21-25129
E-Mail: Hannelore.Aust@stadt-koeln.de

Angaben zur Trauerhalle:
65 qm, 35 Sitzplätze

Öffnungszeiten:
März: 8 - 18 Uhr   Apr. bis Sept.: 7 - 20 Uhr
Okt: 7 - 19 Uhr   Nov. - Febr. 8 - 17 Uhr
Allerheiligen (01.11.) und Allerseelen (02.11.) schließen die Friedhöfe jeweils um 19 Uhr

Besonderheiten:
–

Haltestellen der KVB:

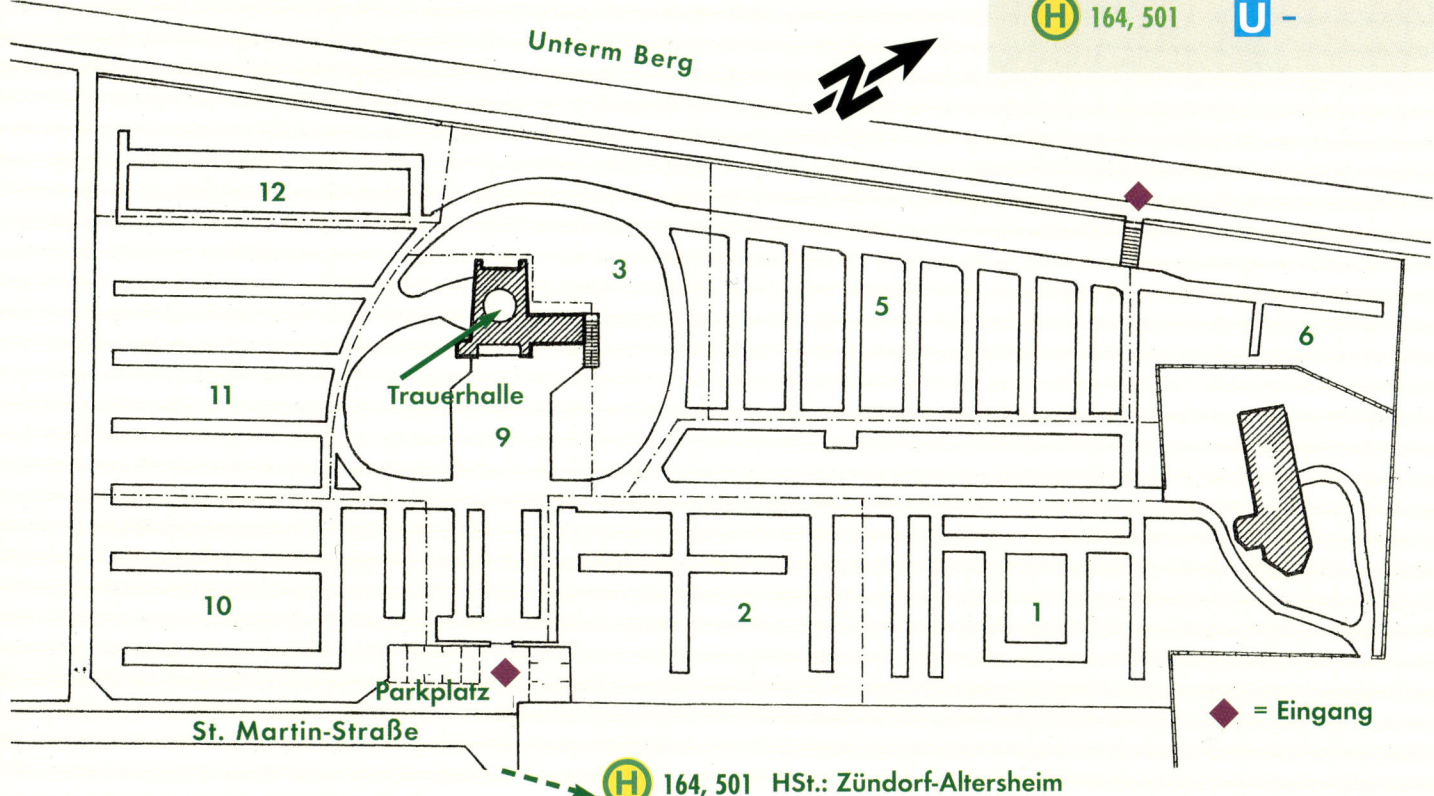

(H) 164, 501   U –

Porz

Der Porzer Friedhof wurde als kommunaler Friedhof Ende des 19. Jht. angelegt.
Die ältesten Teile des Friedhofs datieren aus dem späten 19. Jht. und liegen rechts zwischen den Fluren 4 und 8 zu Beginn des Hauptweges, der sich auf die Trauerhalle hin erschließt. Die neuen Flure führen die Ziffern 8-34.
Von der Ohmstaße kommend fällt die Grabstätte von Sanitätsrat Dr. Hollstein (Erstbestattung 1930) mit ihrem dreiteiligen Wandgrab aus Granit auf.
Die mittlere Platte schildert den Auferstandenen der mit weit geöffneten Armen den Verstorbenen entgegentritt und konzentriert auf sie schaut. Unterschrieben ist das Grab mit 1 Kor. 13, 13.
Um eine ausgesprochen feine Wandgrabstätte der 1920er Jahre handelt es sich bei der von Familie J. P. Röseler. Die zwei Seitenteile flankieren einen Rundbogen, in dessen offene Mitte hinein Christus am Kreuz sterbend dargestellt ist. Die Grabstätte wirkt in ihrer filigranen Art sehr eindrucksvoll und zählt zu denen der sogenannten Reformkunst. 
Eine breit gelagerte Stele (Granit) aus deren Sockel zwei schwere Säulen emporsteigen, die einen Dreieckssturz mit Kreuz tragen, bezeichnet die Grabstätte Christian Herman Keusch (1841-1913). Durch die Säulen und den Sturz wird eine Aedikula plastisch frei, in der der verstorbene Christus sichtbar wird.
Gegenüber hiervon befindet sich die Grabstätte der Familie Dr. med Schnütgen (Erstbestattung 1908). Das dreiteilige Wandgrab aus belgischem Granit zeigt seitlich der Kreuzstele, unter einem Rundbogenfries eingelassen, in schwarzem Granit gehaltene Grabplatten. Das mittlere Teil der Kreuzstele ist bildplastisch modelliert und lässt ein Kreuz hervortreten, dessen obere Enden im Dreipass beschließen. In der Mitte ist in mosaizierender Form Christus als der Auferstandene, zugleich aber auch als wiederkehrender Pantokrator aufgefasst.
Eine der frühesten Bestattungen des Porzer Friedhofs macht die Kreuzstele der Familie Knott aus (Erstbestattung 1885, Granit, im Eckbereich von Flur 11).
Aus der frühen Zeit stammt auch die Grabstätte Christina Zündorf (Erstbestattung 1903). Wiederum ist eine Kreuzstele gebildet, die einen galvanoplastisch modellierten Körper trägt.
Ins Auge fällt an diesem Weg auch die Grabstätte Karl Verheyen (1891-1960), wo eine Muttergottes Figur sich mit geöffneten Armen auf die Verstorbenen hinwendet (alles Flur 11). 
Am Hauptweg sind eine Reihe von Kreuzstelen der Jahrhundertwende auffindbar: z.B. die Grabstätte Jacob Bennauer (Gemeinderentmeister, + 1907, Kreuzstele aus Granit) und Familie Lamberz (Erstbestattung 1910, Granit).
Mit Efeu umfangen ist die Grabstätte Will. Sie zeigt links einen bossierten und bearbeiteten Granitstein, dem nach rechts eine Granitplatte beigegeben ist, die ungleichmäßig nach oben hin schließt (Erstbestattung 1911). Der Stein zeigt im oberen Abschluss einen Christustondo, der linksseitig mit einer Palme gerahmt ist. Die Inschrift lautet: „Den Frieden lasse ich euch, meinen Frieden gebe ich euch" (Joh. 14, 27).
Als ein Grabmal der Reformkunst kann die hier neben zu findende Grabstätte Fr. Wilhelm Müller bezeichnet werden (ca. 1920). Über den Seitenteilen baut ein Architrav mit Kreuz auf. Die Inschrift lautet: „Selig sind die Toten, die im Herrn sterben" (Off. 14, 13).
Etwas weiter gelegen ist die Grabstätte Mathias Meis (1869-1913, Wandgrab, Granit auf belgischem Granitsockel). Das raumplastisch vertieft angelegte, trapezoid zulaufende Grabmal wird im oberen Abschluss mit dem Kreuz überhöht. In der Mitte ist in perspektivischer Vertiefung ein Bronzerelief mit Maria und Johannes eingelassen. Sie trauern um den toten Christus. 
In Richtung Ohmstraße tut sich die sehr auffällige Grabstätte von Ludwig Schmidt (Direktor, 1881-1934) auf. Die Wandgrabstätte wird vom Kreuz Christi in zwei Seiten geteilt. In das Kreuz einbeschrieben ist ein aus Eisen geformter Corpus, der lediglich die Umrisslinien des Leibes von Christus wiedergibt (Flur 5).
Linker Hand hiervon wird an die Gefallenen des 2. Weltkrieges mit Grauwackesteinen erinnert.
Des Steinmetzmeisters Wilhelm Felten wird mit einem Granitblock gedacht,

der eine Art Postament hat, auf dem eine trauernde Frau sich mit der Linken stützt. Nach rechts ist das mit Strahlen umfangene Kreuz erkennbar.

Der Zeitsprache des Jugendstils verpflichtet ist die Grabstätte Bilstein (wiederverwendet, belgischer Granit), was sowohl den formalen Aufbau wie auch die Dekorationselemente anbetrifft. Zeitspezifisch für die Zeit des vorrückenden Bauhaus kann die Grabstätte Borsbach (Wilhelm Borsbach 1867-1934) genannt werden. Er wird auch mit Winkel und Zirkel als Baumeister ausgewiesen. Das klar gegliederte Wandgrab besteht aus fünf Teilen, wobei die drei mittleren raumgebend für die Namen der Verstorbenen heraustreten.

In der Nähe, zur Flur 12 hin findet sich die Grabstätte Gustav und Elisabeth Wolf (Erstbestattung 1948). Zwei rundbogig gestaltete Seitenteile aus Holz flankieren das mittlere, kreuzförmig angelegte Zentrum. Bei Elisabeth Wolf (+ 1992) wird zu der Namenspatronin Elisabeth der Bildbezug hergestellt. Bei Gustav Wolf (+ 1991) wird der Hl. Josef als „arbeitender Schreiner" vorgestellt. Das passt auch zur Inschrift: „Wer mit dem Leben spielt, kommt nie zurecht, wer sich nicht selbst befiehlt bleibt stets ein Knecht".

Wichtiges in Kürze:

Friedhof Porz
Alfred-Nobel-Straße, 51145 Köln
Größe:
31.600 qm
Anzahl d. Grabstätten / Grabarten:
4.330 / Wahlgräber, Urnenwahlgräber
Zuständiger Gärtnermeister:
Herr Schell, Tel.: 02203/186471, Fax: 186472;
E-Mail: fh-leidenhausen@netcologne.de
Ansprechpartner Friedhofsverwaltung:
Frau Aust, Tel.: 0221/2 21-25129
E-Mail: Hannelore.Aust@stadt-koeln.de
Angaben zur Trauerhalle:
77 qm, 30 Sitzplätze
Öffnungszeiten:
März: 8 - 18 Uhr   Apr. bis Sept.: 7 - 20 Uhr
Okt: 7 - 19 Uhr   Nov. - Febr. 8 - 17 Uhr
Allerheiligen (01.11.) und Allerseelen (02.11.)
schließen die Friedhöfe jeweils um 19 Uhr
Besonderheiten:
Kriegsgräber

Haltestellen der KVB:

H 154   U -

♦ = Eingang

Urbach

Zwischen Frankfurter Straße und dem Mühlenweg liegt der 1857 eröffnete alte Urbacher Friedhof mit einer Reihe von Grabdenkmälern des 19. Jht., aber auch zeitgenössischen Grabstätten.
In typischer Lage am Ortsrand bewahrt er mit den geschnittenen Hecken als Grabreihen, aber auch einzelne Gräber begrenzenden Elementen, charakteristische Merkmale rechtsrheinischer Dorffriedhöfe. Die alte Friedhofsanlage, die von der alten Frankfurter Straße aus zugänglich war, öffnet sich in der Breite von Flur 1 und Flur 8 zum Mühlenweg hin.
Am mittleren Weg befindet sich gleich linker Hand die Grabstätte der Geschwister Kirschbaum (ca. 1920). Die feine Grabstätte der „Reformkunst" stellt im vertiefenden Rahmen Christus am Kreuz dar. Nach oben hin schließt das ganze mit Wellungen ab.
Es gibt auf dem Friedhof eine Reihe von zeitspezifischen Kreuzstelen aus der Zeit um 1900: etwa die Grabstätte Zass (Erstbestattung 1905), oder auch die Grabstätte der „Gutsbesitzer vom Bergerhof Elsdorf".
Dicht von der Formsprache genannt werden darf die Grabstätte Johann Oberhäuser, wo unter einem Dreiecksgiebel eine in sich trauernde Person dargestellt ist.
Das hier neben liegende Wandgrab der Familie Eich (Erstbestattung 1942) kann der Reformkunst zugezählt werden.
In Flur 2 erinnert ein Wandgrab an die in Porz-Grengel tätig gewesene Ärztin Anna-Maria Pöhler. Es zeigt eine stehende, betende Frauenfigur, welche die Hl. Anna wie auch die Hl. Maria sein könnte (Marmor).
Die Grabstätte Eva und Bernhard Sternenberg (beide verstorben 1892) macht an den Bürgermeister zu Urbach erinnerlich. Ein feines dreiteiliges Marmorwandgrab steigt nach oben hin zu der mittleren Stele auf. Im Sockel erkennbar ist ein Palmzweig, der um das Kreuz gefügt ist. Im Anlauf des trapezoiden Steins sind Mohnkapseln erkennbar. Nach oben hin beschließt die Grabstätte mit einer Blumengirlande.
Gegenüber wird an die verstorbenen Pfarrer der ehemaligen Kirchengemeinde in St. Clemens von Urbach erinnert.
Kurz hiervor links tritt die Grabstätte der Eheleute Werner mit einer dreiteilige Stelengrabstätte aus belgischem Granit hervor (Erstbestattung 1914), wobei die mittlere der drei gleich hohen Rundstelen das Kreuz im Aufsatz trägt (Flur 2).
In Flur 3 sind weitere frühe Grabstätten erhalten geblieben: die älteste nennt Theodor Forsbach (Gutsbesitzer, + 1879 zu Urbach), neben ihm seine Frau Agnes Forsbach (+ 1880). Beide Grabsteine sind annähernd gleich und zeigen einen rechteckigen Sockel, dem ein verjüngend zulaufendes Mittelteil antwortet. Über Akanthus vermittelt das Ganze in ein Pultdach mit Frontispiz. Nur bei der rechten Stele ist der Kreuzaufsatz erhalten.
Gegenüber hiervon steigt die feine neogotische Grabstele für Henriette Klein (+ 1878) auf. Im Sockel wird sie mit Maßwerk gegliedert. An den Kreuzenden sowie der Mitte werden die Symbole für Glaube, Hoffnung und Liebe zitiert.
Bei der schräg gegenüber hiervon liegenden Grabstätte der Familie Hennes (Erstbestattung 1858) handelt es sich um das älteste Grabmal des Friedhofs. Es zeigt im Sockel einen geschlossenen Blütenkranz, der mit einer Kordel umflochten ist. Der Kreuzaufsatz fehlt. Verloren ist auch der Kreuzaufsatz bei der Grabstätte für Maria Forsbach (+ 1859, „80 Jahre alt"). Die runde Grabstele ist mit W. Reusteck signiert (alles Flur 6).

Bestattungen Lenartz

Kupfergasse 12 · 51145 Köln-Urbach
Ruf 0 22 03 / 2 44 29 + 2 61 23

Blumen Bliersbach

Landschafts-/Gartenbau
und Friedhofsgärtnerei

Gronaustrasse 48 · 51145 Köln
Tel.: 0 22 03 / 2 36 35 · Fax: 0 22 03 / 92 19 27

Bestattungen J. Langel
seit 1926

Tag und Nacht bereit
Tel.: (0 22 03) 3 11 39

– Erledigung aller Formalitäten
– Überführungen
– Erd-, Feuer- und Seebestattungen

Heumarer Strasse 12-16 • 51145 Köln-Porz-Eil

Das mit „W. Siegart in Cöln" signierte Postament einer Kreuzstele trägt eine trapezoid zulaufende Grabplatte. Die Inschrift lautet: „Hier ruht in Gott die wohlachtbare Frau Elisabeth Meller, geb. Sternenberg, Gutsbesitzerin geb. auf dem Sternenbergerhof 1789, gestorben auf dem Maarhof in Urbach 17.1 1870". Hierüber legen sich stilisierte Akanthusblätter, die in die auf Eichenlaub ruhende Kreuzstele überleiten. Auch hier die Symbole von Glaube, Hoffnung und Liebe.

Die schlichte Granit-Grabstele für den Zimmermeister Michael Kremer (+ 1903) setzt einen deutlichen Kontrast zu den Hochkreuzen der Landwirtsfamilien. Die Inschrift lautet: „Wer getreu gewirkt bis ihm die Kraft gebricht, wer liebend stirbt, ach den vergisst man nicht".

In Flur 4 wird mit der Erinnerungsstätte der Gefallenen des 2. Weltkrieges gedacht.

Weiter am Hauptweg, in Richtung Trauerhalle gelegen, ist die Grabstätte Herbert Schulz (+ 1989). Die hohe Marmorstele öffnet sich wie ein Blatt nach außen hin. In der Mitte wird eine Kugel erkennbar. Der Stein wirkt wie seine stilisierte menschliche Figur, die in tief gebeugter Weise aufgefasst ist.

In Richtung Trauerhalle (Flur 11 E) wurde von der damaligen UDSSR ein Ehrenmal für die während des 2. Weltkrieges getöteten sowjetischen Zwangsarbeiter errichtet: „ewige Ehre für unsere Kameraden, die während deutscher Nazi-Sklaverei gefallen sind (1941-45)".

Am Hauptweg von Flur 13 wird an die ehemaligen Pfr. von Grengel mit einem Lateinischen Kreuz gedacht. Bei der Grabstätte Gerd Witteler (1933-1989, Flur 18) belebt „himmlische Architektur" die Sandsteinstele. Christus nimmt die Menschen zu sich. Das berühmte Wort von Dietrich Bonhoeffer gibt Zuversicht: „Von guten Mächten wunderbar geborgen, erwarten wir getrost, was kommen mag". Die Trauerhalle der 1960er Jahre fasst etwa 45 Personen.

Vor ihr ein Erinnerungskreuz: „Den Gefallenen des Turnvereines Urbach und der freiwilligen Feuerwehr von Urbach-Elsdorf ein ehrendes Angedenken. Gott schenke ihnen und uns den Frieden".

Wichtiges in Kürze:

Friedhof Urbach
Mühlenweg, 51145 Köln
Größe:
25.500 qm
Anzahl d. Grabstätten / Grabarten:
3.050 / Wahlgräber, Urnenwahlgräber
Zuständiger Gärtnermeister:
Herr Schell, Tel.: 02203/186471, Fax: 186472;
E-Mail: fh-leidenhausen@netcologne.de
Ansprechpartner Friedhofsverwaltung:
Frau Aust, Tel.: 0221/2 21-25129
E-Mail: Hannelore.Aust@stadt-koeln.de
Angaben zur Trauerhalle:
65 qm, 30 Sitzplätze
Öffnungszeiten:
März: 8 - 18 Uhr   Apr. bis Sept.: 7 - 20 Uhr
Okt: 7 - 19 Uhr   Nov. - Febr.   8 - 17 Uhr
Allerheiligen (01.11.) und Allerseelen (02.11.)
schließen die Friedhöfe jeweils um 19 Uhr
Besonderheiten:
Kriegsgräber

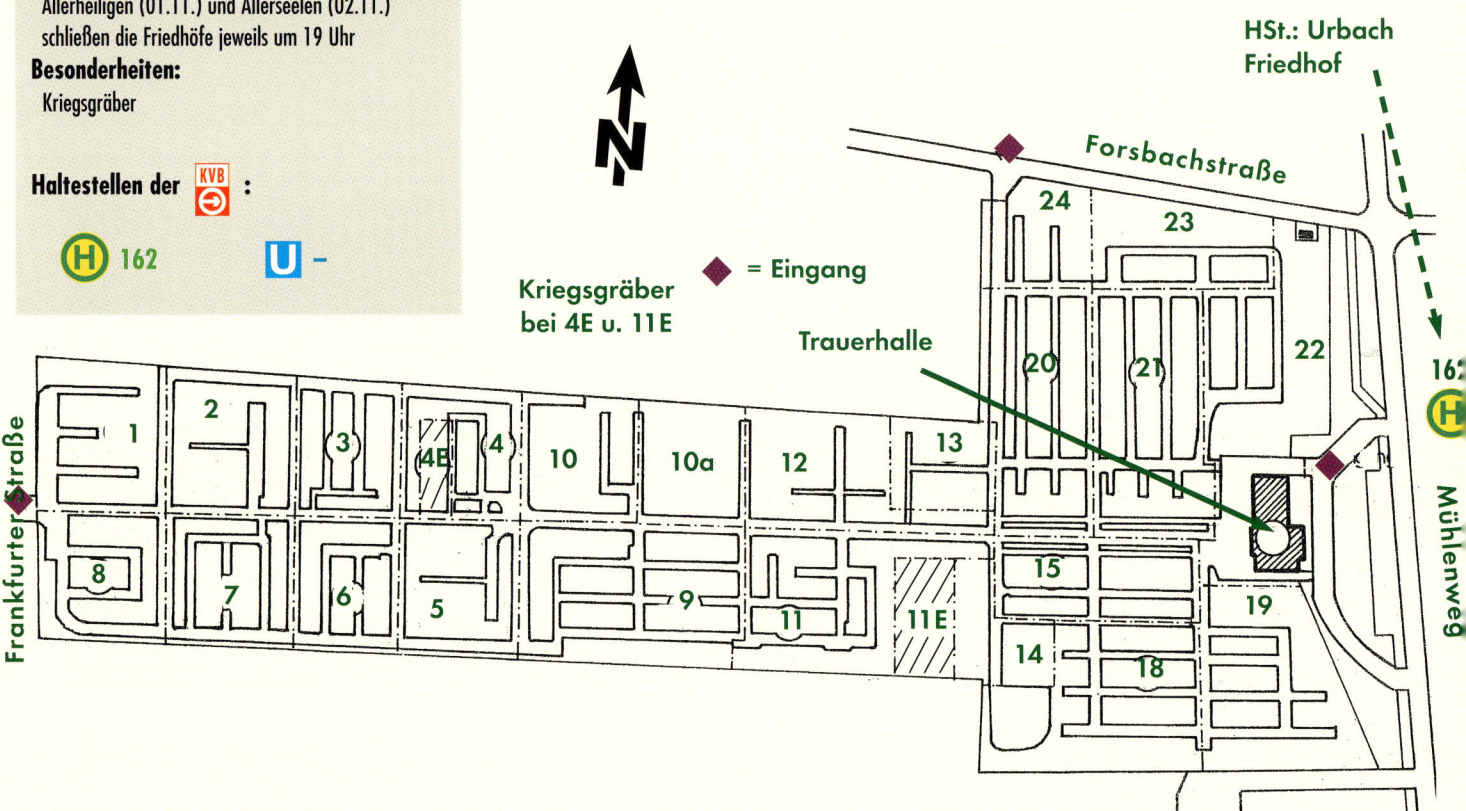

Haltestellen der KVB:
H 162   U –

Die evang. Beratungsstelle stellt sich vor!

Wer wir sind:
Das Amt für Erziehungs-, Ehe- und Lebensberatung im Evangelischen Stadtkirchenverband Köln unterhält 3 evangelische Beratungsstellen: die Hauptstelle in der Kölner Innenstadt und die beiden Nebenstellen in Frechen und Bensberg.

Die Beraterinnen und Berater der Beratungsstellen sind ausgebildete und erfahrene Fachkräfte aus den Bereichen Psychologie, Sozialarbeit, Pädagogik und Recht und sind zusätzlich in unterschiedlichen therapeutischen Fachrichtungen ausgebildet. Zur fachlichen Kontrolle ihrer Arbeit und Qualitätssicherung nehmen sie an regelmäßiger Fortbildung und Supervision teil. Die Arbeitsweise im Rahmen der multiprofessionellen Teamarbeit trägt ebenfalls zur Qualitätssicherung bei.

Was wir tun:
Die Kölner Beratungsstelle des Amtes für Erziehungs-, Ehe- und Lebensberatung bietet verschiedene Beratungsbereiche unter einem Dach an:

- Erziehungs- und Familienberatung
- Ehe- und Partnerschaftsberatung
- Lebensberatung
- Juristische Information bei Trennung und Scheidung / Mediation
- Schwangerschaftskonfliktberatung

Die Angebote richten sich an Eltern, Kinder, Jugendliche und junge Erwachsene, Paare und Einzelpersonen und schließen die gesamte Bandbreite familiärer und persönlicher Probleme und Fragestellungen ein. Zum Beispiel bei Fragen zur Entwicklung und Erziehung von Kindern, bei Schwierigkeiten und Spannungen in der Partnerbeziehung oder wenn es im Zusammenhang mit Trennung oder Scheidung um juristische Informationen und/oder um die Erarbeitung einvernehmlicher Regelungen im Hinblick auf Trennungs- und Scheidungsfolgen geht.

Auch wenn es um den Verlust und den Abschied von wichtigen Menschen durch Krankheit und/oder Tod und die Entwicklung neuer Lebensperspektiven geht, können die Beraterinnen und Berater Gesprächspartner sein.

Bei einer unerwarteten Schwangerschaft werden in der Kölner Beratungsstelle ergebnisoffene Gespräche angeboten, wenn Frauen bzw. Paare einen Schwangerschaftsabbruch erwägen. Ebenso wird in rechtlichen und wirtschaftlichen Fragen im Zusammenhang mit einer Schwangerschaft beraten.

Wie wir arbeiten:
Die Beratungsstelle steht allen Ratsuchenden offen, unabhängig von Nationalität, Religion und Weltanschauung.

Die Beratungen sind kostenlos. Die Mitarbeiterinnen und Mitarbeiter der Beratungsstelle stehen unter gesetzlicher Schweigepflicht.

Nach Ihrer telefonischen Anmeldung erfolgt ein Gespräch, in dem wir mit Ihnen gemeinsam überlegen, welche Unterstützung Sie zur Bewältigung und Lösung Ihrer Fragen und Konflikte brauchen. Dem entsprechend können dann weitere Beratungsgespräche oder andere Hilfeformen vereinbart werden.

Wo wir sind:
Hauptstelle
Ev. Beratungsstelle
Tunisstr. 3 (Eing. Schwertnergasse)
50667 Köln
Tel. 0221 – 25 77 461
Telefonische Terminvereinbarung:
Montag-Donnerstag 8.30 – 17.30,
Freitag 8.30 – 16.00 Uhr, Dienstag bis 19.00 Uhr

Nebenstelle Bensberg
Ev. Beratungsstelle
Milchborntalweg 4
51429 Bergisch Gladbach
Tel. 02204-54004
Telefonische Terminvereinbarung:
Montag-Donnerstag 8.30 – 17.30,
Freitag 8.30 – 16.00 Uhr

Nebenstelle Frechen
Ev. Beratungsstelle
Blindgasse 6
50226 Frechen
Tel. 02234-17025
Telefonische Terminvereinbarung:
Montag-Donnerstag 8.30 – 17.30,
Freitag 8.30 – 16.00 Uhr.

Und zum Schluss:
Wenn Sie diese Arbeit unterstützenswert halten, freuen wir uns über jede Spende, die zur Erhaltung und Erweiterung des Beratungsangebotes eingesetzt wird. Selbstverständlich erhalten Sie dafür eine Spendenquittung.

**Spendenkonto - Nr. 26 32 016 •
BLZ 37050198 • Stadtsparkasse Köln**

Wahn

Der alte Wahner Friedhof (Erstbelegung 1893) erstreckt sich mit den alten Fluren 1-10 östlich der Frankfurter Straße. In den 1960er Jahren wurden Erweiterungen des Friedhofs vorgenommen, die die Flure 11 ff. umfassen.

Direkt an der Frankfurter Straße befindet sich die Grabstätte Büllesfeld. Von schön geschwungenen Seitenteilen erhebt sich eine Kreuzstele mit geschwungenen Blattenden aus belgischem Granit, die unter einem Rundbogen einen Christustondo aus Marmor zeigt.

Dicht hierbei links vom Hauptweg (auch Flur 1) öffnet sich die Grabstätte der Familie Dionysius Kux (Erstbestattung 1935) als dreiteiliges Wandgrab mit zwei niedrigen Granitsteinen, die einen großen, im Rundbogen gestalteten, rahmen; im Tondo der Kreuz tragende Christus.

Formverwandt sind die Grabstätte Heiden (1936) sowie die Grabstätte der Familie Theme (1935). Auch hier der Tondo des toten Christus in Kreuzform aufgefasst. Die Sockel sind aus Kunststein modelliert, die Aufsatzplatten aus Granit.

Am Hauptweg weiter (Flur 3) folgt die Ruhestätte der Familie Kux (Erstbestattung 1906) der Form der Kreuzstele. Die Grabstätte von Anton Fersch, „ehemals Pfarrer von Porz Wahn", baut mit einem maßwerksgezierten, neogotischem Sockel auf, der eine Kreuzstele führt. Die Marmorplatte gibt im oberen Abschluss die priesterlichen Symbole von Kelch mit Hostie auf einem Buch wieder. Die Inschrift lautet: „Betet für euren treuen Pfarrer Anton Fersch" (Pfarrer in Wahn seit 1848, + 1893).

Die Grabstätte Baedorf (rechts hiervon in Flur 3, Erstbestattung 1911) zeigt eine in Granit gehaltene Kreuzstele mit plastisch gearbeitetem Weinlaub. An den früheren Bürgermeister Peter Josef Ottersbach (1839-1904, Flur 3) erinnert eine Kreuzstele aus Granit.

Dem Andenken der Verstorbenen widmet sich die Grabstätte Bessenich (Hauptweg zur Flur 5) mit einer neogotischen Kreuzstele, die einen Maßwerkrahmen unter einem Dreiblatt schmückt. Der gestufte obere Abschluss trägt das Kreuz.

Die Grabstätte Burghardt (Erstbestattung 1927) benennt eine nach oben rundschließende Stele, die im Frontispiz das mit einem Tuch umhüllte Kreuz darbietet.

Gegenüber hiervon erinnert eine Granitplatte an die Familie Oberhäuser (Erstbestattung 1932). Die Granitplatte ist liegend auf einem pultähnlichen Sockel dargeboten.

In Flur 5 macht die Grabstätte Carl Schmitz (undatiert) mit ihrem T-förmigen Stein die eucharistische Hoffnung durch die Ähren deutlich (ca. 1975).

In Flur 10 (nahe der Trauerhalle) befinden sich einige Wandgräber mit Kreuzstelen der 1930er Jahre.

Hier ist auch die Grabstätte von Wilhelm Jungjohann (1917-2000) auffindbar. Die rundschließende Granitstele, die nach oben hin einen Sonnenuntergang der Südsee plastisch fasst, deutet offenbar auf das Paradies hin.

In der Nähe hiervon befindet sich auch die Grabstätte von Thomas Heyermann (Erstbestattung 1929). In einer feinen Stele wird ein ausdrucksvolles Verlustmotiv wiedergegeben. Eine antikisierend gewandete Frau reicht einem in Kurztunika gekleideten Jüngling abschiedlich die Hand (Flur 10).

Die ausdrucksvolle Grabstätte für Frank Pollmeier (+ 2001, Flur 11) setzt drei kompakte, verschieden hohe Basaltsäulen, die durch ein in Eisen geschmiedetes Tau miteinander verbunden werden. Auch die Grableuchte und der rechte Eckpfeiler sind aus Basalt gearbeitet. Zudem wird eine Plastik auf dem Grab sichtbar, die eine Hand mit einem Kind umfasst.

Zur Flur 7 E wird in der Grabstätte Dilgen (Erstbestattung 1934) Trauer durch eine gestufte Granitstele auf Sockel begreifbar. Rechtsseitig stützt sich eine Frau im Melancholaia-Typus auf den Stein. Die andere Hand hält Blumen.

Dort in der Nähe erinnert auch eine Flur (11 E) an die sich 1918 ereignete furchtbare Sprengstoffexplosion auf der Linder Höhe. Die Opfer ruhen in einer eigenen Flur. Die stehenden Grabplatten aus Marmor zeigen wechselnde Formen.

Das weit angelegte, mit Seitenteilen erhaltene Wandgrab für Matthias Lörsch (Erstbestattung 1918, Flur 3) wurde von Muschard, Köln-Melaten

Bestattungen Glahn

Frankfurter Straße 226
51147 Köln (Porz-Wahn)
Telefax 0 22 03 - 6 11 67
Telefon 0 22 03 - 6 41 17

Mitglied im Bundesverband
Deutschen Bestatter e.V.

Erledigung aller Formalitäten – jederzeit dienstbereit

Bestattungsvorsorge zu Lebzeiten

eigener Aufbahrungs- und Abschiedsraum

Aufbahrungs- und Abschiedsraum

Heidemarie Diehm

BESTATTUNGEN

Dienst, den Lebenden.
Ehre den Toten.

51147 Köln (Wahnheide)
Alte Heide 3d
Tel. 0 22 03 / 6 55 22

Blumen Bliersbach

Landschafts-/Gartenbau und Friedhofsgärtnerei

Gronaustrasse 48 · 51145 Köln
Tel.: 0 22 03 / 2 36 35 · Fax: 0 22 03 / 92 19 27

geschaffen.
In Flur 7 E wird der Gefallenen der beiden Weltkriege mit einem Hochkreuz gedacht.
In den östlichen, südlich der Trauerhalle gelegenen Flure sind die jüngeren, seit den 1970er Jahren Verstorbenen bestattet.
Bei der Grabstele Lützenkirchen (Flur

Die Grabstätte Franziska Meyer (+ 1999, nebenan) schließt die Granitstele im oberen Bereich dreieckig ab und spart eine vergoldete Nische aus, in der ein Pfau als Auferstehungssymbol sichtbar wird.
Schließlich soll die mit Röttger, Köln signierte Grabstätte für Elke Fred (1947-1997) erwähnt werden. Die

Wichtiges in Kürze:

Friedhof Wahn
Siebengebirgsallee, 51147 Köln
Größe:
33.500 qm
Anzahl d. Grabstätten / Grabarten:
3.370 / Wahlgräber, Urnenwahlgräber
Zuständiger Gärtnermeister:
Herr Schell, Tel.: 02203/186471, Fax: 186472;
E-Mail: fh-leidenhausen@netcologne.de
Ansprechpartner Friedhofsverwaltung:
Frau Aust, Tel.: 0221/2 21-25129
E-Mail: Hannelore.Aust@stadt-koeln.de
Angaben zur Trauerhalle:
103 qm, 52 Sitzplätze
Öffnungszeiten:
März: 8 - 18 Uhr   Apr. bis Sept.: 7 - 20 Uhr
Okt: 7 - 19 Uhr   Nov. - Febr.   8 - 17 Uhr
Allerheiligen (01.11.) und Allerseelen (02.11.) schließen die Friedhöfe jeweils um 19 Uhr
Besonderheiten:
Kriegsgräber

Haltestellen der KVB:
H 162   U -

A) unterbricht ein Rhombus in der Waagerechten den Steinfluss und fügt ihn in spiraligen Linien weiter.
Die Grabstätte Krabies (+ 1998, signiert mit Meyer) zeigt eine helle Steinstele, die eine feine Linie als Umrahmung nach oben führt. Sie gleitet auch nach oben hin am Dreieckssturz entlang weiter und greift in einen wulstförmigen Aufsatz, der mit vier Öffnungen das Kreuz ausspart.

aus rotem Sandstein gebildete Stele verwendet das Motiv eines sitzenden, abschiedlich zugewandten, gereiften Paares. Die Komposition macht einen ruhigen, sehr verdichteten Eindruck.
In Flur C sind bei der Grabstätte Heinz Sappich (+ 2000) zwei Basaltstelen verschiedener Höhe gruppiert. Eine trägt eine feine Bronzeplatte, auf der der Schöpfergott zu sehen ist: „Und er sah, dass es gut war".

Markus Reinhardt Ensemble

Die Gruppe hat ihre musikalischen Wurzeln einerseits in der Musik des französischen Jazz- und Zigeunergitarristen Django Reinhardt - einem Großonkel von Markus -, andererseits in der traditionellen osteuropäischen Zigeunermusik.
Auf dem Hintergrund dieser Tradition hat das Ensemble eine eigenständige Musik entwickelt, die sich auch fremden Einflüssen öffnet und trotzdem ihre Identität bewahrt.

Der Klang des Markus Reinhardt Ensembles hebt sich deutlich von dem der gängigen "Sinti-Swing"-Gruppen ab: Die Musiker reproduzieren nicht einfach Musikstile der Vergangenheit, sondern drücken ihre eigene Lebenswirklichkeit aus.

Zwei Fernsehfilme sind über Markus - auch von internationalen Sendern - ausgestrahlt worden: "Markus' Traum" und "Maro Drom - Unser Weg". Auch durch andere Fernsehbeiträge und die Mitwirkung bei Filmmusiken ist die Gruppe bekannt geworden.

Das Ensemble hat auch reichhaltige Erfahrung bei der musikalischen Gestaltung von Festen und Veranstaltungen aller Art.

Kontakt:
Fortuinweg 9
50769 Köln - Roggendorf
Telefon (0221) 78 52 83
www.markus-reinhardt-ensemble.de

Westhoven

Der Friedhof öffnet sich über den Eingang von der Robertstaße und führt auf ein großes Hochkreuz hin. Er wurde in den 1960er Jahren als klar geordnete, rechtwinklig geführte Friedhofsanlage errichtet. Er weist feinen Baumbestand auf und liegt aufgrund der Nähe der großen Wohnanlage „mitten im Leben".
Rechts im Zugangsbereich befindet sich die Trauerhalle, ein Zentralbau mit pyramidalem Dach, der etwa 25 Personen fasst.
Erwähnenswert ist die Grabstätte in Flur D (ohne Daten). Auf einem Bruchsteinsockel setzt eine Holzstele auf, die einen Menschen wiedergibt, der auf dieser Erde auf einem Zweig steht. Er greift zu einem Kreuz, von dem sich eine Hand dem Menschen zuwendet. Die Hand Gottes (oben links) sowie die Geistesflammen verdeutlichen, dass es sich hierbei um den Glauben des Verstorbenen an den geoffenbarten Dreifaltigen handelt.

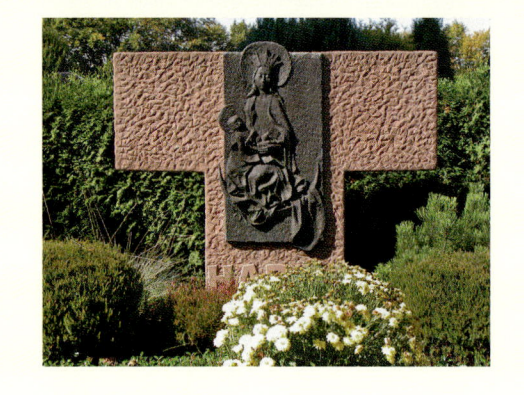

Etwa in der Höhe des Hochkreuzes (Flur D, 2) lässt sich die Grabstätte Winterscheid auffinden (Erstbestattung 1982): ein T-förmiger Stein, dem geometrische Strukturen eingebracht sind.
Bei der Grabstätte Heike Donay (1940-1995) wurde die Hochstele aufs linke Eck gestellt. Nach oben hin ist sie abgerundet.
Dicht in der Nähe hiervon zeigt die Grabstätte Hubert Voosen (1926-1992) eine große in Granit angelegte Grabanlage, die ein Kreuz im Aufsatz betont, das versetzt gearbeitet ist. Dadurch wirkt es doppelt in der Erscheinung. Linker Hand erinnert ein Bildnis der Pieta (Bronze) an die Schmerzen Mariens über den toten Sohn. Ihr Schmerz wurde durch Christi Auferstehung überwunden und so darf der trauernde Hinterbliebene sich über ihn trösten lassen.
Ein großer findlingsartiger Stein benennt die Grabstätte Schnabel. Hervorgehoben ist der Name Susanne Jennifer (1977-1999). Der Stein wirkt wie ein aufsteigender Felsenberg, der zu einem Gipfel führt. Durch fein eingegebene Strukturen wird die Kompaktheit leicht. In ähnlicher Form ist auch die Grableuchte aufgefasst.
Weiter die Grabstätte Hardt (Sandstein): ein T-förmiger Stein zeigt eine fein in Bronze modellierte Platte, die die Gottesmutter auf einem Halbmond schildert. Sie hält Christus als Kind im Arm. Der Farbkontrast ist sehr angenehm und wird von der Einfriedung aufgenommen.
In der Nähe hiervon zur Flur 7 hin sind eine Reihe von Steinen mit alleiniger Namennennung (Erstbestattung 1983) gelegen.

Rat und Hilfe bei Trauerfällen sowie Bestattungsvorsorge

Bestattungshaus Wiedenau

Tag und Nacht dienstbereit

Erledigung aller Formalitäten
Überführungen
Erd-, Feuer-, See- und
Anonym-Bestattungen

Elisenstraße 15 + 12
51149 Köln-Porz-Ensen
Tel. (0 22 03) 1 55 18

Bestattungen auf allen Friedhöfen im Kölner Stadtgebiet

GARTENBAU UND FRIEDHOFSGÄRTNEREI

NEUANLAGE UND PFLEGE VON GRÄBERN
AUF ALLEN PORZER FRIEDHÖFEN

TRAUERFLORISTIK

GARTENGESTALTUNG UND PFLEGE

GANZJÄHRIGER VERKAUF AM HAUS

Ihr Gärtnerteam
Königsfeld & Brandl

KÖLNER STR. 186   51149 KÖLN PORZ-ENSEN   TEL.: 0 22 03 / 18 69 36   FAX: 18 69 37
Service@Koenigsfeld-Brandl.de
www.Koenigsfeld-Brandl.de   www.Gaertnerteam.de   www.Grabpflegeteam.de

---

Blumen Bliersbach

Landschafts-/Gartenbau und Friedhofsgärtnerei

Gronaustrasse 48 · 51145 Köln
Tel.: 0 22 03 / 2 36 35 · Fax: 0 22 03 / 92 19 27

Dicht hierbei erscheint in der Nähe ein Grabdenkmal mit waagerecht und senkrecht gefügten Formteilen. Die Inschrift lautet: „Rex in Panis". Dicht hierbei befindet sich die neuere Grabstätte der Alexianerbrüder (siehe auch Ensener Friedhof). Rechts und links vom trapezoid zulaufenden Grabkreuz liegen die Steinplatten mit den Namen der verstorbenen „Krankenbrüder". Sie haben im nahegelegenen Krankenhaus den aufopfernden Dienst in der Nachfolge Christi geleistet. Sehr aufwendig gestaltet ist auch die Grabstätte Hardt / Malczak. Hier rahmen zwei Steine, die nach oben hin dreieckig geformt sind, ein großes Hochkreuz (ca. 1970).

Wichtiges in Kürze:

Friedhof Westhoven
Paulstraße, 51149 Köln

Größe:
25.000 qm

Anzahl d. Grabstätten / Grabarten:
1.750 / Wahlgräber, Urnenwahlgräber

Zuständiger Gärtnermeister:
Herr Schell, Tel.: 02203/186471, Fax: 186472;
E-Mail: fh-leidenhausen@netcologne.de

Ansprechpartner Friedhofsverwaltung:
Frau Aust, Tel.: 0221/2 21-25129
E-Mail: Hannelore.Aust@stadt-koeln.de

Angaben zur Trauerhalle:
75 qm, 35 Sitzplätze

Öffnungszeiten:
März: 8 - 18 Uhr   Apr. bis Sept.: 7 - 20 Uhr
Okt: 7 - 19 Uhr   Nov. - Febr.:   8 - 17 Uhr
Allerheiligen (01.11.) und Allerseelen (02.11.)
schließen die Friedhöfe jeweils um 19 Uhr

Besonderheiten:
–

Haltestellen der KVB:

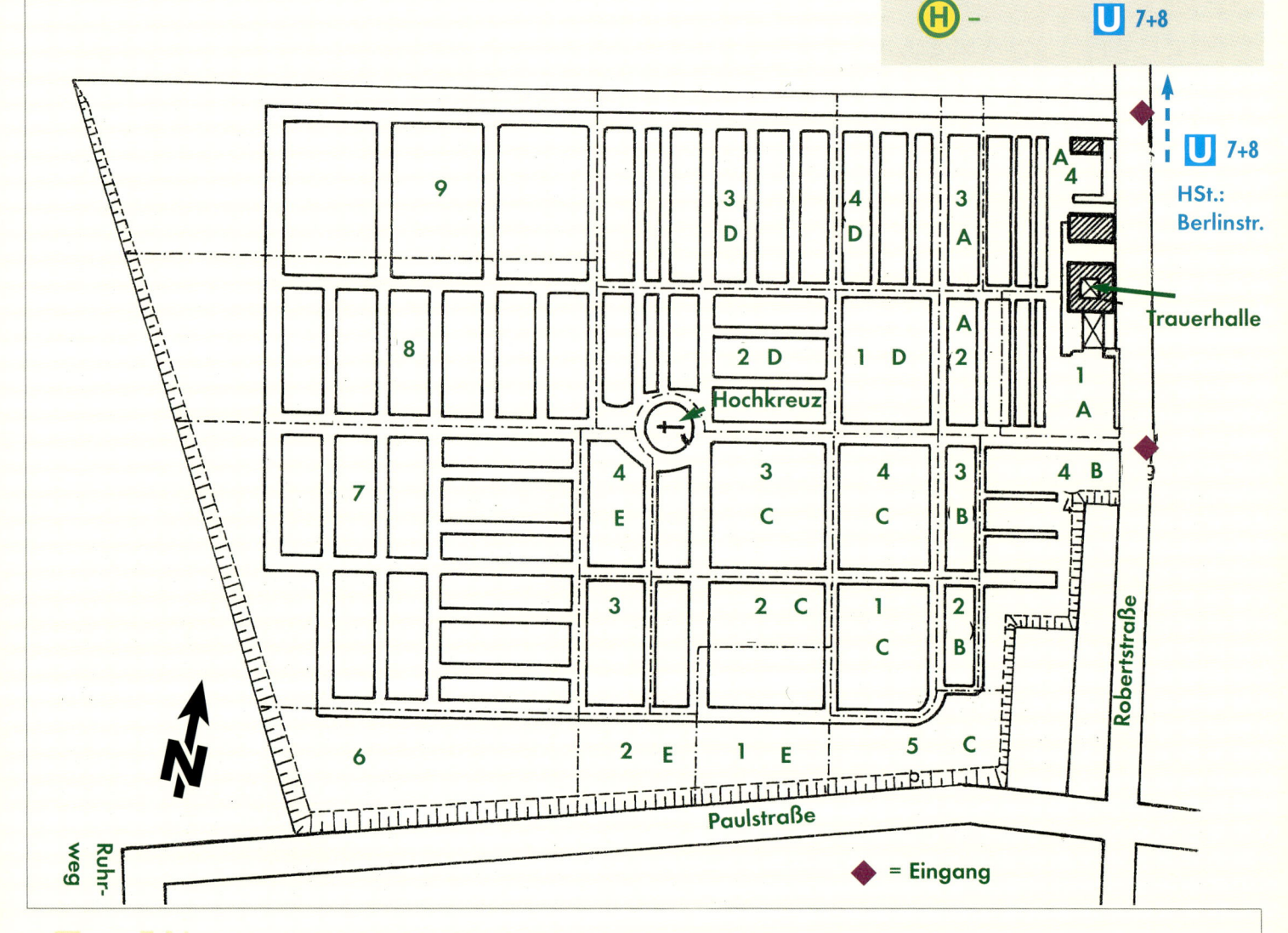

H –   U 7+8

Grabstätte für die Obdachlosen

Inmitten des Südfriedhofes liegt eine Grabanlage, die so ganz anders ist, als der Besucher eines Friedhofes es erwartet. Eine leere Bierflasche mit einem Windrad, eine bunte Holzkuh, eine kleine Mutter Gottes auf einem Stein. Der Pförtner vom Südfriedhof wundert sich schon lange nicht mehr, wenn ihn Menschen, die der Normalbürger mit Punker oder Penner beschreiben würde, nach diesem Grab fragen. Flur 27, direkt rechts hinter der Trauerhalle.

Hier hat die Initiative zur Bestattung obdachloser Menschen eine Grabstätte für Verstorbene eingerichtet, die im Leben wenig Spuren hinterlassen haben. Nach ihrem Tod sollen sie wenigstens nicht spurlos von der Erde verschwinden. Das nämlich würde passieren, wenn sich niemand um sie kümmern würde. Anonym beigesetzt, verschwunden, entsorgt. Auf diesem Feld ist nun Platz für 144 Urnen von verstorbenen obdachlosen Mitbürgern, zum Zeitpunkt der Drucklegung sind dort 71 Urnen bestattet.

Der Erwerb der Grabstätte, die Herstellung der Grabsteine, Montagen und gärtnerische Grabpflege werden ausnahmslos durch Spenden finanziert. Kostenfrei genutzt werden darf diese Grabstätte durch alle Kölner Bestatter, sofern der Verstorbene in einer der Organisationen, die sich um Obdachlose sorgen, bekannt war.

Initiator der Grabstätte ist Thomas Kremer, Bestatter im Kölner Severinsviertel. Dort erhalten Sie auch Auskunft, wenn Sie zugunsten der Obdachlosengrabstätte spenden möchten.

Kontakt: Telefon 02 21/31 50 55 oder
E-Mail: Thomas.Kremer@Koeln.de

KREMER
BESTATTUNGSUNTERNEHMEN

Jakobstraße 24 - 50678 Köln
Telefon 0221-315055 Telefax 324602
E-Mail: Bestatter@NetCologne.de

Dem Tod und der Trauer begegnen

Aspekte einer evangelischen Trauer- und Friedhofskultur

„Herr, lehre uns bedenken, dass wir sterben müssen, auf dass wir weise werden." – Diese alten biblischen Worte aus Psalm 90, 12 sind häufiger bei Trauerfeiern zu hören. Zuweilen findet man sie auch in Todesanzeigen oder eingemeißelt auf älteren Grabsteinen. Von der darin enthaltenen Aufforderung, Tod und Sterben nicht zu verdrängen und nicht aus den Alltagszusammenhängen auszuklammern, ist das Christentum allgemein und das evangelische Denken und Handeln im Besonderen nachhaltig geprägt. Tod und Sterben werden nach biblischem Verständnis zwar als eine das irdische Leben begrenzende Macht gesehen, diese Macht ist allerdings nicht mächtiger als Gottes unbegrenzte und über alles Vergehen hinaus reichende Liebe. Bei aller Unterschiedlichkeit im Einzelnen liegt der Kern evangelischer Trauer- und Friedhofskultur darin, vor Gott und mit Gott um die Vergänglichkeit allen irdischen Daseins zu wissen und hieraus eine von Gott getragene Lebensweisheit zu gewinnen, die einen das jetzige und aktuelle Dasein hoffnungsvoll leben und gestalten lässt.

Lehre uns bedenken ...

Seit den Anfängen der Refomation ist es evangelischen Christen ein besonderes Anliegen, Menschen an den Wendepunkten und Grenzen ihres Lebens nicht nur mit rituellen Handlungen zu begleiten, sondern ihnen das Evangelium von Jesus Christus und Gottes Weg mit den Menschen lebendig zu verkündigen. Das fällt gerade im Angesicht konkreten Leidens und Sterbens nicht immer leicht. Dass es trotzdem geschieht, gründet in der Hoffnung und dem Erleben, dass Gott mit seinem Wort Menschen im Innersten anzurühren vermag und Gottes Geist den Leidenden in besonderer Weise nahe ist. Dabei kann das Eingeständnis der Endlichkeit menschlicher Möglichkeiten hilfreich sein, Räume zu öffnen für eine Begegnung zwischen unserem begrenzten Dasein und dem unendlichen und grenzenlosen Sein Gottes. Das Bedenken des Lebens und des Sterbens – sei es in Alltagszusammenhängen oder am Grab – ist somit immer auch Anregung zum eigenen Nachdenken und zu einem besseren Begreifen der kleinen und großen Abschiede, die uns tagtäglich begegnen. Es ist die Erhaltung und Förderung einer Kultur des Sich-Einlassens auf die Dinge, die am Rand des Denkens und Fühlens zwischen Himmel und Erde passieren.

... auf dass wir weise werden

Dieses Sich-Einlassen auf den Sinnzusammenhang des Werdens und Vergehens ist dabei ein höchst individuelles und auch ein sich stets im Fluss befindliches Geschehen. Gerade im Zusammenhang mit Abschied und Trauer zeigt ja die Erfahrung, dass dies in sehr unterschiedlicher Intensität und Dauer erfahren wird: Manche Menschen gehen ihre Trauerwege vergleichsweise schnell, andere brauchen dagegen viel Zeit und drohen vielleicht sogar an dem erfahrenen Verlust innerlich zu zerbrechen. Der Glaube vermag hierbei den Horizont zu weiten, dass der Mensch im Leben und Sterben auf eine Gnade angewiesen ist, die er sich aus sich selbst heraus nicht geben kann. Die christliche Botschaft verweist daher auf Gott als den Schöpfer aller Dinge, der allein diese Gnade schenken kann. Und sie verweist auf die notwendige Gemeinschaft der Menschen untereinander, die wichtig ist, damit Freude und Leid in gemeinschaftlicher Solidarität geteilt werden. Es geht somit auch darum, einander im Prozess des inneren Annehmens des Laufs der Dinge zu begleiten und das Leben aufgrund dieser Erkenntnis weisheitlich zu gestalten. Damit ist ein zentraler Punkt evangelischen Denkens benannt: Nicht die Verstorbenen und ihr weiteres Schicksal stehen im Vordergrund. Sondern im Vordergrund stehen die Hinterbliebenen, dass sie durch die Gegenwart

Gottes und durch menschliche Nächstenliebe getröstet und gestärkt werden. Mit dieser Schwerpunktsetzung sei im Folgenden das Handeln bei Beerdigungen sowie evangelische Friedhofs- und Trauerkultur näher beschrieben.

Den Abschied gestalten

Der Tod unterbricht die eingespielte Routine des Alltäglichen. Ein einmaliges und unverwechselbares Leben endet unwiderruflich. Je näher und intensiver sich die Beziehung gestaltete, desto stärker wird dieser Einschnitt empfunden. Der Verlust kann dabei vielfältige Gefühle auslösen: Traurigkeit, Wut, Entsetzen, Leere oder Hilflosigkeit, aber auch Dankbarkeit und Erleichterung – um nur einige der möglichen Gefühle und Stimmungen zu nennen. Oft sind es sogar mehrere, teils sich widersprechende Empfindungen. Denn es gilt, sich von einem Menschen zu verabschieden, mit dem man einen mehr oder minder großen Teil seines eigenen Lebens und damit auch unterschiedlichste Erfahrungen geteilt hat. Das Abschiednehmen hat dabei zwei Ebenen: zum einen das gemeinschaftliche Ritual der Beisetzung, zum anderen das je eigene Bearbeiten des Verlustes. Für die Bestattung haben sich dabei Riten entwickelt, die eine Mischung aus Gewohnheit, kirchlicher Tradition und gesetzlichen Bestimmungen sind. Während die Bestatter weitgehend die organisatorischen Notwendigkeiten der Beerdigung regeln, konzentriert sich das kirchliche Handeln darauf, die Hinterbliebenen auf ihrem Weg des Abschieds seelsorglich und stabilisierend zu begleiten. Dies geschieht neben Trauerbesuchen vorrangig darin, dass Pfarrer und Pfarrerinnen die Bestattung in einer den Verstorbenen würdigenden und für die Hinterbliebenen tröstenden Weise gestalten.

Der Ablauf der Trauerfeier und der anschließenden Beerdigung hat dabei einerseits feste Bestandteile, beispielsweise das Verlesen eines Bibeltextes, eine Ansprache, der dreimalige Erdwurf und ein Gebet am Grab. Andererseits stehen hier aber auch viele Möglichkeiten der Gestaltung offen. Unter evangelischen Pfarrern und Pfarrerinnen hat es in den letzten Jahren eine zunehmende Öffnung gegeben, die jeweils unterschiedlichen Bedürfnisse der Trauernden zu erspüren und über Texte, Musik und andere Formen der Gestaltung ins Gespräch zu kommen. Solange die Trauerfeier als gottesdienstliche Handlung begriffen wird und der Respekt und Geist der Bestattung gewahrt sind, kann die Gestaltung in großer Offenheit und unter Bezugnahme auf die Lebenswelt des Verstorbenen und der Hinterbliebenen geschehen. Dabei muss nicht notwendigerweise nur auf traditionell geprägtes Gut zurückgegriffen werden. Sicherlich liegt in vielen der alten Lieder und Texte oft eine große und tiefe Glaubenskraft. Allerdings treffen sie in Sprache und Bildern nicht immer das heutige Lebens- und Glaubensgefühl, weswegen Lieder, Texte und Formen gegenwärtiger Kultur vermehrt Eingang in den Ablauf finden. Wichtig ist, dass Angehörige und der zuständige Pfarrer darüber ins Gespräch kommen, welche Inhalte und Formen am Tag der Beerdigung hilfreich, dem Verstorbenen entsprechend und in der Gesamtsituation stimmig sind. Pfarrer und Pfarrerinnen haben hierbei als Seelsorgende und Leitende des Rituals eine große Kompetenz und vielfältige Erfahrungen, die sie auch gerne einbringen. Und die Praxis zeigt, dass eine adäquat begleitete und gestaltete Bestattung ein nicht zu unterschätzender wichtiger und lösender Schritt innerhalb des Bearbeitens des erfahrenen Verlustes sein kann. Wohlgemerkt ist die Bestattung nur ein Schritt in der Gestaltung des Abschieds. Das individuelle „Austrauern" dauert in der Regel weit über die Bestattung hinaus, zumal das je eigene Bearbeiten des Verlustes nach dem gemeinschaftlichen Abschied oft einsamer wird. Der Friedhof kann hierbei zu einem bedeutsamen Ort innerhalb des Trauerprozesses werden.

Der Friedhof als Ort der Begegnung

Nicht selten sind der Friedhof und das Grab der Ort, an dem Hinterbliebene sich einem vertrauten und wichtigen Menschen besonders nahe wissen. Hier hat die Trauer an einem ganz bestimmten Punkt einen sichtbaren und gestaltbaren Ort. Da in unserer Gesellschaft Trauer nur ungern öffentlich gezeigt wird, kommt dem Friedhof als Ort, an dem Trauer selbstverständlich akzeptiert ist, eine wichtige Funktion zu: hier darf sein, was im Alltag sonst lieber ausgeklammert wird, und hier kann einem noch einmal in einer anderen Weise Verständnis für die eigene Situation begegnen. Denn der Friedhof ist nicht zuletzt auch ein Ort der Begegnung mit anderen Menschen. Ein konkretes Erleben sei erzählt, um das zu illustrieren:

Müde und traurig geht ein alter Mann über den Friedhof. Gestützt auf seinen Stock bleibt er lange am Grab seiner Frau stehen. Er redet mir ihr, erzählt ihr, wie schwer es ihm fällt, ohne sie zu leben, wie mühsam es ist, sich das Kochen beizubringen. Natürlich, die Kinder und Enkel helfen, aber die Einsamkeit ist groß, besonders am Abend, wenn die Stille im Haus unüberhörbar wird. Was soll er jetzt tun? Gleich wieder nach Hause fahren? Aber dort wartet niemand, und so spaziert er meistens über den Friedhof, bleibt hier und da stehen und betrachtet andere Gräber. So geht es Tag für Tag.

Irgendwann fällt ihm ein anderer älterer Mann auf, der ebenso seine Kreise auf dem Friedhof zieht. Zunächst grüßt man sich nur, lüpft den Hut im Vorbeigehen, nickt einander zu und schaut sich freundlich an. Dann aber hat einer der beiden Männer den Mut, den anderen anzusprechen. Seitdem gehen die beiden gemeinsam über den Friedhof, besuchen die Gräber ihrer Frauen und erzählen einander viel: von ihren Frauen und Familien, ihren Kümmernissen und Beschwerlichkeiten, aber auch von ihren kleinen Freuden und Erfolgen: wie gut es mit dem Kochen inzwischen klappt, dass man den Mut hatte, zum ersten Mal allein in den Urlaub zu fahren. Aus den anfänglich traurigen Wegen werden mehr und mehr Wege, die in ein Leben führen, in dem auch wieder Glück und Zufriedenheit ihren Platz haben. Sah man sich am Anfang nur auf dem Friedhof, so kommen nach und nach auch andere Treffpunkte und Verabredungen für Spaziergänge hinzu. Und irgendwann beenden die beiden alten Herren ihre Treffen regelmäßig bei einem Bierchen.

Gerade für ältere und einsame Menschen kann der Friedhof ein Ort werden, an dem sie nicht allein bleiben müssen mit ihrer Trauer. Andere Menschen sind da, die Ähnliches erfahren haben, und diese können durchaus offen für Begegnungen sein. Da können Trauerwege ganz sichtbar und spürbar zu Lebenswegen werden und helfen, in ein neues, verändertes Leben hinein zu finden. Das mag noch ein weiteres Beispiel illustrieren:

Eine Mutter, deren Sohn bei einem Verkehrsunfall ums Leben gekommen ist, trifft sich am Eingang des Friedhofs mit einer Pfarrerin. Normalerweise verabreden sie sich zum Gespräch im Büro der Seelsorgerin, aber heute wollen sie gemeinsam das Grab besuchen, weil es der Mutter ein unendlich bedeutsamer Ort ihrer Trauer ist. Auf dem Weg zum Grab erzählt sie, wie viele Menschen sie hier auf dem Friedhof schon kennen gelernt hat: besonders andere Mütter und Väter, die um ihre verstorbenen Kinder trauern, aber auch andere Menschen, die einfach am Grab ihres Sohnes innehalten, obwohl sie ihn nicht gekannt haben. Die Mutter ist froh, dass dies so ist. In all ihrem Schmerz und ihrem empfundenen Unglück kann sie darin Trost und mitfühlende Unterstützung finden. Dabei ist eine Begegnung für sie sehr bedeutsam geworden. Eines Tages wandte sich eine Frau offen und freundlich fragend an sie. Ein gutes, hilfreiches Gespräch entwickelte sich, in dem sich bald herausstellte, dass auch die hinzugetretene Frau seit einigen Jahren um ihren Sohn trauert. Sie schilderte, was sie in ihrer Trauer bisher getan hatte, und berichtete unter anderem von einem Trauergesprächskreis, der bald beginnen würde – ein Hinweis, der sich als wichtiger Meilenstein für die trauernde Mutter entpuppte. Und dazu begann mit diesem Gespräch eine gegenseitige, ermutigende Begleitung für beide Frauen.

Davon erzählt die trauernde Mutter als sie und die Pfarrerin am Grab ankommen. Dem Grab ist abzuspüren, wie sehr dieser Ort auch ohne Worte spricht. Neben Blumen und Kerzen sind kleine Briefe und Basteleien von Freunden und Verwandten zu sehen, dazu eine Grableuchte, auf deren Dach ein Motorradroller steht – Erinnerung daran, wie gern der Verstorbene mit seinem Roller fuhr. Lange stehen die beiden da, mal schweigend und den vorangegangenen Worten nachhorchend, mal redend. Die „verwaiste Mutter" erzählt, dass ihr die Begegnung mit der anderen Mutter Licht und Hoffnung auf ihren nicht selten dunklen und verschlungenen Trauerwegen geworden ist.

Natürlich sind solche Erzählungen nicht grundsätzlich zu verallgemeinern. Sie machen jedoch deutlich, dass Friedhöfe mitnichten abseits von Leben und Lebendigkeit liegen. Sie können für Menschen wichtige Marksteine mitten im Leben sein und ihnen Halt und Schutz in einer für sie schwierigen Lebenssituation bieten. Von daher werden aus seelsorglichen Aspekten auch zweierlei Entwicklungen der letzten Jahre kritisch gesehen: Zum einen die anonyme Bestattung, weil hier den Angehörigen die Möglichkeit genommen ist, ihre Gefühle an einem ganz konkreten Ort zum Ausdruck zu bringen. Und zum anderen die Überlegungen zu einer häuslichen Aufbewahrung der Urnenasche, weil hier der akzeptierte und begegnungsoffene Raum für eine kollektive Trauerkultur nur sehr eingeschränkt gegeben ist.

Aufgaben im Prozess des Trauerns

Trauer ist ein höchst komplexes und keineswegs lineares, sondern vielmehr zirkuläres Geschehen. Wurde der Prozess des Trauerns in der Vergangenheit gerne in verschiedene Verlaufsphasen eingeteilt, so spricht man in der aktuellen Trauerforschung stattdessen von Aufgaben, die von einem Trauernden zu lösen sind, um in das durch den Verlust veränderte Leben hinein zu finden. Vier Aufgaben lassen sich benennen, die eine gewisse chronologische Abfolge darstellen, die sich aber auf dem Trauerweg auch jeweils zu späteren Zeitpunkten noch einmal neu stellen können. Der amerikanische Psychologe J. William Worden beschreibt sie folgendermaßen:

1.) Zunächst geht es vor allem darum, den Verlust wirklich als Realität zu akzeptieren. Das kann beispielsweise bedeuten, die rationale und emotionale Überzeugung zu gewinnen, dass auf dieser Erde kein Wiedersehen möglich ist.

2.) Im Fortgang und auch mit Blick auf den gesamten Prozess ist es entscheidend, den Trauerschmerz zu durchleben: die physischen und psychischen Schmerzen brauchen wie auch immer gestaltete Ausdrucksformen, um nicht lebenslang mitgeführt zu werden.

3.) Mit der Zeit wird es darum gehen, sich an eine Umwelt anzupassen, in der der Tote fehlt. Das heißt u.a., dass die eigene neue Rolle und Funktion – z.B. die der Witwe oder des „verwaisten Vaters" – gefüllt werden muss. Dies geschieht im Kontakt und in der Auseinandersetzung mit dem Umfeld, ist also kein ausschließlich individuelles Geschehen.

4.) Letztlich – ohne dass die vorangehenden Aufgaben umgangen werden können – gilt es, dem Toten einen neuen Platz zuzuweisen und selbstgestaltend und selbstverantwortlich weiterzuleben.

Im Gegensatz zu früheren Modellen in der Trauerforschung muss nach heutiger Ansicht die emotionale Energie nicht vom Verstorbenen abgezogen werden. Vielmehr geht es um eine Verwandlung dieser Energie; der Trauernde muss für den Toten einen ihm angemessenen Platz in seinem Bewusstsein und Gefühlsleben finden – einen Platz, der daneben Platz lässt für andere und anderes.

Die oben beschriebenen Beispiele – der trauernde Witwer und die verwaiste Mutter – können je auf ihre Weise beschreiben, wie Menschen hier ihre Traueraufgaben für sich angepackt und ihre Trauerwege – auch im wahrsten Sinne des Wortes – erwandert und durchwandert haben. Deutlich wird dabei auch, wie hilfreich und unterstützend Hilfe von außen sein kann: sei es die Begleitung durch andere Trauernde und Familienangehörige, oder sei es z.B. die Unterstützung durch einen kompetent geleiteten Trauergesprächskreis.

Trost, Rat und Hilfe in Köln

Es gibt eine Vielzahl an Einrichtungen und Initiativen, die im Zusammenhang mit Sterben, Tod und Trauern kompetent und professionell Trost, Rat und Hilfe bieten. Die wichtigsten seien im folgenden genannt:

1. Das Trauernetzwerk Köln (TNK): Das TNK ist ein Zusammenschluss von Institutionen (u.a. der katholischen und evangelischen Kirche), Einzelpersonen (z.B. Bestattern) sowie Initiativen und Selbsthilfegruppen, die sich auf unterschiedliche Weise um Trauer und Trauerkultur in Köln kümmern. Das TNK berät und informiert u.a. auch durch die jährliche Herausgabe einer Broschüre für Trauernde und solche, die Trauernde begleiten. Kontakt: TrauerHaus, Mauritiussteinweg 110, 50676 Köln, Tel.: 0221-7599867.

2. Die Kontakt- und Informationsstelle für Selbsthilfe in Köln (KISS): KISS informiert umfassend über Angebote innerhalb des Stadtgebietes im Bereich der Selbsthilfe und auch über Gruppen für Trauernde. Kontakt: KISS, Marsilstein 4-6, 50676 Köln, Tel.: 0221-9515-4216. Unter 0221-951542-56 wird auch eine türkische Sprechzeit angeboten.

3. Die Telefonseelsorge (TS): Die TS steht rund um die Uhr Menschen zur Verfügung, die ein Gespräch suchen oder jemanden brauchen, der ihnen zuhört. Darüber hinaus lassen sich hier Unterstützungsangebote für Trauernde erfragen. Die TS ist bundesweit kostenfrei zu erreichen unter der Telefonnummer 0800 – 1110111 und 0800 – 1110222.

4. Der Verein Verwaiste Eltern in Deutschland (VEiD): Der Verein VEiD arbeitet bundesweit mit dem Ziel, Menschen zu begleiten und zu unterstützen, in deren Familien ein Kind (ganz gleich welchen Alters) gestorben ist. Über die Geschäftsstelle im norddeutschen Reppenstedt kann Näheres für die jeweilige Region erfragt werden. Kontakt: VEiD, Fuhrenweg 3, 21391 Reppenstedt, Tel.: 04131-6803232. Mehr Informationen auch unter www.veid.de

5. Die Hospiz Arbeitsgemeinschaft Köln (HAK): In Köln gibt es verschiedene Hospizdienste, die sterbenskranke Menschen und deren Angehörige begleiten. Vielfach machen diese auch Angebote zur Trauerbegleitung oder können über Angebote im näheren Umfeld informieren. Kontakt: HAK, Custodisstraße 3-17, 50679 Köln, Tel.: 0221-8274399.

6. Die Ansprechstelle im Land NRW zur Pflege Sterbender, Hospizarbeit und Angehörigenbegleitung (ALPHA): ALPHA kann besonders im Blick auf überregionale Angebote und solche, die sich an Trauerbegleiter wenden, gefragt werden. Kontakt: ALPHA Rheinland, Von-Hompesch-Str. 1, 53123 Bonn, Tel.: 0228-746547. Mehr Informationen auch unter www.alpha-nrw.de

7. Schließlich sei noch auf die Internetseite www.trauernetz.de hingewiesen, ein von der Evangelischen Kirche im Rheinland eingerichtetes Internetangebot für Trauernde, u.a. mit Hinweisen auf Gesprächskreise, Trauercafés und Seminare.

Tears in heaven

Neben den aufgeführten Möglichkeiten begegnungsorientierter Hilfe von außen ist innerhalb des zirkularen Prozesses des Abschiednehmens noch ein weiteres Moment für Trauernde von nicht zu unterschätzender Bedeutung: Eine an das eigene Glauben und Hoffen anknüpfende Art „Selbstseelsorge". Auch wenn der Tod zwar einen unumkehrbaren Einschnitt in Bezug auf das irdische Miteinander markiert, kommt damit nicht jedwede Beziehung zu einem Ende. Im Gegenteil: Viele Menschen haben und pflegen einen innerlichen Kontakt mit ihren Verstorbenen und begegnen ihnen in ihren Gedanken, Erinnerungen und Vorstellungswelten. Das Vertrauen auf ein jenseitiges Dasein und an ein Geborgensein in Gott gibt vielen dabei Trost und Hoffnung über das jetzige Dasein hinaus. Hierbei lässt sich sowohl in der christlichen Tradition als auch in der gegenwärtigen populären Kultur manches an bewegenden Lebensläufen, Gedichten, Texten, Liedern und auch Filmen finden. Sie mögen in der eigenen Auseinandersetzung mit Tod und Abschied anregend, bestärkend und letztlich auch heilsam sein.

Zwei Beispiele seien genannt: Zum einen das Gedicht „Von guten Mächten" des Theologen Dietrich Bonhoeffer. Er schrieb es zu Neujahr 1945 wenige Monate vor seinem Tod im KZ Flossenbürg an seine Verlobte; heute gehört es zum festen Bestandteil im Text- und Liedgut christlicher Gemeinden (im Evangelischen Gesangbuch unter Nr. 65 zu finden). Bewegend ist das Vertrauen, das Bonhoeffer trotz all dem tagtäglich erlebten Tod um ihn herum darin ausdrückt: „Lass warm und hell die Kerzen heute flammen, die du in unsere Dunkelheit gebracht, führ, wenn es sein kann, wieder uns zusammen. Wir wissen es, dein Licht scheint in der Nacht. Wenn sich die Stille nun tief um uns breitet, so lass uns hören jenen vollen Klang der Welt, die unsichtbar sich um uns weitet, all deiner Kinder hohen Lobgesang. Von guten Mächten wunderbar geborgen, erwarten wir getrost, was kommen mag. Gott ist bei uns am Abend und am Morgen und ganz gewiss an jedem neuen Tag." Ein zweites Beispiel ist der Song „Tears in heaven" des Gitarristen Eric Clapton. Clapton verlor 1991 in New York seinen fünfjährigen Sohn durch einen Sturz aus einem Hochhaus. Seine Trauer und Sehnsucht hat er in einer ungemein bewegenden Ballade verarbeitet, die man etwa so übersetzen kann. „Wirst du noch meinen Namen wissen, wenn ich dich im Himmel sehe? Wirst du derselbe sein, wenn ich dich im Himmel sehe? Ich muss tapfer sein und weitermachen, denn ich weiß: Hier gehöre ich nicht zum Himmel. ... Hinter der Tür, da ist Frieden, da bin ich ganz sicher. Und ich weiß: Da werden keine Tränen mehr sein im Himmel." Man muss das Lied hören, um die Intensität der Beziehung, den Schmerz, aber auch die Zuversicht zu spüren. Beispiele wie diese können einen in der Auseinandersetzung mit der eigenen Trauer begleiten. Sie können helfen, spirituelle Wurzeln zu finden, die Kraft haben, Beziehungen zwischen Himmel und Erde zu erhalten – und zwar in einer Weise, die Leben ermöglicht und nicht beendet. Dies korrespondiert mit der großen himmlische Vision aus dem Buch der Offenbarung (Off 21, 4), die Christen überall auf der Welt in ihrer Hoffnung verbindet: „Gott wird alle Tränen von ihren Augen abwischen: Der Tod wird nicht mehr sein, keine Trauer, keine Klage, keine Mühsal."

Die Autoren:
Kristiane Voll, Pastorin im Sonderdienst für Trauerbegleitung im Kirchenkreis Köln-Rechtsrheinisch.
Dr. Detlev Prößdorf, Pfarrer z.A. an der Kartäuserkirche/Köln und im Amt für Presse- und Öffentlichkeitsarbeit des Ev. Stadtkirchenverbandes Köln
Beide Autoren sind Mitinitiatoren von www.trauernetz.de

Mülheim

Der Friedhof öffnet sich in einer weiten Allee mit den Fluren A bis D auf die Trauerhalle der 1960er Jahre hin (für ca. 40 Personen). Er wurde am 30.9.1904 eröffnet.
Die Passage zum Friedhof wird gebildet von einem dreiteilig angelegten Torbau, der von Regierungsbaumeister Raabe 1903 als Verwaltungsgebäude erbaut wurde.
Die ältesten Flure sind die von A bis D. Jüngeren Datums (1960er Jahre) sind vor allem die Flure P-U.
Da die konfessionellen Friedhöfe von Mülheim weiterhin für die Erbbegräbnisse offen bleiben sollten, wurde festgelegt, dass auch auf dem „Mülheimer Zentralfriedhof" eine gewisse Konfessionalisierung beibehalten werden sollte. Dies galt allerdings nur für Reihengräber: links vom Hauptweg (A und D) „evangelisch", rechts (B und C) „katholisch".
Parallel zur Flur A im Seitenweg liegt die Grabstätte Moritz, eine wiederverwendete Grabstätte der 1920er Jahre aus Kunststein. Im Stein eingebracht ist ein Kreuz, das in der Mitte einen Christustondo unter einer Dornenkrone wiedergibt. Der Blick richtet sich geradezu verklärt zum Himmel.
Gleich hier gegenüber die mit „G. Baumerich, Mülheim-Rhein" signierte Grabstätte der Familie Blech (ca. 1906, Flur A). Stilistisch ist sie dem Jugendstil verpflichtet und das gestufte Wandgrab betont die Mittelstele mit den Namen tragenden Granitplatten.
Gleich quer hierzu (Flur D) liegt die Grabstätte der Familie Schleifenbaum (Fabrikdirektor Friedrich Schleifenbaum, + 1914). Der Grabstein weist in der Mitte ein Bronzerelief auf, das einen Schmied abbildet, der seinen Fuß auf einem Amboss setzt. Von einer Frau bekommt er den Lorbeerkranz zugesprochen.
Rückwärtig zum Rondell vor der Trauerhalle (Flur D) die Grabstätte Josef Noicet (1836-1906); das dreiteilige Wandgrab stellt einen nach oben weisenden Engel dar. Den Sockel ziert eine Lyra mit Lorbeerzweig. Der Himmel scheint für den Verstorbenen aufgetan (ca. 1906, Sandstein).
In Flur D fällt auch die Grabstätte Teegler (Erstbestattung 1918, signiert Flosdorf, Cöln) auf. Das mit einer tiefen Nische geschwungene Grab schildert eine den Blick nach unten führende Frau, die in beiden Händen seitlich zum Körper Blumenkränze trägt.
Vor dem Hochkreuz links (Flur D) erscheint die Grabstätte Petersen (Erstbestattung 1919). Das dreiteilige Wandgrab zeigt in der Front einen Sarkophag mit Vasen und einem Stern. Die Inschrift lautet „bedenke das Leben nicht den Tod".
Weiträumig komponiert ist die Wand-

Tag und Nacht für Sie dienstbereit!

Übernahme sämtlicher Formalitäten
Alle Bestattungsarten sowie Vorsorgeberatung

Bestattungen D. Lauterbach

Olpener Str. 270 · 51103 Köln-Höhenberg
☎ 02 21 / 87 80 06 od. 87 25 50
Funk 01 71 / 2 62 45 87

BESTATTUNGS-UNTERNEHMEN

JOS. SCHMITZ
BESTATTUNGEN

Seit 1932 im Familienbesitz

51107 Köln (Rath-Heumar)
Rösrather Straße 627 (im Hof)

51065 Köln (Buchforst)
Waldecker Straße 23

Tel. (02 21) 9 62 51 70
Mobil 01 72 / 2 10 29 34
www.j-schmitz-bestattungen.de

Tag + Nacht erreichbar • Hausbesuche • Vorsorge-Beratung

Jeder Mensch ist einmalig.
Und deshalb ist es uns wichtig, jede Trauerfeier individuell zu gestalten.

Jeder Mensch hinterlässt eine Spur des Lebens.
Und deshalb möchten wir dieser Spur in der Trauerbegleitung nachgehen.

Wenn Sie uns brauchen, sind wir für Sie da.

Wir wünschen Ihnen eine gute Zeit
und wenn es sein darf, gesunde Zeit.

Ihr Team vom Hause MAUS

Heike Hübner

HANS GEORG MAUS
ÜBER 50 JAHRE
BESTATTUNGEN

0221 / 601583
Köln Hohenhaus, Dünnwald, Brück, Mülheim

grabstätte Ramme / Pilgram (Muschelkalk). Unter geöffneten Halbbögen stehen Postamente mit urnengleichen Gefäßen. Die Mitte wird eingenommen von Christus, der mit weit geöffneten Armen den Menschen entgegentritt (ca. 1922, Flur C). Hierneben findet sich die Grabstätte Martin (sign. „Deutsche Steinindustrie Aktiengesellschaft Reichenbach Odenwald"). Das Granitgrab zeigt die Mutter Erde, die mit weit geöffneten Armen die Menschen verschiedenen Alters, die von beiden Seiten herbeikommen, schützend umfasst. Unterschrieben ist das Bronzerelief mit der Inschrift: „Mutter Erde, zu dir kehren wir alle wieder" (ca. 1910). Das ebenfalls um 1910 entstandene Grabhaus der Familie C. Kayser greift die Form eines kleinen dorischen Tempels (signiert A. Hertel, Flur C) auf. Hierneben liegt die Grabstätte der Familie Leverkus (Erstbestattung um 1890). Nach dieser bedeutenden Familie, die im Bereich der Farbenherstellung ursprünglich begann, ist Leverkusen benannt. Das Wandgrab wird seitlich von einem nach oben hin weisenden Engel begleitet (Bronze).

Dicht hierbei die Grabstätte von der Herberg (Erstbestattung um 1926). Der im Stil einer rundgefügten Laube angelegte Grabbau zeigt im Apsisscheitel den auferstandenen Christus, der den Trauernden Trost zuspricht.

Gegenüber hiervon (Flur C) findet sich die Grabstätte Priehl/ Deising (signiert Willi Albermann, Bildhauer Köln). Das Wandgrab zeigt in der Mitte eine aus dem Stein herauswachsende Kreuzdarstellung, die durch Lichtstrahlen umfangen ist. Ein waagerechtes Dornenband verdeutlicht den schmerzhaften Weg Christi (ca. 1920), der den Hinterbliebenen Hoffnung schenkt, da er von den Toten auferstanden ist.

Bei dem Stein der Grabstätte des Dr. Adolph Riedel (+ 1969) wird am Sockel ein Ährenbündel dargestellt, auf dem ein wiederverwandter Mühlstein aufruht. Die Mitte wird gebildet von einer Taube, die mit einem Zweig nach oben steigt. Dicht hierbei liegt (links, Seitenweg in Richtung Ausgang) die Grabstätte Hubert Schumacher (ca. 1921), ein künstlerisch fein gearbeitetes Grab der Reformkunst. Die seitlichen Konsolen können Blumen aufnehmen und leiten in den geschwungenen Rahmen mit Christustondo über.

EGON BECKER
STEINBILDHAUER U. STEINMETZMEISTER

- GRABMALE
- STEINBRUNNEN
- GARTENPLASTIKEN
- NATURSTEINMÖBEL
- BRONZEKUNST

FRANKFURTER STR. 249 · 51103 KÖLN · TEL. 87 57 23

Kleidon & Thissen
Rechtsanwälte.Steuerberater

Sabine Kleidon
Rechtsanwältin
Fachanwältin f. Familienrecht

Brigitte Thissen
Steuerberaterin/Rechtsanwältin
Fachanwältin f. Steuerrecht

───── Tätigkeitsschwerpunkte ─────

Kleidon:
- Familienrecht
- intern. Familienrecht
- Eheverträge

Thissen:
- Testamentsgestaltung
- Unternehmensnachfolge
- Erbschafts- u. Schenkungssteuer

Clevischer Ring 93, 51063 **Köln** (Mülheim) · **Telefon: 641037 / 6406648 Fax:** 641038
eMail: sk@kleidon-thissen.de | bt@kleidon-thissen.de | www.kleidon-thissen.de

In der Nähe hiervon (südl. Flur C) erinnert eine weit angelegte Gedenkstätte an die Gefallenen des 1. Weltkrieges. Die Steine sind in der Form verschiedenartig.
In Flur B liegt die Grabstätte Christine Klein. Das früh verstorbene Kind (1904-1913) wird in dem aus Granit gebildeten Wandgrab mit einem in Carrara Marmor gehaltenen Porträt wiedergegeben.

Dem Weg folgend ist die Grabstätte Peter Drosse (Granit) besonders erwähnenswert. Das Wandgrab aus Granit schmückt mit einer jugendstilmäßig angelegten Bordüre aus Dornenzweigen das tief reliefierte Haupt des toten Christus (ca. 1920).

Zurück zur Flur C, rechts vom Hauptweg, ist die Grabstätte Peter Schmitt (Erstbestattung 1906) gelegen. Vor einer Kreuzstele trauert eine Frau, in den Kreuzesbalken erscheint ein Tondo mit Christus als Verstorbenem.

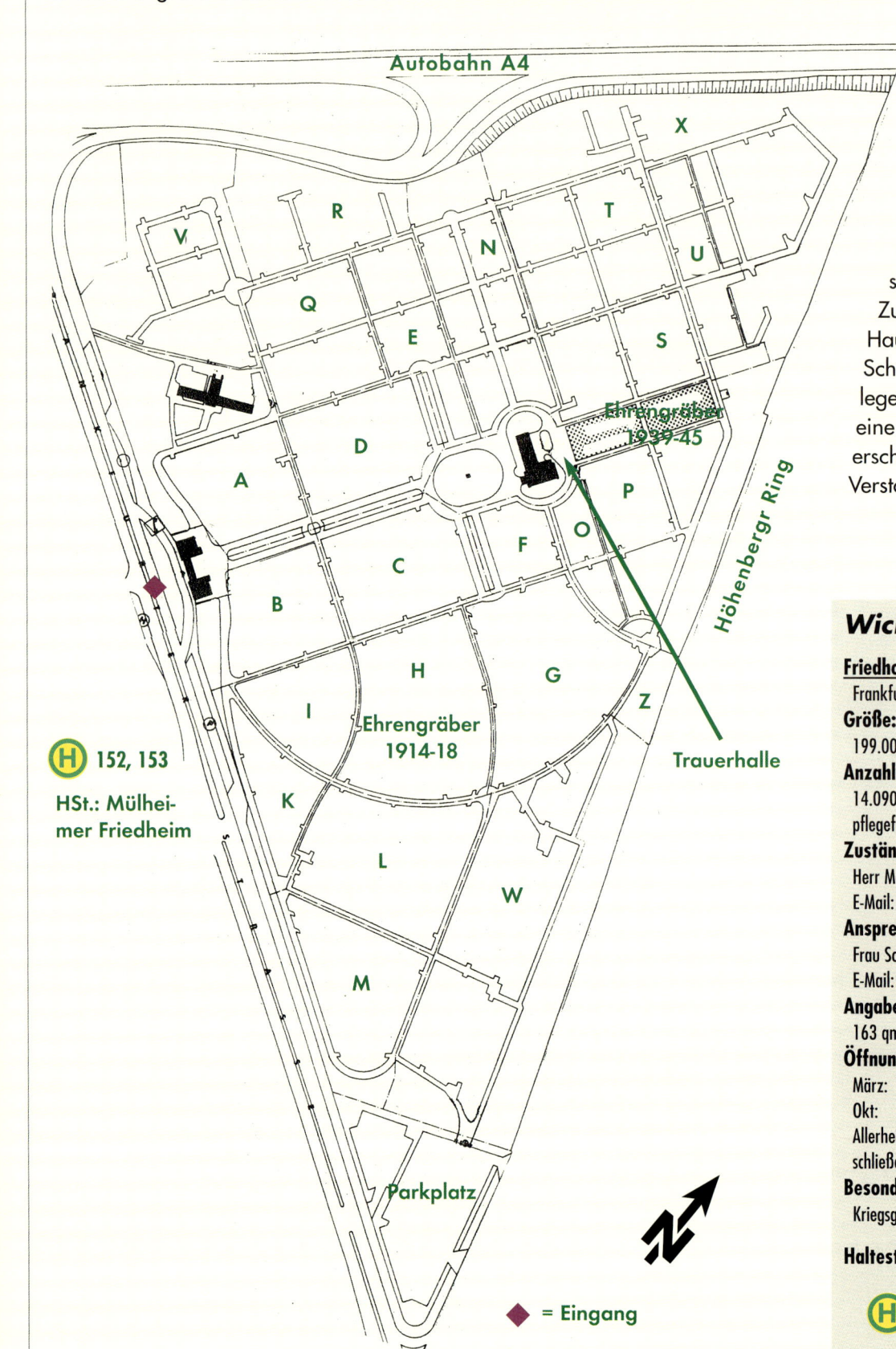

Wichtiges in Kürze:

Friedhof Mülheim
Frankfurter Straße, 51103 Köln

Größe:
199.000 qm

Anzahl d. Grabstätten / Grabarten:
14.090 / Wahlgräber, pflegefreie Grabkammern, pflegefreie Urnengräber, Urnenwahlgräber

Zuständiger Gärtnermeister:
Herr Maaß, Tel.: 0221/875725, Fax: 9875772
E-Mail: friedhof-muelheim@netcologne.de

Ansprechpartner Friedhofsverwaltung:
Frau Schreiner, Tel.: 0221/2 21-34080
E-Mail: Beate.Schreiner@stadt-koeln.de

Angaben zur Trauerhalle:
163 qm, 50 Sitzplätze

Öffnungszeiten:
März: 8 - 18 Uhr   Apr. bis Sept.: 7 - 20 Uhr
Okt: 7 - 19 Uhr   Nov. - Febr.: 8 - 17 Uhr
Allerheiligen (01.11.) und Allerseelen (02.11.) schließen die Friedhöfe jeweils um 19 Uhr

Besonderheiten:
Kriegsgräber

Haltestellen der KVB:
H 152, 153   U –

Senioren Servicedienste Köln e.V.
1. Kölner Friedhofs Mobil

"Gemeinsam etwas bewegen - Für die Senioren dieser Stadt"

Ein „Friedhofs Mobil" für Senioren, was ist das eigentlich? Bisher gab es einen solchen Service nicht.

Grund genug dies zu ändern, sagten sich Mitglieder der Friedhofsgärtner-Genossenschaft Köln eG und fanden sich zum Verein Senioren Servicedienste Köln e.V. zusammen. Und der will nun im sozialen Bereich einiges bewegen.

Der Kontakt zur Umwelt, der Besuch von Friedhöfen zum Toten-Gedenken: Dies sind wichtige Bestandteile im Leben älterer Menschen.

Josef Terfrüchte, der Vorsitzende des Vereins Senioren Servicedienste Köln e.V., möchte mit seinem Verein dafür sorgen, dass soziale Verbindungen und Kontakte zur Außenwelt durch die innovative Idee des „Friedhofs Mobils" weiter bestehen oder neu geknüpft werden.

Der Service ist - vom Telefonat bis zur Abholung und Begleitung ans Grab - absolut kostenfrei.

So ist es auch für Senioren und Gehbehinderte mit kleinem Geldbeutel nicht mehr länger ein Luxus, zum Friedhof zu gelangen.

Ein blauer Renault Kangoo mit weißer Beschriftung taucht seit

> Die kostenlose Hotline zum
> 1. Kölner
> Friedhofs Mobil:
> 0800 / 7897777

April 2002 immer wieder im Stadtbild auf, um hilfsbedürftigen Personen den Friedhofsbesuch zu ermöglichen.

Auf einfache Art und Weise wird interessierten Senioren geholfen. Zu erreichen ist der Verein über die **kostenlose Service-Telefon-Nummer: 0800 / 78 97 777**.

Eine Telefonistin nimmt montags bis freitags von 8 bis 12 Uhr die Anrufe der Senioren entgegen. Sie koordiniert die Termine, die in der Woche jeweils zwischen 9.30 und 18 Uhr liegen, und teilt den Anrufern mit, wann die verschiedenen Friedhöfe angefahren werden. Dann wird ein Termin abgestimmt und der Fahrer holt die Anruferin / den Anrufer zu Hause ab.

Auf dem Friedhof stehen den Senioren etwa 30 Minuten Zeit zur Verfügung, um das Grab zu besuchen.

Senioren Servicedienste Köln e.V.
Weinsbergstraße 138
50823 Köln
Telefon: 0800 / 78 97 77 7
Fax: 0221 / 51 53 62

Kalk

Der Kalker Friedhof öffnet sich vom Kratzweg aus.
Axial zum Hauptportal (links hiervon das Gebäude der Friedhofsverwaltung in Fachwerkbauweise) tritt die Grabstätte des Kommerzienrats Josef Bardenheuer (1837-1914, Granit) auffällig hervor.
Das Wandgrab zeigt auf einem mittleren Sockel einen Rosen spendenden Engel (Erstbestattung 1906). Er ist mit einer Aedikula hinterfangen, die zu zwei Seiten eines Kreuzes kannelierte Säulen führt. Im Frontispiz erwachsen aus einem Gefäß Mohnkapseln.
Das Friedhofsgrundstück wurde von ihm zur Verfügung gestellt, nachdem der alte Kalker Friedhof an der Kapellenstraße aufgelassen wurde. So kommt es, dass der Kalker Friedhof in Merheim gelegen ist. Eröffnet wurde er am 3.11.1904; die nordöstlichen Flure kamen in den 1960er Jahren dazu.
Der eigentliche Hauptweg an den Fluren 4 und 5 weist einige feine Grabstätten aus der frühen Zeit des Friedhofs auf.
Die Grabstätte Heinrich (1906-1991) und Margarethe (1907-1994) Scheeben: die mit „A. Hertel, Köln" signierte Wandgrabstätte mit Kreuzstele (Granit) ist mit geschwungenen Seitenteilen eingefriedet, die in die Grabwand überleiten. Zwei Säulen flankieren die namenstragende Hauptplatte, die nach oben hin mit einem Dreipass abschließt.
Spezifische Einflüsse der Reformkunst macht die Grabstätte Adam Thomas deutlich (ca. 1925). In dem dreiteiligen Wandgrab aus belgischem Granit ist gekonnt in der Mitte ein Kreuz aus Diabas eingepasst.
Jugendstileinflüsse im neoromanischen Erscheinungsbild spiegelt die Grabstätte Familie Baumann (Erstbestattung 1892), wieder. Unter einem halbkreisförmig geführten Mittelteil (Bronzerahmen) erscheint die Plastik des Gekreuzigten.
Die Priestergrabstätte für die Pfr. von St. Marien in Köln-Kalk (Muschelkalk) birgt u.a. die Hülle von Martinus Köllen (1833-1918).
In seiner Amtszeit wurde die Marienkirche erbaut. Der seitliche Stein erinnert an Pfr. von Josef Baumann (+ 1937). Die trapezoid zulaufende Stele schildert sein priesterliches Wirken im „Gleichnis des Sämann".  
Der zum Hochkreuz führende Weg zeigt sodann links die Grabstätte Fassbinder-Leufen. In eindrucksvoller Weise baut die Kreuzstele (etwa 1925) im Geist der „Reformkunst" auf. Der Gekreuzigte wird seitlich von einer Girlande gerahmt. 
Vor dem Hochkreuz wird mit einem Denkmal des Bürgermeisters Thumb (1844-1900, sign. Michael Miebach, Kalk) gedacht. Die im belgischen Granit gehaltenen Einfriedungsteile sind mit schweren Eisenverbindungen versehen. In der Mitte ist eine Porträtbüste eingelassen. Die Inschrift lautet: „Ihrem Bürgermeister Thumb, die dankbare Stadt Kalk" (bestattet vor offizieller Eröffnung).
Das Hochkreuz mit Bronzekorpus baut auf geschwungenem Sockel auf und ist Willi und Franz Albermann zuzuschreiben (ca. 1920).
Ganz still gedenkt eine weitschauende Frau (Flur 14) bei der Grabstätte Peter Ziervas (1880-1908). Auf einem aus Steinen gebildeten Sockel ruht sie und hält eine Palme in der Hand.
In Flur 44 befindet sich die Grabstätte des berühmten Lehrers Heinrich Welsch (1848-1935). An den Seiten steigen Blumen aus Vasen, begleitet von Kreuzen mit Weinlaub. Das Lied in der „Kaygass Nr. 0" illustriert seine ihm eigenen Methoden. 
Der Familie Rensinghoff gen. Schlenkhoff, Gutsbesitzer von Gut Plantage in Köln-Ostheim, wird in Flur 43 (rechts) gedacht. Das Wandgrab führt im Sockel als berufsspezifisches Motiv ein Ährenbündel mit Sichel (Erstbestattung 1915).
Der kreuzförmig

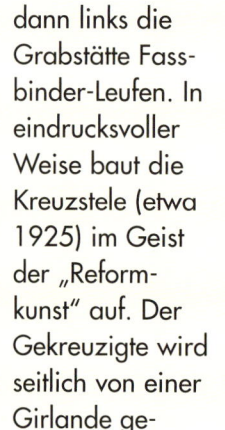

Tag und Nacht für Sie dienstbereit!

Übernahme sämtlicher Formalitäten
Alle Bestattungsarten sowie Vorsorgeberatung

Bestattungen D. Lauterbach

Olpener Str. 270 · 51103 Köln-Höhenberg
☎ 02 21 / 87 80 06 od. 87 25 50
Funk 01 71 / 2 62 45 87

BESTATTUNGSUNTERNEHMEN

Uwe Habel

FRIEDHOFSGÄRTNEREI

traditionelle und moderne Grabgestaltung, Grabpflege

Neufelder Straße 111
51069 Köln (Dellbrück)
Telefon: 0221 - 9223774
www.friedhofsgaertnerei-uwehabel.de

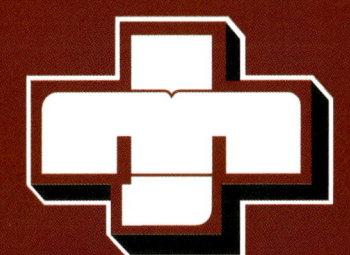

Bestattungshaus Josef Mittler GmbH

51103 Köln, Kalk - Mülheimer Straße 14 * seit 1931

Bestattungsvorsorge   -Tag und Nacht- **85 10 07**

Individuelle und zuverlässige
Übernahme aller Bestattungsarten

www.mittler-bestattungen.de

angelegte Stein der Grabstätte Grossman (ca. 1985) schildert im oberen Kreuzbalken ausdrucksstark Jesus an- aber auch ablehnende Menschen.
Die Grabstätte Billig (Erstbestattung 1941) komponiert Girlanden um die mittlere Kreuzstele (Muschelkalk).
In Flur 38 liegen die Kriegsgefallenen des 2. Weltkrieges begraben. Künstlerisch aussagestark darf der Grabstein von Familie Freesdorf (Flur 27 zu 30) genannt werden. Die ca. 1980 entstandene Grabstele stellt eine stehende Frau stilisiert dar, die trauernd die Hände zum Gesicht führt.
Bei der Grabstätte Hanna Heinrich (+ 1993) wird das Bildmotiv von einem Lebensbaum mit verschiedenen Obstsorten bestimmt.
In Flur 32 wird an die Gefallenen des 1. Weltkrieges gedacht. Das Mahnmal zeigt einen Soldaten, der nach unten ein Schwert gerichtet hat.
Die rechte Reliefstätte schildert Soldaten, die in den Krieg marschieren: einer nimmt Abschied von Frau und Kind; die linke Seite zeigt zwei Soldaten, die von einem Engel eine Siegespalme überreicht bekommen. Um das Denkmal ist eine konkav geschwungene Sitzbank platziert, die die Jahreszahl 1914-1918 benennt.
Die Grabstätte Wiesenbach (ca. 1930) gibt den auf dem Kreuz liegenden, gemarterten Christus wieder (grenzt an Flur 34).
Hier finden sich auch die neuartige Grabstätte Dr. Detlev Anton Kattelans mit einer in Sandstein angelegten Stele (Flechtbänder zieren einen Äskulapstab, sign. mit Rainer Ewald Köln Merheim). In Flur 36 fällt die Grabstätte Ida Scheerbarth (1880- 1923) auf: der mit G. Reuger signierte Stein widmet sich einem Doppelflöte spielenden Knaben.
Die Inschrift lautet: „wie Gott will".
Der hintere Teil der Trauerhalle entstand ca. 1920, sie fasst etwa 50 Personen.

Gärtnerei und Blumenhaus
HANS P. BAUM
über 50 Jahre Meisterbetrieb

Individuelle Grabgestaltung und Pflege
Beet- und Balkonpflanzen,
Koniferen, Sträucher, Erde, Dünger
Moderne und klassische Blumenbinderei
Brautsträuße und Dekorationen
Kranz und Trauerfloristik

Ihr Friedhofsgärtner für Köln rechtsrheinisch
Kratzweg 10-12, 51109 Köln-Merheim
Tel.:0221/692877 Fax: 698917
www.Blumen-Gaertnerei-Baum.de

Verkauf Direkt ab Gärtnerei

DAUER GRAB PFLEGE

Ein Grabmal zeigt mehr als Namen und Daten !

Ob es Persönlichkeit vermittelt, liegt in den Händen des Gestalters !

RAINER EGERT
Bildhauer u. Steinmetzmeister
Kratzweg 4
51109 Köln
Tel.: 0221 / 692282
Fax.: 0221 / 697147

Wichtiges in Kürze:

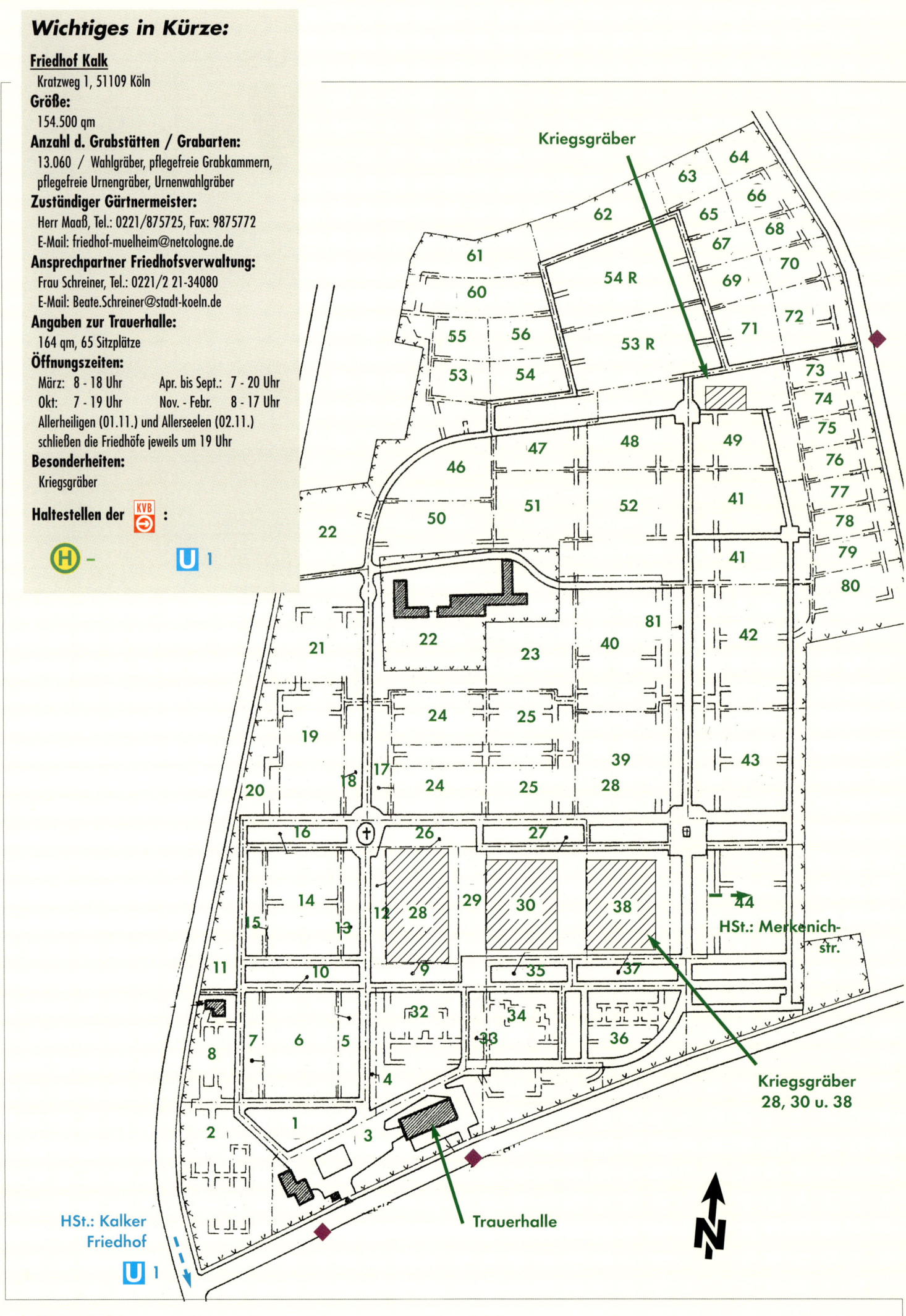

Friedhof Kalk
Kratzweg 1, 51109 Köln

Größe:
154.500 qm

Anzahl d. Grabstätten / Grabarten:
13.060 / Wahlgräber, pflegefreie Grabkammern, pflegefreie Urnengräber, Urnenwahlgräber

Zuständiger Gärtnermeister:
Herr Maaß, Tel.: 0221/875725, Fax: 9875772
E-Mail: friedhof-muelheim@netcologne.de

Ansprechpartner Friedhofsverwaltung:
Frau Schreiner, Tel.: 0221/2 21-34080
E-Mail: Beate.Schreiner@stadt-koeln.de

Angaben zur Trauerhalle:
164 qm, 65 Sitzplätze

Öffnungszeiten:
März: 8 - 18 Uhr   Apr. bis Sept.: 7 - 20 Uhr
Okt: 7 - 19 Uhr   Nov. - Febr.: 8 - 17 Uhr
Allerheiligen (01.11.) und Allerseelen (02.11.)
schließen die Friedhöfe jeweils um 19 Uhr

Besonderheiten:
Kriegsgräber

Haltestellen der KVB:
H –   U 1

HSt.: Kalker Friedhof U 1

Kriegsgräber

HSt.: Merkenichstr.

Kriegsgräber 28, 30 u. 38

Trauerhalle

238

P. Lippegaus

Friedhofsgärtnerei
Blumenfachgeschäft

Am Haupteingang „Kalker Friedhof"
Kratzweg 20 • 51109 Köln-Merheim
Tel. 02 21 / 69 29 41

ANS LEBEN ERINNERN

DAUER GRAB PFLEGE
Das Serviceangebot der Friedhofsgärtner

Brück, Lehmbacher Weg

Der Friedhof öffnet sich vom Lehmbacher Weg in östlicher Richtung und ist auf 31 Flure hin angelegt. Die hochzahligen liegen zum Lehmbacher Weg hin. Er wurde im November 1972 eröffnet.

In Flur 13 liegt die Grabstätte Renate Dörr. Zwei Holzstelen steigen von unten an und sind sich durch Formen einerseits unähnlich, anderseits passen sie zusammen.

In Flur 13 lässt sich auch eine feine künstlerische Arbeit bei der Grabstätte Wolfgang Schulze (+ 2001) finden. Die in Westerwalder Blaustein angelegte Stele gibt auf der linken Seite eine ansetzende Treppe wieder, die sich nach oben verbreitert. Ein enges Portal weist auf den Zugang zur Ewigkeit hin. Gleich in der Nähe hiervon findet sich bei der Grabstätte Rosemarie Becker ein findlingsartiger Stein, der eine seltsam amorphe Form aufweist. Die Inschrift lautet: „Gestern liebte ich, heute leide ich dennoch denke ich heut und morgen gern an gestern".

In ein schweres Holzstück, das rechteckige Form hat, ist ein Kreuz bei der Grabstätte Nord (Ernst 1935-1998) vertieft. Ein Fahrrad, das einen Berg in nördlicher Richtung hochfährt ist erkennbar, passend zum Namen: eben Nord.

Eine kleine bronzene Maus im Aufsatz trägt daneben die Grabstätte Anna Maria Hemmersbach: formal eine Basaltstele mit amorpher Form.

Nach Süden hin liegt die Grabstätte Gudrun Feser: hier ist ein Ginkgoblatt als Grundform des Steines angelegt (1944-1990). Auf dem Stil des Blattes ist eine Strophe aus dem Gedicht Gingo Biloba (1815) von J.W. v. Goethe zu lesen: „Ist es ein lebendig Wesen, das sich in sich selbst getrennt? Sind es zwei, die sich erlesen, das man sie als Eines kennt" (alles Flur 13).

Eine ganz ungewöhnlich wirkende Grabstätte stellt die Grablege Hor Tain dar (1919-1994). Fischähnliche Wesen werden nach außen aber auch frontal zugewandt. Das Wandgrab führt zudem chinesische Schriftzeichen (alles Flur 14).

Quer hierzu liegt die Grabstätte Günter Löttgen (1929-2000). Er war viele Jahre Lehrer am Hölderlin-Gymnasium in Köln-Mülheim und verdienter Presbyter in Neubrück. Das Grabkreuz auf dem Granitblock ist mit Ähren umfasst (Flur 15).

In Flur 4 ist ein großes Feld für anonyme Bestattungen angelegt. Eine torähnliche Architektur mit zum Himmel gewandten Segmentbögen überfängt alle diese Gräber.

In Flur 13 erinnert bei der Grabstätte Gunda Freise (1970-1983) ein betender Engel an die früh Verstorbene. Der Engel wird konisch in kompakter Form geschildert und mit gefalteten Händen, eindringlich betend und schützend dargeboten.

Ein Basaltkreuz griechischer Form schmückt die Grabstätte Bauer. Auf konischem Sockel, in dessen Mitte Raum für ein Grablicht gebildet ist, wird Christus mit weit geöffneten Armen als Gekreuzigter gezeigt.

Auf dem findlingsartigen Stein von Marie Unrein (+ 1983, Flur 13) ist ein Kreuz aufgelegt, das betende Hände hält. Von unten legt sich ein wachsender Zweig hinter das Bronzekreuz. Fast könnte das fortdauernde, ewige Gebet aus dem Grab heraus symbolisiert sein.

Bei der Grabstätte Thomas (+ 1983) und Jan (+ 1976) Hoffmann ist der Stein T-förmig angelegt. Am oberen Balken ist er mit Efeu geziert und zeigt in der Mitte einen Christustondo mit Dornenkrone im Relief (Flur 13).

Die Grabstätte von Michélle Franck (keine Daten) winkelt zwei Stelen nach oben. Dadurch wird Raum für die Grabplatte ausgespart. Auf der niedrigen rechten Stele ist ein Kind wiedergegeben, das die Hände zu den Augen führt. Fast wirkt es embryonal (Flur 13).

Nicht weit hiervon findet sich die Grabstätte Jonen (Erstbestattung 1988). Auf dem Grab liegt ein kreisrunder Stein, der über eine Schräge zu einer Plattform läuft. In diese ist das Kreuz eingegeben, das sich in die Kreisenden hineingräbt. Lesbar ist (Röm. 14, 8): „Leben wir so leben wir dem Herrn, sterben wir so sterben wir dem Herrn" (Flur 21).

Eine künstlerisch auffällige Grabstätte ist die der Familie Prunz (Erstbestattung 1992). Der Stein baut auf einem Halbkreis auf, in den ein kubisch eingebrachtes Kreuz modelliert ist (Flur 20).

In Flur 29 tritt bei dem Gedenkstein für Gudrun Lorscheid (+ 1994) ein Frauenkopf aus einer Basaltstele heraus.

STEINRESTAURIERUNG

H. Ebert

INH. HOLGER KLAUS

NEUE KEMPENER STRASSE 246 · 50739 KÖLN
TELEFON (02 21) 74 24 92 · TELEFAX (02 21) 7 40 64 03

Oswald Schneider
Steinmetzwerkstatt

Inhaber: Markus Weisheit
Steinmetz- und Bildhauermeister

Wir machen Steine.
Für Menschen.

Grabmal Skulptur Geschenk

Alte Lohmarer Str. 2
53721 Siegburg
Tel. 02241-62164
www.steine-fuer-menschen.de

Gärtnerei und Blumenhaus

über 50 Jahre Meisterbetrieb

HANS P. BAUM

Individuelle Grabgestaltung und Pflege
Beet- und Balkonpflanzen,
Koniferen, Sträucher, Erde, Dünger
Moderne und klassische Blumenbinderei
Brautsträuße und Dekorationen
Kranz und Trauerfloristik

Ihr Friedhofsgärtner für Köln rechtsrheinisch
Kratzweg 10-12, 51109 Köln-Merheim
Tel.:0221/692877 Fax: 698917
www.Blumen-Gaertnerei-Baum.de

BLUMEN IN ALLE WELT · INTERFLORA · FLEUROP

DAUER GRAB PFLEGE

Eine feine Granitstele macht auf Andreas Frank (Flur 29) aufmerksam. In der Mitte hat sie ein Profil und verläuft nach oben in geschwungener Form. Eingelassen ist ein Bronzerelief, das den Schwung der vertikalen Linie zum einen birgt, zum andern horizontale Linien zusätzlich einbringt. Auf den horizontalen Linien befinden sich Menschen, die zur Mitte hinschreiten. Diese wird gebildet von Christus, der den Menschen seine Wundmale entgegenhält.

Hierneben liegt die Grabstätte Winfried Hinz (+ 1997). Zwei Granitstelen flankieren eine gusseiserne Stele, die nach oben hin ellipsoid fließt und einen Himmelsgewandten mit geöffneten Armen wiedergibt. Die dritte der Granitstelen führt den Namen des Verstorbenen.

Demgegenüber wird auf einem Granitstein an Dr. Erich Köhler (Flur 29) erinnert. Dr. Köhler war einer der bedeutendsten Kölner Anwälte (Fachgebiet Zivilrecht). Ab seinem 70 Lebensjahr wandte er sich vor allem dem Restitutionsrecht zu, das nach der Wiedervereinigung, Menschen ihr häufig unrecht verloren Gegangenes zurückerstatten verhalf.

In Flur 5 sind in einem eigenen Feld eine Reihe von verstorbenen, türkischen Bürger unserer Stadt begraben. Viele der Grabsteine sind mit Bildern versehen. Die Schriften sind zumeist arabisch.

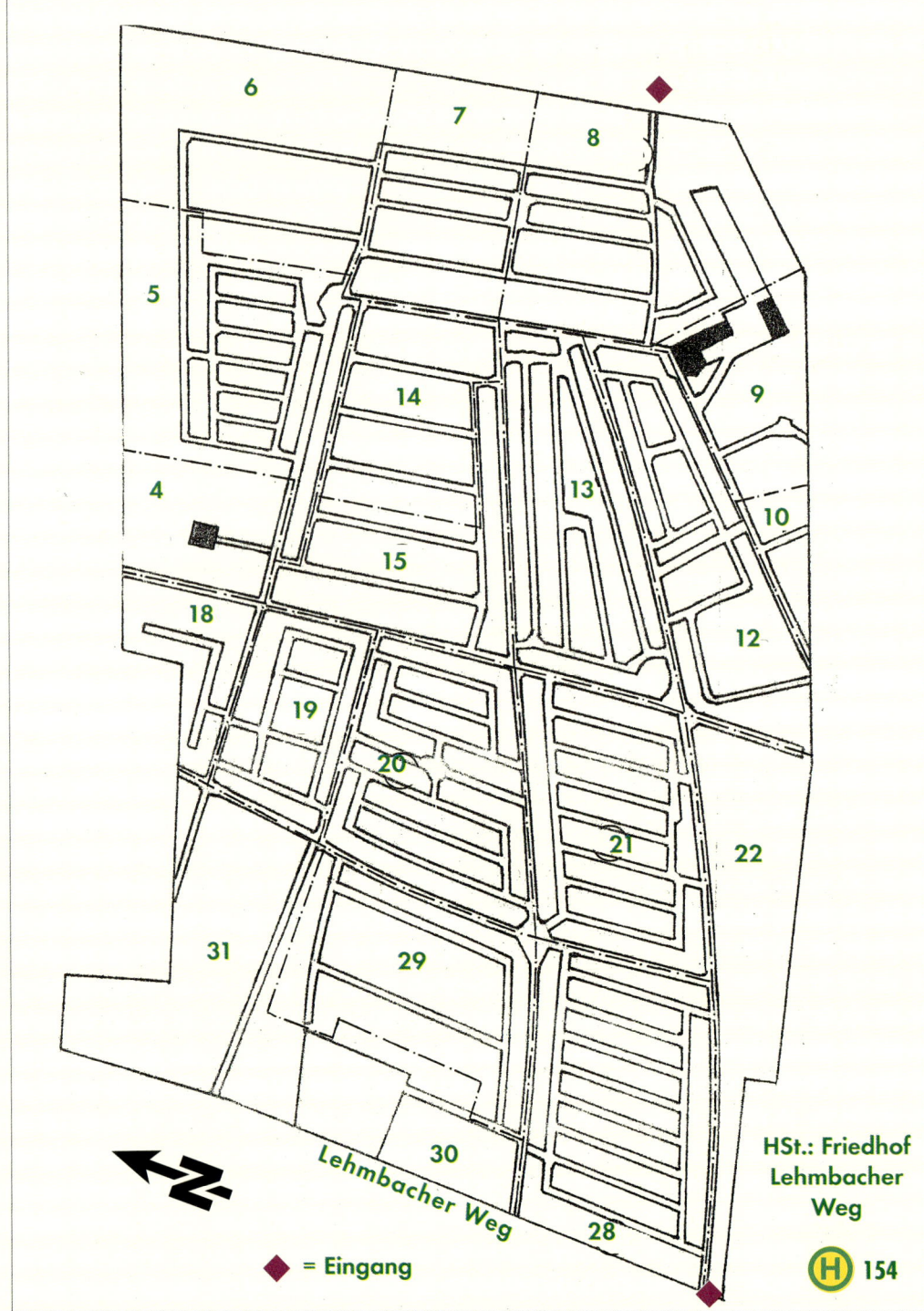

♦ = Eingang

HSt.: Friedhof Lehmbacher Weg
🚏 154

Wichtiges in Kürze:

Friedhof Brück, Lehmbacher Weg
Lehmbacher Weg, 51109 Köln
Größe:
107.200 qm
Anzahl d. Grabstätten / Grabarten:
7.520 / Wahlgräber, anonyme Grabstätten, Urnenwahlgräber, Tot- und Fehlgeborene
Zuständiger Gärtnermeister:
Herr Barbian, Tel.: 0221/2858735, Fax: 2858736
E-Mail: friedhof-ost@netcologne.de
Ansprechpartner Friedhofsverwaltung:
Frau Schreiner, Tel.: 0221/2 21-34080
E-Mail: Beate.Schreiner@stadt-koeln.de
Angaben zur Trauerhalle:
92 qm, 30 Sitzplätze
Öffnungszeiten:

März: 8 - 18 Uhr	Apr. bis Sept.: 7 - 20 Uhr
Okt: 7 - 19 Uhr	Nov. - Febr. 8 - 17 Uhr

Allerheiligen (01.11.) und Allerseelen (02.11.) schließen die Friedhöfe jeweils um 19 Uhr
Besonderheiten:
—

Haltestellen der KVB :
🚏 154   U -

P. Lippegaus

Friedhofsgärtnerei
Blumenfachgeschäft

Am Haupteingang „Kalker Friedhof"
Kratzweg 20 • 51109 Köln-Merheim
Tel. 02 21 / 69 29 41

ANS LEBEN ERINNERN

DAUER GRAB PFLEGE

Rath

Der älteste Teil des Friedhofs wird gebildet von den Fluren 1-4. Der Grundriss ist im östlichen Bereich leicht geschrägt, da „die Fock", als Wasserarm, erst 1953 zugeschüttet wurde und das Gelände freigab. 
Der alte Hauptweg läuft auf ein Hochkreuz zu. An ihm liegen die für die frühen Zeiten typischen Kreuzstelen, so etwa die Grabstätte Krieger (1903, belgischer Granit, Kreuz aus Marmor) und die Grabstätte Küchenhofen (Erstbestattung 1896, belgischer Granit mit Kreuzaufsatz und Christus im Tondo).
Bei der Grabstätte der Familie Heppekausen werden im Granitsockel der Basis bossierende Steine gebildet, auf dem eine Kreuzstele aufruht (Erstbestattung 1871).
An die Altbesitzer des „Durchhäuser Hof" erinnert die Grabstätte Lindemann mit ihrer Granitkreuzstele. 
Das Hochkreuz stammt vom alten Rather Kirchhof. Es wurde gestiftet von Appolinaris Petes, Pastor in Heumar. Er ließ es 1773 aufstellen, wenngleich er nicht in der hierunter liegenden Gruft bestattet ist. Das Kreuz ist gestuft gesockelt und wird in zierlicher Form über drei Werkstücke in die eigentliche Kreuzstele hineingeführt.
Im vorderen Flur befindet sich auch die Grabstätte Peter Kamp. Die Küsterfamilie Kamp ist seit der 7. Generation als Sakristane an der Corneliuskirche tätig (Holzkreuz mit Bronzekorpus).
Mit einem feinen schmiedeeisernen Kreuz, das in stilisierter Form Christus schildert, der mit einem vergoldeten Lichtkranz umwoben ist, wird die Grabstätte Wilhelm und Lisbett Lop (Erstbestattung 1980, Flur 3) bezeichnet.
Auch die Grabstätte Krein (Wandgrab mit Kreuzstele, Erstbestattung 1911) und die der Familie M. Friederichs (Erstbestattung 1912), ein großflächiges Wandgrab, mit einer Kreuzstele überfangen (Flur 3), datieren in die frühen Zeiten.
In Flur 4 kann als bemerkenswert die Grabstätte der Ina von Vacano (1924-1969) bezeichnet werden, wo aus einem quadratischen Sockel eine runde Marmorstele erwächst, die ein schmiedeeisernes Kreuz trägt.
An den jung verstorbenen, engagierten und begeisterten Roten Funk Ralf Püttmann (1965-2002), der aufgrund seiner Größe den Spitznamen „Geröß" hatte, ist in Flur 4 zu denken.
Den rechteckige Grabstein der Familie Mertens (Erstbestattung 1978, Flur 4) prägt eine nach oben führende tiefe Rille, die in einen ellipsoiden Bogen greift. In dem Grab liegt Lita Mertens, geborene Grüter (1879-1979) bestattet, die für viele Kölner Kirchen Krippenbilder geschaffen hat.
In Flur 21, gleich bei der Trauerhalle – sie fasst ca. 20 Personen – umfängt die Grabstätte Hünnighoff - Leisten eine Bronzegruppe mit einer Frau, die schützend drei Kinder mit ihrem Mantel umfängt.
Die Grabstätte Reinhold Bunke (+ 1984) wird mit einer trapezoid zulaufenden Stele gebildet, die nach oben hin mit einem Kreis gestaltet ist. In ihn sind geometrische Motive eingegeben. Der Sockel hat eine keramische Platte appliziert, auf der Menschen in einer Prozession einem Treppenlauf folgen (Flur 28).
In die in Sandstein gestaltete Kreuzstele der Familie Lempfried (Erstbestattung 1979, Flur 29) ist ein Achteck eingepasst. Hier erweckt ein Posaune spielender Engel den kauernden Verstobenen.
Den Namenspatron von Franz Tietz, den den Vögeln lehrenden Hl. Franziskus, gibt ein rechteckiger Stein wieder (ca. 1980, Flur 30).
Das Gleichnis vom verlorenen Sohn macht der doppel-U-förmig aufgebaute Grabstein für Willi Ennebach zum Thema (+ 1969). Die Begegnung zeugt von intensiver Berührtheit (Flur 40).
In Flur 31 befindet sich die Grabstätte Dr. Ernst Schmalz (+ 1974). Auf einem griechischen Kreuz wird eine Pietagruppe stilisierend geschildert. Auf dem findlingsartigen Stein der Grabstätte Oles (1995) ist in einem bronzenen Rechteck Christus als der

JOS. SCHMITZ
BESTATTUNGEN

Seit 1932 im Familienbesitz

51107 Köln (Rath-Heumar)　　　　　51065 Köln (Buchforst)
Rösrather Straße 627 (im Hof)　　　Waldecker Straße 23

Tel. (02 21) 9 62 51 70
Mobil 01 72 / 2 10 29 34
www.j-schmitz-bestattungen.de

Tag + Nacht erreichbar • Hausbesuche • Vorsorge-Beratung

BESTATTUNGEN BRODESSER OHG

**Erd-, Feuer- und Seebeisetzung
Überführung im In- und Ausland
Erledigung sämtlicher Formalitäten**

50999 Köln (Weiß) • Auf der Ruhr 84 • Tel. (02236) 65752 • Fax: (02236) 69839 • Tag und Nacht

---

Cafe · Bistro · Restaurant
Stollwerck

- Bundeskegelbahn
- Internationale Speisen (Wochenkarte)
- Parkplatz direkt am Haus
- Biergarten
- Reueessen und alle anderen festlichen Anlässe in unserem Hause bis 150 Personen
  Selbstverständlich werden wir Ihre Menüwünsche berücksichtigen

Dreikönigenstrasse 23 · Köln
Tel.: 02 21 - 3 10 16 70 · Fax: 02 21 - 9 32 85 89
Email : HLayeghi@t-online.de

Öffnungszeiten:
Montag bis Samstag 11.00 - 01.00 Uhr durchgehende Küche
Sonntag von 13.00 - 21.00 Uhr

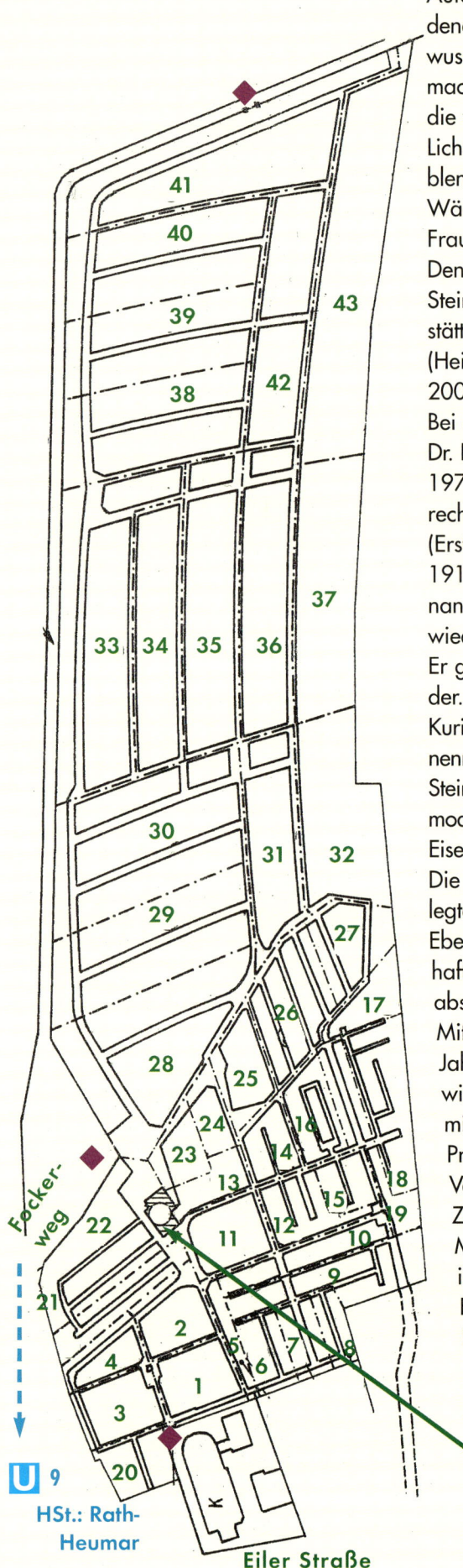

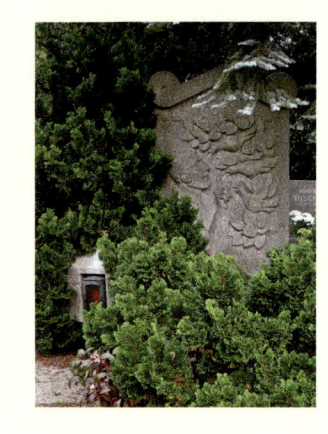

Auferstandene bewusst gemacht, der die vom Licht geblendeten Wächter zurücklässt und auf die Frauen am Grab zuschreitet.
Den Namen Rosenstock illustriert in Stein die Grabstätte Rosenstock (Heike, 1951-2000, Flur 37). 
Bei der Grabstätte Dr. Füngling (+ 1972) wird ein rechteckiger Stein (Erstbestattung 1910, also Ferdinand Füngling) wiederverwandt.
Er gibt Christus als Gekreuzigten wieder.
Kurios ist die Grabstätte Kiienitz zu nennen, wo mit waagerechten gestuften Steinen verschiedener Größe ein Kreuz modelliert ist. Rechts und links steigen Eisenschienen nach oben (Flur 14).
Die im Westerwälder Blaustein angelegte Stele der Grabstätte für Peter Eberhard (+ 1998, Flur 11) fasst bildhaft ein altes Ehepaar auf, das sich abschiedlich die Hände reicht.
Mit einem Wandgrab der 1920er Jahre wird an die alte Rather Gastwirtsfamilie Finkelberg erinnert. Die mittige Kreuzstele wird durch ein Profil betont. Christus nimmt sich der Verstorbenen an.
Zur Flur 12 hin wird an die Familie Mühlens gedacht. In ihr geborgen ist Peter Mühlens, der von der Familie von Geyer im Jahr 1918 Röttgen, Marhausen und den Durchhäuser Hof erworben hat. An die Verstorbenen wird mit querrechteckigen Holztafeln Gedächtnis gehalten.
Gleiches gilt für die Grablege des Erzbischöflichen Rates Dr. Ernst Leuken (1882-1961).
Eine eigene Flur (11) gibt dem Gedächtnis der bedeutenden Rather Familie Mehl Raum, die als Eignerfamilie vom Gestüt Röttgen bekannt sind. Ein Heiligenhäuschen birgt eine Pietá aus Holz.

Wichtiges in Kürze:

Friedhof Rath
Fockerweg, 51107 Köln
Größe:
53.100 qm
Anzahl d. Grabstätten / Grabarten:
5.130 / Wahlgräber, Urnenwahlgräber
Zuständiger Gärtnermeister:
Herr Barbian, Tel.: 0221/2858735, Fax: 2858736
E-Mail: friedhof-ost@netcologne.de
Ansprechpartner Friedhofsverwaltung:
Frau Schreiner, Tel.: 0221/2 21-34080
E-Mail: Beate.Schreiner@stadt-koeln.de
Angaben zur Trauerhalle:
61 qm, 38 Sitzplätze
Öffnungszeiten:
März: 8 - 18 Uhr   Apr. bis Sept.: 7 - 20 Uhr
Okt: 7 - 19 Uhr   Nov. - Febr.: 8 - 17 Uhr
Allerheiligen (01.11.) und Allerseelen (02.11.) schließen die Friedhöfe jeweils um 19 Uhr
Besonderheiten:
Kriegsgräber

Haltestellen der KVB:

H - U 9

Krein
BESTATTUNGEN

Bestattungen auf allen Friedhöfen
Überführungen im In- und Ausland
Erledigung sämtlicher Formalitäten

51107 Köln (Rath/Heumar) • In der Konde 54
Telefon (02 21) 86 15 64
Telefax (02 21) 86 60 58

Refrather Blumenecke

Dolmanstraße 43
51427 Berg. Gladbach
Tel.: 02204/63628
FAX 02204/64163

REFRATHER BLUMENECKE
Inh. Manfred Barion
Dekorationen
Gestecke
Kränze

Lieferung in alle Kölner Stadtteile

Bensberger Blumenecke

Im Bungert 5
51429 Berg. Gladbach
Tel.: 02204/585960
FAX 02204/595961

Brück

Bereits 1882 fand die Gründung des Ortsfriedhofes statt. Das Grundstück hierfür hatte der Brücker Gutsbesitzer Carl Theodor Hoven der Bürgermeisterei Merheim geschenkt.
Der Friedhof öffnet sich von der Hovenstraße aus über den Hauptweg und führt auf das Hochkreuz aus der Zeit um 1900 zu (renoviert).
Am Hauptweg finden sich eine Reihe von alten Grabstelen, die aus der frühen Zeit des Friedhofs stammen. So stellt sich die Grabstätte Ingerfeld (Erstbestattung 1907) als Wandgrab aus belgischem Granit mit Kreuzstele dar. Ingerfelds gehören zu den alten Brücker Familien. Sie besaßen auf der Olpener Straße ein Spitzerei- und Kolonialwarengeschäft, in dem alles zu haben war.
Die Grabstätte Herkenrath (um 1900) hat eine mit Efeu umrankte Kreuzstele.
Die Grabstätte Herweg (1867-1904, Granitstele mit Kreuzaufsatz, Christustondo mit leidendem Christus) ist signiert mit Adolph Balette, Steinhauerei, Mülheim am Rhein. 
Die Kreuzstele der Grabstätte Anton Blum (Kreuzstele um 1900) erinnert an die Besitzer einer Gaststätte und Brennerei.
Auch die weit angelegte Grabstätte der Familie Bliersbach (Erstbestattung 1895) führt eine Kreuzstele.
Hier neben liegt die Grabstätte des ehemaligen Bauern Joisten (Kreuzstele um 1900).
Der berühmte „fuule Weet" Alfons Weiden (1890-1970) liegt gegenüber hiervon in der Grabstätte Wessel bestattet (Erstbestattung 1920).
Daneben kann an den Brücker Arzt Dr. Heinrich Odenthal (1893-1981) gedacht werden. Das Bronzerelief gibt einen Halbmond wieder, der den Schriftzug zeigt: „Der Weg". Christus weist diesen einer Familie.
Zwei Gräber weiter, die Landwirtsfamilie Wilhelm Odenthal (Erstbestattung 1889). Es wurde in den 1920er Jahren als Wandgrab aus Diabas angelegt.
An die Stifterfamilie, die sich auf dem Friedhof diesen Platz in der Schenkungsurkunde sicherte, erinnert die weiträumige Grabstätte Hoven.
Die Grabstätte baut sehr idyllisch auf, vorne links wie hinten rechts sind klassizistisch anmutend, stehende Grabsteine aufgestellt. Sie rahmen die durch Grabkreuze gestalteten neogotischen Erinnerungsmale. Gegenüber hiervon wird der ehemaligen Geistlichen von St. Hubertus gedacht (ca. 1930, Marmor). Christus wird als der gute Hirte wiedergegeben, der den Priestern Vorbild und Maßstab war. In der Grabstätte geborgen liegen u.a. Pfr. Reuter (+ 1937) und Pfr. Bötzkes (+ 1970) zur ewigen Ruhe. Zuletzt begraben wurde der langjährige Subsidiar von St. Hubertus (tätig von 1980-1998) Heinrich Hawig.
Hinter dem Hochkreuz öffnen sich weitere Grabstätten, die bei einer ersten Friedhofserweiterung in der 1930er Jahren hinzu kamen (Flur 3 - 4). 
Von eigener Hand ist die Grabstätte des Bildhauers Barbian (ca. 1939). Eine rechteckige Stele gibt eine Kreuzigungsgruppe wieder. Die Inschrift lautet: „Es ist bestimmt in Gottes Rat, das man vom liebsten, was man hat, muss scheiden" (Flur 4).
In Flur 4 wird mit einem gotisierenden Holzkreuz auf die Schreinerfamilie Weiden aufmerksam gemacht (Erstbestattung 1948). Genannt wird Anna Weiden (+ 1964), auf deren Gedenktafel sich eine stilisiert wiedergegebene Frau mit gefalteten Händen befindet. Die Tafel von Hubert Wilhelm Weiden (+ 1948) ist mit Winkeleisen und Schreinergerät geschmückt.
Bei der Grabstätte der Familie Leitner vereinigen sich drei ineinander greifende Kreuze zu einer Krone. Sie verdeutlichen den Sieg Jesu und bezeugen den Glauben an seine Ankunft als ewigen König (1976, Flur 9).
Auffällig ist auch die Grabstätte der Familie Rüdel. Auf einem findlingsähnlichen Stein ist ein Auferstehungsengel aufgebracht.
In Flur 12 wird bei der Grabstätte Herff und Grigat (1930) Maria als die zum Himmel emporstrebende mit gekreuzigten Händen auf der Brust wiedergegeben.
Hier neben ruht der Zahnarzt Dr.

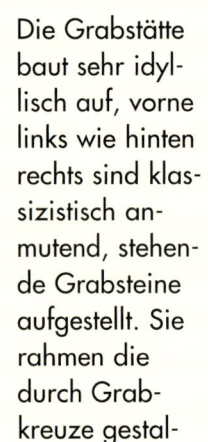

FOTO GRAFIK AUDIO-VISION

Alexander Glaser
Diplom-Ingenieur
Mitglied der DGPH

Tel.: 0214 - 49071

Theodor-Storm-Str. 7A
51373 Leverkusen

FOTOSTUDIO · INDUSTRIE · PRIVAT · DIASCHAU · EBV · DIGITAL · BILDARCHIV

e-Mail: aglaser@t-online.de · Internet: http://www.a-glaser-foto.de

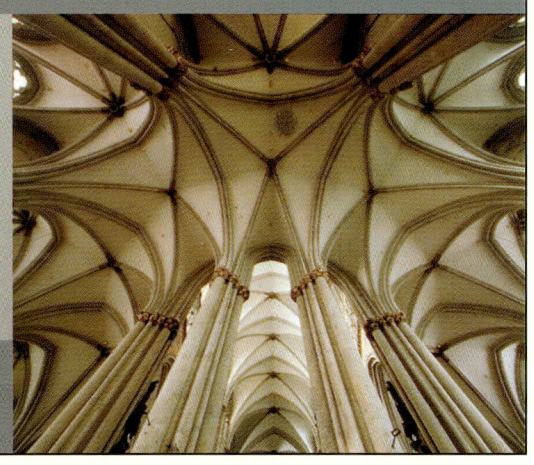

Pietät Medard Kuckelkorn
Kölner Bestattungstradition

„Menschliche Hilfe und fachlicher Rat"

Beerdigungen individuell gestalten ▪ Ihrer Trauer Raum geben ▪ Auf Ihre Wünsche eingehen

Abschiednehmen heißt, Verständnis für den Tod zu haben. Der letzte Eindruck des Verstorbenen bleibt Ihnen für immer in Erinnerung. Die thanatopraktische Behandlung des Toten durch Christoph Kuckelkorn, fachgeprüfter Funeral Master und Thanatopraktiker, ermöglicht den Abschied am offenen Sarg.

Unsere Hilfe zu jeder Zeit: Telefon 0221 - 12 00 84

5 Generationen in Köln – der Tradition verpflichtet.
Bestattungshaus Medard Kuckelkorn, Inhaber Christoph Kuckelkorn
Zentrale: Köln-Innenstadt, Friesenstraße 4-6, 0221 - 12 00 84

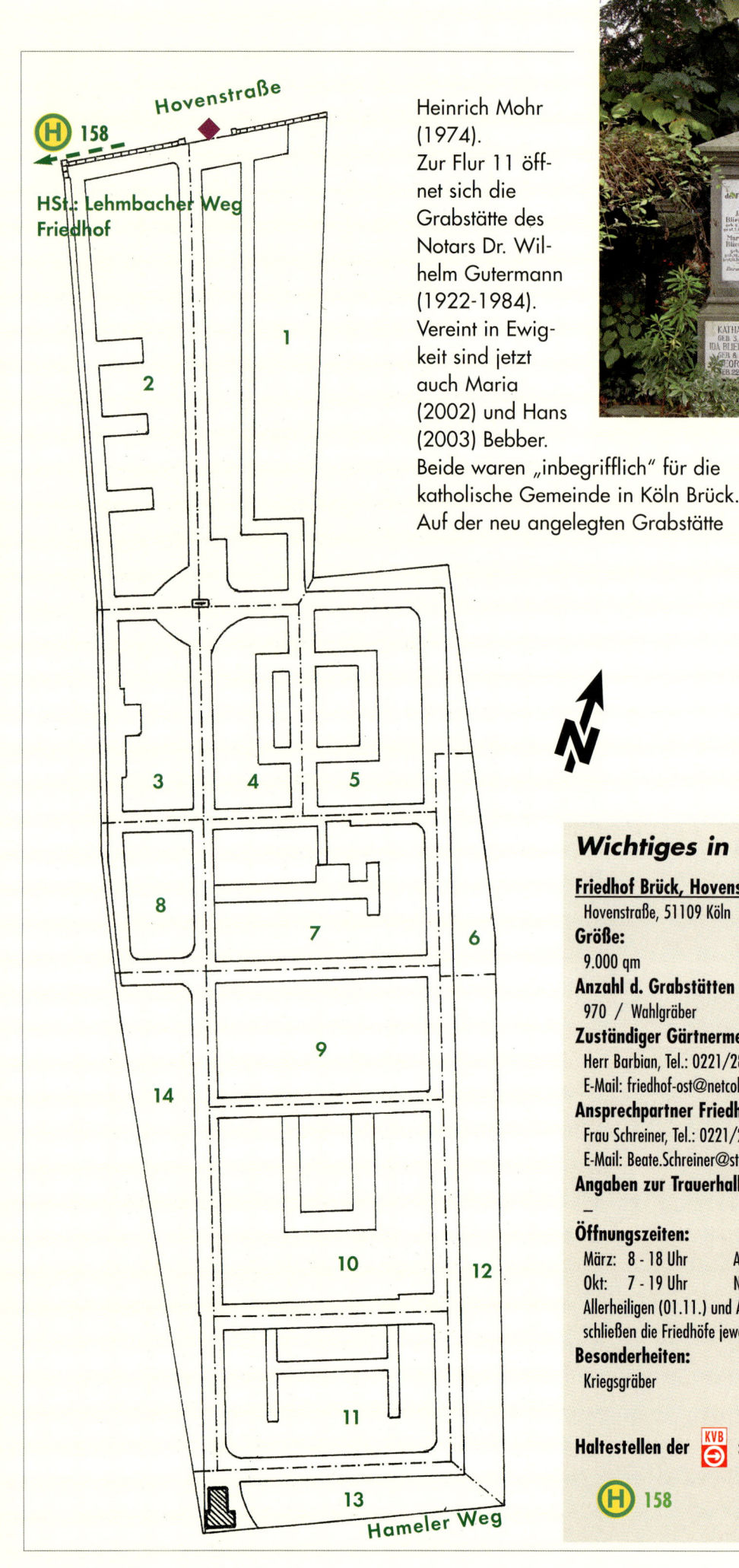

Heinrich Mohr (1974). Zur Flur 11 öffnet sich die Grabstätte des Notars Dr. Wilhelm Gutermann (1922-1984). Vereint in Ewigkeit sind jetzt auch Maria (2002) und Hans (2003) Bebber. Beide waren „inbegrifflich" für die katholische Gemeinde in Köln Brück. Auf der neu angelegten Grabstätte für Wilfried Piper sind zwei Granitblöcke in gestufter Form gearbeitet. Es ruht der Auferstehungsengel auf, der den Lebendigen den Toten verkündet.

Die Grabstätte Dr. Otmar Pohl erinnert an den ehemaligen Landtagsabgeordneten, der für den Brücker Wahlkreis zuständig war (1933-1991). Eine in Bronze gearbeitete Muttergottesfigur legt schützend ihren Mantel um seine Familie.

Bei der Grabstätte Groß (Erstbestattung 1948) umfängt ein Granitrahmen ein Bildnis der stehenden Gottesmutter (Marmor).

Der Bildsprache der frühchristlichen Kunst ist die Grabstätte Käthe Heck nahe, wo aus einer Kreuzstele heraus ein Pelikan erwächst, der den Seinen Nahrung spendet – ein altes Christussymbol.

Ein Begriff für Brück war Otto König. Ein Granitblock mit einem Kreuz aus Metall verdeutlicht sein Leben im Dienst des Kreuzes. Er besaß eine Drogerie „Lotto-Toto Otto König" (Flur 3).

Bei der Grabstätte Agnes tritt kreuzförmig eine Blume aus dem Stein hervor. Jüngst wurde auch seine Frau hier bestattet (+ 2003).

Hinter der Priestergrabstätte erinnern Grauwackekreuze an im 2. Weltkrieg gefallene Brücker.

Wichtiges in Kürze:

Friedhof Brück, Hovenstraße
Hovenstraße, 51109 Köln

Größe:
9.000 qm

Anzahl d. Grabstätten / Grabarten:
970 / Wahlgräber

Zuständiger Gärtnermeister:
Herr Barbian, Tel.: 0221/2858735, Fax: 2858736
E-Mail: friedhof-ost@netcologne.de

Ansprechpartner Friedhofsverwaltung:
Frau Schreiner, Tel.: 0221/2 21-34080
E-Mail: Beate.Schreiner@stadt-koeln.de

Angaben zur Trauerhalle:
–

Öffnungszeiten:
März: 8 - 18 Uhr   Apr. bis Sept.: 7 - 20 Uhr
Okt: 7 - 19 Uhr   Nov. - Febr. 8 - 17 Uhr
Allerheiligen (01.11.) und Allerseelen (02.11.)
schließen die Friedhöfe jeweils um 19 Uhr

Besonderheiten:
Kriegsgräber

Haltestellen der KVB:
H 158   U -

Wir bringen Ihr Grab in Form

Rufen sie uns an, wir beraten und arbeiten gerne auf folgenden Friedhöfen für Sie:

Ostfriedhof
Dellbrück (Thurner Str.)
Brück (Hovenstr.)
Lehmbacher Weg
Holweide (Burgwiesenstr.)

Unsere Leistungen:
Gärtnerische Anlage und Gestaltung
Regelmäßige Betreuung und Pflege
Urlaubs - Gießdienst im Sommer
Jahreszeitlich wechselnde Bepflanzung mit Frühjahrs -, Sommer- und Herbstblumen Ihrer Wahl
Grabschmuck zu Allerheiligen, Totensonntag und persönlichen Gedenktagen mit Gestecken, Pflanzschalen und Blumensträuße.

Dienstleistung nach Maß – aus ihrer Friedhofsgärtnerei

Klaus Werker • Meisterbetrieb • Mitglied in der Friedhofsgärtner-Genossenschaft Köln eG
Katterbachstr.69 • 51467 Bergisch - Gladbach • Betriebsstätte: Thurner Kamp 44a • 51069 Köln - Dellbrück
Tel.: 0221 68 55 63 • Fax: 0221 680 22 06 • www.klauswerker.de • e-mail : info@klauswerker.de

Wenn im Unendlichen dasselbe sich

wiederholend ewig fließt,

das tausendfältige Gewölbe sich

kräftig ineinander schließt,

strömt Lebenslust aus allen Dingen,

dem kleinsten wie dem größten Stern,

und alles Drängen, alles Ringen ist

ewge Ruh in Gott dem Herrn.

Johann Wolfgang von Goethe

Das Friedhofswesen

– Spiegelbild der sich verändernden Gesellschaft

von Thomas Kleineberg

Das Friedhofswesen am Ende des Zweiten Weltkrieges war geprägt durch die direkten und indirekten Auswirkungen des Krieges. Der von den Nazis suspendierte und zeitweise in Plötzensee inhaftierte Gartendirektor Josef Giesen, der 1945 zum Beigeordneten für Tiefbau und Grünflächen gewählt wurde, beschreibt die Situation in einer eindrucksvollen Rede am 18.10.1945 vor dem Rat der Stadt: „Es waren keine Fahrzeuge vorhanden, um die Toten zu den Friedhöfen zu bringen. Eine große Anzahl von Besonders stark zerstört waren der Südfriedhof und der Friedhof Melaten. Auf jedem wurden über 400 Bombentrichter gezählt. Die unbeschädigten Stellen der Friedhöfe befanden sich in einem verwahrlosten Zustand.

Die Gräber der Fliegeropfer und Soldaten waren ungepflegt und glichen einer Wüstenei. Die von den Nazis durch Fallbeil oder Strang Hingemordeten, nachweisbar sind es nur 694, hatte man zum Teil gleich Schutt mit Schiebkarren in Gruben gekippt. Weitere hunderte Leichen der Naziopfer sind den Universitäten im Rheinland und darüber hinaus zur Verfügung gestellt worden, deren Namen und Anzahl nicht mehr feststellbar sind.

Fliegeropfern und Verstorbenen war von der Zivilbevölkerung außerhalb der Friedhöfe beigesetzt worden. Hunderte Leichen lagen in den Trümmern und mussten geborgen werden. Um diese Leichenbergung, die früher die Schutzpolizei durchführte, kümmerte sich niemand. Die Leichenhallen und Trauerkapellen konnten nicht benutzt werden. Die Friedhöfe waren zum Teil so stark zerstört, dass es nicht möglich war, an die einzelnen Beerdigungsfelder heranzukommen.

Auf dem israelitischen Friedhof Bocklemünd und anderen hatten die Nazis die Bronzebuchstaben abschlagen lassen, Grabsteine umgestürzt und beschädigt. Bis heute wurden die notwendigsten Aufräumarbeiten durchgeführt. Auf den Friedhöfen sind sie soweit gediehen, dass mit wenigen Ausnahmen die Bestattungen durchgeführt werden können ... Bis zum 1.10.945 wurden 2 064 Leichen beerdigt, davon waren 436 Fliegeropfer und Soldaten. Es muss ausdrücklich betont werden, dass trotz aller Schwierigkeiten sämtliche Leichen in Särgen beigesetzt werden konnten... Es ist vorgesehen, dass ein besonderer Friedhofsteil für die durch den Naziterror Hingerichteten auf dem Westfriedhof errichtet wird.[1]

Unter den von Giesen dargelegten Voraussetzungen begann die Friedhofsverwaltung mit Baurat Intemann und Friedhofsdirektor Hugo Jacobi an der Spitze mit dem Wiederaufbau des Beerdigungswesens und der Beseitigung der Kriegszerstörungen auf den 39 städtischen Friedhöfen.

Gleichzeitig begann man aber auch mit ersten Überlegungen zur Neuanlage von Friedhöfen, vor allem im rechtsrheinischen Stadtgebiet, wo ein besonders starkes Bevölkerungswachstum prognostiziert wurde. Für den Stadtteil Rath-Heumar sollte ein neuer Friedhof am Forsbacher Weg im Königsforst und für die Stadtteile Dellbrück, Brück und später Holweide ein neuer Friedhof auf dem Gelände der Iddelsfelder Hardt angelegt werden.[2] Mit der Planung dieses Friedhofs, dem späteren Ostfriedhof, wurde die Planungsabteilung des Garten- und Friedhofsamtes im Spätherbst 1945 beauftragt.[3] Das für den Friedhof ausgewählte Grundstück lag in einem ausgedehnten Waldgebiet an der Grenze zum Bergischen Land. Aufgrund der landschaftlichen Vorgaben und der Tatsache, dass dort neolithische Gräber existieren, wurde die Anlage als Waldfriedhof geplant. Vor dem Hintergrund, dass Waldfriedhöfe einen sehr hohen Anteil an nicht zur Bestattung nutzbarem Areal aufweisen, war eine Gesamtfläche von ca. 48 ha vorgesehen. Am 12.8.1948 wurde der erste Teilabschnitt des Friedhofs offiziell eingeweiht und seiner Bestimmung übergeben. Der weitere Ausbau des Geländes erfolgte sukzessive, entspre-

chend des jeweiligen Bedarfs.⁴
Die für ein geregeltes Beerdigungs- und Friedhofswesen erforderlichen rechtlichen Voraussetzungen wurden durch die Neufassung der Bestattungs- und Friedhofsordnung vom 8.8.1958 geschaffen.⁵
Die neue Friedhofsordnung war vor allem auch deshalb erforderlich geworden, weil die alten Bestimmungen durch die Einführung des Grundgesetzes für die Bundesrepublik Deutschland und entsprechender gerichtlicher Entscheidungen nicht mehr aufrecht zu erhalten waren. Vor allem musste durch die neuen Regelungen die Gestaltungsfreiheit des Einzelnen stärker gewährleistet werden.⁶ So unterlag die Genehmigung zur Aufstellung von Grabmälern zwar weiterhin der Friedhofsverwaltung, die Angehörigen hatten aber nun die Möglichkeit, zwischen Friedhofsfluren mit und ohne besondere Gestaltungsvorschriften zu wählen. Kaufgräber auf Melaten, die nach den Bestimmungen des Beerdigungsreglements von 1829 "auf ewige Zeit vergeben" wurden (Anzahl damals ca. 5 000), wurden Familiengräbern mit beschränkter Nutzungszeit gleichgesetzt. Mit der Neufassung der Gebührenordnung vom 21.12.1959 wurden auch die Beerdigungsgebühren neu geregelt. Durchschnittlich kam es zu einer Erhöhung um 100%.
Zeitgleich mit der Einführung der neuen Bestattungs- und Friedhofsordnung legte die Verwaltung eine Denkschrift zur Erweiterung der vorhandenen und zum Bau neuer Friedhöfe vor.⁷ Hintergrund hierfür war die Erschließung umfangreicher Neubaugebiete und die steigende Zahl von Gastarbeitern, auf die auch aus Sicht der Friedhofsverwaltung frühzeitig reagiert werden musste. Neben dem hierdurch zu erwartenden Bevölkerungswachstum zeichnete sich in der Zeit des wachsenden Wohlstands eine weitere Tendenz ab: Das Verhältnis zwischen Reihen- und (großzügigerem) Wahlgrab veränderte sich kontinuierlich in Richtung Wahlgrab. Während direkt nach dem Krieg nur ca. 25% der Gräber Wahlgräber waren, stieg der Anteil bis zum Jahre 1977 auf über 65%. Als Konsequenz aus dieser Entwicklung wurde ein Fehlbedarf von ca. 70 ha Friedhofsfläche ermittelt. Der Rat beschloss daraufhin das "Aufbauprogramm für Friedhöfe", das folgende Erweiterungen vorsah:
Süd- und Nordfriedhof (Erweiterung des neuen Teils, nördlich der Schmiedegasse), Friedhof Kalk, Friedhof Melaten (Einbeziehung eines ehemaligen Gewerbegebiets an der Weinsbergstraße), Westfriedhof (mit ausreichend Erweiterungsgelände am Mühlenweg), Friedhof Deutz sowie acht weitere kleinere Vorortfriedhöfe (Longerich, Stammheim, Worringen, Flittard, Rath-Heumar, Dünnwald, Volkhoven-Weiler, Müngersdorf).
Da jedoch selbst bei Ausnutzung all dieser Möglichkeiten die in der Denkschrift prognostizierte Fläche nicht bereitgestellt werden konnte, sollten neue Friedhöfe gebaut werden. Als erster konnte im Oktober 1966 der Friedhof Chorweiler für die "Neue Stadt" eröffnet werden. In den folgenden Jahren wurden der Friedhof Schönrather Hof (eröffnet im September 1967; Ergänzungsfriedhof zum Friedhof Mülheim) und der Friedhof Lehmbacher-Weg (eröffnet im November 1972; Ergänzungsfriedhof zum Friedhof Kalk) neu angelegt. Der Friedhof Steinneuerhof, der am 16.5.1969 eröffnet wurde, war als Entlastung für den Südfriedhof vorgesehen. Die Anlage dieses Friedhofs wurde zwar von der Kölner Fried-

hofsverwaltung geplant und ausgebaut, er befand sich jedoch auf dem Gebiet der damals noch selbstständigen Gemeinde Rodenkirchen. Diese Tatsache mag den Handlungsdruck der Friedhofsverwaltung verdeutlichen. Eine Sonderrolle in dieser Reihe nimmt der Friedhof Leidenhausen ein, da dieser zwar 1975 von der Stadt Köln eröffnet wurde, die vorherige Planung und der Bau jedoch ausschließlich von der noch selbstständigen Stadt Porz durchgeführt wurde. Da mit dem massiven Ausbauprogramm der Mangel an Bestattungsfläche nur teilweise behoben werden konnte und die Ausweisung weiterer Flächen auf immer größere Probleme stieß, beschloss der Rat am 20.12.1967 eine neue Bestattungs- und Friedhofssatzung. Durch die Festsetzungen dieser Satzung sollte der Bedarf an Friedhofsfläche verringert werden.[8] Die Neuregelung, von der man sich die stärkste Reduzierung des Flächenbedarfs versprach, war die Einführung so genannter Tiefgräber. In ihnen konnten auf Wunsch zwei Bestattungen übereinander erfolgen. Auf den neu errichteten Friedhöfen oder den Erweiterungsflächen der alten Friedhöfe war es problemlos möglich, Flure mit Tiefgräbern einzurichten, sodass sich schon früh Einspar-Erfolge einstellen konnten. In die gleiche Richtung, aber mit langfristiger Perspektive, zielte die Reduzierung der Nutzungs- und Wiedererwerbszeiten. Die neue Satzung verkürzte die Ruhefristen von 20 auf 15 Jahre.

Mit der kommunalen Gebietsreform im Jahre 1975 wurden die umliegenden Gemeinden nach Köln eingemeindet, was zur Folge hatte, dass sich auch die Gesamtzahl der städtischen Friedhöfe von 39 auf insgesamt 55 erhöhte. Gleichzeitig wurde die Verwaltung des Friedhofswesens neu organisiert und das Stadtgebiet in neue Bestattungsbezirke aufgeteilt. Die Pflege und Unterhaltung der Grünflächen und somit auch der Friedhofsflächen wurde den neu geschaffenen Bezirksämtern in den neun Stadtbezirken zugeordnet. Die Planung von Friedhöfen, insbesondere die Mitwirkung bei der Ausweisung neuer Flächen, der Entwurf von Erweiterungen vorhandener und neu anzulegender Friedhöfe, die Fertigung von Belegungsplänen und die Anfertigung der Planunterlagen für die Friedhofssatzungen verblieben jedoch zentral beim Grünflächenamt. Die Stelle Friedhofsplanung hatte von Mitte der 1950er Jahre bis 1976 Elisabeth Schulze inne; von 1976 an zeichnet Dipl.-Ing. F. Hofmann als Planer für die 55 kommunalen Friedhöfe der Stadt Köln verantwortlich. Obwohl durch die Eingemeindung die gesamte Friedhofsfläche erhöht worden war, ging man Ende der 1970er Jahre weiterhin von einem wachsenden Bedarf an Friedhofsfläche aus. Um die sich daraus ergebenden Konsequenzen aufzuzeigen, beauftragte der Rat 1979 die Verwaltung mit der Erarbeitung eines Friedhofszielplans.[9] Grundlage dieses Zielplans war zunächst eine eingehende Analyse der insgesamt 55 unterschiedlich großen Friedhöfe. Da vor allem die kleineren Ortsfriedhöfe nur mit einem besonders hohen Aufwand zu unterhalten waren, schlug die Verwaltung eine Reduzierung der Gesamtzahl der Friedhöfe vor. Im linksrheinischen sollten demnach noch elf und im rechtsrheinischen Stadtgebiet noch zehn Hauptfriedhöfe erhalten bleiben. Mit der vorgeschlagenen Schließung der kleinen Friedhöfe war der gleichzeitige Ausbau der verbleibenden Friedhöfe geplant. Auf seiner Sitzung am 8.7.1982 beschloss der Rat jedoch einstimmig die Beibehaltung und Weiterbelegung der bisherigen Friedhöfe. Politisch gewollt war eine "wohnungsnahe Versorgung mit Friedhofsfläche", da die Bürger auch emotional an ihre Friedhöfe gebunden seien. Um den Unterhaltungsaufwand zu reduzieren, wurden jedoch Rationalisierungsmaßnahmen beschlossen, wie etwa die Zusammenlegung von Beerdigungen zu bestimmten Terminen innerhalb der Woche.

Schon zehn Jahre später mussten die Inhalte des ersten Friedhofszielplans überarbeitet werden. Zu diesem Zweck wurde jeder einzelne der 55 Friedhöfe vor allem im Hinblick auf vorhandene Flächenpotentiale sowie mögliche Erweiterungsflächen untersucht. Ein weiterer Ausbau der Friedhofsfläche schien unausweichlich, da die Prognose für die Bevölkerungsentwicklung bis zum Jahre 2000 von einem weiteren Anstieg ausging. Darüber hinaus hatten externe Bodengutachten ergeben, dass für einzelne Friedhöfe die 1967 in der Friedhofssatzung festgelegten Ruhefristen von 15 auf mindestens 20 Jahre, in einigen Fällen sogar auf 30 Jahre, erhöht werden mussten.[10]

Neben konkreten Aussagen zur Entwicklung des Bestattungswesens und der Erweiterung der Friedhofsflächen wurden die Inhalte des Friedhofszielplans den Zielen der Stadtentwicklung sowie den Vorgaben des Umweltschutzes angepasst. Berücksichtigung fanden sowohl die einschlägigen Verordnungen zum Schutz des Grundwassers als auch ökologische Aspekte. Bereits 1983 wurde eine ökologische Studie von Prof. Wolfram Kunick auf den Friedhöfen der Stadt Köln durchgeführt, die ein außerordentlich hohes ökologisches Potential der Friedhöfe für Pflanzen und Tiere belegt.[11]

Hinsichtlich der Aussagen zum künftigen Flächenbedarf und dem vorhersehbaren Bestattungsverhalten muss der Friedhofszielplan heute in wesentlichen Teilen revidiert und den sich abzeichnenden Entwicklungen angepasst werden

So hat sich der schon in den 1960er-Jahren einsetzende Zuzug ausländischer Mitbürger islamischen Glaubens verstärkt. Anfangs kehrte der Großteil von ihnen nach dem Erwerbsleben noch zurück in das jeweilige Heimatland, um dort den Lebensabend zu verbringen, wo sie dann auch begraben wurden. Auch die in Deutschland Verstorbenen wurden zumeist in ihr Heimatland überführt. Mit der zweiten, erst recht aber mit der dritten Generation schwächten sich die Bindungen zum Heimatland jedoch ab, sodass hier ein Bedarf an gesonderten Beerdigungsflächen entstand. Im Gegensatz zu den staatlich anerkannten Glaubengemeinschaften (Katholiken, Protestanten, Juden) steht Moslems das Recht auf einen eigenen Friedhof aber nicht zu. Diesbezügliche Anträge moslemischer Gruppe mussten deshalb bisher, nicht nur in Köln, negativ beschieden werden. Auf dem Westfriedhof wurden jedoch schon früh eigene moslemische Grabflure angelegt. Im Bestattungsverhalten der christlichen Bevölkerung hat sich seit der Aufstellung des Friedhofszielplans Grundlegendes geändert. Hier ist vor allem ein Rückgang der traditionellen Bestattungsweise und eine Zunahme der Urnenbegräbnisse sowie der anonymen Gräber zu verzeichnen. Für das Jahr 1999 weist die Beerdigungsstatistik der Stadt Köln einen Anteil an Urnenbeisetzungen von fast 40% aus.[12] Mit den so genannten anonymen Gräbern ist die in vielerlei Hinsicht einschneidendste Entwicklung im Beerdigungswesen verbunden. Diese Bestattungsform zeichnet sich dadurch aus, dass nach der Kremation die Urne des Toten in ein Urnengemeinschaftsfeld in die Erde gelassen wird. Nur das Gemeinschaftsfeld als Ganzes ist durch ein Denkmal gekennzeichnet, eine namentliche Kennzeichnung des einzelnen Grabes erfolgt nicht, auch eine nachträgliche Kennzeichnung der Grabstelle ist ausgeschlossen. Im Jahre 1990 wurden auf dem Nordfriedhof und den Friedhöfen Steinneuerhof und Lehmbacher Weg erstmals Flure für anonyme Gräber ausgewiesen. Ober die persönlichen Motive für die Wahl eines solchen Grabes kann man nur spekulieren. Die geringen Kosten für die Beisetzung, das Nutzungsrecht und ein Wegfallen der Aufwendungen für die Pflege eines Grabes dürften die Hauptargumente für die Wahl dieser Grabart sein. 1999 hatte diese Form der Beerdigung einen Anteil von ca. 20% an der Gesamtzahl der Bestattungen.

Vor diesem Hintergrund reagierten Rat und Friedhofsverwaltung im Jahre 2000 mit dem Angebot neuer Grabarten: das pflegefreie Reihengrab und das pflegefreie Urnenreihengrab. Beide Grabarten werden als Rasenfläche angelegt. Sie bestehen jeweils aus einer einstelligen Grabstätte und haben ein Nutzungsrecht von 20 Jahren. Für diesen Zeitraum liegt die Pflege der Gräber ausschließlich bei der Friedhofsverwaltung. Um diese Kosten ebenso wie die Gebühren gering zu halten, hat die Verwaltung für diesen Grabtyp enge Gestaltungsvorgaben machen müssen. So können nur liegende, dem Erdniveau angepasste Grabsteine angebracht werden; Blumenschmuck oder Grableuchten, die eine effektive Pflege der Fläche durch Maschinen behindern würden dürfen nicht aufgestellt werden.

Zusammenfassende Betrachtung

Etwa 1,2% der heutigen Stadtfläche sind der Bestattung der Toten gewidmet, ein im Vergleich mit anderen Städten durchschnittlicher Wert. Auch wenn in der Verteilung über das Stadtgebiet Unterschiede in der räumlichen Zuordnung der Bestattungsfläche zu erkennen sind, so ist die Stadt insgesamt jedoch ausreichend mit Friedhofsfläche versorgt.

Die räumliche Lage und die jeweilige Eigenart der 55 historisch gewachsenen Begräbnisstätten charakterisieren das System der Kölner Friedhöfe. Die 38 gewachsenen Orts- und Stadtteilfriedhöfe, die vier alten Kirchhöfe und die elf großen Haupt- bzw. Bezirksfriedhöfe mit zwei Ergänzungsfriedhöfen sind auf die Bedürfnisse der Kölner Bevölkerung und ihrer Stadtteil-(„Veedel"-)Kultur zugeschnitten. Die Struktur der Kölner Friedhöfe ist leistungs- und zukunftsfähig.

Wie die nächsten Generationen denken und welche Ansprüche sie an die Friedhöfe stellen werden, wissen wir nicht. Aber schon heute zeichnet sich eine grundlegende Änderung der Bestattungskultur ab. In ihrem Forschungsbericht über die Entwicklung der gesellschaftlichen Bestattungs- und Trauerkultur beschreibt Barbara Happe zwei sich verstärkende Tendenzen: eine verstärkte Entritualisierung der Bestattung und Totenkultur und eine Zunahme der anonymen Bestattung (und der Bestattung ohne Feier).[13] Diese Tendenzen werden heute noch nicht vorhersehbare Folgen für die Bestattungskultur haben. Ein Blick auf andere Länder und Kulturen zeigt dies. So sind auf vielen Friedhöfen in den Niederlanden, Skandinavien und den USA so genannte „Streuaschenfelder" angelegt. Hier kann die Asche der Verstorbenen von den Angehörigen oder Friedhofsangestellten frei verstreut werden. Ebenso ist es in einigen Ländern möglich, die Asche von Verstorbenen in Urnen mit nach Hause zu nehmen und dort beispielsweise im Wohnzimmerregal aufzustellen. In Deutschland sind diese Entwicklungen bislang gesetzlich untersagt,[14] doch gibt es auch hierzulande Initiativen, die solche Entwicklungen fordern.

Mit dem weiteren Anstieg des Bevölkerungsanteils aus anderen Kulturkreisen wird sich auch das Bild der Friedhöfe weiter ändern. In diesem Zusammenhang stellt sich die Frage, ob es nicht auch moslemische Friedhöfe neben katholischen, evangelischen und jüdischen Friedhöfen geben wird. Letztendlich muss sich der kommunale Friedhof den Herausforderungen der allgemeinen Liberalisierung, der europaweiten Vereinheitlichung rechtlicher Standards, der weltweiten Migration, der wirtschaftlichen Globalisierung u. ä. Entwicklungen stellen. Die Verwaltung der Kölner Friedhöfe hat diese Herausforderungen angenommen und die ersten Weichen für zukünftige Entwicklungen gestellt.

[1] Rede des Beigeordneten Giesen vom 18.10.1945. Manuskript Amt für Landschaftspflege und Grünflächen
[2] Verwaltungsbericht der Stadt Köln 1945/47
[3] Brief des Gartenbaurats Intemann an Giesen vom 26.7.1947, Hist. Archiv der Stadt Köln, ACC 184/4
[4] Schönbohm, Kurt: Köln Grünanlagen 1945-1975, Köln 1988
[5] Verwaltungsbericht der Stadt Köln 1959
[6] vgl.: Gerichtsurteil des Landesverwaltungsgerichts (LVG) Köln
[7] Diese Denkschrift ist in den einschlägigen Archiven der Stadt nicht mehr zu finden, der Inhalt ist jedoch aus einer Reihe interner Aktennotizen und Berichte rekonstruierbar!
[8] Verwaltungsbericht der Stadt Köln 1968
[9] Stadt Köln, Grünflächenamt; Friedhofszielplan 1979, Köln 1979
[10] Gutachten des Geologischen Landesamtes Nordrhein-Westfalen (Krefeld) über die „Eignung der Böden für Bestattungszwecke auf ausgewählten Friedhöfen der Stadt Köln einschließlich geohydrologischer Bewertungen bei Einzelfriedhöfen sowie hierauf gründender Beurteilungen und Festlegungen des Gesundheitsamtes" 1986-1988 und zusätzliche Untersuchungen durch das Büro Prof. Dr. Schneider & Partner (Bielefeld)
[11] vgl. auch Landesanstalt für Ökologie, Landschaftsentwicklung und Forsten NRW: Naturschutz auf dem Friedhof. 1989
[12] Interne Statistiken der Abteilung Friedhöfe im Amt für Landschaftspflege und Grünflächen der Stadt Köln
[13] Happe, Barbara: Anonyme Bestattungen in Deutschland. In: Friedhof und Denkmal 41, Heft 2, 1996, S. 40-52
[14] Ausnahme die Stadt Rostock; hier existiert ein Streuaschenrasenfeld (Grundlage: Einigungsvertrag); Fischer, Norbert: Vom Gottesacker zum Krematorium, Hamburg 1996

Bildnachweis/Bildunterschrift:
Seite 252:
Kriegszerstörte Grabstätten auf Melaten 1945 (Foto: HAStK); Nordfriedhof (Foto: ALG, 1989)
Seite 253:
Friedhof Chorweiler, Erweiterungsfläche (oben, Foto: Bauer, 1998); Trauerhalle im Eingangsbereich (mittig; Foto: Th. Kleineberg, 1999); Friedhof Holweide (unten; Foto: J. Bauer, 1994)
Seite 254:
Zentrales Denkmal von A. Nierhoff auf dem Friedhof Chorweiler (oben; Foto: Th. Kleineberg, 1999); Gemeinschaftsfeld anonymer Gräber auf dem Friedhof Lehmbacher Weg/Brück (unten; Foto: Th. Kleineberg, 1999)
Seite 255:
Friedhof Dellbrück (oben; Foto: J. Bauer, 1994)

Autor:
Thomas Kleineberg
Dipl.-Geograph, Jahrgang 1964. Im Rahmen einer zweijähriger Projektarbeit im Amt für Landsschaftpflege und Grünflächen erarbeitete er die Dokumentation „Die städtischen Friedhöfe der Stadt Köln – vom Kirchhof zur Selbstverwaltungsaufgabe und kommunalen Dienstleistung Friedhof".

Vom Kirchhof zum Zentralfriedhof

Von Thomas Kleineberg

„Willst Du wissen, wie eine Stadt ist, schau Dich auf ihrem Friedhof um."
J.W.v. Goethe

Die Beisetzung der Toten gehört zum Wesen, zur Kultur der Menschheit und seit der Mensch sesshaft wurde, hat er für diesen Zweck besondere Plätze angelegt. Im Stadtgebiet von Köln lassen sich Gräber bis zurück in die Jungsteinzeit (Hügelgräber aus dem Neolithikum um 3000 bis 500 v. Chr.) nachweisen. Auch die Römer hinterließen zahlreiche Spuren ihres Begräbniswesens. Sie legten ihre Bestattungsplätze an den großen Ausfallstraßen vor den Toren der Stadt an. Köln weist somit eine besonders lange Tradition im Bestattungswesen auf und betreut ein großes kulturelles Erbe. Mit den Veränderungen in der Gesellschaft wandelte sich auch die Bestattungskultur und mit ihr deren direkte Ausprägung: der Friedhof.

Im frühen Mittelalter lagen die christlichen Friedhöfe vornehmlich innerhalb der Stadtmauern. Ein Grab in der Kirche und in unmittelbarer Nähe zu einem Märtyrer zu erhalten war eine besondere Auszeichnung. Als der Platz in den Kirchen nicht mehr ausreichte, legte man mit Hecken oder Mauern eingefriedete Kirchhöfe um die Kirchen an, auf denen die Toten beerdigt wurden. Dies waren die ersten Fried- bzw. Lichhöfe. Der Platz um die Kölner Kirche St. Maria im Kapital heißt noch heute so.[1]

Diese ersten gemeinschaftlichen Begräbnisanlagen waren aber nicht ausschließlich der Bestattung vorbehalten, vielmehr spielte sich hier oftmals ein Großteil des städtischen Lebens ab, so zum Beispiel Gerichtsbarkeit, Handel und Markt. Die frühmittelalterliche Gesellschaft lebte mit ihren Toten in der Gemeinschaft der Gläubigen. Karl der Große erließ 785 im Zuge seiner Eroberungs- und Missionspolitik mit dem „Capitulare de partibus saxonae" ein Gesetz, das die Beerdigung auf Kirchhöfen („ad cimitera ecclesiae") sogar ausdrücklich vorschrieb und Bestattungen auf freiem Feld („non ad tumulos pagaorum") unter Strafandrohung verbot. Mit der Synode von Tibur im Jahre 895 erhielten die Pfarren nicht nur das Recht, sondern die ausdrückliche Pflicht, ihre Gemeindemitglieder auf dem Kirchhof der Pfarrkirche zu begraben. Ausschließlich diese Form der Bestattung war das „Ehrliche Begräbnis". Aufgrund von Aufzeichnungen in Kölner Kirchbüchern wird geschätzt, dass die Hälfte der Toten in der Kirche und die andere Hälfte auf dem Kirchhof beigesetzt wurden. Dies führte wegen der anwachsenden Bevölkerung dazu, dass die Kirchen ständig vergrößert werden mussten. Beispiel eines alten, vom frühen Mittelalter bis heute in Gebrauch befindlichen Kirchhofs ist der Friedhof Zündorf an der Kirche St. Michael. Die Folgen dieser beengten Verhältnisse waren eine starke Überfüllung der Beerdigungsstätten und extrem kurze Ruhefristen von höchstens 5 Jahren.[2]

Gravierender waren aber die katastrophalen hygienischen Folgen für Kirchenbesucher und Anwohner der Kirchhöfe, da diese „im Laufe der Zeit zu kleinen Anhöhen (anwuchsen)" und zu „verderblichen Seuchenherden für die Bevölkerung" wurden.[3] Ein besonderer Seuchenherd waren Gemeinschaftsgruben, in welche die Leichen einfach hineingeworfen wurden. Sie mussten für jede Bestattung neu geöffnet und danach wieder zugeschüttet werden, was zu massiven hygienischen Problemen und, da die Leichen hier direkt neben- und übereinander lagen, zu einer Behinderung des Verwesungsprozesses führte. War ein Friedhof mit Leichen gefüllt, wurde für weitere Beerdigungen häufig einfach nur neue Erde aufgeschüttet.

Ohne die Beerdigungsregelungen der Katholischen Kirche anzutasten, hatte der Rat der Stadt Köln mit der Begräbnisverordnung vom 8. August 1578 die ersten allgemein gültigen Bestimmungen zum Beerdigungswesen erlassen.[4] Ziel war die Beschränkung pompöser Begräbnisfeiern, die immer wieder Anlass zu sozialen Unruhen waren. Von nun an war den ärmeren Schichten der Stadtbevölkerung gestattet, statt teurer Kerzen nur ein Kreuz oder ein einfaches Holzbrett mit aufgemaltem Kreuz zu benutzen. Mit dieser Verordnung wurde gleichzeitig auch die „Leichenschau" (Spiegeltest) eingeführt. Der Grund lag in der damals weit verbreiteten Angst vor Scheintoten und „Wiederkehrern". Um auch den Armen und Mittellosen der Stadt ein „Ehrliches Begräbnis" zu ermöglichen, wurden 1597 die Tarife für die Totengräber vom Rat verbindlich festgeschrieben.

Die Kommunalisierung des Friedhofs unter Französischer Herrschaft

Mit der Besetzung Kölns durch die Franzosen (1794-1815) wurde auch das französische Friedhofswesen auf die Stadt übertragen. Es basiert auf einem Erlass Ludwigs XVI. aus dem Jahre 1776, der besagte, dass die Beerdigung der Toten innerhalb von Städten, Kirchen und Klöstern aus hygienischen Gründen verboten war. Auf dieser Grundlage wurde am 28. Januar 1805 von Napoleon das „Kaiserliche Dekret über die Begräbnisse" für das gesamten Departement und somit auch für die Stadt Köln erlassen.[5] Diese Verordnung, auf die die heutigen Friedhofsgesetze in Nordrhein-Westfalen noch Bezug nehmen,[6] war der Anfang vom Ende der jahrhundertelangen Monopolstellung der katholischen Kirche in Bezug auf das Beerdigungswesen. Die neuen Vorgaben stießen sowohl in der Bevölkerung als auch in der lokalen Verwaltung auf massive Widerstände, sodass vielerorts, insbesondere in den ländlichen Gebieten, die Umsetzung der Rechtsvorschriften verschleppt wurden. Das französische Dekret verbot nicht nur die Bestattung in der Stadt, sondern verpflichtete die Kommune gleichzeitig zur Errichtung neuer „Todesäcker". Das Areal, das Köln für seinen neuen Friedhof wählte, war der Melatener Hof, eine Stiftung für Leprakranke an der Aachener Chaussee, etwa 2 km vor der Stadtmauer (auf kurkölnischem Gebiet) in Richtung Westen. Die internierten Leprakranken (französisch „malade" – krank) wurden nach dem Tode auch hier begraben. Erstmalig erwähnt wurde Melaten 1180, existierte mit Sicherheit jedoch schon früher.[7] An der Standortwahl beteiligt war der damalige Stadtbaumeister Peter Schmitz sowie der Botanische Gärtner Wilhelm Anton Berkenkamp. Die Auswahl des Grundstücks war begründet durch die günstigen Bodenverhältnisse und die Möglichkeit zur Erweiterung.

Gleichzeitig konnte die existierende Pfarrkirche der Ortschaft Melaten (aus dem 13. Jahrhundert) mit in die Fläche einbezogen werden. Mit Spenden aus der Bevölkerung wurde die Kirche restauriert und in eine Friedhofskapelle umgewandelt. Der Kauf des Grundstücks von der Armenverwaltung erfolgte im Jahr 1807. Die Planung des neuen „Katholischen Friedhofs" wurde dem ehemaligen Universitätsrektor Ferdinand Franz Wallraf übertragen. Wallraf teilte die projektierte Fläche nach einem geometrischen Grundriss auf, sodass sechs gleiche Teilflächen entstanden. Mit etwa 3 ha Größe war der Friedhof (bei der damals zugrunde gelegten Sterbeziffer von 1 600 pro anno) ca. dreimal größer, als dies Artikel 6 des Dekrets vorschrieb.[8] Die schlichte Aufteilung des Geländes hatte pragmatische Gründe: Man wollte die Gräber unkompliziert lokalisieren können. Dabei handelte es sich zunächst um Reihengräber, die der Idee der „Gleichheit nach dem Tode" am besten entsprachen.

Das Gewerk zum Ausbau wurde an den Kölner Bauunternehmer Leisten vergeben, der kurze Zeit später auch mit dem Bau einer 130 m langen Friedhofsmauer zur Aachener Straße hin beauftragt wurde. Die Kosten für sämtliche Arbeiten, inklusive Anpflanzung von 380 Bäumen, beliefen sich auf 12 100 Franken.

Mit dem Bau der Friedhofsanlage wur-

Stadt Köln 1815 - 1888
zu Melaten beerdigte Personen

Etat-Jahr	Beerdigungen				Gräber				Konfession		Gebühren	
	Erwachsene		Kinder (unter 8 Jahren)		Gesamt	davon auswärt.	Reihe		Privat / Familien		kath.	ev.	zahlend	gratis
1815	*				1727									
1825	*				1590									
1835	*				2034									
1845	*				2693									
1856					2996								1093	1607
1879	1672	43,8%	2143	56,2%	3815	(62)	3288	86,2%	527	13,8%	3370	445	1867	1503
1880	1699	39,8%	2573	60,2%	4272	(60)	3695	86,5%	577	13,5%	3773	499	1992	1728
1881	1767	44,6%	2193	55,4%	3960	(78)	3413	86,2%	547	13,8%	3469	491	1906	1563
1883	1698	42,2%	2328	57,8%	4026	(58)	3497	86,9%	529	13,1%	3559	467	1937	1622
1884	1811	43,7%	2329	56,3%	4140	(91)	3677	88,8%	463	11,2%				
1885	1857	43,0%	2465	57,0%	4322	(75)	3927	90,9%	395	9,1%				
1886	1932	43,3%	2530	56,7%	4462	(89)	3935	88,2%	527	11,8%				
1887	1865	43,3%	2441	56,7%	4306	(74)	3807	88,4%	499	11,6%				
1888	1906	44,9%	2342	55,1%	4248	(104)	3717	87,5%	531	12,5%				

* geschätzt nach Pieper

de gleichzeitig eine hölzerne Leichenhalle errichtet, wo die Leichen aus den ärmsten Bevölkerungsschichten, Fundleichen oder Katastrophenopfer bis zur Beerdigung untergebracht wurden, wenn sie wegen zu beengter räumlicher Verhältnisse nicht zu Hause aufgebahrt werden konnten.[9] Die Akzeptanz der Leichenhalle bei der Bevölkerung war jedoch gering. Am 29. Juni 1810 konnte der Friedhof Melaten vom Bürgermeister feierlich eröffnet werden; die kirchliche Weihung erfolgte durch den Pfarrer des Doms, DuMont. Parallel dazu wurden alle Friedhöfe an Pfarrkirchen, die in der Regel auch vollständig belegt waren, geschlossen. In den links- und rechtsrheinischen Vororten Kölns blieben die Beerdigungsplätze um die Kirchen zunächst weiterhin in Betrieb. Obwohl die Bestimmungen des Dekrets auch für sie galten, wurden hier erst viele Jahre später kommunale Friedhöfe angelegt:

- Der Friedhof Deckstein wurde von der Gemeinde Efferen im Jahre 1869 eröffnet und war damit Ersatz für den Kirchhof um das „Krieler Dömchen" (St. Stephan).
- Der Friedhof Lövenich wurde Ende 1896 eröffnet und ersetzte den Kirchhof um St. Severin.
- Der Kirchhof St. Brictius in Merkenich wurde 1867 durch den Friedhof an der Jungbluth-Straße ersetzt.
- Der Kirchhof des „Niehler Dömchens" Alt St. Katharina wurde durch den 1868 an der Hermesgasse von der Bürgermeisterei Longerich eröffneten Kommunalfriedhof ersetzt.
- Der Kirchhof Rheinkassel um Sankt Amandus wurde durch den seit 1847 angelegten kommunalen Friedhof Feldkasseler Weg / Römerstraße in Worringen ersetzt.
- Der Kirchhof um die Sankt Maternus Kapelle in Rodenkirchen wurde 1854 geschlossen und durch den Friedhof an der Frankenstraße ersetzt.
- Der Kirchhof an Sankt Mauritius in Buchheim entwickelte sich durch die Erweiterungen von 1844 und um 1870 zum Friedhof (an der Sonderburger Straße). Dieser blieb bis heute kontinuierlich in katholischer Trägerschaft.
- Der Kirchhof um die Kapelle Sankt Nikolaus in Westhoven war ein Begräbnisplatz für Arme und wurde nach der Säkularisation bis zur Schließung im Jahre 1929 als Kommunalfriedhof weitergeführt.
- Der Kirchhof der Kirche Sankt Nikolaus (ehemaliges Prämonstratenserinnen-Kloster) in Dünnwald wurde 1860 durch den von der Bürgermeisterei Merheim (rrh.) eröffneten Kommunalfriedhof am Holzweg ersetzt.
- Der Kirchhof von Flittard (Sankt Hubertus) wurde 1901 vom angrenzenden Kommunalfriedhof an der Hubertusstraße ersetzt, der 1941 erweitert wurde.
- Cornelius) wurde 1850 durch den Kommunalfriedhof Rath-Heumar ersetzt.
- Der Kirchhof von Sankt Gereon in Merheim (rrh.) erhielt seine Gestalt durch die Erweiterungen 1854/55 und blieb bis zur Schließung 1915 in Benutzung.[10]

Zeitgleich mit dem Bau des Friedhofs Melaten wurde ein erster Entwurf für eine Beerdigungsordnung aufgestellt, die Ausdruck der neu gewonnenen Kompetenz der politischen Gemeinde für das Friedhofs- und Beerdigungswesen war. Bis zu diesem Zeitpunkt galt bis auf einige wenige Ratsedikte das überkommene kirchliche Bestattungsrecht.[11] Zentraler Punkt dieses Entwurfs war Artikel 13, der die künftigen Gebühren festlegte und zwischen der lokalen Kölner Kirchenverwaltung, deren vorgesetzter Kirchenleitung (damals dem Bischof von Aachen) und dem Bürgermeister äußerst umstritten war. Die Kirchenvertreter, die für ihre Leistungen während der Beerdigungszeremonien eine eigene Gebührenordnung erlassen hatten (8.4.1809), befürchteten durch das Reglement massive Einnahmeverluste. Außerdem verlangte der Bischof Einfluss auf die Besetzung der nach dem Reglement neu zu schaffenden Stellen. Trotz dieser Einwände wurde der Entwurf zunächst dem zuständigen Innen- und Kultusministerium in Paris vorgelegt. Das Ministerium forderte jedoch eine Überarbeitung, die der Bürgermeister daraufhin am 27.8.1812 dem Unterpräfekten des Departements mit der Bitte um Genehmigung vorlegte. Aber auch dieser Entwurf geriet in einen Diskussionsprozess zwischen den beteiligten Parteien, so dass er bis zum Abzug der Franzosen im Jahre 1814 nicht genehmigt wurde.

Erster Geistlicher für den Friedhof Melaten war Kanonikus Xaver Metternich, der auch die Einsegnung der unvermögenden Toten zur Aufgabe hatte. „Nichtarme" Leichen wurden weiterhin von den Pfarrern ihrer Pfarrei begleitet. Das Leichenfuhrwesen, also der Transport der Leiche vom Sterbehaus zum Friedhof, wurde am 18.5.1810 an den Fuhrunternehmer Hittorf verpachtet, da er von den Einkünften für den Leichentransport 22,5% und von den „Verziehrungen" (Sargschmuck, Kränze, Tücher, Sänger, Kerzen) 70% an die Stadt und an die so genannten „Kirchenfabriken" (Kirchenverwaltungen) abführte. Die Leichen von armen Mitbürgern hatte er kostenlos zum Friedhof zu bringen. Dies geschah in der Regel in Sammeltransporten, zumeist in den späten Abendstunden ohne Trauerbegleitung. Die Anzahl dieser kostenfreien Beerdigungen lag in etwa bei 900 im Jahr. Im Jahre 1818 wurde der Vertrag verlängert. Das Amt des Friedhofsaufsehers übernahm der Totengräber J. Spiegel, der zudem „für die Instandhaltung des Gottesackers" zuständig war.[12] Die Familie Spiegel (Nachfolger: Everhart Spiegel, danach dessen Witwe und dann Heinrich Spiegel) behielt dieses Amt bis zum Jahre 1891 inne. Darüber hinaus wurden zwei Leichenzugführer (Ordonnateure) eingestellt. In ihren jeweiligen „Beerdigungsbezirken" waren sie für den reibungslosen Ablauf der Begräbnisse zuständig, zogen die fälligen Gebühren ein und wurden vom Friedensrichter vereidigt. Ihnen kamen somit eindeutig hoheitliche Aufgaben zu. Ausdrücklich stellt der Bürgermeister in einem Briefwechsel mit dem Aachener Bischof fest, dass die Leichenzugführer, aber auch die Träger und Totengräber aus städtischen Mitteln bezahlt werden und deshalb auch städtische Angestellte seien.

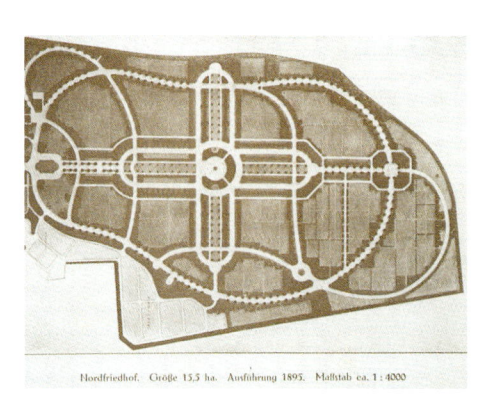

Die anfängliche Skepsis der Kölner gegenüber dem neuen Friedhof verschwand im Laufe der Zeit und Melaten wurde zur bevorzugten Beerdigungsstätte. Viele bekannte Künstler und Kunsthandwerker schufen bedeutende Grabmalen In Anlage und künstlerischer Ausgestaltung wurde der Friedhof Melaten zum Vorbild für eine ganze Reihe von Friedhöfen im gesamten Rheinland.

Das Kölner Friedhofswesen in Preußischer Zeit

Durch die Zuschlagung des Rheinlandes zum Preußischen Königreich änderte sich zunächst in Bezug auf das Friedhofswesen nichts Grundlegendes. Da die Bestimmungen des französischen Dekrets von 1804 weiter ihre Gültigkeit behielten, traten in der Folgezeit jedoch immer mehr konfessionelle Konflikte auf. Vor allem Artikel 15, in dem festgelegt war, dass für jede Konfession ein eigener Friedhof anzulegen sei, führte vor dem Hintergrund einer verstärkt einsetzenden Zuwanderung protestantischer Militärpersonen und Arbeiter in die rein katholischen rheinischen Städte zu Problemen. Überlegungen des Kölner Bürgermeisters, den seit dem Jahre 1584 belegten protestantischen Geusenfriedhof zu erweitern, sowie die Idee des evangelischen Kirchenvorstandes, an der Grenze des Friedhofs Melaten ein Grundstück für Beerdigungszwecke zu kaufen,[13] wurden jedoch gegenstandslos, als Artikel 15 durch Kabinettsbefehl von König Friedrich Wilhelm III. vom 27.8.1820 ersatzlos gestrichen wurde.

In der Bürgermeisterei Deutz, die damals noch nicht zu Köln gehörte, wurde daraufhin im Jahre 1824 ein kommunaler Friedhof (heute Grünanlage an der Deutz-Kalker-Straße) eröffnet, auf dem gleich zu Beginn beide Konfessionen gleichberechtigt nebeneinander begraben wurden. Da für die Stadt Köln Melaten der einzige Friedhof blieb, musste er erweitert werden. Gleichzeitig beschloss man, die vorhandene Begräbnisordnung zu überarbeiten, um die rechtlichen Voraussetzungen für die Bestattung anderer Konfessionen zu schaffen. Dieses neue „Beerdigungsreglement für die Christlichen Confessionen der Stadt Köln" trat am 16.8. 1829 in Kraft, und in § 3 wurde festgelegt, dass „der Begräbnisplatz zu Melaten ... für die Beerdigung der Leichen aller Christlicher Konfessionen bestimmt" ist. Nun durften hier auch evangelische Bürger begraben werden.

Außerdem wurde in § 8 die Ruhefrist für Reihengräber aus hygienischen Gründen von 5 auf 15 Jahre erhöht. Diese Erhöhung, verbunden mit einer anhaltend hohen Zuwanderung sowie einer hohen Sterblichkeitsrate (insbesondere Säuglings- und Kindersterblichkeit), ließ den Platz auf Melaten noch knapper werden. 1831-1833 wurde der Friedhof daher nach einem bereits 1826 im Auftrag von Oberbürgermeister Steinberger erstellten Plan des damaligen Düsseldorfer „Königlichen Gartenbauinspektors" und ehemaligen „Botanischen Gärtners" der Stadt Köln, Maximilian F. Weyhe, erweitert.

Im gleichen Jahr, in dem Weyhe den Plan für Melaten fertigte, wurde Jakob Greiß die Führung des Botanischen Gartens übertragen. Darüber hinaus oblag ihm auch die „Aufsicht und die Unterhaltung der städtischen Promenaden, Plätze, Wege und des Gottesackers". Alle gärtnerischen Arbeiten, auch die auf dem Friedhof, wurden an Tagelöhner vergeben.

Das Leichenfuhrwesen für den katholischen Teil der Bevölkerung blieb weiterhin in privater Hand.[14] Auch außerhalb der Stadt Köln in den umliegenden Gemeinden wurden verschiedentlich private Unternehmer mit diesen Aufgaben betraut.[15] Die protestantische Kirchenverwaltung (Presbyterium) Köln dagegen organisierte seit der Franzosenzeit den Leichentransport und die Beerdigungen ihrer Verstorbenen nach eigenen festgelegten Tarifsätzen in eigener Regie.

Wie in der Gesellschaft, so hatte das Militär auch im Beerdigungswesen eine Sonderstellung. Die Soldaten bildeten in der Stadt eine eigene „Militärgemeinde", die auch für die Beerdigung ihrer Toten verantwortlich war. Anders als andere Garnisonsstädte, wie beispielsweise das später eingemeindete Wahn, hatte Köln jedoch keinen eigenen Militärfriedhof,[16] sodass verstorbene Militärpersonen ebenfalls auf Melaten beerdigt wurden. Für die Armen, Mittellosen, Bettler und Tagelöhner gab es eine so genannte und in den Verwaltungsberichten auch so bezeichnete „Gratis-Beerdigung" an der Peripherie des Friedhofs ohne namentliche Nennung oder gar Grabschmuck.[17] Überführt wurden diese Toten in anonymen Massentransporten. Später gestattete die Stadt nur noch den gleichzeitigen Transport von zwei Leichen. Die Gräber wurden sehr schnell wieder neu belegt.

Im Jahre 1884 führte die Stadt die ärztliche Leichenschau ein. Die Feststellung der Todesursache war in einer Zeit, in der Tuberkulose und andere Infektionskrankheiten noch regelmäßig auftraten, hauptsächlich wegen der Vorbeugung von Seuchen von Bedeutung. Vor dem Hintergrund einer anhaltend hohen Sterblichkeitsrate bedingt durch Krankheiten, Kindersterblichkeit und eine allgemein geringe Lebenserwartung wurde der Friedhof Melaten in den Jahren 1884 bis 1886 erneut erweitert. Mit der etwa 17,5 ha umfassenden Vergrößerung wurde die Gesamtfläche verdoppelt. Das Grundstück für den neuen Teil erwarb die Stadt von der Armenverwaltung, den Morgen (ca. 2 500 qm) für 4 000 Mark. Anfangs sollte der neue Abschnitt „in landschaftlichem Stil mit Rasenpartien, Gehölz und Coniferen-Pflanzungen angelegt werden", ganz dem Ideal der Zeit entsprechend.[18] Um den Gesamteindruck der Anlage jedoch nicht zu stören, wurde auch dieser Teil des Friedhofs in regelmäßiger Weise ausgebaut. Der Bedarf zur Erweiterung des Friedhofs war so stark, dass die erste Beerdigung bereits am 15.7.1886, also noch unter provisorischen Bedingungen, durchgeführt wurde. Im Jahre 1887 war der Ausbau des Neuen Teils mit Gesamtkosten von 126957 Mark vollendet.[19] Die hohen Kosten für den Ausbau des Friedhofs engten die finanzielle Situation des Kölner Friedhofs- und Beerdigungswesen stark ein. Für das Rechnungsjahr 1888/89 weist die Bilanz ein Defizit von 131 136 Mark aus.[20] Im Jahr zuvor hatte das Defizit dagegen nur 73 271 Mark betragen. Das Beerdigungswesen war für die Stadt ein Zuschussposten.

Die Entwicklung des städtischen Friedhofswesens im ausgehenden 19. Jahrhundert ist in besonderem Maße durch die umfangreichen Eingemeindungen im Jahre 1888 geprägt. Linksrheinisch wurden Longerich, Nippes, Kriel, Ehrenfeld und Müngersdorf vollständig, Efferen und Rondorf in Teilen in das Stadtgebiet eingegliedert. Durch die gleichzeitige Eingemeindung von Deutz und Poll wuchs Köln nun über den Rhein hinweg auf das rechtsrheinische Ufer. Mit in die neue kommunale Verbindung brachten die eingemeindeten Ortsteile ihre Friedhöfe. Diese 12 Friedhöfe (ohne den jüdischen Friedhof Deutz) waren allesamt Kirchhöfe, hatten zusammen eine Fläche von ca. 50 ha und waren größtenteils belegt.

Erweiterungsmöglichkeiten waren keine vorhanden, da sich die dörflichen Vororte mittlerweile baulich stark entwickelt hatten. Aus diesem Grund wurden einige Friedhöfe geschlossen und zumeist in Grünflächen umgewandelt (z.B. Friedhof Deutz 1896; Kirchhof Longerich, Friedhof Nippes und Friedhof Merheim lrh. zwischen 1896-1899). Durch die abrupte Vergrößerung des Stadtgebietes sowie die Zunahme der Friedhöfe war der bislang uneinheitliche, zum Teil durch private Unternehmer geregelte Leichentransport sowie die Verwaltung des Friedhofs allein durch den Friedhofsaufseher Heinrich Spiegel nicht mehr aufrechtzuhalten. Spiegel wurde deshalb in Rente geschickt und die Stadt kaufte ihm am 1.1.1891 sein Anwesen auf Melaten mitsamt Gärtnerei für 100 000 Mark ab, um von nun an die Geschäfte der Friedhofsverwaltung selber zu übernehmen. Mit dem Kauf der Gärtnerei gab es erstmals eine eigene kommunale Friedhofsgärtnerei, deren Einnahmen und Ausgaben von nun an in den jährlichen Verwaltungsberichten detailliert aufgelistet wurden. Sie war von Anfang an ein wirtschaftlicher Erfolg, denn „von der Befugnis sein Grab selbst oder durch einen privaten Gärtner anzulegen und zu pflegen, wird indessen nur wenig Gebrauch gemacht".[21] Wegen des ständig steigenden Bedarfs an Pflanzen wurde die Gärtnerei bereits 1897 um 6000 qm erweitert. Weiterhin wurden bis 1900 drei zusätzliche Gewächshäuser errichtet und der Bau weiterer angekündigt. „Außerdem wurde daselbst eine (Pflanzen-) Überwinterungshalle und an der Mechternstraße ein Verbrennungsofen für verwelkte Kränze erbaut."[22]

Die Eingemeindungen hatten auch zur Folge, dass im Jahre 1892 die 63 Jahre alte Begräbnisordnung von 1829 (samt Nachträgen) den neuen Verhältnissen angepasst wurde.[23] Bis zu diesem Zeitpunkt galt die alte Ordnung lediglich für die Verwaltung des Friedhofs Melaten; für die 12 Friedhöfe der eingemeindeten Vororte dagegen waren sechs verschiedene Reglements maßgebend. Dies wurde nun vereinheitlicht. Gemäß der neuen Begräbnisordnung erfolgten die Beerdigungen entweder in den allgemeinen Reihengräbern, die für eine Verwesungsfrist von 15 Jahren bei Erwachsenen und von 10 Jahren bei Kindern unentgeltlich hergegeben wurden, oder in Privatgräbern. Die Privatgräber, die von allen Einwohnern des jeweiligen Bestattungsbezirks zu festgelegten Tarifen erworben werden konnten, unterteilten sich in Familiengräber zu je sechs Grabstellen, die an besonders schönen Stellen der Friedhöfe gelegen waren, sowie Gräber I. und II. Klasse, die meist in den ersten Reihen an den breiten Wegen lagen. Das Nutzungsrecht der Privatgräber erlosch nach 50 Jahren, konnte aber, solange der Friedhof noch seinen Zweck erfüllte, jedes Mal auf eine weitere gleich lange Periode durch Zahlung der halben dann gültigen Kaufgebühr erworben werden. Mit der neuen Begräbnisordnung verbunden war auch eine Neueinteilung des Stadtgebietes in einzelne Bestattungsbezirke.[24] Die Aufsicht über die Verwaltung der Friedhöfe oblag zu dieser Zeit dem Oberbürgermeister bzw. dem zuständigen Beigeordneten, ab 1898 war dies der Beigeordnete Mann. Seiner Hauptdienststelle untergeordnet war die Abteilung 7 Friedhofswesen mit insgesamt vier Unterabteilungen:
- Begräbniswesen im Allgemeinen;
- Friedhöfe und deren Baulichkeiten;
- Grabstätten und Denkmäler;
- Angestellte.

Von politischer Seite wurde die Verwaltung von der „Commission für öffentliche Anlagen und deren Aufsicht, Friedhofs- und Begräbnisangelegenheiten" kontrolliert.
Auf allen städtischen Friedhöfen wurden nun Friedhofsverwalter eingesetzt. Melaten erhielt einen Friedhofsinspektor. 1892 wurde Johannes Ibach Verwalter von Melaten und dadurch auch Friedhofsinspektor für das gesamte Beerdigungswesen der Stadt Köln. Damit unterstand ihm das gesamte Friedhofspersonal und die Verwaltung der Friedhofskassen. Seine Aufgaben umfassten u.a. die Einziehung der

Gelder für die Grabpflege und die Auszahlung der Löhne. Das Gehalt von Ibach lag 1897 bei 4 000, später bei 5 800 Mark im Jahr. 1909 veröffentlichte Ibach erstmals einen „Wegweiser bei dem Eintritt eines Sterbefalles". Zum Preise von 25 Pfennig konnte man diese 57 Seiten starke Broschüre erwerben, in der sämtliche Fragen im Zusammenhang mit einer Beerdigung detailliert behandelt und geklärt wurden.

Die neuen Großfriedhöfe

Da die letzte Erweiterung des Friedhofs Melaten von 1886 bei weitem nicht ausreichte und die eingemeindeten Friedhöfe auch keine potentiellen Erweiterungsflächen besaßen, sah sich die Stadtverwaltung vor dem Hintergrund des anhaltenden Bevölkerungswachstums genötigt, drei neue Friedhöfe anzulegen. Die geplanten Friedhöfe Nord und Süd sollten die Funktion des Melatenfriedhofs als städtischer Zentralfriedhof aufheben und gleichzeitig eine zu den jeweiligen Wohnquartieren nähere Friedhofsversorgung gewährleisten. Die Neuanlage eines Friedhofs in Deutz erfolgte ausschließlich zur Deckung des rechtsrheinischen Bedarfs. Neben diesen neuen Friedhöfen wurden in den ländlich geprägten Stadtteilen nur wenige Ortsfriedhöfe kleineren Ausmaßes gebaut, 1899 in Longerich (7000 qm), 1900 in Volkhoven-Weiler. Der etwa 5,5 ha große Deutzer Friedhof (mit Leichenhalle) am Rolshover Kirchweg wurde am 9.4.1896 eröffnet und ersetzte den 2 Tage zuvor geschlossenen alten Friedhof an der Kalker Straße. Die geringe Größe erschien zunächst ausreichend, da der Bevölkerungsschwerpunkt Kölns damals eindeutig auf der linken Rheinseite lag. Die Gesamtausbaukosten betrugen 35 000 Mark. Leiter der zeitgleich neu eingerichteten Verwaltung des Friedhofs Deutz war der spätere Friedhofsinspektor (ab 1916) Xaver Meindorfner. Mit der Gestaltung des Nord- und des Südfriedhofs wurde der seit 1887 angestellte Gartendirektor Kowallek beauftragt. Kowallek hatte schon vor seiner Tätigkeit in Köln als Friedhofsgestalter in Magdeburg Anerkennung erhalten. Nach Kowalleks Vorstellungen sollten die geplanten Friedhöfe im Stil des Landschaftsgartens angelegt werden. In der Konsequenz bedeutete dies, dass die Friedhöfe flächenmäßig insgesamt großzügiger geplant wurden, der Anteil an Wegen und sonstigen Flächen überproportional anstieg. Die Belegungsdichte wurde dadurch reduziert. Um den landschaftlichen Charakter zu unterstreichen, sollten nicht nur die geschwungene Wege als Alleen mit Bäumen (in erster Linie Nadelgehölze) bepflanzt werden, sondern auch die Gräber selbst. Der geplante Nordfriedhof sollte den Friedhof Melaten entlasten und zu einem neuen Zentralfriedhof ausgebaut werden. Das ausgewählte etwa 28 ha grosse Gelände lag an der Merheimer Straße im Stadtteil Nippes. Die Kosten für die Anlage des Friedhofs (inklusive der Erweiterung des Jahres 1920 um 12,2 ha) beliefen sich auf 775 000 Mark. Am 18.5.1896 wurde die Anlage eröffnet; anfangs war sie mit der Pferde-, später dann mit der elektrischen Straßenbahn zu erreichen. Der mit der Errichtung des Nordfriedhofs neu definierte Beerdigungsbezirk umfasste drei Altstadtpfarreien sowie eine Neustadtpfarrei und die Stadtteile Nippes, Riehl und Merheim (lrh.). Erster Friedhofsdirektor und Chef der Verwaltung des Nordfriedhofs wurde Georg Beitz, der bis etwa 1920 im Amt blieb. Ihm folgte Franz Schönwald.

Für die Neuanlage des Südfriedhofs galten die gleichen Planungsvoraussetzungen wie für den Nordfriedhof. Auch er sollte Melaten entlasten und gleichzeitig Friedhof für die stark wachsenden südlichen Stadtteile sein. „Die Eröffnung des ebenfalls landschaftlich, in einer Größe von 195 700 qm hinter dem Vororte Cöln-Zollstock angelegten Südfriedhofes konnte erst... am 1.10.1901 erfolgen, weil die Zufahrtsstraßen noch nicht fertiggestellt waren." [25] Ein undatierter (etwa um die Jahrhundertwende) Kostenanschlag der Verwaltung für die gärtnerischen Arbeiten beläuft sich auf 78 357 Mark und 10 Pfennige. Auch dieser Friedhof erhielt eine eigene Verwaltung mit eigenem Verwaltungsgebäude. Erster Friedhofsverwalter wurde Carl Nilgen, unterstützt von Obergärtner Christoph Schlömer. Ihnen unterstanden im Jahr 1913 20 Arbeiter. Bereits 1914 wurde der Südfriedhof erweitert, neun Jahre später abermals auf über 50,7 ha in Richtung Westen.

1910 und 1914 wurden die Gemeinden Kalk, Vingst und Merheim (rrh.) sowie die Stadt Mülheim in das Stadtgebiet von Köln eingemeindet. Damit kamen folgende Friedhöfe hinzu:

Im Jahre 1910
- Friedhof Kalk (in Merheim), am 3.11.1904 eröffnet (Ersatz für den alten Kalker Friedhof), Anfangsgröße 7,1 ha, später auf 15,7 ha erweitert. Nach der Eingemeindung eine eigene Verwaltung; Leiter wurde Ernst Martini.
- Friedhof Vingst mit 0,4 ha

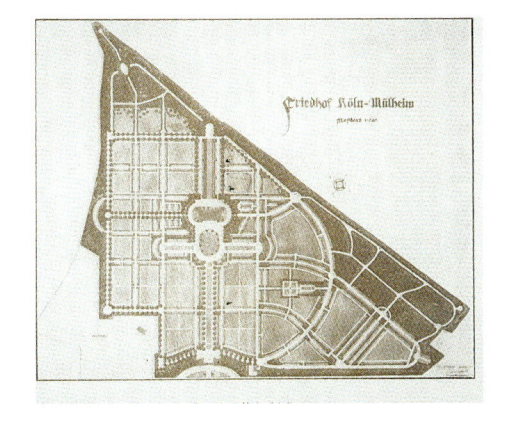

Im Jahre 1914
- Friedhof Mülheim, am 26.9.1904 eröffnet, mit ca. 4 ha. Nach der Eingemeindung eigene Verwaltung, ab 1916 Friedhofsverwalter Johann Josef Vincentz.
- Friedhof Rath-Heumar 1889 mit 3,1 ha angelegt
- Friedhof Dünnwald 1860 eröffnet mit 3,1 ha
- Friedhof Flittard 1901 mit 0,8 ha
- Friedhof Stammheim Stammheimer Ring, Größe bei Übernahme 0,3 ha
- Friedhof Stammheim Scharfensteinstraße, eröffnet 1888
- Friedhof Brück
- Friedhof Dellbrück, eröffnet 1888
- Friedhof Holweide, eröffnet 1907[26]

Mit der Zunahme der Friedhofsflächen erfolgte eine personelle Aufstockung der Friedhofsverwaltung auf insgesamt 29 Personen.[27]
Selbst die Inbetriebnahme der beiden Großfriedhöfe Nord und Süd vermochte die Beerdigungsprobleme der Stadt Köln jedoch nicht zu lösen. Das Bevölkerungswachstum in der sich ausdehnenden Stadt war ungebrochen, eine weitere Steigerung der Einwohnerzahl wurde prognostiziert. Vor diesem Hintergrund sowie aufgrund der Tatsache, dass man auf Melaten trotz der Ruhefrist von 15 Jahren noch nicht verweste Leichen gefunden hatte, fasste die Verwaltung den Beschluss, einen weiteren noch größeren Friedhof zu bauen. Er sollte Melaten, den man aufgrund der Funde für nicht mehr „absorptionsfähig" hielt, und später alle anderen Friedhöfe des linksrheinischen Stadtgebietes ersetzen.
Die Leitlinien für den Neubau des Friedhofs wurden im Jahre 1910 vom Beigeordneten Fuchs in einer Stadtverordnetenversammlung ausführlich vorgetragen und in einer Denkschrift zusammengefasst.[28] „Der Charakter des Friedhofs soll möglichst unserem heutigen sozialen Empfinden Rechnung tragen und den Gedanken der Versöhnung im Tode sinnbildlich zum Ausdruck bringen. Reihen und Kaufgräber müssen sich mehr als bisher üblich mischen. Vielleicht wird sich eine Auflösung der Gesamtanlage in verschiedene kleinere Anlagen wechselnden Charakters empfehlen... Ein großer Teil des Friedhofs soll aufgeforstet und als Waldfriedhof angelegt werden."[29] Der vorgesehene Platz lag zwischen den Orten Esch, Pesch und Volkhoven und sollte eine Größe von etwa 200 ha haben. Eine bis zu 53 m breite Zufahrtsstraße zum Hauptfriedhof, inklusive „Electrischer Bahn", Fahrbahn, Radweg, Reitweg, Allee und zwei Bürgersteigen war ebenfalls projektiert. Doch da die Festungsbehörde Widerspruch einlegte, konnte der Plan auf dem vorgesehene Standort nicht realisiert werden. Ein neues Areal musste gesucht werden. Am 7.6.1912 beschloss der Rat den Ankauf eines Geländes zwischen Bocklemünd und Bickendorf nördlich der Venloer Straße. Da man sich über die Ausgestaltung des bedeutungsvollen Zentralfriedhofs nicht einigen konnte, wurde im Juni 1913 reichsweit ein Ideenwettbewerb ausgeschrieben.[30]
Die Vorgaben des Wettbewerbs waren: Gärtnerische Gestaltung und Wegeerschließung von anfangs 59 ha Friedhofsfläche; ein Hauptgebäude mit großem Versammlungssaal für 400-500 Personen und zwei kleinere für je 250 Personen und zwei Warteräume für Trauergefolge und Priester; ein Aufenthaltsraum für das Friedhofspersonal, Toiletten, Zentralheizung, Stuhllager; eine Leichenhalle mit zunächst 30 Zellen, später auf 150 erweiterbar, samt Nebenräume; ein Leichenschauhaus mit Lagerungskammern und Kühlkammern für je 6 Leichen; eine Gärtnerei mit Überwinterungshaus; Gestaltung des Haupteingangs mit Warteraum von 150 qm für das Publikum; im Anschluss Pförtnerzimmer und -wohnung; eine Friedhofskapelle mit Küster und Pfarrerwohnung; eine Wohnung für den Friedhofsverwalter.
Das Preisgericht unter der Leitung von Oberbürgermeister Wallraf und dem Beigeordneten Dr. Berndorff bestand aus den führenden Kapazitäten der damaligen Grünflächen- und Friedhofsplanung. Neben Encke und Ibach (beide Köln) waren die Herren Schumacher (Hamburg), Grässel (München), Bromme (Frankfurt/Main), Erbe (Breslau) und weitere beteiligt.[31] Die eingereichten Arbeiten konnten die Jury jedoch nicht überzeugen, sodass auch kein 1. Preis vergeben wurde. Vor allem im Hinblick auf die gartengestalterischen Aussagen der eingereichten Arbeiten konnte sich die Jury nicht einigen. Auf

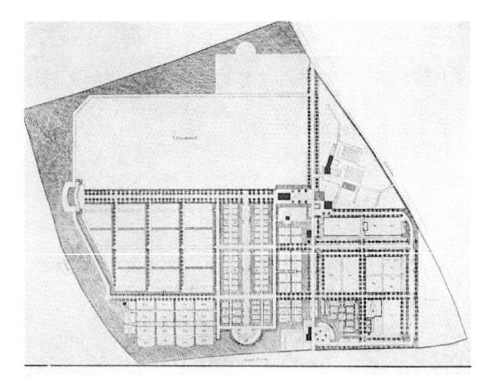

der einen Seite zeigten die Entwürfe noch den landschaftlich gestalteten Friedhof, wie er um die Jahrhundertwende für den Nord- und den Südfriedhof zur Anwendung kam, auf der anderen Seite den des aufkommenden architektonisch-geometrisch gestalteten Friedhofs. Dennoch oder gerade wegen des vielfältigen Ergebnisses wurden die Arbeiten des Wettbewerbs in einer viel beachteten Ausstellung präsentiert und in den einschlägigen Fachzeitschriften ausführlich besprochen. Aus den angekauften Wettbewerbsbeiträgen entwickelten Friedhofsdirektor Ibach und Professor Karl Wach aus Düsseldorf, der ebenfalls am Wettbewerb teilgenommen hatte, den Plan für den neuen Westfriedhof. Ende 1914 begann die Bauausführung mit bis zu 300 Arbeitern, darunter auch etwa 200 Kriegsgefangene aus Russland.[32] Nach Ende des Kriegs wurden die Arbeiten insbesondere durch Notstandsarbeiter („Produktive Erwerbslosenfürsorge") und Kriegsversehrte fortgesetzt. Die Bauleitung hatte der Gartenbautechniker Linnekuhl. Aufgrund des Kriegs bzw. der nachfolgenden Krisenzeiten wurde die ursprünglich geplante Ausstattung stark reduziert. So wurde beispielsweise die Bitte der Stadt Köln um Zuteilung von Zement für den Bau der Leichenhalle 1917 in einem Telegramm der Kriegsamts-/Kriegsrohstoffabteilung Zement - Berlin abschlägig beschieden.[33] Friedhofsdirektor Ostertag gab 1926 die Anlagekosten des Friedhofs inklusive der Gebäude mit 600 000 Mark an.[34] Die erste noch unter provisorischen Bedingungen durchgeführte Beerdigung fand am 1.10.1917 statt.

Mit der Eröffnung des Westfriedhofs wurde nach über einem Jahrhundert der Friedhof Melaten außer Dienst gestellt. Bis zu diesem Zeitpunkt hatten hier schätzungsweise 500 000 Kölner ihre letzte Ruhe gefunden.[35] Seine Schließung machte eine Neuabgrenzung der Beerdigungsbezirke notwendig. Insgesamt wurden sechs Beerdigungsbezirke (zu jedem der sechs Hauptfriedhöfe: Nord-, Süd-, Westfriedhof, Friedhöfe Deutz, Kalk und Mülheim) neu zugeschnitten. Die Verwalter dieser Friedhöfe erhielten die Dienstbezeichnung „Friedhofsinspektor". Sie bekamen zudem die Oberaufsicht über die Vorortfriedhöfe in ihrem jeweiligen Beerdigungsbezirk übertragen. Gleichzeitig wurden die Aufgabenbereiche und die Verantwortlichkeiten der einzelnen Friedhofsverwaltungen weiter ausgedehnt.

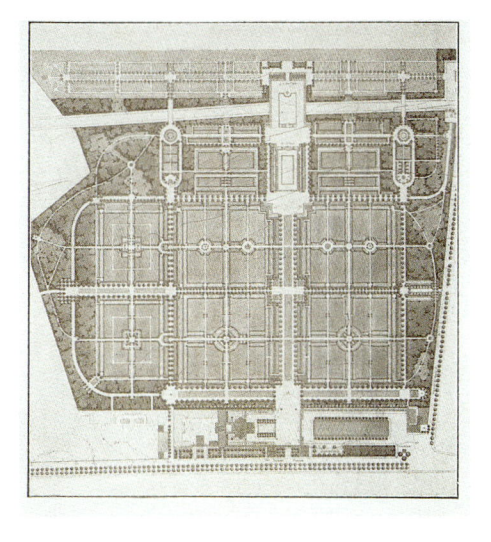

So wurde die Leitung der neu geschaffenen Friedhofsdirektion Ibach übertragen, der zugleich den Titel „Friedhofsdirektor" erhielt. Er verwaltete seine Dienststelle vom Friedhof Melaten aus. Sein Nachfolger wurde im Jahre 1922 Jakob Ostertag. Die Leitung der Friedhofsverwaltung Melaten erhielt Everhard Strotmeyer. Aufgrund starken Drucks aus der Bevölkerung wurde auf der Sitzung der Stadtverordnetenversammlung vom 12.6.1923 die Wiedereröffnung des Friedhofs Melaten beschlossen. Einen Monat später wurden dort wieder Nutzungsrechte für alle Grabarten vergeben.

Das Friedhofswesen in der Weimarer Republik

Die ursprünglich geplante Schließung des Friedhofs Melaten sowie die Notwendigkeit, Notstandsarbeiten durchzuführen, führten in den ersten Jahren der Weimarer Republik zum Ausbau der vorhandenen Friedhöfe. Die grösste Erweiterung war für den Südfriedhof vorgesehen, der um 200172 qm vergrößert werden sollte. Durch Grenzregulierungen reduzierte sich die tatsächlich ausgebaute Fläche jedoch auf 178 688 qm. Der neue Teil wurde im architektonischen Stil gestaltet, so dass auf dem Südfriedhof nebeneinander geschwungene landschaftliche und streng architektonische Anlagen zu finden sind. Weiterhin ist die im Mai 1920 begonnene Erweiterung des Deutzer Friedhofs um insgesamt 198 736 qm (davon 28 991 qm für Beerdigungsfelder, 3 320 qm zur Vergrößerung der Gärtnerei) zu nennen. Die Arbeiten wurden über ein Jahr lang mit mehr als 400 Notstandsarbeitern durchgeführt. Auch der Nordfriedhof wurde mehrmals erweitert, zuerst 1920, allerdings nur um 5 366 qm, im Jahr darauf dann um weitere 119 200 qm.[36] Dieser neue Teil des Friedhofs führte über die noch heute existierende Schmiedegasse hinaus und wurde im Gegensatz zum alten Gelände im architektonischen Stil errichtet. Am Mülheimer Friedhof war es der Verwaltung durch die Übernahme eines 34 880 qm großen privaten Grundstücks mög- lich, zunächst 10 880 qm Friedhofsfläche neu anzulegen. Auf-

grund von Anregungen aus der Bevölkerung wurde 1931 auf dem Friedhof ein Gräberfeld für Urnen angelegt.
Größere Erweiterungen gab es schließlich noch in Kalk und Rath-Heumar. Kleinflächigere Erweiterungen (unter 0,5 ha) wurden auf den Friedhöfen Dellbrück, Flittard und Worringen durchgeführt.
Eine Vergrößerung der städtischen Gesamtfriedhofsfläche erfolgte 1922 durch die Eingemeindung der Landgemeinde Worringen, wodurch der Stadt Köln noch die Friedhöfe Worringen (0,6 ha); Fühlingen, eröffnet 1899 mit 0,38 ha Fläche (später auf 0,54 ha erweitert); Rheinkassel (0,3 ha); Merkenich (0,3 ha); Volkhoven-Weiler (Übernahme der anderen Hälfte von Worringen) zufielen.
Zeitgleich mit der Eröffnung des Westfriedhofs war der Erlass der „Begräbnis- und Friedhofsordnung für die städtischen Friedhöfe von Cöln vom 19.7.1917"[37] herausgegeben worden. Hiermit verbunden waren grundlegende Veränderungen und Erneuerungen im Friedhofswesen. Zunächst übernahm die Verwaltung linksrheinisch das gesamte Leichenfuhrwesen, das bis zu diesem Zeitpunkt von einem privaten Fuhrunternehmer betrieben wurde.[38] Die ebenfalls angestrebten Transporte für die jüdische Gemeinden scheiterten an deren Widerstand. Mit der Übernahme des Leichenfuhrwesens wurden auch die zehn existierenden privaten Leichenwagen übernommen, 1918 noch drei zusätzliche angeschafft. Am 10.12.1920 stellte die Stadt Köln ihr erstes Leichenauto in Dienst. In den Jahren 1926/27 übernahm die Stadt auch im rechtsrheinischen Stadtgebiet die Leichentransporte, sodass das gesamte Kölner Leichenfuhrwesen jetzt in städtischer Hand lag.
Eine Vereinfachung brachte die neue Friedhofsordnung für das Begräbniswesen. Die Zahl der Beerdigungsklassen wurde von vorher sechs auf eine einheitliche Klasse reduziert. Für diese Leistung wurde ein nach Einkommen des Verstorbenen gestaffelter Betrag festgesetzt.
Mit der neuen Begräbnisordnung wurde auch eine Friedhofsberatungsstelle eingerichtet. Angesiedelt war diese Stelle beim Stadtbauamt für Städtebau und hatte das Genehmigungsrecht für die Aufstellung von Grabdenkmälern. Im Berichtsjahr 1921 wurden beispielsweise 3 844 Anträge gebührenpflichtig überprüft, um „minderwertige Fabrik- und Schundware und Photographien vom Friedhof fernzuhalten". Für das gleiche Jahr werden Mustergrabanlagen erwähnt, die sich großer Beliebtheit erfreuten und sich durch „eine große Fülle guter Modelle auf den Gräbern" auszeichneten.
Die Neuorganisation der gesamten Stadtverwaltung und damit verbunden der Gartenverwaltung in den Jahren 1920/21 betraf auch die Friedhofsverwaltung. Für die Friedhöfe, das Beerdigungs- und das Leichenfuhrwesen war nun der Beigeordnete Bergmann zuständig. Ein Geschäftsverteilungsplan von 1925 ordnete die Aufgaben des Friedhofswesens der Friedhofsverwaltung und dem Dezernatsbüro zu.
Demnach war die Friedhofsverwaltung für die Unterhaltung der Friedhöfe einschließlich Rechnungswesen, Kriegergräber, Umbettung von Leichen, Grabpflege, Einnahme der Beerdigungsgebühren sowie für das Leichenfuhrwesen und Beerdigungsangelegenheiten zuständig. Das Dezernatsbüro dagegen hatte für das Begräbnis-, Friedhofs- und Gebührenwesen im Allgemeinen, den Neubau von Friedhöfen, die Aufstellung von Friedhof- und Denkmalordnungen sowie für den Erwerb- und den Wiedererwerb des Nutzungsrechts an Eigengräbern Sorge zu tragen. Im Zuge der Reform der Stadtverwaltung von 1928 wurde die Verwaltung des Friedhofswesens abermals neu geordnet.[39] Die städtischen Friedhöfe wurden nun als einer von insgesamt 14 städtischen Betrieben geführt. Bis 1933 war die Friedhofsdirektion nicht mehr direkt der Gartenverwaltung unterstellt. Der Neu- und Ausbau der Friedhöfe verblieb jedoch bei der Gartenverwaltung. Der Pflanzeneinkauf und ähnlich gelagerte gärtnerische Aufgaben wurden von der Friedhofs- und Gartenverwaltung gemeinsam erledigt. Die Lohnbuchhaltung für die Friedhofsangestellten war schon früher mit der des Arbeitsamtes zusammengelegt worden.
Der Erste Weltkrieg und dessen Folgen stellte die Friedhofsverwaltung vor neue Aufgaben. Die große Anzahl der

zivilen und militärischen Opfer dieses ersten „industriellen" Krieges traf die Verwaltung vollkommen unvorbereitet. Nach dem Krieg, mit der Besetzung des Rheinlands, wurde von den britischen Truppen ein Teil des Südfriedhofs, auf dem in Gefangenschaft gestorbene britische Soldaten bestattet worden waren, beschlagnahmt, 1922 dann der Stadt zum Preis £ 900 (damaliger Wert: 294 808 635 Mark) abgekauft.

Anfangs waren auf diesem 3 624 qm großen Gräberfeld 1 694 englische, schottische, walisische und irische Soldaten bestattet. Im Laufe der Zeit wurden dann alle auf deutschem Boden gefallenen Briten dorthin umgebettet. Auch die Verstorbenen der britischen Besatzungstruppen und ihre Angehörigen fanden hier ihre letzte Ruhe, sodass die Zahl der Beerdigten auf 2 669 stieg. Die italienische Regierung erwarb für die Gefallenen ihres Landes Anfang der 1920er-Jahre ebenfalls ein Grundstück (6 156 qm) auf dem Südfriedhof, wo 1 917 italienische Krieger begraben wurden. Die Gebeine der gefallenen französischen und belgischen Soldaten, die auf Kölner Friedhöfen lagen, wurden exhumiert und in ihre Heimatländer zurückgebracht.

1928 trat die Stadt dem Volksbund Deutscher Kriegsgräberfürsorge e.V. bei. Damit verbunden war die Übernahme einer Patenschaft für den Kriegerfriedhof in Thiaucourt in Frankreich mit über 14 000 Gräbern deutscher Gefallener.[40] Für die „würdige Ausgestaltung" des Friedhofs bewilligte der Rat der Stadt Köln 75 000 Mark. Aufgrund wirtschaftlicher Schwierigkeiten wurde dieses Maßnahme jedoch bereits mit dem Rechnungsjahr 1931/32 eingestellt.

Die Kölner Friedhöfe zur Zeit des Nationalsozialismus

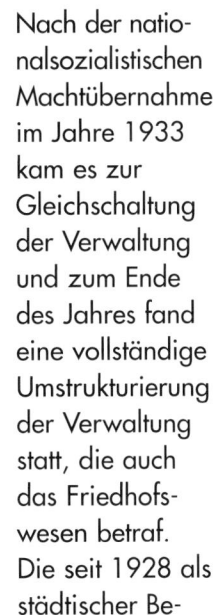

Nach der nationalsozialistischen Machtübernahme im Jahre 1933 kam es zur Gleichschaltung der Verwaltung und zum Ende des Jahres fand eine vollständige Umstrukturierung der Verwaltung statt, die auch das Friedhofswesen betraf. Die seit 1928 als städtischer Betrieb geführte Garten- und Friedhofsverwaltung wurde dem Tiefbauamt zugeordnet. Paul Thyssen erhielt 1933 kommissarisch die Stelle des Gartendirektors. Mit dem Verlust der Eigenständigkeit sank auch die Bedeutung der Garten- und Friedhofsverwaltung. Neuanlagen oder Erweiterungen wurden nicht mehr begonnen, künstlerische Diskussionen und offene Wettbewerbe mit konkurrierenden Ideen zu Gartenkunst und Friedhofsgestaltung, wie es sie bisher gegeben hatte, fanden nicht mehr statt. Vielmehr sollten mit den am 18.1.1937 vom Reichsminister des Inneren herausgegebenen „Richtlinien für die Gestaltung des Friedhofs" die unterschiedlichen Gestaltungen vereinheitlicht werden.[41]

Das Hauptaugenmerk der Friedhofsverwaltung konzentrierte sich nun auf andere Bereiche wie die Erneuerung verwitterter Kriegergedenksteine auf den Ehrenfriedhöfen, die Gestaltung pompöser Rahmen für Parteiveranstaltungen und die Übernahme von Gräbern von „NS-Märtyrern" in die ewige Pflege. Die Darstellung der laufenden Geschäfte der Friedhofsverwaltung reduzierte sich in den Verwaltungsberichten auf ein Minimum und endete kurz nach Kriegsbeginn für das Rechnungsjahr 1940/41.

Mit dem Beginn des Krieges wurde auch das Friedhofs- und Beerdigungswesen den „Notwendigkeiten des Krieges" untergeordnet. Zuerst stellte man große Flächen der Friedhofsgärtnereien auf die Anzucht von Gemüse und Obst um, mit dem die städtischen Krankenhäuser beliefert wurden. Zur Versorgung der Rüstungsindustrie mit Metallen wurde die „Reichsmetallspende" in den Jahren 1938/39 auf Kölner Friedhöfen durchgeführt. Grabkreuze und Einfriedungen aus Metall wurden abmontiert, eingeschmolzen und zu Waffen verarbeitet. Dieser Vorgang verlief teils freiwillig, teils unter Zwang. Von einer intakten Stadtverwaltung konnte in den letzten Kriegsjahren keine Rede mehr sein. Einerseits war die Verwaltung gegenüber dem Gauleiter der NSDAP Josef Grohe direkt weisungsgebunden; andererseits wurde Köln als Verkehrsknotenpunkt, Industriestadt und Ausgangsbasis für den Nachschub an die Westfront zum Ziel zahlreicher amerikanischer und britischer Luftangriffe, so dass es zu einer kontinuierlichen „Chaotisierung des öffentlichen Lebens" und damit auch der Stadtverwaltung kam. Zeitgleich setzte die Flucht und Evakuierung der Bevölkerung in das nähere Umland ein. Bis zum Ende des Krieges sank die Zahl der Einwohner im linksrheinischen Stadtgebiet auf ca. 40 000 und im rechtsrheinischen auf 60 000, die in der Trümmerlandschaft (ca. 55% der Gebäude wurden zerstört) ums Überleben kämpften. Die Beerdigung der zahlreichen Luftangriffsopfer in Massengräbern auf den Ehrenhainen der Großfriedhöfe wurde unter großem propagandistischem Aufwand der NSDAP und ihrer Organisationen vollzogen. Nach dem „Peter und Paul Angriff" vom 28./29.3.1943 mussten beispielsweise kurzfristig über 4 300 Tote begraben werden.[42] Zusätzlich wurden einige Notfriedhöfe angelegt wie z.B. am Hansaring, an der Kirche St. Paul, St. Georg und am „Krieler Dömchen".[43] Die meisten Notfriedhöfe wurden aber schon bald nach dem Krieg geschlossen und die Leichen auf die Ehrenhaine der Großfriedhöfe verbracht.

Eine Vielzahl der insgesamt 39 städtischen Friedhöfe wurde durch die Bombenabwürfe der Alliierten sehr stark beschädigt. Dies gilt insbesondere für die innerstädtischen Friedhöfe, wie etwa Melaten (Angriffsnächte 30./31.5.1942 und 30./31.10.1944), den Südfriedhof und den Friedhof Deutz. In einer internen Aktennotiz des Gartenamtes von 1947 wird festgestellt, dass der Friedhof Melaten mit ca. 400 und der Friedhof Süd mit ca. 320 großen Bombentrichtern übersät war.

Das Kölner Krematorium

Der Bau des Krematoriums der Stadt Köln hat, wie die gesamte Feuerbestattung in den katholisch geprägten Regionen Deutschlands, eine lange, wechselvolle Vorgeschichte. Insbesondere die katholische Kirche stand dem Verbrennen von Leichen und der anschließenden Bestattung der Aschereste in einer Urne lange Zeit strikt ablehnend gegenüber. Mit der Französischen Revolution wurde die Feuerbestattung wieder zum Thema und fand Anhänger beim aufgeklärten Bürgertum und bei den Freidenkern. Die Hauptgründe für die Leichenverbrennung waren hauptsächlich hygienischer Art (propagiert von einer Reihe von Ärzten, u.a. Dr. Jakob Grimm 1849) und in der Rückbesinnung auf römisch-klassizistische Vorbilder bzw. auf germanische Bestattungsriten begründet. Zum Teil führten die Anhänger der Leichenverbrennung auch ökonomische Zwänge wie Platz- und Kosteneinsparungen an. Die Vorkämpfer dieser Ideen gründeten weit vor der Jahrhundertwende so genannte „Feuerbestattungsvereine", deren Mitglieder vornehmlich den höheren Bevölkerungsschichten angehörten. Schwerpunkte dieser Bewegung waren die östlichen protestantischen Teile des Reiches. In Gotha wurde zum Beispiel 1878 das erste Krematorium auf deutschem Boden gebaut. In Köln konstituierte sich im Jahre 1902 der erste Feuerbestattungsverein, der zeitweise bis zu 1 200 eingetragene Mitglieder hatte. Als Mitglied dieses Vereins vermachte Oberlandesgerichtsrat Paul Rothschild am 6.1.1906 der Stadt Köln 100 000 Mark mit der Auflage, dieses Geld für den Bau eines Krematoriums auf Melaten zu verwenden. Die Stadt nahm zwar das Erbe an, fühlte sich jedoch nicht an die Verpflichtung gebunden, ein Krematorium zu bauen, da es keine rechtliche Grundlage hierfür gab. Diese wurde erst 1911 durch das Preußische Feuerbestattungsgesetz geschaffen. Doch auch jetzt verhinderte die in der Stadtverordnetenversammlung dominierende (katholische) Zentrumspartei wiederholt entsprechende Anträge von SPD, KPD und den liberalen Parteien. Einäscherungen mussten weiterhin in anderen Städten durchgeführt werden.

Mit dem „Reichsgesetz über die Feuerbestattung" von 1934 änderten sich die Rahmenbedingungen erneut und sämtliche Hürden zum Bau einer Feuerbestattungsanlage wurden beseitigt. Kurze Zeit später wurde die Verwaltung mit der Planung und der Errichtung eines Krematoriums auf dem Westfriedhof beauftragt und ein Wettbewerb unter den Architekten des Gaues Köln-Aachen ausgeschrieben, aus dem der Architekt H. H. Lüttgen aus Köln als Preisträger hervorging. Der Bau begann im Frühjahr 1936. Die Zeitung „Westdeutscher Beobachter" bewertete in ihrem Artikel zur Eröffnung des Krematoriums am 11.4.1937 die Architektur als „Ausdruck nationalsozialistischer Baugesinnung". Das Krematorium war das 116. im Deutschen Reich und das Letzte, das in einer Großstadt gebaut wurde.

[1] Praßer, A.: Alte Friedhöfe in und um Köln. Köln 1967
[2] Vogts, Hans: Die alten Kölner Friedhöfe. Köln 1932
[3] Ibach, J.: Die Friedhöfe und das Beerdigungswesen der Stadt Köln im 19. Jahrhundert. Köln 1915, S. 300f.
[4] Pieper, R: Entwicklung des Beerdigungswesens der Stadt Köln. Tübingen 1905, S. 6
[5] Haupt, F.: Melaten. Friedhof und Kulturdenkmal. Köln 1978, S. 2
[6] Gaedke, J.: Handbuch des Friedhofs- und Bestattungsrechts. Berlin 1992
[7] Beines, R.: Vom Friedhof Melaten zum Nordfriedhof. Köln 1995
[8] Pieper, P., a.a.O., S. 54
[9] Pieper, R, a.a.O., S. 73
[10] Auflistung vgl. Schob, G./Beines, R.: Colonia Romanica. Jahrbuch des Fördervereins Romanische Kirchen Köln e.V. 1993 und 1994
[11] Meunier, W. H.: Das kirchliche Begräbnißwesen mit besonderer Berücksichtigung der Erzdiöcese Köln. Düsseldorf, ohne Jahrgang

[12] Verwaltungsbericht der Stadt Köln 1851
[13] Schulz, Elisabeth: Die Aufhebung des konfessionellen Begräbnisses. In: Protestanische Begräbnisse und Begräbnis-plätze in Köln. Köln 1957
[14] Ibach, J" a.a.O.
[15] Hist. Archiv d. Stadt Köln, Standort HA 750/
[16] Beines, R., a.a.O.
[17] Verwaltungsbericht der Stadt Köln 1879-1883
[18] Jung, H./ Ibach, J.: Der Friedhof zu Köln-Melaten. Köln 1898
[19] Verwaltungsbericht der Stadt Köln 1887/88
[20] Verwaltungsbericht der Stadt Köln 1888/1889
[21] Verwaltungsbericht der Stadt Köln 1891-1900
[22] Verwaltungsbericht der Stadt Köln 1901-1905
[23] Verwaltungsbericht der Stadt Köln 1891-1900
[24] Pieper, R, a.a.O.
[25] Verwaltungsbericht der Stadt Köln 1901
[26] Wilken, Holger: Überblick über die Entwicklung im Friedhofs-und Beerdigungswesen vom Ende des 19. Jh. bis 1937. Köln 1988
[27] Verwaltungsbericht der Stadt Köln 1910
[28] Stadt Köln (Hrsg.): Denkschrift für die Anlage eines Haupt-friedhofes als Ersatz für den Friedhof Melaten. Köln 1910 29 ebd.
[30] Öffentliches Ausschreiben zur Erlangung von Entwürfen für die gärtnerischen Anlagen und die Gebäude für einen neuen Friedhof in Cöln. Kölner Universitätsbibliothek (5L860)
[31] Bestand des Stadtarchivs 750/87
[32] Hist. Archiv d. Stadt Köln, Best 750 / Nr 88 (Artikel einer nicht mehr identifizierbaren Kölner Zeitung)
[33] Hist. Archiv d. Stadt Köln, Telegramm in Best 750/ Nr.88
[34] Die Friedhöfe in Köln. Nachdruck von 1926 •
[35] Stadtarchiv (Zeitungsausschnitt von 1914 nicht mehr identifizierbar)
[36] Verwaltungsbericht der Stadt Köln 1921
[37] Universitätsbibliothek RhR 1184
[38] Verwaltungsbericht der Stadt Köln 1919
[39] Verwaltungsbericht der Stadt Köln 1928
[40] Verwaltungsbericht der Stadt Köln 1928/29
[41] Gaedke, J., a.a.O.
[42] Wagner, G.: Memento Mori - Gedenke des Todes. Köln 1995
[43] Aussage Beines, Stadtkonservator Köln

Bildnachweis/Bildunterschriften:
Seite 257:
Römischer Sarkophag auf dem Südfriedhof (oben; Foto: Th. Kleinberg, 1999);
Friedhofsmauer Melaten (unten; Foto: Th. Kleineberg, 2000)
Seite 258:
Grabmal auf dem Friedhof Melaten (oben; Foto: Archiv ALG, 1987);
Hauptweg auf dem Friedhof Melaten „Millionenallee" (unten; Foto: J. Bauer, 1996)
Seite 259:
Statistische Zusammenstellung der Beerdigungen 1815-1888 auf dem Friedhof Melaten (Quelle: Verwaltungsberichte der Stadt Köln);
Alter Deutzer Friedhof (Foto: J. Bauer, 1998)
Seite 260:
Friedhof Deutz (Foto: J. Bauer, 1994);
Nordfriedhof (unten; aus J. W. Giesen; Kölner Grünanlagen, 1927)
Seite 261:
Grabfeld auf dem Friedhof Melaten (oben; Foto: J. Bauer, 1999)
Plan des Südfriedhofs (unten; Entwurf von Kowallek, um 1900; Quelle: Stadtkonservator)
Seite 262:
Friedhof Dellbrück (oben; Foto: J. Bauer, 1994);
Pappelallee auf dem Friedhof Deutz (unten; Foto: J. Bauer, 1994)
Seite 263:
Südfriedhof, Eingangsbereich Hönninger Platz, um 1910 (oben; Foto: RBA);
Lageplan Friedhof Mülheim (unten: aus J. W. Giesen: Kölner Grünanlagen, Köln 1927)
Seite 264:
Westfriedhof, Eingang Venloer Straße, 1982 (oben; Foto: Stadtkonservator (Körber-Leupold);
Lageplan Friedhof Deutz (unten; aus J. W. Giesen: Kölner Grünanlagen, Köln 1927)
Seite 265:
Lageplan des Westfriedhofs (oben; aus J. W. Giesen: Kölner Grünanlagen, Köln 1927);
Britischer Soldatenfriedhof auf dem Südfriedhof 1999 (Foto: Th. Kleineberg)
Seite 266:
Kriegsgräber aus dem Zweiten Weltkrieg auf dem Südfriedhof (oben; Foto: J. Bauer, 1989);
Ehemaliges Verwaltungsgebäude auf dem Friedhof Kalk (unten; Foto: Th. Kleineberg, 1999)
Seite 267:
Kriegszerstörungen auf dem Friedhof Melaten (beide Fotos; Quelle: HAStK)
Seite 268:
Trauerkapelle auf dem Westfriedhof mit dahinter liegendem Krematorium 1999 (oben; Foto: Th. Kleineberg);

Schönrather Hof

Der Friedhof wurde als parkähnlicher Friedhof geplant und angelegt. Er diente als Entlastungsfriedhof für die bestehenden Mülheimer Friedhöfe und wurde im September 1967 eröffnet. Der Zugang erfolgt über den Haslacher Weg.
Dieser Weg verläuft leicht geschwungen auf die Trauerhalle zu. Parallel zu ihrem Laubengang wurde ein Kreuz der Jahrhundertwende aufgestellt, das auf einem Sandsteinsockel aufbaut und nach oben hin mit einem Marmorkreuz bekrönt ist. Am Sockel, im Dreiecksfrontispiz, symbolisiert ein Schmetterling zwischen vier Sternen die Auferstehung, die für alle vier Weltenden gilt. Der Friedhof öffnet sich von hier aus in geschwungener, viertelkreis-förmiger Form.
Die Flure 1 - 3 liegen rechts vom Hauptweg, parallel zum Haslacher Weg, die weiteren Flure 4 - 29 hiervon links.
Bei der Grabstätte Ducque (Erstbestattung, 1988) neigen sich stilisierte Wesen auf die Mitte zu (Flur 1).
In Flur 14 fällt besonders die Grabstätte Ott auf (Erstbestattung 1980). Eine sitzende, kauernde weibliche, urtümlich wirkende Figur ist in bossierender Form dargestellt. Sie wirkt wie eine Gaia (Erde), der der Leib zurückgegeben ist.
Von dichter Eindringlichkeit ist auch die Grabstätte Thomas Klotz (1955-1975). Hier ist vor einem blockmäßigen, rechteckigen Stein ein griechisches Kreuz platziert (Flur 15).
Die Grabstätte Franz Lebiger (ca. 1975), eine geschwungene Stele, bildet im oberen Abschluss ein Kapitell aus Laubwerk, das den Namen des Verstorbenen trägt und gleichzeitig das Kapitell durch eine Spiegelung zur Basis macht: Anfang und Ende legen sich so um das Andenken des Verstorbenen (Flur 15).
Sehr eindrucksvoll ist auch die Grabstätte Stiernagel (1899-1991). Auf einem Granitblock ruhend, wird ein Scheibenkreuz dargestellt, das Christus mit Krone und weit geöffneten Armen wiedergibt, einem eher ostkirchlichen Bildtypus folgend (Bronze, Flur 20).
In Flur 16 ist bei der Grabstätte Friedrich Terheggen (+ 1982), im Westerwälder Blaustein die Stele mit zur rechten Seite fließenden Strahlen gearbeitet. An der rechten Ecke ist die Dornenkrone plastisch geformt.
In gleicher Flur liegt die Grabstätte von Ewald Bell (+ 1982) sowie seiner Frau Maria (+ 1993). Ein lateinisches Kreuz zeigt im Sockel den Kölner Dom. Auf dem linken Kreuzarm werden ein Leuchtturm und maritimes Gerät sichtbar, auf dem rechten Rosen und ein brennendes Herz. Nach oben hin wird der Stein mit Weinlaub und Ähren überfangen. Das Zentrum bildet das Christusmonogramm. Hier drückt sich die Beheimatung in Köln, die Freude am Wasser, die Liebe zu Blumen und die klare Hinwendung zu Christus aus, der in den eucharistischen Gaben begreifbar wird, auf den die Hand Gottes hinweist. Dass das Leben aber auch häufig dornenreich erfahrbar ist, machen die Rosen und die Dornen deutlich.
Nachdenklich stimmen die vielen Kindergrabstätten in Flur 17, bei denen häufig kleine Engel als Verständnis von den verstorbenen Kindern dargestellt sind, die als kleine Engel erhofft werden.
Besonders ungewöhnlich ist die Grabstätte von Viktor Walter (1982-1985). Auf einem rechteckigen Sockel ruht ein kreisrunder Stein auf Marmor auf und zeigt in Jing-und-Jang-artiger Form Motive: einerseits einen nach links oben steigenden Fisch, andererseits nach rechts hin ein Gesicht mit einem geschlossenen Auge. Unter der Oberlippe ist eine Perle erkennbar, ein altes Symbol für die reine Seele.
Gleich hier in der Nähe auch die Grabstätte von Nicole Pier (+ 1980), bei der ein kleiner Engel auf einem Sockel als Blumen spendender wiedergegeben ist.
In Flur 17 findet sich der Grabstein für Walter Vogels, auf dem Christus in flachem Relief hervortritt. Der Gekreuzigte wird von Gott mit drei Fingern als sein Sohn bezeugt und ist Teil der Heiligen Dreifaltigkeit.
Weiterhin die Grabstätte Tammy, mit den bewegenden Worten: "when I remember the time, we spend together, I wish, I could turn back time". Eine betende Engelsgestalt wacht still und treu über das Andenken der Verstorbenen (Marmor, signiert Grabmale Schuster, Dünnwald, Flur 11).
Die Grabstätte Margarethe und Peter Josef Rein (beide 1990 verstorben) erscheint mit einer großen Bronzestele, die ein Scheibenkreuz als bestimmende geometrische Form aufweist. Die

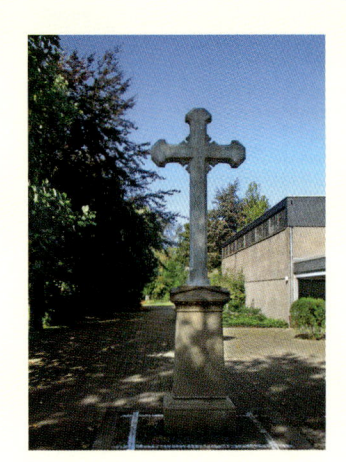

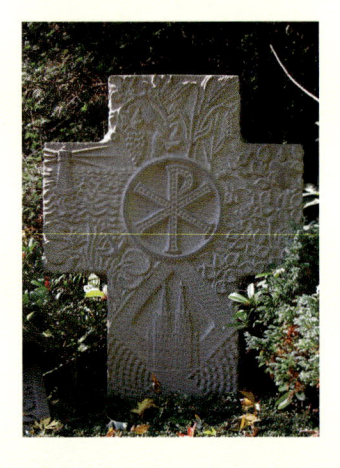

Medaillons sind mit christlichen Motiven bestimmt: die Anbetung der Könige als Verehrungsmotiv, der Sämann für die Evangeliumsverkündigung und das Pfingstbild als den aus diesem Geist heraus Lebenden. Das vierte Bild wird eingenommen von zwei Menschen, die unterwegs hierzu waren und jetzt Heimat miteinander gefunden haben (Flur 7).

In Flur 7 erfasst als erstes ein Bibelwort aus dem 2. Timotheusbrief 4, 7 den Betrachter (leicht abgewandelt): „Ich habe (den guten Kampf) gekämpft, ich habe den Lauf im Glauben vollendet" (neuere Übersetzung: „Ich habe den guten Kampf gekämpft, den Lauf vollendet, die Treue gehalten"). Rückwärtig wird der Grabstein als der von August Bretschneider (+ 1972) ausgewiesen. Ein fein reliefiertes lateinisches Kreuz hinterfängt die Grabstätte der Familie Lohrer (ohne Daten). In eucharistischen Symbolen von Ähren und Trauben wird Christus als der Gekreuzigte wiedergegeben. Zugleich wird seine Vergegenwärtigung in der Eucharistie dadurch fassbar, dass der Gekreuzigte mit Weinstöcken, die Weintrauben tragen, und mit Ähren umhüllt ist (Flur 6).

Wichtiges in Kürze:

Friedhof Schönrather Hof
Haslacher Weg, 51063 Köln
Größe:
154.300 qm
Anzahl d. Grabstätten / Grabarten:
9.710 / Wahlgräber, pflegefreie Grabkammern, pflegefreie Urnengräber, Urnenwahlgräber
Zuständiger Gärtnermeister:
Herr Meyer, Tel.: 0221/645337, Fax: 645291
E-Mail: friedhof-bks@netcologne.de
Ansprechpartner Friedhofsverwaltung:
Frau Hemmerle, Tel.: 0221/2 21-23511
E-Mail: Iris.Hemmerle@stadt-koeln.de
Angaben zur Trauerhalle:
195 qm, 90 Sitzplätze
Öffnungszeiten:
März: 8 - 18 Uhr   Apr. bis Sept.: 7 - 20 Uhr
Okt: 7 - 19 Uhr   Nov. - Febr.: 8 - 17 Uhr
Allerheiligen (01.11.) und Allerseelen (02.11.) schließen die Friedhöfe jeweils um 19 Uhr
Besonderheiten:
—

Haltestellen der KVB:
152, 153   U -

152, 153
HSt.: Neuer Mülheimer Friedhof

◆ = Eingang

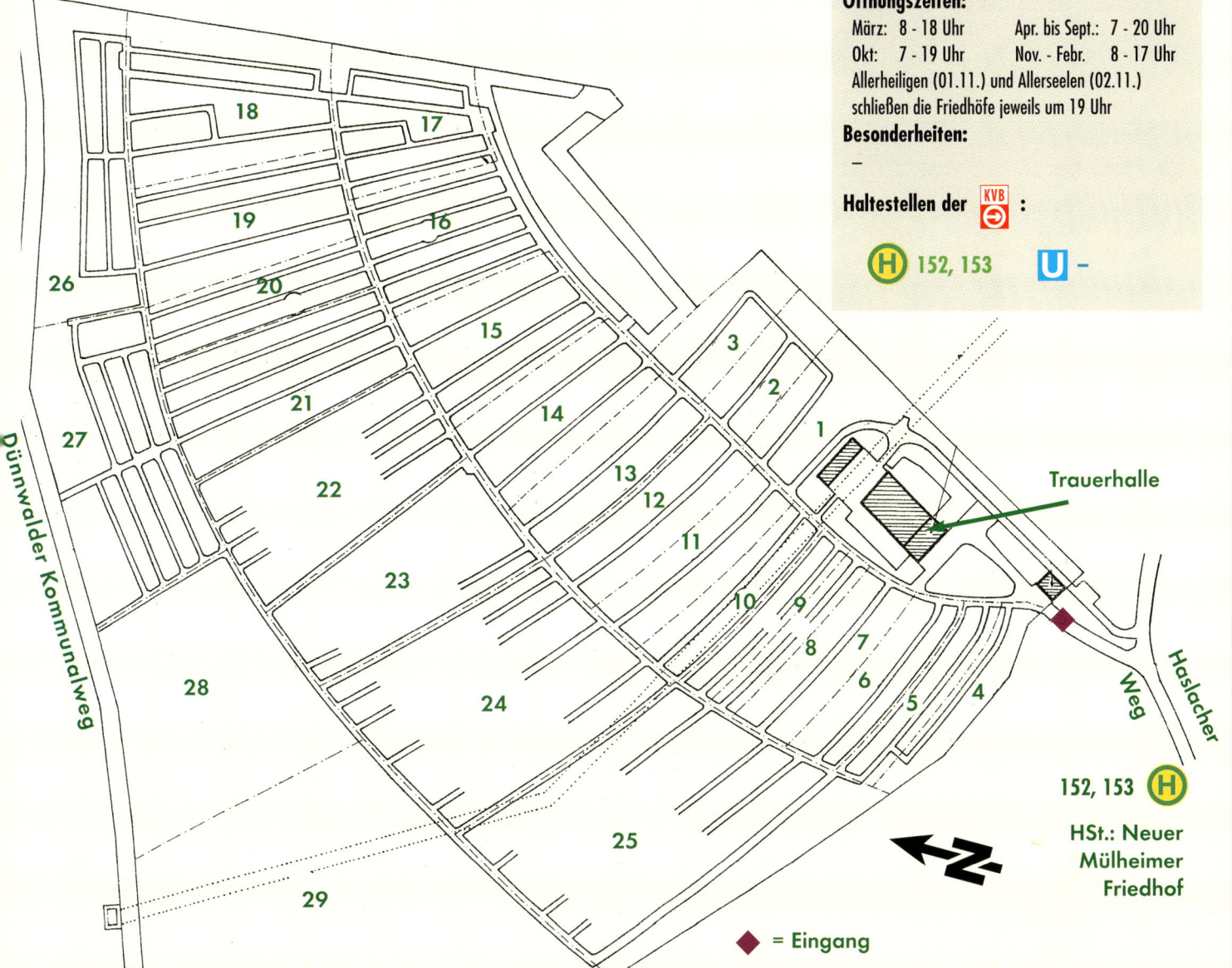

Stammheim neu

Der Friedhof wurde bereits im Jahr 1914 angelegt.
Er öffnet sich vom Stammheimer Ring aus. Das Grundrissbild erstreckt sich zu einem Dreieck (Flur 1 und 2), auf das dann linksseitig die großen Flure 4-10 anschließen. Diese Flure werden symmetrisch durch das große Hochkreuz unterteilt (Richtung Flur 4).
Gleich in Flur 3 liegt die Grabstätte Sapia (Waltraud 1951-1999). An einen im oberen Abschluss dreiseitig zulaufenden Stein legt sich ein Kreuz an, das in steingravierter Form den dornengekrönten Christus wieder gibt (Granit). Im Vordergrund ist ein Rosen spendendes Mädchen (Bronze) gesinnbildet.
In Flur 10 ist die einstellige Grabstelle der Familie Bilstein von eindringlichem Formwillen. Aus einem Westerwälder Blaustein (Basaltart) von polygonalem Grundriss entwickelt sich eine hohe Grabstele, die nach oben hin mit einem Zinnenkranz abschließt. Im oberen Drittel beginnt ein Treppenlauf, an dessen Endstufe in einer Art romanischen Architekturrahmung ein Eremit mit Buch wiedergegeben ist. Dieser reicht seine Hand auf einen danieder kauernden Menschen. „Barmherzigkeit ist Weisheit" sagen schon die Kirchenväter. Auch die Einfriedung der Grabstätte ist markant, weil von den vier Flankiersteinen der Eckpunkte eine hervorgehoben ist und eine Lampenfassung birgt (sign. Dietrich Oehler, Steinmetzmeister Höhenhauser Ring, Köln-Mülheim; letzte Bestattung 1997 Hermann Bilstein).
Still in Rhododendron geborgen liegt (Flur 10) die Grabstätte der Familie Sauermann (Erstbestattung 1983). Ein Kreuz trägt die berühmte Jesaja Schriftstelle: „Fürchte dich nicht, ich habe dich erlöst, ich habe dich bei deinem Namen gerufen, du bist mein" (Jes. 43, 1).
Das Grab der früh verstorbenen Ulrike Tillmanns (1958-1983) ist mit einem sehr fein und filigran gearbeiteten schmiedeisernen Kreuz betont, das im Sockel Rosenblätter führt, die auch den Kreuzenden zu eigen sind.
In gleicher Flur 10 sind geradezu ensembleartig fünf Granitsteine zusammengestellt. Die äußeren weisen einen nach innen geführten Halbbogen auf, die darauf folgenden ein Kreuz; die mittlere Stele läuft von unten rundlich zu und nennt den Namen Martha Grawowi (1901-1988).
Gleich in der Nähe findet sich die Grabstätte einer früh verstorbenen jungen Frau: Gabi Zuckermann (1968-1986). Die in Marmor angelegte Stele zeigt eine auf die Sonne zufliegende Taube. Rechts wie links im Abschluss ist die Inschrift lesbar: „Für die Welt bist du nur eine Person aber für eine Person kannst du die Welt sein".
In Flur 8 befindet sich die große Grablege der Salesianer von Don Bosco. Eine leicht geschwungene Granitstele hat ein Medaillon mit einer Darstellung des Hl. Don Bosco eingepasst, der schützend seine Hände um Jugendliche legt. Das Relief wurde von Egino Weinert in Bronze gefertigt. Die Salesianer sind seit 1966 in der Einrichtung Tiefenthalstraße in der Pfarrei St. Antonius segensreich tätig und schaffen Jugendlichen Raum und Heimat (Flur 6).
In Flur 4 fallen die drei verschieden hohen Granitstelen auf, die die Stufen eines Lebens verdeutlichen. Das Grab nimmt die sterbliche Hülle von Hans Esser (1960-1997) auf. Er ist verstorben und das Kreuz überhöht die verschiedenen Stufen als die Endstufe; es ruht auf dem niedrigsten Steinsockel auf. Die schmiedeeiserne Arbeit des Kreuzes in blauer Farbtränkung ist mit zahlreichen, applizierten Sternen aufwendig geschmückt. Das Kreuz schließt eben den Sternen tragenden Himmel auf.
In Flur 4 ist auch die Grabstätte der Familie Bartz (Erstbestattung 1999) bemerkenswert. Der auf naturgewachsenem Basalt aufbauende Stelenstein birgt oben eine Öffnung für Blumen (Westerwalder Blaustein).
Im vorderen Bereich lässt sich die Grabstätte Max Kubig (1929-1987)

entdecken. Aus dem Geist des Klassizismus heraus kann die Grabstätte geradezu gedeutet werden. Sie sockelt trapezoid und wird nach oben hin mit einem gezogenen Medaillon fortgeführt, das den am Kreuz siegenden Christus schildert.

Gleich rechts hinter dem Eingang wird mit der Grabstätte an den bekannten Kölner Journalisten Helmut Signon (1923-1978) erinnert. Er war langjähriger Lokal-Redakteur der Rundschau. Von seinen ausgesprochen gut lesbaren Veröffentlichungen profitieren bis heute noch viele Menschen. Sein bekanntestes Buch trägt den Titel „Alle Strassen führen durch Köln", in dem er Straßennamen ergründete und auf allgemein verständliche Weise erklärte.

Die Doppelgrabstätte ist mit einem quer gelagerten Grabstein aus Marmor geschaffen. An der linken Seite ist ein, an den Enden geschwungenes, griechisches Kreuz eingearbeitet. Die Trauerhalle ist aus Backstein erbaut. Sie entstand in den frühen 1960er Jahren und fasst etwa 30 Personen.

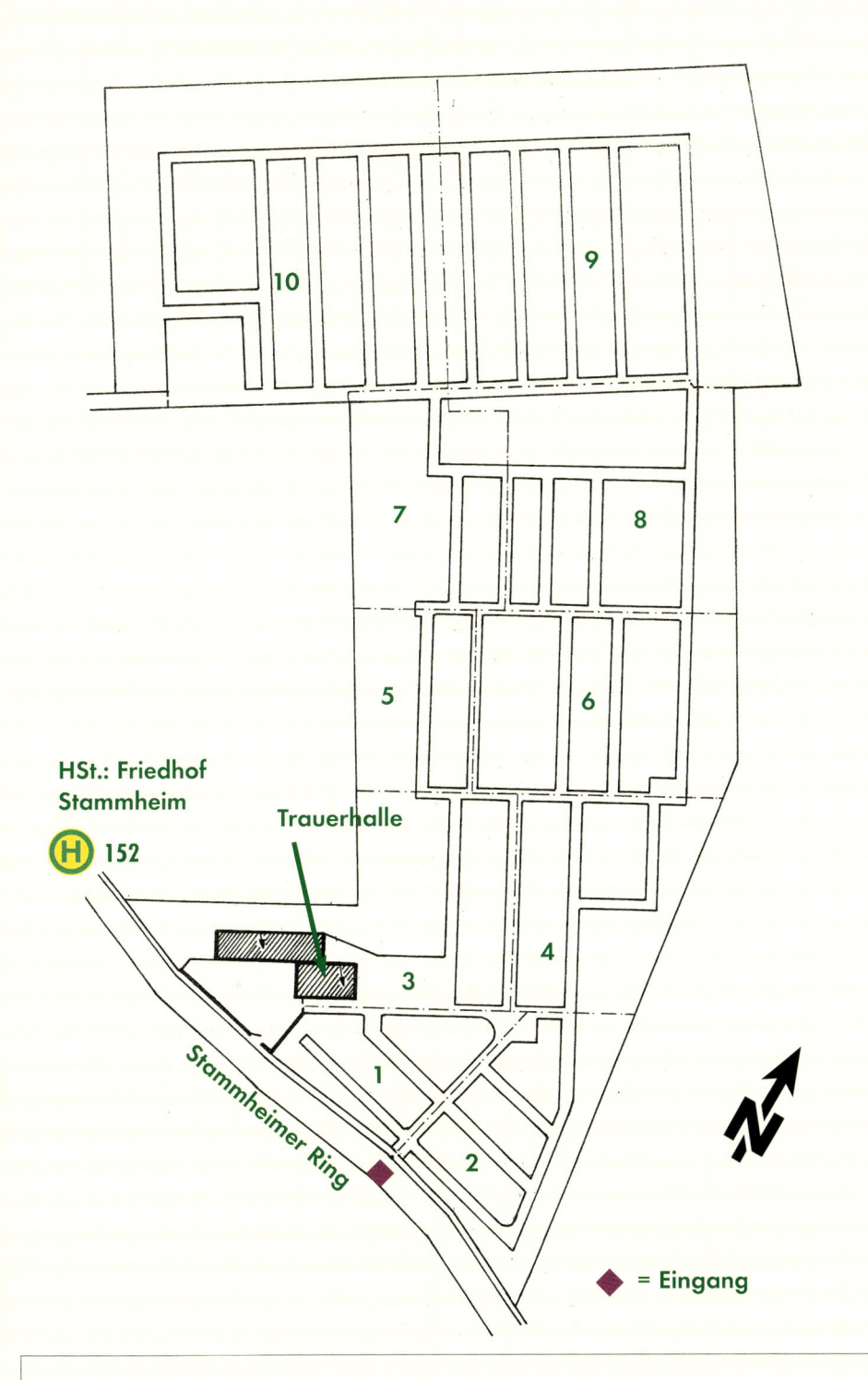

Wichtiges in Kürze:

Friedhof Stammheim neu
Stammheimer Ring, 51061 Köln

Größe:
26.800 qm

Anzahl d. Grabstätten / Grabarten:
1.960 / Wahlgräber, Urnenwahlgräber

Zuständiger Gärtnermeister:
Herr Meyer, Tel.: 0221/645337, Fax: 645291
E-Mail: friedhof-bks@netcologne.de

Ansprechpartner Friedhofsverwaltung:
Frau Hemmerle, Tel.: 0221/2 21-23511
E-Mail: Iris.Hemmerle@stadt-koeln.de

Angaben zur Trauerhalle:
93 qm, 30 Sitzplätze

Öffnungszeiten:
März: 8 - 18 Uhr   Apr. bis Sept.: 7 - 20 Uhr
Okt: 7 - 19 Uhr   Nov. - Febr. 8 - 17 Uhr
Allerheiligen (01.11.) und Allerseelen (02.11.) schließen die Friedhöfe jeweils um 19 Uhr

Besonderheiten:
–

Haltestellen der KVB:
H 152   U –

Stammheim alt

Der im Jahre 1888 eröffnete Friedhof öffnet sich von der Scharfensteinstraße aus. Zum alten Gundrissbild gehören die Flure 1 bis 4.
Von der Scharfensteinstraße, wo sich die alte schmiedeeiserne Toranlage erhalten hat und die Breite der ersten Friedhofsfläche erkennbar macht, zieht sich der mittlere Weg auf das Hochkreuz hin. Er führt an einer Reihe von Kreuzstelen bzw. Wandgräbern mit Kreuzstelen aus dem frühen 20. Jht. vorbei.
Das Hochkreuz (Sandstein, wohl aus der Eröffnungszeit, Daten nicht lesbar) ist über mehrere Stufen hin erreichbar. Die Inschrift lautet: „Zu beten, damit sie von ihren Sünden erlöst werden".

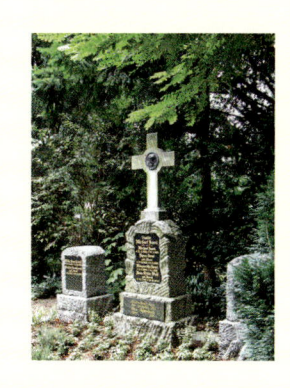

Seitlich ist Raum gelassen für weitere Namen.
Gleich dahinter ist eine kleinteilige Erinnerungsplastik auffindbar, die an Marlieschen Gollmann erinnert (ohne Daten). Auf gestuftem Sockel ruht ein kleines Engelchen, das betend die beiden Hände zur rechten Gesichtsseite führt.

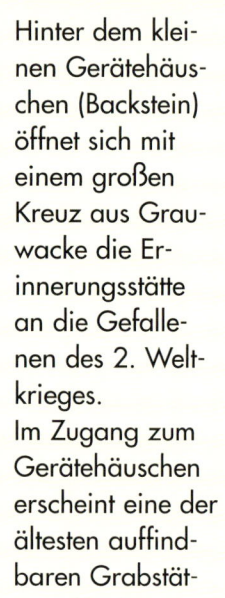

Hinter dem kleinen Gerätehäuschen (Backstein) öffnet sich mit einem großen Kreuz aus Grauwacke die Erinnerungsstätte an die Gefallenen des 2. Weltkrieges.
Im Zugang zum Gerätehäuschen erscheint eine der ältesten auffindbaren Grabstätten, die der Familie Schmidden (Peter Schmidden, 1844-1914; Mathilde Schmidden, 1849-1918). Es handelt sich um ein dreiteiliges Wandgrab aus Kunststein, dessen mittlere Stele mit einem Dreieckssturz überfangen ist. In der Mitte wird in den Halbfiguren das Motiv der Pieta geschildert, wobei Maria sich intensiv über Christus beugt (nachträglich bemalt). 
Diagonal demgegenüber liegt die Grabstätte der ehemaligen katholischen Pfarrer von Köln-Stammheim. Drei Grabstätten sind wie zu einem Triptychon komponiert. Die mittlere steigt in einem vertieften Raum mit dreieckigem Abschluss zum Himmel empor. Die Nische widmet sich dem biblischen Motiv des „guten Hirten", der ein Schaf auf seinen Schultern trägt. Die Körpermitte Christi wird von einem Dornen umfangenen Herz gebildet, das nach oben hin züngelt. Die Schrift auf dem Stein lautet: „Der Barmherzigkeit des guten Hirten und dem Gebete seiner Pfarrkinder vertrauend ruht hier der hochwürdige Herr Hermann Wilms, Pfarrer von Köln Stammheim, geb. zu Wegberg, 1.11.1871 verstorben zu Köln Stammheim, 15.8.1931" (Muschelkalk). Der linke Stein erinnert an Pfarrer Paul Jungk (1881-1945). Er war von 1931 -1943 „der gute Hirte in Stammheim". Auf dem versiegelten Buch ruht ein Kelch, der mit einem Weinstock hinterfangen ist. Rechts ist die Grabstätte Pfarrer Peter Zappey (1894-1962); darunter wieder „der gute Hirte in Stammheim" (1944-1962). Auch hier steht auf einem Buch der Kelch, aus dem eine Hostie hervortritt. Die priesterlichen Insignien sind mit einer weiteren, der Stola, die ein Kreuz umhüllt, gerahmt (alles Flur 3).

Nach oben hin schließt das Kreuz mit der Darstellung des verstorbenen Christus ab. Hinter dem Hochkreuz ist die Grabstätte der Familie Heppekausen zu den frühesten des Friedhofs zu zählen (Erstbestattung 1913). Das kleine Wandgrab führt eine mittelbetonte Kreuzstele. Der Corpus wird von einem gegossenen Bronzechristus gebildet.
Erwähnenswert ist auch die Grabstätte der Familie Michael Faust (Erstbestattung 1919): eine feine aus belgischem Granit in verschiedenen Sockeln aufgebaute, geschwungene Kreuzstele, deren untere Teile bossierend gearbeitet sind. Den eigentlichen Kreuzaufsatz ziert in der Mitte ein Christustondo.

In Flur 6 hat die Grabstätte Hans Baur (+ 1995) sowie Martha Storm (+ 1996) eine interessante künstlerische Form gefunden. Drei dicht beieinander stehende Stelen fügen sich zu einem Rechteck zusammen. Sie werden miteinander optisch durch ein Medaillon überfasst, in dem die Worte Glaube, Hoffnung, Liebe als das christliche Leben bestimmende Tugenden formuliert werden.

Nicht weit hiervon (Flur 6) lässt sich die geradezu vergessen wirkende Grabstätte der Familie Magdalena und Johannes Otten (Erstbestattung 1960) entdecken. Der querrechteckig kreuzförmige Stein gibt einem still knienden Engel mit einer Krone Raum.

Links vom Gerätehäuschen fällt die Grabstätte der Familie Kissel und Fahl auf. Die alter Form verpflichtete, dreiteilige Wandgrabstätte (belgischer Granit) zeigt eine in Marmor gehaltene Frau, die mit fliegendem Schleier zum Himmel empor rückt (Erstbestattung nicht ermittelbar). Im Stile der Reformkunst ist die Grabstätte der Eheleute Schmidt gehalten (Flur 3). Das dreiteilige Wandgrab auf gerilltem Sockel schließt nach oben hin mit einem Segmentbogen ab (ca. 1925).

Auf der Nordseite in Richtung Ausgang hin (parallel zum Hauptweg, auch Flur 1) sind noch einige frühe Grabstätten bemerkenswert: die Grabstätte Familie Johann Abts (Erstbestattung 1928), ein dreiteiliges Wandgrab mit mittlerer Kreuzstele aus Granit, in dem ein Tondo als Schmerzensmann ausgeschliffen ist; hierneben die Grabstätte Eberhard Harzheim (1928), ein mehrteiliges Wandgrab aus Granit, dessen oberer Dreieckssturz Christus als Verstorbenen fasst (Tondo). Demgegenüber befindet sich die Grabstätte Familie Johann Wienand (Erstbestattung Anna, 1933). Der aus Granit gearbeitete Stein schließt nach oben hin mit einem Kreissegmentbogen ab, der rechts und links in Kerben einläuft. Unter dem Bogen beugt sich tief Maria über ihren verstorbenen Sohn, was von großer Eindringlichkeit zeugt.

Wichtiges in Kürze:

Friedhof Stammheim alt
Scharffensteinstraße, 51061 Köln

Größe:
8.800 qm

Anzahl d. Grabstätten / Grabarten:
950 / Wahlgräber

Zuständiger Gärtnermeister:
Herr Meyer, Tel.: 0221/645337, Fax: 645291
E-Mail: friedhof-bks@netcologne.de

Ansprechpartner Friedhofsverwaltung:
Frau Hemmerle, Tel.: 0221/2 21-23511
E-Mail: Iris.Hemmerle@stadt-koeln.de

Angaben zur Trauerhalle:
–

Öffnungszeiten:
März: 8 - 18 Uhr   Apr. bis Sept.: 7 - 20 Uhr
Okt: 7 - 19 Uhr   Nov. - Febr.: 8 - 17 Uhr
Allerheiligen (01.11.) und Allerseelen (02.11.) schließen die Friedhöfe jeweils um 19 Uhr

Besonderheiten:
Kriegsgräber

Haltestellen der KVB:
(H) 155   (U) –

◆ = Eingang

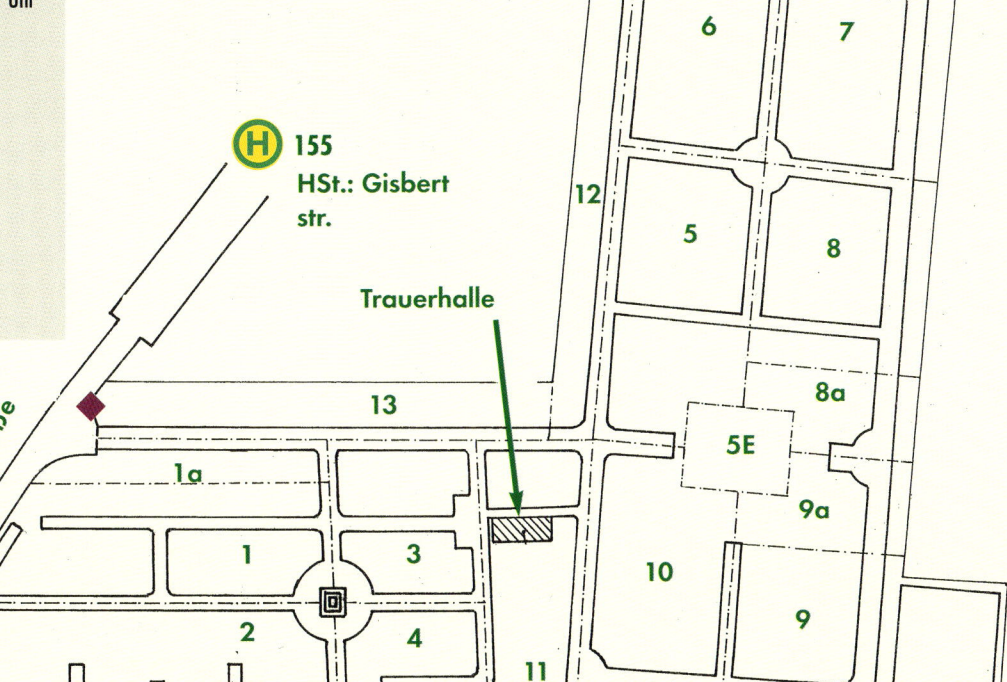

Flittard

Mit dem Bau der Hubertuskirche im 12. Jht. entstand auch der Kirchhof. Die barocken Grabkreuze, die um die Kirche herum angeordnet sind, legen ein beredtes Zeugnis der Geschichte Flittards ab. Der Friedhof nahm auch bis zum Jahre 1885 die Verstorbenen aus Unterstammheim auf. Ab diesem Zeitpunkt ließ die Bürgermeisterei Merheim in Stammheim einen katholischen Friedhof anlegen.

Der heutige Friedhof wurde im Jahr 1901 eröffnet. In den Jahren 1941 und 1951 wurde der alte Pfarrfriedhof südlich und nördlich der Kirche unter Verwendung der historischen Steinkreuze neu gestaltet. Danach kam der größte Teil des heutigen Friedhofs hinzu. Der tiefer liegende Teil trägt die alte Flurbezeichnung „In der Aue", da der frühere Name der Hubertusstraße „In der Aue" war. Heute umfasst er 26 Flure und ist mit seinem großen Baumbestand ein eindrucksvoll begrünter Kirchhof. Immer erscheint der Kirchturm der Hubertuskirche als der eucharistische Raum des Totengedächtnisses.

Der Friedhof öffnet sich von der Hubertusstraße aus, wo die alten Flure 1 und 2 gelegen sind.

Hier findet sich eine wiederverwendete Grabstele für Friedrich Schmitz (1861-1911, signiert mit Jakob Kros, Opladen). Die Kreuzstele aus belgischem Granit gibt ein Marmorkreuz wieder, dem ein bronzener Christuskorpus aufgegeben ist.

Die in der Nähe befindliche Grabstätte Paffrath (Erstbestattung 1914) baut in Diabas als dreiteiliges Wandgrab auf. Die mittelbetonte Kreuzstele trägt einen galvanoplastisch modellierten Christuskorpus (Flur 1).

Die sich in Flur 1 befindende Grabstätte Opladen (ca. 1925) stellt sich als dreiteiliges Wandgrab im Stile der Reformkunst dar. Die mittige Kreuzstele führt seitlich des senkrechten Balkens vertiefte Wellungen, die als stilisierte „Erhabenszone" für den verstorbenen Christus gedeutet werden können. Der Korpus ist galvanoplastisch gearbeitet.

Erwähnenswert in Flur 1 auch die Grabstätte Küsters (ca. 1986). Eine rau bearbeitete Kreuzstele aus Granit bringt in eindrucksvoller Weise den am Kreuz sterbenden Christus zur Darstellung.

An fast entlegener Stelle (Flur 23) könnte die Grabstätte der Familie Roggendorf vieles von Flittard erzählen. Der Grabstein erwächst auf einem in Stein angelegten Ährenfeld, auf dem sich eine Rose befindet. Von hier aus wird die Stele T-förmig gegliedert. Rechter Hand ist die pfingstliche Taube des Hl. Geistes im Relief sichtbar. Der Querbalken führt den Text: „Als wir noch lebten, war für uns die Zeit ein Weg zu Gott. Ihn zu erreichen, überschritten wir die Schwelle". Das Wort GOTT ist betont. Der kunstvolle Stein wurde von dem Lyriker Heinrich Roggendorf (1926-1988) selber entworfen, der zusammen mit seiner Frau und seiner Schwiegermutter (Elisabeth Emundts-Draeger), auch Lyrikerin, hier begraben liegt.

Erste lyrische Schriften veröffentlichte er in den vierziger Jahren, etwa im Jahr des Domjubiläums 1948 „Der Dom", eine geistliche Dichtung. Er war ein Schriftsteller besonderer leiser Art. Weiterhin gehen letztlich auf ihn die Krippen-und Kreuzwegfahrten im Kölner Raum zurück. Alle sind von ihm beschenkt worden.

In Flur 16 fällt die Grabstätte Werner Gödel (+ 1989) auf. Rechts und links werden trapezoide Stelen geführt, die mit rechteckigen Elementen in der waagerechten verbunden werden (Nähe Zugang Flittarder Deichweg). Hier erstreckt sich auch die Trauerhalle der 1960er Jahre, die für ca. 40 Personen Platz bietet.

In Flur 9 ist in dichter Komposition die Hl. Familie (Hans Feyh, 1936-1987) wiedergegeben. Sie gibt Christus im Schoß der sitzenden Maria wieder. Von hinten umfängt die beiden schützend der stehende Hl. Josef. Schreinerwerkzeuge schließen nach unten das aus Holz gearbeitete Erinnerungsmal ab (Signiert H.S.).

In Flur 5 wird mit 27 Grauwacke Kreuzen an die Gefallenen des 2. Weltkrieges erinnert.

In Wiederverwendung steht die Grabstätte Knopp (Flur 6). Eine typische, rechteckig gefügte Grabstätte der 1930er Jahre wird deutlich, die in nischender Form Raum für die Namen der Verstorbenen birgt (Muschelkalk). Die hier in der Nähe befindliche Grabstätte Ulrich Pfau (1965-1997) ist in Marmor gehalten. Auf dem oberen Abschluss wird ein Motorradfahrer dargestellt.

In sehr eindringlicher Form wird der frühe Verlust eines Kindes in dem Grabstein Oliver Schiefer zum Ausdruck gebracht (1989-1996). Der leicht nach links ansteigende Stein zeigt die sitzende Figur eines Jugendlichen (Bronze). Die Inschrift lautet: „Unserem kleinen Prinzen". Erwähnenswert ist besonders, dass der Name in verschiedenen Farbnuancen intarsienmäßig eingelegt ist. Dies wird mit Epoxydharz erstellt, danach überschliffen.

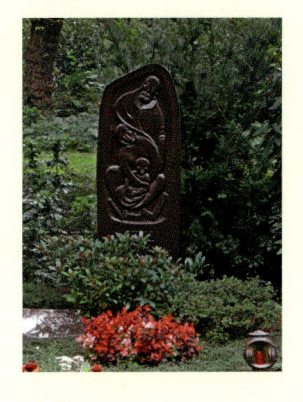

Gleich hierneben liegt die Grabstätte der Petra Fontaine (1961-1998). Den findlingsartigen Stein ziert unten ein Herz, in dem vier Herzen in einer „Herzenseinheit" sich auftun. Nach oben ist ein weiteres Herz zerbrochen und gerissen, drei Herzen bleiben zurück, ein Herz entschwindet: eine tiefe Abschiedssymbolik (Flur 11).

Westlich der Kirche (Flur 13) ist eine geradezu kubistisch zu nennende Stele auffällig. Sie erinnert an die Familie Schiffmann (ca. 1974). Das in Muschelkalk gefügte Stelenteil bringt immer wieder Rückversetzungen, die mit Rechtecken und Quadraten unterbrochen werden. Eine künstlerisch sehr feingliedrige Arbeit stellt der vegetabilische Formsprache sprechende Stein der Familie Pilgram dar (ca. 1986). Aus einer anlaufenden rechteckigen Stele öffnen sich Blattwerke, die ineinander greifen.

Wichtiges in Kürze:

Friedhof Flittard
Hubertusstraße, 51061 Köln

Größe:
60.700 qm

Anzahl d. Grabstätten / Grabarten:
5.590 / Wahlgräber, Urnenwahlgräber

Zuständiger Gärtnermeister:
Herr Meyer, Tel.: 0221/645337, Fax: 645291
E-Mail: friedhof-bks@netcologne.de

Ansprechpartner Friedhofsverwaltung:
Frau Hemmerle, Tel.: 0221/2 21-23511
E-Mail: Iris.Hemmerle@stadt-koeln.de

Angaben zur Trauerhalle:
102 qm, 30 Sitzplätze

Öffnungszeiten:
März: 8 - 18 Uhr   Apr. bis Sept.: 7 - 20 Uhr
Okt: 7 - 19 Uhr   Nov. - Febr.   8 - 17 Uhr
Allerheiligen (01.11.) und Allerseelen (02.11.) schließen die Friedhöfe jeweils um 19 Uhr

Besonderheiten:
Kriegsgräber

Haltestellen der KVB:
H 152   U –

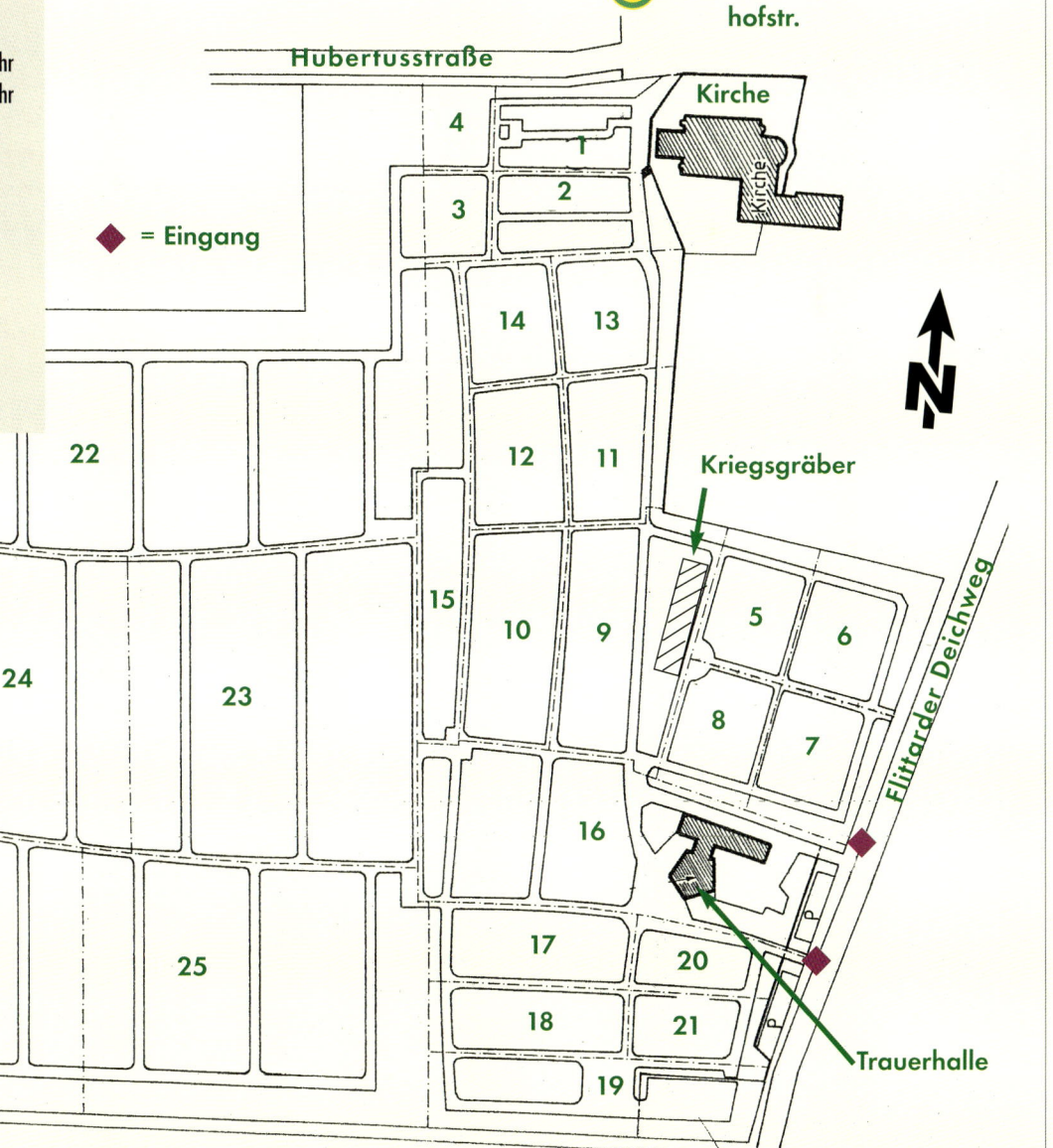

Dünnwald

Der Dünnwalder Friedhof öffnet sich mit seinen ältesten Teilen vom Holzweg aus, der aus den Fluren 1-16 besteht.
Die Breite des alten Teiles ist über die gewachsene Friedhofshecke am Holzweg erkennbar. Die weiteren Flure 16-36 kamen in den 1960er Jahren hinzu.
Vom konkav geschwungenen, im Backsteinverbund angelegten Hauptportal des Holzweges läuft der Weg auf das Hochkreuz zu.
Am Ende von ihm sind auf der linken Seite die Grabstätten der Gefallenen des 1. Weltkrieges gelegen.
Rechts vom Hauptweg liegt die alte Trauerhalle, an deren Zugang an die Opfer des 2. Weltkrieges erinnerlich gemacht wird.
In Flur 1, dem Hochkreuz mit der Sichtfläche zugewandt, lässt sich die Grabstätte Johann Heinrich Schmitz auffinden (+ 1866). Die Sandsteinkreuzstele mit eingepasster Marmorplatte, die das Kreuz im Winkel mit einem Lorbeerkranz schmückt, erinnert an die wohl älteste Grabstätte des Friedhofs.
Auf der anderen Seite liegt die Grabstätte von Christina Bach (+ 1898). Der belgische Granitsockel leitet über in ein Aufsatzkreuz aus schwarzem Granit, signiert mit G. Bäumerich, Mülheim am Rhein.
Weiterhin, auch hier am Rondell gelegen, ist die Grabstätte Altgassen (+ 1900). Das Basaltkreuz besteht aus mehreren Werkstücken. Es ist geprägt mit dem Christusmonogramm „IHS".
Das Hochkreuz des Friedhofs baut aus Sandstein auf und führt die Inschrift: „Im Jahre 1860 wurde dieses Kreuz aufgestellt auf unserm neuen Friedhofe aus den freiwilligen Beiträgen der Pfarrgemeinde Dünnwald". Es ist gebildet als neogotische Kreuzstele mit galvanoplastisch geformtem Corpus.  
Gleich hier in der Nähe lässt sich die Grabstätte von Johann Wilhelm Richrath (1811-1857), Schul- und Kirchenvorstandsmitglied auffinden. Im Grab liegt auch seine Ehefrau Josepha (+ 1878). Der Sockel zeigt im Vierpass zwei Hände die sich abschiedlich in Wolken begegnen. Nach oben hin fußt das Kreuz auf einem Sockel, der nochmals den Namen des verstorbenen Mannes nennt (fehlender Corpus). 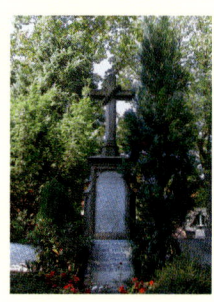
Hinter dem Hochkreuz ist die Grabstätte Anna Kürten (+ 1974) sowie Franz Peter Kürten (+ 1957) durch ihre markante Form auffällig. Zwei frei stehende Granitsteine sind sich zugewandt, die mit einem Wappen verbunden werden, auf dem fünfblättrige Blüten in dreifacher Form vorkommen. Franz Peter Kürten galt als Inbebegriff Dünnwalder Geschichtsschreibung aber auch der Mundartliteratur. Im Grab ist auch sein Sohn Gerold (1927- 1993) bestattet, der ähnlich seinem Vater Köln-Dünnwald auf diese Weise verbunden war.
In Flur 3 fällt die aus Basalt gewonnene Stele für Maria und Willi Scherholz auf (Erstbestattung 1986, signiert Schwieren, Köln Dünnwald). Die Stele ist kreuzförmig gearbeitet und trägt nach oben hin drei die Dreifaltigkeit andeutende Ähren.
In Flur 6 findet sich die künstlerisch ausgesprochen auffällige Grabstätte der Familie Patten (Wilhelm, + 1920). Der dem Geist des Expressionismus stark verpflichtete Grabstein birgt einen Sockel, auf dem ein Dreieck aufbaut. In ihm ist der liegende tote Christus wiedergegeben, der von der knienden Gottesmutter in stiller Trauer beweint wird (Kunststein).
In Flur 6 befindet sich auch die am Hauptweg ge-

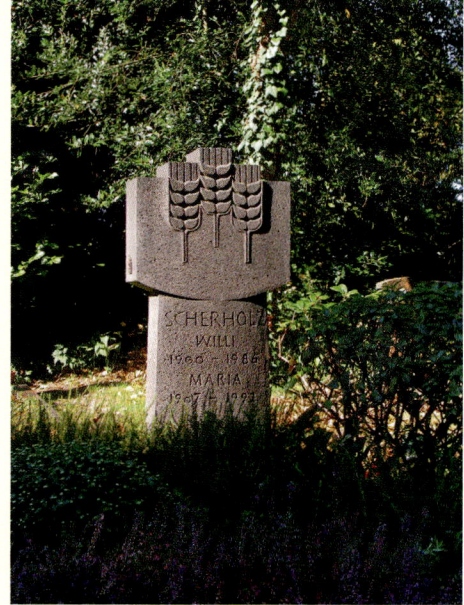

Willkommen bei SchwierenStein im Zeichen der Klosterkirche St. Nikolaus

DerSchwierenStein
seit 1979

... meisterhaft aus Köln

SchwierenStein wurde im Jahr 1979 von Steinmetzmeister Martin Schwieren gegründet und steht seitdem im Bereich der kreativen Grabmal- und Natursteingestaltung im Dienste seiner Kunden.

1986 entwarf und entwickelte Martin Schwieren die exklusive Grabmalkleinserie »Lebenslinien«, die urheberrechtlich geschützt ist. Diese Denkmale sind Ausdruck der personenbezogenen Grabmalgestaltung und erfreuen sich großer Akzeptanz auf vielen Friedhöfen in Köln und Umgebung.

Wir garantieren gute und persönliche Beratung, hervorragende handwerkliche Ausführung aller Arbeiten und eine überzeugende Preisgestaltung. Service wird bei uns großgeschrieben. Sämtliche Reparaturarbeiten an vorhandenen Grabstätten sowie alle Restaurierungsarbeiten im Bereich Naturstein erledigen wir zuverlässig und prompt.

SchwierenStein ist ein Familienunternehmen in der zweiten Generation. Sohn Jan Schwieren, Steinbildhauer, konnte das kreative Potential bei der Grabmal- und Natursteingestaltung um ein vielfaches erweitern.

Öffnungszeiten
Montag bis Freitag 9.00 bis 18.00 Uhr
Samstag 10.00 bis 13.00 Uhr

SchwierenStein
Prämonstratenserstr. 53 · 51069 Köln-Dünnwald
Telefon: 0221-60 82 56 · Fax: 0221-60 69 39
E-mail: schwierenstein@netcologne.de
Internet: http://www.schwierenstein.de

legene Grabstätte der Familie Sistig (Erstbestattung 1906). Die Grabstätte aus Basalt zeigt am Aufsatz der Konsole ein Wurzelgeflecht von zwei Baumstämmen, die sich mit ihren Kronen zu einem Kreuz vereinen. Das Eichenlaub verkündet den Ruhm der Verstorbenen.

Gegenüber zeigt die Grabstätte Theodor Müller (+ 1909) eine Kreuzstele aus belgischem Granit.
Zur Flur 19 hin wird die Grabstätte von Hermann Neumann sichtbar (1891-1971, sowie Hermann 1923-2000). Die rechteckige Stele widmet sich einem männlichen Körper im Schulterbereich. Unterfangen ist das ganze mit den Worten: „nun aber bleibt Glaube, Hoffnung, Liebe, diese drei, aber die Liebe ist die größte unter ihnen" (1 Kor. 13, 13).
Die in Basalt gearbeitete Grabstätte Pardeyke (+ 1986) wird mit zwei Stelen gebildet, die gewellt sind und sich in ihrer Passform wieder einen. „Für die Welt bist du nur eine Person aber für eine Person kannst du die Welt sein", lautet die Inschrift.
Mit einem Holzkreuz verkündet die Grabstätte der Familie Güsgen / Michels das Evangelium: Verkündigung an Maria und die Flucht nach Ägypten (ca. 1965).
Kurz vor der neuen Trauerhalle (Flur 24) erscheint die Grabstätte der Familie Schwieren (Granit). Auf einem rechteckigen Fuß erwachsend setzt ein Halbkreis an, der in seiner mittleren Öffnung eine Bronzeplastik darstellt, die Christus inmitten von Heiligen, aber auch inmitten von dem Himmel zustrebenden Menschen wiedergibt (ca. 1998).
Im Zugangsbereich Eingang Goffineweg führt der Weg auf das Gefallenenmahnmal zu: „unseren Toten", an die der Dünnwalder Bürgerverein von 1899 „K-Höhenhaus e.V." erinnert.
Auf dem neuen Teil des Friedhofs muss benannt werden die Grabstätte von Josef Zenz (1918-1995). Der von dem Bildhauer Toni Zenz geschaffene Stein stellt auf einem Zweig sich wiederfindende Menschen dar (Flur 30).
Die Trauerhalle fasst etwa 50 Personen und ist als Zentralbau angelegt. Zum Ausgang am Holzweg (linker Hand) kann ganz verborgen und vergessen die Grabstätte Thomas Krömer (Richard, Kilian, Martha, keine Daten) entdeckt werden. In die Balken des Eichenholzkreuzes ist Christus als der am Kreuz Siegende feingliedrig eingeschnitzt.

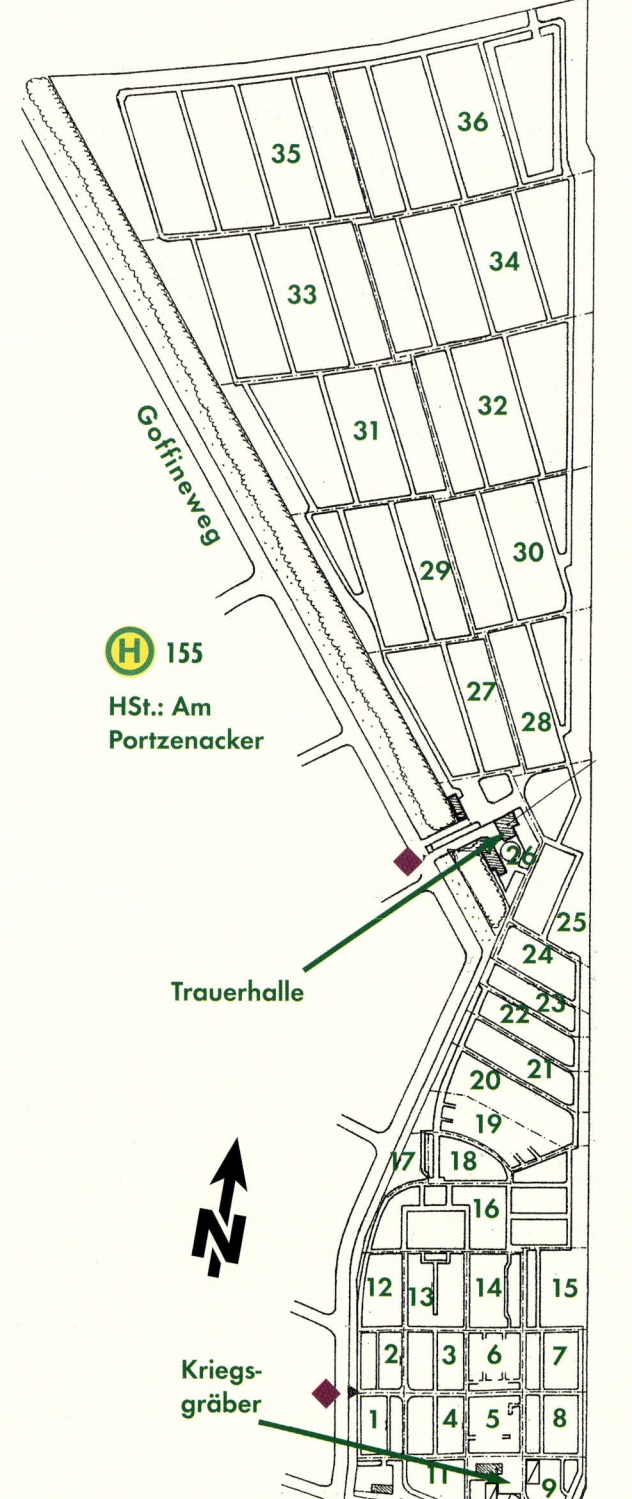

Wichtiges in Kürze:

Friedhof Dünnwald
Goffineweg, 51069 Köln
Größe:
123.500 qm
Anzahl d. Grabstätten / Grabarten:
11.110 / Wahlgräber, Urnenwahlgräber
Zuständiger Gärtnermeister:
Herr Meyer, Tel.: 0221/645337, Fax: 645291
E-Mail: friedhof-bks@netcologne.de
Ansprechpartner Friedhofsverwaltung:
Frau Hemmerle, Tel.: 0221/2 21-23511
E-Mail: Iris.Hemmerle@stadt-koeln.de
Angaben zur Trauerhalle:
96 qm, 50 Sitzplätze
Öffnungszeiten:
März: 8 - 18 Uhr   Apr. bis Sept.: 7 - 20 Uhr
Okt: 7 - 19 Uhr   Nov. - Febr. 8 - 17 Uhr
Allerheiligen (01.11.) und Allerseelen (02.11.) schließen die Friedhöfe jeweils um 19 Uhr
Besonderheiten:
Kriegsgräber

Haltestellen der KVB:

(H) 155   U –

ROLF ZILLKEN
FRIEDHOFSGÄRTNEREI

Wir gestalten Erinnerungen.

DAUERGRABPFLEGE

Friedhofsgärtnerei Zillken
Fußfallstraße 60 - Köln
Tel.: 0221/692212
Fax: 0221/697634
E-Mail: info@zillken.de
Web: www.zillken.de

Ihr zuverlässiger Partner auf den rechtsrheinischen Friedhöfen Kölns.

Weine nicht, wenn du mich liebst...
Der Tod ist nichts.
Ich habe mich nur auf die andere Seite begeben.
Ich bin ich.
Du bist Du.
Was wir füreinander waren, sind wir immer noch.
Gib mir den Namen,
den du mir immer gegeben hast.
Lache weiter über das,
worüber wir miteinander gelacht haben.
Bete, lächle, denke an mich.
Das Leben bedeutet, was es immer bedeutet hat.
Weshalb sollte ich deinen Gedanken
entwichen sein,
nur weil ich außerhalb deines Blickfeldes bin ?
Ich bin nicht weit,
gerade auf der anderen Seite des Weges...
Siehst du, alle ist gut.
Du wirst mein Herz zurückfinden,
du wirst
darin die geläuterten Zärtlichkeiten wiederfinden,
wenn du mich liebst.

Augustinus

HANS GEORG MAUS
ÜBER 50 JAHRE
BESTATTUNGEN

0221 / 601583
Köln Höhenhaus, Dünnwald, Brück, Mülheim, Holweide

Wenn Sie uns brauchen,
sind wir für Sie da.

Ihr Team vom Hause MAUS
Heike Hübner

Ostfriedhof

Infolge des Platzmangels auf den Ortsfriedhöfen im Rechtsrheinischen legte die Stadt Köln im Jahre 1946 den Ostfriedhof an.
Am 1.7.1948 fand die Einweihung statt. Ab November 1955 konnte die Trauerhalle (ca. 50 Personen) genutzt werden.
Der Friedhof öffnet sich vom Dellbrükker Mauspfad aus mit einem weiten Weg auf das Hochkreuz hin, zu dessen linker Seite die Trauerhalle liegt.
Er ist in den hinteren Teilen, östlich mit Halbkreisen angelegt und verfügt über 55 Flure.
In der Nähe der Trauerhalle (Flur 16) befindet sich die Grabstätte Wenzel (Erstbestattung 1951). Ein wiederverwendeter Engel aus Sandstein (ca. 1920) wirft Rosen auf das Grab und schmückt die neuzeitliche Grabstätte.
In Flur 18 (41 - 50) liegt der Profi-Boxer Jupp Elze begraben (1939-1968).
Bei seinem Europameisterschaftskampf am 12. Juni 1968 kämpfte er im Mittelgewicht gegen Titelverteidiger Carlos Duran (Italien). Nach 14 Runden führte Elze nach Punkten. In der letzten Runde drehte er ab und Duran traf ihn. Elze ging zu Boden und hob die Hand zur Aufgabe. Er setzte sich in seine Ringecke und weinte. Dann sackte er bewusstlos zu Boden. Eine halbe Stunde später kämpften die Ärzte der Uniklinik um sein Leben. Nach acht Tagen im Koma war er tot – Gehirnblutung. Ein kantiger kräftiger Stein, der in der Mitte eine Auskerbung aufweist und an den Ecken beigeschliffen ist, erinnert an den berühmten Profiboxer.
Ungewöhnlich auch die Grabstätte Köhler. Auf einem Naturstein findet sich ein aus Eisen gefertigtes Kreuz, das viele Profilierungen aufweist (1970er Jahre).
In gleicher Flur auch die Grabstätte Eberhard Zunn (1985). Auf einem rechteckig angelegten Basaltblock (Westerwälder Blaustein) sind dachähnliche Dreiecke plastisch hervorgearbeitet, die nach unten wie nach oben hin mit ihrem Giebel weisen. Im oberen Drittel sind die Giebel zu den Seiten gefügt. Dann antwortet eine Pyramide, die das Waagerechte und das Senkrechte eint. Ausgedrückt werden könnte, dass das Leben des Menschen von unten nach oben geht. Es macht in der Horizontalen Halt und fließt weiter nach oben, wobei die Pyramide den Richtungswechsel von unten nach oben symbolisiert (Flur 18).
Die Grabstätte Bernd Dieter Fleischer (1945-1953) umfängt eine feine Basaltstele, die auf einer Ecke eine Säule mit Kapitell in zwei Bögen greifen lässt. Zwei Stufen illustrieren das Motiv des Weges, der nach oben führt. „Ich will euch wiedersehen und euer Herz soll sich freuen und eure Freude soll niemand von euch nehmen" (Joh. 16, 22).
Hier neben liegt die sehr auffällige Grabstätte Schallenberg (ohne Daten). Christus als der Auferstandene ist mit weitgeöffneten Armen dargeboten und beschreibt mit seinen Armen das Kreuz, durch das er den Tod überwand und für die Menschen überwindbar gemacht hat (Eichenholz, leicht abstrahierend, Flur 6).
An Ludwig Aegidius Ronig (1885-1959) erinnert ein liegender Stein. Ein Fisch unter einem Brot schildert die wunderbare Brotvermehrung. Dies ist eine der ältesten Grabstätten auf dem Ostfriedhof (Flur 6).
Auch die Grabstätte Schäfer ist in Holz angelegt: eine feine Holzarbeit, die den die Hände nach oben richtenden Christus am Kreuz ausdrucksstark schildert. Es verheißt Zuversicht und Auferstehungshoffnung (ca. 1990, Flur 7).
In Flur 9 unterstellt sich bei der Grabstätte die verstorbene Pia Franziska Leitl (1979-2002) dem Jesaja Wort: „Fürchte dich nicht, denn ich bin mit dir, ich halte dich in deiner Hand". Die eindrucksvoll bepflanzte Grabstätte zeigt ein geschmiedetes Kreuz. Bei der Familie Dr. Peter Pesch vergleicht die feine Pieta-Darstellung auf zwei schweren Steinblöcken die Trauer Mariens mit der der Angehörigen (nahe Flur 9).
In Flur 18 wirkt eindrucksvoll die Grabstätte der Familie Franz Tack. Die quadratische Stele, die zu vier Seiten geöffnet ist, zeigt über einem Sockel mit „resurgam" („ich werde auferstehen") einen Menschen in einem Raum, der mit Fenstern geöffnet ist. Der kompakte Körper entweicht ihm nach links und lässt Leben erahnen.
Zwischen Flur 51 und Flur 53 ist ein Denkmal von Dieter Höntgesberg geschaffen (1993), das in Stein gearbeitete, sich nach oben wölbende Fußabdrücke nackter Füße zeigt. Hiermit wird an den Gang ehemaliger Zwangsarbeiter zu dem Lager, das an dieser Stelle von 1943-1945 lag, erinnert.

Rechtsanwälte

DR. JUR. ALFRED JUNG
HANS-JÜRGEN KINZLER
KLAUS KLINGENBERG
HEINZ PETERSOHN
DR. JUR. UWE HEPPEKAUSEN
MARCUS RIDDER
OLAF KÄSELAU

Dr. jur. Alfred Jung
Tätigkeitsschwerpunkt:
Verkehrsrecht

Hans-Jürgen Kinzler
Fachanwalt für Arbeitsrecht
Tätigkeitsschwerpunkt:
Familienrecht

Klaus Klingenberg
Fachanwalt für Arbeitsrecht
Fachanwalt für Strafrecht

... Natürlich auch in **Ihrer Erbsache** ...

Heinz Petersohn
Fachanwalt für Strafrecht
Tätigkeitsschwerpunkt:
Versicherungsrecht

Wir beraten Sie ...   ... seit 40 Jahren

Dr. Uwe Heppekausen
Tätigkeitsschwerpunkt:
Miet- und WEG.-Recht
Erbrecht

Marcus Ridder
Tätigkeitsschwerpunkt:
Familienrecht
Erbrecht

Rechtsanwaltskanzlei
Dr. Alfred Jung & Partner

Markgrafenstraße 1
51063 Köln-Mülheim
Tel.: 0221-623038
Tel.: 0221-623039
Fax: 0221-614403
e-mail: info@anwaltskanzlei-jung.de
www.anwaltskanzlei-jung.de

Olaf Käselau
Tätigkeitsschwerpunkt:
Baurecht
Verwaltungsrecht

In Flur 49 liegt die Grabstätte Familie Palm (Erstbestattung 1978). Die Stele fließt balusterförmig nach oben und zeigt in der Mitte Christus am Kreuz, der sich des Ehepaares annimmt, das zu seinen Seiten wiedergegeben ist. Zu Füßen des Paares der Pfau, der die Unsterblichkeit verdeutlicht. Die Inschrift lautet: „Herr in deine Hände empfehle ich meinen Geist" (Flur 49). Links von der Trauerhalle zwischen Flur 28 und 29 befindet sich die Grabstätte für Heinz Kühn (1912-1992). Er war von 1966-1978 Ministerpräsident von NRW. Zu seinen Zielen gehörten Reformen im Schul- und Verwaltungsbereich sowie die Sanierung und die Umstrukturierung des Ruhrgebiets. Seine sozial-liberale Koalition wurde drei Jahre später als „Düsseldorfer Modell" von der Bonner Regierungskoalition übernommen.

Von feiner künstlerischer Arbeit ist die Grabstätte der Familie Fey (Erstbestattung 1952) zu nennen. Hier wird in einem trapezoid zulaufenden Stein das Gesicht Christi in abstrahierender Form gezeigt.

Wichtiges in Kürze:

Ostfriedhof
Dellbrücker Mauspfad, 51069 Köln

Größe:
580.800 qm

Anzahl d. Grabstätten / Grabarten:
18.810 / Wahlgräber, pflegefreie Grabkammern, pflegefreie Urnengräber, Urnenwahlgräber

Zuständiger Gärtnermeister:
Herr Barbian, Tel.: 0221/2858735, Fax: 2858736
E-Mail: friedhof-ost@netcologne.de

Ansprechpartner Friedhofsverwaltung:
Frau Aust, Tel.: 0221/2 21-25129
E-Mail: Hannelore.Aust@stadt-koeln.de

Angaben zur Trauerhalle:
83 qm, 70 Sitzplätze

Öffnungszeiten:
März: 8 - 18 Uhr   Apr. bis Sept.: 7 - 20 Uhr
Okt: 7 - 19 Uhr   Nov. - Febr. 8 - 17 Uhr
Allerheiligen (01.11.) und Allerseelen (02.11.) schließen die Friedhöfe jeweils um 19 Uhr

Besonderheiten:
-

Haltestellen der KVB:
H 154   U -

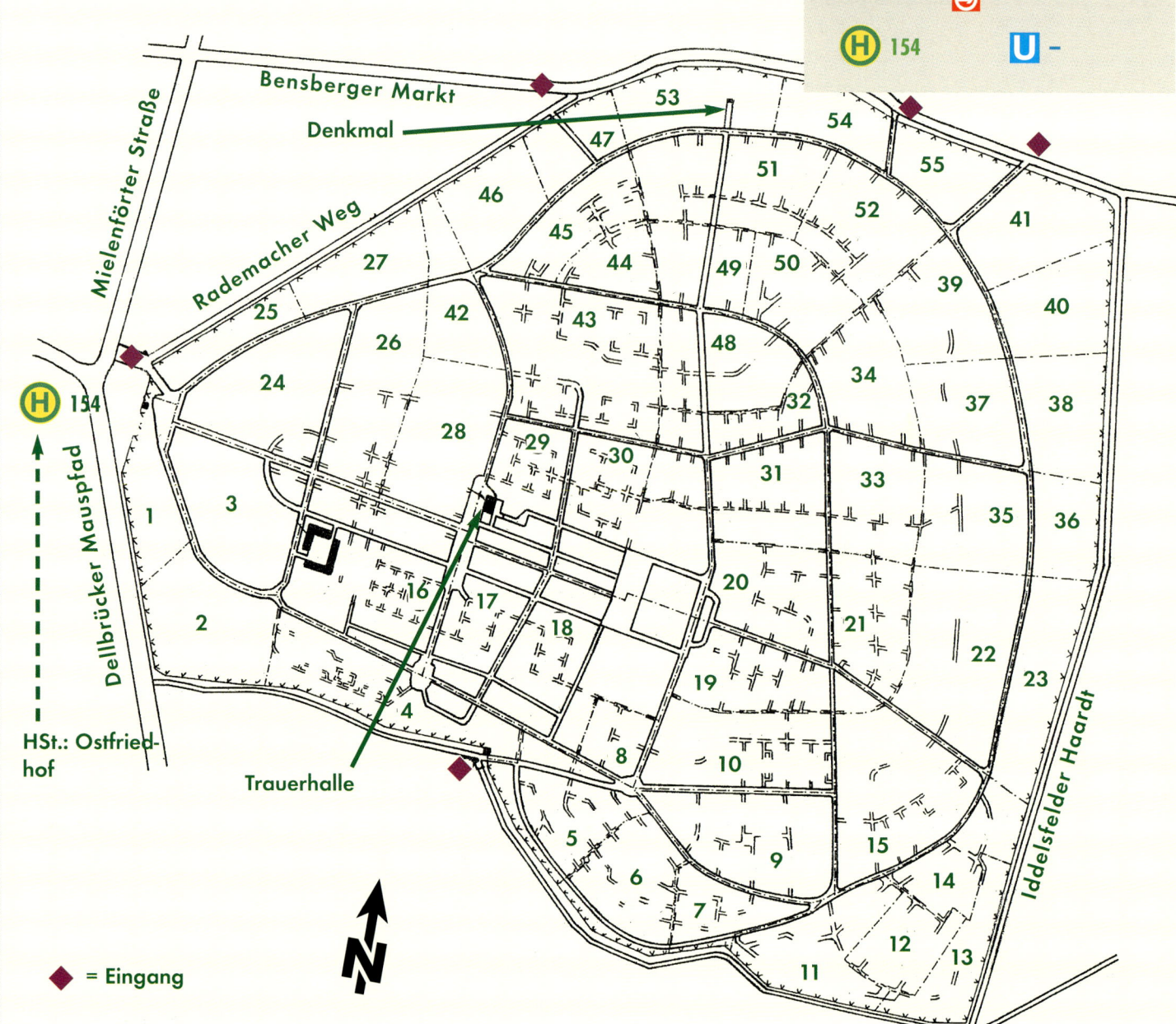

◆ = Eingang

FRIEDHOFSGÄRTNEREI

Klaus Habel

MEISTERBETRIEB

GRABGESTALTUNG
GRABPFLEGE

(ab 1. Oktober 2003)
Möhlstraße 24
51069 Köln (Dellbrück)
Telefon: 02 21 / 68 15 66
Telefax: 02 21 / 680 17 49

Von der provisorischen Erstaufmachung ....

über die endgültige Neuanlage ....

bis zur umfassenden Pflege der bestehenden Grabstätte

Wir bringen Ihr Grab in Form

Rufen sie uns an, wir beraten und arbeiten gerne auf folgenden Friedhöfen für Sie:

Ostfriedhof
Dellbrück (Thurner Str.)
Brück (Hovenstr.)
Lehmbacher Weg
Holweide (Burgwiesenstr.)

Unsere Leistungen:
Gärtnerische Anlage und Gestaltung
Regelmäßige Betreuung und Pflege
Urlaubs - Gießdienst im Sommer
Jahreszeitlich wechselnde Bepflanzung mit Frühjahrs -, Sommer- und Herbstblumen Ihrer Wahl
Grabschmuck zu Allerheiligen, Totensonntag und persönlichen Gedenktagen mit Gestecken, Pflanzschalen und Blumensträuße.

Dienstleistung nach Maß - aus ihrer Friedhofsgärtnerei

Klaus Werker • Meisterbetrieb • Mitglied in der Friedhofsgärtner-Genossenschaft Köln eG
Katterbachstr.69 • 51467 Bergisch - Gladbach • Betriebsstätte: Thurner Kamp 44a • 51069 Köln - Dellbrück
Tel.: 0221 68 55 63 • Fax: 0221 680 22 06 • www.klauswerker.de • e-mail : info@klauswerker.de

Dellbrück

Der Friedhof an der Thurner Straße wurde 1888 von den Gemeinden Thurn und Strunden errichtet.
Die ältesten Flure werden gebildet von Flur 1 bis Flur 5, was auch anhand der geringeren Breite im Grundriss sichtbar wird. Die Flure 6-12 kamen in den 1960er Jahren hinzu.
Vom Zugang Thurner Straße öffnen sich parallel zum heutigen Hauptweg in Flur 1 die Grabstätten aus der frühen Zeit, wie z.B.: die Grabstätte Stollenwerk (ca. 1925), ein wiederverwendet, dreiteiliges Wandgrab, wo der auferstandene Christus von zwei Engeln angebetet wird; die Grabstätte Familie Franz Körfer (Erstbestattung 1910), ein ebenfalls dreiteiliges Wandgrab aus belgischem Granit im Sockel, der einen Aufsatz aus Granit trägt.
Äußerst kurios ist die Grabstätte Liese Zimmermann zu nennen (Erstbestattung 1894). 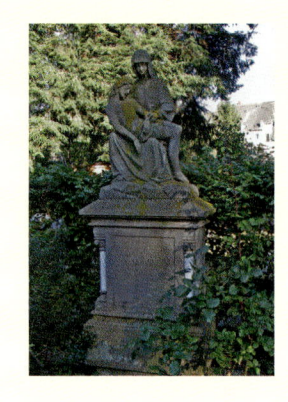
Das im rechten Winkel ausgeführte Wandgrab zeigt ein klassizistisch aufgefasstes Wandgrab. Im rechten Winkel hierzu wird eine Sitzbank angegliedert. Am hinteren Ende schließt eine Wand, die ein Urnengefäß trägt, die Grabstätte ab (ca. 1915).
Entlang dieses Weges haben sich mehrere große Kreuzstelen erhalten, so etwa die Grabstätte Jakob Höller (bel-gischer Granit, + 1887).
Ähnlich auch sind angelegt die Grabstätte Johann Rasch (+ 1905, Granit, galvanoplastische Christusfigur) sowie die Grabstätte Krein (Erstbestattung 1885, Wandgrabstätte aus belgischem Granit mit Diabas- Sockel im Aufsatz).
Gegenüber hiervon erscheint die Grabstätte Johann Dehling (Erstbestattung 1948). Der neoromanisch anmutende Sockel trägt ein Pietabild, das gotischen Vorbildern folgt.
In Blickweite hierzu (linker Hand) kann die auffällig anmutende Grabstätte Vollman (Erstbestattung 1983) wahrgenommen werden. 
Eine Kugel ist mit Rillungen, die nach oben fließen, gekerbt. Von der Kugel (Erde) führt der Weg nach oben (Himmel).
Dicht hierbei liegt auch die fein gearbeitete Grabstätte Dr. Albert Gielsbach (1929-1993). Auf einem Granitstein, der natürlich belassen wirkt, wird Christus gezeigt, wie er mit einem Netz Fische fängt.
Bei der Grabstätte Christel Quast (+ 2001), ist in der Mitte eine breite Kehlung ausgespart, auf die ein griechisches Kreuz gesetzt ist, das in drei Sonnenblumen hineingreift (alles Flur 1).
Das Hochkreuz wurde 1893 errichtet (sign. mit A. Völker, Köln). Die Inschrift lautet: „Es ist ein frommer und heilsamer Gedanke, für die Verstorbenen zu beten, damit sie von ihren Sünden erlöst werden".
Der über Eck gestellte Sockel, der mit Strebepfeilern abfängt, trägt eine hohe Kreuzstele, die einen bewegenden Christus wiedergibt (Sandstein).
Dicht hinter dem Kreuz, in die Flur 7 hineingreifend, macht die Grabstätte Elisabeth Siefen (Erstbestattung 1929, Reformkunst) betroffen. Eine auf einem Sarkophag ähnlichen Stein ruhende Frau hält ein Rosenbukett in der Hand. Daneben rechts beobachtet die Grabstätte Peffermann die Bildsprache der neben ihr liegenden Grabstätte Siefen bildnerisch: auch hier spendet eine Frau Rosen (undatiert).
Zum Ausgang Strundener Straße (Flur 11) findet sich die Grabstätte der Familie W. Heider. Die Reliefplatte zeigt Christus als den Gekreuzigten, begleitet von Johannes und zwei Frauen, wovon die eine in Trauer zusammengebrochen ist. Zwei anbetende Engel flankieren im oberen Abschluss die Taube des Hl. Geistes (undatiert).
Rechts hiervon, in Flur 12 überleitend, sind die ehemaligen Geistlichen von Dellbrück bestattet. Ein gotisierendes Holzkreuz stellt sie als in der Nachfolge des Kreuzes Stehende dar.
Hiervon zurück gewandt (Nähe Hochkreuz, Flur 5), ist die Grabstätte der Familie Wilhelm Vogel sehr auffällig. Das mehrteilige Wandgrab zeigt ein eingepasstes Kreuz, das nach unten hin mit einer „ewigen Lampe" unterfangen ist. Die Inschrift lautet: „Wilhelm Vogel, Gründer der Radium-Gummi Werke (1870-1936)".
In Richtung Ausgang Thurner Straße, dem Hauptweg folgend, erscheint die Grabstätte Jakob Petzold (Erstbestattung 1920). Die feine Wandgrabstätte der Reformkunst, in der ein Marmorrelief eingepasst ist, schildert eine Frau, die trauernd auf ein Gefäß ihren

Kopf geneigt hat. Bei der daneben auffindbaren Grabstätte Lengsholz (Erstbestattung 1948) handelt es sich um ein dreiteiliges Wandgrab mit einer in der Mitte hervortretenden Stele. In diese ist ein halbkreisförmiger, kreuztragender Christus eingepasst.

Auch die Grabstätte der Familie Möhl ist als dreiteiliges Wandgrab aufgebaut (Muschelkalk). Die seitlichen Teile zeigen Tücher, die wie Girlanden gebunden sind. Die Mitte wird betont von einem Kreuz, das mit Tüchern umfangen ist (Reformkunst).

Ungewöhnlich aber klar ist die Grabstätte für Gustav Wodarczyk: ein Granitsockel trägt einen Amboss aus Marmor. Er war von Beruf Schmiedemeister. Als Mundartdichter der kölschen Literatur hat er viele bedeutende Stücke verfasst. In dem Grabstein von Dr. Franz Brill, gleich zwei Grabstätten weiter, wird das klare Ja zu Glaube, Hoffnung und Liebe gesprochen und in neuzeitlicher Form bildhauerisch aufgefasst, wobei die Komposition geradezu kubistisch wirkt.

Die Grabstätte Herkenrath (Erstbestattung 1918), ein trapezoid zulaufender Sandstein, der nach oben mit einem Dreiecksgiebel abschließt zeigt ein quadratisches, eingelassenes Bronzerelief, das Christus in verzweifelter Weise am Ölberg zeigt (hinter G. Wodarczyk, auf dem Rückweg zum Ausgang).

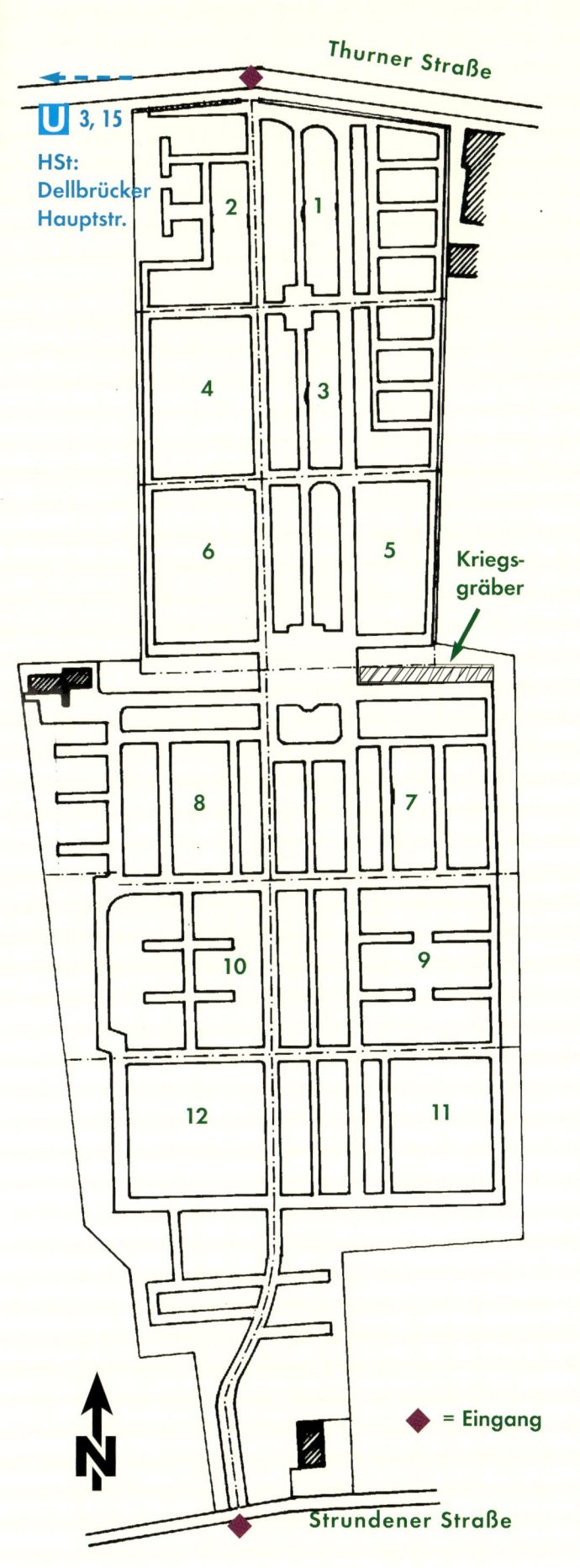

Wichtiges in Kürze:

Friedhof Dellbrück
Thurner Straße, 51069 Köln

Größe:
20.400 qm

Anzahl d. Grabstätten / Grabarten:
1.990 / Wahlgräber, Urnenwahlgräber

Zuständiger Gärtnermeister:
Herr Barbian, Tel.: 0221/2858735, Fax: 2858736
E-Mail: friedhof-ost@netcologne.de

Ansprechpartner Friedhofsverwaltung:
Frau Aust, Tel.: 0221/2 21-25129
E-Mail: Hannelore.Aust@stadt-koeln.de

Angaben zur Trauerhalle:
–

Öffnungszeiten:
März: 8 - 18 Uhr   Apr. bis Sept.: 7 - 20 Uhr
Okt: 7 - 19 Uhr   Nov. - Febr. 8 - 17 Uhr
Allerheiligen (01.11.) und Allerseelen (02.11.) schließen die Friedhöfe jeweils um 19 Uhr

Besonderheiten:
Kriegsgräber

Haltestellen der KVB:
H –   U 3, 15

Holweide

Der Holweider Ortsfriedhof liegt an der Burgwiesenstraße. Er ist im Jahre 1907 unter Verwaltung der Bürgermeisterei Merheim angelegt worden und eröffnete Allerheiligen gleichen Jahres.

Der Friedhof ist von der Burgwiesenstraße erreichbar. Die ältesten Flure sind die Flure 1-9. Erhalten sind auch die Friedhofsmauer, deren Hauptportal mit breiter Öffnung auf das Hochkreuz zuführt. Von seinen gärtnerischen Anlagen sowie in seiner klaren Ordnung der echteckigen Flure um den Hauptweg liegt er zwischen Anlagen des Neoklassizismus und des geometrischen Jugendstils. Auch die aus der Eröffnungszeit stammende Trauerhalle sucht ihresgleichen auf Ortsfriedhöfen.

Im einzelnen ist der Grabbestand von feiner Qualität, was für die alten wie für die neuen Grabstätten gilt.

Gleich zu Beginn auf der rechten Seite befindet sich die Grabstätte der Familie Tooksiefen. Rechts und links vom Sockel sind ein Ährenbündel und ein Zahnrad sichtbar, was auf landwirtschaftliche Tätigkeit hinweisen könnte. Im Hauptfeld des Grabmals hat sich Christus unter der Last des Kreuzes ausgeruht. Ein Gleichnis auch für den Menschen, der sich nach der anstrengenden Arbeit im Leben, die manchmal auch ein Kreuz sein kann, nun ewiglich ausruht, um dann zu neuem Leben zu kommen.

Etwas weiter liegt die Grabstätte der Familie David (Erstbestattung 1929, Diabas, signiert mit „Peters"). Die rechteckige Stele zeigt auch hier den unter dem Kreuz ausruhenden Christus, dem Simon von Cyrene das Kreuz hält. Christus wird gefolgt von einem Lanzenträger.

Dem ehemaligen Besitzer von Haus Isenburg, dem „geheimen Regierungsrat" Friedrich von Sybel (+ 1927) wird durch einen rechteckigen Grabstein gedacht, dem in der Mitte ein Wappen mit Pferd und drei Rosen einbeschrieben ist. Nach oben schließt das heraldische Ensemble mit Eichenlaub ab. Die Grabstätte Toklot (Erstbelegung 1927, Wandgrab aus Granit mit integrierten Art Deco-Leuchten) gibt im mittleren Frontispiz Christus als Tondo wieder. Die dreiteilige Wandgrabstätte der Familie Orth (ohne Daten, ca. 1920), führt nach oben hin einen geschwungenen Abschluss mit Kreuz. In der Mitte ist eine Bronzeplatte eingelassen, die den anklopfenden Christus wiedergibt (Math. 7, 8: „Denn, wenn wer bittet, der empfängt, wer sucht, der findet und wer anklopft, dem wird geöffnet").

KANZLEI THEISSEN

Steuer- und Rechtsberatung

Dipl. Finanzwirt
HILDEGARD THEISSEN
Steuerberater

Dipl. Finanzwirt
KARL JOSEF THEISSEN
Wirtschaftsprüfer · Steuerberater

GUIDO THEISSEN
Rechtsanwalt

Schweinheimer Str. 2
51067 Köln (Holweide)

Telefon   0221 / 69 40 -57 / -58
          0221 / 69 63 50
Telefax   0221 / 69 56 47

eMail Sekretariat: Zentrale@Sozietaet-Theissen.de

An der Schwelle des Grabes lesbar: „Gelobt sei Jesus Christus". Das Hochkreuz (Basalt) baut auf einem Bruchsteinsockel auf und schildert nach oben hin den in Bronze gearbeiteten Christus am Kreuz, der „vollbracht" sein Haupt nach unten geneigt hat (signiert mit Entwurf, Ausführung von W. Pütz, Köln-Melaten, 1907 bereits hier vorhanden).

Hinter dem Hochkreuz öffnen sich die Grabstätten der Gefallenen des 2. Weltkrieges (ab 1940, 1957 neu gestaltet). Sie hinterfassen ein großes Wandmal, das an die Gefallenen des 1. Weltkrieges erinnert (1930 von der Firma Franz und Josef Peters in Köln-Zollstock aus Krenzheimer Muschelkalk errichtet).

Hier in der Nähe lässt sich die Grabstätte Jakob Schmitz (Erstbestattung 1918) bemerken. Die feine, in Sandstein gearbeitete Stele gibt in der Mitte ein Bronzerelief mit dem kreuztragenden Christus wieder. Nach oben hin schließt die Grabstätte mit einem Kreuzaufsatz aus Eisen.

Vom Hauptweg in Richtung Ausgang zurückgehend tritt die Grabstätte Pohlen / Löcher auf einen zu (alles Flur 9). Sie stellt sich als dreiteiliges Wandgrab der Reformkunst (ca. 1920, Muschelkalk) dar. Zwei kannelierte dorische Säulen tragen einen dreieckigen Giebel.

Bei der Grabstätte Wilhelm Selbach (Erstbestattung 1931) wird auf dem dreiteiligen Wandgrab aus Muschelkalk in der Mitte das Siegessymbol des Lorbeerkranzes verwandt.

Mit der Grabstätte Peter Lützeler kann eine inhaltsreiche Grabstätte der Reformkunst angesprochen werden. Das dreiteilige Wandgrab, das zu beiden Seiten die steinernen Einfriedungen bewahrt hat, steigt nach oben hin zu einem rosenumkränzten Kreuz auf. Das linke Relief, das das Kreuz flankiert, gibt Christus wieder, der zu Grabe gelegt wird; das rechte, ebenso in Marmor, widmet sich dem Verkündigungsengel, der den Frauen am Grab die Auferstehung Christi erklärt.

Die hoffnungsstarke Botschaft an die Hinterbliebenen lautet demnach: „zu Grabe getragen und auferstanden". Flankiert werden die Reliefbilder und die mittlere Stele mit Amphoren, die Palmzweige bergen.

Die Grabstätte Bernards (Erstbestattung Katharina, + 1920) bildet auf einem dreiteilige Wandgrab (Granit) den kreuztragenden Christus ab.

Direkt am Ausgang rechts (Flur 8) tritt die bemerkenswerte Grabstätte der Familie Voss hervor. Sie stellt, in Bronze gearbeitet, Eltern dar, die gemeinschaftlich ein Kind halten und damit die dereinstige Einswerdung gläubig illustrieren.

Von den neueren Arbeiten fällt die Grabstätte van Fonderen auf (Erstbestattung 1988), wo in tief beteiligter Form die Pieta zur Bilddarstellung kommt (Flur 10).

In der Nähe (Flur 10) ist die Grabstätte Familie Sarter erwähnenswert. Eine Steinstele sinnbildet in abstrahierender Form Eltern, die ein Kind halten. Urtümlich wird die Familie als Urform menschlichen Einigwerdens angedeutet.

Dicht hierbei liegt die Grabstätte Glasermeister Seger (+ 1994). Hier finden sich berufsbezogene Werkzeuge, die in die Mitte des weinlaubgerahmten Grabsteines eingepasst sind.

Mit dem Psalm 102 und einer Weltkugel mit topographischen Angaben wird die Grabstätte Bauer imposant komponiert.

Wichtiges in Kürze:

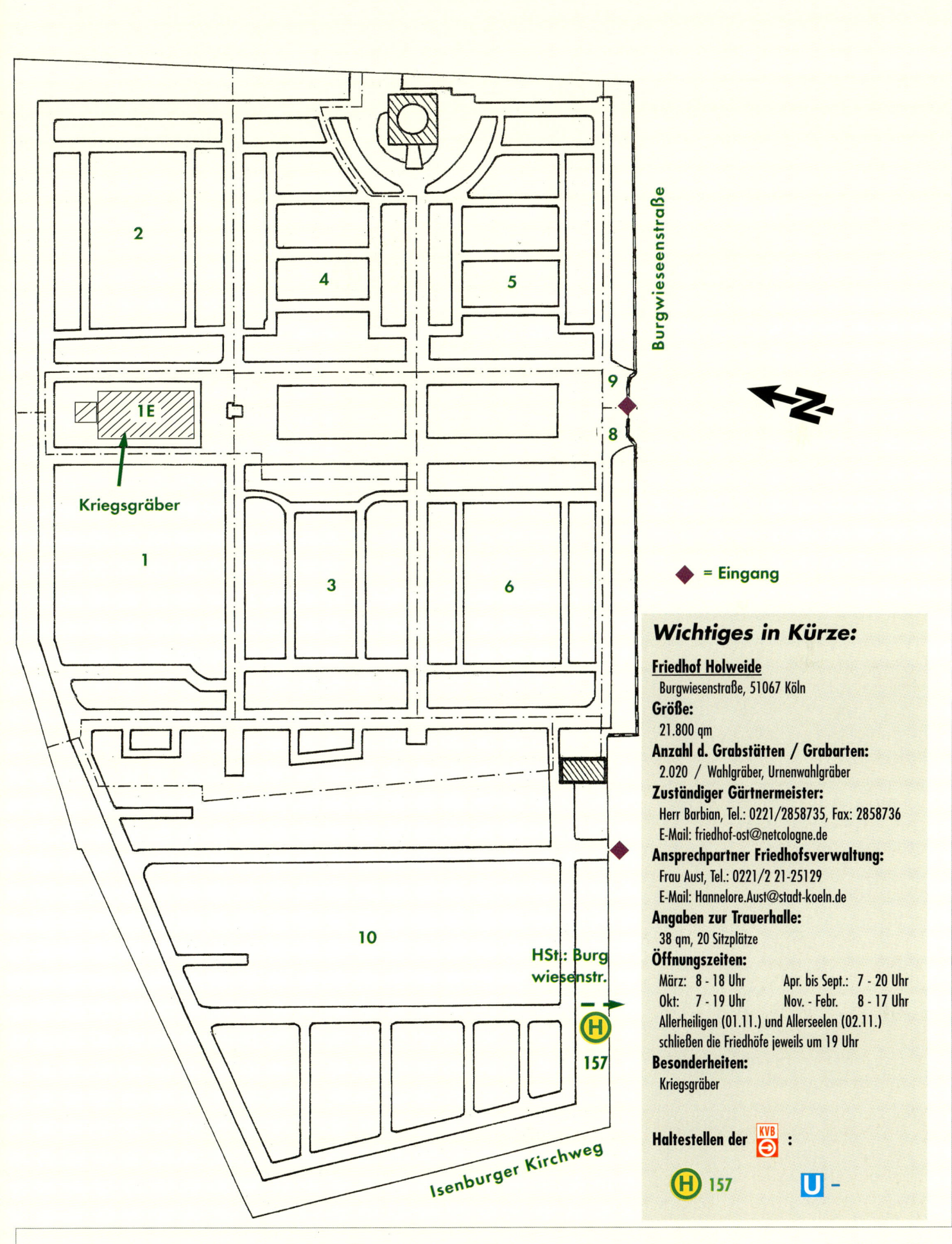

Friedhof Holweide
Burgwiesenstraße, 51067 Köln
Größe:
21.800 qm
Anzahl d. Grabstätten / Grabarten:
2.020 / Wahlgräber, Urnenwahlgräber
Zuständiger Gärtnermeister:
Herr Barbian, Tel.: 0221/2858735, Fax: 2858736
E-Mail: friedhof-ost@netcologne.de
Ansprechpartner Friedhofsverwaltung:
Frau Aust, Tel.: 0221/2 21-25129
E-Mail: Hannelore.Aust@stadt-koeln.de
Angaben zur Trauerhalle:
38 qm, 20 Sitzplätze
Öffnungszeiten:
März: 8 - 18 Uhr   Apr. bis Sept.: 7 - 20 Uhr
Okt: 7 - 19 Uhr   Nov. - Febr.: 8 - 17 Uhr
Allerheiligen (01.11.) und Allerseelen (02.11.)
schließen die Friedhöfe jeweils um 19 Uhr
Besonderheiten:
Kriegsgräber

Haltestellen der KVB:
(H) 157   U -

Architekten und Kölns Friedhöfe

Ihr Wirken als Bedienstete des städtischen Hochbauamtes und als Privatarchitekten.
Johannes Ralf Beines

Als im Jahre 1888 das Buch des „Architekten- und Ingenieur- Verein für Rheinland und Westfalen": Köln und seine Bauten erschien, hatte das Wirken der Architekten im Bereich der öffentlichen Plastik, darunter auch auf den Friedhöfen aus noch zu schildernden Gründen einen Höhepunkt erreicht, den es niemals zuvor und alsbald dann nicht mehr gegeben hat. Wohl aus diesem Grunde blieb dies die einzige Publikation des AIV, in dem den öffentlichen Denkmälern, darunter auch den Grabmälern, ein eigenes Kapitel gewidmet war. Immerhin wurde hier der Versuch unternommen, die Entwicklungsgeschichte der Sepulkralkunst im Verlaufe des 19. Jahrhunderts in Köln skizzenhaft darzustellen, damals verständlicherweise beschränkt auf Beispiele des Friedhofs Melaten.

Wie es aber dazu kam, dass in dieser Zeit neben den Steinmetzen und Bildhauern Architekten auf den Friedhöfen ihr Wirkungsfeld entdeckt hatten, kann man allenfalls nur zwischen den Zeilen lesen. Diesen Umstand aufzuhellen, daneben aber auch die Grabstätten bedeutender Kölner Architekten vorzustellen, an deren Gestaltung sie selbst oftmals Anteil hatten, darüber hinaus aber auch darauf aufmerksam zu machen, dass eine erstaunlich große Anzahl von reichsweit renommierten Architekten auf den Kölner Friedhöfen tätig wurde, ist Aufgabe dieses Aufsatzes.

Doch zunächst ein paar einleitende Worte zum Verhältnis Architekten – Friedhöfe in Köln vor dem 19. Jahrhundert. Vor 1794, also vor der Inbesitznahme Kölns durch die französischen Revolutionstruppen, war die Stadt Freie Reichsstadt und – (nicht nur) im Hinblick auf das hier angesprochene Thema – im Wesentlichen noch mittelalterlich strukturiert.

Architektur wurde von im heutigen Sinne Nicht-Architekten gemacht, was nebenbei gesagt, die ästhetische Erscheinungsform und die Funktionstüchtigkeit der Bauten nicht negativ beeinflusste. Für den Entwurf und die Ausführung städtischer Gebäude zeichneten die vom Rat der Stadt gewählten "Stadtsteinmetzen" verantwortlich, für die Erstellung privater Bauten Steinmetz- und Zimmermeister, die zunftmäßig geprüft und organisiert sein mussten.

Die Beerdigungsstätten, mit Ausnahme des jüdischen und evangelischen Friedhofs, waren Kirchhöfe, denn sie umgaben die Pfarr- und Stiftskirchen, die auch Träger und Verwalter der Kirchhöfe waren. Sie wurden nur insofern durch die Aktivitäten der oben genannten tangiert, als die Kirchen selbst von Steinmetz- und Zimmerleuten entworfen und auch ausgeführt wurden.

Die weitaus größte Anzahl der Grabmäler waren einfache Holzkreuze, die relativ schnell verwittert waren; die Verstorbenen von höherem gesellschaftlichen Rang erhielten Steinkreuze, die von einfach strukturierten, wandernden Steinmetzen angeboten wurden. Lediglich die Privilegierten, die in der Kirche bestattet wurden, erhielten bisweilen Grabmale (Epitaphien oder auf dem Boden liegende Platten), die von niveauvoller ausgebildeten Steinmetz- oder gar Bildhauermeistern entworfen und ausgeführt wurden.

Eine tief greifende Neuerung, ein massiver Eingriff in die jahrhundertealte Beerdigungspraxis war die Bestattungsordnung von 1804, mit der die französische Staatsmacht das Beerdigungswesen revolutionierte. Kernpunkte dieser Bestattungsordnung waren die Übernahme des Beerdigungswesens von den kirchlichen Trägern durch die Zivilgemeinde, die Anlage von Friedhöfen außerhalb der bewohnten Bezirke – was die Aufgabe der innerstädtischen Kirchhöfe bedingte – und das erstmals verbriefte Recht des Bürgers auf ein eigenes Grabdenkmal.

Erst nach längeren stadtinternen Diskussionen und "sanftem" Druck der staatlichen Obrigkeit wurde 1810 in Köln mit der Eröffnung des neuen katholischen Zentralfriedhof zu Melaten im Westen der Stadt die neue Bestattungsordnung in die Praxis umgesetzt. Damit verbunden war für die Zivilgemeinde die neue Aufgabe, auf dem Friedhof Hochbauten zu errichten, die den aufklärerischen Vorgaben des Friedhofswesens angemessen Rechnung trugen.

1. Die Hochbauten und öffentlichen Denkmäler.

Die Planung der Anlage wurde 1808 dem damaligen Stadtgelehrten Ferdinand Franz Wallraf übertragen, der sich im Unterschied zum Zimmer- und Stadtbaumeister Johann Peter Schmitz (1760-24.08.1822) näher mit Friedhofsfragen beschäftigt hatte. So verwundert es auch nicht, dass Wallraf als Nicht-Architekt nicht nur den Grundplan Melatens entwarf, sondern auch für das in strengem Revolutionsklassizismus gehaltene Eingangsportal an der Aachener Straße verantwortlich zeichnete (dieses würdevollschlichte Werk Wallrafs wurde von späteren Architekten-Generationen übrigens als geradezu vorbildlich gewürdigt). Er lieferte auch die Entwürfe zu den Texten der Inschriftentafeln an der Friedhofsmauer (Aachener Straße), deren Inhalte exemplarisch aufklärerisches Gedankengut widerspiegeln. Wallraf war es auch, der mit der Umsetzung des spätmittelalterlichen Hochkreuzes vom Kirchhof an St. Brigiden und eines alten Wegekreuzes (ehemaliger Standort war die Ecke Aachener Straße/ heute Innere Kanalstraße) nach Melaten sowie mit der Restaurierung der mittelalterlichen Kapelle des ehemaligen Leprosenheims auf Melaten eine der ersten Taten stadtkölnischer Denkmalpflege vollbrachte.

Dass aber schon damals ein solches Vorgehen nicht konfliktfrei vor sich gehen konnte, da die „leidige" Friedhofsfrage, zumal mit Kosten verbunden, viele Ratsmitglieder recht wenig interessierte (Parallelen zur Gegenwart wären eher zufällig!), äußerte sich darin, dass für die Instandsetzung der Kapelle ein so geringer Betrag zur Verfügung gestellt wurde, dass nur am Äußeren Reparaturen vorgenommen werden konnten. Die Instandsetzung des Inneren, aufgrund jahrzehntelanger Vernachlässigung arg in Unstand geraten, überließ die Stadt dem 1810 eingesetzten Friedhofsgeistlichen Kanonikus Xaver Metternich (+ 1837) als Problemstellung. Er, der ohnehin für seine Dienste an den Verstorbenen nur gering entlohnt wurde, bestritt aus seinen Privatmitteln die Kosten.

Das erste Werk von Architekten auf Melaten ist nicht erhalten geblieben; es handelte sich um den Bau des (sehr schlichten) Pastorats für den oben genannten Metternich, diesmal auf Kosten der Stadt errichtet, ein Gemeinschaftswerk des bereits betagten und innerlich schlecht sortierten Stadtbaumeisters Johann Peter Schmitz und des späteren Stadtbaumeisters (1821 bis 1844) Johann Peter Weyer aus dem Jahre 1820.

In den fünfziger Jahren des 19. Jahrhunderts prallten zwei Architektengenerationen mit diametral gegensätzlichen Kunstauffassungen auf Melaten aufeinander. Einerseits wurde (der Noch-nicht-Architekt) Vincenz Statz (Köln 09.04.1819 – 21.08.1898 Köln), ausgebildet und vom „gothischen Styl" infiziert in der Kölner Dombauhütte, damit beauftragt, die unter Wallraf notdürftig instandgesetzte Kapelle gründlich zu restaurieren, das hieß für ihn u.a. alle nachmittelalterlichen Ergänzungen zu entfernen und durch solche im neogotischen Stil zu ersetzen. So setzte Statz nach gründlicher Überarbeitung der Westseite auf diese einen offenen neogotischen Dachreiter – ein architektonisches Motiv, das er drei Jahre zuvor beim Entwurf seiner Kirche in Nippes (heute St. Heinrich und Kunigunde) und elf Jahre später bei der Wahlen'schen Familienkapelle in Ehrenfeld anwendete. In die Südwand der Kapelle von Melaten ließ er zusätzliche spitzbogige Fenster einbrechen und errichtete an der Nordseite eine neue Sakristei. Allerdings konnte er erst 20 Jahre später sein Werk vollenden, indem er die Innenausstattung (Wand- und Glasmalereien, Altar, Bänke, Sedilien und Sakristeiausstattung) im neogotischen Sinne fertig gestellte. Ebenfalls 1850 erhielt Statz den Auftrag, ein neues Hochkreuz zu schaffen, da sich das alte nach einer Erweiterung des Friedhofs nach Süden als proportional zu bescheiden herausstellte. Zusammen mit Carl Hoffmann, einem mit ihm befreundeter Bildhauer, und dem Kölner Steinmetzmeister Wilhelm Siegert (Köln 1822- 1884 Köln) entwickelte er in klar hochgotischer Formgebung jenes beeindruckende Hochkreuz, das wir noch heute bewundern können. Ebenfalls bewundernswert ist die Raffinesse, mit der es Statz im Vorfeld der Ausschreibung des Objekts verstand, lästige Konkurrenten aus dem Rennen zu werfen! Andererseits, ganz in der Nähe des Hochkreuzes, fand am 6. Juni 1852 die Grundsteinlegung zu einem Denkmal statt, das die Veteranen der Armee Napoleons von 1812 zu errichten gedachten. Ausgeführt wurde es nachweislich der Signatur vom Kölner Steinmetzen Ludwig (?) Siegert, entworfen wurde es aber offenbar nicht von ihm, wie ein stilkritischer Vergleich mit den von ihm vollständig geschaffenen Grabdenkmälern belegt. Die akademisch feine Zeichnung des Denkmals, der klare klassizistische Stil, die gute Proportionierung der geformten Teile und der Beschriftung lassen die Vermutung fast zur Gewissheit werden, dass Johann Peter Weyer der Entwurfsverfasser ist. Rationalistische

und romantische Architekturauffassung also dicht nebeneinander!
Johann Peter Weyers Nachfolger im Amt, Julius Raschdorff (Pleß/ Oberschlesien 02.07.1823, ab 1854 2., ab 1864 bis 1872 1. Stadtbaumeister, gestorben am 13.08.1914 Berlin) war in seiner frühen Schaffensphase ebenso wie Statz vom Kölner Dombau geprägt. Kaum im Amt, übertrug man Raschdorff die Restaurierung zweier mittelalterlicher Großbauten der Stadt, nämlich des Rathauses und des Gürzenich, sowie die Realisierung eines wichtigen Neubaus neogotischen Stils, des Wallraf-Richartz-Museums. So war es nur konsequent, dass er 1867, als im Rat der Stadt über die großzügige Erweiterung des Friedhofs nach Osten diskutiert wurde, einen Entwurf für ein zusätzliches Friedhofsportal im gotischen Stil lieferte. Da die Realisierung der Angelegenheit Raschdorffs Amtsdauer überschritt, erhielt sein Nachfolger im Amt, Hermann Weyer (Neffe von Johann Peter Weyer, geb. in Groß- Schönebeck 10.11.1830, ab 1872 bis 1889 Stadtbaumeister, gest. 06.12.1899 Köln) den Auftrag, nunmehr (1874) für die östliche Erweiterung von Melaten ein zusätzliches Eingangsportal zu entwerfen; dabei berücksichtigte er den neogotischen Entwurf seines Vorgängers nicht. Vielmehr lehnte er sich, wie dann auch beim späteren Entwurf des dritten Eingangsportals für den westlichen Erweiterungsteil (1887) an das Wallraf'sche Tor von 1810. Es mag sein, dass er dieses als formal durchaus vorbildlich empfand; ja er übernahm sogar Wallrafs Inschriften in den Giebelfelder. Allerdings profilierte Weyer seine beiden Tore plastischer durch, und auch mit der Wahl von Basaltlava als Baumaterial hob er sich vom Vorbild ab, das aus Trachyt besteht. Durch diese Gestaltungsmerkmale lassen sie sich deutlich als Bauten des späten 19. Jahrhunderts erkennen.

Dem vorausgegangen war die Aufgabe, nach dem für das Deutsche Reich siegreich beendeten Krieg von 1870/71 ein Ehrenmal zu errichten. Nachdem im Kölner Stadtrat durchaus kontrovers über den möglichen Standort des Denkmals im Stadtbild gerungen worden war, einigte man sich auf den städtebaulich wenig attraktiven Punkt fast am Ende des Hauptweges von Melaten, dort zudem noch seitlich weggerückt. Das Pfeilerdenkmal entstand nach dem Entwurf von Hermann Weyer; den Sockel führte der Kölner Bildhauer Anton Werres (Köln 01.01. 1830 – 27.04. 1900 Köln) aus, die bekrönende Figur der "Germania" der ebenfalls aus Köln stammende Bildhauer Jean Nothen. Das Denkmal ist, obwohl handwerklich hervorragend gearbeitet, insgesamt wenig originell. Der Pfeilerdekor ist in gängigen Formen des Spätklassizismus bzw. der Neorenaissance gehalten, die (heute abgängige) "Germania" war immerhin so wenig eindeutig, dass einige zeitgenössische Betrachter sie als "Colonia" interpretierten.

Ließen sich bei den Entwürfen der vorgenannten Bauprojekte historische Vorbilder reklamieren und modifiziert in die damalige Gegenwart übernehmen, so galt dies für den Bautyp der Leichenhalle nur sehr bedingt. Schon das Wort "Leichenhalle" erregte die katholisch strukturierten Gemüter, die ja bekanntermaßen auch im Köln des 19. Jahrhunderts tonangebend waren. Wohl kein anderer Begriff des Friedhofswesens stand so sehr für aufklärerisch-rationalistische, medizinisch begründete Hygieneorientierung auf den Friedhöfen.

Da auch an Köln der Zeitgeist nicht spurlos vorbeigegangen war, sorgte die Forderung vor allem liberaler Kreise nach der Errichtung eines solchen Bauwerks verstärkt seit etwa 1830 in regelmäßigen Rhythmen zu heftigen Diskussionen im Rat der Stadt.

Dass schon im Jahre 1808 so etwas wie ein Leichenhaus in Köln existierte, also schon zwei Jahre vor der Eröffnung Melatens, mag da erstaunen. Befasst man sich allerdings näher mit der Erscheinungsform und der Funktionalität diese Gebäudes, so kann man schnell nachvollziehen, dass es sich dabei eher um eine peinliche Notlösung gehandelt hat.

Dieses "Leichenhaus" war in einem ziemlich verwahrlosten Türmchen der Stadtmauer untergebracht, im Südwesten der Stadt. Da das Türmchen nur über eine schmale Stiege verfügte, musste die angelieferte Leiche (nur ganz schlanke ausgenommen) meist von Außen hochgehievt werden. Makaber-komische Szenen waren mit-

hin vorprogrammiert.
Als dann um 1850 auf Melaten mit sparsamsten Mitteln ein erstes Leichenhaus errichtet wurde, ging es den Leichen erst einmal besser: Sie konnten ebenerdig in den Bau getragen werden. Welche architektonische Form dieses Bauwerk hatte und wer der Entwurfsverfasser war, ist nicht überliefert. Überliefert ist allerdings, dass quer durch alle Ratsfraktionen Einigkeit darüber bestand, dass dieses Leichenhaus in jeder Hinsicht "ungenügend" war.
Diesen Zustand gedachte man 1880 – endlich – zu ändern. Nunmehr bekam der Kölner Privatbaumeister Heinrich Wiethase Rothenburg bei Kassel 09.08.1833 – 07.12.1893 Köln), der sich bereits in den Jahrzehnten zuvor mit Arbeiten an städtischen Bauten, z.B. dem Ausbau des Gürzenich 1855-57 als Bauleiter, und zwei aufwändigen Grabanlagen auf der Mittelachse von Melaten bekannt gemacht hatte, vom Stadtrat den Auftrag, ein würdiges Leichenhaus zu planen (warum mit dieser Aufgabe nicht der Stadtbaumeister Hermann Weyer betraut wurde, ist nicht bekannt). Die städtebauliche Position der Leichenhalle kann durchaus als repräsentativ angesehen werden, nämlich an der Mittelachse.
Wiethase wurde mit seinem 1881 fertiggestellten Bau dieser Situation durchaus gerecht. In zurückhaltender, aber handwerklich sauber durchdetaillierter "rheinischer Romanik", tuffverblendetem Mauerwerk, zwei Ziergiebeln, nämlich je einer nach Osten und einer nach Süden, und einem steilen Dach, das mit Moselschiefer gedeckt war, vermochte das Gebäude sich trotz der „gewichtigen" Konkurrenz der benachbarten großbürgerlichen Grabanlagen bis zur Kriegsbeschädigung 1942 trefflich zu behaupten. Der Wiederaufbau nach 1945 nahm den östlichen Ziergiebel, nachdem der südliche bereits dem Verbeek'schen Ausbau – vgl. unten – zum Opfer gefallen war; leider wurde das Dach nach 1945 nicht mehr in der alten Neigung wiederhergestellt. Die letztgenannten Maßnahmen haben die Wirkung des Baus stark beeinträchtigt; die heutige Nicht- Nutzung degradiert diesen wichtigen historischen Bau geradezu unerträglich.
Die Hoffnung vieler Liberaler, mit der Errichtung des Leichenhauses könne schlagartig die alte Sitte, die Leiche zu Hause aufzubahren und von dort aus im „Leichenkondukt" zum Friedhof zu bringen, beendet werden, erfüllte sich zunächst nicht; erst gut 35 Jahre später änderte sich das; bezeichnenderweise wurden dann verkehrstechnische Gründe für das Verbot des Konduktes vom Sterbehaus aus angeführt!
Das letzte Werk, das Hermann Weyer auf Melaten hinterließ, war das „Wohngebäude für den Geistlichen und den Friedhofsverwalter" mit der integrierten Friedhofsverwaltung im Erdgeschoss, ein Backsteingebäude mit Sandsteingliederungen und zwei seitlich vortretenden Risaliten, die mit Giebeln bekrönt waren. Der Bau im Stile der flandrischen Neorenaissance ähnelte dem Typ vieler Lindenthaler Doppelvillen und fügte sich demnach harmonisch in die vorhanden gewesene Bebauung der Umgebung. 1889 konnte das stattliche Gebäude fertiggestellt werden, und diente so bis zu seiner Zerstörung in der Nacht vom 30./31. Mai 1942 angemessen den Friedhofszwecken.
Die letzten Amtsjahre von Weyer in Köln waren geprägt von gewaltigen Änderungen und Umbrüchen. 1881 konnte die Stadt ihre mittelalterliche Befestigung durchbrechen. Mit dem Ablegen dieser Fesseln setzte eine bevölkerungspolitische und städtebauliche Entwicklung ein, die auch das Kölner Friedhofswesen vor beträchtliche Probleme stellte.
Melaten war zwar als Zentralfriedhof mehrfach erweitert worden, doch mit der letzten großzügigen Erweiterung von 1884 war absehbar, dass dort nunmehr das Ende der Beerdigungskapazität nahte. In dieser Krisenstimmung der Friedhofsverwaltung platzte 1888 der staatliche Segen zu Eingemeindungen von umgebenden Ortschaften und somit auch Friedhöfen nach Köln. Dennoch wurde deutlich, dass die Beibehaltung eines einzigen Zentralfriedhofs für Köln nicht weiter betrieben werden konnte.
Zwei glückliche Umstände förderten eine qualitativ gute Friedhofsentwicklung, nämlich:
1. Die Einstellung des Gärtnermeisters Johannes Ibach (Frankfurt/ Main 30.04.1856 – 01.04.1940 Rheidt) als Friedhofsverwalter von Melaten

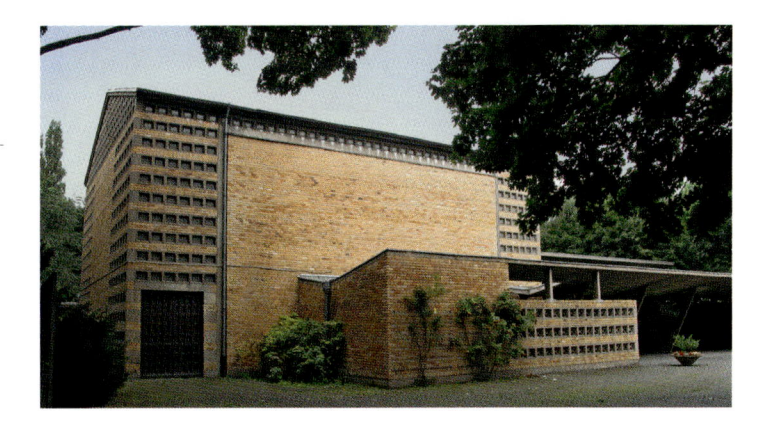

(1891; später Direktor aller Kölner Friedhöfe), dem fortan eine höchst sensible Behandlung des Friedhofs Melaten, aber auch der Planungen für die weiter unten beschriebenen Friedhofsanlagen zu verdanken ist, und 2. Die Einstellung von Friedrich Carl Heimann als Stadtbaumeister (1890 bis 1913; dann erster Stadtkonservator, geb. in Köln 08.11.1862, gest. in Köln 03.01.1932).

Sein erstes Werk auf Melaten datiert aus dem Jahre 1891; er schuf die Einfriedung der westlichen Friedhofserweiterung an der Aachener- und der Oskar-Jäger-Straße (damals Straße zur Gasanstalt) in freischöpferisch- historistischen Formen, bestehend aus regelmäßig rhythmisierten Pfeilern aus Backstein mit Basaltlavaabdeckungen und eingestellten Gittern (Aachener Straße) sowie einer Mauer in zweifarbigem Ziegelverband (Oskar-Jäger-Straße). 1896 folgte aus seiner Hand der Entwurf zum Toilettenhäuschen auf Melaten, eine Art Kioskarchitektur in zweifarbigem Backstein mit weit vorgezogenen Dächern und verziertem Sparrenwerk im „Schweizer Landhausstil".

Als am 9. Mai 1895 die Stadtverordnetenversammlung beschlossen hatte, in Weidenpesch (damals Merheim linksrheinisch) als ersten großen Entlastungsfriedhof für Melaten den Nordfriedhof einzurichten, übertrug man Heimann die Aufgabe, sämtliche notwendigen Verwaltungsgebäude sowie den Eingangsbereich zu planen. Für ihn, der der Neogotik rheinischer Prägung besonders nahe stand, bestand kein Zweifel darin, dass eben diese Neogotik auch für den Eingangsbereich der angemessene Stil sei. So entstanden bis 1896 nach seinen Zeichnungen das Eingangsportal, bestehend aus einem aufwendig geschmiedeten zweiflügeligen Tor samt Rahmenarchitektur, rechts daran angeschlossen das Wohn- und Verwaltungsgebäude des Friedhofsinspektors, ein Backsteinbau mit Sandsteingliederungen, „malerisch" angelegt, mit bewegter Dachlandschaft sowie ein Stück weiter nördlich das Gärtnerhaus.

Im gleichen Jahre wurde die Anlage des Deutzer Friedhofs vollendet. Das Pförtnerhaus, ebenfalls „malerisch" konzipiert, zeigt sich „ländlich", mit aufgeblendetem Fachwerk im Giebelbereich; ansonsten handelt es sich um einen Villentyp im Stile der Neorenaissance. Ebenfalls 1896 wurde mit dem Ausbau des Südfriedhofs in Zollstock als weiterer Entlastungsfriedhof für Melaten begonnen. Bei den Hochbauten des Südfriedhofs, die im Wesentlichen 1911 fertiggestellt waren, macht sich ein Wandel in Heimanns städtebaulichen und architektonischen Vorstellungen bemerkbar, sicherlich deutlich beeinflusst durch die Mitwirkung seiner jüngeren Mitarbeiter Friedrich Bolte (1875 – 1949) und Johannes Kleefisch (Köln 08.11.1862 – 03.01.1932 Köln). War noch der Eingangsbereich des Nordfriedhofs relativ kompakt gehalten, so zeigen sich hier die verschiedenen Verwaltungsgebäude in lockerer Reihung in unterschiedlichen Giebelausrichtungen, lediglich zusammengehalten durch eine weitangelegte Einfriedung. Der Stil ist zwar durchaus zeittypisch, nämlich "Rheinische Romanik", wie sie auch von Kaiser Wilhelm II. geliebt wurde, allerdings stark geglättet, womit sich Einflüsse von Heimatschutz und zurückhaltendem Jugendstil offenbaren. Besonders hervorgehoben ist die polygonale Trauerhalle mit angeschlossenem Leichenhaus.

Besonders einfallsreich sind die Pförtnerhäuschen auf Melaten, 1901 bis 1902 entstanden; Häuschen I (an Tor I von 1810) und III (an Tor III von 1887). Das erstgenannte erhielt, wohl als Hommage an Wallraf's Tor, ein neoklassizistisches Stilkleid, das letztgenannte (heute leider bis zur Unkenntlichkeit zerstört) ein ländlich geprägtes im Jugendstil.

Auch der schon erwähnte Architekt Friedrich Bolte, hat auf den Friedhöfen beeindruckende Werke hinterlassen: auf Melaten das Hochkreuz aus Basaltlava hinter dem Tor III in romanisierendem Jugendstil, 1903 zusammen mit dem Kölner Bildhauer Nikolaus Steinbach errichtet, auf dem Südfriedhof: das Hochkreuz von 1904; zusammen mit dem Kölner Bildhauer Josef Moest (Köln 13.01.1873 – 25.05.1914), zusammen mit Heimann die Einfriedigung zum Höninger Platz, 1911 und die Toilettenanlage, ehemals mit einem steilen Walmdach, ebenfalls von 1911.

Auf dem Deutzer Friedhof erweiterte er in zartem Formenkanon des geometrischen Jugendstils das Inspektoren- und Verwaltungsgebäude (1920). Sein Kollege Johannes Kleefisch, der sich 1913 mit der Erbauung des

Neptunbades in Ehrenfeld reichsweit bekannt machte, wirkte 1906 bis 1911 bei der Gestaltung des Eingangsbereichs vom Südfriedhof mit. Mit diesen neuen Stilvorstellungen fanden die Werke der Generation davor wenig Gnade. So ist es nicht verwunderlich, dass an der Kapelle von Melaten der durchaus rigide Eingriff von Statz als unbefriedigend empfunden wurde. So erhielt der Architekt Hans Verbeek (Köln 05.08.1873 – 24.11.1954 Köln), der ebenfalls unter Heimann im Hochbauamt arbeitete und bald dessen Nachfolger werden sollte (ab 1913 bis 1925, dann bis 1933 Stadtkonservator), den Auftrag, die neogotische Innenausstattung zu entfernen und eine neue herzustellen, die sich klar von der historischen Substanz der Kapelle absetzte und sich ebenso deutlich, aber rücksichtsvoll modern zeigte. Die 1910 durchgeführte Umgestaltung zeigte sich in ihren Details (sparsame Wand- und Deckenmalereien, Glasmalereien, Mobilien, Fußböden und Beleuchtungskörper) in einem zarten geometrischen Jugendstil. Bei dem Leichenhaus von Wiethase wurde alsbald bemängelt, dass es bei schlechtem Wetter für die Trauernden unmöglich sei, trockenen Fußes in die Halle zu gelangen. 1916 half dem Verbeek mit einer vorgeblendeten offenen Vorhalle zur Mittelachse hin ab. Vier Sandsteinpfeiler in einer zurückhaltenden geometrischen Jugendstilornamentik tragen ein Walmdach, das den Giebel von Wiethase verdeckte und somit wirkungsvoll das Stilkleid der Neoromanik, jedenfalls in der Vorderansicht, vollständig versteckte. Auch das Innere wurde vollkommen neu gestaltet. Der Vorderraum, als kleine Trauerhalle nutzbar, erhielt eine kassettierte Stuckdecke. Zwei Jahre zuvor prägte Verbeek den Eingang des Ehrenfelder Friedhofs an der Weinsbergstraße (vielfach irrig als rückwärtiger Eingang des Friedhofs Melaten angenommen) entscheidend mit dem Bau eines kleinen, aber sehr detailliert strukturierten Pförtnerhauses, das in seiner ornamentalen Zurückhaltung und seinem steilen Dach in Moselschiefer den Einfluss der Heimatschutzbewegung nicht verleugnen kann.

Als sein Hauptwerk auf den Friedhöfen darf jedoch die Trauer- und Leichenhalle auf dem Deutzer Friedhof angesehen werden, 1913 bis 1915 errichtet, im Typ dem Bau auf dem Südfriedhof folgend, jedoch formal strenger diszipliniert.

Bereits zu Beginn der 1910er Jahre begann die Lage auf Melaten wieder einmal prekär zu werden. Die Hoffnung, dass mit der Anlage der „Entlastungsfriedhöfe" Nord, Süd und Deutz sowie durch die Eingemeindungen von Kalk und Vingst (1910) und von Mülheim mit Dünnwald, Flittard, Brück, Dellbrück, Holweide, Rath-Heumar und Merheim auf dem Friedhof Melaten die Platznot ein Ende haben könnte, bestätigte sich nicht. Es setzte eine drei Jahre dauernde Diskussion ein, die von zwei Lagern aus angeheizt wurde. Die einen wollten mit einem neuen, weit außerhalb der Stadt gelegenen riesigen Zentralfriedhof alle übrigen Beerdigungsstätten in Köln entbehrlich machen, die anderen einen neuen Friedhof lediglich als weiteren unter vielen eröffnet sehen. Als 1913 in der Stadtverordnetenversammlung letztmalig vor der Beschlussfassung zum Bau eines neuen Friedhofs, der nun endlich im Westen der Stadt angelegt werden sollte, diskutiert wurde, zeigte sich, dass die letztgenannten, angeführt von den Vertretern des Zentrums, die Mehr- heit bildeten. Gleichzeitig wurde ein reichsweiter Architektenwettbewerb initiiert, und es erging an den anerkannten Spezialisten in Friedhofsgestaltungsfragen und Stadtbaumeister in München, Hans Grässel (Rehau/ Oberfranken 18.08.1860 – 11.03.1939 Ickingen/ Obb.) die Bitte, in Köln bei der Beurteilung der eingesandten Entwürfe behilflich zu sein. Dieser Bitte kam Grässel nach.

Bei der Preisverleihung am 24. Januar 1914 wurde dann allerdings kein erster Preis verliehen; den zweiten erhielten die Architekten Röckle und Knell aus Frankfurt/ Main.

Im gleichen Jahr wurde in Deutz die „Deutsche Werkbundausstellung" eröffnet, eine Leistungsschau der deutschsprachigen Künstlerschaft aus

Architektur, Plastik, Malerei und Kunstgewerbe; es gab auch eine eigene Friedhofsabteilung, auf der hauptsächlich Grabmonumente gezeigt wurden, die den Kriterien der Reformkunst genügten. Die Beurteilung erfolgte durch Bildhauer. Es lässt sich bislang nicht nachvollziehen, doch mag es sein, dass über diese „Schiene" der Entwurf von Karl Wach aus Düsseldorf plötzlich favorisiert wurde.
Jedenfalls wurde trotz des zwischenzeitlichen Ausbruchs des Ersten Weltkrieges mit dem Bau der nun „Westfriedhof" genannten Anlage in Vogelsang begonnen. Das nach den Entwürfen von Wach errichtete Verwaltungsgebäude mit U-förmigem Grundriss in zurückhaltend neoklassizistischem Stil war noch nicht fertiggestellt, als der Friedhof am 1. Oktober 1917 eröffnet wurde.
Ein besonderes Problem war im katholischen Köln die Auseinandersetzung mit dem Phänomen: „Krematorium". Erstmals 1892 wurde die Stadtverwaltung mit dem Vorschlag konfrontiert, ein Krematorium zu bauen; die zuständige Friedhofskommission lehnte dies aber ab. Aufwind erhielt die Diskussion durch das Testament des Oberlandesgerichtsrates Rothschild aus dem Jahre 1900, die Stadt Köln könne sein (beträchtliches) Vermögen erben, wenn sie bereit sei, 100.000,-- DM für den Bau eines Krematoriums aufzuwenden. 1907 nahm die Stadtverordnetenversammlung das Testament an, ohne sich allerdings zu verpflichten, sofort mit dem Bau zu beginnen. 1913 wurde auf Antrag des Zentrums wiederum beschlossen, das Krematorium auf keinen Fall zu errichten. Mehrfach unternahmen es die Befürworter unter der Leitung der SPD, den Bau zu erreichen. Doch erst im nationalsozialistisch dominierten Stadtrat fand die "germanische Art" der Bestattung und somit der Bau eines Krematoriums eine deutliche Zustimmung. 1935 wurde ein Architektenwettbewerb initiiert mit der Vorgabe, der Bau müsse Ausdruck nationalsozialistischer „Baugesinnung" sein. In der Tat sah man damals in Köln diesen Bau als einen der wichtigsten für die Stadt an. Renommierte Kölner Architekten wie Wilhelm Schulz (Köln 26.07.1888 – 26.12.1964 Köln), Hans Schumacher (Bonn 19.07.1891 – 11.04.1982 Petersberg/ Berg. Land), Karl Preus (Köln 1905 - ?) und Wilhelm Wucherpfennig nahmen am Wettbewerb teil; letzterer gewann sogar den 2. Preis. Hans Heinz Lüttgen (Düsseldorf 09.11.1898 – 07.01.1977 New York) gewann zwar nur den 3. Preis, letztendlich wurde aber nach seinen Plänen das Krematorium vom Frühjahr 1936 an errichtet.
Der würfelförmige Putzbau mit einem Relief des Kölner Bildhauers Lambert Schmithausen (Sonsbeck 26.02.1894 – 1975 Köln) über dem hohen Eingangsportal ist flankiert von Arkadengängen, die einen Ehrenhof bilden.

Das Krematorium liegt in einer Achse mit den Eingangsbauten und ist mit ihnen verbunden durch eine streng geometrisch gestaltete Grünfläche. Obwohl Lüttgen ansonsten ganz deutlich der „Neuen Sachlichkeit" verpflichtet war, zeigt sich hier recht anschaulich, wie einfach es zu erreichen war, dass selbst dieses Bauprinzip, das von den Nationalsozialisten zutiefst gehasst und propagandistisch energisch bekämpft wurde, hier in letztendlich kaum spürbaren Modifizierungen nicht nur hingenommen, sondern sogar als vorbildlich im Sinne der nationalsozialistischen "Baugesinnung" bejubelt wurde.
Der Bau wurde am 11. April 1937 fertiggestellt, und die erste Einäscherung fand hier am 21. Juli 1937 statt. Bereits im Vorfeld der Planungen zum Westfriedhof hatten sich die entsprechenden Gremien mit der Kölner Synagogengemeinde daraufhin geeinigt, dass unmittelbar westlich vom neuen städtischen Friedhof eine Grundfläche zur Anlage eines neuen jüdischen Friedhofs freigehalten werden sollte, der den alten Deutzer Friedhof der Synagogengemeinde ersetzen sollte. 1918 konnte die neue Friedhofsanlage eröffnet werden. 1927 begann der jüdische Privatarchitekt Robert Stern (Köln 1885 – 1964 New York), der im gleichen Jahre die Ehrenfelder Synagoge in der Körnerstraße fertig stellte, mit der Planung der Eingangsbauten (Trauerhalle, flankiert von Arkadengängen und den Gebäuden zur Waschung der Toten sowie der Friedhofsverwalterwohnung). Der 1930 fertiggestellte Komplex zeigt sich nach Außen trotz seiner symmetrisch-monumentalen, formenreduzierten Erscheinung eher zurückhaltend. Stern legte offenbar sehr viel Wert auf die städtebauliche Wirkung. Da hier bereits in den zwanziger Jahren daran gedacht war, die Venloer Straße zu verschwenken, wurden die Gebäude entsprechend positioniert (erst jetzt wird die Straße entsprechend verlegt, wodurch das

Ansinnen des Architekten verständlich wird). Das Innere der Trauerhalle fasste Stern – ebenso wie in seiner Ehrenfelder Synagoge – in einer ausdrucksstarken expressiven Farbigkeit.

Die Bomben des Zweiten Weltkrieges trafen auch die Friedhöfe schwer; besonders hart betroffen war Melaten, da dieser Friedhof in einer der Haupteinflugsschneisen der alliierten Bomberverbände lag. Schon beim ersten Großangriff auf Köln in der Nacht vom 30./31. Mai 1942 (dem sog. Tausendbomberangriff) wurden sämtliche Hochbauten auf Melaten schwer beschädigt. Bei weiteren Angriffen brannte das Verwaltungsgebäude auf dem Südfriedhof aus und die dortige Trauerhalle wurde angeschlagen. Relativ glimpflich kamen der Nordfriedhof (Verwaltungsgebäude beschädigt, Pförtnerhaus ausgebrannt), der Deutzer Friedhof (Verwaltungsgebäude leicht beschädigt), der Kalker Friedhof (Verwaltungsgebäude leicht beschädigt), der Westfriedhof (Verwaltungsgebäude und Krematorium nur Glasschäden) und der jüdische Friedhof (Verwaltungsgebäude und Trauerhalle unbeschädigt) davon. Bei den letztgenannten Friedhöfen konnte die Funktionstüchtigkeit der Bauten und auch der Friedhöfe schnell wiederhergestellt werden.

Anders beim Friedhof Melaten. Nachdem das Verwaltungsgebäude mit dem Großangriff vom 30./31. September 1944 selbst die noch aufrecht stehenden Wände eingebüßt hatte, errichtete die Stadt 1952 mit sparsamen Mitteln das jetzige Verwaltungsgebäude neu; im gleichen Jahr wurde auf Initiative der damaligen Stadtkonservatorin Hanna Adenauer (Köln 26.11.1904 – 1978 Köln) die Kapelle wiederhergerichtet. Nunmehr wurden auch am Äußeren die Eingriffe von Statz weitestgehend rückgängig gemacht. Der westliche Dachreiter und das Westportal wurden entfernt und die zusätzlich gebrochenen Fenster zugemauert. Da die Ausstattung von Verbeek vernichtet war, erfuhr das Innere eine zurückhaltende Neugestaltung im Sinne der fünfziger Jahre.

Eine eigenständige architektonische Leistung der fünfziger Jahre stellt jedoch die Neueinrichtung des Haupteingangs an der Piusstraße dar, 1954 geplant und bis 1957 gebaut nach der Planung des Kölner Privatarchitekten Fritz Schaller (Berlin 29.05.1904 – 04.03. 2002). Abgeschirmt vom Alltagsverkehr und eingefriedet durch eine Mauer mit integriertem Eingang schuf er eine ruhige Eingangszone, an deren Seite er die Trauerhalle mit ihrer offenen Vorhalle stellte. Äußerlich mit ihrem Materialwechsel zwischen Sichtbeton und gelbem Klinker eher spartanisch wirkend, hebt sich das Innere mit seinen Sichtbetontützen, die sich oben gewölbeartig zusammenschließen, und dem subtil geplanten Lichteinfall ab, Gestaltungsmittel, die zu einer gehobenen Feierlichkeit führen.

Eine bemerkenswerte Nachkriegsleistung ist schließlich die neue Trauerhalle auf dem Nordfriedhof, um 1963 nach der Planung von Josef Op Gen Orth (Goch 19.06.1895 – 23.05.1973 Köln) errichtet. Die eingeschossige Halle mit ihrer zurückhaltenden Backsteinfassadengestaltung besticht durch ihren sechseckigen Grundriss mit einem spitz zulaufenden Dachaufbau sowie ihrem stimmungsvollen Inneren.

Fotozuordnung:
Seite 292: Jüdischer Friedhof
Seite 293-297: Melaten
Seite 296: Nordfriedhof (oben)
Seite 29:8 Nordfriedhof (oben)
Seite 298: Mülheim (unten)
Seite 299: (oben) – Merheim;
Seite 299: Westfriedhof (unten)

299

Jüdischer Friedhof Bocklemünd

Am 8. Dezember 1918 wurde der jüdische Friedhof in Bocklemünd eröffnet. Die Friedhofsbauten nach Entwürfen von Robert Stern (eingeweiht 1930) liegen in der Mittelachse. Die Außeninschrift lautet auf deutsch: „Der Gerechte lebt in seinem Glauben" (Hab. 2, 4).
Der erstbelegte Teil des Friedhofs umfasst die Flur 5 (erste Bestattung Fanny Stern, + 6.12.1918). Das kürzlich belegte neue Friedhofsgelände (nahe „Militärring") war bereits bei Eröffnung des Friedhofs 1918 genehmigt.
Insgesamt umfasst der Friedhof eine Fläche von 44.818 qm und öffnet sich in weiter Form von der Venloer Straße aus.
Viele der Grabstätten sind der Reformkunst verpflichtet und künstlerisch äußerst anspruchsvoll.
An der Ostseite befindet sich die Grabstätte Richard Isaak Weinberg (Flur 1). An den Außenseiten zieren nach unten gewandte Fackeln das Wandgrab, die nach oben hin von Deckelvasen überfangen werden. Das Kapitell des Mittelpfeilers schmückt ein Pferd, zu dem sich eine junge Frau hinwendet (ca. 1912).
Ein weites Wandgrab umfängt die Familie Baer (Erstbestattung Rosa 1920). Im Sturz ist ein Blumen gefasster Davidsstern eingegeben. Seitlich zieren die Namensplatte Vasen mit Blumenarrangements.
An das ehemalige Bettenhaus Baumann gedenkt ein fächerförmigen, aus Eisen gestalteter, Aufsatz (1920er Jahre).
Ein konkav geschwungenes Wandgrab, das an den Seiten über sieben Ebenen hinweg gearbeitete Blumenkapitelle schmücken (das obere mit Vögeln), erinnert an Louis Eliel (1852-1919), der als Vorsitzender der Synagogengemeinde den Friedhof von Bocklemünd einweihte.
Eine große Rechteckstele macht auf die Familie Leonard Tietz aufmerksam (1849-1914), die in Köln das nach ihnen benannte Kaufhaus (nachfolgend Kaufhof) begründeten, das nach dem Tod von Leonard von seiner Ehefrau Flora (1855-1943) weitergeführt wurde.
An die Galeristin Gmurzynska (1926-1986) macht die Plastik von Otto Freundlich erinnerlich. Sie gibt eine sitzende Figur vor einem Obelisken wieder (entstanden zwischen 1934-1935).
Das konisch zulaufende Wandgrab der Familie Isay weist im Aufsatz eine Art Deco-artige Girlande mit Davidsstern auf (ca. 1925).
Mit einer raumgreifenden Aedikula wurde die Grabstätte der Familie Daniel Kaufmann (Daniel 1861-1922) angelegt.
Weiträumig baut das Wandgrab der Familie Merfeld auf und rahmt die Namen mit floralen Bordüren ein (ca. 1930).
Die Grabstätte Max Salomon schmückt die ewiges Leben verheißende, brennende Menorah (ca. 1933, Flur 1a).
Auf dem Grabstein von Josef Schlüchterer (1863-1932) wird auch an seiner Tochter Dr. Lilly Jahn (*1900, ermordet in Auschwitz 1944, Flur 1a) gedacht. Sie war mit einem nichtjüdischen Arzt verheiratet, der sie wegen einer anderen Frau verlässt, wodurch sie schutzlos nationalsozialistischer Verfolgung ausgesetzt war und in ein "Arbeitserziehungslager" eingeliefert wurde. Zurück bleiben fünf Kinder, aber auch eine erhaltene Korrespondenz, die den Leidensweg einer jüdischen Mutter und ihrer Kinder im 3. Reich offenbart.
Hermann Buchsbaum (+ 1933) stammt aus dem Stamm Levi, was durch die Kanne und die Schüssel erkennbar ist. Der Grabstein für Franz Levi (+ 1937,

Flur 1a) schildert ausdrucksvoll sich abschiedlich zugewandte Hände. Der Stein wurde ca. 1939 von Käthe Kollwitz gestaltet.

1934 wurde auf dem Friedhof das Ehrenmal für die im 1. Weltkrieg gefallenen jüdischen Soldaten aus Köln eingeweiht (Ende der Mittelachse), das vom Reichsbund jüdischer Frontsoldaten gestiftet und mit Unterstützung der Kölner Synagogengemeinde errichtet wurde (pyramidenförmiger Stein, Entwurf Robert Stern). Die Inschrift lautet: „Unseren Gefallenen – Reichsbund jüd. Frontsoldaten". Jüdisches Selbstbewusstsein in der Zeit der demütigenden Not und Entrechtung, aber auch Heimatbezogenheit werden deutlich. Links vor dem Ehrenmal wurde eine Gedenktafel für 203 Gefallene (ca. 1938) aufgestellt, die bis zur Zerstörung der Synagoge (Roonstraße) dort in einer Gedenkhalle stand.

Die Sorge, das keiner nach dem Ableben Steine zum Andenken auf das Grab legt, drückt die Grabstätte Hella Arden (1919-1997) mit einer Antwort aus: ein großer Stein beschließt die Stele.

Mit einer schwarzen Granitplatte wird an Prof. Dr. Alfons Silbermann (1909-2000) gedacht (Flur 30, nahe Friedhofsmauer zum Militärring). Er emigrierte nach seinem Studium 1934. Nach seiner Rückkehr lehrte er in Köln bis 1974 Soziologie. Seit den 1980er Jahren widmete er sich verstärkt dem Problem des Antisemitismus.

Im Lapidarium (eröffnet 1937) sind 58 Fragmentsteine (12.-15. Jht.) des 1695 geschlossenen jüdischen Friedhofs am Bonntor eingelassen. Die Synagogengemeinde ließ die Verstorbenen 1936 hierhin umbetten.

Ein überkuppelter Pavillon weist die Grabstätte des ehemaligen Gemeinderabbiners Dr. Abraham Frank (1830-1917) aus.

Eine mittelbetonte Stele mit Davidstern erinnert an „...über 11000 Schwestern und Brüder unserer Gemeinde, die als Opfer des nationalsozialistischen Rassenwahns für das Judentum in den Jahren 1933-1945, gefallen sind" (1950er Jahre).

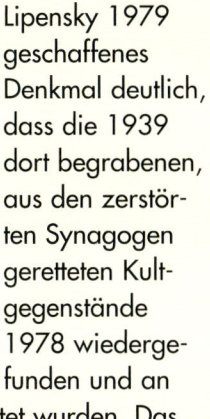

Im vorderen Bereich der Mittelachse macht ein von Franz Joseph Lipensky 1979 geschaffenes Denkmal deutlich, dass die 1939 dort begrabenen, aus den zerstörten Synagogen geretteten Kultgegenstände 1978 wiedergefunden und an gleicher Stelle bestattet wurden. Das Denkmal zeigt Davidschilde, die Menorah und zerstörte Thorarollen. Eine weitere Tafel ist dem Rabbiner Dr. Isidor Caro gewidmet, der im KZ Theresienstadt mit zahlreichen Gemeindemitgliedern ermordet wurde.

Die Grabstätte Joseph baut mit einem rundbogig gestalteten Grabstein auf. Die Familie Joseph besaß ein Schuhgeschäft.

An das bedeutende Gemeindemitglied Herschtritt (1859-1987) erinnert ein Davidstern auf quadratischer Granitplatte. Er hat den Kindergarten der Kölner Synagogengemeinde gestiftet.

Auf diesem Weg (nahe der Mittelallee in Fortführung der Trauerhalle) sind auch weitere bedeutende Gemeindemitglieder bestattet (u.a. z. B. Jakob Birrenbaum sowie Moritz Goldschmidt).

Geradezu malerisch ist die Grabstätte Max Goldmann zu nennen. Eine gotisierende, offene Einfriedung leitet in eine dreibogige Pergola über (ca. 1925).

Der Grabstein für Louis Lehmann (1850-1923, Flur 4) ist von ellipsoider Form und außen mit umlaufenden, spitzen stilisierten Palmettenblättern dekoriert.

Die Grabstätte Lisette Simon (1878-1921), ein Wandgrab der Art Deco-Zeit, betont eine Rundstele, die ein Blumenkörbchen trägt. Die Außenpfeiler tragen Davidstern: „die Verpflichtetheit".

Kath. Friedhof Roggendorf Thenhoven

Der katholische Friedhof von Roggendorf Thenhoven öffnet sich zu beiden Seiten der Baptist-Straße.
Die östlichen Teile des Friedhofs stammen aus der Eröffnungszeit (ca. 1887); die auf der anderen Straßenseite gelegenen Friedhofsflächen kamen ab 1985 hinzu.
Der breite Hauptweg, der den Verlauf des ursprünglichen Zugangs verdeutlicht, birgt eine Vielzahl von Grabstätten, die zwischen 1900 und 1935 entstanden sind. Zumeist sind es Kreuzstelen aus Granit, die auf belgischem Granit aufruhen. So etwa die Grabgrab aus Granit anzusprechen, dass dreiteilig aufbaut und mittig eine Kreuzstele führt, an der ein galvanoplastisch gestalteter Christus hervortritt. Herr Bollig war Landesökonomierat (1863-dentuch mit einer mittig angelegten Bordüre, die fünf Kreuzzeichen für die fünf Wunden Jesu Christi zeigt. Die Hesemanns besaßen in Thenhoven eine Bäckerei und Gaststätte.
Von besonderer Dichte ist das Wandgrab der Familie Hubert Oster (1864-1935, aus Granit, sign. Hertel, Köln). Das geschlossene Wandgrab, das an den Seiten mit kreuzförmigen Stelen beschließt, zeigt an der mittleren Wand die um ihren Sohn trauernde Gottesmutter im Bildmotiv der Pietá.
Quer in Richtung Süden hierzu, die Grabstätte des verstorbenen Organistätte Gassen (+ 1934), sowie die Grabstätte Schlosser (ca. 1935).
Bei der Grabstätte Brings (ca. 1930) liegt der Sockel etwas höher.
Ähnliches gilt für die Grabstätten Müller-Hanrath, Kulartz und Püllen-Töller.
Mit der Grabstätte Bollig ist ein Wand-1930).
Schräg gegenüber hiervon die Grabstätte Willi Hesemann (Erstbestattung 1936): ein feines Wandgrab in Diabas, das einen Christus am Kreuz wiedergibt, der in Bronze gearbeitet ist. Nach vorne hin beschließt das Len-sten Willi Förster (1908-1998); sein Leben galt der Musik. Dies wird dadurch verdeutlicht, dass fünf Orgelpfeifen in verschiedener Höhe von rechts nach links ansteigen.
Ein kleiner Basaltstein, nahe gelegen hiervon, ziert die zeitgenössische

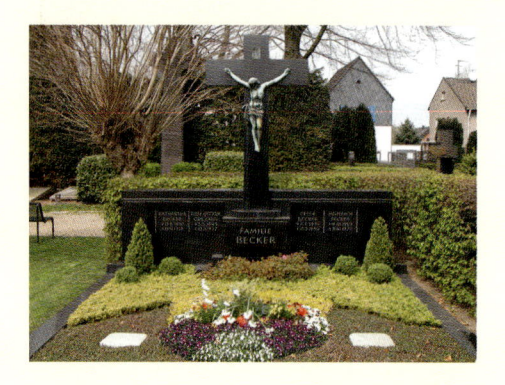

Grabstätte Gawron. Hier ist die Friedenstaube mit Ölzweig, die zum Himmel emporfliegt im Zentrum des Steines wiedergegeben. Am Hauptweg fällt das Wandgrab der Familie Dahmen (ca. 1936) in den Blick (Granit). Es betont in der Mitte das Kreuz mit galvanoplastisch wiedergegebenem Corpus. Dicht hier hinter liegt die Grabstätte M. Weihrauch (Erstbestattung 1941): ein dreiteiliges Wandgrab, dessen Mitte halbkreisförmig abschließt. Der mittleren Platte einbeschrieben ist ein rundgefügtes Bronzerelief, das einen Christustondo mit dem Schriftzug „vollbracht" an den Betrachter richtet. Nahe hierbei die Grabstätte Ollig: eine rundgeschlossene Grabstele aus Granit, die ein Bronzerelief mit der Kreuzigungsgruppe schildert (ca. 1936). Von eindrucksvoller Form ist auch die Grabstätte der Geistlichen von St. Johann Baptist. Ein großes 1973 in Maria Laach geschaffenes Basaltkreuz lässt den österlichen Christus erscheinen, der den Menschen mit geöffneten Armen die Auferstehung verheißt. Durch die drei Buchen wird gleichsam der Kalvarienberg fassbar. Unter anderem sind hier auch Dr. Engelbert Berrisch (1820-1895) sowie Karl Kalff (1926-1902) bestattet. Die Grabplatte aus belgischem Granit wird von einem Vierpass beschlossen (Bronze), der einen priesterlichen Kelch mit Kreuz und Palme, auf Wolken ruhend, wiedergibt.

Zurück Richtung Eingang fällt die rückseitig der Grabstätte Dahmen gelegene Grabstätte Familie Becker auf (Erstbestattung 1918). Ein groß angelegtes Wandgrab aus Granit, das in der Mitte eine Kreuzstele führt; auf dieser ruht der Gekreuzigte (galvanoplastisch) auf. Die Familie Becker besaß einen Landhandel; heute ist sie Eigner einer großen Kölner Brauerei.

Nahe hierbei die Grabstätte Schauff (Erstbestattung 1946). Das Wandgrab aus Granit symbolisiert in der Mitte eine Ähre im Fruchtzustand, die einerseits eucharistisch deutbar ist, zum anderen aber auch in Erinnerung hält, das die Familie Schauff eine Landwirtschaft in Roggendorf betrieb.

Nahe der Friedhofsnordwand liegt die Grabstätte der Familie Paar (ca. 1939, dreiteiliges Wandgrab aus Granit). Auch hier trägt die Kreuzstele einen galvanoplastisch gestalteten Christus im Moment der Vollendung. In einem größeren Maßstab ist die Grabstätte der Familie Heinrich Pesch (ca. 1929) angelegt (dreiteiliges Wandgrab aus Granit, Kreuzstele mit galvanoplastisch modelliertem Christus). Dicht hiervon die Grabstätte der Familie Ollig (ca. 1901). Es handelt sich hierbei um eine der ältesten Grabstätten des Friedhofs. Auf einem Sockel aus belgischem Granit ruht ein dreiteiliges Wandgrab, das mittig von einer Grabstele bestimmt wird.

Nördlich des Hauptweges fallen Grabstelen aus Granit auf: so etwa Peter aus dem Hohen Hause (+ 1908), Luise Eugenie Hesemann (+ 1904), Familie Josef Krücken (+ 1949), Familie Andreas Ollig (ca. 1929), Matthias Paar (ca. 1914). Unterschiedlich zu den anderen Grabstätten ist die Grabstätte Lauff: ein aus belgischem Granit gefügter Sockel trägt die rechteckige Grabtafel, die im Zulauf zum Kreuz Christus im Tondo bezeichnet (ca. 1900). Auf dem neuen Friedhofsteil ist die Grabstätte Schlich (ca. 1996) thematisch eingängig: die mittlere Stele zeigt den Baum des Lebens nach oben wachsend. Nach oben beschließt das Ganze mit Strahlen, die sich zum Himmel öffnen, Hinweis auf die sieben Gaben des Hl. Geistes.

303

Katholischer Friedhof Mülheim

Der alte katholische Friedhof öffnet sich von der Sonderburger Straße aus mit einer konkav zugeschwungenen Portalsituation. Das schmiedeeiserne Gitter zeigt eine Schlange die sich in den Schwanz beißt (Leviathan.) Sie ist mit einem Johanniterkreuz überfangen. Der Hauptweg führt auf die alte Kirche St. Mauritius zu und weist den Friedhof als einen Kirchhof alter Prägung aus. Er konnte trotz Anlage eines kommunalen Friedhofs weiter in Belegung gehalten werden und datiert nachweislich bis ins 9. Jht. Die früheste datierbare Grabstätte ist die von P. Anton Keup (1841).

Im Eingangsbereich lässt sich bei der Grabstätte Theissing (ca. 1890) eine Kreuzstele finden, die mit einem aus Rosen gebildeten Kranz umfangen ist. Hierneben liegt die Grabstätte Ciechowski – Hofmeister: die wiederverwandte Stele aus Sandstein wird von einer Engelsfigur bekrönt, die einen Kranz und ein Kreuz hält und damit den Sieg des Lebens über den Tod symbolisiert.

Hoch aufgerichtet ist die Grabstätte Magdeburg. Das um 1910 zu datierende Grab gliedert trapezoid. An der Vorderseite erscheint eine mit Weinlaub umwundene Siegespalme. Im Tondo wird Christus mit der Dornenkrone sichtbar. Nach oben hin ist die Stele mit dem Kreuz bekrönt, auf dem ein geflügelter Engelskopf den Himmel ansagt.

Dicht hierbei liegt Peter Hubertus Lülsdorf (1816-1879) begraben. Das mit „C. Baumerich, Mülheim Rhein" signierte Grabdenkmal mit Porträtmedaillon erinnert an den bedeutenden Mülheimer Bürger, der auch Mitglied des Gemeinderates war.

Westlich der Kirche wird an die ehemaligen Priester des Dekanates gedacht; südlich der Kirche an die verstorbenen Redemptoristen von Mülheim. Ein rechteckiger Stein bezeugt mit einem Bronzerelief das Abendmahl Jesu; die Inschrift lautet: „Selig, die zum Hochzeitsmahl des Lammes geladen sind".

Hierneben liegt die Grabstätte der Familie Keup (früheste Bestattung 1841, s.o.). Die hohe Kreuzstele auf polygonalem Sockel, die mit einer erhaltenen Einfriedung überkommen ist, macht an die berühmte Familie Keup erinnerlich, die das ehemalige Krankenhaus gestiftet hat.

Die mehrteilig angelegte Grabstätte Pesch (Erstbestattung 1901) zeigt im oberen Abschluss Christus am Ölberg. Auf einem bossierten Steinblock ruht

**Ihr Ansprechpartner
in allen Friedhofsangelegenheiten**

**Friedhofsgärtnerei
Gartenbaubetrieb**

Hans Wesseling

*Friedhof Sonderburger Straße
51065 Köln-Mülheim
Telefon: 02 21 / 62 60 92
Telefax: 02 21 / 61 45 13*

*Aschenbrödelweg 1
51067 Köln-Dellbrück
Telefon: 02 21 / 68 41 36
Telefax: 02 21 / 68 04 83 8*

KRÖNING
KLEIDUNG · KÖLN

Simonskaul 5 · 50737 Köln
Telefon 02 21 / 740 81 51
Telefax 02 21 / 974 20 10
www.kroening.de · info@kroening.de

**Fabrikation · Großhandel
Mode für Damen und Herren
Gesellschaftskleidung · Trauerbekleidung**

Spezialanfertigung von Schützen- & Karnevalsuniformen

Eigener Kundenparkplatz

Markus Reinhardt Esemble

Die Gruppe hat ihre musikalischen Wurzeln einerseits in der Musik des französischen Jazz- und Zigeunergitarristen Django Reinhardt - einem Großonkel von Markus - , andererseits in der traditionellen osteuropäischen Zigeunermusik.
Auf dem Hintergrund dieser Tradition hat das Ensemble eine eigenständige Musik entwickelt, die sich auch fremden Einflüssen öffnet und trotzdem ihre Identität bewahrt. Der Klang des Markus Reinhardt Ensembles hebt sich deutlich von dem der gängigen "Sinti-Swing"-Gruppen ab: Die Musiker reproduzieren nicht einfach Musikstile der Vergangenheit, sondern drücken ihre eigene Lebenswirklichkeit aus.

**Das Ensemble versteht es jede Art von Veranstaltung
festlich mit Ihren musikalischen Darbietungen zu gestalten.**

Kontakt: Fortuinweg 9 · 50769 Köln - Roggendorf
Telefon (0221) 78 52 83 · www.markus-reinhardt-ensemble.de

der Kelch des Leidens, der der des Heiles wird, auf.

Bei Grabstätte Schunk (Erstbestattung 1907, Nahe Ostapsis) handelt es sich um ein mehrteiliges Wandgrab, das nach oben hin mit einem Dreiecksturz beschließt. Die Mitte wird gebildet von einem Sarkophag, auf dessen Kreuz sich eine Frau in leidenschaftlicher Betroffenheit hinbewegt.

An der Ostapsis der Kirche befindet sich auch die in Wiederverwendung stehende Grabstätte Hahn (Erstbestattung 1888). Sie folgt dem Geist des Klassizismus.

In nordöstlicher Richtung hiervon ist die Grabstätte Bussmann (vor 1900) unübersehbar. Ein schmiedeeisernes Kreuz, das in filigraner Arbeit im Sockelbereich einen trauernden Engel wiedergibt, wird von einer großzügigen, bestens erhaltenen Einfriedung gerahmt.

Nicht weit hiervon wird an den ehemaligen Chorleiter Heinrich Ferrenberg gedacht (1882-1949), Organist und Chormeister. Sein Bildnis ist in Bronze dem Stein aufgebracht. Rückwärtig hierzu tritt eine unbenannte Grabstätte (signiert B. Fassbender, ca. 1910) hervor; ein erscheinungsintensives, hoch gefügtes Wandgrab mit Hochkreuz.

Dicht hierbei erinnert die Grabstätte Familie Lammine an eine belgische Familie (Erstbestattung 1894). Der Granitsockel trägt eine in Marmor wiedergegebene Frau, die mit hoffnungsstarkem Blick nach oben gewandt ist.

Zur Sonderburger Straße hin (Straßen nähe Bahndamm) ist die hohe Grabstele für Josef Ludowicus Hubertus Röler (1798-1868) in wohl restaurierter Weise erhalten. Das auf quadratischem Sockel erwachsene Grabmal gibt an der Vorderseite den auferstandenen Christus wieder, zu dessen Füßen die schlafenden Wächter an dem mit dem Stein verschlossenen Grab ruhen. Auf der linken Seite wird Christus wundertätig geschildert, wie er die Tochter des Jairus erweckt; auf der rechten wie der Jüngling von Nain von ihm ins Leben zurückgerufen wird. Das Grab beschließt nach oben hin auf polygonalem Sockel mit einem Engel der einen Anker in der Hand hält (beschädigt). Der Glaube an die Auferstehung und dass das Auferstehen der Toten der Hoffnungsanker ist, der den Menschen tragen kann.

Die mit „Ferdinand Hachenberg" signierte Grabstätte der Familie führt im Aufsatz des neogotischen Sockels (Erstbestattung 1889) den kreuztragenden Christus, der unter der schweren Last des Kreuzes nach unten gedrückt wird und sich auf einen Stein aufstützt.

Die hier neben gelegene Grabstätte Dr. Hölscher (ca. 1900) ist als Kreuzstele angelegt. Der Name wird mit einem Vierpass gerahmt. Der Kreuzaufsatz ist mit einem Eichenlaubkranz geschmückt.

Zum Ausgang der Sonderburger Straße begegnet einem die Grabstätte Sikorski (wiederverwendet). Eine still trauernde Frau umfängt ein Gefäß, das mit Rosen gerahmt ist.

An den Mord von zwei jungen Mädchen erinnern die Grabstätten (nahe dem Hauptweg) von Ursula Kamella (1967-1.6.1982) sowie Gabi Tomic (1965-1.6.1982). Die Grabstätte von Ursula zeigt junge Eltern, die Christus am Kreuz gläubig anbeten. Die Grabstele von Gabi stellt das junge Mädchen porträthaft-vergegenwärtigend dar.

Wer rückwärts sieht, gibt sich verloren,

wer lebt und leben will, muss vorwärts sehn.

Für alles Schöne, das vergeht,

bleibt eine Welt von Schönheit.

Ricarda Huch

Gärtnerei Puteick
– zugelassene Kölner Friedhofsgärtnerei –

Thujaweg 12
50765 Köln (Volkhoven)
Am Friedhof Chorweiler

Telefon (02 21) 79 95 73
Telefax (02 21) 79 61 30

Kath. Friedhof Immendorf

Über einen lang gezogenen Weg, entlang der zu großen Teilen erhaltenen, im Kreuzverband aus Backsteinen errichteten Friedhofsmauer aus dem 19. Jht. wird der katholische Friedhof von Immendorf über zwei Tore von Süden aus erreichbar.
Bereits in mittelalterlichen Zeiten war an der Stelle des heutigen Kirchhofes ein Vorgängerfriedhof, der sich südlich der Kirche St. Servatius erstreckte. Seine südliche Begrenzung bildete der heutige, auf das Hochkreuz zulaufende Weg.
Im Jahre 1863/64 konnte die Bürgermeisterei Rondorf Haus und Hof von Peter Josef Dick erwerben und damit die abhangnahen Flächen erweitern.

Grabstätte der Familie Conzen, Gutsbesitzer auf dem Bödinger Hofe in Rondorf (1774-1852) mit seiner verstorbenen Frau Catharina Conzen geb. Broicher, Gutsbesitzerin auf dem Bödinger Hofe in Rondorf (1794-1864). Das ortsgeschichtlich und künstlerisch bedeutende Grabmal aus Sandstein zeigt einen achteckigen Sockel als Stelenrumpf. Über einer Konsole erhebt sich das Kreuz.
Hier lässt sich der Besitzerstolz einer Bauernfamilie verspüren, die vom Halfen (abhängige Pächter) in den Status der Gutsbesitzer aufstiegen und das über das Sterben hinaus sichtbar gehalten haben wollten.
Weiterhin auf die Kirche zu befindet sich die Grabstätte von Michael Urbach (1823-1876). Er wurde nach seiner Eheschließung (1849) mit Catharina Conzen Eigentümer des Rodderhofes. Das um 1910 als Wandgrab in Granit errichtete Grab zeigt ein hohe Stelenplatte mit eingraviertem Kreuz und Pflanzenornament, das aus Mohnkapseln gewonnen ist.
Die Grabstätte des verstorbenen Pfarrers von Immendorf Nikolaus Houallet (1840-1895) gehört zu den frühen. Bemerkenswert ist die kunstvolle, schmiedeeiserne Einfriedung. Der Stein ist erheblich verwittert und mit einer neuen Namensplatte aus Granit versehen. Pfr. Houallet war die letzten fünf Jahre seines Lebens Pfarrer in Immendorf.
Nahe der Grabstätte Urbach lässt sich das Wandgrab der Familie Wilhelm Esser, Höningen bemerken (ca. 1920 Granit). Auf das Hochkreuz zuführend liegt auf der rechten Seite, axial zum Hochkreuz, die Grabstätte der Familie Carl Esser (1807-1877) sowie Maria Esser geb. Engels (1818-1884). Ihnen gehörte der Kaymershof in Höningen. Ein Natursteinkreuz, in gestufter Form aufbauend, zeigt im Aufsatz Christus, der als Tondo in

Geradezu englisch wirkt die gesamte Bepflanzung mit Eschen, Birken, Ahorn, Kiefern und breitkronigen Linden.
Im Zugangsbereich des zweiten Tores befindet sich die in Patenschaft der Familie Harzheim übernommene

Bronze ausgebildet ist.
Direkt am Hochkreuz auf der rechten Seite (Süden): die Grabstätte der Familie Hubert Conzen. Ein dreiteiliges Wandgrab mit mittelbetontem Aufsatzteil, das in geschwungener Form einen Christustondo in Marmor zeigt.
Auf der Nordseite dieses Weges ist eine freistehende Kreuzstele bewahrt. Sie besteht aus belgischem Granit mit einer Schriftplatte und einem Marmorkreuz. Erinnert wird an die Familie Wery vom Gillessenhof, Johann Conrad Wery (1802-1877) und Maria Sib. Kaul (1877). Das Grabmal ist signiert mit „M. Porzelt, Cöln". Das Hochkreuz wurde laut rückseitiger Inschrift im Jahr 1900 errichtet. Es ersetzte ein älteres Hochkreuz. 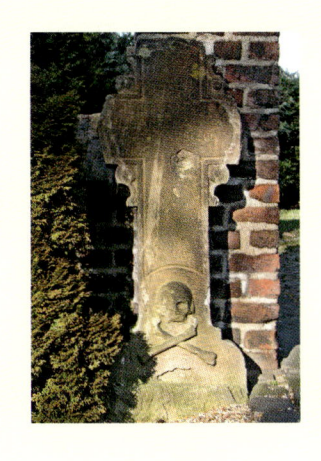
Der Corpus ist aus Granit gearbeitet, die anderen Formteile aus Belgischem Granit.
Im Erscheinungsbild vereinigen sich hier neogotische Formen von Grabstelen um die Jahrhundertwende sowie die zu dieser Zeit auch mit Stolz gezeigten irisch-schottischen Hochkreuze, wo das Kreuz in einen Kranz einbeschrieben ist. Die Inschrift lautet: „erbarme dich unser Herr Jesu Christi, der du am Kreuz gestorben bist".
Entlang der Friedhofsmauer sind eine Vielzahl von Grabkreuzen vom 17.-18. Jht. erhalten geblieben.
So etwa das mit der Jahreszahl 1719 bezeichnete Kreuz für Adolf Pilgram und Adelheid Reimann.
Das Kreuz gehört zu der Gruppe von Immendorfer Trachytkreuzen. Gemeinsam sind ihnen satteldachähnliche Kopf- und Armabschlüsse, Hohlkehlumrandung und gestufte Fußverbreiterung.

Gut im Erhaltungszustand, nahe am Durchgang vom südlichen Friedhofsteil zum nördlichen, das Trachytkreuz, das an Elisabeth Breuer erinnert (+ 1735). Im Sockel verdeutlichen Gebeine und ein Schädel die Vergänglichkeit allen irdischen Lebens. Zugleich aber hat die Schädelstätte, auf der Christus den Kreuzestod erlitt, die Vergänglichkeit des Irdischen überwindbar gemacht.
Die Vielzahl der überkommenen Kreuze aus der frühen Zeit sind steinerne Quellen für die Zeit vor der Säkularisation von Kirchengut im Jahre 1802. Viele Stiftskirchen und Klöster besaßen vor den Toren Kölns Hofgüter, die sie an einfache Landleute verpachteten.

Evang. Friedhof Mülheim

Der alte evangelische Friedhof von Mülheim macht deutlich, dass die Stadt Mülheim bereits um 1610 evangelischen Christen Aufnahme gewährte. Kurze Zeit später wurde der Friedhof eröffnet, der sowohl Lutheranern wie Reformierten für das Begräbnis offen stand.

Zugänglich ist der Friedhof über ein konkav geschwungenes Portal an der Bergisch Gladbacher Straße, das die Inschrift führt: „Wie heilig ist diese Stätte, hier ist die Pforte des Himmels." Gleich im Eingangsbereich auf der linken Seite (Flur A) fällt der in Basalt gehaltene Stein auf, der an Frau Gerdrud Tilmans erinnert. Sie starb am 25. Mai 1614. Ein Spruch aus Jesus Sirach 17, 4, der unter dem Familienwappen lesbar ist, lautet: „Gott hat den Menschen erschaffen aus Erden und macht ihn wieder zur Erde." Der Stein ist auch rückwärtig beschrieben: „Petter Roving starb im Alter von 57 Jahren (1624, 1. Kor. 15, 22)".

Der eigentliche Hauptweg führt auf das eingefriedete Grab des Predigers Con. Arn. Herm. Besserer (1730-1800) zu. Gebildet wird es von einer runden Stele, die ein vasenähnliches Gefäß ziert, das mit Schlangen umwunden ist. Ein Vogel ist erkennbar, möglicherweise das „Phoenix Motiv" (Flur D).

Gut erhalten ist die Charlier Gruft (Flur G). Sie wurde sechsstellig angelegt, drei hiervon sind belegt. Im Innern lautet die Inschrift: „Erbaut zur Erinnerung an ihr einziges unvergessenes Kind Otto von Paul Charlier und Mathilde Charlier geb. Boecking, Anno 1899". Es handelt sich hierbei um einen neoromanischen Kapellenbau.

Bei der Grabstätte Lindgens (Erstbestattung 1888) wirken die Grabeinfriedungen wie ein ausgelegter Kapellengrundriss. Im Apsisscheitel ist ein gestufter Treppenzugang angelegt, der auf einen Sarkophag hinführt. Linksseitig wird dieser von einem galvanoplastisch gearbeiteten Engel überstützt. Die Familie war und ist Eigner einer Farbenfabrik.

Die Grabstätte Blügel (Flur E) zeigt in vornehmer Form den neoklassizistischen Geist. Sie wurde kurz nach dem Tode des Fabrikdirektors Dr. Alfred Blügel (+ 1909) gestaltet. Das Relief aus Muschelkalk zeigt den in Toga gekleideten Christus, der die Kinder zu sich

ruft. Diese werden von Erwachsenen begleitet. Hierüber sind die Porträts von Friedrich, Henriette und Alfred Blügel wiedergegeben.
Die Grabstätte Johann Abraham Steinkauler (1751-1813) ziert eine obeliskförmige Stele aus Sandstein auf rechteckigem Grundriss. Der Sockel weist an den Seiten spezifische sepulchral-ikonographische Motive auf, wie den Eichenlaubkranz, einen Leviathan in dessen Mitte sich abschiedlich zugewandte Hände in Wolken begegnen. Ein Blumenbukett aus Rosen sowie Amphoren mit kantigen Griffen, die mit „Lebensbaumblattwerk" umrankt sind, kommen hinzu. Die Inschrift lautet: „Dieser Stein deckt ihre Asche" (Flur C). Von der ursprünglich sehr viel größeren Grabstätte hat sich an der Nordwestecke noch ein Stück vom alten Einfriedungsgitter mit Pinienzapfen erhalten.
Nahe bei dieser Grabstätte ist die der beiden ehemaligen lutherischen Gemeindepfarrer Johann Gustav Burgmann (1744-1795) sowie Johann Wilhelm Reche (1763-1835) erhalten. Der quadratische Sockel zeigt ein vasenähnliches Gefäß, signiert mit P. Mannebach.
Von großer Ausdruckskraft durchdrungen ist die Grabstätte der Familie Christoph Andreae (Flur C). Der quadratische Sockel trägt ein vasenähnliches Gefäß. Auf der Ostseite des Postamentes ist auf einer kleinen Urne der Name von Christoph Andreae lesbar:„ Er starb am 3.8.1804". In Eichenlaubkränzen sind Tugenden wie Nächstenliebe, Wahrheitsliebe, Mäßigkeit und Fleiß genannt. An der Nordseite befindet sich eine nach unten gesenkte Fackel, die mit Mohnpflanzen gerahmt ist; auf der Südseite eine Lyra, die von zwei Schmetterlingen als Auferstehungssymbol überfangen ist.
Auf der Westseite des Steines wird an Maria Christina Andreae (1740-1807) erinnert. Am Sockel ihre Tugenden in Rhomben: Häuslichkeit, Friedlichkeit, Mutterliebe und Klugheit.
Der Grabstein der Grabstätte Schmitt (neben Christoph Andreae, Ende 19. Jht.) schließt nach oben hin mit einem Zinnenkranz ab. Das Hauptrelief gibt in einem höhlenartigen Bau den Verkündigungsengel wieder, der den Frauen die Botschaft vom Auferstandenen verkündet (Marmor).
Hierneben die Grabstätte Engelbert Anton Rhodius mit einer Grabstele, die an der Frontseite einen trauernden Genius von eindringlicher Schilderung wiedergibt (Lode, Düsseldorf, Flur C). Die Inschrift lautet: „Die Liebe höret nimmer auf" (entstanden um 1830).
Bei der Grabstätte der Familie Eduard Rhodius (1826-1913) handelt es sich um eine Kreuzstele aus belgischem Granit. Auf dem Sockel ist lesbar: „Befiehl dem Herrn deine Wege und hoffe auf ihn. Er wird's wohl machen." (Flur C).
An der südlichen Friedhofsmauer finden sich eine Reihe von derzeit an die Mauer gestellten Grabplatten des 18. und 19. Jht. (ursprünglich liegend).
Gleich hier erinnert ein dreiteiliges Wandgrab aus Granit an Friedrich Wilhelm Steinkopf, vorletzter Oberbürgermeister von Mülheim (+ 1911).
Schließlich sei auf Grabstätte Ida (1818-1884) und Albert Charlier (1814-1894, entstanden ca. 1890) aufmerksam gemacht. Auf pultähnlichem Sockel liegen Granitplatten auf, die miteinander durch ein liegendes Kreuz verbunden sind, das mit Palmen und Efeu dekoriert ist (Flur H).

Domgruft

Die erzbischöfliche Gruft wurde im Zusammenhang mit einer neu anzulegenden Krypta von 1958 bis 1969 im Auftrag des Metropolitankapitels vom damaligen Dombaumeister Prof. Dr. Weyres errichtet. Die Decke der Krypta gestaltete Erlefried Hoppe. Neben einem Mittelgang legen sich in der eigentlichen Gruft 16 Grabkammern, die mit Steinplatten verschlossen sind. Den Eingang öffnen Eisengitterwerke von Paul Nagel.
Die Namen der zuletzt verstorbenen, ehemaligen Erzbischöfe (19. und 20. Jht.) werden an den Seitenwänden der Krypta genannt.
Ferdinand August von Spiegel war von 1825-1835 Erzbischof von Köln. Nach der Wiederrichtung des Erzbistums im Jahre 1821 mühte er sich um die Hebung des religiösen Volkslebens. Auch wendete er dem Armenwesen große Sorgfalt zu. Die Weckung und die Förderung des Priesternachwuchses war ihm ein wichtiges Anliegen. Bereits 1825 verordnete er auf Geheiß der preußischen Regierung eine Kathedralsteuer zur Vollendung des Kölner Domes.

Auch wenn er nicht im Dom zu Köln ruht, muss an den seines Amtes enthobenen Erzbischofs Clemens II. von Droste zu Vischering erinnert werden (1836-1845), der im Zuge des „Mischehenstreites" der preußischen Regierung durch seine konsequente Haltung im Weg stand.
Bereits während der Amtszeit von Clemens II. wurde Johannes von Geißel zum Koadjutor des verbannten Bischofs bestellt. Er konnte in seiner Amtszeit (1845-1864) das Verhältnis zur preußischen Regierung verbessern, ohne die kirchliche Position aufzugeben. In seine Zeit fällt die Wiederaufnahme der Arbeiten am Kölner Dom (1842 und dessen Weihe 1848). Wie eine Krönung seines Schaffens kann das im Jahre 1860 abgehaltene Kölner Provinzialkonzil angesehen werden.
Paulus Melchers (1866-1885) widersetzte sich den „Kulturkampfgesetzen", durch die die Freiheit der katholischen Kirche erheblich eingeschränkt wurde. Er lebte nach seiner Verhaftung und Verbannung ab 1875 in Maastricht. Von hier aus leitete er das Bistum. 1885 trat er von seinem Amt zurück. An ihn erinnert auch die

Südstadtkirche St. Paul.
Die Amtszeit seines Nachfolgers Philipp Krementz (1885-1899) steht ganz im Zeichen der Aussöhnung zwischen Regierung und Kirche sowie der Wiederherstellung kirchlichen Lebens. Auch konnte nach langjähriger Schließung wieder das Priesterseminar eröffnet werden (1886). Das katholische Vereinswesen fand in ihm einen großen Förderer.
Hubertus Theophil Simar (1900-1902) starb nach kurzer Amtszeit bei einer Visitationsreise an einer Lungenentzündung. Seine Sympathien galten dem Gesellenverein, der theologischen Volksbildung und der Musik, demnach vor allem der Kolpingbewegung, dem Borromäus Verein und dem Cäcilienverein. Er bemühte sich allen alles zu sein.
Weiterhin wird an Antonius II. Fischer (1902-1912), Erzbischof von Köln, gedacht. In seine Amtszeit fällt der Eucharistische Kongress in Köln im Jahre 1909 und überhaupt galt sein besonderes Augenmerk der eucharistischen Verehrung.
Erzbischof Felix von Hartmann (1913-1919) amtierte in der Zeit des 1. Weltkrieges. Er bemühte sich um die Seelsorge für die Soldaten (zitiert nach: Die Erzbischöfe von Köln und ihre Ruhestätten, Köln 1995).
Erzbischof Karl Joseph Schulte (1920-1941) wandte sich immer wieder gegen die nationalsozialistische Hetze und schuf eine Abwehrstelle gegen antichristliche Propaganda (zitiert nach: Dombetrachtung 4, Dompfarramt). In seine Amtszeit fällt zudem die Schaffung des Bistums Aachen, das vordem zum Erzbistum Köln gehörte.
Während des 2. Weltkrieges wurde Joseph I. Frings zum Erzbischof gewählt (1942-1969), der sich ebenso vehement gegen das nationalsozialistische Unrecht zur Wehr setzte wie sein Vorgänger. Der notleidenden Bevölkerung ist er durch seine Sylvesterpredigt aus dem Jahre 1946 unvergessen geblieben: „Wir leben in Zeiten, da in der Not auch der einzelne das wird nehmen dürfen, was er zur Erhaltung seines Lebens und seiner Gesundheit notwendig hat, wenn er es auf andere Weise, durch seine Arbeit oder durch Bitten, nicht erlangen kann." Dies trug ihm Proteste aus der katholischen Welt, aber auch die Sympathie nicht nur der rheinländischen Bevölkerung ein. Das Wort „fringsen" ist heute noch ein „geflügeltes" Wort. Als Präsident des 2. Vatikanischen Konzils prägten viele seiner Einschätzungen den Geist des Konzils. Er starb hoch verehrt in Köln im Jahre 1978 im Alter von 91 Jahren. Die Hilfswerke Adveniat und Misereor waren im Herzensangelegenheit.
Im Jahre 1969 wurde Joseph II. Höffner Erzbischof von Köln. Der katholischen Soziallehre galt sein Lebenswerk. Zudem war er langjähriger Vorsitzender der Deutschen Bischofskonferenz. Er starb 1987.
Über ihn schrieb zu seinem Tode Papst Johannes Paul II:
„Als sorgender Hirte und Mahner des Glaubens ging er seinen Gläubigen in beispielhafter Weise voran auf dem Weg treuer Nachfolge Jesu Christi, in opferbereiter Liebe zur Kirche und zu den Menschen, besonders den Benachteiligten und Hilfsbedürftigen. Nicht nur die Ortskirche, sondern auch die Weltkirche verliert in ihm einen mutigen Zeugen für Christus und eine vom Geist des Evangeliums geprägte Lebensgestaltung in Familie und Gesellschaft (zitiert nach: Arnold Wolff, Die Erzbischöfe von Köln und ihre Ruhestätten, Köln 1995).

Domherrenfriedhof

Der Domherrenfriedhof des Kölner Domkapitels öffnet sich östlich des Kölner Domes zum Domchor hin. Er wurde 1925 anstelle der Kapitels- Gruftanlage auf dem Melatenfriedhof von Dombaumeister Hertel angelegt und 1954 von Dombaumeister Prof. Dr. Willy Weyres (1903-1989) neu gestaltet.

Es handelt sich hierbei um eine weiträumige Gruftanlage mit insgesamt 88 Belegplätzen. Die Gruft ist etwa 10 Meter lang, der Mittelgang ist etwa 3 Meter breit. Auf jeder Seite sind jeweils 11 Bestattungsräume in vier Ebenen gewonnen. Der Zugang zur Gruft erfolgt über die vor dem Hochkreuz ausgelegten, in Sand verlegten, abnehmbaren Platten, unter denen eine eiserne, zu öffnende Gruftplatte liegt. In der eigentlichen Gruft befinden sich östlich und westlich eines Mittelganges die Bestattungsräume. Die Westseite ist belegt, die Ostseite wird derzeit genutzt. Vom äußeren Erscheinungsbild bestimmt ein Hochkreuz aus Basalt das Friedhofsbild: Christus, im Moment der Vollendung betroffen, neigt sich in geradezu zärtlicher Weise auf die verstorbenen Domherren herab. Die Arme des Gekreuzigten sind deutlich nach oben hin gerichtet und kündigen Auferstehung an. Das Kreuz wurde 1954 von W. Tophinke geschaffen.

Vor dem Kreuz liegt eine beschriftete Platte mit dem Text: „Hic beatam resurrectionem expectant dignitarii et canonici ecclesiae metropolitanae Coloniensis + R.I.P." („Hier erwarten die selige Auferstehung die Dignitäre und Kanoniker der Metropolitankirche Kölns, sie mögen in Frieden ruhen").

Zwei Basen und eine Basis mit einer alter Säule des 11. Jht. machen den Verlauf des alten Kreuzgangs zur ehemaligen Kirche St. Maria ad Gradus deutlich, die an der Ostseite des Domes gelegen war. Die Säule trägt am Postament den Schriftzug „erecta 1981" („errichtet 1981") .
Auch einige ehemalige Werkstücke des Domes lassen sich finden.
Rechts und links vom Hochkreuz sind jeweils zwei freistehende Gedenkplatten aus Basalt aufgerichtet. Sie führen folgende Namen:
Äußere linke Platte:
Karl Hespers, + 1915, Domkapitular;
Peter Kreuzwald, + 1918, Generalvikar;
Franz Düsterwald, + 1920, Domkapitular;
Heinrich Ludwigs, + 1921, Domkapitular;
Peter Lausberg, + 1922, Weihbischof;

Arnold Steffens, + 1923, Domkapitular;
Adolph Ott, + 1926, Domkapitular;
Josef Romunde, + 1927, Dompfarrer;
Innere linke Platte:
Arnold Middendorf, + 1930, Dompropst;
Johannes Adenauer, + 1937, Domkapitular;
Carl Cohen, + 1938, Domkapitular;
Christian Berrenrath, + 1941, Domkapitular;
Kaspar Scholl, + 1943, Domkapitular;
Josef Hammels, + 1944, Weihbischof;
Ernst Reckers, + 1946, Domkapitular;
Otto Paschen, + 1947, Dompropst;
Innere rechte Platte:
Emmerich David, + 1953, Generalvikar;
Andreas Gehlen, + 1953, Domkapitular;
Wilhelm Stockums, + 1956, Weihbischof;
Albert Lenné, + 1958, Domdechant;
Wilhelm Böhler, + 1958, Domkapitular;
Josef Hecker, + 1960, Dompropst;
Ludwig Lieser, + 1963, Domkapitular;
Äußere rechte Platte:
Wilhelm Bussmann, + 1965, Domkapitular
Josef Ferche, + 1965, Weihbischof;
Hubert Giers, + 1966, Domkapitular;
Josef Hoster, + 1969, Domkapitular;
Wilhelm Corsten, + 1970, Domkapitular;
Oskar Columbek, + 1972, apostolischer Protonotar;
Alois Marquardt, + 1972, apostolischer Protonotar;
Links und rechts vor dem Hochkreuz befinden sich pultartig angelegte, in Basalt gearbeitete Grabsteine mit eingearbeiteten Symbolen.
Im einzelnen sind dies folgende liegende Grabsteine:
Linke Seite obere Reihe:
Peter Nettekoven, + 1975, Generalvikar, ernannter Weihbischof (Heilig Grab Kreuz);
Josef Teusch, + 1976, Generalvikar (Kreuz im Kreis);
Adolf Wendel, + 1978, Domkapitular, Domkapellmeister (gregorianische Noten auf Grabplatte);
Vitus Chang, + 1982, Titularbischof (Kreuz mit Bischofsstab);
Linke Seite untere Reihe:

Carl Sauer, + 1984, Domkapitular (Kreuz auf Weltkugel);
Hubert Henze, + 1985, Dompropst (Chi Rho);
Paul Vielbrandt, + 1986 (Ankerkreuz);
Wilhelm Kleff, + 1986, Dompfarrer und Domkapitular (Chi Rho);
Rechte Seite obere Reihe:
Peter Lewen, + 1982 (IHS);
Herrmann Jansen, + 1984, Generalvikar, Bischofsvikar (Kreuz im Wappenschild);
Bruno Wüstenberg, + 1984, Titularerzbischof (Kreuz mit Petrusschlüsseln);
Heinz Werner Ketzer, + 1984, Dompropst 1984 (Caritaszeichen);
Rechte Seite untere Reihe:
Karl Gielen + 1987, Dompropst (Kreuz);
Franz Müller + 1989, Domkapitular (Kreuz von Wellen umgeben);
Rudolf Pfeifer, + 1992, Domkapitular (Kreuz mit Alpha und Omega, kursiv);
Johannes Daniels, + 1992, Domkapitular (Kreuz mit Christus Sieger);
Augustinus Frotz, + 1994, Weihbischof (Ankerkreuz mit Scheiben in Winkelflächen);
Jakob Schlaffke, + 1996, Domkapi-

tular (Muschel mit Kreuz in der Mitte).
Zuletzt verstorben ist Herbert Michels (+ 2002, Domkapitular). Sein Gedächtniskreuz liegt hinter dem Grufteingang.

Rechtlich unselbständige örtliche Stiftungen

Der Stiftungsgedanke erfreut sich neuerdings ständig zunehmenden Interesses. Insbesondere die öffentliche Berichterstattung über die aktuelle Reform des Stiftungsrechts hat zur Beseitigung bestehender Informationsdefizite beigetragen und gleichzeitig die Attraktivität und das Ansehen von Stiftungen in der Öffentlichkeit erhöht. Hiervon profitieren in erster Linie die großen selbständigen Stiftungen. Doch auch die kommunalen, rechtlich unselbständigen örtlichen Stiftungen werden von den Bürgerinnen und Bürgern mehr und mehr zur Kenntnis genommen. So konnten in jüngster Zeit in Köln einige neue Stiftungen gegründet werden. Daneben hat sich erfreulicherweise das gesamte bereits bestehende Stiftungsvermögen durch Zuspenden bzw. neue Erbschaften kontinuierlich erhöht. Die Bevölkerung hat zunehmend festgestellt, dass auch kleinere unselbständige Stiftungen der Kommune vor allem dort tätig werden, wo die Förderung der öffentlichen Hand insbesondere vor dem Hintergrund der in den letzten Jahren erheblich enger gewordenen finanzwirtschaftlichen Spielräume nicht mehr oder nur noch beschränkt wirksam wird und somit einer Ergänzung bedarf.

Die immer größer werdende Bereitschaft von Bürgerinnen und Bürgern, ihr privates Vermögen für Zwecke des Gemeinwohls zu stiften, sollte daher von allen nach besten Kräften unterstützt und gefördert werden. Die Forderung nach „weniger Staat" kann nur mit Hilfe einer aktiven Bürgerschaft erfüllt werden.

Die Stadt Köln verwaltet derzeit 25 unselbständige örtliche Stiftungen mit einem Gesamtvermögen von nahezu 100 Millionen €. Organisatorisch ist die Stiftungsverwaltung dem Finanzdezernat zugeordnet. Anfragen zum Procedere einer Stiftungserrichtung, zum Stiftungsmanagement und zu anderen stiftungsrelevanten Fragen können an die Kämmerei gerichtet werden.

Die Stadt Köln als Stiftungsträgerin legt das ihr übereignete Vermögen sicher und ertragreich an (meist in festverzinslichen Wertpapieren sowie in Immobilien). Auf der Grundlage ihrer gesetzlichen Verpflichtungen gewährleistet sie, das Stiftungsvermögen im Interesse eines langfristigen Bestandes der Stiftung in seiner Substanz zu erhalten. Übliche Praxis der Stadt Köln ist es daher, einen Teil der jährlichen Erträge nicht zur Erfüllung des Stiftungszwecks zu verausgaben, sondern als sogenannten Inflationsausgleich dem Grundstockvermögen der Stiftung zuzuführen.

Nach Abzug sämtlicher Kosten einschließlich der erforderlichen Rückstellungen für die dauerhafte Vermögenserhaltung verbleiben im Jahr zur Erfüllung der jeweiligen Stiftungszwecke Netto-Erträge von rd. 2 Millionen €. Bei der Erfüllung der Stiftungszwecke unterwirft sich die Stiftungsträgerin voll und ganz dem Stifterwillen. Darüber hinaus ist die Kommunalaufsichtsbehörde (Bezirksregierung) gesetzlich dazu verpflichtet darüber zu wachen, dass die Stiftungen entsprechend dem Stifterwillen unter Beachtung der Gesetze und im Einklang mit der jeweiligen Stiftungssatzung verwaltet werden.

Die Zwecke der aktuellen Stiftungen der Stadt Köln zielen zum Teil in die Bereiche Schule, Kunst und Kultur, jedoch zum ganz erheblichen Teil auf den sozialen Aufgabenbereich. Zu nennen sind hier insbesondere die Unterstützung von Kindern und Jugendlichen, von alten bedürftigen Menschen, von Behinderten sowie von Kölner Einwohnern, die aus irgendwelchen Gründen in Not geraten sind.

Der Einsatz von Stiftungsmitteln erfolgt subsidiär, d. h. zum Beispiel im sozialen Aufgabenbereich, dass Stiftungsmittel nur in solchen Fällen eingesetzt werden, in denen nach Prüfung der persönlichen und wirtschaftlichen Verhältnisse im Einzelfall eine Notlage besteht und eine Hilfeleistung im Rahmen der gesetzlichen Möglichkeiten nicht oder nicht im notwendigen Umfang möglich ist. Neben individuellen Fördermaßnahmen kommen in Einzelfällen auch institutionelle Förderungen in Betracht. Aus der Vielzahl von Fördermaßnahmen seien hier ein paar wenige beispielhaft genannt:

- Betreuung von behinderten Menschen in Altenwohnungen/-heimen
- Zuschuss zur Förderung Sozialpsychiatrischer Zentren

der Stadt Köln

- Zuschuss an ein Zentrum für therapeutisches Reiten zur Durchführung eines Hippotherapie-Forschungsprojekts
- Finanzierung integrativer Ferienprogramme
- Anschaffung einer behindertengerechten Trainingsküche speziell für die weniger geistigbehinderten, aber deutlich körperbehinderten Menschen in einem Wohnheim für Schwerstkörperbehinderte und Mehrfachbehinderte
- Ausstattung integrierter Kindertagesstätten mit speziellen therapeutischen Hilfsmitteln sowie mit Spiel- und Beschäftigungsmaterialien (z. B. Therapiespiegel, spezielle Behindertenschaukeln, Therapiebälle, Spezialfahrräder)
- Mitfinanzierung der Förderung und Forschung auf dem Gebiet der Rechtsgeschichte
- Beschaffung zusätzlicher Lern- und Unterrichtsmittel im Bereich von freiwilligen Fördermaßnahmen für lernschwache bedürftige Kinder

Abschließend soll noch darauf hingewiesen werden, dass es im Zusammenhang mit der Erfüllung übernommener Verpflichtungen zuweilen zu recht erwähnenswerten Besonderheiten kommen kann. So ist es zum Beispiel nicht unüblich, dass Stifter ganz konkrete Wünsche äußern bzw. in ihrem Testament verankern, die von der Stiftungsträgerin strikt einzuhalten sind. Zu nennen sind hier etwa Verpflichtungen zur dauerhaften Pflege von Grabstellen, die Übernahme der Kosten für das regelmäßige Lesen von heiligen Messen in bestimmten Pfarreien und ähnliches. Stellvertretend für viele wirklich außergewöhnliche Dinge sei folgender Fall erwähnt:

Der Gründer der heutigen Stiftung zur Förderung des Musikstudiums hat der Stadt Köln im Jahre 1932 neben mehreren Häusern und sonstigem Vermögen ein Waldgrundstück im Königsforst (Bergisch Gladbach) vermacht mit der Auflage, ihn dort beizusetzen. Die Stadtväter mussten außerdem mit einem „Reue-Essen" in einem bestimmten Waldrestaurant Unbill sühnen, die sie ihm zu Lebzeiten angeblich angetan hatten.

Der Stifter galt damals als Sonderling. Er war begeisterter Anhänger Wagnerischer Musik. Seine Stiftung für Musikstudenten „mit sittlich einwandfreiem Lebenswandel" (Text der Stiftungsurkunde) hatte er der Stadt schon vor seinem Tod angedient, aber wohl nicht das rechte Entgegenkommen gefunden. Nach seinem Tode hat die Stadt dann die Erbschaft angenommen, sämtliche Auflagen des Stifters erfüllt und die Stiftung dem Willen des Erblassers entsprechend errichtet. Zum Andenken an den Stifter wurde an einem Türpfeiler einer seiner Häuser eine bronzene Gedenktafel mit folgendem Text angebracht:

> Dieses Haus wurde im Zweiten Weltkrieg durch Bomben zerstört und 1983/84 wieder errichtet.
> Von der Mitwelt zurückgezogen lebte hier
> Josef Hubert Hausmann
> 1874 – 1932.
>
> Sein Vermögen stiftete er zur Förderung begabter Schüler der Rheinischen Musikschule, um sie „zur höheren Vollendung in der Kunst und Musik zu bringen".
>
> Stadt Köln
> Stiftungen zur Förderung des Musikstudiums
> 1985

Daneben enthält die Gedenktafel ein Hunderelief, und zwar aus folgendem Grunde: Der Stifter war nicht nur ein begeisterter Anhänger Wagnerischer Musik, sondern darüber hinaus auch ein leidenschaftlicher Tierfreund. Als Beleg dafür ist anzumerken, dass der Stifter auf seinen ausdrücklichen Wunsch hin mit seinen beiden Deutschen Doggen im Königsforst in der Nähe des oben erwähnten Waldrestaurants beigesetzt wurde. Den beiden Hunden hatte er aus dem „Ring der Nibelungen" die Namen „Nothung" und „Frohwalt" gegeben. Auf Findlingssteinen, die auf dem kleinen Waldfriedhof von den Grabstätten künden, steht „Nothung, dem Treuesten der Treuen" und „Frohwalt, mein stolzer Liebling".

Die dauernde Grabpflege ist auch heute noch sichergestellt. Darüber hinaus wird auf der Grabstätte zum Gedenken an den Stifter jährlich zu Allerheiligen im Auftrag der Stiftungsverwaltung ein Kranz niedergelegt.

Köln, im September 2003

*von Günter Schmitz
Abteilungsleiter Stiftungsverwaltung der Stadt Köln*

Geusenfriedhof

Der älteste evangelische Friedhof des Rheinlandes, der Geusenfriedhof, öffnet sich über die Kerpener Straße. Seinen Namen führt er nach den aus den Niederlanden als Bettler (Geusen) nach Köln kommenden ersten evangelischen Christen. Das Grundstück weit vor den mittelalterlichen Stadtmauern Kölns wurde von der Katholikin Ursula von Gohr zu Kaldenbroek 1576 an die evangelischen Christen geschenkt. Die erste namentlich bekannte Bestattung stammt von 1584.

Nach der Anlage des Melatenfriedhofs wurden dort auch ab 1829 evangelische Christen bestattet, was dazu führte, dass der Geusenfriedhof nur noch bis 1876 belegt wurde. Seit dieser Zeit ist der altehrwürdige Friedhof ein „historisches Denkmal" evangelischer Geschichte in Köln und im Rheinland sowie evangelischer Grabkultur. Er beherbergt eine große Zahl von künstlerisch und gemeindegeschichtlich hoch relevanten Grabdenkmalen. Die frühesten Grabsteine datieren Ende 16. Jht., Anfang 17. Jht. Sie bezeugen deutlich, dass es im evangelischen Bereich eher unüblich war, kreuzförmige Steine zu verwenden. Vielmehr wurden Eigenformen gefunden, wie z-B- rund nach oben schließende Steine (Grabstätte Hans Koertt, 1584) oder Grabstätten, wo auf einen längs rechteckigen Stein, nach oben hin auf Eck gesetzt, ein Quadrat erscheint.

Für die Zeit des 17.-18. Jht. sind vor allem Grabplatten beredtes Zeugnis des Gedächtnisses. Sie wurden in geschrägter Form auf die Grabstellen aufgelegt und sind rechteckigen Gedenkplatten vieler katholischer Kirchengrüfte ähnlich. Der vordringende Klassizismus führt auch auf dem Geusenfriedhof zum Wechsel tradierter Formen. So werden aufrecht stehende Grabstelen eher üblich, wobei der Obelisk als symboltragendes Motiv ebenso Verwendung findet, wie die antik anmutenden Reliefs auf rechteckigen Grabstelen. Deutlich häufiger als im katholischen Bereich, wo Bilder von Heiligen und das Anvertrauen an sie bedeutsam ausgedrückt wird, finden sich Zitate aus der Heiligen Schrift.

Seit geraumer Zeit werden die einzelnen Steine restauriert. Zudem ist durch ehrenamtliche Hilfe eine sichere Begehbarkeit erreicht.

Die Grabplatte von Jacob Meinertzhagen (1649-1724, Flur 4) besteht aus Stenzelberger Latit. Nach oben beschließt sie mit dem Familienwappen. Im unteren Teil hält ein Gerippe die Namenstafel der Verstorbenen,

318

was der Vergänglichkeit allen Seins beredten Ausdruck verleiht. Als Bibelwort ist u.a. mitgegeben: „Ich bin die Auferstehung und das Leben, wer an mich glaubt, der wird leben, obgleich er stürbe" (Joh. 11, 25).
Jacob Meinertzhagen arbeitete als „Bankherr".
Dicht hierbei (rechts, gleicher Flur), wiederum in Stenzelberger Latit die Grabplatte für Gerhard Edler von Meinartzhagen (1682-1761) sowie seiner Frau Sara Elisabeth (1693-1769). In erzählfreudiger beredter Manier wird der Vanitas (Vergänglichkeit) durch den Sensenmann Ausdruck verliehen. Neben den Bibelzitaten (Ps. 17, 15; Phil 3, 20, 2; Kor. 5, 8) ist lesbar: „Die Zeit verläuft."
Mit einem Totenschädel sind die zweiteiligen Namenstafeln der Grabstätte Jakobus Nierstrass (1670, Kalkstein) mittig betont.
Aus Aachener Blaustein sowie Kalkstein wurde die klassizistische Grabstele für Anna Luisa Nierstrass (1743 - 1826) gestaltet. Das Unendlichkeitssymbol der sich in den Schwanz beißenden Schlange findet sich ebenso wie das Auferstehungssymbol des Schmetterlings.
Ganz bezeichnend für die frühen Steine (zumeist Basalt) ist das Verwenden von Hausmarken, die Namensabbreviaturen beinhalten: Evert, Matheis (+ 1597); Initialen AA KM, darüber im Wappenschild die Jahreszahl 1597 (Flur 4).
Wiederum eine klassizistische Grabstele (roter Sandstein, Flur 4) erinnert an den ehemaligen preußischen Oberpostdirektor Ferdinand Chasté (1788-1826). Ein Postwagen als Attribut seiner Arbeit ziert den Sockel, die Mohnpflanzen (rückwärtig) deuten den Tod als den Bruder des Schlafs (signiert mit I. Mannebach).
Im Frontispiz der Grabstele Benekendorf (Sandstein, Flur II, ca. 1830) drückt ein geflügeltes Stundenglas das Wort aus: „Seid also wachsam! Denn ihr wisst nicht, an welchem Tag euer Herr kommt" (Math. 24, 42). Besonders eindrucksvoll schildert die Grabplatte für Johannes Böcking (1737-1762, Flur II) die Situation nach dem Sterben. Auf der Kalksteinplatte wird der Sensemann mit dem betenden Verstorbenen wiedergegeben. Der Tod ist die zwingende Voraussetzung zum ewigen Leben, das sich mit dem Paradiesgarten öffnet. Der das Flammenschwert tragende Engel bewacht es. Johannes Böcking (1737-1762) war gebürtig aus Trabach und arbeitete in Köln als Arzt.
Die Grabplatte der Familie Johannes Welter (Kalkstein ca. 1740) sowie zahlreicher Mitglieder seiner Familie schmückt im heraldischen oberen Feld eine Stadtansicht; auch die „Herstattkugel" ist erkennbar. Die umlaufenden Bibelzitate lauten: Ps. 39, 5 „Herr lehre doch mich, dass es ein Ende mit mir haben muss und mein Leben ein Ziel hat"; Proverbium 27, 1: „Rühme dich nicht des morgenden Tage, denn du weisset nicht, was heute sich begeben mag".

Ein sehr auffälliges Denkmal aus rotem Sandstein wurde von Peter Joseph Imhoff im Jahre 1826 für Caroline Henriette Dornheim geschaffen. Trauernd wendet der Genius die Fackel nach unten und hält in der Hand Mohnkapseln (s.o.). Den Aufsatz bildet ein Gefäß mit einem Tuch. Henriette Dornheim (1794-1826) verheiratet mit Heinrich Dornheim, starb an den Folgen einer Schwangerschaft (Flur II).
In gleicher Flur wird das beliebte klassizistische Stelenmotiv des Obelisken (Obersulzbacher Sandstein) bei der Grabstätte Mannes (ca. 1820) erkennbar. Am Sockel ist die Zier eines Eichenlaubkranzes sowie ein Urnengefäß im Relief einmodelliert. Die Inschrift lautet: „Sibilla Caroline Mannes geborene Hoesch (... den ... Februar 1796 gest. den 21.10.1819, und Friedrich Wilhelm Mannes, geb. den 11. Juli 1785, gest. den Juli 18...)" – letzterer beweinte seine erste Gattin, ihn selbst beweint hier die zweite.
In tiefer Trauer ist eine Frau bei der Grabstätte Luise Knobel betroffen. Sie entschwebt mit einem Kind im Arm in spielerischer Form. Die obeliskartige Stele aus Roter Sandstein (signiert P. Imhoff) trug seinerzeit die Inschrift (unlesbar): „Louise Knobel geb. Giesle(r) im 21. Jahr ihres blühenden edlen Lebens in dem Augenblick der schönsten Hoffnung wurde sie dem Gatten, der Mutter und den Geschwistern entrissen. Unvergesslich allen, die ihre (Liebe) beglückte, ist der seligen dieses Denkmal geweiht" (1823, Flur II). Die Gieslers besaßen eine Brauerei in Köln.
Wie Gesetzestafeln ist aus Kalkstein der Erinnerungsstein für Johannes Gumpertz gestaltet (1662): „Ich weiß, dass mein Erlöser lebt und er wird mich hiernach auf Erden auferwecken und werde dernach mit dieser meiner Haut umgeben"; (Bibelwort Hiob Kap. 19, 25).
Mit einer auf einem Sockel ruhenden Urne, die mit Tüchern geschmückt ist (Roter Sandstein, 1821) wird erinnert an:
„Paulina Rhodius geb. in Mülheim am Rhein am XI. März MDCCCV ges. in Köln am XXIV Jul. MDCCCXXI. Sanfte Seele dich zerdrückten nicht des Todes rauhe Bande wonnige Jugend bleibet der Tugend in der Engel Heimath Lande".
Aus Obersulzbacher Sandstein wurde der würfelförmige Gedenkstein für Johann Christian Jaeckel gearbeitet. An der Wegesseite wird ein Äskulapstab sichtbar. Die heute verlorene Inschrift besagte: „Dem Andenken an Johann Christian Jaeckel der Heilk Dr. Assessor des k. med. Coll. Geb. zu Ohlau in Schlesien den 21. August 1761 gest. zu Köln den 26. Februar 1820. Der du ins Leben geführt, zum Leben gerettet so viele selbst nun liegest du hier irdischem Lebensraum beraubt Staub zum Staube gesellt. Doch höheres Leben erblühet vor des ewigen Thron deinem unsterblichen Geist" (Inschrift wohl von Wallraf).
Dr. Jaeckel war der einzige nichtkatholische Beamte (1788-1791) an der Universität Köln und mit Vorlesungen über Geburtshilfe und Chirurgie betraut. Er starb 58-jährig als Witwer, wohnhaft Unter-Sachsenhausen. Geradezu naiv

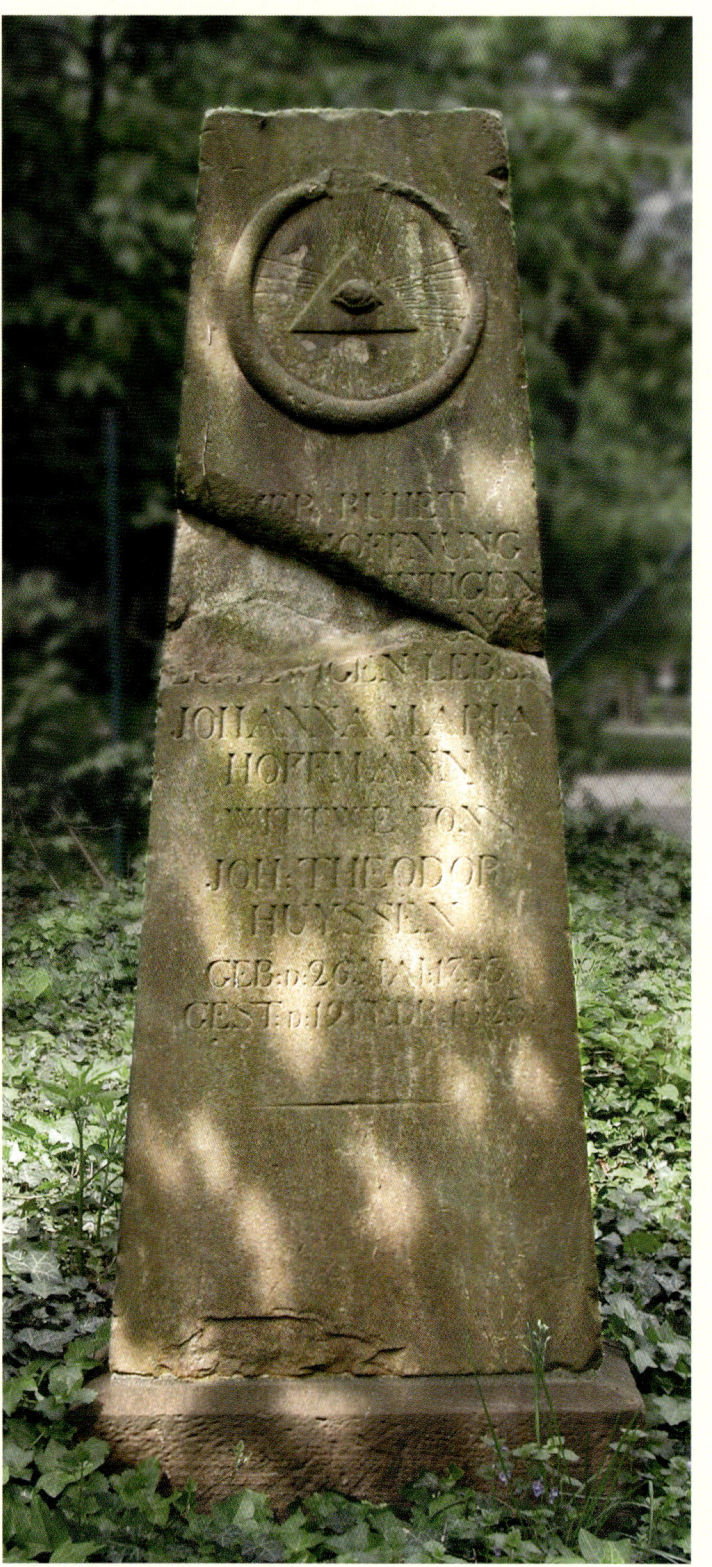

in der künstlerischen Sprache wirkt die Grabstätte Christianus Hengens (1710, Stenzelberger Latit). Hier wird ein Hähnchen als redendes Wappenbild und zugleich ein „wilder Mann" dargeboten.

Ein kleiner Stein mit einer Hausmarke aus Drachenfelser Trachyt stellt das Erinnerungsmal der ältesten erhaltenen Bestattung auf dem Geusenfriedhof dar. Sie nennt Heinrich Koertt. Im Jahre 1574 ist er „an einer giftigen Pest erkrankt" und machte sein Testament.

Das aus rotem und braunem Sandstein geschaffene mehrteilige Grabmal von Johanna Maria Hoffmann sinnbildet die Unendlichkeit verheißende, sich selbst verschlingende Schlange. Das Strahlenkranz umfasste Auge Gottes überfängt die Hoffnung auf Einheit mit Gott. Die Inschrift lautet: „Hier ruhet in der Hoffnung der zukünftigen Auferstehung zum ewigen Leben Johanna Maria Hoffmann Wittwe von Joh. Theodor Huyssen geb. 26. Mai 1753 gest. 19. Febr. 1823."

An den zweiten Pfarrer der 1802 offiziell zugelassenen evangelischen Gemeinde Köln erinnert die aus bräunlichem Sandstein gefertigte Stele für Christian Gottlieb Bruch (Flur III). Die Inschrift lautet: „Christian Gottlieb Bruch Pfarrer der ev. Gemeinde zu Cöln und kön. Konsistorialrath Dr. phil u. theol geb. 14.1.1770 gest. 30.5. 1836, Apostelgesch, 4, 12." (das ist: „viele aber, die das Wort gehört hatten wurden gläubig"). Er war seit 1803 Pfarrer in Köln und Sohn eines Apothekers. Sein Sohn war der Polizeiassessor August Friedrich. Dieser wurde der Vater des berühmten Komponisten Max Bruch.

Ein zentrales Monument macht die Grabstele Hasenclever aus. Drei Liegesteine flankieren die Kreuzstele. Die schmiedeeisernen Einfriedungen sind bewahrt. Die Inschrift lautet: „Franz Alexander Hasenclever Justirathrath und Advocat Anwalt geb. zu Moscau 25.12.1783 gestorben zu Cöln 10.4.1838" (Flur IV).

Wiederum den Typ der Grabplatte verwendet die Grabstätte Moll (1826, Stenzelberger Latit). Auferstehungs- und Unendlichkeitssymbole treten bildhaft hervor: Vase, Schmetterling und Schlange. Johann Jakob Moll, wohnhaft Kleine Sandkaul, war Präsident des Handelstribunals und Inhaber eines Materialiengeschäftes. In Flur IV soll abschließend die Grabstätte der Familie Johann Dietrich Schulz genannt sein. Die aus Sandstein gewonnenen Kreuzstelen sind mit einem Eisengitter eingefriedet. Der in Jesus Sirach 22, 11 zitierte Text lautet (neuere Übersetzung): „Über einen Toten weine, denn das Lebenslicht erlosch ihm; über einen Toren weine, denn die Einsicht erlosch ihm. Weniger weine über einen Toten, denn er ruht aus; das schlechte Leben des Toren ist schlimmer als der Tod".

321

Deutz - Jüdischer Friedhof

Im Jahr 1695 überließ der Kölner Erzbischof den Deutzer Juden ein Grundstück für einen Friedhof. Hierfür hatten sie eine jährliche Abgabe zu zahlen. Bestattet wurde ab 1698.

Nach der Wiederzulassung der Juden in Köln wurden auch Mitglieder der Kölner Gemeinde auf dem Deutzer Friedhof beigesetzt, da ein Friedhof im Linksrheinischen nicht erlaubt wurde.

Der Zugang zu dem heute 18.000 qm großen Friedhof erfolgt über das Eingangstor an der Südwestseite (heute Judenkirchhofsweg). Der Begräbnisplatz beherbergt mehrere tausend Grabstätten.

Eigentum der Kölner Synagogengemeinde über. Bis 1859 wurden die Grabdenkmale stehend errichtet; zwischen 1859 und 1882 durften auf Anweisung der Militärbehörden nur liegende Grabsteine aufgestellt werden (Fortnähe), danach wieder stehende. Bis 1941 wurde der Begräbnisplatz in Deutz benutzt. 1983 und 1996 wurde der Friedhof verwüstet (zitiert nach Elfi Pracht, Jüdisches Kulturerbe in Nordrhein-Westfalen, Köln 1997). Den ältesten Teil des Friedhofs (links vom Tor) machen die Flure Q, P bis Y aus. Die mit blühenden Pflanzen geschmückte Grabplatte für Josef Heller (+ 1867, Flur R) zeigt eine Kanne, die auf Levi hinweist.

In Flur P befindet sich die Grabstätte von Dr. Hirsch Plato, Rabbiner und Seminardirektor. Einem stehenden Grabstein mit einem Dreiecksturz ist eine zweiseitig beschriebene Marmorplatte eingesetzt (deutsch und hebräisch).

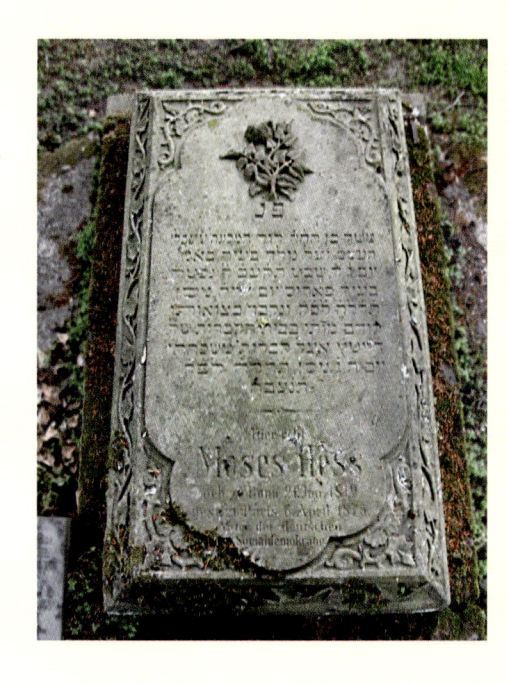

Erweiterungen wurden 1859 und 1895 vorgenommen (Flur D-J). 1928 ging der Friedhof in das alleinige

Auf diesem Teil lässt sich auch die Grabstätte von Isaak Offenbach (1779, + 1850) auffinden. Der frei-

stehende Stein, der nach oben rund geschwungen ist, erinnert an den Vater des Komponisten Jacques Offenbach. Isaak war 30 Jahre Kantor an der Synagoge (Flur U). In dieser Flur sind Grabsteine sichtbar, die ein Rindskopf ziert, was den Namen der Bestatteten bildhaft illustriert (18. Jht.).
Eine Familiengrablege hat die Familie Salomon Oppenheim. Eine klassizistische Stele gedenkt Therese Oppenheim (+ 1842). Die Familie Oppenheim hat die Synagoge Glockengasse gestiftet.
In Flur X wird an den Lithographen und Maler David Levy Elkan (+ 1865) mit einer liegenden Platte erinnert.
In Flur B liegt die Grabstätte von Moses Hess (1812-1875). Er leitete seinen Zionismus aus dem Wesen des Judentums als einer nationalen Gemeinschaft her (nach Jerusalem umgebettet).
In Flur C liegt Moritz Schüler (1859-1907) begraben. Moritz Schüler ist der Bruder der namhaften jüdischen Schriftstellerin Elsa Lasker-Schüler.
Ein fein geschwungenes Wandgrab der Reformkunst (Flur E) mit mittig eingelassenem Davidstern macht die Grabstätte Stein (1930) aus. Hier befindet sich auch die Grabstätte von Adolf Buschoff, der unter dem Vorwurf angeklagt wurde, ein Kind geschächtet zu haben. In mehreren Instanzen wurde der Prozess geführt. Er wurde freigesprochen und starb 1912.
In Flur H liegt die Grabstätte des Zionisten Prof. Hermann Schapira, der „Vater" des jüdischen Nationalfonds und der hebräischen Universität in Jerusalem (+ 1898, 1953 nach Jerusalem umgebettet).
Die Namensplatte des rundbogig gearbeiteten Grabsteins für Meta Stern (+ 1906) wird mit einer wohl dekorierten Jugendstilbordüre geziert (Flur K).
In gleicher Flur benennt ein Wandgrab Frieda und Isidor Blumenthal (Erstbestattung 1920). Ein Dreiecksgiebel mit einem Blumenkörbchen wird von seitlichen Säulen getragen. Neben Benno Sternberg und Herbert Fleischmann hatte auch der Synagogendirigent Isidor Blumenthal grossen Einfluss auf das Musikleben Kölns.
Faszinierend in ihrer Erscheinung ist auch die Wandgrabstätte für Abraham Ochs (+ 1910). Seitlich rahmen Eichenzweige die Namenstafel. Das Frontispiz wird gefüllt durch einen stilisierten Eichenbaum (Flur K).
In gleicher Flur ist die Grabstätte Hermann Rosenthal (+ 1908) auffindbar. Das dreiteilige Wandgrab hat am Mittelteil zwei urnenartige Gefäße. Im Abschluss ist ein geöffnetes Buch mit Zirkel und Winkel sowie einem Auge Gottes erkennbar. Mit der Grabstätte David Wolffsohn (Flur L) wird an den „Präsident der zionistischen Organisation" (1855-1914) gedacht. Die Rückkehr der Juden nach Zion war in der Kölner Gemeinde wichtigste Forderung. Mit David Wolfssohn (umgebettet nach Jerusalem) und Max Bodenheimer (1865-1940) wurde Köln zum Zentrum des deutschen Zionismus.
In gleicher Flur liegt die Grabstätte Sigmund David (+ 1908). Das mehrteilige Wandgrab, das seitlich von Säulen gefasst wird, bekrönen mit Tüchern umhüllte Deckelvasen. Zudem sind Blätter miteinander verwoben, die einen Ewigkeit verkündenden Pinienzapfen unterfangen.
In Flur L der Grabstein für Laura Süßkind (+ 1929): Art Deco-mäßig gestuft, in der Mitte ein mit einem Perlencollier gefasstes Blumenkörbchen.
Das weiträumig angelegte Grab für Otto Rothschild (+...unlesbar) stammt von dem Kölner Architekten Adolph Nöcker (+ 1917, s. Südfriedhof). Es ziert im oberen Aufsatz einen sehr aufwendigen Blumenschmuck (Flur L). Hier auch die zauberhafte Jugendstilgrabstätte Marie Isaak (+ 1918). Die Grabstele zeigt im Sockelbereich eine schneckenartig angelegte Zier, die in die Seiten überführt wird und nach oben hin in fünf Bänder abflacht (Flur I).
In Flur J, von weitem zu sehen, ist die Stele Julius Salmony (+ 1916). Sie wird beschlossen von einem mit einem großen Tuch überfangenen Deckelgefäß.
Bei der Grabstätte David Klein (+ 1898) ist auf einem schwarzen Granitsarkophag das Buch des Lebens aufgeschlagen.
Wie ein Thoraschrein, der mit einem Tuch geschmückt ist, wirkt die Grabstätte Leopolt Emmanuel (1848-19... nicht lesbar, Flur J).

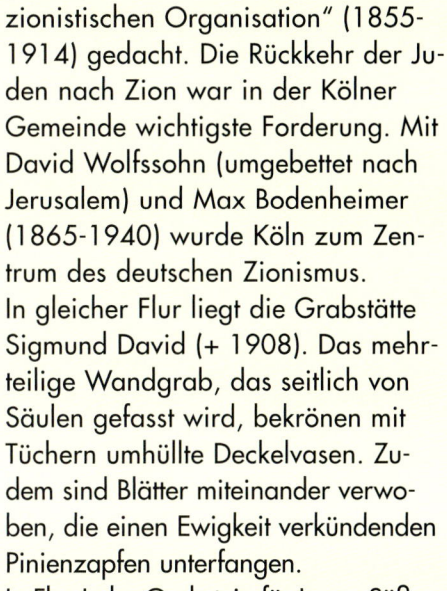

Alter Deutzer Kommunalfriedhof

Der Alte Deutzer Friedhof ist auf dreieckigem Grundrissbild angelegt. Mit seinem prachtvollen Baumbestand zählt er zu den eindrucksvollsten Friedhofsanlagen im rechtsrheinischen Köln.

Der Zugang erfolgt von Osten aus, wo sich die Deutz-Kalker Straße und die Gummersbacher kreuzen.
Der Friedhof war notwenig geworden, weil der bisherige Kirchhof von St. Urban, der am Rhein gelegen war, aufgegeben werden musste. Auf ihm errichtete das preußische Militär eine Artilleriewerkstätte (heute Landeshaus des Landschaftsverbands).
Das Gelände für den neuen Friedhof wurde am 20.7.1820 vom preußischen König Friedrich Wilhelm III. durch eine „Allerhöchste Cabinettsordre" der Gemeinde Deutz überlassen.
Jedoch findet sich ausdrücklich erwähnt, dass auf dem Grundstück von einem Morgen Land auch die Toten der evangelischen Gemeinde und des Militärs bestattet werden sollen, demnach eine Konfessionalisierung von höchster Stelle ausgeschlossen wurde. Eröffnet wurde der neue Begräbnisplatz 1822. Er diente zunächst der Gemeinde Deutz, ab 1856 der Stadt Deutz. Nach der 1888 erfolgten Eingemeindung von Deutz war er Stadtteilfriedhof für Köln-Deutz bis zum Jahr 1894. Zu diesem Zeitpunkt wurde der im heutigen Stadtteil Poll gelegene Friedhof Deutz als Beerdigungsplatz eröffnet (siehe dort). Damit stellt er die erste stadtkölnische Neugründung seit 1810 (Melaten) dar. Das Besondere macht aus, das er seine Entstehung „militärischer Notwendigkeit" verdankt, nicht also, daß der ehemalige Friedhof zu klein war. Mit der Eröffnung des neuen Deutzer Friedhofes wurde der alte Friedhof für Reihenbegräbnisse geschlossen. In Privatgrabstätten durfte wie üblich weiter bestattet werden. Endgültig geschlossen für jegliche Bestattung wurde der „alte" Friedhof Deutz zum 1. Juli 1922.

Seine heutige Grünflächen-Gestalt erhielt der Friedhof 1956/57 im Zuge der Vorarbeiten für die erste Kölner Bundesgartenschau im Jahr 1957. „In der Friedhofsschau auf dem 18.500 qm großen alten Deutzer Friedhof zeigten die Friedhofsgärtner, wie man ein- und mehrstellige Grabstätten schön und zweckmäßig bepflanzt; bildende Künstler, Handwerker und Industrie waren mit Beispielen gut gestalteter Grabzeichen aus Holz, Stein und Eisen vertreten." (zitiert nach Gertrud Scholz, Grün in Köln).
Die Einfriedungsgitter und die Mauer stammen aus der Zeit um 1910. Auf jeweils eine Doppelstützenstellung mit brückenähnlichen Verbindungsteilen aus Eisen antwortet jeweils ein Pfeiler. Die

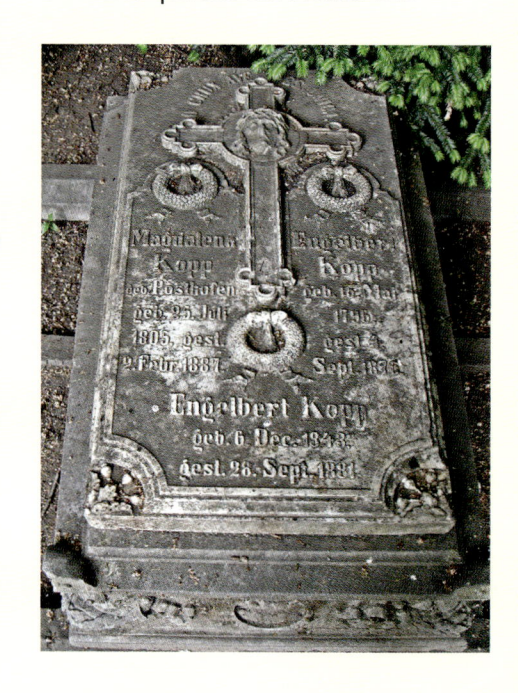

schmiedeeisernen Gitter schließen nach oben mit eierförmigen Aufsätzen.
Mit seiner Wegführung orientiert er sich auf das Hochkreuz und den Figuren von Maria und Johannes (1849) hin, die von verschiedenen Händen stammen.
Gleich hiervon links wird an die bedeutende Deutzer Familie Coblenz erinnert: Casimir (1842-1870), Franz (1801-1869), Heinrich (1847-1900), Josef (1838-1900). Die Coblenzens besaßen in Deutz eine Tabakfabrik. Sein Vermögen hinterließ Josef Coblenz der Stadt Köln für die Errichtung eines Altersheimes.
Dicht hier neben die Grabstätte von Robert Posthofen (1777-1860). Die Kreuzstele aus Granit baut in gestufter Form auf. Im Sockel ist die Inschrift lesbar: „mein Jesus Barmherzigkeit". Das Kreuz ziert das Christusmonogramm „IHS".
Gleich im Zugangsbereich lässt sich die Grabstätte Casimir Coblenz auffinden (Dr. medicinae und Sanitätsrath 1806- 1874). Die liegende Grablatte führt den Namen in gotischer Frakturschrift. Nach oben hin beschließt die Platte mit einem Palmenkranz.
Gleich neben ihm macht eine Grabplatte an Anton Coblenz (1837-1900) und seine Ehefrau Luise Coblenz (geb. Glasmacher 1840-1919) erinnerlich. Den oberen Abschluss der liegenden Marmorplatte bildet ein Kreuz.
Mit einem neuzeitlich geschaffenem griechischen Kreuz, dessen seitliche Kreuzarme nach oben hin gerichtet sind und das am oberen Ende mit einer herabschwebenden Taube geschmückt ist, wird verkündet: „Im Glauben an die Erlösung ruhen hier die Eheleute Neuhöfer."
Wilhelm Franz Neuhöfer, Bürgermeister von Deutz (+ 1846), verstarb im 71. Lebensjahr. Er stiftete das Deutzer Krankenhaus. Seine Ehefrau Marie Catharina Gleich verstarb 1861.
Von hier aus weiter rechts erhebt sich eine quadratisch zulaufende neogotische Grabstele zur Ehre der Familie Urbach (Erstbestattung 1846, Elise Urbach), die mit einem geschwungenen Kreuz (beschädigt) beschließt. Die Grabstätte ist signiert mit „Steinhauerei van Zütphen".
Am östlichen Ende ist eine auf einem Sockel ruhende Grabplatte zu finden. Sie erinnert an Magdalena Kopp (1805-1887), Engelbert Kopp (1796-1876), wiederum Engelbert Kopp (1843-1881). Der Steinsarkophag weist an den vier Ecken jeweils drei Mohnkapseln auf. Die Abseiten schmücken mit Palmen verzierte Medaillons (Inhalt verloren). Das eigentliche Kreuz der Grabplatte zeigt ein Kreuz mit Vierpassenden, das nach oben überschrieben ist mit: „o crux ave spes unica" („O Kreuz sei gegrüßt, meine einzige Hoffnung"). Unter den Kreuzquerbalken erscheinen in der Blüte befindliche, aufbrechende Kränze. Die Mitte des Kreuzes wird von einem Tondo eingenommen.
Am Ostende des Friedhofs wird in den Gitterstäben der Friedhofsgitter ein fein geschmiedetes Hochkreuz aus Gusseisen mit galvanoplastisch gestaltetem Christus sichtbar. Die als Nische gewonnene Postamentzone ist mit dem Jugendstil zuzuordnenden Ornamenten gefasst.

325

KÖLNER GYMNASIAL- UND STIFTUNGSFONDS

Vermächtnis für die Bildung
DER KÖLNER GYMNASIAL- UND STIFTUNGSFONDS

Der Kölner Gymnasial- und Stiftungsfonds ist eine der traditionsreichsten Studienstiftungen in der Region – seine Geschichte reicht bis ins 15. Jahrhundert zurück. Damals wie heute profitieren bedürftige und begabte junge Menschen vom großzügigen Vermächtnis Kölner Bürger und Geistlicher.

Geschichte
Privates Engagement zur Förderung schulischer und universitärer Ausbildung hat in Köln eine lange Tradition. Schon vor der Gründung der Universität im 15. Jahrhundert entstanden zahlreiche sogenannte Bursen, die anfänglich als ergänzende Wohn- und Lerngemeinschaften für Anstalten der höheren Bildung funktionierten.

Ohne Privatvermögen waren Bildung und Erziehung in Köln in einer Zeit ohne staatliche Unterstützung nicht denkbar. In Form von Vermächtnissen und Stiftungen förderten sowohl Kleriker, vermögende Bürger und Patrizier als auch die Regenten und Lehrer der besagten Gymnasien und der alten Universität die Studien in Köln. Begünstigt wurden bedürftige Familiennachkommen oder begabte mittellose Studierende, die an den traditionsreichen Bildungseinrichtungen studierten.

Bis zur Auflösung der Gymnasien und der Kölner Universität im Jahre 1798 unter französischer Herrschaft wurden in Köln rund 220 solcher Stiftungen meist individuell von den jeweiligen Regenten der Gymnasien verwaltet. Dann allerdings wurde diese Tradition gebrochen: Im Jahre 1800 setzte die französische Regierung eine Kommission – bestehend aus fünf ehrbaren Kölner Bürgern – ein, die die vorhandenen Stiftungsgelder und das Schulvermögen der aufgelösten Gymnasien nunmehr zentral verwaltete. Diese zunächst vorläufige Verwaltungseinrichtung wurde 1805 von Kaiser Napoleon I. offiziell bestätigt. Der Kölner Gymnasial- und Stiftungsfonds versteht die Einsetzung der damaligen Kommission als Grundstein für seine heutige Verwaltungstätigkeit.

Umfangreicher Kunst- und Kulturbesitz
Wertvolle historische Kunst- und Kulturgüterbestände zählt der Kölner Gymnasial- und Stiftungsfonds zu seinem Eigentum: Rund 40.000 Bücher und Handschriften aus der alten Gymnasialbibliothek, 5.000 Zeichnungen, Druckgrafiken und naturwissenschaftliche Sammlungen aus dem ehemaligen Jesuitenvermögen in Köln sowie umfangreiche Archivbestände befinden sich als Dauerleihgabe im Wallraf-Richartz-Museum, im Kölnischen Stadtmuseum und im Historischen Archiv. Im Jahr 2000 war anlässlich des 200-jährigen Jubiläums eine Ausstellung im Kölnischen Stadtmuseum zu sehen, die dieses kulturelle Erbe präsentierte und zugleich ein spannendes Kapitel Kölner Stadt- und Bildungsgeschichte lebendig werden ließ.

Stiftungsverwaltung heute
Heute verwaltet der Kölner Gymnasial- und Stiftungsfonds diejenigen Familien- und freien Studienstiftungen, die die Wirren und Umwälzungen der französischen Herrschaft sowie zweier Weltkrie-

Stifter Gerhard Pilgrum, 1575. Der angesehene Kaufmann wurde achtmal zum Kölner Bürgermeister gewählt. 1574 übernahm er das Amt des Provisors der Universität Köln.

Stiftungsurkunde des Kaspar Kannengießer, 1606.

ge überleben konnten: 269 Stiftungen aus sechs Jahrhunderten. Auch das alte Gymnasialvermögen wird heute noch zu Gunsten ehemaliger stiftischer Gymnasien in Köln verwendet.

Das Stiftungs- und Schulvermögen besteht heute aus zwölf landwirtschaftlichen Pachthöfen, Stückländereien mit einer Gesamtfläche von rund 1.500 ha, acht wohn- und gewerbewirtschaftlichen Immobilien in Köln und Umgebung mit insgesamt 230 Wohneinheiten, 300 Erbbaugrundstücken sowie einem umfangreichen Wertpapierbestand.

Traditionsreiches Stiftungsvermögen und moderne Vermögensverwaltung – mit diesem Selbstverständnis kommt der Kölner Gymnasial- und Stiftungsfonds seiner Aufgabe nach, das Vermögen nicht nur zu erhalten, sondern auch zu mehren: Durch ein modernes und effizientes Stiftungsmanagement werden maximale Fördervolumina erzielt. Jährlich werden 40 Prozent der Fördermittel an die Nachkommen der Stifterfamilien und 60 Prozent in Form sogenannter Freistipendien an Schüler und Studenten ausgeschüttet. Der Förderanteil zugunsten in Deutschland studierender Ausländer beträgt zur Zeit bis zu 30 Prozent der Freistipendien.

Die heutige Rechtsform des Kölner Gymnasial- und Stiftungsfonds ist die einer Stiftung des öffentlichen Rechts. Anders als andere Stiftungen dieses Typs verwaltet der Stiftungsfonds sein Vermögen jedoch weitgehend selbst. Maßgeblich sind dabei nicht die staatlichen Vorgaben der Bildungspolitik, sondern, auch nach Jahrhunderten, immer noch der in der Stiftungsurkunde festgelegte Wille der Stifter. Im Laufe der Zeit wurden bei den frei zugänglichen Stipendien einige vorsichtige Anpassungen an heutige Bildungsverhältnisse vorgenommen, wie zum Beispiel die Ausweitung der Förderung auf beide Geschlechter – durchaus nicht üblich bis zum 19. Jahrhundert!

Förderangebote
Gefördert wird dort, wo einerseits bestimmte Leistungskriterien erfüllt werden und andererseits neben der Unterstützung von Seiten der Familie und des Staates (BAFöG) Finanzierungslücken entstehen. Die Stiftungsmittel sollen zu einem zügigen und konzentrierten Studienabschluss verhelfen. Das Förderprogramm in Form von Freistipendien umfasst die Schulausbildung zur Erlangung der Hochschulreife ab Klasse 10, Studien an Hochschulen und Fachhochschulen mit staatlich anerkannten Abschlüssen, zeitweiliges, fachspezifisch begründetes Studium im Ausland, Zweit- oder Aufbaustudien und Promotionsvorhaben. Ein weiterer Teil der Fördermittel fließt in Projekte gegen die Jugendarbeitslosigkeit, nicht zuletzt auch unter ausländischen Jugendlichen. Jährlich werden Fördermittel in Höhe von rund 1,2 Mio. € ausgezahlt.

Darüber hinaus veranstaltet der Kölner Gymnasial- und Stiftungsfonds Seminare zur Berufsorientierung und Qualifikation seiner Stipendiaten. Aktuelle Themen wie der Weg in die Selbstständigkeit (2002) oder Arbeitsanforderungen und Schlüsselqualifikationen in der Wirtschaft (2000) boten realistische Einblicke in die Berufswelt von morgen. Stipendiaten und namhafte Vertreter der Wirtschaft diskutierten gemeinsam über die Arbeitswelt der Zukunft und knüpften den ein oder anderen Kontakt.

Netzwerke für die Zukunft
Dieser Netzwerkgedanke soll auch in Zukunft eine große Rolle spielen – gemeinsame Verantwortung für Bildung ist schließlich der Kern und der Ursprung des Kölner Gymnasial- und Stiftungsfonds. Ehemalige Stipendiaten, denen mit Hilfe des Fonds ein erfolgreicher Start ins Berufsleben ermöglicht wurde, sind später ideale Berater und Stifter für die nachfolgende Generation. Aber auch jeder andere Bildungsinteressierte kann mit der Gründung einer Stiftung Einfluss auf die Ausbildung junger Menschen nehmen. Was noch bis Ende des 19. Jahrhunderts selbstverständlich war, nämlich die Finanzierung der höheren Bildung nicht nur dem Staat zu überlassen, kann heute die aktuelle Debatte um die Bildungsförderung bereichern und erweitern. Der Kölner Gymnasial- und Stiftungsfonds kann da auf einige hundert Jahre Erfahrungen zurückblicken.

Totentanz, aus Hartmann Schedel, liber chronicarum, Nürnberg 1493. (Graphische Sammlung des Kölner Gymnasial- und Stiftungsfonds)

Schulszene, 15. Jahrhundert: Die Hausgemeinschaft von Lehrern und Lernenden in den sogenannten „Bursen" sorgte für eine intensive Förderung der Studenten.

Noch heute ermöglichen die Stifter Studierenden eine gute Ausbildung.

KÖLNER GYMNASIAL- UND STIFTUNGSFONDS

MIT EINER STIFTUNG DIE ZUKUNFT GESTALTEN

Das Privatvermögen in Deutschland ist seit dem 2. Weltkrieg stetig angewachsen. Nicht immer gibt es Nachkommen, die dieses Vermögen auch im Sinne des Erblassers verwalten können.

Neben einigen anderen testamentarischen Nachlassmöglichkeiten bietet es sich an, eine Stiftung zu gründen, die nach dem Willen des Stifters das Vermögen einem gemeinnützigen Zweck zuführt. Insbesondere in Zeiten leerer öffentlicher Kassen gerät die Beteiligung von Bürgern an gesellschaftlichen Aufgaben wie Bildung und Kultur durch Stiftungen immer mehr ins Blickfeld.

Stiftungstypen

Stiftung ist jedoch nicht gleich Stiftung: je nach Wunsch und Kapitalumfang sind verschiedene Lösungen denkbar. Allen Stiftungen gemeinsam ist die Ausrichtung auf die „Ewigkeit", der grundsätzliche Erhalt und die Vermehrung des eingebrachten Kapitals. Nur die erwirtschafteten Erträge dürfen für die Erfüllung des Stiftungszwecks ausgegeben werden. Die selbstständige Stiftung mit eigener Rechtspersönlichkeit setzt dabei ein angemessenes Vermögen voraus, da sie die Verwaltung und die Organisation der Mittelvergabe durch eigenes Personal sicherstellen und darüber hinaus der Ertrag so hoch sein muss, dass auch etwas bewirkt werden kann.

Daneben besteht die Möglichkeit, zu einer bereits vorhandene Stiftung zuzustiften, die die eigene Idee ebenfalls verwirklicht. Dies empfiehlt sich vor allem für den privaten Stifter mit einem relativ kleinen Vermögen, da hier die Einbringung eines Mindestkapitals nicht zwingend notwendig ist. Damit entfällt der eigene Organisations- und Verwaltungsaufwand. Eine weitere Lösung für kleinere Vermögen besteht in der Gründung einer sogenannten unselbstständigen Stiftung, bei denen ein Treuhänder die Verantwortung dafür trägt, dass die Erträge des Vermögens an die richtige Stelle gelangen. Daraus kann nach dem Tod des Stifters, auch eine rechtsfähige Stiftung werden.

Der Kölner Gymnasial- und Stiftungsfonds ist ein Beispiel für eine solche treuhänderische Verwaltung, wo 269 Einzelstiftungen mit einem Personaleinsatz von 6 Mitarbeitern betreut werden. Die Kosten für jede einzelne Stiftung sind damit äußerst gering. Das Vermögen kann, wie auch der Bestand des Kölner Gymnasial- und Stiftungsfonds zeigt, in jeglicher Form eingebracht werden, seien es Kulturgüter, Stückländereien, Aktien oder Immobilien. Dies ist für eine gute Bewirtschaftung sogar von Vorteil.

Auf betriebswirtschaftliches Know-How kommt es an

Eine strikte Trennung des Vermögens einzelner Stiftungen, lange auch innerhalb des Fonds praktiziert, hat sich dabei als eher ungünstig erwiesen.
Um einen optimalen Ertrag zu gewährleisten, wurde daher im Jahr 1982 das bestehende Vermögen des Stiftungsfonds zusammengefasst und es wurde allen Stiftungen ein bestimmter prozentualer Anteil am Gesamtvermögen zugewiesen. So kann eine sinnvolle Risikostreuung und langfristig sogar eine Ertragssteigerung erreicht werden.
Dies hat sich im Fall des Kölner Gymnasial- und Stiftungsfonds bereits rentiert: Seit Mitte der 90er Jahre konnte die Zahl der zu vergebenden Stipendien um etwa 20 Prozent gesteigert werden.

Staatlich gewährte Vorteile

Aber nicht nur nach der Gründung, sondern auch im Vorfeld spielen finanzielle Erwägungen eine Rolle: Ab dem Jahr der Gründung kann jeder Stifter für eine gewisse Zeit bis zu 307.000 € steuerlich absetzen. Bei einer Zustiftung bzw. Spende sind dies immerhin noch 20.450 €. Aufgrund der wachsenden Bedeutung gemeinnütziger Stiftungen hat der Staat kürzlich die Formalitäten für eine Stiftungsgründung erleichtert und gestattet weitgehende Freiheit in der Bestimmung des Stiftungszwecks.

Das Stiften: Ein ganz persönliches Vermächtnis

Wer stiftet, schafft sich und seiner Familie ein bleibendes Denkmal. Auf lange Zeit hin erhält eine Stiftung die Erinnerung daran, was dem Stifter oder der Stifterin zu Lebzeiten ein wichtiges Anliegen war, was ihn oder sie persönlich auszeichnete.

Ein großer Kreis von Menschen, seien es diejenigen, die an der Erfüllung des Stiftungszwecks arbeiten, oder die, die

Stifter und Streiter für die Kölner Bildung auf dem Friedhof Melaten

Reiner Klespé: Neubegründer des Kölner Bildungswesens.

Friedhof Melaten

durch die Stiftung begünstigt werden, nehmen so auch etwas von seiner oder ihrer Persönlichkeit wahr. Nicht zuletzt ist die Stiftung eine der individuellsten Möglichkeiten, eigene Ideen und Impulse in die Gesellschaft zu tragen und langfristig zu sichern.

Ausschlaggebend bei jeder Stiftungsgründung ist die Urkunde, in der der Stiftungszweck festgelegt ist. Erfahrungsgemäß sollte dieser Zweck einerseits so genau wie möglich formuliert werden, um die sinngemäße Mittelverwendung sicherzustellen; andererseits muss eine auf die Ewigkeit angelegte Stiftung auch für sich im Laufe der Jahrhunderte ändernde Lebensumstände offen sein.

Für den Kölner Gymnasial- und Stiftungsfonds sind diese Urkunden aus sechs Jahrhunderten noch heute verbindlich.

Wie das vorhandene Vermögen in eine Stiftung eingebracht werden kann und welcher Stiftungszweck der richtige ist, muss wohlüberlegt sein. Für die Beratung in rechtlichen und steuerlichen Fragen sind zunächst fachkundige Notare und Rechtsanwälte gefragt. Wenn es dann um die Erstellung einer Satzung oder einer Stiftungsurkunde geht, kann der Bundesverband Deutscher Stiftungen allgemeine Auskunft geben; der Kölner Gymnasial- und Stiftungsfonds steht ebenso für eine unverbindliche Beratung zur Verfügung und kann insbesondere Auskunft über Möglichkeiten der Vergabe und Verwaltung von Stiftungsmitteln geben.

Kontaktadressen

Kölner Gymnasial- und Stiftungsfonds
Stadtwaldgürtel 18
50931 Köln
Tel: 0221 - 406 33 10
www.stiftungsfonds.org

Bundesverband Deutscher Stiftungen
Alfried-Krupp-Haus
Binger Str. 40
14197 Berlin
Tel.: 030 - 89 79 47-0
www.stiftungen.org

Der Melatenfriedhof als ältester noch betriebener Friedhof in Köln ist letzte Ruhestatt vieler bekannter Persönlichkeiten aus 200 Jahren Stadtgeschichte.

Einige der prachtvollsten und schönsten Grabmale erinnern an spannende Kapitel der Kölner Bildungsgeschichte.

Der Beginn des 19. Jahrhunderts, zugleich die Entstehungszeit des heutigen Kölner Gymnasial- und Stiftungsfonds, ist für Köln eine aufregende Zeit: Seit einigen Jahren steht das Rheinland unter französischer Besatzung. Reiner von Klespé, 1794 Bürgermeister von Köln, muss vor Melaten die Stadtschlüssel an die heranrückenden Truppen übergeben. Er spielt jedoch weiterhin im politischen Geschehen eine große Rolle: Als das höhere Bildungswesen in Köln durch die französische Regierung neu geordnet wird, gelingt es unter dem Vorsitz von Klespé, das Vermögen der alten Schulstiftungen zu erhalten und unter dem Namen „Kölner Gymnasial- und Stiftungsfonds" weiterzuführen. Auch Johann Jakob von Wittgenstein, nach Klespé Bürgermeister von Köln, gehört in dieser Zeit zu diesen „Bildungsbeauftragten der ersten Stunde".

Als im Jahre 1814 Köln unter preußische Herrschaft gerät, sind es Everhard von Groote, späterer Stadtrat, und Ferdinand Franz Wallraf, Professor am Montanergymnasium, letzter Rektor der alten Universität und später Bürgermeister, die den Kölner Gymnasial- und Stiftungsfonds als Mitglieder des Verwaltungs- und Stiftungsrats tatkräftig unterstützen. Von Groote erwirbt sich zusätzlich große Anerkennung bei der Kölner Bevölkerung, als er von den Franzosen beschlagnahmte Kunstwerke aus dem ehemaligen Vermögen des Kölner Gymnasial- und Stiftungsfonds nach Köln zurückführt. Zusammen mit seinem Bruder Joseph von Groote gründet er 1863 eine Familienstiftung im Kölner Gymnasial- und Stiftungsfonds.

Nicht nur Honoratioren im Dienst der Stadt, sondern auch vermögenden Geschäftsleuten, wie dem Zuckerfabrikanten Emil Pfeifer, lag die Bildungsförderung am Herzen: Aus dem Jahr 1887 stammt seine Zustiftung in den Stiftungsfonds. Als regional bekannter Persönlichkeit wurde ihm auf Melaten ein monumentales letztes Denkmal errichtet.

So ist das 19. Jahrhundert typisch für ein selbstverständliches Engagement einflussreicher Kölner Familien, sich gestalterisch und nachhaltig für das Bildungswesen einzusetzen: Sie stehen für das sinnvolle Zusammenspiel von Macht und Verantwortung.

❶ Wallraf
❷ von Wittgenstein
❸ von Groote
❹ Pfeifer

Johann Jakob von Wittgenstein: Mitglied des ersten Verwaltungsrats des Kölner Gymnasial- und Stiftungsfonds und Bürgermeister von Köln während der französischen Besatzung.

Die letzte Reise in die Heimat

Aerotrans Luftfahrtagentur GmbH ist seit über dreißig Jahren im Luftfahrtgeschäft tätig und verfügt über Niederlassungen an fast allen deutschen Flughäfen.

Hier werden täglich Luftfrachtsendungen weltweit im Namen der von Aerotrans vertretenen Fluggesellschaften gebucht, abgefertigt und verladetechnisch überwacht. Von Beginn an wurden auch Überführungen per Luftfracht durchgeführt. Der Transport von Särgen und Urnen erfordert immer wieder einen besonderen Service, für den eine enge Zusammenarbeit zwischen Bestattern und Fluggesellschaften und eingeschalteten Luftfahrtagenturen wichtig ist. Den größten Anteil an Überführungen aus Deutschland haben selbstverständlich unsere ausländischen Mitbürger, da diese Leichname überwiegend in heimatlicher Erde bestattet werden sollen. Für Überführungen in das benachbarte Ausland, bzw. in die skandinavischen Länder, wird vorwiegend der Transport über die Straße durch den Bestatter mit eigenen Leichenwagen durchgeführt. Aber auf Grund der Transportzeiten werden Überführungen in südeuropäische, osteuropäische und südosteuropäische Länder, vorwiegend Griechenland und Türkei, auch per Luftfracht durchgeführt. Für Transporte in nicht europäische Länder wird ebenfalls vorwiegend das Flugzeug für Särge und Urnen eingesetzt.

Bevor es zu einem Transport per Luftfracht kommt, müssen sämtliche Bestimmungen für die korrekte Dokumentenerstellung befolgt werden. Diese werden in der Regel durch den Bestatter erledigt; es handelt sich hierbei um Unterlagen, die für einen sicheren und zeitgerechten Luftfrachtversand erforderlich sind, wie z.B.:
– Sterbeurkunde auch Leichenpass genannt
– eventuelle konsularische Legalisierungen von Sterbedokumenten
– besondere Bestätigungen, vorwiegend durch das jeweilige Konsulat erstellt; für die ordnungsgemäße Einfuhr im Bestimmungsland wie z.B. das ehemalige Jugoslawien etc.

Hierbei ist es dann erforderlich, dass eine genaue Zeitplanung zwischen Bestatter und Luftfahrtagentur erfolgt, damit der geeignete Frachtraum seitens der Fluggesellschaft für den Leichnam gebucht werden kann. Für den Transport gibt es eigens gefertigte Luftfrachtsärge, die hermetisch verschlossen werden müssen.
Zum Schutz vor Beschädigungen sowie neugierigen Blicken werden diese dann in zusätzliche Holzkisten verpackt bzw. mit Leinensäcken überzogen.
Da es beispielsweise Angehörigen des jüdischen Glaubens nicht gestattet ist in Särgen überführt zu werden, gibt es dafür eigens entwickelte Transportsäcke, worin der Leichnam transportiert wird. Ähnliches gilt auch für Angehörige des moslemischen Glaubens, die so schnell wie möglich in ihr Heimatland transportiert werden müssen, um dort in Heimaterde beigesetzt zu werden. Hier erfolgen Überführungen in die Türkei noch in der gleichen Nacht mit Frachtflugzeugen, auch ab dem Kölner Flughafen.
Nachdem die transportbedingten Vorbereitungen getroffen worden sind, erfolgt die Anlieferung durch den Bestatter bei der jeweiligen Fluggesellschaft oder deren Handling- (Abfertigungs-) unternehmen. Da meistens eine kurzfristige Zwischenlagerung bis zum Abflug erforderlich ist, erfolgt diese im Leichenraum, der von den meisten Flughafengesellschaften kostenpflichtig den jeweiligen Fluggesellschaften zur Verfügung gestellt wird. Hierbei handelt es sich um einen separaten Lagerraum, von anderen Wirtschaftsgütern getrennt, der einer dem Sarg bzw. der Urne entsprechenden Lagerung gerecht wird. Gleichzeitig werden durch die Luftfahrtagentur die entsprechenden Transportdokumente, Luftfrachtbrief (Air Waybill, AWB) erstellt und die Zollabfertigung erledigt. In der Luftfahrt wird als Bezeichnung für diese Transporte der Code HUM = human remains (sterbliche Überreste) verwendet. Dieser Code wird in allen Transportdokumenten sowie Voravisierungen (Voranmeldungen) an den Flugkapitän, Ladecrew und Empfangsflughafen gesandt, damit eine ordnungsgemäße und schnelle Beladung und Entladung erfolgt. Die Verladung in das Flugzeug erfolgt mit speziellen Transportwagen die den Sarg oder die Urne vor neugierigen Blicken der Flughafenbesucher und Passagiere schützt. Während der Beladung und Ladungssicherung im Flugzeug wird von der Ladecrew besonders darauf geachtet, dass Beschädigungen vermieden werden und aus Pietätsgründen andere Güter oder Koffer den "Human Remain" nicht bedecken. Bei der Ankunft am Zielort wird ähnlich verfahren, bis der Empfänger, ebenfalls ein Bestattungsunternehmen, das durch die Angehörigen beauftragt worden ist, den Sarg oder die Urne nach Zollabfertigung zur Bestattung übernehmen kann.
Für Überführungen müssen selbstverständlich höhere Transportkosten berechnet werden, da sie sehr aufwändig sind und besondere Priorität genießen.
Ein "HUM"- Transport hat immer absolute Priorität vor anderen Kaufmannsgütern und auf Grund der Verpackung ebenfalls einen größeren Raumbedarf, so dass höhere Frachtraten per Kilo im Vergleich zu nicht termingebundenen Ladungen gezahlt werden müssen. Ebenfalls werden aus diesen Einnahmen die höheren Verladekosten etc. gedeckt,

AEROTRANS

LUFTFAHRTAGENTUR GmbH • Luftfrachtberatung und Vermittlung

CGN, Geb. H	DUS
Raum 124	DUS Air Cargo Center
51147 Köln	Raum 4655-59
	40474 Düsseldorf
Telefon 0 22 03 - 40 28 80	Telefon 02 11 - 4 72 06 19
Telefax 0 22 03 - 40 28 82	Telefax 02 11 - 4 18 09 72
E-Mail: aerocgn@aerotrans.de	E-Mail: jaensch@aerotrans.de

Düsseldorf • Frankfurt • Hamburg • Köln • München • Stuttgart

damit der Sarg oder die Urne unbeschädigt am Empfangsflughafen eintreffen kann.

Es sollte nicht unerwähnt bleiben, dass auch deutsche Bürger, die im Ausland während eines Urlaubes, Überwinterung oder bei Geschäftsreisen sterben, häufig per Luftfracht nach Deutschland überführt werden. Im Logistikbereich für Baustellenversorgung kann der Tod durch Arbeitsunfälle eintreten und auch hier müssen entsprechende Vorbereitungen getroffen werden. Bauunternehmen, die z.B. in unwegsamen Gebieten tätig sind, haben meist sicherheitshalber einen Transportsarg vor Ort, den man in der Baustellenlogistik eingeplant hat.

Michael Jänsch, Aerotrans
Luftfahrtagentur GmbH

Fachbeiträge Recht zu „Erben und Vererben"

Thema	Autor / Unternehmen	Seite
Absicherung der Wünsche des Erblassers		336
	Jörg Nogossek, Rechtsanwalt; Rechtsanwaltskanzlei Nogossek & Ingenfeld	
Altes und neues Testament nach dem BGB		340
	Dr. Michael Ratz, Rechtsanwalt; Rechtsanwaltskanzlei Dr. Michael Ratz	
Anfang und Ende des Lebens		342
	Joachim Hindemith, Rechtsanwalt; Rechtsanwaltskanzlei Grote • Hindemith	
Arbeitsrecht • Erbrecht		344
	Dr. jur. Uwe Heppekausen, Rechtsanwalt; Anwaltskanzlei Dr. jur. Alfred Jung & Partner	
Auseinandersetzung der Erben		347
	Dr. Fritz Rosenberger, Rechtsanwalt; Rechtsanwaltskanzlei Dr. Rosenberger & Balg	
Auslegung eines Testamants		348
	Norbert Schönleber, Rechtsanwalt; Rechtsanwaltskanzlei Norbert Schönleber	
Das Amt des Testamentvollsteckers		351
	Martin Mohr, Rechtsanwalt; Rechtsanwälte in Bürogemeinschaft Mohr, Benninghaus & Mohr	
Das Behindertentestament		354
	Norbert Bonk, Rechtsanwalt; Rechtsanwaltskanzlei Norbert Bonk	
Das neue Lebenspartnerschaftsgesetz (LPartG)		358
	Sabine Grebe, Rechtsanwältin; Rechtsanwälte Aras & Grebe in Bürogemeinschaft	
Die nichteheliche Lebensgemeinschaft im Erbrecht		360
	Dr. Rolf Lenzen, Rechtsanwalt; Rechtsanwaltskanzlei Dr. Lenzen	
Das Recht des Bürgers auf dem Friedhof		364
	Dr. Kurt Bense, Rechtsanwalt; Anwaltskanzlei Dr. Bense & Kollegen	
Die Unwirksamkeit des Testaments		366
	Ingo Lorscheid, Rechtsanwalt und Jörg Beer, Rechtsanwalt; Rechtsanwaltskanzlei Lorscheid & Kollegen	
Ein Todesfall - und nun?		368
	Doris John, Rechtsanwältin; Anwaltssozietät John & Glöckner	
Erben und vererben - Vorbeugen statt Streiten		370
	Wolfgang Rönne, Rechtsanwalt; Rechtsanwaltskanzlei Wolfgang Rönne	
Erbrecht		382
	Thomas Brückel, Rechtsanwalt und Rüdiger Heck, Steuerberater Rechtsanwalt- und Steuerberatersozietät J. van nes Ziegler • Günter Backes • Rüdiger Heck & Partner	
Französisches und spanisches Erbrecht		386
	Udo Gaudig, Rechtsanwalt; Rechtsanwaltskanzlei Udo Gaudig	

ZWP ROTONDA GMBH	Wirtschaftsprüfungsgesellschaft Steuerberatungsgesellschaft
JUNGE · SCHÜNGELER & PARTNER	Rechtsanwälte in GbR

Rechtlich und steuerlich optimierte Planung Ihrer Unternehmensnachfolge.

ZWP ROTONDA GMBH
Tel.: 0221.99 77-600
Fax: 0221.99 77-601
www.zwp-rotonda.de

Jürgen Michels
Rechtsanwalt und Steuerberater
Tel.: 0221.99 77-628
juergen.michels@zwp-rotonda.de

JUNGE · SCHÜNGELER & PARTNER
Tel.: 0221.99 77-100
Fax: 0221.99 77-170
www.junge-schuengeler.de

Irmtraud Wendland
Rechtsanwältin
Tel.: 0221.99 77-113
irmtraud.wendland@junge-schuengeler.de

LEINEN & DERICHS ANWALTSOZIETÄT

Clever Straße 16 • 50668 Köln
Fon: 0221 – 77 20 90
Fax: 0221 – 72 48 89
koeln@leinen-derichs.de

LEINEN & DERICHS ANWALTSOZIETÄT

Unsere Sozietät steht in einer über 70jährigen Tradition hoch entwickelter Streitkultur in zivilrechtlichen Berufungssachen am Oberlandesgericht Köln und deckt heute in Prozessführung und Beratung die wesentlichen Gebiete des Wirtschafts- und Wirtschaftsverwaltungsrechts ab. Unsere Kernkompetenzen liegen insbesondere in den Bereichen:

Der mittelständische Unternehmer
IT & Die Neuen Medien
Gesundheit & Recht
Bauen & Wohnen
Verwaltung & Wirtschaftsverwaltung
Familie & Erbschaft

Wir sind aus eigener Kraft gewachsen und mittlerweile eine überregional tätige Anwaltssozietät mit Standorten in Köln, Potsdam, Berlin, und Brüssel. Von hieraus betreuen wir unsere Mandanten bundesweit. Unser Werdegang und Selbstverständnis erklären, warum wir nicht nur Aktiengesellschaften, sondern auch die Einzelfirma betreuen. Sie sind der Grund dafür, dass wir Ansprechpartner sowohl für internationale Firmen als auch für den regionalen Unternehmer sind. Die unternehmerische Praxis steht bei uns im Mittelpunkt.

ERFAHRUNG

Fachbeiträge Recht (Fortsetzung)

Gerichtliche Betreuung • Vermittlung im Erbkonflikt — 388
Johanna Werres, Rechtsanwältin; Anwaltskanzlei Werres & Coll.

Mediation - Vermittlung im Erbkonflikt — 390
Sabine Schmiesing, Rechtsanwältin; Rechtsanwaltskanzlei Sabine Schmiesing

Mediation im Erbrecht — 392
Achim Kölschbach, Rechtsanwalt; Rechtsanwaltskanzlei Kölschbach Schirmer Partner

Nachfolgeregelung in Gesellschaftsverträgen — 394
Irmtraud Wendland, Rechtsanwältin und Jürgen Michels, Rechtsanwalt;
ZWP Rotonda GmbH, Rechtsanwälte, Wirtschaftsprüfer, Steuerberater

Nachlass im Ausland - Internationales Erbrecht — 396
Kling, Rechtsanwalt; Rechtsanwaltskanzlei Kling

Nachlassplanung — 399
Johanna Werres, Rechtsanwältin; Anwaltskanzlei Werres & Coll.

Schnittpunkte von der Geburt bis zum Tod (Familienrecht • Erbrecht) — 403
Anette Michalke, Rechtsanwältin; Rechtsanwaltskanzlei Anette Michalke

Steuerfalle „Berliner Testament" — 406
Udo Eversloh, Rechtsanwalt; Rechtsanwaltskanzlei Udo Eversloh

Stiftungsrecht — 408
Dr. Hans-Josef Rüber, Rechtsanwalt; Rechtsanwaltskanzlei Dr. Hans-Josef Rüber

Übertragung von Immobilien — 412
Dr. Udo Völlings, Rechtsanwalt; Hecker, Werner, Himmelreich & Nacken
Rechtsanwälte, Steuerberater, Wirtschaftsprüfer

Unternehmensnachfolge durch Erbschaft — 415
Matthias Wallhäuser, Rechtsanwalt; Anwaltssozietät Leinen & Derichs

Verfügungsgewalt — 416
Dr. Hans Rolf Schackert, Wirtschaftsprüfer, Steuerberater;
INTERAUDIT GmbH. Wirtschaftsprüfungs- u. Steuerberatungsgesellschaft

Wer an die Nachfolge nicht denkt — 418
Dr. Wolfgang Dunkel, Rechtsanwalt; Anwaltssozietät Leinen & Derichs

DR. FRITZ ROSENBERGER
Rechtsanwälte Dr. Rosenberger & Balg

Tätigkeits- und Interessenschwerpunkte
Erbrecht • Recht der neuen Bundesländer • Immobilien- und Baurecht

Mitgliedschaften
Arbeitsgemeinschaft selbständiger Unternehmer (ASU)
Deutsche Gesellschaft für Baurecht
Belgisch-Deutsche Juristenvereinigung G.O.E.

zugelassen beim Land- und Oberlandesgericht Köln
vertretungsberechtigt bei allen Amts-, Land- und Oberlandesgerichten
im Bundesgebiet

RHODIUSSTRASSE 18 • 51065 KÖLN

Tel. 02 21/61 22 38 • Fax 02 21/61 95 19

e-mail: dr.rosenberger@netcologne.de

Dr. phil. Elisabeth Mackscheidt
Langjährige Erfahrung in systemischer Paar- und Familienberatung (APF); zahlreiche Veröffentlichungen zum Thema Trennung/Scheidung.

Sabine Schmiesing, Rechtsanwältin und Mediatorin
Schwerpunkt Familien- und Erbrecht.

Mediationsverfahren bei:
- Erbauseinandersetzungen
- Konflikten zwischen Generationen
- Trennung und Scheidung

Mediation

Kanzlei-Adresse:
Lindenstraße 19   Tel. 0221-92 32 90 3
50674 Köln   Fax 0221-92 32 90 0

Absicherung der Wünsche des Erblasser

– Was soll mit meinem Erbe geschehen?

von Rechtsanwalt und Fachanwalt für Steuerrecht Jörg Nogossek; Kanzlei Nogossek & Ingenfeld, Köln

1. Einleitung

Ein Mensch stirbt, die Erben streiten. Dies ist leider nicht selten. Hinterbliebene, die von einem erbrechtlichen Streit verschont bleiben, können sich glücklich schätzen. Denn Erbschaftsstreitigkeiten werden oft mit einiger Hartnäckigkeit und nicht selten unerbittlich geführt. Die Verstorbenen, deren Tod trauriger Anlass des Streits ist, würden sich beim Anblick von Art und Ausmaß mancher Auseinandersetzung in vielen Fällen wohl im sprichwörtlichen Sinne „im Grabe umdrehen". Sie werden Streit nie gewollt haben. Sie würden schlichten, könnte sie es nur noch. Sie können aber nicht mehr. Was zu Lebzeiten an Streitpotential nicht entschärft wurde, kann nach dem Ableben zu einem Dauerstreit ausarten und manch familiäre Bande zerreißen. Daher erweisen diejenigen Erblasser ihren Erben einen oft unterschätzten Dienst, die nicht nur eine Erbschaft hinterlassen, sondern auch noch das dazugehörige eindeutige, wohlformulierte und alle Fragen erschöpfend regelnde Testament. Und sie erweisen sich damit post mortem auch selbst diesen Dienst: Denn nur so können sie sichergehen, dass nach dem Tode alles in ihrem Sinne geregelt und das Vermögen nicht in falsche Hände gerät.

2. Verfügungen von Todes wegen

Doch dafür müssen Erblasser etwas tun. Häufig wird die kraft Gesetzes geltende Erbfolge nicht in ihrem Sinne sein. Dies ist offensichtlich, wenn die gesetzlichen Erben – etwa aufgrund eines Streites – gerade nicht die Wunscherben sind. Häufig wird auch durch die gesetzliche Erbfolge eine konfliktreiche Erbengemeinschaft geschaffen, die die Erben möglicherweise gegen ihren Willen und sympathiefern zur Zusammenarbeit verdammt. Aber auch eine anfangs einträchtige Erbengemeinschaft ist schnell entzweit.

Wer die gesetzliche Erbfolge verändern möchte, muss ein Testament machen oder einen Erbvertrag schliessen. Beides sollte nicht ohne fachkundige Beratung niedergeschrieben werden. Denn es gilt, nicht nur die gesetzlichen Formvorschriften zu beachten, sondern es ist – wie noch zu zeigen sein wird – von höchster Wichtigkeit, eindeutige und zweifelsfreie Regelungen zu treffen. Nach dem Tode kann der Erblasser schließlich nicht mehr zu seinen Anordnungen befragt werden. Zudem stehen zur Verwirklichung des Erblasserwillens häufig verschiedene rechtliche Konstruktionen zur Verfügung, die in ihren Vor- und Nachteilen von einem Laien nur schwer abschätzbar sind.

3. Einen oder mehrere Erben?

Der Erblasser wird sich zunächst fragen müssen, ob er einen oder mehrere Erben einsetzen möchte. Einen Erben braucht er zwingend; eine aufgrund der Einsetzung von mehreren Erben entstehende Erbengemeinschaft sollte er aber eher vermeiden. Eine Mehrheit von Erben ist bis zu der Auseinandersetzung der Erbengemeinschaft eng miteinander verwoben. Früher oder später kommt es dabei fast immer zu Streit. Dieser kostet nicht nur Zeit, sondern auch Geld und führt häufig zu irreparabelen persönlichen Zwistigkeiten. Umso mehr Erben man einsetzt, desto größer ist auch das Streitpotential! Dies sollte man sich stets vor Augen halten.

Will der Erblasser mehreren Personen etwas zukommen lassen, so ist es auch nicht zwingend erforderlich, alle Bedachten zu Erben einzusetzen. Vielmehr kann er in Form von Vermächtnissen anordnen, dass der Erbe verpflichtet sein soll, einen oder mehrere bestimmten Gegenstand oder einen Geldbetrag an einen Dritten zu leisten. Das empfiehlt sich insbesondere, wenn der Erblasser Personen nur einzelne Gegenstände zuwenden will. Diese erwerben mit seinem Tod zwar keine Teilhaberschaft an der Erbschaft, sind aber dadurch bedacht, dass sie gegen den Erben einen Anspruch auf Erfüllung des Vermächtnisses haben.

4. Teilungsanordnungen

Entscheidet sich der Erblasser trotzdem für die Einsetzung mehrerer Erben, so sollte er von der Möglichkeit Gebrauch machen, Anordnungen für die spätere Aufteilung der einzelnen Nachlassgegenstände, sog. Teilungsanordnungen, zu treffen. Denn gerade die Frage, wer was bekommt, führt in Erbengemeinschaften nicht selten zu langwierigen Verhandlungen und Diskussionen. Möglich ist es auch, die Auseinandersetzung hinsichtlich einzelner Gegenstände zu verbieten, z.B. wenn alter Familienbesitz als Ganzes erhalten bleiben soll.

Im Zusammenhang mit den Teilungsanordnungen ergeben sich in der Praxis immer wieder Auslegungsschwie-

NOGOSSEK & INGENFELD

Partnerschaft
Rechtsanwälte · Fachanwälte

Wie sichere ich meine Wünsche ab?

Was muss geregelt sein?

Wie kann ich Streit vermeiden?

Neu: Kostenlose Broschüre „Erben und Vererben" – einfach anrufen –

Herwarthstraße 6
50672 Köln
Telefon 0221 95182-0
Telefax 0221 95182-10
www.nogossek-ingenfeld.de

ERBRECHT · STEUERN · WIRTSCHAFT

RECKE & RECKE RECHTSANWÄLTE

Inka Freiin von der Recke

Rechtsanwältin

Tätigkeitsschwerpunkte:
- Familienrecht
- Erbrecht

Theodor-Heuss-Ring 28
50668 Köln

Tel. 0221/122011-13
Fax 0221/136401
E-Mail: ra.recke@netcologne.de

DIETER REICHENBACH

RECHTSANWALT

SALIERRING 6 · 50677 KÖLN · TEL.: (02 21) 31 10 99 · FAX: (02 21) 32 52 18
E-MAIL: RECHTSANWALT@D-REICHENBACH.DE · WWW.RECHTSANWALT-REICHENBACH.DE
BÜROZEIT: 8.00 - 17.00 UHR

Die beste Beratung ist die Beratung zu Lebzeiten.

rigkeiten, wenn sich der Erblasser nicht genau genug geäußert hat. Nicht selten stellt sich bei der Zuteilung einzelner Gegenstände an die Erben die Frage, ob der Erblasser damit eine Teilungsanordnung hat treffen wollen oder ob nicht vielmehr ein Vorausvermächtnis gewollt war. Der Unterschied ist erheblich: Denn das Vorausvermächtnis wird nicht auf den einzelnen Erbteil, also die Beteiligung am Gesamtnachlass, angerechnet, sondern im voraus ausgesondert; anders aber bei den durch Teilungsanordnung zugeteilten Gegenständen. Der Erblasser sollte daher bei jeder Zuwendung einzelner Gegenstände an seine Erben stets hinzufügen, ob diese auf den Erbteil angerechnet werden sollen oder auch nicht.

Will oder kann der Erblasser sich zum Zeitpunkt der Errichtung des Testaments hinsichtlich der Aufteilung des Nachlasses im Einzelnen noch nicht festlegen, befürchtet er aber, dass sich seine Erben nicht werden einigen können und daraus Streit resultieren könnte, so kann er bestimmen, dass die Verteilung von einem Freund oder Bekannten nach billigem Ermessen zu treffen ist.

5. Testamentsvollstrecker

Ist ein Streit zwischen Miterben zu befürchten bzw. ist ein solcher zumindest nicht ausgeschlossen, kann es zudem zweckmäßig sein, eine Vertrauensperson zum Testamentsvollstrecker zu berufen, um die Erfüllung bestimmter Anordnungen sicherzustellen. Das kann ein Verwandter, ein guter Bekannter oder auch ein Rechtsanwalt sein. Je größer die Zahl der Erben ist, je schutzbedürftiger ein Erbe, je komplizierter der Nachlass, je weniger einträchtig die Erben vermutlich sein werden, desto näher liegt der Gedanke an einen solchen Testamentsvollstrecker. Dieser fungiert dann als eine Art Stellvertreter des Nachlasses und verwaltet diesen bis zur Auseinandersetzung und verteilt ihn schließlich unparteiisch nach den Vorgaben des Erblassers. Allerdings sollte der Erblasser auch auf die Befindlichkeiten seiner Erben Rücksicht nehmen: Durch eine Testamentsvollstreckung werden dem Erben wesentliche Verwaltungs- und Verfügungsrechte genommen und dieses wird von manchen Erben nicht als Hilfestellung, sondern als Entmündigung empfunden. Hatte der Erblasser etwa kein Vertrauen in die Vernunft des oder der Erben?

Auch erfordern die sehr weitgehenden Befugnisse des Testamentsvollstreckers ein unbedingtes Vertrauen des Erblassers in die Fähigkeiten und Integrität des Berufenen. Die Benennung des Testamentsvollstreckers kann in einem Testament erfolgen. Sie kann aber auch einem Dritten oder dem Nachlassgericht überlassen werden.

Zu beachten ist aber, dass niemand ohne oder gegen seinen Willen zum Testamentsvollstrecker werden kann. Die Ernennung in einem Testament verpflichtet den Ernannten nicht etwa zur Annahme des Amtes. Dies wäre auch wenig sinnvoll: Nur die aus freien Stücken übernommene Tätigkeit lässt eine zufriedenstellende Amtsführung erwarten. Der Testierende sollte daher den im Testament Benannten vorher fragen, ob dieser überhaupt bereit ist, nach seinem Tod das Amt zu übernehmen.

Nach Möglichkeit sollte für den Fall des Wegfalls des benannten Testamentsvollstreckers zudem eine Ersatzperson benannt werden. Zumindest sollte der Erblasser klar zum Ausdruck bringen, ob er auch für den Fall des Wegfalls des benannten Testamentsvollstreckers eine Testamentsvollstreckung – notfalls durch eine vom Nachlassgericht bestimmte Person - wünscht oder ob er für den Fall des Wegfalls des von ihm benannten Testementsvollstreckers von der Testamentsvollstreckung Abstand nimmt.

6. Fassung des Testaments

Auch sollte der Erblasser sein Testament inhaltlich so genau wie nur möglich fassen. Probleme tauchen in der Praxis oftmals allein deshalb auf, weil Anordnungen des Erblassers unbestimmt, unvollständig oder in sich inhaltlich widersprüchlich sind oder weil der Erblasser die falschen Begriffe verwendet hat. Dann stehen Erben und ggfl. das Gericht vor der schwierigen Aufgabe, den wirklichen Willen des Erblassers zu erforschen. Was aber, wenn dieser sich aus dem Testament gar nicht zweifelsfrei ermitteln läßt? Dann ist die Anordnung wirkungslos. Dem Erblasserwillen wird nicht zum Durchbruch verholfen.

7. Auffinden und Wirksamkeit

Das beste Testament ist wertlos, wenn es nicht gefunden oder aus formalen Mängel unwirksam ist. Dann tritt die oftmals gerade ja nicht gewollte gesetzliche Erbfolge an die Stelle des wirkungslosen Erblasserwillens.

Zunächst ist daran zu denken, dass Testamente vom Erblasser grundsätzlich vollständig, d.h. von Anfang bis Ende, eigenhändig zu errichten sind. Der Erblasser hat die Urkunde mit eigener Hand zu schreiben und schließlich zu unterschreiben. Ein Testament ist damit unwirksam, wenn es mit Schreibmaschine oder Computer errichtet worden ist. Eine eigenhändige Unterschrift ändert daran nichts. Das strenge Formerfordernis soll sicherstellen, dass man nach dem Tod des Erblassers die Echtheit der Urkunde durch Schriftvergleich feststellen kann. Das Gesetz und die Gerichte sind dabei rigoros.

Die Unterschrift sollte Vor- und Zunamen enthalten und muss zwingend den Text der Urkunde räumlich abschließen. Nur durch einen räumlichen Abschluss ist sichergestellt, dass sämtliche testamentarischen Anordnungen eindeutig und zweifelsfrei vom Testierwillen des Erblassers umfasst sind. Eine Überschrift oder eine Selbstbenennung am Anfang des Urkundstextes ist nicht ausreichend. Unterschreibt der Erblasser mit einem Namenskürzel oder einer Familienbezeichnung („Euer Vater"), so macht dieses das Testament zwar nicht unwirksam, es können aber im nachhinein Zweifel an der Identität und der Ernsthaftigkeit der Erklärung entstehen. Dies sollte vorsorglich vermieden werden.

Nachträgliche Änderungen des Testaments sind möglich. Da jedoch die Beweiskraft der Urkunde darunter leidet, kann nur dringend empfohlen werden, die Änderungen auch als solche zu kennzeichnen, mit Ort und Datum zu versehen und jeweils gesondert zu unterschreiben.

Bei vor allem älteren Menschen kommt es häufiger vor, dass diese durch Alter oder Krankheit zu geschwächt sind, alleine ein eigenhändiges Testament zu errichten. Dann stellt sich die Frage, wie weit Dritte beim Schreiben behilflich sein dürfen. Ein bloßes Halten der Schreibunterlage oder des zitternden Handgelenks ist dabei zulässig, das Führen der Hand beim Schreiben jedoch nur, wenn die Schriftzüge noch als die eigenen des Erblassers angesehen werden können. Das ist sicher nicht mehr der Fall, wenn die Eigenhändigkeit der Errichtung allein darin besteht, dass der Erblasser den Stift hält. Er muss seinen Willen äußern, nicht der Dritte durch ihn. Um Streit zwischen den Erben über die Eigenhändigkeit zu vermeiden empfiehlt es sich daher in Zweifelsfällen die Errichtung eines notariellen Testamentes einem zweifelhaften eigenhändigen Testament vorzuziehen.

Auch sollte auf keinem Testament die Angabe von Ort und Datum der Errichtung fehlen. Das Fehlen dieser Angaben führt zwar nicht zur Unwirksamkeit des Testaments, denkbar ist aber, dass im Nachhinein Streit über den Zeitpunkt der Errichtung ausbricht. Denn ein späteres Testament hebt ein früheres auf, soweit sich beide widersprechen. Die Angabe des Datums ist daher erforderlich, um festzustellen, welches Testament das spätere ist.

Auch sollte der Testierende dafür sorgen, dass sein Testament aufgefunden wird und nicht abhanden kommt. Der Erblasser kann das Testament natürlich selbst verwahren. Dann besteht aber immer die Gefahr, dass das Testament nach dem Tod des Erblassers nicht aufgefunden, verspätet aufgefunden oder gar von jemandem, der mit dem Inhalt nicht einverstanden ist, vernichtet wird. Die sicherste Methode ist daher, das Testament beim Nachlassgericht zu hinterlegen. Dieses kostet nur eine geringe Gebühr und man kann sicher gehen, dass das Testament nach dem Tod auch wirklich eröffnet wird und so dem eigenen Willen genüge getan wird. Als Alternative besteht natürlich auch die Möglichkeit, das Testament bei einer vertrauenswürdigen Person zu hinterlegen, etwa bei seinem Rechtsanwalt.

9. Steuerrecht

Niemand ist verpflichtet, sein Vermögen so zu verwalten, dass dem Staat möglichst hohe Steuern zufließen. Wer etwas zu vererben hat sollte daher seine Planung auch unter steuerrechtlichen Gesichtspunkten durchdenken. Insoweit kann es ratsam sein, Vermögensgegenstände bereits zu Lebzeiten zu übertragen. Dabei ist allerdings immer im Auge zu behalten, dass innerhalb von zehn Jahren durch Schenkung und Erbschaft erworbene Vermögensvorteile zusammengerechnet werden. Wenn der Erblasser also die bestehenden Freibeträge zugunsten seiner Erben mehrfach ausschöpfen möchte, sollte er frühzeitig genug – und somit bereits zu Lebzeiten – mit der Übertragung von Vermögenswerten auf seine Erben beginnen. Dabei sollte er natürlich nicht aus den Augen verlieren, dass er sich mit der Übertragung von Vermögenswerten zu Lebzeiten hinsichtlich der Verteilung seines Vermögens – vorbehaltlich anderweitiger vertraglicher Vereinbarungen – vorbehaltlich besonderer Absicherungen bereits endgültig bindet.

10. Fazit

Viele schieben den Gedanken an den eigenen Tod und die Folgen vor sich her. Jedoch sollte jeder, der gewisse Vorstellungen davon hat, was mit seinem Vermögen nach dem Tode passieren soll, sich noch bei Lebzeiten informieren und ausreichend Vorsorge treffen. Die Erben werden es ihm danken.

Bei ausreichender Vorsorge und klarer testamentarischer Regelung der Erbfolge muss kein Erblasser sich „im Grabe umdrehen"! Die Möglichkeiten der Gestaltung sind vielfältig. Ziel muss dabei sein, das Vermögen in die richtigen Hände zu verbringen und einen Streit seiner Erben zu vermeiden. Der eigene Tod sollte nicht Anlass zu familiären Zwistigkeiten geben.

Eine umfassende und rechtzeitige anwaltliche Beratung des Erblassers zu Lebzeiten spart Zeit und Geld. Geld, welches ansonsten seitens der Erben für überflüssige Prozesse ausgegeben wird und Lebenszeit, welche von den Erben sicherlich freudiger verlebt werden kann.

Altes und Neues Testament nach BGB

von Dr. Michael Ratz; Rechtsanwaltskanzlei Dr. Michael Ratz, Köln

I)

Niemand sollte Angst davor haben, ein Testament zu machen. Ab dem vollendeten 16. Lebensjahr kann jedermann ein Testament machen (§ 2229). In dem Testament können die persönlichen Wünsche und Auflagen festgelegt werden. Wer diese Dinge festlegen will, kann dies in der Regel tun in Form eines privatschriftlichen Testamentes (§ 2247), eines notariellen Testamentes (§ 2232), eines Erbvertrages (§ 2274) oder einer Schenkung von Todes wegen (§ 2301).

II)

Die persönlichen Wünsche und Auflagen, die in einem Testament festgelegt werden, haben keinen Ewigkeitswert. Eine Bindung an festgelegte Regelungen in einem Testament oder einer sonstigen erbrechtlichen Festlegung besteht grundsätzlich nicht. Jeder kann sich in der Regel immer wieder neu entscheiden, ob die Festlegungen seiner persönlichen Wünsche und Auflagen noch seinem aktuellen Willen entspricht.

1) Ein Testament kann jederzeit widerrufen werden (§§ 2253).
2) In der Abfassung eines neuen Testaments mit neuen Anordnungen liegt im Zweifel der Widerruf des früheren Testaments (§ 2258).
3) In der Vernichtung der Testamentsurkunde liegt im Zweifel die Aufhebung des Testaments (§ 2255).
4) In der Vornahme von Veränderungen am Text der Testamentsurkunde liegt im Zweifel die Aufhebung des früheren Testaments (§ 2255).
5) In der Rücknahme eines notariellen Testaments aus der amtlichen Verwahrung liegt im Zweifel der Widerruf dieses Testaments (§ 2256).

Hinweis: Dies gilt nicht bei einem privatschriftlichen Testament, das auf persönliches Verlangen hin beim Amtsgericht hinterlegt worden ist (§ 2256 Abs. 3).

6) Achtung: Eine Ausnahme gilt beim gemeinschaftlichen Testament von Eheleuten (§§ 2270 ff.). Bei einem solchen Testament besteht grundsätzlich die Bindung an die einmal festgelegten Wünsche und Auflagen. Zu Lebzeiten beider Ehegatten kann ein solches Testament nicht durch ein neues Testament einseitig aufgehoben werden.

III)

Über die privat veranlassten Änderungen eines einmal geschaffenen Testaments hinaus gibt es einige gesetzliche Regelungen über „kraft Gesetz" eintretende Änderungen.

1) Wer in seinem Testament seinen Ehegatten oder Verlobten bedacht hat, ist daran nicht gebunden, wenn die Ehe oder das Verlöbnis vor dem Tode aufgelöst worden sind (§ 2077).

Hinweis: Bei einem gemeinschaftlichen Testament von Eheleuten gilt etwas anderes, wenn anzunehmen ist, dass das Testament auch für den Fall der Auflösung der Ehe bestimmt sein soll (§ 2268 Abs. 2).

2) Ein Testament verliert seine Wirkung, wenn es infolge Irrtums oder Drohung angefochten werden kann und von dem für diesen Fall Begünstigten angefochten worden ist (§ 2078).

3) Ein Testament verliert seine Wirkung, wenn bei Abfassung z.B. ein leibliches Kind übergangen worden ist, von dessen Existenz der Erblasser nichts gewusst hat oder das erst nach Errichtung des Testaments geboren worden ist und deswegen die Anfechtung des Testaments durch den dadurch Begünstigten erfolgt ist (§ 2079).

4) Bei einem gemeinschaftlichen Testament von Ehegatten verliert das Testament seine Wirkung, wenn die Ehe vor dem Tode eines der Ehegatten aufgelöst worden ist – es sei denn, dass das Testament auch für diesen Fall weiter wirksam sein soll (§ 2268 Abs. 2).

5) Ein Testament verliert seine Wirkung, wenn der Begünstigte erbunwürdig ist und deswegen das Testament durch den in diesem Falle Begünstigten angefochten worden ist (§ 2339).

Hinweis: Erbunwürdigkeit liegt nur in seltenen Fällen vor, z.B. wegen versuchter oder vollendeter Tötung des Erblassers oder bei rechtswidriger Einwirkung auf den Erblasser mit verbotenen Mitteln, um zu verhindern, ein Testament zu errichten oder bei Verfälschung eines angefertigten Testaments.

IV)

Niemand braucht Angst zu haben, dass ein von ihm angefertigtes Testament als Urkunde verloren geht.

1) Jeder kann ein Testament bei sich in einem Ordner oder an einer anderen Stelle aufheben. Er muss nur darauf vertrauen, dass derjenige, der das Testament als erster findet, es ordnungsgemäß abgibt.
Jeder, der ein Testament findet, hat die Pflicht, dieses Testament beim Nachlassgericht (das sind die Amtsgerichte) abzuliefern (§ 2259).

2) In der Realität kann die Gefahr bestehen, dass jemand ein Testament findet, der durch das Testament nachteilig bedacht ist, so dass

er ein Interesse daran hat, das Testament zu vernichten. Davor kann man sich schützen, indem man das Testament oder eine entsprechende Zweitschrift bei einem Vertrauten hinterlegt. Man kann ein Testament auch sofort beim Amtsgericht hinterlegen (§ 2248). Dort ist es absolut sicher. Sobald das Amtsgericht davon erfährt, dass ein Erbfall eingetreten ist, wird das Testament eröffnet (§ 2260). Die Begünstigten und Benachteiligten werden dann benachrichtigt (§ 2252).

Ist das Testament beim Notar gemacht, hat der Notar es bei sich in Verwahrung und gibt ein entsprechendes Exemplar sogleich beim Amtsgericht in Verwahrung (§ 2258 a). Das ist die sicherste Methode.

v)

Es sei nochmals wiederholt, dass niemand Angst zu haben braucht, ein Testament zu errichten. Tun Sie es jetzt, dann brauchen Sie sich keine Vorwürfe machen, Sie hätten etwas versäumt, was Sie gerne als Ihren Wunsch festgelegt hätten.

Dr. Michael Ratz

Rechtsanwalt

Erbrecht • Nachlassverwaltung • Mietrecht
Arbeitsrecht • Allg. Vertragsrecht

An der Bottmühle 11
50678 Köln

Telefon   02 21 - 31 69 73
Telefax   02 21 - 32 29 61

Anfang und Ende des Lebens

... neue rechtliche Fragen

von Joachim Hindemith; Rechtsanwaltskanzlei Grote • Hindemith, Köln

Die staunenerregenden Erkenntnisse, die die Medizin, die Molekularbiologie und die Genetik in den letzten Jahrzehnten gewonnen haben und noch weiter gewinnen, haben Ärzten Handlungsmöglichkeiten verschafft, die früher nur Gegenstand von Utopien waren. Diese Handlungsmöglichkeiten betreffen auch den Beginn des Lebens und den Eintritt des Todes. Die Grundfrage lautet: Soll das, was heute möglich ist oder in naher Zukunft möglich sein könnte, auch erlaubt sein? Die Schwierigkeit besteht darin, daß es in den westlichen Gesellschaften – besonderes ausgeprägt in Deutschland – einen allgemeinen Konsens in ethischen Fragen nicht mehr gibt. Alle angesprochenen Fragen werden daher äußerst kontrovers diskutiert.

Der Gesetzgeber kann sich einer Entscheidung nicht entziehen, weil die Fragen um Leben und Tod Verfassungsfragen sind. Sowohl das menschliche Leben als auch die Menschenwürde stehen unter dem Schutz des Grundgesetzes.

Im folgenden wird – in äußerster Knappheit – nur die derzeitige Rechtslage skizziert.

Pränataldiagnostik

Bestimmte Erkrankungen können heute bereits vor der Geburt festgestellt werden. Zum einen besteht die Möglichkeit, den Chromosomensatz des Feten zu untersuchen. Dazu müssen durch einen kleineren Eingriff (Amniozentese oder Chorionzottenbiopsie) Zellen gewonnen werden, die diesen Chromosomensatz aufweisen. Die mikroskopische Untersuchung des Chromosomensatzes kann Anomalien aufdecken, die bestimmte Erkrankungen auslösen (am bekanntesten: Morbus Down = Mongolismus).

Ferner besteht die Möglichkeit, embryonale Mißbildungen im sonographischen Bild festzustellen. Gerade auf diesem Gebiet ist es in den letzten Jahren zu enormen Fortschritten gekommen. Eltern, die sich vor der Geburt eines behinderten Kindes fürchten, nehmen heute vielfach die Möglichkeiten der Pränataldiagnostik in Anspruch. Über deren rechtliche Zulässigkeit besteht kein Streit. Es liegt auf der Hand, daß eine positive, d.h. pathologische Diagnose vielfach in eine Abtreibung einmünden wird. Unter welchen Voraussetzungen eine Abtreibung zulässig ist, ist nach mehreren Entscheidungen des Bundesverfassungsgerichts gesetzgeberisch geklärt.

Präimplantationsdiagnostik (PID)

In den Fällen künstlicher Befruchtung ist es möglich, dem Embryo, solange er sich im sehr frühen Stadium außerhalb des mütterlichen Körpers befindet, ein oder zwei Zellen zu entnehmen und diese genetisch, d.h. nicht nur auf Chromosomenanomalien hin, zu untersuchen. Das Verfahren wird, wenn auch nur in Einzelfällen, in den Vereinigten Staaten und einer Mehrzahl westeuropäischer Länder angewandt, vor allem, wenn die konkrete Gefahr des Auftretens einer Erbkrankheit besteht. Wird ein genetischer Defekt festgestellt, so kann man von der Einsetzung des Embryos absehen, wodurch eine spätere Abtreibung vermieden wird.

Es ist jedoch außerordentlich streitig, ob die PID in Deutschland rechtlich zulässig ist. Die künftige Entwicklung der Rechtslage ist offen.

Hirntodkonzept

Klassischer Vorstellung entsprach es, daß der Tod eines Menschen mit dem irreversiblen Zusammenbruch von Kreislauf und Atmung eintritt. Die heute bestehenden technischen Möglichkeiten der Intensivmedizin haben in diesem Punkt zu einer grundlegenden Änderung geführt. Es ist möglich, den Körper eines Menschen, der über keinerlei Hirnfunktion mehr verfügt, durch künstliche Beatmung und Ernährung vital zu erhalten.

Obwohl eine gesetzgeberische Regelung nicht existiert, hat sich in der Praxis fast allgemein die Auffassung durchgesetzt, daß der vollständige und irreversible Ausfall aller Hirnfunktionen mit dem Tod gleichzusetzen ist. Die Abschaltung der intensivmedizinischen Apparaturen ist allerdings nur zulässig, wenn zwei Ärzte den Hirntod mit Sicherheit festgestellt haben. Hierzu existiert ein von der Bundesärztekammer herausgebenes Protokoll, in dem im einzelnen niedergelegt ist, welche Feststellungen getroffen werden müssen. Man muß in diesem Zusammenhang sehen, daß die gesamte Transplantationsmedizin, deren große Erfolge allgemein anerkannt sind, letztlich auf dem Hirntodkonzept beruht. Implantate können nämlich, von ganz wenigen Ausnahmen (z.B. Niere und Knochenmark) abgesehen, nur von Hirntoten entnommen werden.

Sterbehilfe und Sterbebegleitung

Mit intensivmedizinischen Mitteln kann heute das Leben von Patienten mit sog. infauster (d.h. hoffnungsloser) Prognose, vor allem also von sterbenden Patienten, erheblich verlängert werden, auch wenn eine Heilung oder die Abwendung des Todes unerreichbar sind. Es stellt sich die Frage, ob Ärzte verpflichtet sind, in solchen Fällen die Möglichkeiten der Apparatemedizin in vollem Umfang auszunutzen, oder ob sie dies unterlassen dürfen, wenn dies zu einem früheren Tod des Patienten führt.

Eine gesetzgeberische Regelung dieser Frage fehlt.

Als Grundsatz ist festzuhalten, dass für den Arzt keine Verpflichtung besteht, in den Fällen des bevorstehenden unabwendbaren Todes das Leides des Patienten von sich aus unter Einsatz aller Mittel der Apparatemedizin zu verlängern. Die Entscheidung liegt letztlich beim Patienten. Ist der Patient, was allerdings selten der Fall sein wird, noch bei Bewusstsein, so kann er eine Entscheidung treffen. Er kann diese Entscheidung auch zuvor in einem Patiententestament niederlegen. Eine solche eigene Entscheidung des Patienten ist verbindlich; sie wirkt auch bei Eintritt der Bewusstlosigkeit fort. Ist der Patient allerdings zu der Zeit, zu der die Behandlungsmaßnahmen zur Debatte stehen, nicht mehr einwilligungsfähig, so bedarf es der Bestellung des Betreuers. Dieser muss den Willen des Patienten respektieren; er kann jedoch seine Einwilligung in eine ärztlicherseits angebotene lebensverlängernde Behandlung nur mit Zustimmung des Vormundschaftsgerichts wirksam verweigern (hierzu jetzt grundlegend Beschluss des Bundesgerichtshofs vom 17.03.2003, Neue Juristische Wochenschrift 2003, 1588).

GROTE ▪ HINDEMITH

RECHTSANWÄLTE

Wir arbeiten seit Jahrzehnten auf allen wesentlichen Gebieten des Zivilrechts

Joachim Hindemith · Jürgen Teutsch · Heinz Spizig · Arvid Hagemann · Kurt Hahn · Jörg Schmieder

An der Münze 10
50668 Köln

Tel 0221/16 79 13
Fax 0221/72 25 08

mail@grote-rechtsanwaelte.de

www.grote-hindemith-rechtsanwaelte.de

IHR GUTES RECHT

- Erbrecht
- Familienrecht
- Mietrecht
- Arbeitsrecht
- Baurecht
- Zivilrecht

Sie werden von uns in allen rechtlichen Angelegenheiten gerichtlich und aussergerichtlich engagiert und couragiert vertreten.
Dabei werden Sie während eines gesamten Verfahrensablaufs jederzeit umfassend informiert und kompetent beraten und betreut.
Sie werden von uns bei der Erstellung von sinnvoll gestalteten Verträgen und klaren, eindeutigen Verfügungen unterstützt, um unnötigen Rechtsstreitigkeiten von vornherein entgegenzuwirken.

John & Glöckner
ANWALTSSOZIETÄT

Doris John
Fachanwältin für Familienrecht
Weitere Tätigkeitsschwerpunkte:
Erbrecht und Mietrecht

Dr. Martin Glöckner
Fachanwalt für Arbeitsrecht
Weitere Tätigkeitsschwerpunkte:
Baurecht und allg. Zivilrecht

Stammheimer Str. 10-12
50735 Köln
Tel.: 0221 - 283 120
Fax: 0221 - 283 1212

Arbeitsrecht • Erbrecht

von Rechtsanwalt Dr. Heppekausen; Anwaltskanzlei Dr. jur. Jung & Partner, Köln

I. Einleitung

Betrachtet man die Überschrift könnte der Eindruck entstehen, dass sich die nachfolgenden Ausführungen mit zwei Rechtsgebieten befassen, die in keinem tatsächlichen Zusammenhang stehen. Gerade in jüngster Zeit mussten sich zahlreiche Entscheidungen der Arbeitsgerichte bis hin zum Bundesarbeitsgericht (BAG) mit der Frage befassen, inwieweit der Tod des Arbeitnehmers (AN) dazu führt, dass Ansprüche auf die Erben übergehen.

Unproblematisch sind die Ansprüche, die den Hinterbliebenen aufgrund eines Tarifvertrages zustehen, soweit dort die Regelung zu finden ist, dass eine Witwe nach dem Tod ihres Mannes noch für ein oder zwei Monate Lohn vom Arbeitgeber (AG) beanspruchen kann oder Zuschüssen für die Bestattung erhält.
Umstritten ist allerdings, ob ein Erbe Ansprüche gegenüber dem AG des Verstorbenen hat, wenn dieser während des Arbeitsverhältnisses oder unmittelbar danach verstirbt und im Tarifvertrag keine Regelung zu finden ist.
Selbstverständlich ist, dass der ureigene Lohnanspruch nur dem zusteht, der Arbeitsleistungen auch erbringen kann. Darüber hinaus hatte sich die Rechtsprechung schon mehrfach mit der Frage zu befassen, ob dann, wenn der AN vor seinem Tod seinen Urlaub nicht mehr nehmen konnte, die Erben einen Anspruch auf Abgeltung des nicht genommenen Urlaubs haben (dazu unter II). Von besonderer Bedeutung für die Hinterbliebenen ist darüber hinaus auch die Frage, ob dann, wenn nach einer Kündigung ein AN stirbt, dem Hinterbliebenen die ansonsten dem AN zustehende Abfindung vererbt werden kann (dazu unter III).

II. Ansprüche auf Urlaubsabgeltung

Nach dem Bundesurlaubsgesetz stehen jedem AN 24 Urlaubstage jährlich zu, wobei allerdings von 6 Arbeitstagen pro Woche ausgegangen wird. Bei einer üblichen 5-Tage-Woche reduziert sich deshalb der gesetzliche Urlaubsanspruch auf 20 Tage pro Jahr. Vielfach sehen Arbeitsverträge, Tarifverträge oder die betriebliche Übung für den AN weit aus mehr Tage vor. Kommt dann noch eine Schwerbehinderung hinzu, kann durchaus ein Anspruch von 36 Urlaubstagen pro Jahr erreicht werden. Wurde zudem Alturlaub in das Folgejahr übertragen, können so erhebliche Tage abzugelten sein, wenn dieser Urlaub nicht genommen werden kann. Rechnerisch geht das BAG davon aus, dass pro Quartal 65 Arbeitstage absolviert werden, so dass pro Tag 1/65 des Verdienstes berechnet wird, den der AN in drei Monaten erzielt.

Verstirbt dann ein AN bevor er seinen Urlaub nehmen konnte, stellt sich die Frage, ob der Erbe von dem AG verlangen kann, dass eine entsprechende Abgeltung vorgenommen wird.

Einigkeit besteht im Rahmen der Rechtsprechung, dass ein solcher Auszahlungsanspruch nicht gegeben sein soll, wenn es einem AN aus höchstpersönlichen Gründen, beispielsweise einer Krankheit, nicht möglich war seinen Urlaub zu nehmen. Erst dann, wenn er noch in dem Urlaubsjahr wieder gesund wird und der AG danach die Inanspruchnahme des Urlaubs in natura verweigert, soll dem AN ein entsprechender Abgeltungsanspruch zustehen. Bei einer Krankheit über den Zeitraum, in dem der Urlaub genommen werden kann (häufig bis zum 31.03. d. Folgejahres) erlischt der Urlaubsanspruch in Gänze und eine Abgeltung kommt nicht in Betracht. Wenn diese Grundsätze bei einer Krankheit gelten, müssen sie erst recht Anwendung finden, wenn es in Folge des Todes des AN ausgeschlossen ist, dass dieser seine Arbeitskraft wieder zur Verfügung stellen kann. Die Gerichte gehen also davon aus, dass im Ergebnis nur derjenige Erholungsurlaub nehmen kann, der grundsätzlich arbeitsfähig ist.

Von diesem Grundsatz gibt es jedoch zahlreiche Ausnahmen. So hatte sich beispielsweise das ArbG Frankfurt mit dem Fall zu befassen, in dem ein AN nach längerer Krankheit wieder gesund wurde und deshalb seine Arbeitskraft anbot, jedoch von Seiten seines AG nicht beschäftigt wurde. Er hat daraufhin die Abgeltung seines Urlaubsanspruches verlangt, war dann jedoch im Verlauf des Rechtstreits verstorben. Seine Ehefrau, als Erbin, führte den Rechtstreit vor dem ArbG erfolgreich weiter.

Hiergegen legte der AG vor dem LAG Berufung ein, so dass sich dieses nunmehr mit der Frage zu befassen hatte, ob der Anspruch vererblich war. Das LAG ist dabei zu dem Resultat gelangt, dass zum Zeitpunkt des Todes der AG noch die Möglichkeit gehabt hätte, seinem AN den Urlaub in natura zur Verfügung zu stellen. Letztendlich sei es nur durch den Tod des AN unmöglich geworden ihm seinen Urlaubsanspruch zukommen zu lassen. Damit scheide eine Abgeltung des Urlaubs zugunsten der Erben aus, weshalb das LAG auf die Berufung des AG hin die Klage abgewiesen.

Grundlegend hatte sich der 9. Senat 1998 mit der Frage befasst, inwieweit einem Erbe entsprechende Ansprüche zustehen würden. Hier war das BAG zu der Überzeugung gelangt, dass ein AG nicht verpflichtet ist, den Resturlaub des verstorbenen AN abzugelten. Das Gericht meinte, dass ein Urlaubsabgeltungsanspruch beim Tod des verstorbenen AN noch nicht entstanden war und deshalb nicht Bestandteil der Erbmasse sein kann.

Liest man dieses Urteil in seiner Begründung, so lässt sich feststellen, dass grundsätzlich das BAG davon ausgeht, dass ein Urlaubsabgeltungsanspruch vererblich ist. Entscheidende Voraussetzung ist, dass der verstorbenen AN selbst bereits die Abgeltung verlangen kann. Es muss also angenommen werden, dass eine Vererblichkeit gegeben ist. Im Einzelfall ist jeweils zu prüfen, ob der Verstorbene selbst schon zu dem Zeitpunkt, in dem er verstorben war einen Anspruch auf Urlaubsabgeltung hatte. War dieser bereits gegeben und nicht nur ein Anspruch auf Urlaub in natura, so kann er diesen vererben und die Hinterbliebenen können die Abgeltung gegenüber dem AG vor den Arbeitsgerichten geltend machen.

Diese Auffassung hat das BAG bestätigt, als es darum ging, dass ein arbeitsfähiger AN nach Beendigung seines Arbeitsverhältnisses selbst Klage auf Zahlung der Urlaubsabgeltung erhoben hatte. In diesem Fall konnte der AN nämlich seinen Urlaub nicht etwa deshalb nicht nehmen, weil er krank oder aus anderen Gründen arbeitsunfähig war, sondern schlicht deshalb, weil das Arbeitsverhältnis beendet war. Er erhob deshalb Klage auf Urlaubsabgeltung gegen den AG und verstarb dann während des Rechtsstreits. Hier hat das Gericht letztinstanzlich entgegen den Vorinstanzen vor dem ArbG und LAG Köln entschieden, dass unter diesen Voraussetzungen ein Anspruch vererblich ist. In einem solchen Fall, würde der AG durch den Tod seines Mitarbeiters nicht mehr von der Verpflichtung zur Abgeltung des Urlaubs befreit.

III. Vererblichkeit der Abfindung

In den letzten Jahren zeigt sich, dass der Arbeitsplatzverlust für viele AN auch gesundheitliche, negative Beeinträchtigungen zur Folge hat. Gerade dann, wenn langjährige Beschäftigungsverhältnisse unplanmäßig durch Kündigungen beendet werden und der AN ein Alter erreicht hat, in dem er für das Arbeitsamt einerseits schwer vermittelbar ist, andererseits jedoch noch nicht alt genug ist, um Altersrente zu beziehen, werden viele AN mit der zur Verfügung stehenden Freizeit nicht fertig. Diese psychische Belastung mag es sein, dass gerade dies dazu führt, dass AN häufig nicht mehr in den Genuss kommen, eine ihnen in Folge der Kündigung zustehende Abfindung selbst zu genießen, sondern zuvor versterben.

Auch hier stellt sich die grundsätzliche Frage, ob diese Ansprüche auf die Erben des verstorbenen AN übergehen.

Dabei entscheidet die Rechtsprechung zunächst einmal ganz streng, ob der Tod vor oder nach Beendigung des Beschäftigungsverhältnisses eingetreten ist.

1. Kündigt ein AG fristgerecht zu einem bestimmten Zeitpunkt und verstirbt der AN nach Erhalt der Kündigung, noch bevor die Kündigungsfrist abgelaufen ist, also quasi noch während des Arbeitsverhältnisses, soll nach Auffassung der Arbeitsgerichte grundsätzlich auf den Erben kein Anspruch auf Zahlung einer Abfindung übergegangen sein.

Entscheidend für die Fälligkeit des Abfindungsanspruches sei, dass das Arbeitsverhältnis eben aufgrund der Kündigung zum Kündigungszeitpunkt endet. Diese Voraussetzung soll nicht gegeben sein, wenn der AN noch vor dem Ablauf der Kündigungsfrist verstirbt. Das Arbeitsverhältnis ende dann mit dem Tod des AN und eben nicht aufgrund der ausgesprochenen Kündigung.

Von diesem Grundsatz sollen regelmäßig dann Ausnahmen gemacht werden, wenn die Grundlage, auf die Abfindung gestützt wird eine andere Auslegung zulässt.

So hatte sich das BAG mit einem Aufhebungsvertrag zu befassen, in dem es hieß, dass zwischen AG und AN Einigkeit darüber besteht, dass das Arbeitsverhältnis unter Berücksichtigung der geltenden Kündigungsfristen mit Ablauf des 31.03. aufgelöst wird. Zudem war vereinbart, dass der AN für den Arbeitsplatzverlust eine Abfindung erhalten sollte.

Nach Abschluss eines Aufhebungsvertrages, jedoch noch vor dem 31.03. verstarb der AN. Die Erben haben, gestützt auf diesen Aufhebungsvertrag, die Abfindung von dem AG verlangt. Nachdem die Erben vor dem ArbG Hamburg erfolgreich waren, hat das LAG die Auffassung vertreten, dass die Klage der Abweisung unterliegen würde. Das BAG korrigierte die Entscheidung erneut und entschied letztendlich zu Gunsten der Erbin.

Das LAG Hamburg hatte die Auffassung vertreten, dass zwar der AG zur Zahlung der Abfindung aufgrund des Aufhebungsvertrages verpflichtet gewesen wäre. Die Zahlung wäre jedoch erst bei Beendigung zum 31.03. fällig und der vorherige Tod habe dazu geführt, dass eine Fälligkeit nicht mehr eintreten würde.

Der 2. Senat des BAG nahm demgegenüber eine andere Auslegung des Vertrages vor. Bei einer solchen Formulierung sei nicht davon auszugehen, dass der Regelfall anzunehmen wäre, wonach eine Abfindung hinfällig wird, wenn der AN den Auflösungstermin nicht mehr erlebt. Nach Auffassung des Senats gäbe es keinen Erfahrungssatz, der eine solche Auslegung zwingend vorschreiben würde. Die Aufhebungsvereinbarung sei ein Vertrag wie jeder andere, der nicht durch den Tod eines der Vertragspartner automatisch hinfällig würde, so dass er auch nach dem Tod des AN fortbestehen würde. Eine Auslegung dahingehend, dass nur dann die Abfindung den Erben zusteht, wenn der AN den Ablauf der Beschäftigung noch erlebt, könne man nur annehmen, wenn in der Abfindungsvereinbarung ein Zusammenhang mit der Weiterarbeit des AN bis zum Auflösungstermin festgestellt werden könnte. Dies sei bei der oben wiedergegebenen Formulierung nicht der Fall. Hier könne man nicht davon ausgehen, dass die Abfindung in einem Zusammenhang mit der Verpflichtung des AN stehe bis zum 31.03. zu arbeiten. Vor diesem Hintergrund sei die Tatsache entscheidend, dass die Vereinbarung in rechtsgültiger Weise getroffen worden sei.

In einem anderen Fall, in dem ein gerichtlicher Vergleich den Abfindungsanspruch begründete, war das Arbeitsgericht viel strenger. Der Vergleich war nach Ausspruch der Kündigung jedoch vor dem eigentlichen Beendigungsdatum zu Stande gekommen. Das ArbG hat hier bei Auslegung des Vergleiches die Auffassung vertreten, dass durch die Formulierung, dass der ArbN bei Beendigung des Arbeitsverhältnisses für den Verlust des Arbeitsplatzes eine Abfindung zu zahlen habe impliziere, dass nur dann ein Anspruch auf Auszahlung der Abfindung besteht, wenn der AN das Ende des Arbeitsverhältnisses erlebt. Hiergegen wurde allerdings Revision seitens der Erben eingelegt. Eine Entscheidung des BAG ist nicht ergangen, was darauf zurückzuführen sein dürfte, dass entweder die Revision zurückgenommen wurde oder aber zwischen den Parteien eine einvernehmliche Regelung gefunden wurde.

Zusammenfassend lässt sich feststellen, dass dann, wenn vor dem Tod des AN eine Kündigung ausgesprochen wurde, jedoch der Beendigungszeitpunkt nicht erlebt wurde, die Arbeitsgerichte exakt auf den Wortlaut der Regelung abstellen, die die Abfindung begründet.

2. Anders sieht die Rechtslage aus, wenn der AN nach dem Beendigungszeitpunkt verstirbt. Hat also ein AN eine Kündigung bekommen und steht ihm eine Abfindung zu, so geht dieser Anspruch auf die Erben über, wenn der AN beim Beendigungszeitpunkt noch lebte. Hat in einem solchen Fall der AG vor dem Tod des AN keine Leistungen erbracht, wird er durch den Tod seines ehemaligen AN nicht mehr begünstigt, sondern muss an die Erben die vereinbarte Zahlung erbringen.

IV. Fazit:

Als Ergebnis dieser Darstellung ist festzuhalten, dass jeder Erbe, der weiß, das der Verstorbene noch Ansprüche hatte, durchaus überprüfen (lassen) sollte, ob er nunmehr nicht die Möglichkeit hat, diese Ansprüche zu realisieren.

Auseinandersetzung der Erben

– nicht selten Anlass zum Streit

von Dr. Fritz Rosenberger
Kanzlei Dr. Rosenberg & Balg, Köln

Wer stirbt, hinterlässt meistens nicht nur einen Erben. Stirbt der Vater einer mehrköpfigen Familie, sind nach dem Gesetz erbberechtigt die Ehefrau und die Kinder. Das bürgerliche Gesetzbuch oder, ist ein Testament vorhanden, das Testament legt dabei die Quoten fest, zu denen geerbt wird. Ist nichts anderes bestimmt, erbt die Ehefrau nach dem Gesetz 1/2; die andere Hälfte erben die Kinder zu gleichen Teilen. Dabei sind uneheliche den ehelichen Kindern gleichgestellt.

Nicht über die Quoten, sondern über die tatsächliche Auseinandersetzung gibt es häufig Streit. Was ist beispielsweise, wenn ein Erbe den Nachlass besitzt und dessen Umfang den übrigen Erben verheimlicht? Wie kommen die nicht besitzenden Miterben zu Ihrem Recht, wenn zum Erbe Grundbesitz gehört und nur ein Erbe über den Grundbesitz verfügt? Welche Möglichkeiten haben erbberechtigte Kinder, die der Verstorbene im Testament vom Erbe ausgeschlossen hat? Wie wird das Erbe geteilt, wenn die Nachlassgegenstände nicht teilbar sind und der Verstorbene testamentarisch keine Teilungsanordnung getroffen hat?

Die Fragen um die Auseinandersetzung der Erben gehören zu den häufigsten, mit denen ein auf Erbrecht spezialisiertes Anwaltsbüro befasst wird. Sie sind sämtlich lösbar. Reicht der gute Wille der Beteiligten nicht, muss allerdings notfalls gerichtliche Hilfe in Anspruch genommen werden. Zu den aufgeworfenen Fragen können, liegen keine Besonderheiten vor, folgende Antworten erteilt werden:

- Wer den Nachlass als Erbe besitzt und dessen Umfang verheimlicht, kann notfalls zur Auskunft gerichtlich gezwungen werden. Er muss auf Verlangen eines Miterben eidesstattlich versichern, dass die erteilte Auskunft richtig und vollständig ist.

- Wer ererbtes Grundeigentum besitzt, indem er etwa das hinterlassene Einfamilienhaus bewohnt, muss den übrigen Erben eine Nutzungsentschädigung zahlen. Die Höhe der Nutzungsentschädigung hängt ab von dem Nutzungswert des Grundeigentums und der Erbquote der Miterben. Hat ein Einfamilienhaus einen Nutzungswert von monatlich 800,00 € und lebt darin die hinterbliebene Ehefrau allein, muss sie an die beiden miterbenden Kinder, ist testamentarisch nichts anderes bestimmt, je 200,00 € Nutzungsentschädigung im Monat zahlen.

- Vom Erblasser im Testament übergangene Miterben häufig sind das uneheliche Kinder haben einen Pflichtteilsanspruch. Dieser macht die Hälfte des gesetzlichen Erbteils aus. Hat ein Verstorbener als Erben drei Kinder hinterlassen, von ihnen aber nur zwei als Erben eingesetzt, hat das dritte Kind gegen die beiden anderen einen Pflichtteilsanspruch in Höhe der Hälfte des gesetzlichen Erbteils, also in Höhe von 1/6 des Nachlasswertes.

- Die Teilung des Nachlasses geschieht, sind die Nachlassgegenstände nicht teilbar, im Wege der Veräußerung der Nachlassgegenstände und anschließender Verteilung des Erlöses. Bei Grundstücken geschieht das, können sich die Erben nicht einigen, im Wege der Teilungsversteigerung, die von jedem Miterben beantragt und betrieben werden kann.

Natürlich ist es am besten, wenn eine streitige Auseinandersetzung über das Erbe vermieden werden kann. In der Mehrzahl der Erbfälle ist das so. Es bleiben aber genug Fälle übrig, in denen der Rechtsanwalt beauftragt und eingeschaltet werden muss, um sich für die Rechte eines oder mehrerer Miterben einzusetzen.

Auslegung eines Testament

von Norbert Schönleber; Rechtsanwaltskanzlei Norbert Schönleber, Köln

Häufig wird die vom Gesetz vorgesehene Erbfolge nicht dem Willen des Erblassers entsprechen. Ein wirksam errichtetes Testament ermöglicht es, von der gesetzlichen Erbfolge abzuweichen und andere Regelungen über den Nachlass zu treffen.

In der anwaltlichen Praxis muss ich im Rahmen von Beratungen jedoch immer wieder feststellen, dass Testamente sehr oft unklar und missverständlich formuliert sind. Zum Beispiel werden unklare Begriffe gewählt oder aber juristische Fachbegriffe falsch verwendet. Schwierigkeiten können sich aber auch ergeben, weil sich die tatsächlichen Gegebenheiten seit der Errichtung des Testaments grundlegend verändert haben. Es ist durchaus nicht selten, dass ein Testament beim Tod des Erblassers schon Jahrzehnte alt ist.

Wenn Zweifel am Inhalt eines Testaments bestehen, muss geprüft werden, was der Erblasser im Rahmen seiner letztwilligen Verfügung wirklich regeln wollte. Dies hat nach den Grundsätzen der Testamentsauslegung zu erfolgen, die sich aus dem Gesetz ergeben bzw. von der Rechtsprechung entwickelt wurden.

Vorrangiges Ziel einer solchen Auslegung ist es, den tatsächlichen Willen des Erblassers herauszufinden. Dabei ist der Zeitpunkt der Testamentserrichtung maßgebend.

Anders als z.B. bei der Auslegung eines unklaren Kaufvertrages kommt es bei der Beurteilung nicht auf die Frage an, wie andere den Wortlaut des Testamentsberechtigterweise verstehen. Vielmehr kommt es einzig und allein auf die Sicht des Erblassers an. Sein Wille ist maßgeblich und herauszufinden.

Wegen der Formbedürftigkeit eines Testaments kann aber nun nicht einfach eine völlig freie Auslegung vorgenommen werden. Im Rahmen der sogenannten Andeutungstheorie fordert die Rechtsprechung, dass der eigentliche Wille des Erblassers im Testament zumindest andeutungsweise enthalten ist. Durch Auslegung kann hier nicht einfach aus „schwarz" „weiß" gemacht werden.

Kommt der mögliche Erblasserwille in der Testamentsurkunde aber auch nur andeutungsweise zu Vorschein, muss dieser erforscht werden. Dabei sind dann auch Umstände, die außerhalb des Testaments liegen, mit heranzuziehen. In Betracht kommen hier z.B. Briefe, Testamentsentwürfe, Aussagen von Verwandten und Freunden, aber auch allgemeine Lebenserfahrungsgrundsätze.

Lässt sich der tatsächliche Wille des Erblassers trotz intensiver Auslegung nicht feststellen, so ist dann der mutmaßliche Wille des Erblassers zu ermitteln.

Hilft auch dies nicht weiter, kann dann ggf. noch auf gesetzliche Auslegungsregeln zurückgegriffen werden. Da dem Gesetzgeber die Problematik unklarer Formulierungen durchaus geläufig war, hat er eine Reihe von gesetzlichen Auslegungsregeln geschaffen.

Das 5. Buch des BGB enthält für jeden Bereich eigene Auslegungsregeln. So enthalten z.B. die §§ 2066-2076 BGB allgemeine Auslegungsregeln für die Bestimmung der Personen, die der Erblasser tatsächlich bedenken wollte. Auslegungsregeln für die Erbeinsetzung finden sich in den §§ 2087-2099 BGB, für die Vor- und Nacherbschaft in den §§ 2101 bis 2108 BGB und für das Vermächtnis in den §§ 2148 ff. BGB.

Die Grundsätze der Testamentsauslegung sind nicht nur beim Einzeltestament anzuwenden. Sie gelten auch beim gemeinschaftlichen Ehegattentestament und beim Erbvertrag. Hier ist allerdings zu berücksichtigen, dass bei wechselbezüglichen Verfügungen im gemeinschaftlichen Testament sowie bei vertragsmäßigen Verfügungen im Erbvertrag auch auf den Willen des Ehegatten bzw. des Vertragspartners abzustellen ist.

Von der Auslegung des tatsächlichen Erblasserwillens ist zu unterscheiden die ergänzende Auslegung. Es ist nämlich des öfteren notwendig, insbesondere bei einem schon älteren Testament, die Veränderungen, die zwischen der Testamentserrichtung und dem Erbfall eingetreten sind, dem Willen des Erblassers anzupassen.

Ein typischer Fall ist z.B., dass der Gegenstand, der im Wege des Vermächtnisses einer bestimmten Person zukommen soll, nicht mehr im Nachlass vorhanden ist. Denkbar ist auch, dass der eingesetzte Erbe vor dem Erblasser verstorben ist, ohne Nachkommen zu hinterlassen.

Durch solche späteren Veränderungen wird das Testament nicht etwa unwirksam. Vielmehr muss die sich nun ergebende Lücke im Testament durch eine ergänzende Auslegung geschlossen werden. Es muss der vermutliche Wille ermittelt werden, den der Erblasser gehabt hätte, wenn er die späteren Veränderungen vorhergesehen hätte.

Auch soweit kann aber keine willkürliche Ergänzung erfolgen. Vielmehr muss für die ergänzende Auslegung ein wenn auch noch so geringer Anhaltspunkt im Testament vorhanden sein.

Um Unklarheiten in einem Testament gar nicht erst aufkommen zu lassen, kann nur dringend empfohlen werden, vor Errichtung eines Testaments sachkundigen Rat bei einem spezialisierten

Norbert Schönleber
Rechtsanwalt

Tätigkeitsschwerpunkte: Erbrecht, Immobilienrecht

Gründer und Vorsitzender der Arbeitsgemeinschaft Mietrecht und Immobilien im Deutschen Anwaltverein

Gründer des "Kölner Erbrechtstags"

Geprüfter Testamentsvollstrecker (DVEV)

Mitglied Deutsche Vereinigung für Erbrecht und Vermögensnachfolge (DVEV) und Arbeitsgemeinschaft der Testamentsvollstrecker e.V.

- Erbrechtliche Beratung
- Lösung von erbrechtlichen Problemen
- Testamentsvollstreckungen
- Vertretung vor allen Landgerichten und Oberlandesgerichten
- Erbrechtliche Vorträge

Internet:
www.erbrechtsberatung.info
www.testamentsvollstreckungen.com

Weißhausstraße 21
50939 Köln
Tel. 02 21 / 74 21 30
Fax 02 21 / 74 85 56
sl@schoenleber.net
www.schoenleber.net

UDO GAUDIG

Rechtsanwalt am OLG Köln

Tätigkeitsschwerpunkte: Ehe-/Familienrecht (+intern. R.), Vertragsrecht (+intern. R.), Gesellschaftsrecht sowie Beratung bei Firmengründungen incl. Steuergestaltung, teilweise auch in Zusammenarbeit mit Vertretern steuerberatender Berufe, Steuer- und Wirtschaftsstrafrecht

Mitglied im Deutschen Forum für Erbrecht

Mitglied im DACH (Europäische Anwaltsvereinigung e.V.) mit inländischen und ausländischen Korrespondenz-Kanzleien u.a. in: Amsterdam, Antwerpen, Arnheim, Athen, Barcelona, Basel, Bern, Belgrad, Bologna, Bozen, Bratislava, Brüssel, Budapest, Innsbruck, Krakau, London, Luxemburg, Madrid, Mailand, Marbella, Meran, Moskau, Strassburg, Paris, Prag, Salzburg, Sofia, Vaduz, Wien, Zagreb, Zürich und Sao Paulo/Brasil sowie New York.

Hohenzollernring 52 · 50672 Köln
Tel. 0221 · 6 60 75 55 · Fax 0221 · 6 60 75 56
gaudig@rechtsberatung-koeln.de

Rechtsanwalt einzuholen. Er wird vor Errichtung alle anstehenden Fragen eingehend besprechen und dafür sorgen, dass wirklich der letzte Wille des Erblassers tatsächlich zum Tragen kommt.

Durch eine solche Regelung können die oft äußerst unschönen Streitigkeiten zwischen Verwandten und Bekannten nach dem Ableben vermieden werden. Es wird so zudem sichergestellt, dass die ja oft sehr wertvolle Nachlassgegenstände auch in die richtigen Hände kommen.

Streitigkeiten lassen sich außerdem vermeiden, wenn ein Testamentsvollstrecker eingesetzt wird. Soweit besteht dann nämlich die Möglichkeit, dem Testamentsvollstrecker als Schiedsrichter nach § 1066 der Zivilprozessordnung die Auslegung des Testaments zu übertragen.

Aber selbst wenn das Kind schon in den Brunnen gefallen ist, lässt sich durch sachkundige anwaltliche Beratung häufig ein großer Streit vermeiden. Der Anwalt kann nach eingehender Beratung meist verbindliche Hinweise auf die im Einzelfall recht schwierige Frage der richtigen Testamentsauslegung geben und Lösungsvorschläge unterbreiten. So wird er z.B. darauf hinweisen, dass ein Auslegungsvertrag zwischen den möglicherweise vom Erblasser Bedachten einen langen Rechtsstreit vermeiden kann.

Um die Problematik einer ergänzenden Testamentsauslegung zu vermeiden, kann nur empfohlen werden, sein Testament, dass man hoffentlich formgültig und unmissverständlich errichtet hat, in regelmäßigen Abständen zu überprüfen.

Zumindest alle fünf Jahre sollte eine solche Überprüfung erfolgen. Daneben ist eine Überprüfung notwendig, wenn sich wesentliche Dinge ändern, z.B. durch Heirat, Geburt von Kindern oder Erwerb wertvoller Vermögensgegenstände. Hier sollte man die Dinge aber nicht dem Zufall überlassen oder sich auf manchmal zweifelhafte Ratschläge blind verlassen. Besser ist es, die Sache einem Anwalt zur Prüfung zu übergeben, damit später die Erben nicht teures Lehrgeld zahlen müssen.

Erben und Vererben

* Ihr Partner bei der Durchsetzung von Erbansprüchen
* Ihr Berater bei der Gestaltung von Testamenten und Unternehmensnachfolge

Anwaltskanzlei Michael Schinkel
Hohenstaufenring 63 (Rudolfplatz) 50674 Köln
Tel.: 0221 - 23 21 00   Fax: 0221 - 24 29 79

Ich versichere Ihnen eine vertrauensvolle Zusammenarbeit auf den Fachgebieten Erbrecht, Steuerrecht und Stiftungsrecht.

STEPHAN KLING
RECHTSANWALT

Aachener Straße 1253 · 50858 Köln
Telefon: 0 22 34 / 9 48 96 00 · Telefax: 0 22 34 / 9 48 96 06
E-mail: info@kanzlei-kling.de · Internet: www.kanzlei-kling.de

Das Amt des Testamentsvollstreckers

– Sinn und Zweck, Aufgabe und Rolle –

von Martin Mohr,
Rechtsanwälte in Bürogemeinschaft
Mohr, Benninghaus & Mohr, Köln

I. Sinn und Zweck

1. Sinn

Die Anordnung der Testamentsvollstreckung ermöglicht dem Erblasser eine weitreichende Einflussnahme über den Tod hinaus. Dies kann aus verschiedensten Motiven geschehen. Daher muss sich der Erblasser der mit dieser Gestaltung verfolgten Ziele und Auswirkungen klar bewusst sein. Nicht zu Unrecht aber gewinnt die Testamentsvollstreckung in der Praxis – auch angesichts immer stärker wachsender rechtlicher und steuerlicher Probleme sowie größerer Nachlässe – immer mehr an Bedeutung.

2. Zweck

In folgenden Fällen ist die Anordnung einer Testamentsvollstreckung sinnvoll, ja meistens mitunter sogar notwendig, um die vom Erblasser mit seiner Verfügung von Todes wegen verfolgten Ziele auch zu verwirklichen:

- Schutz des Nachlasses gegen Zugriff durch den ungeeigneten, den böswilligen oder geschäftsunerfahrenen Erben selbst
- Einräumung einer bevorzugten Verwaltungsstellung für einen von mehreren Miterben (z. B. Ehepartner als Miterbe), Vereinfachung der Abwicklung (Auseinandersetzung, Vermächtniserfüllung und Verwaltung, Verwaltungsvollstreckung) bei großer Anzahl von Beteiligten oder wenn diese nur schwer zu erreichen sind
- Schutz vor dem Vollstreckungszugriff der Eigengläubiger der Erben (§ 2214 BGB)
- Schaffung eines „erbrechtlichen Dispositionsnießbrauchs" durch Kombination von Nießbrauchvermächtnis und Testamentsvollstreckung
- Sicherung der Unternehmensnachfolge
- Behindertentestament

II. Aufgaben des Testamentsvollstreckers

1. Allgemein

Der Erblasser entscheidet nicht nur, ob eine Testamentsvollstreckung über seinen Nachlass stattfindet, sondern er kann auch die zeitlichen und gegenständlichen Grenzen, aber auch noch weitere Einzelheiten, also das „wie" der Testamentsvollstreckung, in sehr großem Umfang nach seinen Vorstellungen bestimmen. Das Gesetz stellt ihm dazu verschiedene Grundtypen der Testamentsvollstreckung zur Verfügung.

2. Abwicklungsvollstreckung als „Regelfall", (§§ 2203 u. 2204 BGB)

Die Abwicklungsvollstreckung ist der Regelfall. Immer dann, wenn der Erblasser zu den Aufgaben des Testamentsvollstreckers nichts anderes bestimmt hat und sich auch durch Auslegung nichts anderes ergibt, hat der Testamentvollstrecker die letztwilligen Anordnungen des Erblassers (Vermächtnis, Auflagen, Teilungsanordnung) auszuführen und bei Miterben den Nachlass auseinander zu setzen. Der Testamentsvollstrecker hat auch die Nachlassverbindlichkeiten zu erfüllen. Die Erbauseinandersetzung hat er, sofern sie vom Erblasser nicht ausgeschlossen oder eingeschränkt wurde, alsbald zu bewirken. Soweit die Anordnung des Testamentsvollstreckers reicht, richtet sich der Anspruch des Miterben auf Erbauseinandersetzung allein gegen den Testamentsvollstrecker. Bestehen für die Durchführung der Erbauseinandersetzung keine Anordnungen des Erblassers, so hat der Testamentsvollstrecker diese nach den gesetzlichen Bestimmungen vorzunehmen, die in Natur nicht teilbaren Sachen sind somit zu veräußern und zwar bewegliche Sachen nach den Vorschriften über den Pfandverkauf, Grundstücke durch Zwangsversteigerung; es ist aber auch ein freier Verkauf zulässig. Mit der vollständigen Abwicklung des Nachlasses endet diese Art der Testamentsvollstreckung automatisch.

3. Dauertestamentsvollstreckung (§ 2209 Satz 1, Hs. 2 BGB)

Die Dauertestamentsvollstreckung erweitert den Aufgabenkreis der Testamentsvollstreckung insoweit, als nach Durchführung der ausdrücklichen Anordnungen der Nachlass zu verwalten ist. Anders als bei der Abwicklungstestamentsvollstreckung führt die Erledigung der sonst zugewiesenen Aufgaben hier nicht zur Beendigung der Testamentsvollstreckung, da die Testamentsvollstreckung hier auch die Aufgabe der Nachlassverwaltung in einem weiteren Sinne beinhaltet und insoweit fortdauert. Es bedarf daher der Anordnung einer Höchstdauer für die Testamentsvollstreckung (§ 2210 BGB).

4. Schlichte Verwaltungsvollstreckung (§ 2209 Satz 1, Hs. 1 BGB)

Hier besteht die Aufgabe des Testamentsvollstreckers allein in der Verwaltung des Nachlasses. Typische Fälle sind die Verwaltung bis zur Volljährigkeit des Erben oder bei der Pflichtteilsbeschränkung in guter Absicht (§ 2338 BGB).

5. Nacherbentestamentsvollstreckung (§ 2222 BGB)

Die Nacherbentestamentsvollstreckung soll die Rechte der Nacherben gegenüber dem Vorerben sichern und wahren.

6. Vermächtnisvollstreckung (§ 2223 BGB)

Die Anordnung der Testamentsvollstreckung dient hier dem Zweck, für die Ausführung einer dem Vermächtnisnehmer auferlegten Beschwerung (Untervermächtnis, Auflagen, Nachvermächtnis) zu sorgen. Der Erblasser kann aber auch den Vermächtnisgegenstand einer Verwaltungsvollstreckung (§ 2209 Satz 1, 1. Hs. BGB) unterstellen, was aber gerade keine Vermächtnisvollstreckung i.S. von § 2223 BGB ist.

III. Rechtsstellung des Testamentsvollstreckers

Nach heute herrschender Meinung hat der Testamentsvollstrecker die Stellung eines Treuhänders und ist Inhaber eines privaten Rechts. Dieses private Amt ist dem Testamentvollstrecker vom Erblasser übertragen worden. Er übt kraft eigenen Rechts ein Verwaltungs- und Verfügungsrecht über den Nachlass aus, und zwar unabhängig vom Willen der Erben, aber gemäß dem Willen des Erblassers (daher fremdnützig) und nach dem Gesetz. Der Testamentsvollstrecker ist wegen dieser selbständigen Rechtsstellung nicht der Vertreter des Erbens oder des Erblassers, auch wenn durch die Annahme des Amtes ein gesetzliches „Pflichtverhältnis eigener Art" begründet wird, das im Gesetz in den §§ 2216 - 2219 BGB näher geregelt wird. Als Träger eines eigenen Amtes hat er gegenüber den Erben eine weitgehend freie Stellung. Man spricht auch von der Machtfülle des Testamentsvollstreckers. Er darf aber umgekehrt nicht nach subjektiven Beurteilungen entscheiden, sondern allein nach objektiven Gesichtspunkten und dem Willen des Erblassers (Richtschnur: wohlverstandener Erblasserwille). Die Rechtsstellung des Testamentsvollstrek-kers verbietet aber nicht, dass er Vereinbarungen mit den Erben über die Art und die Durchführung seiner Aufgaben trifft (etwa einen Auseinandersetzungsvertrag), wenn er dadurch nur nicht seine Unabhängigkeit und Selbständigkeit verliert. Jedoch ist ungehindert dieser Amtsfunktion die Rechtsstellung des Testamentsvollstreckers der eines gesetzlichen Vertreters angenähert: Eigentümer des Nachlasses ist der Erbe. Im Rahmen der vom Testamentsvollstrecker vorgenommenen Verwaltung treffen die daraus resultierenden Rechte und Pflichten letztlich auch den Erben. Wie ein Vertreter hat der Testamentsvollstrecker auch bei seinen Handlungen offen zu legen, dass er in dieser Funktion handelt, da er sonst persönlich haftbar gemacht werden kann.

IV. Verhältnis des Testamentsvollstreckers zu den Erben

Es besteht kein Auftragsverhältnis, sondern ein gesetzliches Schuldverhältnis. Die Verfügungsbefugnis des Testamentsvollstreckers schließt die des Erben aus (§ 2211 BGB), weshalb die Anordnung einer Testamentsvollstreckung einer Beschränkung der Rechtsstellung der Erben darstellt. Der Testamentsvollstrecker hat gegenüber den Erben das Recht, die Herausgabe des Nachlasses, den Ersatz seiner notwendigen Aufwendungen und eine angemessene Vergütung zu verlangen.

V. Allgemeine Rechte der Erben

Die Erben haben ihre Ansprüche gegenüber dem Testamentsvollstrecker auf Mitteilung eines Nachlassverzeichnisses, auf ordnungsgemäße Verwaltung des Nachlasses, auf Überlassung bestimmter Nachlassgegenstände sowie auf Auskunft, unter Umständen Benachrichtigung und Anhörung und Rechnungslegung. Diese Rechte selbst sind als solche nicht übertragbar, wohl aber die daraus entstehenden Ansprüche. Auf die Verwaltung des Nachlasses durch den Testamentsvollstrecker und überhaupt auf seine Amtsführung haben die Erben eine gewisse Einwirkungsmöglichkeit dadurch, dass sie jederzeit Antrag auf Entlassung des Testamentsvollstreckers stellen können, wenn ein wichtiger Grund vorliegt. Höchstpersönliche Rechte der Erben, wie z.B. ein Erbrecht selbst, die Annahme oder Ausschlagung einer dem Erben zugefallenen Erbschaft oder der Widerruf einer Schenkung des Erblassers wegen groben Undanks des Beschenkten, darf der Testamentsvollstrecker nicht ausüben.

VI. Person des Testamentsvollstreckers

Der Erfolg der Testamentsvollstreckung hängt ganz entscheidend von der Person des Testamentsvollstreckers ab. Dies wird oftmals nicht ausreichend berücksichtigt. Der Testamentsvollstrecker sollte folgendem Anforderungsprofil genügen:
- Volles Vertrauen des Erblassers
- Menschliche Qualifikation, um die zu erwartenden Schwierigkeiten bewältigen zu können (z.B. Standfestigkeit, um die Erblasserwünsche auch gegen den Widerstand der Erben durchzusetzen)
- Ausreichende Kenntnis der wirtschaftlichen und rechtlichen Zusammenhänge; bei besonderen Aufgabenstellungen (etwa im Unternehmensbereich) ist hierauf besonders Wert zu legen
- Ein Alter, das die Aufgabenerfüllung auch während der voraussichtlichen Dauer der Testamentsvollstreckung erhoffen lässt (ggfs. Ersatztestamentsvollstreckerbestimmung)
- Ausreichende Zeit

VII. Arten der Testamentsvollstreckervergütung/ Gebührentatbestände

Üblicherweise teilt man die möglichen Vergütungen des Testamentsvollstreckers entsprechend den vorzunehmenden Aufgaben wie folgt ein:
1. Die Regelvergütung (auch Grund- oder Vollstreckungsgebühr), die grundsätzlich immer anfällt und für die Abwicklung und Auseinandersetzung des Nachlasses gezahlt wird
2. Die Konstituierungsgebühr zur Abgeltung der Arbeit des Testaments-

vollstreckers bei Übernahme des Amtes für Ermittlung und Inbesitznahme des Nachlasses (§ 2205 BGB), Aufstellung und Mitteilung des Nachlassverzeichnisses (§ 2215 BGB) sowie Regulierung der Nachlassverbindlichkeiten, Erbschaftsteuererklärung und Begleichung von Steuerschulden
3. Die periodische Verwaltungsgebühr, wenn Aufgabe des Testamentsvollstreckers die Nachlassverwaltung ist (Verwaltungsvollstreckung, § 2209 BGB), die jährlich zu bezahlen ist
4. Eine besondere Auseinandersetzungsgebühr

In der Praxis bestehen keine gesicherten Erkenntnisse darüber, in welchem Verhältnis diese Gebührenarten zu einander stehen und welche Wechselwirkung sie untereinander haben. Einigkeit besteht insoweit, dass auch bei der Aufspaltung in mehrere Gebühren die Angemessenheit der von den Erben zu entrichtenden Gesamtvergütung gewahrt werden muss und es eine „Abschlussgebühr", die nach der Beendigung der Testamentsvollstreckung zu zahlen wäre, nicht gibt. Obliegt dem Testamentsvollstrecker der „Normaltypus der Testamentsvollstreckung", nämlich die Abwicklungs- und Auseinandersetzungsvollstreckung (§§ 2203 ff. BGB), so kann eine zusätzliche Konstituierungsgebühr nicht verlangt werden; eine zusätzliche Auseinandersetzungsgebühr kommt nur ausnahmsweise in Betracht. Es bleibt bei der Regelgebühr (Grundgebühr).

VIII. Resümee

Nicht jeder Nachlass benötigt die Anordnung einer Testamentsvollstreckung. Wichtig ist, dass die Nachfolge geregelt ist und der Wille des Erblassers erfüllt wird. Hierzu ist es sinnvoll sich – auch im Hinblick auf eine später notwendig werdende Betreuung – „gut" und „umfassend" beraten zu lassen.

Für die Bestimmung eines Betreuers und eines Testamentsvollstreckers ist es notwendig, dass ein Vertrauensverhältnis zwischen dem Testierenden und dem Berater (Betreuer/Testamentsvollstrecker) besteht. Gründe für eine Anordnung eines Testamentsvollstreckers sind bereits genannt; es kommt hier auf den jeweiligen Einzelfall an.

Martin Mohr

Rechtsanwalt und Fachanwalt für Steuerrecht

❑ Erbrecht
❑ Erbschaft- und Schenkungsteuer

MOHR, BENNINGHAUS & MOHR
RECHTSANWÄLTE IN BÜROGEMEINSCHAFT

Zülpicher Strasse 313   Telefon (0221) 94 21 6-0
50937 Köln-Sülz   Telefax (0221) 94 21 9-16
www.kanzlei-mmohr.de   m.mohr@kanzlei-mmohr.de

Das Behindertentestament

Testamentarische Gestaltungen in Familien mit behinderten Angehörigen

von Rechtsanwalt Norbert Bonk; Rechtsanwaltskanzlei Norbert Bonk, Köln

Vorab sei darauf hingewiesen, dass die Bezeichnung „Behindertentestament" rechtlich ungenau ist, weil nicht der behinderte Mensch selbst ein Testament errichtet, sondern ihm von Eltern oder Angehörigen in deren eigenen Testamenten unter Berücksichtigung sozialhilferechtlicher Regelungen Vorteile zugewendet werden.

Das Problem

Zahlreiche Menschen mit Behinderung – allein 250.000 Kinder bis zum 25. Lebensjahr in Deutschland sind schwer-behindert – erhalten Sozialleistungen in Form von Sozialhilfe z.B. für ihre Betreuung in einem Wohnheim oder einer Pflegeeinrichtung. Seit dem 01.01.2003 besteht darüber hinaus für alle Volljährigen, die dauerhaft voll erwerbsgemindert sind – hierunter fallen unter anderem sämtliche Beschäftigte einer Werkstatt für behinderte Menschen –, ein Anspruch auf Leistungen nach dem Grundsicherungsgesetz. Verfügen alle diese Personen über eigenes, möglicherweise auch ererbtes, Vermögen, werden die genannten Sozialleistungen unter Hinweis auf den sogenannten Nachranggrundsatz des Bundessozialhilfegesetzes eingestellt. Die Betroffenen müssen dann ihr gesamtes Vermögen bis auf einen regelmäßigen Freibetrag von gerade einmal € 2.301,-- für ihren jeweiligen persönlichen Bedarf einsetzen. Bei durchschnittlichen Betreuungskosten in einer Einrichtung in Höhe von € 2.500,-- - 3.000,-- pro Monat sind auch größere Vermögenswerte in kürzester Zeit aufgebraucht, ohne dass der behinderte Mensch hiervon einen persönlichen Nutzen hätte.

Insbesondere Eltern behinderter Kinder haben deshalb die Sorge, dass ihr oftmals mühsam angespartes Vermögen nach ihrem Tode nicht ihrem Kind zugute kommt, sondern von Sozialleistungsträgern vereinnahmt wird.

Die Lösung

I. Ob und wie das Ziel der Absicherung des behinderten Kindes erreicht werden kann, soll anhand eines konkreten Falles verdeutlicht werden:

Dazu stellen wir uns Frau Schmitz mit ihren zwei Kindern vor, einer Tochter und einem Sohn, der in einer Wohnstätte zu Lasten des zuständigen Sozialhilfekostenträgers untergebracht ist. Frau Schmitz hat ein Vermögen von € 200.000,--, das nach ihrem Tod zur Verteilung ansteht.

1. Variante: Frau Schmitz errichtet kein Testament

Ist kein letzter Wille vorhanden, tritt im Erbfall automatisch die gesetzliche Erbfolge ein. Beide Kinder werden dann zu Miterben zu gleichen Teilen, erhalten also jeweils € 100.000,--. Da der Sohn sozialhilfebedürftig ist, muss er das über dem Freibetrag von € 2.301,-- liegende Erbe in Höhe von € 97.699,-- für seine Unterbringung einsetzen und wird bis zu dessen Verbrauch sogenannter Selbstzahler.

2. Variante: Frau Schmitz setzt ihre Tochter zur Alleinerbin ein

Aus Furcht vor Ansprüchen des Sozialhilfekostenträgers hat Frau Schmitz ihren Sohn völlig enterbt. Wegen dieser Enterbung steht ihm jedoch der Pflichtteilsanspruch zu. Dieser sofort mit dem Erbfall zur Zahlung fällig werdende Geldanspruch, der grundsätzlich keinem pflichtteilsberechtigten Kind entzogen werden kann, beträgt die Hälfte des Wertes des gesetzlichen Erbteils, im Beispielsfall € 50.000,--. In der Praxis würde in einem solchen Fall der Sozialhilfekostenträger diesen Pflichtteilsanspruch auf sich überleiten. Bis auf den bereits erwähnten Freibetrag von € 2.301,-- würde auch hier der Sohn eine Zeit lang zum Selbstzahler werden, hätte aber ansonsten nichts von seinem Pflichtteil. Im Ergebnis tritt quasi die gleiche Wirkung ein wie bei der gesetzlichen Erbfolge mit dem Unterschied, dass der Sozialhilfekostenträger wertmäßig lediglich die Hälfte des gesetzlichen Erbteils erhält.

3. Variante: Frau Schmitz setzt ihre Tochter unter einer Auflage zur Alleinerbin ein

Damit ihr Sohn nach ihrem Tod nicht das Gefühl hat, gänzlich vom Erbe ausgeschlossen zu sein, hat Frau Schmitz die Alleinerbeinsetzung ihrer Tochter mit der Auflage verbunden, dem Bruder laufende Zuwendungen zur Verbesserung seiner Lebensqualität zukommen zu lassen, auf die der Sozialhilfeträger nicht zugreifen kann. Zwar stellt die Auflage rechtlich gesehen keinen Anspruch des Behinderten auf die angeordnete Leistung dar, so dass auch kein auf den Sozialhilfekostenträger überleitungsfähiger Anspruch besteht. Die Auflage lässt jedoch den Pflichtteilsanspruch in voller Höhe entstehen, da sie nicht auf diesen Pflichtteilsanspruch angerechnet werden kann. Auch in diesem Fall kann der Sozialhilfekostenträger also den vollen Pflichtteilsanspruch in Höhe von € 50.000,-- abzüglich des erwähnten Freibetrages von € 2.301,-- auf sich überleiten.

4. Variante: Frau Schmitz bestimmt ihre Tochter zur Alleinerbin und setzt ihrem Sohn ein Vermächtnis aus

Durch die Aussetzung eines Vermächtnisses, mit dessen Erfüllung der Erbe belastet ist, wird eine vom übrigen Nachlass unabhängige Vermögensmasse geschaffen. Als Vermächtnisgegenstand kommen zum Beispiel Zuwendungen in Sachleistungsform in

Norbert Bonk
Rechtsanwalt

Lehrbeauftragter der Universität zu Köln

TSP **Erbrecht**

TSP **Sozialrecht**

ISP **Arbeitsrecht**

Bunzlauer Straße 2
50858 Köln - Weiden

Tel. 0 22 34 / 43 55 00
Fax: 0 22 34 / 43 54 99

E-Mail: Norbert.Bonk@Koeln.de
www.RA-Bonk.de

TSP = Tätigkeitsschwerpunkt / ISP = Interessenschwerpunkt

Wolfgang Rönne
Rechtsanwalt

Tätigkeitsschwerpunkt

Erbrecht

Konrad-Adenauer-Ufer 37
50668 Köln

Tel: 02 21 / 13 99 695 - 0
Fax: 02 21 / 13 99 695 - 69

Email: roenne@erbrecht.net
Internet: www.erbrecht.net

Betracht, auf die der Sozialleistungsträger keinen Zugriff nehmen kann. Selbst wenn der Wert des Vermächtnisses dem Wert des Pflichtteilsanspruches entsprechen sollte, kann ein Sozialhilfekostenträger jedoch spätestens nach dem Tod des behinderten Vermächtnisnehmers Zugriff auf das Vermächtnis nehmen.

5. Variante: Frau Schmitz setzt ihre Kinder zu Miterben zu gleichen Teilen ein und bestimmt ihren Sohn zum nicht befreiten Vorerben. Nacherbin und Testamentsvollstreckerin wird ebenfalls die Tochter.

Um den bei allen bisher genannten Varianten möglichen Zugriff des Sozialhilfekostenträgers zu verhindern, kommt als Lösungsmöglichkeit die Kombination von Vor- und Nacherbschaft in Verbindung mit sogenannter Dauertestamentsvollstrekkung in Betracht.

a) Das behinderte Kind wird dabei in Höhe eines Erbteils, das in jedem Fall über seiner Pflichtteilsquote liegen muss, als Vorerbe bedacht. Zu Nacherben werden seine Abkömmlinge oder Geschwister, mangels Vorhandenseins solcher oft auch gemeinnützige Vereine oder Stiftungen und in seltenen Fällen sogar Verwandte eingesetzt. Zeitpunkt des Nacherbfalls ist dabei regelmäßig der Tod des Vorerben.

Das Erbteil des Behinderten wird bis zu dessen Tod unter Dauertestamentsvollstreckung gestellt. Zum Testamentsvollstrecker wird eine Vertrauensperson bestimmt, falls vorhanden bieten sich hier die Geschwister an. Im Notfall kann die Bestimmung des Testamentsvollstreckers aber auch dem Nachlassgericht überlassen werden.

Im Ergebnis führt diese Konstruktion dazu, dass der nicht befreite Vorerbe die Erträge seines Erbteils, wie zum Beispiel Zinsen, Mieterträge oder Dividenden, für seinen persönlichen vom Sozialhilfekostenträger nicht gedeckten Bedarf nutzen kann. Hierzu zählen unter anderem Urlaubs- und Freizeitmaßnahmen, technische Geräte, Ausstattung des Zimmers in der Wohneinrichtung, zusätzliche Bekleidung oder Kur- und Therapiemaßnahmen. Da der nicht befreite Vorerbe rechtlich gesehen nur ein zeitlich befristeter Nutznießer seines Erbteils ist und letztendlich Begünstigter der Nacherbe sein soll, darf der Vorerbe die Substanz grundsätzlich nicht angreifen.

b) Durch die gleichzeitige Anordnung der Testamentsvollstreckung bleibt der Nachlass zum einen handlungsfähig, auch wenn der behinderte Mensch unter gesetzlicher Betreuung steht, zum anderen steht das Vorerbe in der ausschließlichen Verfügungsmacht des jeweiligen Testamentsvollstreckers. Dadurch wird nicht nur der Zugriff von Privatgläubigern des Vorerben verhindert, sondern das Vorerbe stellt auch aus Sicht eines Sozialhilfekostenträgers kein verwertbares Vermögen dar. Dies setzt allerdings voraus, dass der Testamentsvollstrecker verbindliche Verwaltungsanordnungen erhält, zum Beispiel die Erträge des Vorerbes ausschließlich in Form von Naturalverpflichtungen zur Verbesserung der Lebensqualität des Vorerben zu verwenden, auf die der Sozialhilfekostenträger keinen Zugriff hat.

Ein solcher Zugriff ist allenfalls dann denkbar, wenn die Erträge vom behinderten Vorerben nicht oder nicht ganz verbraucht werden. In diesen Fällen, in denen dem Erblasserwillen dadurch genüge getan ist, dass der Behinderte eine Absicherung über Sozialhilfeniveau erhalten hat, fehlt es ganz einfach an nachvollziehbaren Argumenten, dem Sozialhilfekostenträger die nicht verbrauchten Überschüsse vorzuenthalten. Zu denken wäre hier allerdings an eine Kapitalzuführung der Überschüsse zwecks Inflationsausgleiches.

c) Da die Sozialhilfekostenträger bei der genannten Konstruktion regelmäßig leer ausgehen, haben sich auf deren Veranlassung hin zahlreiche Gerichte mit der Frage der Sittenwidrigkeit der Vor- und Nacherbenregelung in Verbindung mit der Anordnung der Dauertestamentsvollstreckung zugunsten sozialhilfebedürftiger Behinderter beschäftigt.

In seiner Grundsatzentscheidung vom 20. Oktober 1993 – Az. IV ZR 231/92 - hat unser höchstes Zivilgericht, der Bundesgerichtshof in Karlsruhe, die Absicherung behinderter Kinder durch entsprechende testamentarische Verfügungen ihrer Eltern in Form der Vor- und Nacherbenregelung abgesegnet. Das Gericht hat in seiner Entscheidung betont, dass es nicht gegen die guten Sitten verstößt, wenn Eltern im Rahmen der ihnen grundgesetzlich garantierten Testierfreiheit versuchen, zum Wohl ihrer behinderten Kinder diesen ein Leben über Sozialhilfeniveau zu ermöglichen, auch wenn der Sozialhilfekostenträger dabei leer ausgeht.

II. Bei der Lektüre dieses Textes werden Sie gemerkt haben, dass die Errichtung eines Behindertentestamentes mit einigen Schwierigkeiten verbunden ist. Fachliche Hilfe durch einen kompetenten Rechtsberater ist deshalb unabdingbar. Hierbei sollten Sie sich allerdings vorher vergewissern, dass der von Ihnen aufgesuchte Rechtsanwalt oder Notar die Probleme des Behindertentestamentes, die sich aus der Überschneidung von Erbrecht und Sozialhilferecht ergeben, auch kennt. Diese Kenntnis kann aber selbst bei Notaren nicht immer vorausgesetzt werden, da die Gestaltung eines Behindertentestamentes nicht unbedingt zu deren Tagesgeschäft gehört.

Folgende Aspekte sollten des weiteren bedacht werden:

1. Die oben genannten Sachverhaltsvarianten haben nur den Tod des letztlebenden Elternteils behandelt. Aber bereits beim Ableben des erstversterbenden Elternteils ergibt sich aufgrund der regelmäßig erfolgten gegenseitigen Alleinerbeinsetzung die Pflichtteilsproblematik hinsichtlich des behinderten Kindes. Diese Problematik sollte schon deshalb nicht unterschätzt werden, weil eine Vielzahl der behinderten Menschen unter gesetzlicher Betreuung steht. In diesen Fällen werden die Pflichtteilsansprüche gegenüber dem überlebenden Elternteil bereits auf Initiative des Vormundschaftsgerichts geltend gemacht, selbst wenn überhaupt keine Sozialleistungen in Anspruch genommen werden sollten.

2. Viele Eltern haben die Hoffnung, ihre Kinder könnten nach ihrem Tode im elterlichen Haus wohnen bleiben und räumen ihnen deshalb testamentarisch ein Wohnrecht ein. Diese Hoffnung ist leider in den meisten Fällen völlig unrealistisch und führt im Ergebnis dazu, dass sich das Wohnrecht bei einer Unterbringung des Kindes in einer Wohneinrichtung zu Lasten eines Sozialhilfekostenträgers in einen Geldzahlungsanspruch verwandelt. Ist das Wohnrecht auch noch im Grundbuch eingetragen, kann es zusätzliche Probleme mit dem Vormundschaftsgericht geben, wenn das Wohnrecht gelöscht werden soll.

3. Die Auswahl des Testamentsvollstreckers erfordert besondere Sorgfalt. Dies gilt besonders dann, wenn es sich um eine familienfremde Person handelt. Als Anreiz für die Annahme und weitere Ausübung des Amtes sollte eine angemessene Vergütung ausgesetzt werden, deren Höhe die Erblasser frei bestimmen können.

4. Nur über ein inhaltlich korrektes Testament kann eine entsprechende Absicherung für das behinderte Kind erreicht werden. Deshalb sollte mit der Errichtung nicht zu lange gewartet werden.

5. Treten persönliche oder wirtschaftliche Änderungen in der Familie ein, kann dies Auswirkungen auf ein bereits errichtetes Testament haben. Das gleiche gilt für Gesetzesänderungen oder Änderungen im Bereich der Rechtsprechung.

6. Bei Errichtung eines privaten handschriftlichen Testamentes sollte die gegen eine geringe Gebühr mögliche Hinterlegung des Testamentes in der sogenannten amtlichen Verwahrung des zuständigen Nachlassgerichtes Pflicht sein, da nur diese Hinterlegung die Gewähr dafür bietet, dass der letzte Wille im Erbfall auch tatsächlich auftaucht.

Norbert Bauschert Rechtsanwalt

Erbrecht Sozialrecht
Arbeitsrecht Mietrecht
Verkehrsrecht
Familienrecht Strafrecht

Bei Rechtsfragen gut beraten.

Probleme treten oft sehr schnell und unerwartet ein. In meiner Funktion als Fachanwalt für Familien- und Sozialrecht helfe ich Ihnen gerne bei Rechtsfragen, auch in den Bereichen Mietrecht, Erbrecht, Strafrecht, Arbeitsrecht und Verkehrsrecht.

Ebertplatz 14–16 · 50668 Köln · Telefon (02 21) 12 19 19 · Telefax (02 21) 13 62 18 · info@ra-bauschert.de · www.ra-bauschert.de

Das neue Lebenspartnerschaftsgesetz (LPartG)

An die gemeinsame Zukunft denken

*von Sabine Grebe;
Rechtsanwälte Grebe & Aras in
Bürogemeinschaft, Köln*

„Ja, wir wollen zusammenleben!" – diesen Satz auf rechtlich sichere Beine zu stellen, dauerte bei Jörn und Jürgen ganze fünfzehn Jahre. Jörn und Jürgen? Ganz richtig: Die beiden sind homosexuell – Verzeihung – schwul, denn der Begriff ist heute keine Beleidigung mehr, sondern Ausdruck für ein Selbstbewusstsein, dass mit der Regelung des "LPartG", also dem sog. Lebenspartnerschaftsgesetz, endlich auch einen rechtlichen Rahmen bekommen hat. Die beiden – der eine 52, der andere 45 – sind eines von inzwischen 486 weiblichen und männlichen Paaren in Köln, die den Schritt gewagt haben und ihre Beziehung durch Eintragung als so genannte Lebenspartnerschaft „offiziell" gemacht haben. Aufgrund dieses Gesetzes, das am 1. August 2001 in Kraft getreten ist, stehen ihnen nunmehr weitgehende Rechte wie hetero-sexuellen Eheleuten zu. Unverschämtheit, sagen die einen, längst überfällig, die anderen. Tatsache ist, dass Schwule wie Lesben keine Menschen sind, über die man hinter vorgehaltener Hand sprechen muss. Im Gegenteil: Homosexuelle wollen akzeptiert werden und ganz selbstverständlich darüber sprechen, dass sie lieben, wen sie lieben – und nicht, warum sie lieben. Klartext also: Jörn und Jürgen lieben sich und wollen zusammen alt werden. Doch bislang konnte weder der eine noch der andere seinen Partner wirksam rechtlich absichern, geschweige denn elementare Dinge wie das Besuchsrecht des Partners im Krankheitsfall als ganz selbstverständlich einfordern. Das gleiche galt für testamentarische Verfügungen, die der eine für den anderen treffen wollte. Alles war anfechtbar – von der engsten Familie, von den Verwandten. Sogar den Nachbarn hätte man – um es überspitzt darzustellen – mehr Rechte eingeräumt, als einem der beiden schwulen Partner.

Mit dem "LPartG" hat sich dies erfreulicher Weise geändert: Durch die Einführung des "LPartG" können homosexuelle Paare ihre Beziehungen nun selbstverständlich in ganz Deutschland legitimieren lassen und sind damit in rechtlichen Beziehungen der heterosexuellen Ehe in vielen Aspekten gleichgestellt. Dies ist auch der Grund, warum diese Lebensform gerne als "Quasi-Ehe" bezeichnet wird. Doch "nomen est omen" lässt sich der Formulierung bereits entnehmen, dass eine tatsächliche rechtliche Gleichstellung mit der standesamtlichen Ehe derzeit noch nicht stattgefunden hat. Trotzdem ist das "LPartG" ein vorläufiger Etappensieg in der Gleichstellung von homosexuellen Paaren. Und wer eine Lebenspartnerschaft eintragen lassen will, muss lediglich volljährig sein. Das letztere ist leicht zu überprüfen. Die Tatsache, dass beide Partner „gleichgeschlechtlich" sein müssen, wird häufig, insbesondere von heterosexuellen Menschen (offenbar aufgrund der neutralen Formulierung "Lebenspartnerschaftgesetz"), übersehen. Außerdem muss nur einer der Lebenspartner seinen Wohnsitz in Deutschland haben und beide dürfen nicht anderweitig verheiratet sein. Putzig hierbei ist, dass der Gesetzgeber zwar in Anlehnung an das Eherecht mit dieser Regelung die in Deutschland verbotene Doppelbeziehungsweise Mehrehe auch für homosexuelle Paare verhindern wollte. Allerdings fehlt eine umgekehrte Regelung im Eherecht, dass nämlich eine Heirat nicht mit Personen durchgeführt werden kann, die bereits in einer eingetragenen Lebenspartnerschaft leben. Weiterhin müssen die homosexuellen Partner – egal ob Frauen oder Männer – vor der Eintragung des "LPartG" eine Erklärung über ihren Vermögensstand abgeben. Diese Regelung zwingt beide Partner, sich gemeinsam vor Eingehung einer derart verantwortungsvollen Verpflichtung, Gedanken darüber zu machen, auf welcher Basis sie zusammen leben wollen. Aus einem einfachen Grund: Die Eintragung soll zwar langfristig und mit gemeinschaftlich verantwortungsvollen Absichten auf sicheren Beinen stehen, allerdings hat der Gesetzgeber die Zeichen der Zeit beachtet und Wert darauf gelegt, dass sich die Partner vorher Gedanken darüber machen, was im Falle der vorzeitigen Aufhebung der Partnerschaft geschehen soll.

Entscheiden können sich die Lebenspartner für die so genannte "Ausgleichsgemeinschaft", die dem gesetzlichen Güterstand der im Eherecht geltenden Zugewinngemeinschaft angeglichen ist. Die Alternative hierzu ist die Vereinbarung eines „Lebenspartnerschaftsvertrages" In einem derartigen Vertrag können die Partner im einzelnen selber bestimmen, wie sie ihre Vermögensverhältnisse geregelt haben möchten. Zur Gültigkeit der Ausgleichsgemeinschaft reicht es aus, wenn die Partner bei der Anmeldung beim Standesamt eine dahingehende gemeinsame Erklärung vor dem Standesbeamten abgeben. Im Gegensatz dazu muss der Lebenspartnerschaftsvertrag notariell beurkundet werden.

Nach der Eintragung der Lebenspartnerschaft gilt jeder Partner als Familienangehöriger des anderen. Und: beide sind mit den weiteren Familienangehörigen ihres Lebenspartners verschwägert. Dieses Verwandtschaftsverhältnis besteht auch nach Auflösung der Partnerschaft fort. Im Gegensatz zur Ehe sind die Lebenspartner allerdings nicht "einander zur ehelichen Lebensgemeinschaft verpflichtet", was bedeutet, dass sie weder einen gemeinsamen Haushalt führen müssen, noch Jörn gezwungen wäre, mit Jürgen sexuell zu verkehren. Und Jörn muss Jürgen oder umgekehrt auch nicht die eheliche Treue halten. Hat einer von beiden also einen so genannten "Lover", betrifft das dass "LPartG" in keiner Weise.

Thema Kinder: Für den Fall, dass ein Lebenspartner Kinder in die Lebensgemeinschaft bringt, für die er oder sie das alleinige Sorgerecht hat, wird dem Partner das "kleine Sorgerecht" zugestanden. Dies bedeutet, dass der Lebenspartner eine Mitentscheidungsbefugnis über die das Kind betreffenden alltäglichen Dinge hat und in Notfällen auch ohne den Partner Entscheidungen "zum Wohle des Kindes" treffen darf. Dieses Recht wird dem Partner aber nicht zugestanden, wenn das Sorgerecht mit dem anderen Elternteil geteilt wird. Allerdings können die Eltern in diesen Fällen dem Partner Handlungsvollmacht in einer gemeinsamen privaten Erklärung erteilen. Diese Vollmacht muss zwar nicht notariell beglaubigt sein, aber die Erfahrung zeigt, dass eine derartige "offizielle" Erklärung den Umgang insbesondere mit Behörden, Schulen und ähnlichen Institutionen erleichtert. Dennoch ist es Homosexuellen bis heute leider immer noch untersagt, die volle gemeinsame Sorge über Kinder zu haben und ebenso wenig sind Adoptionen erlaubt. Daran hat auch das "LPartG" nichts geändert.

Thema Todesfall: Durch das Lebenspartnerschaftsgesetz hat der Lebenspartner ein gesetzliches Erbrecht im Todesfall eines Partners mit den entsprechenden Erbteils-Quoten. Hat der Verstorbene kein Testament hinterlassen, beziehungsweise die Lebenspartner kein gemeinsames Testament verfasst, erhält der Überlebende – sofern der Verstorbene keine Verwandten hat – die gesamte Erbschaft. Sind Kinder da oder Enkel vorhanden, erbt der Partner ein Viertel. Ein weiteres Viertel kann hinzukommen, wenn die Partner vor Begründung der Lebenspartnerschaft die so genannte "Ausgleichsgemeinschaft" vereinbart haben. Hatte der Verstorbene keine Kinder, sind neben dem Überlebenden die Eltern beziehungsweise die Geschwister gesetzliche Erben. Aber: Eine Gleichstellung der Lebenspartnerschaft mit Eheleuten auch auf steuerrechtlicher Basis ermöglicht das "LPartG" leider nicht. Da damit erhöhte Freibetrags-Regelungen, wie im Erbschaftssteuergesetz für Verwandte festgelegt, fehlen, kann unter Umständen auf den Lebenspartner eine erhebliche Steuerbelastung zukommen. Gerade deshalb ist es wichtig, vor der Aufsetzung insbesondere eines gemeinsamen Testaments („Berliner Testament") kompetente Beratung einzuholen.

Autorin: Sabine Grebe, ist niedergelassene Rechtsanwältin in Köln. Sie ist nicht homosexuell, weiß aber um die Schwierigkeiten der Regelungen unter Einbeziehung des LPartG. Aus diesem Grund hat sie für den Artikel die Thematik des Lebenspartnerschaftsgesetzes für homosexuelle Menschen gewählt, um die komplexen Zusammenhänge des "LPartG" ansatzweise verständlich zu erläutern.

Rechtskompetenz mal zwei

Canan Aras    **Sabine Grebe**

Interessenschwerpunkte:
Familienrecht
Scheidungsrecht
Unterhaltsrecht
Ausländerrecht
Verkehrsunfallrecht

Interessenschwerpunkte:
Erbrecht
Mietrecht
Arbeitsrecht
Kaufrecht
Verkehrsunfallrecht

canan.aras@netcologne.de
Telefon 0221.965 99 83

sabine.grebe@netcologne.de
Telefon 0221.965 99 81

Sprechzeiten
Montag bis Freitag, 10.00 bis 20.00 Uhr
Termine nach telefonischer Vereinbarung

Rechtsanwältinnen in Bürogemeinschaft
Helenenwallstraße 20A, Ecke Lorenzstraße
50679 Köln-Deutz
Telefon 0221.965 99 80
Telefax 0221.965 99 82

Die nichteheliche Lebensgemeinschaft im Erbrecht

von Rechtsanwalt Dr. Rolf Lenzen; Rechtsanwaltskanzlei Dr. Rofl Lenzen, Köln

I.

Der nichtehelichen Lebensgemeinschaft (im folgenden: neLG) kommt im Rechtsleben eine nicht unerhebliche Bedeutung zu: Nach den Angaben des Statistischen Bundesamts waren im Jahr 2001 18,9 Millionen Paare erfasst worden, wovon 89 % als Ehepaare im gemeinsamen Haushalt lebten und 11 % in neLG.

Noch bis in die 70er Jahre des vorherigen Jahrhunderts war die rechtliche Beurteilung erbrechtlicher Verfügungen von Partnern einer neLG von der Vorstellung geprägt, dass ein Erblasser, der die außereheliche, "ehebrecherische" Beziehung unterhalten hat, dadurch, dass er seine Partnerin durch letztwillige Verfügung bedenkt, diese für die geschlechtliche Hingabe entlohnen oder zur Fortsetzung der sexuellen Beziehungen bestimmen oder diese festigen will; dies aber sei sittenwidrig (vgl. BGH, NJW 1970, 1273 mit Anmerkung von Speckmann, NJW 1970, 1839). Tatsächlich war – worauf bereits Speckmann zutreffend hinweist – ein solcher Sachverhalt, wie ihn die Rechtsprechung konstruierte, so gut wie nie gegeben. Der Bundesgerichtshof hat daher mit der Entscheidung aus dem Jahre 1970 die entsprechende frühere Rechtsprechung aufgegeben. In einer späteren Entscheidung (BGH, NJW 1983, 674) hat der Bundesgerichtshof sodann ausdrücklich die Testierfreiheit des Erblassers hervorgehoben und die moralische Pflicht des Erblassers anerkannt, für den Unterhalt des mit ihm langjährig verbundenen nichtehelichen Lebenspartners zu sorgen und dessen wirtschaftliche Existenz nach dem eigenen Tod in angemessener Weise zu sichern.
Der Bundesgerichtshof hat in diesem Zusammenhang auch betont, dass selbst pflichtteilsberechtigte Angehörige grundsätzlich keinen Anspruch gegen den potentiellen Erblasser darauf haben, dass dieser sein Vermögen bis zu seinem Tode erhält, um es vererben zu können.

Mit diesen einleitenden Hinweisen ist die sich für nichteheliche Lebensgemeinschaften in erbrechtlicher Hinsicht ergebende Problematik bereits umrissen: Die Testierfreiheit eines Partners kann durch frühere oder noch bestehende familiäre Bindungen eingeschränkt sein; ohne testamentarische Verfügung erhält der überlebende Partner der neLG nichts. Denn er wird nicht gesetzlicher Erbe.

Im folgenden werden die in Betracht kommenden testamentarischen Regelungen dargestellt; anschließend wird auch auf die erbschaftsteuerlichen Folgen eingegangen:

II.

Die in der Rechtsprechung als "eheähnliche Gemeinschaft" bezeichnete neLG ist als eine typische Erscheinung des sozialen Lebens (so BVerfG, NJW 1990, 1593) anerkannt worden. Von anderen Gemeinschaften hebt sie sich hinreichend deutlich ab. Mit dem Begriff "eheähnlich" wird an den Rechtsbegriff der Ehe angeknüpft, also an die Lebensgemeinschaft zwischen Mann und Frau; sie ist auf Dauer angelegt und zeichnet sich durch innere Bindungen aus, die über die Beziehungen in einer reinen Haushalts- und Wirtschaftsgemeinschaft hinaus gehen (so BVerfG, NJW 1993, 643, 645). Ein weiteres Kriterium tritt hinzu: Eine solche Gemeinschaft kann ohne rechtlichen Hinderungsgrund ohne weiteres aufgelöst werden.
Es sind diese Entscheidungsfreiheit ohne rechtliche Bindung und das Leben außerhalb des für die Ehe geltenden gesetzlichen Regelwerks, was insbesondere junge Leute veranlasst, eine solche Beziehung, die oftmals auch als "Ehe auf Probe" verstanden wird, einzugehen. Dabei wird jedoch vielfach verkannt, dass das allgemeine gesetzliche Regelwerk auch diese Form des Zusammenlebens umfasst. Jedoch werden die Partner der Gemeinschaft ohne besondere vertragliche Beziehungen rechtlich behandelt wie fremde Dritte. Dies kann insbesondere bei zunehmender vermögensrechtlicher Verflechtung beider Partner zu Benachteiligungen führen. Je nach der Dauer und der damit im Zusammenhang stehenden zunehmenden vermögensmäßigen Verflechtung beider Partner erweisen sich vertragliche Regelungen als notwendig. Denn auf die nur für die ehelichen Gemeinschaften geltenden gesetzlichen Ausgleichsregelungen, wie beispielsweise die Bestimmung über den Zugewinnausgleich oder über den Unterhalt, können sich Partner einer nichtehelichen Lebensgemeinschaft nicht berufen. Wer jedoch all dies bedenkt, findet sich schließlich in einem Vertragswerk wieder, welches den gesetzlichen Regeln der Ehegemeinschaft ähnelt. Dies aber steht im Gegensatz zum Ausgangspunkt der nichtehelichen Gemeinschaft, die ohne rechtliche Bindung auskommen möchte. Selbst wenn aber im Einzelfall Unterhaltsfragen oder Fragen des Zugewinnausgleichs keine Rolle spielen und rechtliche Regelungen insoweit abgelehnt werden: Für den Fall des Todes, den keiner vorhersehen kann, ist eine testamentarische Bestimmung unerlässlich; denn andernfalls gilt die gesetzliche Erbfolge, die den Partner einer neLG nicht berücksichtigt.

III.

Bei den in Betracht kommenden erbrechtlichen Regelungen handelt es sich um

– Einzeltestamente
– Erbverträge

– Partnerschaftsverträge.
Hingegen kommt ein gemeinschaftliches Testament im Sinne des § 2265 BGB nicht in Betracht, somit auch nicht das sog. Berliner Testament i.S.d. § 2269 BGB (Einsetzung des überlebenden Ehepartners unter gleichzeitiger Bestimmung des Schlusserben des beiderseitigen Nachlasses). Diese Regelungsmöglichkeiten sind ausschließlich den Ehepartnern vorbehalten. Trotzdem wäre ein solches Testament nicht als nichtig anzusehen. Vielmehr kommt eine Auslegung in Betracht, durch welche die zum Ausdruck gebrachten Erklärungen der Beteiligten in entsprechende einzeltestamentarische Verfügungen umgedeutet werden.

Im übrigen ist für die Wahl der zur Verfügung stehenden erbrechtlichen testamentarischen Bestimmungen maßgeblich der konkrete Gestaltungsbedarf im Einzelfall.
Beschränkt sich das Zusammenleben in der neLG auf das gemeinsame Bewohnen einer Mietwohnung, so ist nun der überlebende Lebenspartner durch die Neufassung des § 563 Abs. 1 S. 2 BGB geschützt. Demnach tritt der Lebenspartner beim Tod des Mieters in das Mietverhältnis ein.

Sofern im übrigen einzeltestamentarische Regelungen getroffen werden, ist von Bedeutung, dass diese – im Gegensatz zu einer erbvertraglichen Regelung – jederzeit frei widerruflich sind. Somit können einzeltestamentarische Bestimmungen nur ausreichend sein bei jungen neLG, in deren Verlauf noch keine nennenswerte Vermögensbestandteile geschaffen oder erworben worden sind. Trotzdem: Auch eine solche junge neLG muß testamentarische Vorsorge treffen, soll der überlebende Partner nicht leer ausgehen.

Insbesondere im Zusammenhang mit der Errichtung oder dem Erwerb von Immobilien oder sonstigen Vermögenswerten ist dem privatschriftlichen Einzeltestament der notariell zu beurkundende Erbvertrag vorzuziehen. An die in diesem Vertrag vereinbarten Regelungen sind die Parteien gebunden; dies bedeutet eine Absicherung für den Todesfall. Ein Erbvertrag kann nur gemeinsam widerrufen werden.
Diese relativ starke Bindung der Parteien kann im Fall einer sich im Laufe der Zeit abzeichnenden Trennung der Parteien nachteilig sein. Für diesen Fall empfiehlt sich, in den notariellen Erbvertrag die nach § 2293 BGB zulässige Rücktrittsklausel aufzunehmen. Allerdings sind dann auch weitere Regelungen erforderlich, um den durch den Rücktritt benachteiligten Partner nicht leer ausgehen zu lassen. Denn die Rechtsprechung geht grundsätzlich bei Scheitern der Beziehung hinsichtlich der gegenseitig erbrachten Leistungen von einem Abrechnungsverbot aus; deshalb kommen auch keine Ansprüche wegen Wegfalls der Geschäftsgrundlage in Betracht (BGH, NJW 1996, 2727).
Nur bei größeren gemeinschaftlichen Investitionen, wie z.B. Kauf einer Immobilie oder Gründung eines Gewerbebetriebs, kann es zu einer Art gesellschaftsrechtlichem Ausgleich kommen. Voraussetzung ist u.a., dass der durch gemeinschaftliche Leistungen beider Partner erworbene gemeinschaftliche Wert des konkreten Vermögensgegenstandes den Betrag von ca. 20.000,– € nicht unterschreitet (vgl. BGH, NJW 1985, 1841). Nur in solchen Fällen wird eine Ausgleichsverpflichtung des begünstigten Partners anerkannt. Im übrigen gilt der Grundsatz, dass in einer neLG rechtliche Bindungen und rechtlich verbindliche Geschäfte nicht gewollt sind, sondern die Ausnahme bilden (vgl. BGH, NJW 1996, 2727).

Zum Inhalt der letztwilligen Verfügungen ist heute von dem Grundsatz auszugehen, dass dem Erblasser zugunsten des Lebensgefährten Testierfreiheit gewährt wird, auch bei noch bestehender anderweitiger Ehe. Dies gilt nur nicht in besonders krassen Ausnahmefällen, in denen beispielsweise die letztwillige Verfügung durch den ausschliesslichen Zweck geprägt ist, den Ehegatten oder die Kinder aus einer noch bestehenden Ehe zu benachteiligen oder ihnen zu schaden (vgl. Palandt/Brudermüller, BGB, 62. Aufl. Einl. v. § 1297, Rdnr. 36 mit Hinweisen auf die Rechtsprechung). Somit kommt der Frage der Versorgung von Ehegatten und Kindern aus einer Ehe noch eine gewisse Bedeutung zu; sie sollte nicht unberücksichtigt bleiben.

Aber auch die Berücksichtigung der Interessen des überlebenden Partners der neLG ist wichtig; auch dessen Schutzbedürftigkeit ist insbesondere im Hinblick auf die Dauer der Lebensgemeinschaft von Bedeutung.

Gegenstand der testamentarischen Verfügungen muß auch sein, wem das Vermögen nach dem Tod des überlebenden Partners zufallen soll. Hier kann sich die Bestimmung einer (befreiten) Vor– und Nacherbschaft empfehlen, wobei der überlebende Partner der neLG Vorerbe und eine Person aus dem Verwandtschaftsbereich der Partner (z.B. ein Kind aus einer früheren oder noch bestehenden Ehe) zum Nacherben wird.
Bei der Übertragung von Grundbesitz ist aus erbschaftsteuerlichen Gründen, auf die noch später eingegangen werden wird, zu überlegen, ob nicht statt der Vererbung von Grundbesitz die Bestellung eines Nießbrauchs zugunsten des überlebenden Partners der neLG dem Sicherungszweck genügt. Insoweit kommt auch die Aussetzung von Vermächtnissen (Strafvermächtnissen) in Betracht (vgl. Daragan, Vermächtnisse als Mittel der Erbschaftsteuergestaltung, DStR 1998, 357, 359).
Den eventuell bestehenden Pflichtteilsansprüchen gesetzlicher Erben des erstversterbenden Lebenspartners kommt erhebliche Bedeutung zu. Ferner können durch Schenkungen

oder sog. unbenannte Zuwendungen Pflichtteilsergänzungsansprüche entstehen zugunsten solcher Personen, die im Zeitpunkt der Schenkung pflichtteilsberechtigt waren (so BGH, NJW 1997, 2676). Bei dem Pflichtteilsanspruch handelt es sich um einen auf die Hälfte des Wertes des entzogenen gesetzlichen Erbteils gerichteten Geldanspruch, zu dessen Erfüllung in nicht seltenen Fällen der Erbe den ihm vererbten Vermögensgegenstand veräußern muss.

Eine weitere Form der Regelung des Rechtsverhältnisses zwischen den Partnern der neLG besteht im Abschluss eines Partnerschaftsvertrages. Gegenstand eines solchen Vertrages können insbesondere auch Unterhaltsansprüche sein. Allerdings sind solche Partnerschaftsverträge eher die Ausnahme, da sie dem Wunsch der Partner einer neLG entgegenstehen, ihr Zusammenleben auf der Grundlage der Entscheidungsfreiheit zur jederzeitigen Lösung dieser Gemeinschaft zu gestalten. Im Rahmen der Partnerschaftsverträge können sodann die entsprechenden einzeltestamentarischen oder erbvertraglichen Verfügungen getroffen werden, wie sie oben dargelegt worden sind.

IV.

Die Regelungen bei der Erbschaftbesteuerung sind der neLG außerordentlich nachteilig. Unter erbschaftsteuerlichen Gesichtspunkten muss jeder neLG geraten werden, doch noch den Weg zum Standesamt zu gehen. Denn allein durch die Eheschließung ergeben sich wegen der höheren Freibeträge und des niedrigeren Steuersatzes erbschaftsteuerliche Vorteile, die mehr als die Hälfte der bei der neLG entstehenden Steuerbelastung ausmachen. Ein weiterer Vorteil ergibt sich im Hinblick auf die Behandlung des im Güterstand der Zugewinngemeinschaft erwirtschafteten Zugewinns. Dieser ist erbschaftsteuerfrei.
Vor diesem Hintergrund kommen den testamentarischen Regelungen der Partner der neLG besondere Bedeutung zu; denn nur durch die Ausschöpfung der Gestaltungsmöglichkeiten läßt sich die Steuerlast reduzieren.

Bei größerem Vermögen ist insoweit die Umgestaltung des Vermögens erforderlich; es muß durch Einbringung in eine GmbH & Co. KG zu betrieblichem Vermögen werden. Sodann können die sich aus § 13 a ErbStG ergebenden Vorteile in Form des Betriebsvermögensfreibetrages von 256.000,– € und des gewerblichen Bewertungsabschlages von 40 % in Anspruch genommen werden. Ferner kann der Lebenspartner bei dieser Gestaltung die günstige Steuerklasse I in Anspruch nehmen (§ 19 a ErbStG), während ohne diese Regelung die Steuerklasse III maßgeblich ist (BFH, BStBl. II, 1983, 114). Die Nichteinstufung in Steuerklasse I im Normalfall verstößt nicht gegen das Grundgesetz (BVerfG, BStBl. II, 1990, 103; 764).
Es wird jedoch abzuwarten sein, wie lange diese günstige Gestaltungsmöglichkeit noch Bestand haben wird, nachdem der Bundesfinanzhof deren Verfassungsmäßigkeit in Frage gestellt hat (Beschl. v. 24.10.01, BStBl. II, 2001, 834).

Im übrigen kommen die Wege in Betracht, die allgemein als Mittel der Erbschaftsteuergestaltung gegeben sind. Insbesondere können Vermächtnisse dazu dienen, die Bemessungsgrundlage der Erbschaftsteuer durch mittelbare Zuwendungen zu mindern. Statt Geld wird per Verschaffungsvermächtnis ein Vermögensgegenstand zugewendet, dessen Steuerwert unter dem für die Beschaffung erforderlichen Geldbetrag liegt, wie dies beispielsweise bei Immobilien der Fall ist. Der Vermächtnisnehmer hat dann nur den niedrigeren Steuerwert der Immobilie anzusetzen, der Erbe kann dessen ungeachtet seine Aufwendungen für die Beschaffung des Gegenstandes in voller Höhe nach § 10 Abs. 5 Nr. 2 ErbStG abziehen. Vorsicht ist geboten, wenn die Partner einer neLG den Kaufpreis eines Hausgrundstücks zu gleichen Teilen gemeinsam finanzieren, der notarielle Kaufvertrag jedoch nur von einem der beiden Partner unterschrieben wird und nur dieser somit als Eigentümer in das Grundbuch eingetragen wird. Beide Partner glauben sich abgesichert durch den Abschluss eines Erbvertrages, durch welchen sich beide gegenseitig als Alleinerben eingesetzt haben.
Hier besteht das Risiko, dass im Todesfall des Eigentümers das Finanzamt den Steuerwert des gesamten Hausgrundstücks bei der Erbschaftsteuerfestsetzung in Ansatz bringt, ohne zu berücksichtigen, dass die Hälfte des Kaufpreises seinerzeit von dem nun als Erben eingesetzten Partner aufgebracht worden war. Das Finanzamt kann im Gegenteil diesen Betrag nachträglich als Schenkung an den als Eigentümer eingetragenen Partner bewerten. Für die nachzuerhebende Schenkungsteuer läuft die Festsetzungsfrist erst ab Kenntnis des Finanzamts von der vollzogenen Schenkung (§ 175 Abs. 5 Nr. 2 AO). Die Schenkung wäre nach § 7 Abs. 1 Nr. 1 ErbStG schenkungsteuerpflichtig; die nachzuerhebende Schenkungsteuer müsste der Erbe für den eigentlich schenkungsteuerpflichtigen Eigentümerpartner nach § 20 Abs. 1 ErbStG i.V.m. § 1922 BGB tragen; sie mindert jedoch den Nachlasswert. Zur Vermeidung dieser Problematik ist somit beiden Partnern in vergleichbaren Fällen zu raten, bei gemeinsamer Finanzierung auch entsprechende Miteigentumsanteile zu bilden.

Somit zeigt sich im Ergebnis, dass die für die Bildung einer neLG maßgebliche Vorstellung, das Zusammenleben ohne die für die Ehe geltenden gesetzlichen Regeln zu gestalten, beide Partner in das Gestrüpp des für alle geltenden gesetzlichen Regelwerkes führt und es insbesondere im Erbrecht besonderer Vereinbarungen bedarf, um die sich sonst ergebenden Nachteile zu vermeiden.

NOGOSSEK & INGENFELD

Partnerschaft
Rechtsanwälte · Fachanwälte

Wie sichere ich meine Wünsche ab?

Was muss geregelt sein?

Wie kann ich Streit vermeiden?

**Neu:
Kostenlose Broschüre „Erben und Vererben"
– einfach anrufen –**

Herwarthstraße 6
50672 Köln
Telefon 0221 95182-0
Telefax 0221 95182-10
www.nogossek-ingenfeld.de

ERBRECHT · STEUERN · WIRTSCHAFT

RECKE & RECKE RECHTSANWÄLTE

Inka Freiin von der Recke
Rechtsanwältin

Tätigkeitsschwerpunkte:
- Familienrecht
- Erbrecht

Theodor-Heuss-Ring 28
50668 Köln

Tel. 0221/122011-13
Fax 0221/136401
E-Mail: ra.recke@netcologne.de

DIETER REICHENBACH
RECHTSANWALT

SALIERRING 6 · 50677 KÖLN · TEL.: (02 21) 31 10 99 · FAX: (02 21) 32 52 18
E-MAIL: RECHTSANWALT@D-REICHENBACH.DE · WWW.RECHTSANWALT-REICHENBACH.DE
BÜROZEIT: 8.00 - 17.00 UHR

Die beste Beratung ist die Beratung zu Lebzeiten.

Das Recht des Bürgers auf dem Friedhof

von Rechtsanwalt Dr. Kurt Bense; Rechtsanwaltskanzlei dr. Bense & Kollegen, Köln

Unter Hinweis auf § 7 der Gemeindeordnung für das Land Nordrhein-Westfahlen hat der Rat der Stadt Köln eine neue Bestattungs- und Friedhofssatzung beschlossen, die am 1. September 2001 in Kraft trat. Gleichzeitig wurden die Friedhofsgebühren und die Gebühren für die Feuerbestattung dementsprechend neu festgesetzt.

Die Satzung gilt für alle im Gebiet der Stadt Köln gelegenen Friedhöfe, soweit sie im Eigentum der Stadt stehen und auch von ihr verwaltet werden. Diese Friedhöfe dienen der Bestattung aller Personen, die bei ihrem Tod Einwohner oder Einwohnerinnen der Stadt Köln waren oder für die eine Wahlgrabstätte oder eine Urnenwahlgrabstätte bestand. Die gilt im Übrigen auch für Gemeinschafts- oder Ehrengrabstätten.

Die Verstorbenen werden grundsätzlich auf dem Friedhof bestattet, in dessen Stadtbezirk sie zuletzt gewohnt haben. Die gilt nicht, wenn jemand über ein Wahlgrab (auf einem anderen Friedhof) verfügt hat oder wenn die Friedhofsverwaltung anderweitig ein ausreichendes Grabangebot anbieten kann.

Jeder hat sich auf den Friedhöfen der Würde des Ortes entsprechend zu verhalten. Die Friedhofsverwaltung ist für die Ordnung auf den Friedhöfen zuständig. Im Eigentum der Stadt Köln stehen die Friedhöfe insgesamt einschließlich aller Anlagen. Dies gilt auch für das einzelne Grab. Die Stadt Köln verleiht lediglich Nutzungsrechte auf Zeit.

Die Ruhezeit für die Leiche des Verstorbenen oder für seine Asche beträgt grundsätzlich 20 Jahre. Das ist die Zeit, innerhalb der ein Grab nicht erneut belegt werden darf. Sie beginnt mit dem Tag der Beisetzung. Auf verschiedenen Friedhöfen der Stadt Köln (Friedhof Westhoven, Friedhof Am Lehmbacher Weg und Friedhof Rath-Heumar) sowie auf Teilen des Südfriedhofs und des Friedhofs Steinneuerhof beträgt die Ruhezeit bei einer Sargbestattung 30 Jahre. Dies gilt auch dort für die in Grüften bestatteten Verstorbenen. Demgegenüber beträgt die Ruhezeit für in pflegefreien Grabkammern bestattete Verstorbene nur 12 Jahre.

Nach der Satzung stehen üblicherweise pflegefreie Grabkammern oder pflegefreie Urnengrabstätten zur Verfügung. Liegt eine Willenserklärung der zur bestattenden Person hinsichtlich der Auswahl nicht vor, wählen die Angehörigen. Der überlebende Ehegatte hat vor den Kindern das Wahlrecht. Danach kommen die nichtehelichen Lebenspartner, die Stiefkinder, die Eltern etc.

Bei den pflegefreien Grabkammern handelt es sich im einstellige Grabstätten für Sargbestattungen, die der Reihe nach belegt werden. Ein Nutzungsrecht wird nur im Todesfall für die Dauer der Ruhezeit, also 12 Jahre, zugewiesen. Eine einmalige 12-jährige Verlängerung ist auf Antrag möglich. Die Gestaltung und Pflege der Grabstätte obliegt ausschließlich der Friedhofsverwaltung.

Ähnliches gilt für die pflegefreie Urnengrabstätte. Es sind einstellige Grabstätten für die Beisetzung einer Aschenurne, die der Reihe nach belegt und an denen nur im Todesfall für die Dauer der Ruhezeit, also 20 Jahre, der zu bestattenden Person ein Nutzungsrecht zugewiesen wird. Auch hier obliegt die Gestaltung und Pflege der Grabstätte ausschließlich der Friedhofsverwaltung.

Angehörige haben letztlich auf die Pflege keinen Einfluss, Die Angehörigen haben natürlich auch keine Pflegeverpflichtung, Die Grabpflege scheint aber vielen Hinterbliebenen, die sich für die pflegefreie Grabstätte entschieden haben, doch nicht so wichtig, dass man nicht immer der städtischen Satzung entspricht. Da die Stadt jedoch die Rasenpflege rund um die Grabstätten übernimmt, kann die Gestaltung der pflegefreien Gräber aus Gründen des Arbeitsaufwandes zu Schwierigkeiten führen.

Anders ist es bei ein- oder mehrstelligen Wahlgrabstätten oder bei Urnenwahlgrabstätten. Es wird ein Antrag auf Nutzungsrecht für die Dauer von 25 Jahren verliehen, teilweise sogar auf die Dauer von 30 Jahren. In einer Urnenwahlgrabstätte können bis zu 6 Aschenurnen beigesetzt werden.

Die Grabstätten einschließlich des Grabmals sind so zu gestalten, das die Würde und der Charakter des Friedhofs sowohl in seinen einzelnen Teilen als auch in seiner Gesamtanlage gewahrt sind. Die Errichtung eines Grabmals bedarf der schriftlichen Zustimmung der Friedhofsverwaltung. Für den Friedhof Rodenkirchen, Sürther Straße, gibt es für die Grabmale unterschiedliche Höhenvorschriften, und zwar zwischen 0,8 und 2,0 Meter. Die unterschiedlichen Höhen richten sich nach den Teilbereichen auf dem Friedhof.

Auch gibt es für Wahlgrabstätten und Urnenwahlgrabstätten festgelegte Beetbreiten und vorgeschriebene Formen von Steineinfassungen und Steinplattenumrandungen.

Die Grabmale und die sonstigen baulichen Anlagen sind verkehrssicher zu erhalten. Die Grabbeete müssen ebenfalls dauern instand gehalten werden. In beiden Fällen ist die jeweils nutzungsberechtigte Person verantwortlich. Die Friedhofsverwaltung überwacht diese Pflichten des Nutzungsberechtigten.

Schließlich gibt es noch (abgesehen von den weiter unten erwähnten Sonderformen) anonyme Urnengrabstätten. Sie werden auf einheitlichen Urnenfluren ohne Kennzeichnung der einzelnen Grabstätten als Rasenfläche angelegt. Die Urnenfluren werden der Reihe nach für die Dauer der Ruhezeit der zu bestattenden Person belegt. Es wird zwar die Lage der einzelnen Urnen im Belegungsplan und Gräberverzeichnis festgelegt, die Angehörigen erhalten aber keine Kennzeichnung der einzelnen Grabstätte. Es muss nicht besonders erwähnt werden, dass die Gestaltung und Pflege der einheitlichen Urnenfluren ohne Kennzeichnung der einzelnen Grabstätte ausschließlich der Friedhofsverwaltung obliegt.

Im Übrigen gibt es noch Kindergräber, Sondergrabstätten für Tot- und Fehlgeborene, Gemeinschaftsgrabstätten sowie Ehrengrabstätten für Ehrenbürger und Ehrenbürgerinnen und für verdienstvolle Bürger und Bürgerinnen.

Wie oben erwähnt, hat der Rat der Stadt Köln auch die Gebühren für die einzelnen Leistungen der Friedhofsverwaltung festgesetzt. Hierbei bewegen sich die Gebühren für die Nutzungsrechte zwischen EUR 1.263,00 und EUR 1.371,00. Die Gebühren für die Bestattung bewegen sich zwischen EUR 173,00 und EUR 682,00. Die Benutzung einer Trauerhalle kostet EUR 154,00.

Im Zusammenhang mit der Grabpflege wird darauf hingewiesen, dass die Friedhofsgärtner-Genossenschaft Köln eG sog. Dauergrabpflegeverträge mit unterschiedlichen Laufzeiten anbietet.

Abschließend wird darauf hingewiesen, dass im geplanten NRW-Bestattungsgesetz heftig umstritten ist, ob der bisherige Zwang, eine Urne auf dem Friedhof zu bestatten, entfallen kann. Ob es zu einer Ausnahmegenehmigung vom Bestattungszwang von Urnen auf Friedhöfen kommen wird, ist noch offen. In einigen Ländern der EU ist es seit Jahren möglich, die Urne eines Verstorbenen außerhalb des Friedhofs unter gewissen Voraussetzungen aufzubewahren oder sogar die Asche einfach zu verstreuen wie z.B. in Holland oder England.

„Der Rechtsanwalt ist der berufene unabhängige Berater und Vertreter in allen Rechtsangelegenheiten."

(§ 3 Abs. 1 Bundesrechtsanwaltsordnung)

Dr. BENSE & KOLLEGEN
ANWALTSKANZLEI

DR. KURT BENSE
ZUGLEICH FACHANWALT FÜR STEUERRECHT
RECHTSANWALT BEIM OLG KÖLN

KARL FRICKE
REINER WOLFRUM
ERK VON CONRADY
MIRA LANGEMANN

STEUERBERATER
MANFRED WEILER
DIPL.-ING. AGR.

HOFFMANN-VON-FALLERSLEBEN-STRASSE 7 • 50968 KÖLN (MARIENBURG)
TELEFON (02 21) 34 80 90 • TELEFAX (02 21) 34 26 16

Die Unwirksamkeit des Testaments

von Rechtsanwalt Ingo Lorscheid und Rechtsanwalt Jörg Beer; Rechtsanwältskanzlei Lorscheid & Kollegen, Köln

Durch die Errichtung eines Testaments hat der Erblasser die Möglichkeit, die Erbfolge frei nach seinem Willen zu gestalten. Dies kann für die potentiellen Erben, also etwa Familienangehörige, zu unliebsamen Überraschungen führen, z. B. wenn aufgrund des Testaments ein an sich nach dem Gesetz bestehender Erbanspruch ausgeschlossen worden ist. Auch wenn in diesen Fällen ein sogenannter Pflichtteilsanspruch zugunsten des Enterbten besteht, ist dies kein befriedigender Ausgleich, weil der Pflichtteilsanspruch deutlich geringer ist, als der ohne Testament bestehende gesetzliche Erbanspruch. Es wird sich daher häufig die Frage stellen, ob das ungünstige Testament nicht wegen Unwirksamkeit angreifbar ist, um zumindest wieder die gesetzliche Erbfolge herzustellen. Im Folgenden sollen daher die Gründe dargestellt werden, aus denen sich eine Unwirksamkeit des Testaments herleiten lassen kann.

1. Testierfähigkeit

Die Wirksamkeit eines Testaments setzt voraus, dass der Erblasser zum Zeitpunkt der Errichtung des Testaments testierfähig war. Er muss in der Lage gewesen sein, die Bedeutung des von ihm errichteten Testaments erkannt zu haben. Eine Testierunfähigkeit kann wegen krankhafter Störung der Geistestätigkeit, wegen Geistesschwäche oder wegen Bewusstseinsstörungen vorliegen. Testierfähigkeit besteht erst ab Vollendung des 16. Lebensjahres.

Wer sich auf die Testierunfähigkeit beruft, muss diese genau darlegen und beweisen. Hieran sind hohe Anforderungen gestellt. Sofern die behauptete Testierunfähigkeit auf medizinische Gründe zurückzuführen ist, wird sich der entsprechende Beweis in der Regel nur durch Sachverständigengutachten führen lassen.

2. Bindung an früher abgeschlossenes Ehegattentestament

Es besteht die Möglichkeit, dass Ehegatten in einem Testament sogenannte „wechselbezügliche Verfügungen mit Bindungsirkung" treffen. Solche Verfügungen zeichnen sich dadurch aus, dass sie in einem Abhängigkeitsverhältnis zueinander stehen. Dies bedeutet, dass der jeweilige Ehegatte eine testamentarische Verfügung nur deshalb trifft, weil auch der andere Ehegatte eine entsprechender Verfügung getroffen hat. Ein typischer Fall ist die gegenseitige Einsetzung der Ehegatten als Erben für den Fall des Todes eines der beiden und der gemeinsamen Kinder als Erben des zuletzt versterbenden Ehegatten. Eine solche wechselbezügliche Verfügung mit Bindungswirkung in einem Ehegattentestament hindert den überlebenden Ehegatten nach dem Tod des Partners, die im Ehegattentestament getroffenen Verfügungen zu widerrufen oder abweichende neue testamentarische Verfügungen zu treffen. Wenn im Testament die gemeinsame Verfügung getroffen worden ist, dass nach dem Tod des letztversterbenden Ehegatten die Kinder der beiden Eheleute erben sollen, so kann der überlebende Ehepartner grundsätzlich nicht andere Personen als Erben einsetzen. Sollte also der überlebende Ehepartner eine Verfügung treffen, die dem im Ehegattentestament zum Ausdruck gebrachten Willen widerspricht, besteht die Möglichkeit, dass der durch das Ehegattentestament begünstigte Erbe die abweichende Verfügung des überlebenden Ehepartners wegen einer aus dem Verstoß gegen die im Ehegattentestament getroffenen wechselbezüglichen bindenden Verfügungen resultierenden Unwirksamkeit angreifen kann.

Zu prüfen ist in solchen Fällen aber immer, ob sich aus dem Ehegattentestament nicht eine Ausnahme von der Bindungswirkung ergibt. Das Ehegattentestament kann z. B. eine sogenannte „Abänderungsklausel" enthalten, die die Bindungswirkung der wechselseitigen Verfügungen einschränkt oder gar ausschließt. Dies muss im Einzelfall stets anhand der Verfügung geprüft werden.

3. Verstoß gegen die guten Sitten

Eine Unwirksamkeit des Testaments wegen Verstoß gegen die guten Sitten kann z. B. vorliegen, wenn der Erblasser seine nächsten Familienangehörigen übergangen, seine(n) Geliebte(n) bedacht oder durch erbrechtliche Zuwendungen versucht hat, diese Zuwendungen dem Zugriff der Sozialversicherungsträger zu entziehen.

Zu berücksichtigen ist aber, dass der Erblasser in der Entscheidung darüber, wem er sein Erbe zukommen lassen will, weitgehend ungebunden ist. Die Kriterien der Sittenwidrigkeit werden daher nur in besonderen Ausnahmefällen erfüllt. Es ist deshalb immer eine sorgfältige Prüfung durch einen Rechtsanwalt vorzunehmen, ob im Einzelfall eine Sittenwidrigkeit begründet werden kann.

4. Verstoß gegen ein gesetzliches Verbot

Durch Gesetz ist bestimmt, dass bestimmte Gruppen oder Personen nicht als Erben eingesetzt werden können. Nach § 14 des Heimgesetzes ist es z. B. den Leitern, Beschäftigen oder sonstigen Mitarbeitern einer Heimeinrichtung, also etwa eines Altenheimes, verboten, Vermögensvorteile anzunehmen. Hierunter kann auch die Erbeinsetzung durch Testament fallen. Die testamentarische Einsetzung ist allerdings nur dann unwirksam, wenn der eingesetzte Erbe bereits zu Lebzeiten des Erblassers Kenntnis von der Erbeinsetzung hatte. Erfährt er erst nach dem Tod des Erblassers davon, dass ihn dieser bedacht hat, ist eine Unwirksamkeit nicht begründet. Auch Angestellte des öffentlichen Dienstes und Beamte dürfen Zuwendungen, die nicht im wesentlichen auf einer privaten Beziehung beruhen, sondern in Zusammenhang mit ihrer beruflichen Funktion stehen, nicht annehmen. Auch eine Erbeinsetzung solcher Personen kann daher unwirksam sein. Schließlich ist es unzulässig, an verfassungswidrige Organisationen Vermögenswerte zu vererben, um diese dadurch zu fördern.

5. Verstoß gegen das Verbot der Drittbestimmung

Ein Testament muss vom Erblasser höchstpersönlich errichtet werden. Dies bedeutet, dass der Erblasser selbst entscheiden muss, wem er welche Bestandteile seines Vermögens zuwenden will. Der Erblasser kann daher keine testamentarische Verfügung treffen, nach der nicht er, sondern eine andere Person bestimmt, wer erben soll und was jeweils vererbt wird.

6. Nichteinhaltung der vorgeschriebenen Form

Die Unwirksamkeit eines Testaments kann sich auch daraus ergeben, dass eine vom Gesetz vorgeschriebene bestimmte Form des Testaments nicht eingehalten worden ist. So gibt es z. B. die Vorschrift, dass ein Testament eigenhändig handschriftlich geschrieben und unterschrieben werden muss. Da es je nach Einzelfall vielfältige Formerfordernisse geben kann, sollte immer durch einen Fachmann, z. B. einen Rechtsanwalt, geprüft werden, ob ein Formfehler vorliegt, der eine Unwirksamkeit des Testaments begründet.

7. Anfechtung wegen Irrtums

Eine letztwillige Verfügung kann angefochten werden, wenn und soweit der Erblasser über den Inhalt der von ihm abgegebenen Verfügung im Irrtum war oder eine Verfügung dieses Inhalts überhaupt nicht abgeben wollte und anzunehmen ist, dass er die Verfügung bei Kenntnis seines Irrtums auch nicht abgegeben hätte.
Da die Anforderungen, die die Rechtsprechung an eine Anfechtung eines Testaments wegen Irrtums stellt, sehr hoch sind, sollten die Möglichkeiten einer Anfechtung – wie auch die übrigen Unwirksamkeitsgründe – durch einen Anwalt geprüft werden.

**Wer soll
Ihren „Kuchen" teilen?
Sie oder Ihre Erben?**

Wir helfen bei der Gestaltung von Testamenten zur Vermeidung späterer Konflikte Ihrer Nachkommen.

Lorscheid & Kollegen
Rechtsanwälte

Erben & Vererben ist nicht leicht!

Sie erreichen uns:

Ebertplatz 5, 50668 Köln
Telefon 0221 - 16 06 30

**Geerbt?
Und nun?**

Wir helfen bei Erbauseinandersetzungen

Ein Todesfall – und nun?

von Rechtsanwältin Doris John; Anwaltssozietät John & Glöckner, Köln

Formalitäten und vertragliche Verpflichtungen bei Vorbereitung der Bestattung

Nach dem Tod eines Angehörigen müssen Sie innerhalb kurzer Zeit viele Dinge regeln, über die Sie sich möglicherweise zuvor noch keine Gedanken gemacht haben. Dabei gehen Sie eine Reihe von rechtlichen Verpflichtungen ein, die trotz Ihrer Trauer und Betroffenheit wohl abgewogen sein sollten. Ich fasse einige rechtliche Eckdaten und die wesentlichen Schritte zusammen, die in den ersten Tagen im unmittelbaren Zusammenhang mit der Bestattung zu veranlassen sind:

Ärztliche Bescheinigung

Im Krankenhaus kümmert sich die um die Leichenschau. Bei einem Sterbefall zu Hause rufen Sie sofort einen Arzt Ihres Vertrauens. Zur Leichenschau und Ausstellung einer Bescheinigung ist jeder Arzt verpflichtet.

Beauftragung des Bestatters

Aussuchen des Sarges mit Zubehör; evtl. Übergabe persönlicher Kleidung des Verstorbenen, in der er bestattet werden soll, und eines Kreuzes/Rosenkranzes oder anderer kleiner Gegenstände, die der Bestatter mit in den Sarg legen soll; Bestatter überführt die Leiche von zu Hause oder aus dem Krankenhaus zum Friedhof bzw. Krematorium.

Kontaktaufnahme zur Friedhofs-/Krematoriumsverwaltung

Festlegung des Bestattungstermins, evtl. in Abstimmung auch mit dem Pfarrer – der Termin ist i.d.R. zwischen 48 und 96 Stunden nach dem Eintritt des Todes; soll der Leichnam aufgebahrt werden?; fragen Sie schon bei der Besorgung des Grabplatzes nach besonderen Gestaltungsregelungen für die Gräber (Grabstein, Bepflanzung).

Benachrichtigung der zuständigen Kirchengemeinde

Abstimmung bzw. Mitteilung des Bestattungstermins, des Trauergottesdienstes und der Trauerfeier am Grab; Besprechung der Grabrede mit dem Pfarrer, oder, wenn der Verstorbene nicht Mitglied einer Kirche/Religion war, einem nicht konfessionellen Redner.

Standesamt

Das Standesamt in dem Bezirk, in dem sich der Todesfall ereignet hat, muss spätestens am nächsten Werktag nach dem Tod benachrichtigt werden. Verpflichtet ist vorrangig das Familienoberhaupt, ansonsten derjenige, in dessen Wohnung sich der Tod ereignet hat und jede Person, die beim Tod anwesend war. Nehmen Sie die folgenden Papiere mit: Personalausweis, Leichenschaubescheinigung. Der Standesbeamte stellt die Sterbeurkunde aus.

Unterrichtung anderer Verwandter, Freunde etc.

Auftrag an Druckerei wegen Traueranzeigen, -postkarten und evtl. Sterbebilder; Aufgabe einer Annonce in der örtlichen Tageszeitung.

Friedhofsgärtnerei/ Blumengeschäft

Kranz und/oder Sarggesteck aussuchen; der Gärtner übernimmt i.d.R. den Transport des Kranzes zum Friedhof

Leichenschmaus

Abstimmung von Uhrzeit, Umfang der Bewirtung und Preis mit einer Gaststätte

– Danksagungen
– Auftrag an die Druckerei
– Grabpflege
– Abstimmung mit der Friedhofsgärtnerei

Am persönlichsten und preiswertesten bereitet man eine Bestattung vor, wenn man möglichst viele der genannten Erledigungen selbst übernimmt, sie sich mit anderen Angehörigen teilt. Verschiedene Gründe können maßgeblich dafür sein, dass das nicht möglich ist. Bestattungsunternehmen bieten für diese Fälle umfangreiche Dienstleistungen an, die den Hinterbliebenen die genannten Aufgaben fast vollständig abnehmen. Diese Komplettangebote kosten auch ihren Preis, wobei die Kosten zum Teil sehr differieren. Die Angebote sind teilweise nicht leicht durchschaubar, und manche Unternehmer pflegen zweifelhafte oder gar unzulässige Werbemethoden.

In jedem Fall ist es sinnvoll, wenn Sie sich von einer Person Ihres Vertrauens, die möglichst nicht ebenso von dem Sterbefall betroffen ist, bei Abwicklung der o.g. Formalitäten unterstützen lassen. Sie können sich dann besprechen, bevor Sie die Entscheidungen treffen. Eine neutrale Person bringt es auch eher über das Herz, Preisverhandlungen zu führen oder -vergleiche anzustellen, die ungeachtet der schmerzlichen Situation angebracht sind, um sich vor unliebsamen Überraschungen zu schützen. Wenn Vertreter eines Bestattungsunternehmens Sie unaufgefordert aufsuchen, um Ihnen Dienstleistungen für die Bestattung anzubieten, so ist das unlauter und wettbewerbswidrig. Haben Sie sich unter dem Eindruck des Sterbefalls auf diese Weise vertraglich gebunden, so ist der Vertrag u.U. wegen Sittenwidrigkeit nichtig. Darauf können Sie sich berufen, wenn ein späterer Vergleich zeigt, dass Sie übervorteilt wurden. Verträge, die in der Privatwohnung aufgrund unaufgeforderten Besuches zustande gekommen sind, können im übrigen innerhalb von zwei Wochen widerrufen werden.

Bei den Bestattungsvorbereitungen kommt es gelegentlich zwischen den Personen, die durch den Tod des Verstorbenen betroffen sind, zu Meinungsverschiedenheiten über die Art und Weise der Bestattung. Vor allem ist für die Art der Bestattung und den Ort der letzten Ruhestätte der Wille des Verstorbenen selbst maßgeblich. Es ist empfehlenswert, schon zu Lebzeiten hierüber zu bestimmen, entweder indem der Kranke, der mit dem Tod rechnen muss, seine Wünsche hierzu mit seinen Angehörigen bespricht, oder auch durch eine schriftliche Erklärung. Letzteres kann z.B. im Zusammenhang mit einem Patiententestament erfolgen. Eine Regelung ist auch in der Form mittelbar möglich, dass man für den Fall des Todes eine Person bestimmt, die Art und Weise der Bestattung verantwortlich regeln kann. Hierfür ist es unerheblich, ob die Person ein naher Angehöriger des Erblassers ist. Der durch den Verstorbenen Berufene ist berechtigt, ja sogar gehalten, zur Not gegen den Willen der Angehörigen, den Vorstellungen des Verstorbenen Geltung zu verschaffen. Der Totenfürsorgeberechtigte entscheidet auch über das aufzustellende Grabmal. Der Erwerb des Grabmals erfolgt in der Regel von einem Steinmetzbetrieb. Allerdings besteht auch die Möglichkeit, aus Kostengründen bei der Friedhofsverwaltung ältere, gebrauchte Grabsteine zu erwerben. Der Steinmetz schleift in diesen Fällen die alte Inschrift ab und bringt einen neuen Schriftzug an. Diese Grabsteine kosten in der Regel einen Bruchteil eines neuen Steines oder Grabmals. Selbstverständlich sind auch die Steinmetzbetriebe wirtschaftlich orientierte Unternehmen, die ein Interesse daran haben, aufwändige und teure Objekte zu verkaufen. Der Angehörige seinerseits will häufig dem Toten noch eine letzte, besondere Ehre erweisen und berücksichtigt bei der Auswahl des Grabmals gelegentlich nicht ausreichend seinen finanziellen Spielraum. Um dieser Situation Rechnung zu tragen, sind Steinmetzbetriebe zwar berechtigt, ihre Prospekte an Trauerhäuser zu senden, die sie etwa aus Todesanzeigen in der Zeitung kennen, sie dürfen aber nicht unaufgefordert das Trauerhaus vor Ablauf einer gewissen Anstandsfrist aufsuchen, um einen Grabsteinauftrag zu erlangen.

Bei Nichteinhaltung dieser Wartefrist, die die Rechtsprechung mit vier Wochen angesetzt hat, besteht die Möglichkeit, dass der bei einem solchen Hausbesuch geschlossene Vertrag sittenwidrig ist. Ferner kommt ein Widerruf nach den Regeln über den Widerruf von Haustürgeschäften in Frage. Um nicht übervorteilt zu werden, ist zu empfehlen, einen Steinmetzbetrieb seiner Wahl in dessen Geschäftsräumen aufzusuchen uns sich begleiten zu lassen. Die Auswahl nach Gestaltung und Preis kann dann in Ruhe erfolgen. Die für die Errichtung des Grabmals einzuhaltenden Bestimmungen kennen die am Ort der Bestattung ansässigen Steinmetzbetriebe in der Regel.

IHR GUTES RECHT

Sie werden von uns in allen rechtlichen Angelegenheiten gerichtlich und aussergerichtlich engagiert und couragiert vertreten. Dabei werden Sie während eines gesamten Verfahrensablaufs jederzeit umfassend informiert und kompetent beraten und betreut. Sie werden von uns bei der Erstellung von sinnvoll gestalteten Verträgen und klaren, eindeutigen Verfügungen unterstützt, um unnötigen Rechtsstreitigkeiten von vornherein entgegenzuwirken.

Erbrecht
Familienrecht
Mietrecht
Arbeitsrecht
Baurecht
Zivilrecht

John & Glöckner
ANWALTSSOZIETÄT

Doris John
Fachanwältin für Familienrecht
Weitere Tätigkeitsschwerpunkte:
Erbrecht und Mietrecht

Dr. Martin Glöckner
Fachanwalt für Arbeitsrecht
Weitere Tätigkeitsschwerpunkte:
Baurecht und allg. Zivilrecht

Stammheimer Str. 10-12
50735 Köln
Tel.: 0221 - 283 120
Fax: 0221 - 283 1212

Erben und Vererben - Vorbeugen statt Streiten

von Rechtsanwalt Wolfgang Rönne; Rechtsanwaltskanzlei Wolfgang Rönne, Köln

Jeder hat schon erlebt, dass Bekannte oder Verwandte vor Erreichung des normalen Lebensalters versterben. Oft ist der Tod ohne Vorbereitung eingetreten, sei es durch einen Unfall, sei es durch eine plötzliche Erkrankung. In der Regel fehlt dann jegliche erbrechtliche Vorsorge, so dass der überlebende Lebenspartner, die Kinder oder sonstigen Verwandten nicht ordentlich abgesichert sind. Ein langwieriger Streit um das Erbe und die Zerstörung der menschlichen Beziehungen sind leider allzu oft die Folge.

Aber auch, wer sein normales Lebensalter erreicht oder übersteigt, hat oft nicht für den Fall seines Todes vorgesorgt, sei es, dass er nicht daran denken wollte, was nach seinem Tode passiert, sei es, dass er keinen benachteiligen wollte und meinte, die gesetzliche Regelung sei ausreichend, sei es, dass er schon immer das Gespräch mit den Kindern suchen wollte, diese aber ein Gesprächsangebot nicht annahmen mit den Worten „Du lebst ja noch und wenn Du gestorben sein solltest, werden wir weitersehen".

So kommt es, dass nach Schätzungen nur ca. 4% aller Bundesbürger für den Fall ihres Todes ein sinnvolles und aktuelles Testament errichtet haben.

Gerade für die Senioren ist es oft eine große Erleichterung, die Vermögensnachfolge in der eigenen Familie und die familiären Probleme die dabei auftreten, anzupacken, zu besprechen und sich zu bemühen, ein friedvolles Miteinander der Generationen auch mit dem überlebenden Partner sowie den Geschwistern untereinander zu erreichen.

Die nachfolgenden Informationen sollen helfen, dass es nicht zu einem Scherbenhaufen und einer „Prozesslawine" mit ganz erheblichen Vermögensverlusten und irreparablem Streit in der Familie kommt. Sie sollen anregen, eine Vermögensnachfolge und Erbfolgeregelung frühzeitig zu planen und auch für den Fall, dass Sie selber erben sollen, die richtigen Schritte zu unternehmen, die Ihnen und Ihren Angehörigen helfen, ruhig in die Zukunft zu schauen.

1. Bestattungsvorsorge

Mit zunehmendem Alter wird die Frage, was nach dem Tod passiert und wer für ein Grab sorgt, immer wichtiger. Das Totensorgerecht steht nicht in jedem Fall den Erben zu. Hat man nicht zu erkennen gegeben, wer für die Beerdigung sorgen soll, kann es zu unliebsamen Überraschungen kommen.
Noch ist es in unserer Gesellschaft üblich, eine normale Erdbestattung vorzunehmen. Wer eingeäschert, see- oder anonym bestattet werden, wer gar seinen Körper für Forschungszwecke freigeben möchte, muss dies zu Lebzeiten möglichst deutlich zu erkennen gegeben haben.

Sollte kein gegenteiliger Wille erkennbar sein, so hat das Totensorgerecht zunächst der überlebende Ehepartner, dann die leiblichen Kinder und Kindeskinder, die Eltern, Geschwister, Großeltern und deren Abkömmlinge etc.

Immer wieder kommt es zu Streitfällen zwischen den Kindern und dem letzten Lebenspartner. Haben sich die Kinder beispielsweise seit Jahren nicht mehr um die Mutter gekümmert, die seit 20 Jahren mit einem Lebenspartner zusammenlebt, so können die Kinder bestimmen, wo und wie die Mutter beerdigt wird und den Lebenspartner von dieser Entscheidung ausschließen – es sei denn, die Mutter hat rechtzeitig zu erkennen gegeben, dass der Lebenspartner für ihre Beerdigung sorgen soll.

Tipp: Schreiben Sie – unabhängig von einem Testament – auf, wie Sie bestattet werden wollen und wer hierfür zu sorgen hat.

Auch wenn im vorgenannten Beispiel der Lebenspartner das Totensorgerecht hat, aber nicht Erbe wird, so haben die Kinder als Erben die Kosten der Bestattung zu tragen und nicht der Lebenspartner.

2. Erbfolge

Das bürgerliche Gesetzbuch (BGB) sieht eine sogenannte Verwandtenerbfolge nach Ordnungen vor. Es gilt der Grundsatz „Das Gut rinnt wie das Blut".

Danach erben als Erben erster Ordnung zunächst die Kinder, untereinander zu gleichen Teilen. Seit der Gleichstellung der Adoptivkinder und der nichtehelichen Kinder erben nicht nur die leiblichen ehelichen Kinder, sondern – bis auf wenige Ausnahmen – auch alle nichtehelichen Kinder und alle adoptierten Kinder. Sind Kinder nicht mehr vorhanden, so treten an ihre Stelle die Kindeskinder.

Die gesetzlichen Erben zweiter Ordnung sind die Eltern und deren Abkömmlinge, also die Geschwister, Nichten und Neffen des Erblassers.

Erben dritter Ordnung sind die Großeltern und deren Abkömmlinge usf.

Beispiel: Dieter und Christiane Becker haben einen Sohn Helmut. Dieser erhält von seinen Eltern ein Baugrundstück sowie ein Aktiendepot geschenkt, um sich möglichst bald ein eigenes Haus bauen zu können. Von den Dividenden fährt er in den Urlaub. Seine Urlaubsbekanntschaft Monika erwartet von Helmut ein nichteheliches Kind. Auf dem Rückweg von Urlaub verunglückt Helmut tödlich. Kommt das Kind lebend zur Welt, so ist es Alleinerbe des Grundstücks und des Aktiendepots. Helmuts Eltern erhalten nichts.

Tipp: Die Eltern hätten bei dem Übergabevertrag mit dem Sohn fachkundigen Rat einholen sollen und hierdurch die für die Eltern unliebsame Folge der Vermögensübertragung auf das ihnen unbekannte nichteheliche Kind des

Wolfgang Rönne
Rechtsanwalt

Tätigkeitsschwerpunkt

Erbrecht

Konrad-Adenauer-Ufer 37
50668 Köln

Tel: 02 21 / 13 99 695 - 0
Fax: 02 21 / 13 99 695 - 69

Email: roenne@erbrecht.net
Internet: www.erbrecht.net

DR. HANS JOSEF RÜBER

RECHTSANWALT
Fachanwalt für Steuerrecht

Tätigkeitsschwerpunkt:
»Unternehmensnachfolge; Familienstiftung und Gemeinnützige Stiftungen«.

RÜBER
Rechtsanwälte • Steuerberater

Konrad-Adenauer-Ufer 37
50668 Köln
http://www.rueber.de

Tel.: 49 (0)2 21-2 72 86-10
Fax: 49 (0)2 21-2 72 86-11
E-mail: HJR@RUEBER.DE

Sohnes verhindern können.
Neben den Verwandten steht dem überlebenden Ehepartner ein eigenständiges Ehegattenerbrecht zu. Dabei richtet sich die Höhe des Erbteils zum Einen nach dem Güterstand, in dem die Ehepartner gelebt haben, zum Anderen danach, ob der überlebende Ehepartner neben den Abkömmlingen des Erblassers, also den sogenannten Erben der ersten Ordnung oder neben den Erben der zweiten oder der entfernteren Ordnungen erbt.

Neben Erben der ersten Ordnung, den Kindern, erbt der überlebende Ehepartner 1/4 und im Falle gesetzlichen Güterstandes, also der sogenannten Zugewinngemeinschaft, ein weiteres Viertel als pauschalierten Zugewinnausgleich.

Neben den Erben der zweiten Ordnung und den Großeltern des Erblassers erbt der überlebende Ehepartner 1/4 und bei gesetzlichem Güterstand zusätzlich 1/4 als pauschalierten Zugewinnausgleich, so dass die Eltern und deren Abkömmlinge zusammen 1/4 erben.

Beispiel: Hans Schmitz ist mit Helene Schmitz im gesetzlichen Güterstand verheiratet. Hans hat aus erster Ehe zwei Kinder und zusammen mit Helene ein weiteres Kind. Hans verstirbt. Die Ehefrau erbt 1/4 als Erbquote und ein weiteres Viertel als Zugewinnquote, mithin 1/2. Die restliche Hälfte erben alle 3 Kinder von Hans zu gleichen Teilen, mithin jedes Kind 1/6.

Hat nur Helene aus erster Ehe ein Kind und ist Hans selber kinderlos und hat Helenes Kind nicht adoptiert, es leben aber noch seine beiden Schwestern Sophie und Annegret, so erbt Helene 1/2 als Erbquote und 1/4 als Zugewinnquote, mithin 3/4 und Sophie und Annegret jeweils 1/8. Das Kind von Helene geht leer aus, auch wenn es von Hans wie ein eigenes Kind angesehen wurde.

Tipp: Durch ein Testament oder durch Adoption von Helenes Kind kann dies verändert werden. Hat Hans Helenes Kind adoptiert, erbt Helene und das Kind jeweils 1/2.

3. Testamentarische Erbfolge und Pflichtteil

Die gesetzliche Erbfolge kann durch eine letztwillige Verfügung weitestgehend verändert werden. Die Grenze bildet das Pflichtteilsrecht.

Den Erben erster Ordnung, also den Kindern und deren Abkömmlingen und falls es keine Erben erster Ordnung gibt den Eltern (nicht aber den Geschwistern) und außerdem dem überlebenden Ehepartner steht ein Pflichtteilsanspruch in Höhe der Hälfte des gesetzlichen Erbteils zu.

Beispiel: Hans Schmitz setzt seine Ehefrau Helene zur Alleinerbin ein. Hierdurch sind die drei Kinder von Hans „enterbt", erhalten also nicht ein Erbteil von jeweils 1/6, sondern nur einen Pflichtteil in Höhe von jeweils 1/12. Es handelt sich hierbei um einen Geldanspruch, den sie gegen Helene innerhalb von 3 Jahren geltend machen müssen. Sonst ist er verjährt.

Tipp: Nur ein lebzeitiger Pflichtteilsverzicht oder die geschickte Gestaltung zu Lebzeiten hilft gegen die Geltendmachung von Pflichtteilsansprüchen.

4. Wer kann wie testieren?

Ein Testament oder Erbvertrag verändert die gesetzliche Erbfolge. Die verschiedenen Gestaltungsmöglichkeiten eines Testamentes geben dem Erblasser die Möglichkeit, eine präzise Erbfolgeregelung und Vermögensverteilung und sogar eine Anweisung für die weitere Verwendung des Vermögens und weitere Erbfolge in späteren Erbfällen vorzunehmen.

Ein letzter Wille kann in einem Einzeltestament, einem gemeinschaftlichen Testament oder einem Erbvertrag enthalten sein.

Ein Einzeltestament ist eine letztwillige Verfügung von nur einem einzigen Erblasser ohne Beteiligung anderer Personen.

Ein gemeinschaftliches Testament ist ein Testament, das nur gemeinschaftlich von Eheleuten und seit kurzem von den Partnern einer eingetragenen Lebenspartnerschaft errichtet werden kann. Es enthält letztwillige Verfügungen eines jeden Ehepartners.

Weit verbreitet ist das sogenannte „Berliner Testament", in dem sich Ehegatten gegenseitig als Erben einsetzen und bestimmen, dass nach dem Tod des Überlebenden der beiderseitige Nachlass an einen Dritten fallen soll, z. B. an die gemeinsamen Kinder. Dies kann steuerlich sehr ungünstig sein.

Ein Erbvertrag ist ein Vertrag, bei dem mindestens zwei Personen beteiligt sind und von denen mindestens einer eine Verfügung von Todes wegen errichtet. Oftmals errichten Eheleute einen Erbvertrag, der Regelungen wie in einem gemeinschaftlichen Testament enthält, also letztwillige Verfügungen von beiden Ehepartnern. Ein Erbvertrag bedarf notarieller Beurkundung.

Ein Testament kann als privatschriftliches Testament errichtet werden. Es muss dann vollständig von dem Erblasser eigenhändig geschrieben und mit Datum, Ort und Unterschrift versehen sein. Es kann auch als öffentliches Testament vor einem Notar errichtet werden.

Ein gemeinschaftliches Testament muss (wenn es nicht vor einem Notar errichtet wird) von einem Ehepartner geschrieben und von beiden unterschrieben sein.

Ein Erbvertrag muss wie auch das „öffentliche Testament" vor einem Notar errichtet werden.

Ein Testament kann jeder errichten, der

UDO GAUDIG

Rechtsanwalt am OLG Köln

Tätigkeitsschwerpunkte: Ehe-/Familienrecht (+intern. R.), Vertragsrecht (+intern. R.), Gesellschaftsrecht sowie Beratung bei Firmengründungen incl. Steuergestaltung, teilweise auch in Zusammenarbeit mit Vertretern steuerberatender Berufe, Steuer- und Wirtschaftsstrafrecht

Mitglied im Deutschen Forum für Erbrecht

Mitglied im DACH (Europäische Anwaltsvereinigung e.V.) mit inländischen und ausländischen Korrespondenz-Kanzleien in: Belgien, Brasilien, Bulgarien, Frankreich, Griechenland, Italien, Kroation, Llechtenstein, Luxemburg, Niederlande, Norwegen, Österreich, Polen, Rußland, Schweiz, Slowakei, Spanien, Tschechien, Ungarn, Jugoslawien und USA.

Hohenzollernring 52 · 50672 Köln · Tel. 0221 · 6 60 75 55 · Fax 0221 · 6 60 75 56 · gaudig@rechtsberatung-koeln.de

---

BERND WEIDMANN

RECHTSANWALT
Tätigkeitsschwerpunkte:
Familienrecht • Arbeitsrecht

BLUMENTHALSTR. 70　　TEL.: 02 21-7 32 55 55
50668 KÖLN　　　　　　FAX. 02 21-7 32 93 65

BERND J. KLINKHAMMER

RECHTSANWALT
FACHANWALT FÜR SOZIALRECHT

WEISSENBURGSTRASSE 53　　TEL.: 02 21-72 60 61
50670 KÖLN Neustadt-Nord　　FAX. 02 21-72 72 49

DR. ROLF LENZEN
RECHTSANWALT BEI DEM OBERLANDESGERICHT
FACHANWALT FÜR STEUERRECHT

Tätigkeitsschwerpunkte:
Arzthaftungsrecht
Steuerrecht, Steuerstrafrecht
Versicherungsrecht

Interessenschwerpunkte:
Berufshaftpflicht (Steuerberater, Wirtschaftsprüfer, Notare, Anwälte)
Erbrecht

Gerichtszulassung:
Oberlandesgericht Köln
vertretungsberechtigt an allen deutschen Amts- und Oberlandesgerichten

Korrespondenzsprachen:
Englisch
Französisch

Mitgliedschaften:
Arbeitsgemeinschaft der Fachanwälte für Steuerrecht e.V.
Arbeitsgemeinschaft Rechtsanwälte im Medizinrecht e.V.
Arbeitsgemeinschaft der Testamentsvollstrecker e.V.
Deutsche Gesellschaft für Erbrechtskunde e.V.
Deutsch-Englische und Deutsch-Französische Juristische Vereinigungen
British Chamber of Commerce in Germany
Ecolex - Vereinigung von Rechtsanwälten, Wirtschaftsprüfern und Steuerberatern

50668 KÖLN · MERLOSTRASSE 2
TEL. (02 21) 722 00 27 · FAX (02 21) 720 02 04 · MOBIL-TEL. (01 71) 230 48 93
www.advo.de/ra/lenzen.dr.rolf
dr.rolf.lenzen@t-online.de

das 16. Lebensjahr vollendet hat. Auch ein betreuter Mensch kann ein Testament errichten. Wichtig ist, dass er zum Zeitpunkt der Errichtung des Testamentes testierfähig ist. Er muss also in der Lage sein, zu überblicken, was er verfügt und tut. Es kann sein, dass jemand an einem Tag wegen seiner besonders schlechten gesundheitlichen Verfassung nicht testierfähig, an einem anderen Tag aber durchaus testierfähig ist.

Tipp: Holen Sie sich bei der Errichtung eines Testamentes fachmännischen Rat ein und ziehen Sie bei Zweifelsfällen außerdem an dem Tag, an dem das Testament tatsächlich errichtet wird, einen Facharzt hinzu, der die Testierfähigkeit an diesem Tag feststellt.

Auch wer testierfähig ist, kann möglicherweise seine Testierfreiheit durch Erbvertrag oder gemeinschaftliches Testament verloren haben.

Ein gemeinschaftliches Testament oder ein Erbvertrag bindet in der Regel den überlebenden Partner. Nimmt er die Erbschaft an, so ist er in der Regel gehindert, neu von Todes wegen zu verfügen, also ein neues Testament zu errichten. Dies führt in der Praxis oftmals zu Problemen.

Beispiel: Peter und Monika Weber sind verheiratet, haben aber beide keine Kinder. Ihren Nachlass wollen sie Peters Nichte Anna vermachen, die sich um das Ehepaar herzlich kümmert, insbesondere auch, als Peter erkrankt und pflegebedürftig wird. Nach dessen Tod verschlechtert sich das Verhältnis zwischen Monika und Anna. Über Jahre hinweg kümmert sich Anna nicht mehr um Monika. Als diese selbst pflegebedürftig wird, hilft ihr statt Anna Frau Krause und ermöglicht ihr, in ihrem Haus zu bleiben. Sie pflegt sie und ersetzt ihr gleichsam die Familie. Voller Dankbarkeit will Monika sie zur Erbin einsetzen. Das gemeinschaftliche Testament mit ihrem schon vor 20 Jahren verstorbenen Mann hat sie längst vergessen. Sie errichtet ein Testament zu Gunsten von Frau Krause. Diese soll einmal alles erhalten. Als nach einigen Jahren Monika verstirbt, streiten sich Anna und Frau Krause darum, wer Erbe ist.

Sollte die Erbeinsetzung von Anna in dem gemeinschaftlichen Testament für beide Ehepartner bindend sein, so ist das neue Testament zu Gunsten von Frau Krause unwirksam.

Tipp: Vor Errichtung eines gemeinschaftlichen Testamentes sollte man genau überlegen, welche Bestimmungen tatsächlich auch für den Überlebenden bindend sein sollen und wann er die Möglichkeit erhalten soll, sich hiervon zu lösen.

Tipp: Liegt bereits ein bindender Erbvertrag oder ein bindendes gemeinschaftliches Testament vor, muss mit fachkundigem Rat überlegt werden, wie gleichwohl ein anderer Dritter begünstigt werden kann.

5. Wer kann Erbe werden?

An die Auswahl der testamentarisch Bedachten sind fast keine Grenzen gestellt. Es können sogenannte natürliche Personen, also Menschen, zu Erben eingesetzt werden. Sogar das ungeborene oder noch nicht gezeugte Kind kann als Erbe eingesetzt werden und erbt, wenn es lebend geboren wird.

Auch sogenannte juristische Personen können Erben sein. So kann man etwa eine bestimmte Kirche, einen Verein oder auch eine Stiftung als Erben einsetzen. Der Erbe muss bestimmbar sein. Es genügt beispielsweise nicht, als Erben „die hungernden Kinder dieser Welt" einzusetzen. Auch können nicht „die Katzen Kathi, Tinka und Pussi" als Erben eingesetzt werden, wohl aber ein bestimmter Tierschutzverein.

Tipp: Sollen dennoch die Katzen Kathi, Tinka und Pussi auch nach dem Tod des Erblassers versorgt sein, so kann dies etwa durch eine Auflage an den Erben geschehen. Um dies tatsächlich zu erreichen, sollte fachkundiger Rat eingeholt werden.

Zum Schutz der Testierenden ist bei der Auswahl der Erben insbesondere dort eine Grenze gesetzt, wo ein deutliches Abhängigkeitsverhältnis gegeben sein kann: Ein Altenheimbewohner kann nicht ohne Weiteres den Heimleiter oder Pflegepersonal als Erben einsetzen.

6. Auffinden von Testamenten

Jedes Testament und jede letztwillige Verfügung ist von dem, der es findet, beim Tod des Erblassers dem Nachlassgericht zur Eröffnung zu übergeben. Wer ein Testament nicht abgibt, kann sich strafbar machen und riskiert, wegen Erbunwürdigkeit nichts zu erhalten. Leider lässt sich ein verschwundenes Testament oftmals nicht mehr rekonstruieren.

Tipp: Ein Testament kann für eine relativ geringe Gebühr beim Nachlassgericht hinterlegt werden. Hierdurch ist dessen Auffinden im Todesfall gesichert.

7. Die Rechtsstellung der Erben

Die Erben sind die sogenannten Gesamtrechtsnachfolger des Erblassers. Sie treten in sämtliche Rechte und Pflichten ein, die dem Erblasser oblagen.

War der Erblasser Mieter oder Vermieter einer Wohnung, so treten der Ehepartner oder die Erben an seine Stelle in den Mietvertrag ein.

Allerdings gibt es ein Sonderungskündigungsrecht bei Tod des Mieters, das sehr schnell ausgeübt werden muss. Die Kündigung muss innerhalb eines Monats erfolgen.

Tipp: Wer nach dem Tod des Ehepartners in ein Altenheim ziehen möchte, sollte innerhalb des Monats eine entspre-

RECHTSANWALT MARKUS SUTORIUS

Tätigkeitsschwerpunkte:
Mietrecht • WEG-Recht • Bankrecht
Interessenschwerpunkte:
Inkasso • Erbrecht

Dürener Straße 140 • 50931 Köln • Tel: 02 21 / 4 00 90 51 • Fax: 02 21 / 4 00 94 95
www.ra-advocat.de • email: rasutorius@raslw.de

KOOPERATIONSPARTNER

RA Klaus Weisweiler — Verkehrsrecht • Arbeitsrecht • Reiserecht
RAin Annette Löning — Familienrecht • Erbrecht • Mediation
Ra Volker Schlegel — Niederländisches Recht • Mietrecht • Familienrecht

---

BERND HASENBERG
RECHTSANWALT

STRAFRECHT (STEUER- UND WIRTSCHAFTSRECHT)
VERKEHRSRECHT · ERBRECHT
MEDIATION

OBERSTR. 9 · 51149 KÖLN · TELEFON 0 22 03 - 18 00 80 · TELEFAX 0 22 03 - 18 00 82

BECKER-BLONIGEN
ANWALTSKANZLEI

Wir stehen Ihnen und Ihren Anliegen gerne zur Verfügung. Mein Team und ich helfen Ihnen bei der Lösung Ihrer rechtlichen Probleme.

G. Becker-Blonigen
Rechtsanwältin

M. Brammen
Rechtsanwaltsfachangestellte

NOTRUFTELEFON 0 163 8 23 24 25

KLOSTERSTR. 11 — 13   FON   0221 - 940 20 24
50931 KÖLN-LINDENTHAL   FAX   0221 - 940 20 25
E-MAIL KANZLEI@BECKER-BLONIGEN.DE

TÄTIGKEITSSCHWERPUNKTE
ERBRECHT FAMILIENRECHT WIRTSCHAFTSRECHT

INTERESSENSCHWERPUNKTE
**STRAFRECHT
LEBENSPARTNERSCHAFTSRECHT
INTERNATIONALES PRIVATRECHT**

chende Erklärung gegenüber dem Vermieter abgeben.
Der oder die Erben sind auch Steuerschuldner des Erblasser und müssen für diesen ggf. eine Einkommensteuererklärung abgeben – unabhängig von der Erbschaftssteuererklärung, die gegebenenfalls zusätzlich vorgenommen werden muss.

Hat der Erblasser ein Einzelunternehmen gehabt, so werden nunmehr die Erben Unternehmer. War der Erblasser an einer Gesellschaft beteiligt, so sind möglicherweise die Erben Gesellschafter geworden.

Die Erben müssen nicht nur die Schulden des Erblassers tragen. Sie müssen auch die Beerdigungskosten und die sonstigen durch den Tod des Erblassers entstandenen Verbindlichkeiten übernehmen.

Mehrere Erben bilden eine Erbengemeinschaft. Sie sind gemeinschaftlich berechtigt und verpflichtet. Sie müssen sich um die Verwaltung des Erbes kümmern. Sollte der Nachlass überschuldet sein, müssen sie sehen, dass sie ihre Haftung beschränken.

Tipp: Frühzeitiger fachkundiger Rat kann den Erben vor ganz erheblichem finanziellen Schaden bewahren.

8. Vermächtnis

Vermächtnisnehmer sind keine Erben – es sei denn, sie sind zusätzlich auch Erben. Wer durch ein Vermächtnis begünstigt ist, kann gegen den mit dem Vermächtnis beschwerten – in der Regel den Erben – die Forderung auf Erfüllung des Vermächtnisses richten. Der Erbe hat dann das Vermächtnis zu erfüllen.

Beispiel: Hans Schmitz hat seine Ehefrau Helene zur Alleinerbin eingesetzt. Das Vermögen beträgt 1.000.000,-- €. Zu Gunsten der Tochter Inge aus erster Ehe von Helene setzt Hans ein Barvermächtnis in Höhe von 100.000,-- € aus. Helene muss nun an Inge diesen Betrag zahlen. Inge hat keine weiteren Verpflichtungen.

Wenn nun Inge nicht nur ein Vermächtnis in Höhe von 100.000,-- € sondern von 900.000,-- € ausgesetzt worden ist, bedeutet dies für Helene, dass sie zwar Alleinerbin nach ihrem Ehemann geworden ist, von dem Nachlass in Höhe von 1.000.000,-- € verbleiben ihr aber nach Zahlung des Vermächtnisses nur 1/10, mithin weit weniger, als ihr eigener Pflichtteil. Hier muss Helene schnellstens tätig werden und sich überlegen, wie sie zumindest ihren Pflichtteil sichert.

Tipp: Wer als Erblasser Vermächtnisse aussetzen will oder wer als Erbe mit einem Vermächtnis beschwert ist, sollte sich fachkundigen Rat zur Ermittlung der Werte und der Handlungsmöglichkeiten einholen. Die Ausschlagungsfrist beträgt nur 6 Wochen, sodass im Erbfall sofortiges Handeln geboten ist.

9. Vor- und Nacherbe

Durch Testament kann bestimmt werden, dass der oder die Erben die Erbmasse nur für einen bestimmten Zeitraum erhalten und danach ein anderer erben soll. Damit ist der erste Erbe nur Vorerbe und die dann folgenden Erben Nacherben.

Beispiel: Hans Schmitz setzt seine Ehefrau Helene zur Vorerbin ein. Für den Fall, dass auch Helene verstirbt, sollen die zwei Kinder aus erster Ehe von Hans, nicht aber Helenes Tochter Inge aus deren erster Ehe Erbe werden.

In diesem Fall fällt das Vermögen von Hans zunächst an dessen Ehefrau Helene, bleibt von deren eigenem Vermögen jedoch getrennt. Wenn Helene verstirbt, fällt die Vermögensmasse von Hans dann direkt an dessen Kinder erster Ehe, so dass diese Hans doch noch beerben. Dies kann hier unter anderem deswegen sinnvoll sein, weil die Kinder erster Ehe von Hans nicht gesetzliche Erben von Helene sind. Sie gingen also beim Tod von Helene leer aus.

Tipp: Die Anordnung von Vor- und Nacherbschaft ist überall dort sinnvoll, wo eine Vermögensmasse zusammengehalten und an bestimmte Personen weitergereicht werden soll.

Das BGB sieht standardmäßig vor, dass der Vorerbe in der Verfügung über die Erbmasse beschränkt ist. Er darf sie nutzen und die Früchte für sich verwenden aber nichts veräußern oder gar verschenken.

Von diesen Beschränkungen kann durch letztwillige Verfügung weitestgehend Befreiung erteilt werden. Dies kann soweit gehen, dass der Nacherbe „auf den Überrest" gesetzt wird, also nur noch das erhält, was am Ende noch da ist. Auch in diesem Falle allerdings darf der Vorerbe das Vermögen nicht verschenken. Verkauft er Teile des Vermögens, so tritt die Gegenleistung an die Stelle des verkauften Vermögensteils.

So, wie jemand zum Vor- und ein anderer zum Nacherben eingesetzt werden kann, kann auch jemand zum Vorvermächtnisnehmer und ein anderer zum Nachvermächtnisnehmer bestimmt werden.

Tipp: Die Anordnung von Vor- und Nacherbfolge oder Vor- und Nachvermächtnis kann auch ein Instrument zum Einsparen von Erbschaftssteuer sein. Der Nacherbe oder Nachvermächtnisnehmer erhält nämlich die Erbschaft unmittelbar von dem (ersten) Erblasser und hat auch nach ihm Steuerfreibeträge.

10. Testamentsvollstreckung

Der Testamentsvollstrecker ist gleichsam der verlängerte Arm des Erblassers. Er führt seine Anweisungen aus, sorgt für die Auseinandersetzung unter den Erben und verwaltet bei entsprechender Anordnung das Vermögen auch weiterhin.

Durch Einsetzung eines Testamentsvollstreckers als Dauertestamentsvollstrecker

anwaltsbüro winkler
rechtsanwalt günter winkler

tätigkeitsschwerpunkte:
- erb-, miet- und familienrecht
- arbeitsrecht
- vertragsrecht

interessenschwerpunkte:
- datenschutzrecht
- dt.-span. rechtsverkehr

korrespondenzspachen:
- spanisch

severinskirchplatz 12 · 50678 köln · telefon 02 21 32 39 38 · telefax 02 21 32 86 90 · email: ra-wink@netcologne.de

---

IHR GUTES RECHT

- Erbrecht
- Familienrecht
- Mietrecht
- Arbeitsrecht
- Baurecht
- Zivilrecht

Sie werden von uns in allen rechtlichen Angelegenheiten gerichtlich und aussergerichtlich engagiert und couragiert vertreten.

Dabei werden Sie während eines gesamten Verfahrensablaufs jederzeit umfassend informiert und kompetent beraten und betreut.

Sie werden von uns bei der Erstellung von sinnvoll gestalteten Verträgen und klaren, eindeutigen Verfügungen unterstützt, um unnötigen Rechtsstreitigkeiten von vornherein entgegenzuwirken.

John & Glöckner
ANWALTSSOZIETÄT

Doris John
Fachanwältin für Familienrecht
Weitere Tätigkeitsschwerpunkte:
Erbrecht und Mietrecht

Dr. Martin Glöckner
Fachanwalt für Arbeitsrecht
Weitere Tätigkeitsschwerpunkte:
Baurecht und allg. Zivilrecht

Stammheimer Str. 10-12
50735 Köln
Tel.: 0221 - 283 120
Fax: 0221 - 283 1212

Lorscheid & Kollegen
Rechtsanwälte

Wer soll Ihren „Kuchen" teilen?
Sie oder Ihre Erben?

Wir helfen bei der Gestaltung von Testamenten zur Vermeidung späterer Konflikte Ihrer Nachkommen.

Erben & Vererben ist nicht leicht!

Geerbt? Und nun?

Wir helfen bei Erbauseinandersetzungen

Sie erreichen uns:

Ebertplatz 5, 50668 Köln
Telefon 0221 - 16 06 30

kann verhindert werden, dass noch junge Erben das Vermögen verprassen oder Gläubiger auf das Vermögen zugreifen können.

Dem Testamentsvollstrecker steht üblicherweise eine Vergütung zu.

Da er – jedenfalls zunächst – den Zugriff der Erben auf das Vermögen verhindert, ist er deren Angriffen ausgesetzt. Der Testamentsvollstrecker hat daher kein leichtes Amt.

Tipp: Ist abzusehen, dass sich die Erben streiten werden oder ein Erbe unfähig ist, die Erbschaft sinnvoll zu nutzen oder überschuldet ist, kann die Einsetzung eines Testamentsvollstreckers ein Segen sein.

11. Annahme und Ausschlagung der Erbschaft

Wer eine Erbschaft nicht ausschlägt, hat sie angenommen, ohne dass es einer weiteren Erklärung bedarf.

Die Ausschlagungsfrist beträgt 6 Wochen.

Es kann unter Umständen auch dann sinnvoll sein, eine Erbschaft auszuschlagen, wenn der Nachlass erheblichen Wert besitzt.

Besonders für einen Ehepartner, der in der Ehe sehr viel weniger Vermögen erworben hat als der Erblasser, kann das Ausschlagen einer Erbschaft finanziell vorteilhaft sein: Beim gesetzlichen Güterstand der Zugewinngemeinschaft bleibt das Vermögen eines jeden Ehepartners getrennt. Das Vermögen, das der Ehemann in der Ehezeit erwirtschaftet, ist sein eigenes Vermögen. Ebenso bleibt das Vermögen, das die Ehefrau erwirbt, deren eigenes Vermögen. Bei Beendigung der Zugewinngemeinschaft – sei es durch Ehescheidung oder Tod – ist der Ausgleich des in der Ehe erworbenen Wertzuwachses als Zugewinnausgleich durchzuführen. Dies bedeutet, dass das Anfangs- sowie das Endvermögen beider Ehepartner ermittelt wird. Die Hälfte der Differenz beider Zugewinne ist von demjenigen, der mehr erwirtschaftet hat, an den anderen Partner auszuzahlen.

Normalerweise erfolgt dieser Ausgleich pauschal durch Erhöhung der Erbquote um 1/4. Im Falle des Todes eines Partners kann nun der überlebende Partner die Erbschaft ausschlagen und den konkreten Zugewinn geltend machen.

Beispiel: Herr Kunze hatte beim Beginn der Ehe ein Vermögen von 100.000,-- € und am Ende der Ehe ein Vermögen von 500.000,-- €. Seine Ehefrau Katharina hatte am Beginn der Ehe kein Vermögen und durch eigene Erwerbstätigkeit am Ende der Ehe ein Vermögen von 100.000,00 €. Der Ehemann hat in der Ehe also 500.000,-- € abzüglich 100.000,-- € = 400.000,-- € hinzugewonnen, die Ehefrau 100.000,-- €. Die Differenz von 400.000,-- € zu 100.000,-- € sind 300.000,-- €, sodass die Hälfte hiervon, mithin 150.000,-- € von dem Ehemann an die Ehefrau auszugleichen ist.

Im Falle des Todes eines Ehepartners erfolgt der Zugewinnausgleich in der Regel dadurch, dass der gesetzliche Erbteil des Ehepartners um 1/4 als pauschalierter Zugewinnausgleich erhöht wird. Dabei wird keine Rücksicht darauf genommen, ob tatsächlich ein Zugewinn auszugleichen wäre.

Wird der überlebende Ehepartner nicht Erbe, so hat er einen Anspruch auf Durchführung des konkreten Zugewinns. Er hat dann zusätzlich einen Anspruch auf seinen Pflichtteil, der sich nach seiner Erbquote richtet, in der Regel also einen Pflichtteil in Höhe von 1/8 (sogenannter kleiner Pflichtteil).

Dies kann dazu führen, dass es sich für den überlebenden Ehepartner „lohnt", die Erbschaft auszuschlagen.

Beispiel: Die Ehefrau hat in der Ehe nicht gearbeitet. Sie hat vermögenslos geheiratet und hat auch kein eigenes Vermögen als der Ehemann verstirbt. Ihr Ehemann, der zu Beginn der Ehe auch vermögenslos war, hat sich selbständig gemacht und in der Ehe ein Vermögen von 1 Mio. € erworben. Die Eheleute haben zwei Kinder. Bei gesetzlicher Erbfolge erbt die Ehefrau (1/4 als Erbteil und ???? als pauschalierten Zugewinn) und die Kinder jeweils 1/4 als gesetzlichen Erbteil. Die Ehefrau erhält also aus der Erbmasse 500.000,-- € und die Kinder jeweils 250.000,-- €.

Schlägt die Ehefrau die Erbschaft aus, so werden die Kinder Erbe zu jeweils 1/2. Sie müssen an die Ehefrau allerdings den konkreten Zugewinnausgleich zahlen. Dies sind bei einem Zugewinn 1. Mio. € hiervon die Hälfte, mithin 500.000,-- €. Von den verbleibenden 500.000,-- € haben die Kinder außerdem der Ehefrau den (sogenannten kleinen) Pflichtteil in Höhe von 1/8 zu zahlen, so dass die Ehefrau zusätzlich 1/8 von 500.000,-- €, also 62.500,-- € erhält. Die Ehefrau erhält also bei Ausschlagung hier nicht nur 500.000,-- €, sondern 562.500,-- €.

Tipp: Der überlebende Ehepartner sollte stets prüfen, ob es für ihn günstiger ist, die Erbschaft auszuschlagen.

Tipp: Durch Ausschlagung kann der überlebende Ehepartner bei einem gemeinschaftlichen Testament oder Erbvertrag auch seine Testierfähigkeit zurückerhalten.

12. Ausgleichung von Vorempfängen

Das BGB geht davon aus, dass die Eltern alle ihre Kinder gleich bedenken wollen. Werden die Kinder gesetzliche Erben, so werden die bereits vorempfangenen (zu Lebzeiten erhaltenen) Vermögenswerte teilweise ausgeglichen.

Sogenannte Ausstattungen werden immer dann ausgeglichen, wenn der Erblasser bei der Zuwendung nichts anderes angeordnet hat. Sonstige Schenkungen des Erblassers an eines der Kinder sind dann zur Ausgleichung zu bringen, wenn der Erblasser bei der Schenkung eine Ausgleichung angeordnet hat. Zuwendungen zu den Lebenshaltungskosten und Aufwendungen für die Ausbildung der Kinder sind insofern zur Ausgleichung zu bringen, als sie das übliche Maß übersteigen.

Gerade diese Ausgleichung unter Abkömmlingen führt unter den Kindern oftmals zu großen und erbitterten Auseinandersetzungen.

Beispiel: Klaus Schmidt hinterlässt zwei Kinder. Dem einen, einem Maurer, der sich als Bauunternehmer selbständig machen will, schenkt er einen Lastwagen, eine Betonmischmaschine und einen Kran. Der andere Sohn, der studieren konnte, erhält nach Erreichen des Abiturs ein Auto geschenkt und nach Absolvierung seines Examens ein weiteres Auto, ohne dass es für den Beruf notwendig wäre.

Mangels genauer Anordnungen hat sich der Maurer die Schenkung von Betonmischmaschine, Lastwagen und Kran anrechnen zu lassen, während der andere Bruder sich den Wert der beiden Fahrzeuge, die er erhalten hat, selbst dann nicht anrechnen lassen muss, wenn es sehr hochwertige Fahrzeuge waren.

Tipp: Bereits bei der Zuwendung sollten sich die Eltern überlegen, ob sich die Kinder die Zuwendung anrechnen lassen sollen und dies nicht nur dem Kind gegenüber deutlich machen, sondern dies auch gemeinsam mit den Kindern schriftlich niederlegen.

Tipp: Vor Errichtung eines Testamentes sollte der Erblasser genau überlegen, welches Kind bereits was erhalten hat und sich fachkundigen Rat darüber einholen, ob die Zuwendung anzurechnen ist oder nicht.

Zuwendungen, die der Erblasser an die Kinder, den Ehepartner oder auch an andere Personen vorgenommen hat, können außerdem zu einem Pflichtteilsergänzungsanspruch führen.

Beispiel: Der Erblasser hat zwei Kinder. Diese beerben ihn im Rahmen gesetzlicher Erbfolge zu jeweils 1/2. Als er stirbt, ist von seinem Vermögen, das einmal 1 Mio. € betragen hat, noch 100.000,-- € vorhanden. Kurz vor seinem Tod hat er nämlich seiner Lebensgefährtin „zu deren Absicherung" 900.000,-- € geschenkt. Hätte er die Schenkung nicht vorgenommen, wäre der Erbteil der Kinder jeweils 1/2 von 1 Mio. €, mithin 500.000,-- € gewesen. Selbst wenn sie „enterbt" worden wären und die Lebensgefährtin des Vaters zur Alleinerbin eingesetzt worden wäre, so hätten sie gegen diese einen Pflichtteilsanspruch in Höhe der Hälfte des gesetzlichen Erbteils, mithin in Höhe von jeweils 250.000,-- €. Nunmehr, da sie Erben geworden sind, der Nachlass aber das wesentliche Vermögen gar nicht mehr enthält, haben sie als Erbe nur 50.000,-- € erhalten. Sie können sich daher an die Beschenkte wenden und von dieser Ergänzung in Höhe von jeweils 200.000,-- € verlangen.

2. Beispiel: Helmut Heine war in erster Ehe mit Ehefrau Margot verheiratet. Aus dieser Ehe entstammt die Tochter Susanne. Als sich Helmut und Margot scheiden lassen, ergreift Susanne die Partei der Mutter und will mit dem Vater nichts mehr zu tun haben. Hierdurch ist der Vater sehr enttäuscht. Als er seine zweite Ehefrau Frieda kennen lernt, beschließt er daher, seine Tochter Susanne an seinem umfangreichen Vermögen von rund 2 Mio. € nach Möglichkeit nicht teilhaben zu lassen. Er überschreibt deshalb seiner Ehefrau Frieda seine Hausgrundstücke und schenkt ihr sein Barvermögen. Außerdem setzt er sie als Alleinerbin ein. Als er 20 Jahre später verstirbt, hat er nur noch ein kleines Bankkonto mit 10.000,-- €. Weiteres Vermögen hat er nicht mehr. Seine Ehefrau Frieda hat mittlerweile das Vermögen, das sie geschenkt erhielt, gut angelegt. Es ist nunmehr 4 Mio. € wert. Die Tochter Susanne erhält von ihr als Erbin lediglich einen ordentlichen Pflichtteil in Höhe von 1/4 von 10.000,-- €, mithin in Höhe von 2.500,-- €. Im Übrigen meint Frieda, sie müsse nichts mehr zahlen. Hierbei irrt sie. Susanne hat einen Anspruch auf Ergänzung des Pflichtteils und zwar insoweit, als sich der Pflichtteil erhöhen würde, wenn der verschenkte Gegenstand noch zum Nachlass gehörte. Schenkungen an den Ehepartner sind nämlich ohne zeitliche Begrenzung bei der Pflichtteilsergänzung anzurechnen. Da Frieda vor 20 Jahren 2 Mio. € geschenkt bekommen hat, ist dieser Betrag - mit Inflationsausgleich – der Pflichtteilsergänzung zu Grunde zu legen, so dass Susanne neben ihrem ordentlichen Pflichtteil von 2.500,-- € noch weitere 500.000,-- € zuzüglich Inflationsausgleich als Pflichtteilsergänzung erhält.

13. Erbschafts- und Schenkungssteuer

Jede Schenkung und jede Erbschaft löst einen Erbschafts- und Schenkungssteuertatbestand aus. Jeder Erbe und Beschenkte hat im Regelfall die Erbschaft oder die Schenkung dem Erbschaftssteuerfinanzamt innerhalb von drei Monaten anzuzeigen.

Erben und Beschenkte haben einen Freibetrag, der je nach Verwandschaftsverhältnis zum Erblasser oder Schenker unterschiedlich ist.

Die Ehefrau hat einen Freibetrag von 307.000,-- € und außerdem einen Versorgungsfreibetrag von weiteren 256.000,-- €. Steuerfrei ist auch der rechnerische Zugewinnausgleich, auch wenn sie tatsächlich keinen Zugewinnausgleich geltend macht und 41.000,--- € für den Hausrat.

Jedes Kind hat einen Freibetrag von 205.000,-- € und außerdem je nach

Alter unter Umständen auch einen Versorgungsfreibetrag.

Enkel und Urenkel sowie Eltern und Großeltern haben einen Freibetrag von 51.200,-- €, Eltern und Großeltern allerdings nicht bei einer Schenkung. Bei Schenkungen haben sie nur einen Freibetrag von 10.300,-- € – ebenso, wie Geschwister, Nichten, Neffen, Stiefeltern, Schwiegerkinder und Schwiegereltern sowie der geschiedene Ehegatte. Alle übrigen Erben und Beschenkten haben einen Freibetrag von nur 5.200,-- €.

Hinzu kommen kleinere Freibeträge, unter anderem 10.300,-- € pauschal für die Beerdigung und die Regelung des Nachlasses.

Soweit zum Nachlass ein Betrieb gehört, kann unter Umständen noch ein Betriebsvermögensfreibetrag von 256.000,-- € geltend gemacht werden.

Alle 10 Jahre wird der Freibetrag neu gewährt. Dies führt zu dem sogenannten Dekadentransfer.

Beispiel: Peter Müller hat ein Vermögen von 1 Mio. € und zwei Kinder. Verstirbt er, so erben seine Kinder als gesetzliche Erben jeweils 1/2, mithin 500.000,-- €. Hiervon haben sie 205.000,-- € „frei", so dass sie von 295.000,-- € Steuern zu zahlen haben, immerhin jeweils rund 44.250,-- €. Hat Peter Müller sein Vermögen zum Teil schon 10 Jahre vor seinem Tod seinen Kindern geschenkt und zwar jeweils 250.000,-- €, so haben diese bei der Schenkung 205.000,-- € frei und müssen nur 45.000,-- € versteuern, was zu einem Steuersatz von 7% und einer Steuerzahlung von 3.150,-- € führt. Beim Tode des Vaters erhalten sie wieder 205.000,-- € steuerfrei und müssen 50.000,-- € zu 7% versteuern, zahlen also insgesamt statt 88.500,-- € nur 6.300,-- € Steuern. Jedes Kind spart 37.950,-- €.

Tipp: Wer sein Vermögen möglichst vollständig an seine Nachkommen übertragen will, sollte frühzeitig die Vermögensnachfolge planen.

Die Erbschafts- und Schenkungssteuer bemisst sich dabei nach dem Steuerwert des Vermögens und nicht nach dem Verkehrswert. Bargeld ist zum Nennwert zu versteuern. Grundstücke sind zu einem in der Regel niedrigeren Steuerwert anzusetzen.

Beispiel: Ein Mehrfamilienhaus mit einem Verkehrswert von 750.000,--€ ist 30 Jahre alt. Es werden Mieteinnahmen von 50.000,-- € netto im Durchschnitt der letzten 3 Jahre erzielt. Der Steuerwert beträgt 12,5 x 50.000,-- = 625.000,-- € abzüglich 0,5% Wertminderung für jedes Jahr seit Errichtung (93.750,-- €). Der Steuerwert beträgt also 531.250,-- € und damit 218.750,-- € weniger, als der Verkehrswert.

Tipp: Die Vererbung von Immobilien ist nach derzeitiger Rechtslage meistens steuerlich günstiger, als die Vererbung von Bargeld. Der Gesetzgeber plant aber Änderungen!

Auch eine geschickte testamentarische Regelung kann Erbschaftssteuern ersparen. Besonders deutlich wird dies beim sogenannten „Berliner Testament".

Beispiel: Die Eheleute Heinz und Henriette Schmitz haben sich durch gemeinschaftliches Testament gegenseitig zu Alleinerben eingesetzt. Ihre beiden Kinder Max und Moritz sollen Erben nach dem Längstlebenden werden. Beide Eheleute haben jeweils ein Vermögen von 500.000,-- €. Als Heinz stirbt, erbt Henriette allein und erhält das Vermögen von Heinz hinzu, sodass sie 1.000.000,-- € hat. Unter Ausnutzung aller Steuerfreibeträge zahlt sie keine Erbschaftssteuer. Kurze Zeit später stirbt auch Henriette. Ihr Vermögen von 1 Mio. € erben ihre beiden Söhne jeweils zu 1/2. Sie erben 205.000,-- € steuerfrei und müssen von 295.000,-- € jeweils 44.250,-- € Erbschaftssteuern zahlen.

Insgesamt also 88.500,-- €. Dies wäre in dieser Höhe vermeidbar gewesen.

Tipp: Selbst bei kleinen Vermögen lassen sich durch Vor- und Nacherbfolge leicht Erbschaftssteuern sparen. Zur optimalen Gestaltung eines Testamentes sollte daher stets rechtsfachkundiger Rat eingeholt werden.

14. Sonstige Arten der Vermögensübertragung

Nicht alle Vermögenswerte, die aus Anlass des Todes übertragen werden, fallen in den Nachlass.

Lebensversicherungen, für die ein Bezugsberechtigter benannt ist, fallen nicht in den Nachlass. So können Ehegatte oder Kinder unabhängig von der Erbschaft abgesichert werden. Lebensversicherungen können allerdings in Höhe der gezahlten Prämien zu Pflichtteilsergänzungsansprüchen führen.

Auch hier hat sich der Begünstigte das Erhaltene im Rahmen der Erbschafts- und Schenkungssteuer anrechnen zu lassen und muss unter Umständen Steuern zahlen.

Tipp: Eheleute sollten stets prüfen, ob es bei einer Lebensversicherung günstiger sein kann, jeweils das Leben des anderen Partners zu versichern.

Häufig wird die Bank angewiesen, im Todesfall ein bestimmtes Konto an einen Begünstigten auszuzahlen. Hierbei handelt es sich um einen Vertrag zu Gunsten Dritter auf den Todesfall. Das zu Grunde liegende Rechtsverhältnis zwischen dem Erblasser und dem begünstigten Dritten ist in der Regel eine Schenkung. Unter Umständen kann eine solche Schenkung von dem Erben widerrufen werden. Dann geht der begünstigte Dritte leer aus.

Tipp: Schenker und Beschenkter sollten sich bereits zu Lebzeiten über die Schenkung einigen und dies dokumentieren – etwa dadurch, dass der Beschenkte den

Vertrag zu Gunsten Dritter mitunterzeichnet.

15. Bankvollmacht, Altersvorsorgevollmacht und Betreuungsverfügung

Es ist sinnvoll, sowohl für den Fall des Alters oder der eigenen Geschäftsunfähigkeit als auch für den Fall des Todes durch eine Vollmacht vorzusorgen. Eine Vollmacht kann mit Wirkung über den Tod hinaus erteilt werden. Dies ermöglicht dem Bevollmächtigten beispielsweise, über ein Konto zu verfügen, obwohl der Bank der Tod des Kontoinhabers bekannt ist und im Normalfall die Bank nur eine Verfügung der durch Erbschein nachgewiesenen Erben anerkennt.

Tipp: Die Banken haben Vordrucke für die Erteilung einer Vollmacht über den Tod hinaus.
Auch wenn bereits eine solche Vollmacht erteilt wurde, sollte dies beim Wechsel der Bank oder Eröffnung eines neuen Kontos mit der Bank nochmals angesprochen und gegebenenfalls eine weitere Vollmacht erteilt werden. Vollmachten können jederzeit widerrufen werden. Auch die Erben können eine Vollmacht mit Wirkung für sich widerrufen.

Tipp: Wer verhindern möchte, dass eine Vollmacht widerrufen wird, kann eine entsprechende Strafklausel in sein Testament aufnehmen.

Unabhängig vom Testament kann es sehr sinnvoll sein, für den Fall der eigenen Geschäftsunfähigkeit vorzubeugen. Früher wurde für denjenigen, der ganz oder teilweise außerstande ist, seine eigenen Angelegenheiten wahrzunehmen, ein Vormund bestellt. Nach Änderung des Vormundschaftsrecht gibt es nunmehr für das Vormundschaftsgericht die Möglichkeit, einen Betreuer zu bestellen. Ein solcher Betreuer darf aber nur dann bestellt werden, wenn der zu Betreuende tatsächlich nicht in der Lage ist, seine eigenen Angelegenheiten wahrzunehmen. Der Betreuer darf nur dann und nur in soweit tätig werden, als dies der Betreute nicht selber tun kann.
Wer rechtzeitig eine Person seines Vertrauens für den Fall des Eintritts eines Betreuungsfalles bevollmächtigt, kann dadurch vermeiden, dass von Amts wegen ein Betreuer eingesetzt wird. Auch kann er die Person eines Betreuers weitestgehend selber bestimmen.

Tipp: Jeder sollte sich rechtzeitig Gedanken machen, was „im Fall der Fälle" geschehen soll. Eine erteilte Vollmacht sollte einmal im Jahr inhaltlich überprüfet werden.

16. Patiententestament

Kein Testament im üblichen Sinne ist das sogenannte „Patiententestament". Hierbei handelt es sich um eine Anweisung des Patienten an den Arzt, in einer bestimmten zukünftigen Situation, in welcher er nicht mehr selber entscheidungsfähig ist, bestimmte medizinische Maßnahmen, wie beispielsweise lebensverlängernde Maßnahmen, Organtransplantationen etc. zu unterlassen oder durchzuführen. Eine solche Patientenverfügung ist an keine Form gebunden, bindet aber auch einen Arzt nur eingeschränkt.

Aus Beweisgründen ist eine möglichst handschriftliche Fassung einer Patientenverfügung sinnvoll.

Tipp: Um einen Arzt dazu zu bringen, in einer bestimmten Situation in einer bestimmten Weise zu handeln ist es sinnvoll, in der Patientenverfügung die Gründe, die zu der eigenen Entscheidung führen, darzulegen.

Zusammenfassung

Testament, Erbvertrag, Altersvorsorgevollmacht und Patientenverfügung geben die Möglichkeit, im Falle des Todes oder für den Fall, dass man seine eigenen Angelegenheiten nicht mehr wahrnehmen und vertreten kann, Vorsorge zu treffen um ein bestimmtes Handeln Anderer herbeizuführen.

Dies ist eine großartige Chance

Da andere Menschen den Willen auszuführen haben, ist es wichtig, den Willen hinreichend deutlich niederzulegen. Bei der Formulierung kann fachkundiger Rat dem Willen zum Durchbruch verhelfen.

Das Vermögen und die persönlichen Beziehungen ändern sich manchmal schnell. Dann kann ein einmal errichtetes Testament oder auch eine sonstige Verfügung überholt sein und nicht mehr dem entsprechen, was man eigentlich erreichen wollte.

Tipp: Es empfiehlt sich, zumindest einmal im Jahr sein Testament und seine sonstigen Verfügungen zu prüfen und zu überdenken.

Ein aktuelles und inhaltlich richtiges Testament sowie das ernsthafte Bemühen, eine Nachfolgeregelung in der eigenen Familie anzugehen und zu lösen, führt erfahrungsgemäß zu einer großen inneren Erleichterung der Senioren und zu einem friedlichen Miteinander der Generationen und der Geschwister untereinander. Diese Chance sollte sich niemand entgehen lassen.

Erbrecht

Lieber mit warmen Händen schenken, als mit kalten Händen vererben?

Von Rechtsanwalt Thomas A. Brückel und Steuerberater Rüdiger Heck; Rechtsanwalts- und Steuerberatungssozietät (GBR) J. van Nes Ziegler • Günter Backes • Rüdiger Heck und Partner, Köln

Die Aufgaben des Anwalts und des Steuerberaters im Bereich des Erbrechts sind vielfältig Neben der Beratung der Erben steht vor allem die Gestaltung des letzten Willens des Erblassers im Hinblick auf eine optimale Umsetzung seiner Vorstellungen unter Berücksichtigung steuerlicher wie rechtlicher Vorschriften im Vordergrund des erbrechtlichen Mandats.

Hieraus ergibt sich, daß Berater und Mandant in unterschiedlichen Fallkonstellationen zusammenkommen.

- Der künftige Erblasser, der seine Vorstellungen über Erbfolge und Gestaltung rechtzeitig planen will und dabei selbstverständlich rechtliche Sicherheit wie steuerliche Optimierung seines letzten Willens anstrebt.
- Der bedachte Erbe, der in Folge eines Todesfalles plötzlich mit einer Vielzahl von Fragen und Problemen konfrontiert wird, die möglicherweise von existentieller wirtschaftlicher Bedeutung werden können, wie z.B. was erbe ich tatsächlich, muß ich für Schulden des Verstorbenen haften, was ist eigentlich eine ungeteilte Erbengemeinschaft, wie kann ich mich vor finanziellen Verlusten durch eine unüberlegte Annahme der Erbschaft schützen? Usw. usw.
- Der nicht bedachte Erbe, der unversehens vor der Frage steht, warum erben die Anderen alles und ich nichts. Ist meine Enterbung überhaupt Rechtens? Was ist ein Pflichtteil und wo und wann kann ich ihn geltend machen?

Wenden wir uns zu Beginn der Darstellung der ersten Fallgruppe zu, nämlich der Beratung des künftigen Erblassers.

Im Vordergrund steht dabei im Regelfall die Frage, wer soll bzw. kann was erben.

Hier ist zunächst die Frage zu untersuchen, ob die erbrechtliche Lösung überhaupt die interessengerechte Lösung ist. Möglicherweise sind nämlich Schenkungen zu Lebzeiten des potentiellen Erblassers sinnvoller, als eine Erbschaft nach dem Tode .

Das Problem der Vermögensübertragung ist heute aktueller, denn je. Offizielle Statistiken sprechen von ca. 40 Milliarden Euro, die in den nächsten 10 Jahren an die nächste Generation in Deutschland übergehen. Da hierbei im Einzelfall auch größere Vermögen übertragen werden, stellt sich die Frage, ob gewartet wird, bis der Erbfall eintritt, oder aber vorab schon die vermeintlichen Erben am Wohlstand des Erblassers teilhaben sollen. Das Schenkungs- und Erbschaftssteuergesetz (beides wird in einem Gesetz mit weitgehend gleichen Vorschriften geregelt) gibt hier zunächst einmal eindeutige Entscheidungsvorgaben. Die dort verankerten Freibeträge (an den Ehegatten 307.000,-- € , von jedem Elternteil an jedes Kind 205.000,-- € erneuern sich innerhalb von 10 Jahren, so das dann ein erneuter, steuerlich begünstigter Schenkungsvorgang vorgenommen werden kann, oder aber im Erbfall diese Freibeträge wieder aufleben. Ferner gibt es trotz ständig bewegter Rechtsprechung und Gesetzgebung nach wie vor interessante Regelungen, die Schenkungen im Zusammenhang mit Grundstücken begünstigen. So werden Grundstücke und aufstehende Gebäude immer noch günstiger, d.h. niedriger bewertet, als entsprechendes Geld- oder Aktienvermögen.

Weiterhin gibt es interessante Gestaltungsmöglichkeiten bei der Übertragung von Betriebsvermögen, hier auch wieder unterschiedlich, je nachdem ob ein Einzelunternehmen, eine Personengesellschaft oder aber Anteile an einer Kapitalgesellschaft verschenkt oder vererbt werden.

Eine einseitige, nur an steuerlichen Vorgaben ausgerichtete Beratung ist jedoch riskant und in der Betrachtung des Einzelfalls oftmals auch falsch. Genauso wie nur steuerlich motivierte Entscheidungen rechtliche Probleme mit sich bringen können, kennt die Beratungspraxis Fälle, in denen rein juristisch geprägte Entscheidungen die steuerlichen Folgen vernachlässigen. In einer Vielzahl von Schenkungs- und Erbangelegenheiten ist zwar auch ein Notar eingeschaltet, jedoch kann dieser nur selten eine gestaltende Beratung in beiden Gebieten einfließen lassen. Nur die enge Zusammenarbeit von mehreren Spezialisten, nämlich Rechtsanwalt, Steuerberater, ggf. Wirtschaftsprüfer und Notar garantiert, daß unerwünschte steuerliche Konsequenzen ebenso vermieden werden, wie juristische Fakten, die sich für Erblasser oder Schenker einerseits, bzw. Erben oder Beschenkte andererseits negativ auswirken können.

Hat man sich aus den genannten steuerlichen Gründen mit dem Gedanken vertraut gemacht, bereits zu Lebzeiten Vermögensgegenstände zu übertragen, ist der nächste Schritt, mit einem Anwalt die juristischen Auswirkungen zu besprechen und entsprechende Gestaltungen vorzunehmen.

Zu berücksichtigen ist dabei zunächst, daß Schenkungen im Grundsatz unwiderruflich in das Vermögen des Schenkers eingreifen. „ Geschenkt ist geschenkt, wiederholen ist gestohlen " reimt der Volksmund und trifft damit das Problem. Aus diesem Grund bedarf der Schenkungsvertrag auch der notariellen Beurkundung. Dem Schenker soll die grundsätzliche Bedeutung seines Tuns deutlich werden, der Beschenkte muß die Annahme der Schenkung ausdrücklich erklären. Fehlt eine solche Beurkundung kann der Mangel der Form allerdings dadurch geheilt werden, daß die Schenkung vollzogen wird. Von wenigen Ausnahmefällen abgesehen (grober Un-

RECHTSANWALTS- UND STEUERBERATUNGSSOZIETÄT GBR
VAN NES ZIEGLER · BACKES · HECK · KAISER · BRÜCKEL

BARBAROSSAPLATZ 2 · 50674 KÖLN · TEL 0221 92 12 92-0 · FAX 0221 92129292
WWW.BACKES-HECK.DE · MAIL@BACKES-HECK.DE

GERD KAISER
RECHTSANWALT
(AUCH ZUGELASSEN BEIM OLG KÖLN)

TÄTIGKEITSSCHWERPUNKTE:
MIETRECHT
ARBEITSRECHT
STRAF- & BUSSGELDSACHEN

THOMAS A. BRÜCKEL
RECHTSANWALT

TÄTIGKEITSSCHWERPUNKTE:
ERBRECHT
VERKEHRSRECHT
FAMILIENRECHT

RÜDIGER HECK
STEUERBERATER
VEREIDIGTER BUCHPRÜFER

MEMBER OF ADVOCAT24. WWW.ADVOCAT24.DE advocat24

KÖLSCHBACH SCHIRMER PARTNER

Rechtsanwälte Partnerschaftsgesellschaft Köln Langenfeld

Ruth Kölschbach-Becker, Fachanwältin für Familienrecht

Jörg Schirmer, Rechtsanwalt, Mediator

Achim Kölschbach, Rechtsanwalt

Hohe Straße 101 • Eingang Ludwigstraße • 50667 Köln

Tel. 02 21 / 33 77 77-77 • Fax: 02 21 / 33 77 77-79 • E-Mail: info@koelschbach-partner.de

dank des Beschenkten, Verarmung des Schenkers) können einmal vollzogene Schenkungen nicht wieder rückgängig gemacht werden. Das einfache Testament ist hingegen jederzeit und beliebig oft ohne Förmlichkeiten einfach durch ein inhaltlich geändertes, späteres Testament abzuändern. Damit kann der Erblasser schnell und flexibel auf geänderte Situationen reagieren. Allerdings kann sich auch der Schenker gewisse Einflußmöglichkeiten auf den Beschenkten dadurch offen halten, daß er die Schenkung unter Auflagen vornimmt. So kann er den Beschenkten zu einem bestimmten Tun oder Unterlassen verpflichten oder ihn in seiner freien Verfügung über die Schenkung beschränken. Einzelheiten müssen dann im Schenkungsvertrag geregelt werden.

Ein beliebte Form der Schenkung ist die schenkweise Übertragung einer Immobilie unter gleichzeitiger Einräumung eines sog. Nießbrauchs zugunsten des Schenkers. Hiermit kann z.B. festgelegt werden, daß Mieteinnahmen eines Hauses zu Lebzeiten des Schenkers diesem zufließen. Schließlich kann die Berechtigung des Schenkers, die Immobilie selbst weiter zu bewohnen durch die Einräumung eines Wohnrechts gesichert werden. Ein solches Wohnrecht kann im Grundbuch eingetragen werden und wirkt damit auch gegenüber jedem nachfolgenden Eigentümer, der die Immobilie vom Beschenkten erwirbt. Scheidet aus bestimmten Gründen der Weg über vorweggenommene Schenkungen aus, muß sich die Beratung der erbrechtlichen Lösung zuwenden.

Einfach ist die Situation im Regelfall dann, wenn ein übersichtliches Privatvermögen im Kreis der nächsten Familienangehörigen vererbt werden soll. Wesentlich komplexer ist die Beratung, wenn ein umfangreiches Vermögen, z.B. unter Einschluß von Immobilienbesitz oder Unternehmensbeteiligungen des Erblassers mehreren Erben ggf. unter Berücksichtigung sog. qualifizierter Nachfolgeregelungen in Gesellschaftsverträgen des zu vererbenden Unternehmens und unter Berücksichtigung von Pflichtteilsansprüchen mehreren Erben hinterlassen werden soll.

Grundsätzlich stehen dem Erblasser 3 Wege offen, seinen letzten Willen umzusetzen.

1) Er unternimmt nichts und überläßt seinen Nachlaß und dessen Verteilung der gesetzlichen Regelung. In diesem Fall geht das gesamte Vermögen einschließlich aller Schulden des Erblassers auf den oder die Erben in der gesetzlich vorgeschriebenen Reihenfolge über, z.B. auf den Ehepartner und die Kinder des Erblassers. Diese Lösung bietet sich aber allenfalls dann an, wenn nur ein kleines Erbe ohne besondere Auflagen tatsächlich an die nächsten Familienmitglieder vererbt werden soll.

2) Der Erblasser errichtet ein Testament. Dieses muß im Regelfall vollständig handschriftlich geschehen und vom Erblasser unterschrieben werden und zwar mit seinem vollständigen Namen und Vornamen. Es sollte darüber hinaus mit dem Datum der Errichtung des Testaments versehen werden, um bei mehreren von einander inhaltlich abweichenden Testamenten das zeitlich letzte, also das schließlich verbindliche Testament bestimmen zu können. Grundsätzlich entfaltet ein solches Testament für den Erblasser insoweit keine Bindungswirkung, als er in seinen Möglichkeiten zu eigenen Lebzeiten über sein Vermögen zu verfügen nicht eingeschränkt wird. Er kann also trotz eines einmal errichteten Testaments, in dem er sein gesamtes Vermögen einem bestimmten Erben hinterlassen hat, weiter sein Geld uneingeschränkt ausgeben oder über andere Vermögensgegenstände, z.B. Immobilien frei verfügen. Darüber hinaus kann er sein Testament auch jeder Zeit frei widerrufen, z.B. durch die Errichtung eines nachfolgenden anderen letzten Willens.

Inhaltlich ist der Erblasser weitestgehend frei, seinen letzten Willen so zu gestalten, wie es ihm richtig und angemessen erscheint. Er kann z.B. beliebige Personen oder Institutionen zu Alleinerben einsetzen oder er kann mehrere bedenken und zwar zu gleichen Teilen oder zu unterschiedlichen Quoten. Beschränkt wird er insoweit nur durch möglicherweise bestehende Pflichtteilsansprüche nächster Verwandter. In seinem Testament kann der Erblasser den Erben bestimmte Auflagen erteilen, er kann darüber hinaus auch sog. Vermächtnisse aussetzen., d.h. Geldbeträge oder bestimmte Gegenstände oder Vermögenswerte anderen als den Erben zuwenden, ohne das diese dadurch zu Miterben werden. Für den Fall, daß sich der Erblasser entschließt, einen Alleinerben einzusetzen, häufiger Fall, er bestimmt seinen Ehepartner zu seinem alleinigen Erben, muß er berücksichtigen, daß er damit automatisch andere potentielle Erben enterbt, z.B. seine Kinder. Diesen übergangenen Erben steht aber u.U. ein sog. Pflichtteilsanspruch zu. Als wichtiger Unterfall des Testaments sei schließlich noch das gemeinsame Testament erwähnt, das allerdings nur von Ehegatten errichtete werden kann. Gemeinschaftliche Testamente mit wechselseitigen Verfügungen können allerdings nach dem Tod eines Erblassers nicht mehr widerrufen bzw. abgeändert werden.

3) Neben dem Testament kann der letzte Wille auch in Form eines sog. Erbvertrages festgehalten werden. Wichtig ist hier zu erwähnen, daß ein solcher Erbvertrag nur notariell geschlossen werden kann. Er bietet dem Vertragserben in der Regel einen größeren Schutz vor einer nachträglichen einseitigen Änderung durch den Erblasser, es sei denn im Vertrag seien solche Änderungen ausdrücklich vorbehalten. Inhaltlich ergeben sich beim Erb-

vertrag keine Besonderheiten gegenüber dem Testament.

Ein weiterer wichtiger Bestandteil der erbrechtlichen Beratung des Erblassers ist die Frage, wie sich Veränderungen nach der Errichtung eines Testaments auswirken bzw. wie möglicherweise unerwünschten Rechtsfolgen solcher tatsächlicher Veränderungen entgegengewirkt werden kann. Ohne an dieser Stelle auf die Einzelheiten eingehen zu können, seien nur folgenden Möglichkeiten genannt:

Was soll geschehen, wenn es nach Errichtung des Testaments noch zu Geburten weiterer Kinder oder Enkelkinder kommt?

Was soll geschehen, wenn z.B. eine zum Zeitpunkt der Testamentserrichtung bestehende Ehe später geschieden wird und im Testament der Ehepartner als Erbe eingesetzt wurde?

Was soll geschehen, wenn der bedachte Ehegatte nach Eintritt des Erbfalls wieder heiratet?.

Was soll geschehen, wenn der Testamentserbe vor Eintritt des Erbfalls seinerseits verstirbt?

Im Rahmen der Beratung eines Erblassers oder bei der Ausgestaltung seines letzten Willens ist schließlich noch die Frage zu berücksichtigen, ob bzw. wie die Vollstreckung des Testaments sichergestellt wird. Hierzu kann der Erblasser z.B. die Testamentsvollstreckung im Rahmen seines Testaments anordnen und dadurch sicherstellen, daß auch nach seinem Tod mit seinem Vermögen in seinem Sinne verfahren wird.

Die zweite, zu Beginn des Beitrages genannte Fallkonstellation betrifft die erbrechtliche Beratung der Hinterbliebenen. Hier muß man sich zunächst die Tatsache ins Gedächtnis rufen, dass Erben grundsätzlich nicht nur die Übernahme eines möglichen Vermögens (Aktiva), sondern auch die Haftung für Schulden des Verstorbenen (Passiva) bedeutet. Der Erbe muß sich daher vor Annahme der Erbschaft die Frage stellen, will oder kann ich die Erbschaft überhaupt antreten., z.B. weil Überschuldung des Nachlasses zu befürchten ist. Andernfalls besteht die Möglichkeit, die Erbschaft auszuschlagen. Zur Entscheidung dieser wichtigen Frage steht dem oder den Erben ein Zeitraum von 6 Wochen ab Kenntnis des Erben vom Eintritt des Erbfalls und seiner eigenen Berufung zum Erben zur Verfügung. Führt die Prüfung zu dem Ergebnis, das Erbe auszuschlagen, muß dies gegenüber dem Nachlassgericht zur Niederschrift oder in öffentlich beglaubigter Form geschehen. Einer ausdrücklichen Annahmeerklärung bedarf es indes nicht. Wird sie dennoch abgegeben, hat dies allerdings zur Folge, daß eine Ausschlagung nicht mehr möglich ist. Allenfalls dann, wenn die Annahme der Erbschaft aufgrund eines Willensmangels (z.B. Irrtum über die Überschuldung des Nachlasses) erfolgt ist, besteht u.U. die Möglichkeit der späteren Anfechtung.

Nach Annahme der Erbschaft oder Ablauf der Ausschlagungsfrist haftet der Erbe grundsätzlich auch mit seinem eigenen , also nicht nur dem ererbten Vermögen für die Schulden des Erblassers. Will man diese unliebsame Konsequenz vermeiden, besteht allerdings dann noch die Möglichkeit, die Haftung auf den Nachlaß, also das übernommene Vermögen zu beschränken, indem eine sog. Nachlaßverwaltung oder ein Nachlaßkonkurs beantragt wird.

Liegt ein Testament vor, wird das Erbverfahren dadurch in Gang gesetzt, daß das Nachlassgericht dieses Testament eröffnet und alle Beteiligten, nicht nur die im Testament Bedachten, sondern z.B. auch die gesetzlichen Erben informiert. Wichtig zu wissen ist in diesem Zusammenhang auch, daß das Nachlassgericht verpflichtet ist, das Finanzamt zu informieren, das die Erbschaftssteuer erhebt.

Ist das Testament eröffnet oder liegt ohne das Vorhandensein eines Testaments ein Fall der gesetzlichen Erbfolge vor, können die Erben zum Nachweis ihrer Rechtsstellung beim Nachlassgericht die Erteilung eines Erbscheins beantragen. Dadurch weisen sie sich im Rechtsverkehr als Berechtigte aus.

Die letzte, zu Eingang dieser Darstellung genannte Fallgruppe betrifft die nicht bedachten Erben. In dieser Konstellation ist die Frage zu prüfen, ob und ggf. in welcher Höhe sog. Pflichtteilsansprüche bestehen, die vom Erblasser übergangen worden sein können. Grundsätzlich sind Verwandte in gerader Linie pflichtteilsberechtigt, also Kinder gegenüber ihren Eltern und umgekehrt. Nicht pflichtteilsberechtigt sind demnach Geschwister untereinander. Pflichtteilsansprüche bestehen auch seitens des Ehepartners. Die Höhe eines Pflichtteils beläuft sich auf die Hälfte des gesetzlichen Erbes, hängt also im Regelfall davon ab, in welcher Konstellation der Pflichtteilsberechtigte neben anderen Erben berechtigt ist. Neben der Möglichkeit eines Pflichtteilsentzuges in bestimmten Fällen besteht auf Seiten des grundsätzlich Berechtigten auch die Möglichkeit, in notarieller Form auf sein Pflichtteil zu verzichten, z.B. wenn er bereits zu Lebzeiten des Erblassers vorab beschenkt worden ist.

Die vorstehenden Ausführungen konnten nur kurz die häufigsten Probleme und Fragestellungen im Rahmen der rechtlichen und steuerlichen Beratung eines Erblassers oder von Erben streifen. Sie können und wollen die ausführliche individuelle Beratung nicht ersetzen, sondern beim Leser das Bewußtsein für die zahlreichen Probleme, die im Zusammenhang mit dem Erbfall auftreten können schärfen. Generell gilt auch hier, daß eine vorsorgende Beratung hilft, viele unnötige Probleme im Zusammenhang mit dem Tod eines geliebten Menschen jedenfalls in rechtlicher und steuerlicher Hinsicht zu vermeiden.

Französisches und spanisches Erbrecht

von Rechtsanwalt Udo Gaudig; Rechtsanwaltskanzlei Udo Gaudig, Köln

Erbrecht beim Tod Deutscher Staatsangehöriger mit Vermögen in Frankreich

Das französische internationale Privatrecht unterscheidet grundsätzlich zwischen beweglichen und unbeweglichen Sachen. Für zum Nachlass gehörende bewegliche Sachen gilt das Recht des Staates, in dem der Erblasser seinen letzten Wohnsitz hatte. Für unbewegliche Sachen gilt das Recht des Staates, in dem die Immobilie belegen ist. Hieraus ergeben sich sofort für den Erben eines deutschen Staatsangehörigen diverse Schwierigkeiten, wenn es um die Abwicklung von Nachlassschulden geht.

Da auch für den zuständigen Gerichtsstand diverse internationale Schwierigkeiten bestehen, sollte tunlichst ein Fachanwalt aufgesucht werden. Dies gilt schon für die Gestaltungsmöglichkeiten eines Testamentes für die Nachkommen.

Erbrecht beim Tod Deutscher Staatsangehöriger mit Vermögen in Spanien

Grundsätzlich folgt das spanische internationale Privatrecht dem Staatsangehörigkeitsprinzip. Danach ist das Heimatrecht des Erblassers das maßgebliche Erbstatut. Ebenfalls gilt das Prinzip der Nachlasseinheit. Bei dem häufigen Fall, dass deutsche Staatsangehörige in Spanien bewegliches oder unbewegliches Vermögen haben, was vererbt wird, ist deshalb das Heimatrecht des Erblassers, also deutsches Recht, maßgeblich für die Beurteilung des Erbfalls.

Da Spanien dem Haager Übereinkommen von 1961 beigetreten ist, gelten auch die Regelungen für ein eigenhändiges Testament.

Folgende Besonderheiten sollten im voraus beachtet werden: Es sollte dringend die Umschreibung von spanischem Immobilienvermögen in die Wege geleitet werden. Hierfür ist die dringende Überprüfung der Grundbuchsituation des Erblassers notwendig. Bei Fertigung beglaubigter Übersetzungen eines deutschen Erbscheins oder öffentlicher Testamente ist eine Apostille nach dem Haager-Abkommen auf den vorbezeichneten inländischen Urkunden zuzusetzen.

Als Frist für die Protokollierung sind in der Regel 6 bzw. 8 Monate zu beachten; eine Fristverlängerung kann gegebenenfalls unter besonderen Voraussetzungen beantragt werden.

UDO GAUDIG

Rechtsanwalt am OLG Köln

Tätigkeitsschwerpunkte: Ehe-/Familienrecht (+intern. R.), Vertragsrecht (+intern. R.), Gesellschaftsrecht sowie Beratung bei Firmengründungen incl. Steuergestaltung, teilweise auch in Zusammenarbeit mit Vertretern steuerberatender Berufe, Steuer- und Wirtschaftsstrafrecht

Mitglied im Deutschen Forum für Erbrecht

Mitglied im DACH (Europäische Anwaltsvereinigung e.V.) mit inländischen und ausländischen Korrespondenz-Kanzleien u.a. in: Amsterdam, Antwerpen, Arnheim, Athen, Barcelona, Basel, Bern, Belgrad, Bologna, Bozen, Bratislava, Brüssel, Budapest, Innsbruck, Krakau, London, Luxemburg, Madrid, Mailand, Marbella, Meran, Moskau, Strassburg, Paris, Prag, Salzburg, Sofia, Vaduz, Wien, Zagreb, Zürich und Sao Paulo/Brasil sowie New York.

Hohenzollernring 52 · 50672 Köln
Tel. 0221 · 6 60 75 55 · Fax 0221 · 6 60 75 56
gaudig@rechtsberatung-koeln.de

Erben und Vererben

* Ihr Partner bei der Durchsetzung von Erbansprüchen
* Ihr Berater bei der Gestaltung von Testamenten und Unternehmensnachfolge

Anwaltskanzlei Michael Schinkel
Hohenstaufenring 63 (Rudolfplatz) 50674 Köln
Tel.: 0221 - 23 21 00   Fax: 0221 - 24 29 79

BERND WEIDMANN

RECHTSANWALT
Tätigkeitsschwerpunkte:
Familienrecht • Arbeitsrecht

BLUMENTHALSTR. 70   TEL.: 02 21-7 32 55 55
50668 KÖLN   FAX. 02 21-7 32 93 65

BERND J. KLINKHAMMER

RECHTSANWALT
FACHANWALT FÜR SOZIALRECHT

WEISSENBURGSTRASSE 53   TEL.: 02 21-72 60 61
50670 KÖLN Neustadt-Nord FAX. 02 21-72 72 49

Rechtskompetenz mal zwei

Canan Aras   **Sabine Grebe**

Interessenschwerpunkte: Interessenschwerpunkte:

Familienrecht   Erbrecht
Scheidungsrecht   Mietrecht
Unterhaltsrecht   Arbeitsrecht
Ausländerrecht   Kaufrecht
Verkehrsunfallrecht   Verkehrsunfallrecht

canan.aras@netcologne.de   sabine.grebe@netcologne.de
Telefon 0221.965 99 83   Telefon 0221.965 99 81

Sprechzeiten
Montag bis Freitag, 10.00 bis 20.00 Uhr
Termine nach telefonischer Vereinbarung

Rechtsanwältinnen in Bürogemeinschaft
Helenenwallstraße 20A, Ecke Lorenzstraße
50679 Köln-Deutz
Telefon 0221.965 99 80
Telefax 0221.965 99 82

Gerichtliche Betreuung

von Rechtsanwältin Johanna Werres; Rechtsanwaltskanzlei Werres & Coll, Köln

1. Voraussetzung der gerichtlichen Betreuung

Kann ein Volljähriger auf Grund einer psychischen Krankheit oder einer körperlichen, geistigen oder seelischen Behinderung seine Angelegenheiten ganz oder teilweise nicht besorgen, so bestellt das Vormundschaftsgericht auf seinen Antrag oder von Amts wegen für ihn einen Betreuer. Der Antrag kann auch ein Geschäftsunfähiger stellen. Soweit der Volljährige auf Grund einer körperlichen Behinderung seine Angelegenheiten nicht besorgen kann, darf der Betreuer nur auf Antrag des Volljährigen bestellt werden, es sei denn, dass dieser seinen Willen nicht mehr kundtun kann (§ 1896 I BGB). Der gerichtlich bestellte Betreuer hat im Rahmen seiner Aufgabenkreise die Stellung eines gesetzlichen Vertreters (§ 1902 BGB).

2. Betreuungsersetzende Ermächtigungen

Der Gesetzgeber hebt ausdrücklich hervor, dass eine gerichtliche Betreuerbestellung nur erfolgen darf, wenn sie erforderlich ist. Dieser Erforderlichkeitsgrundsatz ist Maßstab für die Frage, ob und ggfls. mit welchem Aufgabenkreis eine gerichtliche Betreuung angeordnet werden darf. Die gerichtliche Betreuerbestellung ist nicht erforderlich, sofern die regelungsbedürftigen Angelegenheiten des Betroffenen durch einen Bevollmächtigten erledigt werden können.

3. Zeitpunkt für Vorsorgeregelungen

Der Betroffene kann Vorsorgevollmachten nur zu einem Zeitpunkt, zu dem er hierzu noch geistig in der Lage ist, wirksam erteilen. Wirksamkeitsvoraussetzung ist die Geschäftsfähigkeit des Betroffenen.

4. Inhalt einer Betreuungsverfügung:

a) Regelungsbereiche
Es kommen insbesondere folgende Regelungsbereiche in Betracht:
- Aufenthaltsbestimmungsrecht
- Unterbringung und unterbringungsähnliche Maßnahmen, § 1906 BGB
- Gesundheitsfürsorge
- Einwilligung in risikobehaftete ärztliche Maßnahmen, § 1904 BGB
- Vermögenssorge
- Behördenangelegenheiten
- Sicherstellung der häuslichen Pflege und Versorgung
- Entscheidung über Empfang und Öffnen der Post

b) Wünsche
Da die Vollmacht zu Legitimationszwecken Verwendung findet, sollten höchstpersönliche Wünsche in einer separaten Urkunde niedergelegt werden. Hier empfiehlt sich z.B. für den Bereich der Gesundheitssorge die Errichtung eines Patiententestaments.

c) Auswahl des Betreuers
Die Errichtung einer Vorsorgevollmacht zur Vermeidung einer gerichtlichen Betreuung setzt voraus, dass der Vollmachtgeber eine Person seines Vertrauens benennen kann. Diese Vertrauensperson muss bereit und in der Lage sein, die im Falle der Handlungsunfähigkeit des Vollmachtgebers zu regelnden Angelegenheiten nach dessen Wünschen und Vorstellungen zu besorgen. Vorsorgevollmachten sollten deshalb nur dann errichtet werden, wenn eine Person zur Verfügung steht, in dessen Hände der Vollmachtgeber sein späteres Schicksal legen möchte. Hierfür kommen am ehesten nahe Angehörige oder langjährige Lebenspartner in Betracht. Aber auch Berufsbetreuer können privat bevollmächtigt werden. Ist ein größeres Vermögen zu verwalten sollte ein anwaltlicher Berufsbetreuer gewählt werden. Dies gilt insbesondere auch dann, wenn Umfang und Schwierigkeit der zu besorgenden Geschäfte besondere Fachkompetenz erfordern.

d) Gültigkeitszeitpunkt
Der Vollmachtgeber kann verfügen, dass die Vorsorgevollmacht erst im Falle seiner Geschäftsunfähigkeit wirksam werden soll und dass die entsprechende Feststellung von einem Arzt getroffen werden muss. In der Praxis kann dies zu Unklarheiten über den Gültigkeitszeitpunkt führen. Zur Vermeidung dieser Problematik kann die Vorsorgevollmacht ohne die Bedingung des Eintritts der Geschäftsunfähigkeit erteilt werden. Die Vollmachtsurkunde sollte in diesem Fall bei einer anderen Vertrauensperson (z.B. Steuerberater, Rechtsanwalt etc.) verwahrt werden. Bei Handlungsbedarf wird die Vollmacht von der Vertrauensperson an den Bevollmächtigten herausgegeben.

e) Unterzeichnung/Form
Die Hinzuziehung und das Mitunterzeichnen einer Vorsorgevollmacht durch einen oder mehrere Zeugen (z.B. Haus-arzt) ist nicht erforderlich aber empfehlenswert. Eine notarielle Beurkundung ist nicht erforderlich. Die Vollmacht muss jedoch den Bestimmtheitserfordernissen entsprechen. Eine juristische Beratung ist deshalb empfehlenswert.

5. Gerichtliche Genehmigungen

Folgende Maßnahmen sind nur mit vormundschaftsgerichtlicher Genehmigung möglich:
a) Die Einwilligung des Betreuers in eine risikoreiche Heilmaßnahme nach § 1904 BGB.
b) Die Unterbringung des Betreuten durch den Betreuer, die mit einer Freiheitsentziehung verbunden ist (§ 1906 I, II BGB).
c) Die Anwendung von freiheitsbeschränkenden Maßnahmen in einer Anstalt, einem Heim oder sonstigen Einrichtung (z.B. Bettgitter, Bauchgurt im Bett, Fixiergurt im Stuhl).

Anwaltskanzlei
Werres & Coll.

Hohenstaufenring 11 • 50674 Köln
Tel. 0221 / 9213 800   Telefax: 0221 / 9213 8020

www.werres-coll.de
E-Mail: Kanzlei@werres-coll.de

**Rechtsanwältin
Johanna Werres**

❏ Tätigkeitsschwerpunkt:
- Erbrecht
- Betreuungsrecht
- Immobilienrecht

▲ Interessenschwerpunkte:
- Nachlaßregelung
- Testamentvollstreckung

**Rechtsanwältin
Ulrike Schramm**

❏ Tätigkeitsschwerpunkt:
- Zivilrecht
- Betreuungsrecht
- Familienrecht

▲ Interessenschwerpunkte:
- Reiserecht
- Verkehrsrecht

**Rechtsanwalt
Peter Issel**

❏ Tätigkeitsschwerpunkt:
- Zivilrecht
- Handelsrecht
- Sozialrecht

▲ Interessenschwerpunkte:
- Baurecht
- Mietrecht

Mediation – Vermittlung im Erbkonflikt

von Dr. phil. Elisabeth Mackscheidt und Sabine Schmiesing, Rechtsanwältin in Köln

Eine Frau erzählt ihrer Freundin begeistert von einer Familie, bei der alle, nun schon erwachsenen Geschwister wunderbar miteinander auskommen. Die Freundin bemerkt daraufhin: „Sie haben noch nicht geteilt!"

Diese kleine, aus alter Zeit überlieferte Geschichte fasst zusammen, was offenbar viele Familien erleben: Es ist nicht leicht, die Aufteilung eines Erbes so zu gestalten, dass alle mit dem Gefühl zurückbleiben, bekommen zu haben, was ihnen zusteht. Auch wenn ein detaillierter „Letzter Wille" vorliegt, kann dieser von den einzelnen Familienmitgliedern unterschiedlich „gelesen" werden – ganz abgesehen davon, dass seine Auslegung auch juristisch gesehen sehr wohl strittig sein kann.

Bei näherem Hinschauen geht es in einer Erbauseinandersetzung oft nicht nur um ein materielles Interesse; dahinter steht vielmehr häufig der Wunsch, über das Erbe noch etwas von der Zuwendung und Anerkennung zu bekommen, welche die Betroffenen sich – gerade auch im Blick auf die eigenen Eltern – immer schon erhofft haben. Es mag sein, dass sie eine Art Nachholbedarf spüren; es mag aber auch sein, dass sie lediglich sicher sein möchten, dass die erfahrene Gunst auch über den Tod hinaus gilt.

Der erste Rat, den man Familien, die Konflikte in Bezug auf ein Erbe erleben, geben kann, ist daher, sich nicht durch den Anspruch zu überfordern: „In unserer Familie gibt es darüber keinen Streit!"

Einladung zum Gespräch

Gewiss gibt es Geschwister – um diesen emotional besonders besetzten Erbfall anzusprechen –, die sich offen über ihre jeweilige Sichtweise austauschen und gemeinsam zu guten Lösungen kommen. Häufig aber wird ein solches Gespräch vermieden – vielleicht aus Respekt vor den verstorbenen Eltern, die sich Einigkeit unter ihren Kindern gewünscht haben; vielleicht weil man überhaupt wenig gelernt hat, im Familienkreis Dinge offen anzusprechen und deshalb unsicher ist oder sogar fürchtet, es könne sonst zum Bruch kommen.

Wer sich benachteiligt fühlt, verbirgt oft seine Enttäuschung und gibt sie doch meist noch als Botschaft an die nächste Generation weiter. Das kann zu einer Distanz zwischen ganzen Familienzweigen führen. Und auch wer eher das bessere Los gezogen hat, kann sich nicht immer unbefangen darüber freuen. Beides kann die Beziehung der Geschwister zueinander belasten.

Erst recht kann natürlich eine Auseinandersetzung vor Gericht die Atmosphäre in einer Familie vergiften, zumindest wenn es sich um einen Streit zwischen Mitgliedern des engsten Familienkreises handelt. Nicht umsonst verzichten manche Menschen etwa darauf, ihren Pflichtteil einzuklagen.

Nun soll hier keineswegs bezweifelt werden, dass in Einzelfällen die gerichtliche Auseinandersetzung unumgänglich und auch hilfreich ist; schließlich geht es dabei ja gerade um den Schutz des Schwächeren. Dennoch lehrt die Erfahrung, dass Sieger in Familiensachen oft ihres Sieges nicht recht froh werden, weil die „sozialen Kosten" eines solchen Sieges hoch sein können. Wenn eben möglich, sollte man daher ein Verfahren wählen, aus dem alle Parteien als „Gewinner" hervorgehen können. Genau das strebt Mediation an.

Chancen einer Mediation

Mediation ist ein außergerichtliches Verfahren, bei dem der Mediator, die Mediatorin den Konfliktparteien hilft, zu einvernehmlichen Lösungen zu kommen. In der Mediation erarbeiten die Betroffenen selbst ihre individuelle, für ihre besondere Situation passende Regelung, die jeder der Beteiligten letztendlich als fair empfinden kann, so dass ein Einvernehmen erreicht wird. Gerade Familienmitglieder haben im allgemeinen ein gutes Gespür dafür, was gerecht sein könnte.

Bei Mediation geht es also nicht um einen Schiedsspruch von außen, sondern darum, die Plattform abzugeben für ein konstruktives Gespräch zwischen den Konfliktpartnern. Selbstverständlich gehört es auch zur Aufgabe des Mediators, die grundlegende Rechtsinformation zu liefern, die allen Beteiligten ihre Rechte und Pflichten transparent macht und den Abschluss eines rechtsgültigen Vertrages ermöglicht. Da kann es um Fragen des Erbrechts selbst wie aber auch etwa um solche des Steuerrechts gehen.

Ob der Konflikt nun die Aufteilung des Erbes, das Einklagen eines Pflichtteils oder z.B. die Art einer Auszahlung betrifft – im allgemeinen lässt das Recht großen Entscheidungsspielraum, vorausgesetzt alle Beteiligten einigen sich. Dabei hat die zunehmende Pluralität der Familienformen – man denke nur an Scheidung und Wiederheirat – die Komplexität nicht nur der rechtlichen Fragen erhöht, sondern auch das Loyalitätsgefüge von Familien komplizierter gemacht. Das wirkt sich auch auf mögliche Konflikte aus. Und nicht zuletzt für Erbauseinandersetzungen trifft zu, was für Konflikte im familienrechtlichen Bereich überhaupt typisch ist, nämlich dass Sachliches und Persönliches eng miteinander verzahnt sind (siehe Ulrike Fischer, Mediation im Familienrecht, in: Henssler/Koch, Mediation in der Anwaltspraxis, Bonn 2000, S.310).

Trennungs- und Scheidungsmediation

Dass der Streit um die Sache und der persönliche Beziehungskonflikt oft schwer zu trennen sind, gilt in besonderer Weise für jenen Bereich, in dem Mediation bisher am häufigsten durchgeführt wurde, nämlich im Zusammenhang mit den Regelungen, die bei Trennung und Scheidung anstehen. Auch hier lässt der Gesetzgeber den Partnern großen Spielraum, finanzielle Dinge eigenständig zu regeln. Insbesondere Paare, die Kinder haben, wählen zunehmend den Weg der Mediation, weil sie mit Recht die Hoffnung haben, dass ein solcher Einigungsprozess ihrer fortbestehenden gemeinsamen Verantwortung als Eltern und der dafür notwendigen zukünftigen Kooperation dienlich sein wird. Aber auch wenn keine Kinder vorhanden sind, haben viele Paare – so heftig ihr Konflikt auch sein mag – im tiefsten das Bedürfnis, faire Regelungen zu finden, die der zurückliegenden Geschichte ihrer Liebe gerecht werden.

Selbstwertgefühl und Autonomie

Wenn selbst Ehepartner, die sich aufgrund schwerer Konflikte trennen, noch so etwas wie eine bleibende Loyalität empfinden, so erst recht nahe Familienmitglieder, die im Laufe ihres gemeinsamen Heranwachsens trotz aller Enttäuschungen und vielleicht heftiger Rivalitäten eine tiefe Bindung zueinander eingegangen sind – eine Bindung, die die Basis für solidarisches Handeln abgeben kann; unser Selbstwertgefühl lebt von solchen Akten der Loyalität. Von den eigenen Eltern beim Erbe unterschiedlich bedacht worden zu sein, kann von Geschwistern z.B. dann oft gut verkraftet werden, wenn es um ein Familienmitglied geht, das aufgrund von Krankheit oder Behinderung auf besondere Unterstützung angewiesen ist. Manchmal allerdings kann es hilfreich sein, sich darüber auszutauschen, welche Sorgen die ältere Generation sich gemacht hat im Blick auf eine bestimmte Situation, die vielleicht von der nächsten Generation ganz anders eingeschätzt wird.

Die Klienten selbst können steuern, was sie in einer Mediation zum Thema machen wollen: Vielleicht wollen sie diese Plattform nutzen, Gefühle, die die einzelnen mit der Erbsituation verbinden, einander mitzuteilen, um auf der Grundlage eines besseren Verständnisses füreinander zu einem Konsens über die strittigen Fragen zu kommen; vielleicht wollen sie sich eher mit einem rein sachbezogenen Aushandeln eines finanziellen Kompromisses begnügen. Jedenfalls bietet Mediation eine gute Möglichkeit, die emotional und u.U. auch finanziell hohen Kosten einer gerichtlichen Auseinandersetzung zu vermeiden und den persönlichen Beziehungen, die in einer Erbengemeinschaft oft eine große Rolle spielen, gerecht zu werden.

Dr. phil. Elisabeth Mackscheidt
Langjährige Erfahrung in systemischer Paar- und Familienberatung (APF); zahlreiche Veröffentlichungen zum Thema Trennung/Scheidung.

Sabine Schmiesing, Rechtsanwältin und Mediatorin
Schwerpunkt Familien- und Erbrecht.

Mediationsverfahren bei:

- Erbauseinandersetzungen
- Konflikten zwischen Generationen
- Trennung und Scheidung

Mediation

Kanzlei-Adresse:
Lindenstraße 19   Tel. 0221-92 32 90 3
50674 Köln   Fax 0221-92 32 90 0

Mediation im Erbrecht

von Rechtsanwalt und Mediator Jörg Schirmer;
Rechtsanwaltskanzlei
Kölschbach Schirmer Partner, Köln

Ein Todesfall – ein Bruch der Familie?

Ein Todesfall ist oft geeignet, Familienbande, welche zuvor Jahrzehnte überdauert haben, von heute auf morgen auf eine Zerreißprobe besonderer Art zu stellen. Wie immer, so sagt man, geht es mal wieder um das liebe Geld. Das ist aber meist nur die halbe Wahrheit: Gerade die Situation, sich mit dem Nachlass auseinandersetzen zu müssen, ist oft Anlass, alte Wunden zu rächen und neue zu reißen. Dazu die Gelegenheit, jahrelang gewachsene und versteckte familiäre Spannungen ans Licht zu bringen und auszutragen. Im Kampf um die Vermögensinteressen heiligt der Zweck so manchmal die Mittel, für den ein oder anderen ist es die letzte Gelegenheit, sich unter verschiedenen Vorwänden in den Vorteil zu setzen.

In Bezug auf die Familie bedeuten Streitigkeiten ums Erbe meist mehr als einen Kampf ums liebe Geld: Es geht insbesondere um die Beziehung zu denjenigen, die einem am nächsten stehen oder die einem einmal sehr nahe gestanden haben, den Eltern, den Geschwistern. Sozusagen um die Menschen aus der Quelle des eigenen Ursprungs, vielleicht diejenigen, die gleiche Herkunft haben. Manchmal geht es auch ein kleines Stück von einem selbst.

Erbstreitigkeiten sind daher nicht einfach irgendwelche Streitigkeiten, bei ihnen geht es ums Ganze: Vermögen, wertvolle Beziehungen, Erinnerungen, Heimat. Wichtige familiäre Bindungen können für immer zerstört werden.

Der Streit ums Erbe – reine Nervensache?

Erbstreitigkeiten sind vielschichtig und daher aufreibend, langwierig und teuer. Gerichtlich ausgetragene Streitigkeiten können Jahre andauern und sind nicht selten Existenz gefährdend. Viele enden ohnehin mit einem Vergleich. Die Verfahren sind unkalkulierbar in ihrer Dauer, Kosten und ihrem Ausgang.

Neben Anwalts-, Gerichts- und Sachverständigenkosten kommen die emotionalen Spannungen hinzu, die über Jahre zu ertragen sind, während der Prozess einer ungewissen Entscheidung über die Instanzen entgegengeht. Da der Konflikt nicht mit irgendeinem Dritten ausgetragen wird, wirken sich die Spannungen auch auf andere, an der Erbauseinandersetzung nicht direkt beteiligte Familienmitglieder aus, die unter dem Druck der Parteinahme unweigerlich in den Streit hineingezogen werden. Die familiären Brüche können nicht nur eskalieren und über Jahre andauern, sondern sich über Generationen hinweg fortsetzen.

Am Ende stehen nur Verlierer. So mag der eine oder andere einen Teilerfolg für sich errungen haben, die Beziehungen zu den streitbeteiligten Familienmitgliedern bleiben auf der Strecke.

Mediation – ein Weg zur außergerichtlichen Einigung

Die Mediation ist eine sehr alte Technik der Konfliktlösung, die weltweit in den letzten Jahren zunehmend wieder an Bedeutung gewonnen hat. Der Mediator, der unabhängige und neutrale Dritte, hat dabei die Rolle des Vermittlers. Ziel der Mediation ist es, auf der Grundlage der Interessen der Beteiligten diesen zu einer einvernehmlichen, eigenverantwortlichen Lösung zu verhelfen. Die Erben entwickeln im Zuge des Mediationsprozesses die auf sie zugeschnittene Lösung eigenverantwortlich selbst. Sie werden dabei von dem unparteiischen, rechtskundigen Anwaltsmediator nicht nur in ihrem Verhandlungsprozess geleitet, sondern auch fachkundig begleitet. Der neutrale Dritte lenkt die Verhandlung in der Weise, dass in der Auseinandersetzung die Ziele der Verhandlung nicht aus den Augen gelassen werden und eine Eskalation eines Zwiegesprächs möglichst vermieden wird. Angestrebtes Ziel ist eine Lösung, welche von den Erben nicht nur selbst erarbeitet worden ist, sondern auch die Belange einzelner berücksichtigt. Die Erfahrung und die erbrechtlichen Kenntnisse des anwaltlichen Mediators werden genutzt, damit im Verhandlungsprozess nicht an den rechtlichen Vorgaben des Erbrechts vorbeigearbeitet wird und der einzelne die Möglichkeit hat, seine Interessen mit den rechtlichen Möglichkeiten abzugleichen.

Am Ende der Mediation steht eine rechtsverbindliche Vereinbarung, welche von allen Beteiligten getragen wird. Der Mediator wird organisieren und sicherstellen, dass die von den Erben getroffene Regelung rechtlich Bestand hat und nicht gegen geltende Gesetze verstößt.

Damit unterscheidet sich die Mediation maßgeblich von den herkömmlichen Gerichtsprozessen: Dort wird die Verantwortung über Vermögen und Schicksal der Familie gänzlich in fremde Hände gelegt. Die Anwälte vertreten die Parteien, der Richter entscheidet und bestimmt das Ergebnis, das Gesetz legt quasi von oben herab fest, welcher Weg der Auseinandersetzung für die Erbengemeinschaft der Richtige ist. Die Beziehungen der Familie und die Interessen der einzelnen bleiben dabei oft auf der Strecke.

Im Mediationsverfahren bestimmen die Erben den Weg und das Ergebnis gänzlich selbst: Sie bewegen sich zwar im Rahmen der gesetzlichen Vorgaben, handeln aber im übrigen eigenverantwortlich auf der Grundlage ihrer Interessen.

Mediation im Erbrecht – preiswert, schnell, zufriedenstellend

Anders als im Gerichtsverfahren bestimmen im Mediationsverfahren auch die Erben selbst, innerhalb welchen Zeitraums sie eine Einigung erzielen. Die Kosten der Mediation orientieren sich an dem Zeitaufwand des Mediators und nicht nach dem Gegenstandswert des auseinander zusetzenden Vermögens, wie es im herkömmlichen Gerichtsverfahren der Fall wäre. Entsprechend werden in den meisten Fällen gegenüber einem langwierigen Gerichtsverfahren erhebliche Kosten eingespart. Dazu kommt die Möglichkeit des schnelleren Erreichens eines Ergebnisses und die Chance, dieses zur eigenen und zur Zufriedenheit der Miterben zu erreichen.

Wie kommt es zum Mediationsverfahren?

Grundvoraussetzung für die Durchführung eines Mediationsverfahrens ist zunächst die Erkenntnis der Konfliktpartner, dass sie einerseits nicht mehr in der Lage sind, ohne Eskalationsrisiko den Konflikt lösen zu können und andererseits, dass ein streitiges Austragen des Konflikts vor Gericht das Risiko von Kosten, wenig zufrieden stellenden Lösungen und Bruch mit der Familie in sich birgt. Hieraus sollte die Bereitschaft entstehen, sich an einen Tisch zu setzen und sich ermutigen zu lassen, für seine Belange einzutreten und im Sinne der Fairness Modelle und Absprachen zu entwickeln.
Mit dieser Erkenntnis ist der Weg frei, einen unabhängigen Mediator mit der Sache zu betrauen. Mediatoren, die Verfahren auf dem Gebiet des Erbrechts durchführen, sollten wegen der starken thematischen Bezüge zum Recht aus dem Kreis der Rechtsanwälte kommen. Der Mediator sollte weiterhin über seine Eigenschaft als Anwalt hinaus eine Zusatzausbildung als Mediator absolviert haben, möglichst bei einem von der Bundesrechtsanwaltskammer empfohlenen Ausbildungsinstitut, da bis heute der Titel des Mediators nicht geschützt ist.
Der Mediator wird seinen Auftrag von allen am Verfahren beteiligten Personen erhalten, um unabhängig zu sein und seine Neutralität wahren zu können. Er kann in einem etwaigen späteren Gerichtsverfahren nicht Zeuge für einen der Beteiligten sein.
Erfahrungsgemäß dauern Mediationssitzungen jeweils etwa ein bis eineinhalb Stunden, die Anzahl der Sitzungen bestimmt sich nach dem Umfang der zu verhandelnden Themen.

Ablauf einer erbrechtlichen Mediation

Der Mediationsprozess ist keineswegs eine schlicht moderierte Verhandlung, sondern ist strengen Regeln unterworfen. Der Mediator legt diese Regeln fest und trägt Sorge dafür, dass das Verfahren geordnet durchgeführt wird. Hierzu wird dieses in 5 Phasen aufgeteilt. Diese Aufteilung in Schritte stellt sicher, dass die Ablauflogik gewahrt bleibt. Herzstück des Mediationsverfahrens ist die Konfliktbearbeitung selbst. Die regelmäßig zunächst reaktive Haltung der Verhandlungspartner wird aufgelöst durch die Führungsmethode und Verhandlungstechnik des Mediators, mit Hilfe deren dieser die Interessen der Konfliktpartner zukunftsorientiert herausarbeiten lässt. Durch die Formulierung eigener Interessen kann der Weg zur kooperativen Verhandlung geöffnet werden und die Konfliktpartner sind bereit, in eine Wechselbezüglichkeit als Basis für kooperatives Verhalten einzutreten. Die Verhandlungspartner verstehen sich damit als Problemlösegemeinschaft mit dem Ziel, ihre jeweiligen Interessen in dem angestrebten Vertrag unterzubringen.
Gerade in dieser Phase ist es neben der hohen Anforderung, welche an den Mediator gestellt wird, äußerst wichtig, dass zur Orientierung die erbrechtliche Lage der Anwaltsmediator zur Verfügung steht.
Indes unterbreitet der Mediator selbst keine Lösungsvorschläge zur Bearbeitung des Konflikts, bei ihm geht es im Kern um eine Führung durch Verstehen. Gerade diese Abstinenz des Mediators bei der Konfliktbearbeitung gibt den Verhandlungspartnern den Raum, eigenständig zu wertschöpfenden Ergebnissen zu gelangen.
Erst bei der Umsetzung der Verhandlungsergebnisse ist der Anwaltsmediator wieder juristisch-kreativ gefragt, wenn es darum geht, das von den Partnern Gewollte vertraglich korrekt zu fassen.

Nachfolgeregelung in Gesellschaftsverträgen

von Rechtsanwältin Irmtraud Wendlaud und Rechtsanwalt Jürgen Michels; ZWP Rotonda GmbH, Rechtsanwälte, Wirtschaftsprüfer und Steuerberater, Köln

„Plötzlich und unerwartet ...", wie oft liest man diese Einleitung bei einer Todesanzeige und geht dennoch wie gehabt zur Tagesordnung über. Ein unangenehmes Thema!

Den Erben eines plötzlich verstorbenen Unternehmers, der von Regelungen für seinen Todesfall nie etwas wissen wollte, werden die oft nicht gewollten Rechtsfolgen jedoch schneller klar werden, als sie es wünschen.

Der Unternehmer, der es auf den „Ernstfall" ankommen lässt und darauf vertraut, dass die gesetzlichen Regelungen auch in seinem speziellen Fall und für sein Unternehmen „schon passen" werden, handelt sich und dem Unternehmen gegenüber unverantwortlich.

Der verantwortungsbewusste Unternehmer wird daher frühzeitig für den Todesfall auf gesellschafts- und erbrechtlichem Gebiet Vorsorge treffen, insbesondere zum Schutz des Unternehmens und seiner Mitarbeiter, der Mitgesellschafter und nicht zuletzt auch der eigenen Erben.

Vorsorge zu treffen, ist aber auch in steuerlicher Hinsicht dringend geboten. Die fehlende steuerliche Begleitung einer Unternehmensnachfolge kann zu ungewollten und vermeidbaren Belastungen an Erbschaft- und Einkommensteuer führen, die im schlimmsten Fall die Vernichtung der wirtschaftlichen Existenz des vererbten Unternehmens zur Folge hat. Nach z.Zt. (noch) geltender Rechtslage ist die Vererbung von Betriebsvermögen erbschaftsteuerlich gegenüber Privatvermögen stark begünstigt, was entsprechende Gestaltungsoptionen eröffnet.

Personengesellschaften

Da das Gesellschaftsrecht nicht nur die GmbH umfasst, sondern auch die Personengesellschaften (GbR, oHG, KG und GmbH & Co. KG) beziehen sich die nachfolgenden Ausführungen zunächst nur auf Personengesellschaften.

Oftmals ist es nicht gewollt, dass „fremde Dritte" also die Erben in einen bestehenden Gesellschafterkreis eindringen können.

In diesen Fällen bietet sich die sog. „reine Fortsetzungsklausel" im Gesellschaftsvertrag wie folgt an: „Im Falle des Todes eines Gesellschafters wird die Gesellschaft – ohne die Erben des Verstorbenen – nur unter den verbleibenden Gesellschaftern fortgesetzt."

Rechtsfolge daraus ist, dass der verstorbene Gesellschafter mit seinem Tod aus der Gesellschaft ausscheidet, ohne seine Gesellschafterposition auf seine Erben übertragen zu können. Sein Anteil wächst den verbleibenden Gesellschaftern anteilmäßig zu, die die Gesellschaft unter sich fortsetzen. Dem Erben steht gegenüber den verbleibenden Gesellschaftern ein Abfindungsanspruch zu. Neben der Fortsetzung der Gesellschaft unter den verbleibenden Gesellschaftern besteht über die sog. „Eintrittsklausel" auch die Möglichkeit, an Stelle des durch Tod ausscheidenden Gesellschafters einen oder mehrere neue Gesellschafter in die Gesellschaft aufzunehmen. Dabei wird im Gesellschaftsvertrag einem Nicht- oder Mitgesellschafter das Recht eingeräumt, durch eigene Erklärung in die Gesellschafterstellung des Verstorbenen einzutreten.

Die in der Praxis am häufigsten anzutreffende Gestaltungsart ist die sog. „Nachfolgeklausel", bei der wiederum unterschiedliche Gestaltungsmöglichkeiten bestehen. Durch Aufnahme der sog. „einfachen erbrechtlichen Nachfolgeklausel" erklären sich die Gesellschafter damit einverstanden, dass beim Tod eines Gesellschafters dessen Anteil automatisch auf seine Erben übergeht. Der Übergang vollzieht sich nach Erbrecht, so dass der Gesellschafter durch letztwillige Verfügung frei darüber entscheiden kann, wer sein Erbe und damit auch sein Nachfolger in der Gesellschaft werden soll. Diese Klausel ist solange unproblematisch, wie der Gesellschafter nur von einer Person beerbt wird. Hat der Gesellschafter jedoch mehrere Erben, so kann dies unliebsame Folgen für die Gesellschaft haben, denn der Gesellschaftsanteil des verstorbenen Gesellschafters geht auf jeden einzelnen Erben entsprechend seinem Erbanteil unmittelbar über, so dass jeder Erbe mit seinem Erbanteil Gesellschafter wird. Durch das Einrücken mehrerer Erben in die Gesellschafterstellung des Erblassers kommt es dann zu einer Zersplitterung der Gesellschaft, die sich insbesondere dann verhängnisvoll auswirken kann, wenn die Erben untereinander uneinig sind und bei Gesellschafterversammlungen Beschlüsse blockieren können.

Um diese unerwünschten Konsequenzen zu vermeiden, kann die sog. „qualifizierte erbrechtliche Nachfolgeklausel" im Gesellschaftervertrag vereinbart werden. Durch sie wird festgelegt, dass nur ein Erbe oder ein Teil der Erben in die Gesellschafterstellung des verstorbenen Gesellschafters einrücken kann. Darüber hinaus können durch die qualifizierte Nachfolgeklausel auch noch bestimmte Anforderungen an die Person des Erben gestellt werden, z.B. Abkömmlinge oder Ehegatte des Verstorbenen, ein festgelegtes Mindestalter, eine qualifizierte, auf den Unternehmensgegenstand bezogene Ausbildung oder berufliche Qualifikation etc.

Erfüllt der vom Verstorbenen als Gesellschafternachfolger vorgesehene Erbe dann diese Anforderungen nicht, kann er nicht Gesellschafter werden, mit der Folge, dass der Anteil des Verstorbenen den übrigen Gesellschaftern zuwächst und der Erbe einen Abfindungsanspruch hat.

Aus einkommensteuerlicher Sicht ist bei den Nachfolgeregelungen in Personengesellschaften insbesondere das sog. Sonder-Betriebsvermögen zu beachten. Dies sind Wirtschaftsgüter, die im Eigentum eines Gesellschafters stehen und der Personengesellschaft zur Nutzung überlassen werden (z.B. Grundstücke). Wird der für den Erblasser in die Personengesellschaft eintretende Gesellschafter nicht (durch Erbfall) zugleich Eigentümer des Sonder-Betriebsvermögens, erfolgt auf den Todesfall eine Versteuerung der stillen Reserven durch den Erblasser. Die hierauf entfallende Einkommensteuer geht zu Lasten der Erben. Ähnliche Steuerfolgen treten auf, wenn nicht der Erbe/Vermächtnisnehmer Rechtsnachfolger hinsichtlich des Gesellschaftsanteils des Erblassers wird. Insbesondere hier ist eine intensive Verzahnung von Erbrecht, Gesellschaftsrecht und Steuerrecht erforderlich.

Die Vererbung eines Anteils an einer gewerblich tätigen Personengesellschaft ist steuerlich begünstigt. Zum Ansatz gelangen nur 60 % des erbschaftssteuerlichen Wertes (i.d.R. nur Buchwertansatz – mit Ausnahme von Grundstücken und Kapitalgesellschaftsanteilen – dort modifizierter Ansatz). Daneben wird bei entsprechender Gestaltung ein Freibetrag von € 256.000,00 sowie unabhängig von dem verwandtschaftlichen Grad der Erben zum Erblasser die günstige Erbschaftsteuerklasse I bei der Erbschaftsteuer angesetzt.

GmbH

Im Grundsatz gelten zur Steuerung der Nachfolge per Gesellschaftsvertrag bei der GmbH die gleichen Gestaltungsmöglichkeiten wie auch bei den Personengesellschaften, jedoch mit folgenden Besonderheiten:

Anders als bei den Personengesellschaften erben bei einer GmbH mehrere Erben den GmbH-Anteil in Erbengemeinschaft, d.h. die Erbengemeinschaft als solche wird Gesellschafter. Eine direkte Sondererbfolge in den GmbH-Anteil, also der unmittelbare anteilige Übergang eines GmbH-Anteils an einen oder mehrere, aber nicht alle Erben, ist bei der GmbH ausgeschlossen.

Wenn der Gesellschaftsvertrag zulässigerweise die reine Fortsetzungsklausel enthält (Fortführung der GmbH mit den verbleibenden Gesellschaftern, unter Ausschluss der Erben), geht der Geschäftsanteil nicht von selbst – wie bei den Personengesellschaften – auf die verbleibenden Gesellschafter über, sondern zunächst auf die Erben, wobei diese Folge gesellschaftsvertraglich nicht ausgeschlossen werden kann.

Um die Erben in diesem Fall aus dem Gesellschafterkreis ausschließen zu können, bedarf es einer gesonderten Satzungsbestimmung, die das Schicksal des Gesellschaftsanteils regelt. Folgende Möglichkeiten stehen zur Verfügung: Zum einen kann festgelegt werden, dass der Geschäftsanteil nach Weisung der verbleibenden Gesellschafter oder der Gesellschaft durch die Erben an andere Personen (Mitgesellschafter, aber auch Dritte) abgetreten werden muss, sog. bloße Abtretungsklausel.

Zum anderen kann der Gesellschaftsvertrag aber auch bestimmen, dass der Geschäftsanteil des verstorbenen Gesellschafters aufgrund eines Gesellschafterbeschlusses einzuziehen ist, sog. bloße Einziehungsklausel. Der so eingezogene Geschäftsanteil geht unter, ohne dass dadurch die Höhe des Stammkapitals beeinflusst wird. Die mit dem eingezogenen Geschäftsanteil verbundenen Rechte und Pflichten (z.B. Stimmrecht, Gewinnbezugsrecht) wachsen den übrigen Gesellschaftern entsprechend ihrem Beteiligungsverhältnis untereinander zu.

Für das Abtretungsverlangen wie auch für die Einziehung sollte im Gesellschaftsvertrag eine Frist bestimmt sein, deren Nichteinhaltung einen Verzicht auf das jeweilige Recht bedeutet und damit zur Folge hat, dass die Erben unwiderruflich Gesellschafter werden. Schließlich ist es empfehlenswert festzulegen, ob die Erben – da sie ja zunächst Gesellschafter von Gesetzes wegen sind – bei einem Beschluss über das Abtretungsverlangen bzw. die Einziehung stimmberechtigt sind. In der Regel sollte das Stimmrecht ausgeschlossen werden.

Wie fast immer liegt die Wahrheit auch hier in der Mitte, d.h. in einer Kombination von Abtretungs- und Einziehungsklausel.

Der Gesellschaftsvertrag sollte primär eine Abtretungspflicht der Erben vorsehen, verbunden mit der Möglichkeit der Einziehung des Geschäftsanteils für den Fall, dass die Erben dieser Verpflichtung nicht nachkommen. Die Einziehung stellt sich dann als ein Druckmittel zur Durchsetzung der Abtretungspflicht dar.

Die Vererbung von Geschäftsanteilen einer GmbH ist in gleicher Weise erbschaftssteuerlich privilegiert wie die Vererbung von Personengesellschaftsanteilen, wenn der Erblasser zu mehr als 25 % am Stammkapital der Gesellschaft beteiligt war. Lediglich die Ermittlung des zugrunde liegenden Steuerwertes wird hier nach dem sog. Stuttgarter Verfahren (Mischung aus Ertrags- und Vermögenswert der GmbH) vorgenommen.

Abfindungsanspruch

Wird im Falle des Todes eines Gesellschafters die Gesellschaft nicht mit den Erben fortgesetzt und enthält der Gesellschaftsvertrag keine Abfindungsregelungen, so steht den Erben ein Abfindungsanspruch in Höhe des vollen Wertes des Anteils zu. Dieses Abfindungsentgelt ist sofort in voller Höhe in bar zur Zahlung fällig. Diese Folgen sind in der Regel nicht gewollt.

Der Gesellschaftsvertrag sollte daher zwingend Bestimmungen über die Höhe des Abfindungsanspruchs enthalten. Soll der volle Wert des Anteils als Abfindung geleistet werden, so sollte der Gesellschaftsvertrag zumindest die Bewertungsmethode vorgeben.

Soll sich der Abfindungsanspruch nicht nach dem Verkehrswert bemessen, so muss dies ausdrücklich im Gesellschaftsvertrag vereinbart werden. Gleichzeitig müssen die anderweitigen Bemessungskriterien vorgegeben werden. Das Entgelt muss dabei nicht den vollen Wert des Gesellschaftsanteils erreichen. Darüber hinaus sollte der Gesellschaftsvertrag auch die Zahlungsmodalitäten bestimmen, z.B. Ratenzahlung, Fälligkeit, Verzinsung etc.

Die vorstehenden Ausführungen zeigen, dass die Regelung der Nachfolge in einen Gesellschaftsanteil nicht nur dem Gesetz überlassen werden sollte. Vielmehr ist es Aufgabe eines jeden verantwortungsbewussten Unternehmers, frühzeitig die Initiative zu ergreifen, um unter Beachtung der jeweiligen Besonderheiten „seiner" Gesellschaft, die zweckmäßigsten Nachfolgeregelungen gesellschaftsvertraglich festzulegen.

Nachlaß im Ausland - Internationales Erbrecht

von Rechtsanwalt Stephan Kling; Rechtsanwaltskanzlei Stephan Kling, Köln

Viele Deutsche haben Vermögen im Ausland. Was dazu im Einzelnen alles gehört, darüber machen sich die meisten wenig Gedanken, leider auch oft, wenn es um die Nachlassplanung und die Besteuerung geht.

1. Ausländisches Vermögen

Zunächst soll kurz aufgezählt werden, welches ausländische Vermögen bei der Nachlassplanung von Bedeutung sein kann.

Dazu gehören natürlich Immobilien und Grundvermögen aller Art. Weiterhin zählen sämtliche Geldanlagen im Ausland, von dem einfachen Konto über Termingeschäfte bis hin zu Wertpapieren, zu diesem sensiblen Bereich. Nicht selten findet sich auch eine Firmenbeteiligung an einem ausländischen Unternehmen in einem Vermögensstatus.

Zur Nachlassplanung gehört als erstes immer die Erstellung einer Vermögensübersicht, damit klar wird, welche Regelungsbereiche im Einzelfall vorliegen und damit ausgeschlossen werden kann, dass man einen Teil des Vermögens übersehen hat. Es passiert allzu schnell, dass man bei der Errichtung einer letztwilligen Verfügung und der Überlegung, wem was vermacht werden soll, einzelne Teile seines Vermögens in diesem Augenblick außer Acht lässt, wenn man sich nicht zuvor in Ruhe eine Übersicht angefertigt hat.

Neben dem soeben genannten Auslandsvermögen gibt es natürlich noch unzählig viele andere Formen von Eigentums- und Besitzrechten, die erbrechtlich relevant sind. Deshalb empfiehlt es sich, frühzeitig das Gespräch mit einem Berater zu beginnen, da man oft erst über einen bestimmten Vermögensbestandteil auf den nächsten zu sprechen kommt und diesen sonst vielleicht unberücksichtigt gelassen hätte. Das wäre aber bestimmt nicht im Interesse desjenigen, der gerade eine Nachlassplanung will und nicht alles dem Zufall überlässt.

Zum Vermögen gehören übrigens bei der Nachlassplanung auch die Schulden. Wer diese vergisst und ohne entsprechende Berücksichtigung eine Erbschaftsaufteilung vornimmt, kann ungewollt einen Erben so stark benachteiligen, dass dieser sich vielleicht gezwungen sieht, die Erbschaft auszuschlagen.

2. Staatsangehörigkeit

Es spielt im Internationalen Erbrecht nicht nur eine Rolle, wo der Nachlass sich befindet, sondern auch welche Staatsangehörigkeit der Erblasser und welche der Erbe hat.

Ist der Erblasser zum Beispiel kein Deutscher, lebt aber in Deutschland und stirbt auch hier, so richtet sich die Erbfolge möglicherweise nach dem Recht des ausländischen Staats, dessen Staatsangehörigkeit der Erblasser hat. Das hängt im Einzelfall davon ab, welche Staatsangehörigkeit vorliegt, denn die Rechtssysteme verhalten sich in dieser Hinsicht sehr unterschiedlich. Ist ein solcher Konflikt bereits erkennbar, sollte man die Rechtslage frühzeitig klären und in die Planung einbeziehen. Einfach ist es lediglich dann, wenn der Erblasser Ausländer ist und in seinem Heimatland stirbt. Dann wird er nämlich immer nach dem Recht dieses Staates beerbt. Aber auch dabei gelten zuweilen für einzelne Vermögensbestandteile Ausnahmen. So werden beispielsweise die Grundstücke und Wertpapierdepots, die sich in Deutschland befinden, je nachdem, welche Staaten beteiligt sind, dem deutschen Erbrecht unterworfen. Auch das muss im Einzelfall wieder genau untersucht werden.

Ist der Erblasser Deutscher, so gilt zwar grundsätzlich das deutsche Erbrecht, jedoch kann je nachdem welches ausländische Vermögen besteht, im Einzelfall auch für den einen oder anderen Bestandteil ausländisches Erbrecht eine Rolle spielen. Grundsätzlich spielt es auch keine Rolle, ob der Erblasser einen ausländischen Wohnsitz hatte. Jedoch kann das nach dem Erbrecht des jeweiligen ausländischen Staates wieder anders aussehen, wenn es dort um die Beurteilung des Erbes an einem dort befindlichen Nachlassbestandteil geht.

Hat der deutsche Erblasser übrigens keinen deutschen Wohnsitz inne gehabt, dann ist für Nachlassangelegenheiten das zentrale Nachlassgericht Amtsgericht Berlin-Schöneberg zuständig. Will ein Deutscher im Ausland ein Testament in öffentlich errichteter Form oder einen Erbvertrag abschließen, so kann er sich an das für seinen Aufenthaltsort zuständige deutsche Konsulat wenden.

Ist der Erbe Ausländer, so ist dieser dem deutschen Erbrecht unterworfen und wird wie ein deutscher Erbe beispielsweise Pflichtteilsberechtigter oder Vermächtnisnehmer des deutschen Erblassers. Etwas anderes kann sich lediglich ergeben, wenn sich ein Teil des Vermögens im Ausland befindet und ein ausländisches Gericht über das Erbrecht des ausländischen Erben befindet.

3. Generelle Vorkehrungen

Ob bereits eine Nachlassplanung besteht oder sogar umgesetzt ist, oder ob man sich darüber bisher noch keine Gedanken gemacht hat, jeder sollte sich vorbeugend überlegen, einer Person seines Vertrauens zu Lebzeiten eine Bankvollmacht über den Tod hinaus zu erteilen, ein gemeinsames Bankkonto einzurichten oder aber eine Vollmacht für den Todesfall zu erteilen.

Geht es nicht um Bankkonten, sondern um Gesellschaftsanteile, so empfiehlt es sich für den Todesfall bereits in den Gesellschaftsvertrag Regelungen aufzunehmen, die die leichte und gewollte Firmenfortführung garantieren.

Auch wer Grundbesitz im Ausland hat, kann bereits die Verfügungsmacht zu Lebzeiten regeln, so dass es im Todesfall nicht zu Schwierigkeiten für die Erben kommt.

Wann und wie solche vorbeugenden Maßnahmen sich empfehlen hängt von dem einzelnen Fall ab und sollte gründlich untersucht werden.

Hat der Erblasser Bedenken, wen er mit einer Verfügungsmacht für den Todesfall versehen soll, kommt insbesondere ein Testamentsvollstrecker in Betracht. Diese gilt natürlich auch für den ausländischen Nachlass. Wichtig ist jeweils, dass der Benannte bereits weitgehend aufgeklärt ist, welches Vermögen es zu betreuen gilt. Das ist besonders für ausländisches Vermögen bedeutsam, denn er besteht nicht nur eine räumliche Distanz, die eine schnelle Erkundigung verhindern kann, sondern es kommen auch noch die ausländischen und insoweit oft abweichenden Umstände hinzu. So ist eine Benachrichtigung einer ausländischen Bank über Termingeschäfte oder das Grundbuchrecht einer im Ausland befindlichen Immobilie oft nicht so leicht nachzuvollziehen, wenn man darauf nicht einigermaßen vorbereitet ist.

4. Letztwillige Verfügung

Will ein Erblasser eine letztwillige Verfügung errichten und beachtet er dabei sein ausländisches Vermögen, so wäre es zwar grundsätzlich gut, auch etwas über die ausländischen Vorschriften zur Formwirksamkeit solcher Verfügungen zu wissen, jedoch dürfte das selten der Fall sein. Deshalb haben sich viele Staaten darauf geeinigt, dass eine letztwillige Verfügung nicht an unbekannten oder im Zeitpunkt der Errichtung unbeachteten Formerfordernissen einer Rechtsordnung scheitert (Haager Testamentsübereinkommen vom 5.10. 1961). Lediglich, weil es nicht oft genug erwähnt werden kann, soll auch hier kurz erläutert werden, dass ein selbst errichtetes Testament nach deutschem Erbrecht gültig ist, wenn der Erblasser es handschriftlich verfasst und unterschrieben hat. Ein solches eigenhändiges Testament ist zwar kostengünstig, aber man sollte über die Gefahr nachdenken, dass es abhanden kommt und dass Streitigkeiten über die Auslegung häufiger entstehen, als bei einem einwandfrei nach Beratung erstellten und niedergeschriebenen Testament.

5. Erbschaftsteuern

Nicht wenige haben Vermögen im Ausland, weil es in Deutschland niemals versteuert wurde und/oder es sollen dort keine Steuern mehr anfallen, bzw. lediglich die des jeweiligen Staates.

So oder so ist bei jeder Nachlassplanung auch die Besteuerung des Erbes im Inland und im Ausland zu beachten. Man geht nämlich ein großes Risiko ein, wenn man meint, man könne den ausländischen Nachlass doch aus der inländischen letztwilligen Verfügung einfach herauslassen und die Nachfolge insoweit anders regeln. Die Folgen für den oder die Erben können fatal sein, denn sie haften sowohl dem deutschen wie auch dem ausländischen Fiskus für die anfallenden Erbschaftsteuern. Beschäftigt man sich aber mit den Steuersystemen, so kann man durch die Auswahl der günstigeren Verfügung den steuerlich weniger belastenden Weg einschlagen und damit viel Geld sparen. Wer übrigens je nach Verfügung und Vermögen im Ausland Erbschaftsteuern zu zahlen hat, erhält diese in Deutschland angerechnet.

Wer „Tipps" aus dem Ausland erhält, sollte immer vorsichtig sein.

Ich versichere Ihnen eine vertrauensvolle Zusammenarbeit auf den Fachgebieten Erbrecht, Steuerrecht und Stiftungsrecht.

STEPHAN KLING
RECHTSANWALT

Aachener Straße 1253 · 50858 Köln
Telefon: 0 22 34 / 9 48 96 00 · Telefax: 0 22 34 / 9 48 96 06
E-mail: info@kanzlei-kling.de · Internet: www.kanzlei-kling.de

Zwar gibt es Niedrigbesteuerungsländer, in denen es lukrativ erscheinen mag, von Steuervorteilen zu profitieren. Es sollte jedoch bedacht werden, dass das deutsche Außensteuergesetz diese Dinge grundsätzlich regelt und man sich zudem wegen Steuerhinterziehung strafbar machen kann. Das so hinterlassene Vermögen bedeutet dann spätestens für den oder die Erben eine entsprechende Haftung, zu der dann allerdings noch erhebliche Zinsen hinzukommen können. Deshalb sollte man bei Überlegungen zur Steuerersparnis auf jeden Fall fachmännischen Rat einholen.

Gleiches gilt umso mehr, will man ein internationales Erbschaftssteuergefälle steuermindernd nutzen. Es gibt durchaus Staaten, die keine Erbschaftssteuer oder aber eine mit wesentlich niedrigeren Steuersätzen kennen.

6. Praktische Folgen

Der Erblasser wird spätestens nachdem er die vorherigen Zeilen gelesen hat wissen, dass die Situation mit internationalem Vermögen zunächst verwirrend und undurchschaubar ist. Um so mehr ist eine durchdachte und sorgfältige Nachfolgeplanung erforderlich. Wegen der tiefgreifenden rechtlichen Unterschiede zwischen den Rechtssystemen der einzelnen Staaten kommt es leicht zu unerwünschten, ungerechten und streitverursachenden Erbregelungen, die darüber hinaus mit unnötig hohen Steuerbelastungen verbunden sein können. Die Beurteilung hat dabei sinnigsweise immer aus der Sicht eines Rechtsstreits zu erfolgen. Welche Verfahren dabei denkbar sind, wie und mit welchem Recht sie geführt würden, muss für jeden denkbaren Fall geprüft werden.

An dieser Stelle sei ein Beispiel aufgeführt:
Ein getrenntlebender deutscher Arzt, Vater von zwei Kindern, lebt mit seiner Lebensgefährtin in Frankreich. Vermögensbestandteile sind auf einige Länder verteilt. Ein Ferienhaus in der Schweiz und in Italien gehören ebenso dazu wie die gesammelten historischen Pkw in Frankreich. Nach dem Tod des Arztes verschafft sich die Lebensgefährtin den Besitz. Die gesetzlichen Erben wollen an den Nachlass gelangen.

Die Lebensgefährtin ist auf Herausgabe zu verklagen. Tut man das aber in der Schweiz, so kommt es dort zur Anwendung des schweizer Internationalen Erbrechts mit der Folge, dass schweizer Erbrecht gilt, während eine Klage in Italien nach dortigem Internationalen Erbrecht zur Anwendung deutschen Erbrechts kommt und eine Klage in Frankreich das Erbrecht für das Ferienhaus in der Schweiz dem schweizer Erbrecht und für das Ferienhaus in Italien dem italienischen Erbrecht und für die Pkw dem französischen Erbrecht unterstellt.

Dieses Beispiel zeigt deutlich, welche Schwierigkeiten sich auftun können. Eine zu treffende Erbregelung nötigt den Arzt daher zur Absicherung gegen sämtliche internationalen Regelungen, die hier einschlägig sein können. Es gibt nichts Schlechteres, als die Unsicherheit über das Nachlassschicksal, die Gefahr wirtschaftlich unerwünschter und ungerechter Ergebnisse und die eines Streits über die Erbschaft.

Für die meisten Menschen bedeutet es eine erhebliche Überwindung, die eigene Nachlassregelung zu betreiben. Das ist psychologisch nachvollziehbar, weil man über den eigenen Tod nachdenken muss. Es muss deshalb zu einer sachlichen neutralen Betrachtung geraten werden, bei der man sehr viel schneller zum Ziel gelangt. Bei internationalen Nachlässen ist es aber unter dieser Betrachtung geradezu eine Pflicht, den Überlebenden die soeben aufgezeigten Schwierigkeiten zu ersparen. Welche Möglichkeiten sich einem solchen Menschen bieten, kann hier nicht aufgezeigt werden, denn diese sind so vielzählig, dass man endlose Beispiele aufführen müsste, die dann jedoch für den eigenen Fall gerade wieder die entscheidende Ausnahme nicht enthalten. Sicher gibt es aber je nach Wunsch und angestrebter Gerechtigkeit erfreuliche Gestaltungsmöglichkeiten, die nach erfolgter Nachlass-gestaltung ein gutes Gefühl zurücklassen werden.

Nachlassplanung

von Rechtsanwältin Johanna Werres; Rechtsanwaltskanzlei Werres & Coll. Köln

Die persönliche Situation und die Ver-mögensstruktur bilden die Grundlagen der Vermögensnachfolgeregelungen. Für einen ganzheitlichen Beratungsansatz sind die Wünsche, Ziele und die familiären Besonderheiten von entscheidender Bedeutung.

Gestaltungsmittel im Rahmen der Nachlassplanung sind insbesondere:
– das Testament
– der Erbvertrag
– der Erb- und Pflichtteilsverzicht
– Vertrag zugunsten Dritter auf den Todesfall
– Schenkungs- und Übergabeverträge im Wege der vorweggenommenen Erbfolge

1. Testament

Die Errichtung eines Testamentes setzt Testierfähigkeit voraus. Es sollte deshalb rechtzeitig errichtet werden. Die Testierfähigkeit ist die Fähigkeit eines Menschen, ein Testament rechtswirksam zu errichten, zu ändern oder aufzuheben. Diese Fähigkeit liegt vor, wenn der Testierwillige eine Vorstellung von der Tatsache der Errichtung und dem Inhalt seiner letztwilligen Verfügung hat. Er muss sich über die Tragweite seiner Anordnungen und ihrer Auswirkungen bezüglich der persönlichen und wirtschaftlichen Verhältnisse aller Betroffenen ein klares Urteil bilden können und die Fähigkeit besitzen, frei von Einflüssen Dritter zu entscheiden. Auch muss er eine Abwägung der Gründe, die für und gegen seine Verfügung sprechen, durchführen können. Normale Alterserscheinungen, wie Vergesslichkeit schließen die Testierfähigkeit nicht aus. Bei wechselnden Gesundheitszuständen ist eine Testamentserrichtung in einem lichten Moment möglich.

Testamentsformen sind:
– dass öffentliche Testament § 2232 BGB
– das eigenhändige Testament § 2247 BGB als ordentliche Testamentsformen sowie
– das Nottestament vor dem Bürgermeister § 2249 BGB
– das Nottestament in besonderen Situationen § 2250 BGB
– das Seetestament § 2251 BGB als außerordentliche Testamentsformen
Außerdem ist das Testament in der Form des gemeinschaftlichen Ehegattentestaments, § 2265 BGB, möglich.

2. Erbvertrag

Der Erblasser kann durch Vertrag einen Erben einsetzen sowie Vermächtnisse und Auflagen anordnen (Erbvertrag), § 1941 BGB. Der Erbvertrag ist eine in Vertragsform errichtete Verfügung von Todes wegen. Während ein Testament jederzeit frei widerruflich ist, gilt diese freie Widerruflichkeit für vertraglich angeordnete Verfügungen von Todes wegen nicht. Die Verfügung von Todes wegen wird hier im Gegensatz zum Testament im Einverständnis mit dem Vertragspartner getroffen. Bereits zu Lebzeiten des Erblassers tritt für ihn eine vertragliche Bindung ein.

3. Erb- und Pflichtteilsverzicht

Verwandte sowie der Ehegatte des Erblassers können durch Vertrag mit dem Erblasser auf ihr gesetzliches Erbrecht verzichten. Der Verzichtende ist von der gesetzlichen Erbfolge ausgeschlossen, wie wenn er zur Zeit des Erbfalls nicht mehr lebte; er hat kein Pflichtteilsrecht. Der Verzicht kann auf das Pflichtteilsrecht beschränkt werden (§ 2346 BGB). Der Verzichtvertrag bedarf der notariellen Beurkundung (§ 2348 BGB).

Formen des Verzichts sind:
– Verzicht auf das gesetzliche Erbrecht, § 2346 I BGB
– Verzicht auf testamentarische und erbvertragliche Zuwendungen, § 2352 BGB

Der Erbverzicht hat eine große praktische Bedeutung, so insbesondere bei:
– Scheidungsvereinbarungen, z.B. gegenseitiger Verzicht
– Eingehen einer neuen Ehe (Ehevertrag), z.B. mittels Abfindung und Verzicht der erstehelichen Kinder
– vorweggenommene Erbfolge z.B. Übertragung des Unternehmens oder des wichtigsten Vermögensgegenstandes an einen Nachfolger verbunden mit Pflichtteilsverzicht der weichenden Erben gegen Abfindung

4. Vertrag zugunsten Dritter auf den Todesfall

Soll die Leistung an Dritte nach dem Tode desjenigen erfolgen, welchem sie versprochen wird, so erwirbt der Dritte das Recht auf die Leistung im Zweifel mit dem Tod des Versprechensempfänger (§ 331 BGB).
Der Vertrag zugunsten Dritter auf den Todesfall ist daher keine Verfügung von Todes wegen, sondern ein Rechtsgeschäft unter Lebenden. Von großer praktischer Bedeutung sind hier die Lebensversicherung auf den Todesfall, soweit das Bezugsrecht widerruflich ist sowie der Bausparvertrag mit Drittbegünstigung auf den Todesfall und insbesondere auch die Vereinbarung mit der Bank, nach dem Tod des Kontoinhabers einen Betrag (bzw. das gesamte Kontoguthaben) an einen Dritten zu zahlen oder die Vereinbarung, dass die bei der Bank deponierten Wertpapiere nach dem Tod des Depotinhabers einem Dritten auszuhändigen sind. Die Rechtsstellung des Dritten ist frei änderbar. Der Dritte hat weder ein Recht noch eine Anwartschaft, sondern lediglich die „Hoffnung" (Chance) auf einen künftigen Rechtserwerb. Entscheidend ist, dass die Forderung nicht in den Nachlass fällt. Die Erben erfahren auf diesem

Wege (soweit nicht bekannt) noch nicht einmal von der Existenz dieser Vermögenswerte des Erblassers. Banken und Lebensversicherungen verzichten auf die Vorlage eines Erbscheins. Auf diese Weise ist es möglich, Personen Teile des Vermögens zukommen zu lassen, die nicht zu den gesetzlichen Erben gehören. Banken und Versicherungen müssen dem Finanzamt nur den Bezugsberechtigten, nicht jedoch den Erben mitteilen. Steuerrechtlich handelt es sich um einen Erwerb von Todes wegen.

5. Schenkungs- und Übergabeverträge im Wege der vorweggenommenen Erbfolge

Die vorweggenommene Erbfolge erlebte infolge der Abschaffung des Einheitswertes als steuerliche Bemessungsgrundlage für die Schenkung und Vererbung von Grundvermögen eine Renaissance. Dabei handelt es sich um eine Vermögensübertragung zu Lebzeiten auf die zukünftigen Erben in Vorgriff auf die Erbfolge.

Die vorweggenommene Erbfolge ist stets nur im Konsens zwischen dem künftigen Erblasser und dem zukünftigen Erben möglich. Die Entscheidung hierfür wird dem Übergeber durch zahlreiche Absicherungsmaßnahmen, insbesondere durch Nutzungs- und Rückforderungsvorbehalte erleichtert.

Zu den Vorteilen gehören:
- Die Nachfolgegeneration wird frühzeitig bedacht, zumeist in der Aufbauphase (z.B. Hausbau, Wohnungskauf, Familiengründung)
- Der künftige Erblasser gibt mit „warmer Hand" und kann die Weiterentwicklung begleiten
- Die Nachfolgegeneration wird insbesondere im Unternehmensbereich motiviert und das Verantwortungsgefühl wird gesteigert
- Die ältere Generation wird insbesondere von Verwaltungsaufgaben (z.B. bei Immobilien oder Unternehmen) befreit
- Steuerliche Entlastungen z.B. bei der Einkommensteuer durch Nutzung des Grundfreibetrages oder Erlangung einer geringeren Steuerprogression bei dem Nachfolger sowie bei der Erbschaftsteuer durch Ausnutzung der persönlichen Freibeträge im 10-Jahres-Rhythmus
- Pflichtteilsreduzierung durch rechtzeitige Übertragung und damit Überschreitung der 10-Jahresfrist des § 2325 III BGB, wonach eine Schenkung der Pflichtteilsergänzung entzogen ist, wenn seit Leistung bis zum Erbfall 10 Jahre verstrichen sind.

Zu den Nachteilen gehören:
- Die Vermögenssubstanz hinsichtlich der übertragenen Werte geht verloren und damit auch die darauf bezogene Kreditfähigkeit. Es sollte deshalb nur übertragen werden, was nicht mehr benötigt wird
- Macht und Einfluss, insbesondere im Unternehmensbereich gehen verloren (psychologisches Problem), Einschränkung z.B. durch Beratervertrag möglich.
- Misswirtschaft des Nachfolgers und damit Wegfall der wirtschaftlichen Grundlage für etwa bestehende Nutzungs- und Versorgungsvereinbarungen
- Nachfolgegeneration zeigt sich undankbar und betrachtet die etwa vereinbarten Nutzungs- und Versorgungsvorbehalte mit zunehmendem Zeitablauf als lästige Pflicht.

6. Gegenleistungen im Rahmen der vorweggenommenen Erbfolge

Bei Übertragung von Immobilien kann der Übergeber sich zum Schutz gegen das Eindringen Familienfremder ein Vorkaufsrecht einräumen lassen.

Als klassische Form der Absicherung des Übergebers kommt die Übertragung von Grundvermögen gegen Vorbehalt des Nießbrauchs in Betracht. Dem Übergeber verbleiben sämtliche Nutzungen. Er behält auch das Verwaltungsrecht. Es handelt sich hierbei um eine sichere Gestaltungsmöglichkeit, da das Nießbrauchsrecht selbst bei der Veräußerung bzw. im Falle der Zwangsversteigerung die Rechtsposition des Übergebers absichert.

Bei Wohnimmobilien kann ein entgeltliches oder unentgeltliches Wohnrecht vereinbart werden, wodurch der Übergeber das Recht erhält, ein Gebäude oder einen Teil eines Gebäudes unter Ausschluss des Eigentümers als Wohnung zu benutzen. Im Unterschied zum Nießbrauchsrecht liegt hier der Hauptzweck im Wohnen, während der Nießbrauch zur umfassenden Nutzung berechtigt. Im Verhältnis zum Wohnungsberechtigten trägt der Eigentümer die öffentlichen und privaten Lasten des Grundstücks (wie Brandversicherung und Grundsteuer). Der Eigentümer ist nicht verpflichtet, eine außergewöhnliche Ausbesserung auf seine Kosten vorzunehmen.

Der Übergeber kann sich auch die Zahlung einer Leibrente (lebenslange Rente) von dem Übernehmer zusichern lassen. Hierbei wird regelmäßig eine Wertsicherung vereinbart. Die dingliche Sicherung erfolgt bei Immobilien durch Bestellung einer Reallast (§§ 1105 ff. BGB). Auch eine Pflegeverpflichtung kann mit einem Wohnrecht verbunden und über eine Reallast abgesichert werden.

Zur Sicherung der häuslichen Pflege des Übergebers im Alters- bzw. Krankheitsfall und zur Vermeidung eines Heimaufenthaltes wird häufig eine Pflegeverpflichtung durch den Übernehmer vereinbart. Der Inhalt der Pflegeverpflichtung sollte zur Streitvermeidung möglichst genau beschrieben werden und auf den häuslichen Bereich beschränkt werden. Der Umfang sollte zeitlich begrenzt bzw. durch

Gela Eßer-Ponert
Rechtsanwältin

Änne-Schulte-Straße 14/16a
51109 Köln-Merheim
Tel. (02 21) 89 77 68
Fax (02 21) 89 36 20

RECHTSANWALTSKANZLEI
KLAUS SCHLIMM

- Sprecher des Ausschusses Betreuungsrecht im Kölner Anwaltsverein
- Mitglied Sozialrechtsausschuß Kölner Anwaltsverein
- Mitglied der Arbeitsgemeinschaft Familienrecht und Erbrecht im Deutschen Anwaltsverein

RA Klaus Schlimm
Tätigkeitsschwerpunkte
- **Betreuungsrecht**
- **Familienrecht**
- **Sozialrecht**

Interessenschwerpunkte
- **Erbrecht**
- **Grundstücksrecht**

RA Peter Scheffler
Tätigkeitsschwerpunkte
- **Miet- und Pachtrecht**
- **Straf- und Strafverfahrensrecht**
- **Verkehrsrecht**

Interessenschwerpunkte
- **Arbeitsrecht**
- **Arzthaftungsrecht**

Hansaring 45-47 · 50670 Köln · Telefon (02 21) 13 30 13 · Fax (02 21) 12 25 78 · email@ra-kanzlei-schlimm.de

Bezugnahme auf die Pflegestufen des Pflegeversicherungsgesetzes definiert und durch einen Zumutbarkeitsvorbehalt beschränkt werden.

7. Sozialrechtliche Situation

Bei Zuwendungen unter Lebenden sollte beachtet werden, dass der Übergeber sich nicht zu Lasten des Staates bedürftig machen darf. Werden innerhalb von 10 Jahren nach Übertragung Leistungen nach dem Bundessozialhilfegesetz in Anspruch genommen, ist insbesondere der Rückforderungsanspruch wegen Verarmung des Schenkers (§ 528 BGB) überleitungsfähig. Grundsätzlich können auch die zugunsten des Übergebers vereinbarten Dienstleistungen oder Nutzungsrechte bei Wegfall (z.B. Heimübersiedlung) in finanzielle Ersatzansprüche umgewandelt und übergeleitet werden. So tritt z.B. anstelle eines Wohnrechts, welches nicht mehr ausgeübt werden kann, eine Geldrente, die nach §§ 90, 91 BSHG in Verbindung mit den jeweils landesrechtlichen Vorschriften übergeleitet werden kann. Es empfiehlt sich deshalb die Verpflichtung zur Zahlung einer Geldrente vertraglich auszuschließen.

8. Widerruf, Aufhebung und Rücktritt von letztwilligen Verfügungen

a) Einseitiges Testament

Der Erblasser kann ein Testament sowie eine einzelne in einem Testament enthaltene Verfügung jederzeit widerrufen (§ 2253 BGB). Der Widerruf erfolgt durch Testament (§ 2254 BGB). Danach kann der Widerruf als sog. Widerrufstestament ausdrücklich die Erklärung des Widerrufs des früheren Testaments enthalten. Der Widerruf muss aber nicht ausdrücklich erklärt sein. Er kann auch durch Auslegung oder Umdeutung aus einer widersprechenden anderweitigen Verfügung entnommen werden.

Durch die Errichtung eines Testaments wird ein früheres Testament insoweit aufgehoben, als das spätere Testament mit dem früheren in Widerspruch steht (§ 2258 BGB). Wird das spätere Testament widerrufen, so ist im Zweifel das frühere Testament in gleicher Weise wirksam, wie wenn es nicht aufgehoben worden wäre.

Ein Widerruf kann auch durch Vernichtung oder Veränderung erfolgen (§ 2255 BGB).

Ein öffentliches Testament gilt als widerrufen, wenn die in amtliche Verwahrung genommene Urkunde dem Erblasser zurückgegeben wird (§ 2256 BGB). Dies gilt nicht für das hinterlegte eigenhändige Testament, das auch nach Rücknahme weiter wirksam bleibt. Will der Erblasser es widerrufen, sollte er es nicht nur zurücknehmen sondern auch vernichten.

b) Gemeinschaftliches Testament

Verfügungen, die nicht wechselbezüglich sind, kann jeder Ehegatte durch ein neues Testament widerrufen. Wechselbezügliche Verfügungen sind solche, von denen anzunehmen ist, dass die Verfügung des einen nicht ohne die Verfügung des anderen getroffen sein würde. Der Widerruf solcher Verfügungen durch den einzelnen Ehegatten unterliegt Beschränkungen (§ 2270 BGB).
Ein gemeinschaftliches Testament kann von den Ehegatten gemeinsam widerrufen werden durch ein neues gemeinschaftliches Testament oder einen Erbvertrag. Bei einem eigenhändigen gemeinschaftlichen Testament durch Zerstörung oder Ungültigmachung der Erklärung auf gemeinsamen Beschluss. Bei einem öffentlichen gemeinschaftlichen Testament gilt die gemeinsame Rücknahme aus der amtlichen Verwahrung als Widerruf. An einen einzelnen Ehegatten darf das verwahrte gemeinschaftliche Testament nicht herausgegeben werden (§ 2272 BGB).
Zu Lebzeiten des anderen Ehegatten muss der Widerruf wechselbezüglicher Verfügungen in der Form der gerichtlich oder notariell beurkundeten Erklärung gegenüber dem anderen Ehegatten erfolgen. Außerdem muss die Erklärung gegenüber dem Nachlassgericht höchstpersönlich abgegeben werden. Eine Ausfertigung der Widerrufsurkunde muss dem anderen Ehegatten zugestellt werden. Das Recht zum Widerruf erlischt mit dem Tode des anderen Ehegatten; der Überlebende kann jedoch seine Verfügung aufheben, wenn er das ihm zugewendete ausschlägt (§ 2271 Abs. 2 BGB).

c) Erbvertrag

Einseitige Verfügungen in einem Erbvertrag können von jedem Erbvertragspartner jederzeit abgeändert werden.
Die Wirkungen des Erbvertrages können einzeln oder insgesamt durch einen Aufhebungsvertrag zwischen denselben Personen, die den Erbvertrag errichtet haben, beseitigt werden (§ 2290 BGB).

Der überlebende Ehegatte kann seine eigenen erbvertraglichen Verfügungen oder seine eigenen wechselbezüglichen Verfügungen in einem gemeinschaftlichen Testament nach dem Tode des anderen Ehegatten anfechten (§§ 2281, 2078, 2079 BGB).
Hat der Erblasser sich im Erbvertrag den Rücktritt vorbehalten, kann er einseitig den Rücktritt vom Erbvertrag erklären. Die Rücktrittserklärung bedarf der notariellen Beurkundung (§ 2296 BGB) und muss dem Vertragsgegner in Urschrift oder Ausfertigung zugehen (Abschrift genügt nicht). Bei Erbverträgen ist ein Rücktrittsvorbehalt dringend zu empfehlen. Bei einem zweiseitigen Erbvertrag erlischt das Rücktrittsrecht mit dem Tod des anderen Vertragsteil (§ 2298 Abs. 2 S. 2 BGB).

Schnittpunkte von der Geburt bis zum Tod

Familienrecht • Erbrecht

von Rechtsanwältin Anette Michalke; Rechtsanwaltskanzlei Anette Michalke, Köln

Obwohl wir wissen, dass der Tod uns in jeder Lebensphase treffen kann, schieben viele Menschen dieses Thema vor sich her, in dem Glauben, noch viel Zeit zu haben, die Dinge zu regeln, die ihnen wichtig sind. Jeder sollte sich frühzeitig mit familien- und erbrechtlichen Folgen von Heirat, Partnerschaft, Geburt und Tod auseinandersetzen. Da dies Bereiche sind, die unsere Existenz berühren, sollte man fachlichen Rat einholen, um sicher sein zu können, dass die eigenen Wünsche und Vorstellungen auch tatsächlich eintreten werden.

Embryo

Der Embryo ist bereits im Mutterleib erbfähig, mit der Geburt besteht dann ein Erbanspruch.

Geburt

Mit Geburt haben sowohl eheliche als auch nichteheliche Kinder einen Erbanspruch. Das Erbrecht legt die Erbfolge nach Stämmen fest.

Ein Beispiel:

Das Ehepaar Meier hat eine Tochter, „Maria". Beide Elternteile versterben bei einem Unfall ohne Vorliegen eines Testamentes. Somit tritt die gesetzliche Erbfolge ein:

1. Eigene Kinder („Maria")
2. Eltern und Geschwister (des Ehepaares Meier)
3. Großeltern und deren Kinder

Beim Wegfall eines Abkömmlings treten dessen Abkömmlinge an seine Stelle.

D.h. für unser Beispiel:
Verstirbt „Maria" bei dem Unfall ebenfalls, erben automatisch die Eltern und Geschwister des Ehepaares Meier. Hätten die Meiers ein Kind adoptiert, würde dieses neben „Maria" zu gleichen Teilen erben. Eheliche, nichteheliche und adoptierte Kinder sind vor dem Gesetz gleichgestellt. Das adoptierte Kind selbst hat keine Erb- und/oder familienrechtlichen Ansprüche (z.B. Unterhalt) gegen seine leiblichen Eltern.

Diese gesetzlichen Erbansprüche können nur durch ein Testament verändert werden. Wer bereits genaue Vorstellungen darüber hat, wer ihn beerben soll, muss prüfen, ob diese mit den gesetzlichen Vorschriften übereinstimmen, oder ob es notwendig ist, ein Testament zu machen.

Verfolgen wir das Leben von „Maria" weiter.

Kind

Das Kind – in unserem Beispiel „Maria" – hat nicht nur erbrechtliche, sondern auch familienrechtliche Ansprüche.
Trennt sich das Ehepaar Meier (z.B. durch Scheidung), hat „Maria" Unterhaltsansprüche gegen beide Elternteile (und ggf. auch gegen ihre Großeltern).
Auch die Mutter eines nichtehelichen Kindes hat Unterhaltsansprüche gegen den Vater des Kindes: Kosten der Entbindung, Unterhalt für mindestens 3 Jahre nach der Geburt, ggf. auch länger.
Hätte also in unserem Fall Herr Meier ein nichteheliches Kind mit seiner Kollegin Frau Müller gezeugt, kann sie Unterhaltsansprüche für sich und für das Kind gegen Herrn Meier geltend machen.

Heirat oder nichteheliche Lebensgemeinschaft

„Maria" ist mittlerweile erwachsen und lebt mit „Paul" zunächst in einer nichtehelichen Lebensgemeinschaft zusammen. Wenn „Maria" rechtsverbindliche Gestaltungen ihres Lebensverhältnisses mit „Paul" möchte, muss sie einen Partnerschaftsvertrag abschließen.
„Maria" und „Paul" entschließen sich jedoch zu heiraten.
Wenn sie keinen Ehevertrag abschließen, leben sie im gesetzlichen Güterstand der Zugewinngemeinschaft.
D.h., alles, was während der Ehezeit von „Maria" und „Paul" erwirtschaftet und erworben wird, muss im Fall einer Scheidung ausgeglichen werden. Hierunter fallen nicht Vermögenswerte, die durch Erbschaft erworben werden oder schon vor der Ehe einem Ehepartner ausschließlich gehörten.
Dazu gehören nicht Schulden, die der Ehepartner entweder vor der Ehe oder auch solche, die er in der Ehe verursacht hat, wenn sie in einem Umfang gemacht wurden, die sein gesamtes Vermögen betreffen und hierzu der andere Ehepartner seine Zustimmung nicht erteilt hat.
Dies wäre der Fall, wenn „Paul" ohne Wissen von „Maria" ein Haus kauft, dabei sein gesamtes Sparguthaben einsetzt und sich darüber hinaus mit 250.000 Euro verschuldet. „Maria" muss für diese Schulden, die „Paul" in der Ehe gemacht hat, nicht aufkommen.
Dies gilt nicht für Geschäfte des täglichen Lebens, wie z.B. den Kauf eines Kühlschranks, einer Waschmaschine oder von Nahrungsmitteln.

„Maria" und „Paul" wollen sich jedoch für den Fall einer Trennung absichern und mögliche Erbansprüche regeln. Sie schließen deshalb vor dem Notar „Frisch" einen notariellen Ehe- und Erbvertrag ab. In diesem frei gestaltbaren Vertrag regeln sie für den Fall ihrer Scheidung folgende Bereiche:

Sie einigen sich, keine gegenseitigen Unterhaltsansprüche für die Zeit nach der Scheidung geltend zu machen. Der zu zahlende Trennungsunterhalt vor der gerichtlich erfolgten Scheidung, kann vertraglich nicht ausgeschlossen werden. Weiterhin möchten „Maria" und „Paul" keinen Versorgungsausgleich in Anspruch nehmen, d.h. die Übertragung von Rentenansprüchen. Sie regeln auch die Aufteilung ihres gesamten Vermögens und Hausrates.

Außerdem schließen sie einen Erbvertrag ab. Darin regeln sie, wer im Falle ihres Todes ihr gesamtes Vermögen erhalten oder wie dieses aufgeteilt werden soll. Dieses ist notwendig, weil ab dem Zeitpunkt der Einreichung eines Scheidungsantrages das Ehegattenerbrecht ausgeschlossen ist. Würde „Maria" die Scheidung einreichen und stirbt vor dem Scheidungstermin, würde „Paul" nicht ihr gesetzlicher Erbe sein.

„Maria" und „Paul" sind aber glücklich verheiratet und haben mittlerweile Nachwuchs bekommen: „Michael" und „Claudia". Bevor sie den Erbvertrag abschließen, informieren sie sich, wie das Testament in steuerlicher Hinsicht am günstigsten gestaltbar ist. Z.B. überlegen „Maria" und „Paul", ob sie ihren Kindern vorab ein ihnen gehörendes Haus zu übertragen (Vorabschenkung), um die im Falle des Erbfalls zu zahlende Erbschaftssteuer zu reduzieren.

Neben dem Abschluss eines Erbvertrages ist es ebenfalls sinnvoll, auch Regelungen zu treffen, wenn man selbst aufgrund einer Krankheit oder eines Unfalls nicht mehr handlungsfähig ist. Hier bietet sich die Möglichkeit, eine Patientenverfügung, Vorsorgevollmacht oder Betreuungsverfügung bei einem Menschen seines Vertrauens oder in seinen persönlichen Unterlagen zu hinterlegen.

Mit der Patientenverfügung treffen Sie Entscheidungen für ihre medizinische Behandlung und Pflege bei schwersten Erkrankungen: Sie können die Weiterführung oder auch den Abbruch von Behandlungen verfügen. Mit der Betreuungsverfügung legen Sie eine Person des Vertrauens fest, die für Sie entscheidet, wenn Sie selbst dazu nicht mehr in der Lage sind. Die Vorsorgevollmacht bestimmt einen Bevollmächtigten für alle Vermögens-, Krankheits-, und andere Rechtsangelegenheiten bis zum Todesfall.

Bei allen familien- und erbrechtlichen Fragen bzw. Entscheidungen sollten Sie professionelle Hilfe hinzuziehen. Nur so können Sie sicher sein, dass das, was Sie gewünscht und gewollt haben, auch eintrifft. Und zu guter letzt vermeiden klare Entscheidungen im Vorfeld Streitigkeiten innerhalb der Familie.

KLAUS LITZE

RECHTSANWALT

zugelassen beim Amts-, Land- und Oberlandesgericht Köln

Die Kanzlei besteht als Bürogemeinschaft mit einem Kollegen mitten im Herzen Kölns seit August 1987.

Die Tätigkeitsschwerpunkte liegen im Bereich des allgemeinen Zivilrechts (inkl. Familienrecht, Mietrecht) sowie des Arbeitsrecht und des Strafrechts.

Die Passion für den Anwaltsberuf hat auch nach 18 Berufsjahren noch nicht nachgelassen und wird sich hoffentlich noch lange halten.

50674 Köln · Hohenstaufenring 17 · Telefon (0221) 23 10 38 · Telefax (0221) 24 83 56

Rechtsanwalt Bernhard **Throm**

■ Fachanwalt für Familienrecht

Kieskaulerweg 158 · 51109 Köln-Mehrheim · Tel.: 0221 / 8 9 10 52 · Fax: 0221 / 8 90 33 27

BRIGITTA BIEHL
RECHTSANWÄLTIN

TÄTIGKEITSSCHWERPUNKTE:
- FAMILIEN- UND SCHEIDUNGSRECHT
- MIETRECHT

INTERESSENSCHWERPUNKTE:
- WOHNUNGSEIGENTUMSRECHT

MAINZER STR. 71 · 50678 KÖLN · TEL.: 0221 / 937 81 40 · FAX: 0221 / 934 9264

Anette Michalke
Rechtsanwältin

Bachemer Str. 173/
Ecke Lindenthalgürtel

50931 Köln

Telefon 02 21 / 400 09 28
Telefax 02 21 / 400 28 09

■ Familienrecht
■ Erbrecht
■ Vertragsgestaltung

Steuerfalle „Berliner Testament"

von Rechtsanwalt Udo Eversloh; Rechtsanwaltskanzlei Udo Eversloh, Köln

Der typische Fall: Eltern wollen sich zu Alleinerben einsetzen. Der überlebende Elternteil soll das gesamte Vermögen erben. Die Kinder sollen erst an die Reihe kommen, wenn beide Elternteile verstorben sind. Dementsprechend lautet eine viel praktizierte Testamentsgestaltung z.B.: "Wir setzen uns gegenseitig zu Alleinerben ein. Nach dem Tod des Letztversterbenden von uns sollen unsere Kinder zu gleichen Teilen Alleinerben sein.".

Diese Gestaltung nennt sich "Berliner Testament". Die Kinder werden über eine derartige Nachlassregelung nicht begeistert sein. Sie haben dann das Gefühl, "auf die lange Bank geschoben" zu werden. Doch das ist den Eltern in dem Augenblick der Testamentserstellung oft egal. Sie haben das Vermögen aufgebaut. Sie wollen sich daher auch gegenseitig absichern. Dann scheint der Grundsatz "Erst die Eltern, dann die Kinder" nur allzu gerecht zu sein.

Doch hier ist Vorsicht geboten: Denn der Fiskus kassiert mehrfach für dasselbe Vermögen:

Besteht gesetzlicher Güterstand (Zugewinngemeinschaft), fällt der Nachlass zur Hälfte an die Mutter, der Rest geht zu gleichen Teilen an die Kinder, wenn kein Testament errichtet wird und somit die gesetzliche Erbfolge eintritt. Muss ein Geschäft oder eine Praxis nach dem Versterben eines Elternteils verkauft werden, fällt Einkommensteuer an. Allein erbt die Mutter ggf. nur die Rentenversicherungen, die Lebensversicherungen und die Hinterbliebenenrente. Machen die Kinder ihren Pflichtanteil geltend, erhalten sie die Hälfte des gesetzlichen Erbteils. D.h., wenn der Nachlass des Vaters 1 Mio. € beträgt, erbt die Mutter 500.000 € jedes der beiden Kinder 250.000 €; machen diese beide ihr Pflichtteil geltend, erhalten sie jeweils 125.000 €. Diese Zahlen werden dann der Besteuerung zu Grunde gelegt.

Bei der Erbschaftsteuer wird zunächst die Einkommensteuer (sofern sie anfällt) abgezogen. Immobilien werden mit dem Ertragswert angesetzt. Dann wird ein persönlicher Freibetrag von derzeit 307.00 € bei dem Überlebenden nach dem ersten Erbfall abgezogen. Auch für einen vererbten Betrieb wird ein Freibetrag von 250.000 € abgezogen. Die Kinder gehen hier noch "leer" aus (es sei denn, sie haben ihren Pflichtteil geltend gemacht - dann aber erben sie nach dem Tod des zweitversterbenden Elternteil nichts mehr). Den verbleibenden Nachlass muss der überlebende Elternteil gestuft nach Höhe der Erbschaft der Erbschaftsteuer unterwerfen.

Beim zweiten Erbgang wiederholt sich dies im Prinzip alles. Aber nunmehr müssen die Kinder das Erbe nochmals – nach Abzug der Freibeträge – im Rahmen der Erbschaftsteuer versteuern. D.h. hier fällt eine Doppelbelastung an.

Daraus ergeben sich folgende Nachteile für das Berliner Testament:
– Das Testament lässt sich einseitig nicht mehr verändern (da es sich um einen Erbvertrag unter den Eheleuten handelt),
– der Überlebende kann veränderte Verhältnisse bei den Kindern nicht mehr berücksichtigen,
– Pflichtteilsansprüche drohen,
– erhöhte bzw. wiederholte Erbschaftsteuer.

Sinnvoller als das "Berliner Testament" ist ein "einfaches" Testament, das mit Hilfe eines Rechtsanwalts oder Notars erstellt werden sollte. Der Inhalt: Den Betrieb erhalten die Kinder (sofern möglich). Er wird nach dem Tod des Erstversterbenden verkauft. Die dafür anfallende Einkommensteuer bezahlen die Kinder. Den Rest teilen sie sich. Auch erhalten die Kinder die Kapitalversicherungen. Im Gegenzug bezahlt der Nachwuchs seine Ausbildung (und liegt dem überlebenden Elternteil also nicht mehr "auf der Tasche"). Das Eigenheim, vermietete Immobilien und die Rente verbleiben dem überlebenden Elternteil. Außerdem wird die Lebensversicherung auf diesen übertragen, so dass der Auszahlungsbetrag nicht in das Erbe fällt.

Vorteile dieser Gestaltung:
– Jeder Erbe kann nach seinem Belieben über sein Vermögen disponieren.
– Die Kinder können bereits im ersten Erbgang ihre Freibeträge nutzen.
– Der überlebende Elternteil ist versorgt.
– Dessen Erbschaftsteuer sinkt.

Der Effekt ist nicht selten eine Steuerersparnis von ca. 50 % im Vergleich mit der gesetzlichen Erbfolge und einer solchen von ca. 30 % gegenüber dem Berliner Testament.

UDO EVERSLOH

Rechtsanwalt

Steuerrecht · Gesellschaftsrecht · Erbrecht (Tätigkeitsschwerpunkte)
Leasing · Immobilienrecht (Interessenschwerpunkte)

Friesenplatz 2-4
50672 Köln

Telefon 02 21 / 56 97 56 14
Telefax 02 21 / 56 10 77

E-Mail RA.Eversloh@t-online.de

Tanja Cathrin Liebig
Rechtsanwältin

Tätigkeitsschwerpunkte:
- Arbeitsrecht
- Straf- und Strafverfahrensrecht
- Verkehrsrecht

Interessenschwerpunkte:
- Erbrecht
- Ehe- und Familienrecht

Kanzlei im Weißer Rheinbogen

Heinrichstraße 24 · 50999 Köln-Weiß
Tel: 02236/331550 · Fax: 02236/331551 · eMail: kanzlei@anwalt-liebig.de · www.anwalt-liebig.de

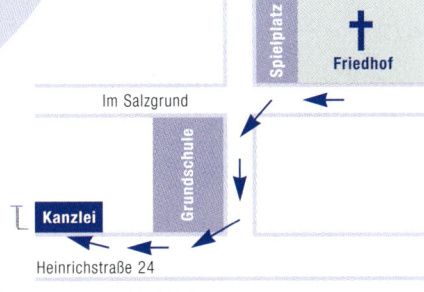

Stiftungsrecht

von Rechtsanwalt Dr. Hans Josef Rüber; Rechtsanwaltskanzlei Dr. Hans Josef Rüber, Köln

Die Stiftung als eine die Zeit überdauernde Erinnerung an den Stifter und seine Botschaften

I.
Spaziergänge über Friedhöfe sind höchst anregend und interessant. Wir beschäftigen uns dabei mit der Vergangenheit in der Form von Leben und Tod einzelner Familien oder Persönlichkeiten, die dort ihre letzte Ruhestätte gefunden haben. Grabmale sind seit der fernen Vergangenheit Auskunftsgegenstände über das Leben und den Tod, über die Jenseitsbezüglichkeit und das irdische Selbstverständnis der Verstorbenen und ihrer Angehörigen. Auf vielen Friedhöfen finden wir monumentale Grabmale, die Prestige und Macht zum Ausdruck bringen wollen, und auch andere, die den Verstorbenen und seine Familie unter den Schutz der Götter oder in die Gnade des barmherzigen Gottes stellen. Der Verstorbene und seine Familie wollen zum Ausdruck bringen, welche Bedeutung sie in der Gesellschaft der Zeit gehabt haben und noch haben und in welchen Zusammenhängen sie ihr Leben und den Tod sehen.

Natürlich sollen solche Namen von Verstorbenen und deren Familien durch die Gestaltung des Grabmals auf große zeitliche Dauer, manchmal über Jahrtausende hinweg, in der Erinnerung und Vorstellung der jeweiligen Gegenwart verhaftet bleiben. Der Verstorbene und seine Familie verschaffen sich in der Erinnerung der Menschen eine zeitlich verlängerte Existenz über Jahrhunderte und darüber hinaus. Der Wunsch, die Bedeutung des Verstorbenen und seiner Familie im Bewusstsein der nachfolgenden Generationen wachzuhalten, ist der natürliche Wunsch des Menschen, den er in steinernen Monumenten zu verwirklichen trachtet. Bekanntlich lässt sich die Erinnerung und das Gedenken an jeden einzelnen Menschen nicht über schriftliche Zeugnisse seiner Mitmenschen und Nachfahren erreichen. Nur über die großen Akteure des politisch-staatlichen Lebens, der Wirtschaft und Kultur werden schriftliche Zeugnisse gefertigt, archiviert und späterhin ausgewertet. Die Erinnerung an sie und ihr Wirken kann so aufrecht erhalten werden. Von den allermeisten Menschen, die gelebt haben, sind solche Zeugnisse in allgemein zugänglicher Form nicht erhalten, so dass sie dem Vergessen anheimfallen, auch wenn sie in mustergültiger Weise gelebt und für das Gemeinwohl Erhebliches beigetragen haben.

Die Kultur der großen Grabmale geht ihrem Ende entgegen. Grabstätten werden immer häufiger in kürzeren Abständen neu belegt. Die Bestattungskultur der Vergangenheit und die Möglichkeit des Menschen, über die Gestaltung des Grabmales eine Erinnerung an sich und sein Tun, an die Familie und deren Bedeutung aufrecht zu erhalten, wird schon durch den Anstieg der Bevölkerungszahl und damit auch der Zahl der Todesfälle und Bestattungen stark zurückgedrängt, wenn nicht unmöglich gemacht.

Wie aber kann das Gedenken und Erinnern an Verstorbene und ihre Familien perpetuiert werden, wenn es nicht über Grabmale oder schriftliche Zeugnisse erreicht werden kann?

Die Antwort lautet: Stiftungen haben ein „Ewiges Leben". Durch die Gründung einer Stiftung oder durch eine Zustiftung kann der Verstorbene oder seine Familie ein irdisches „Ewiges Leben" erlangen.

II.
Was ist eine Stiftung?
Eine Stiftung im Rechtssinne ist eine rechtsfähige, jedoch nicht verbandsmäßig organisierte Institution, die die Aufgabe hat, mit dem der Stiftung gewidmeten Vermögen den vom Stifter festgelegten Stiftungszweck dauernd zu verfolgen. Daraus ergibt sich, dass der Stiftungszweck, das Stiftungsvermögen und die Stiftungsorganisation die drei wesentlichen Elemente des Stiftungsbegriffes sind.

Die Stiftung setzt den Stifterwillen voraus, der den Zweck der Stiftung bestimmt, der grundsätzlich unabänderlich ist. Gerade dadurch unterscheidet sich die Stiftung von Körperschaften, die vom wandelbaren Willen ihrer Mitglieder getragen werden (z.B. Vereine, Gesellschaften, Handelsgesellschaften oder Kapitalgesellschaften). Hinzu kommt, dass eine Stiftung eine reine Verwaltungsinstitution ist und über keine Mitglieder verfügt. Andere Körperschaften sind nur solange existent, solange sie Mitglieder haben. Eine Stiftung ist von Personen unabhängig. Als juristische Person entsteht sie mit dem Stiftungsgeschäft und der Anerkennung des Bundesstaates, in dessen Gebiet die Stiftung ihren Sitz haben soll. Sie erlangt dadurch ihr Leben, das sie solange führen wird und führen kann, wie der Zweck, den der Stifter ihr gegeben hat, verwirklicht werden kann. Er wird verwirklicht durch die Stiftungsorgane, insbesondere den Vorstand der Stiftung, den der Stifter einsetzt und der sich später nach Regeln, die in der Stiftungssatzung niedergelegt werden müssen, erneuert. So kann die Stiftung zunächst vom Stifter selbst und/oder durch seine Familie geführt werden, auch über Generationen hinweg, oder/und durch Fremde, mit der Stiftungsverwaltung und dem Zweck der Stiftung vertrauten Persönlichkeiten.

Die gesetzlichen Bestimmungen über die Stiftungen finden sich im Bürgerlichen Gesetzbuch, im 1. Buch, §§ 80 ff. unter dem Titel „Juristische Personen". Die Stifterfreiheit wird als grundgesetzlich geschützt verstanden und

Wolfgang Rönne
Rechtsanwalt

Tätigkeitsschwerpunkt

Erbrecht

Konrad-Adenauer-Ufer 37
50668 Köln

Tel: 02 21 / 13 99 695 - 0
Fax: 02 21 / 13 99 695 - 69

Email: roenne@erbrecht.net
Internet: www.erbrecht.net

DR. HANS JOSEF RÜBER

RECHTSANWALT
Fachanwalt für Steuerrecht

Tätigkeitsschwerpunkt:
»Unternehmensnachfolge; Familienstiftung
und Gemeinnützige Stiftungen«.

RÜBER
Rechtsanwälte • Steuerberater

Konrad-Adenauer-Ufer 37
50668 Köln
http://www.rueber.de

Tel.: 49 (0)2 21-2 72 86-10
Fax: 49 (0)2 21-2 72 86-11
E-mail: HJR@RUEBER.DE

das mit gutem Grund.
Noch heute existierende Stiftungen aus der Zeit des ausgehenden Mittelalters und eine Vielzahl solcher aus den nachfolgenden Jahrhunderten tragen die Namen ihrer Stifter bis in die heutige Zeit und beeinflussen durch ihre Mittelvergabe unser heutiges Leben. Viele solche Stiftungen stammen aus dem 18. und 19. Jahrhundert.
Mit 18 Milliarden Euro, die die Stiftungen in der Bundesrepublik Deutschland jährlich für kulturelle, wirtschaftliche und soziale Zwecke ausgeben, sind sie ein gerade in Zeiten leerer öffentlicher Kassen bedeutender Faktor in der Gesellschaft. Dieser Erfolg und die öffentliche Anerkennung locken neue Stifter. In den letzten Jahren hat sich geradezu ein Boom an Stiftungsgründungen ergeben, gestiftet von Unternehmern, aber auch von zahlreichen Privatpersonen bis hin zu den Bürgerstiftungen, die von einer größeren Anzahl sogenannter „kleiner Bürger" mit Geld ausgestattet werden. Die Zahl neuer Stiftungen „explodierte" auf mehr als 600 im Jahr 2000.
Das war gegenüber dem Vorjahr eine Verdoppelung und erhöhte sich 2001 weiter auf mehr als 1.000 neue Stiftungen. In den 50er Jahren wurden gerade einmal 300 Stiftungen im ganzen Jahrzehnt gegründet. Diese Zahl erhöhte sich je Jahrzehnt über 500, 700 und 1.500 auf 2.500 in den Jahren 1990 bis 2000.
Die Gesetzgebung in der Reform der Bestimmungen des Bürgerlichen Gesetzbuches zu den Stiftungen und insbesondere im steuerrechtlichen Bereich, zuletzt durch das Gesetz zur weiteren steuerlichen Förderung von Stiftungen vom 14. Juli 2000 und im Gesetz zur Modernisierung des Stiftungsrechts vom 15.07. 2002, hat die Voraussetzungen für mehr Bürgerengagement bei der Förderung von Kunst und Kultur, Umwelt, Technik und Wissenschaft sowie sozialen Diensten so positiv gestaltet, wie sie seit 200 Jahren nicht mehr waren.

Stiftungen sind bürgerliches Engagement und selbstlose Hingabe einerseits, aber auch der Wille des Stifters, sich selbst, seine Ideen und Ziele über seine Lebenszeit hinaus für seine Familie, seine Nachkommen und die weitere Gesellschaft im Bewusstsein und in der Erinnerung zu halten. Der Stifter kann der von ihm gegründeten Stiftung seinen Namen geben. Er kann seinen Namen auch verbinden mit einem der möglichen Zwecke steuerbegünstigter, also gemeinnütziger Stiftungen und damit seinen Namen mit einem Programm verbinden und der Erinnerung überliefern. Es ist nicht alleine Altruismus gefragt, der Wohltäter darf auch an sich selbst und das Bild, das die Nachwelt von ihm haben soll, denken. So entsteht ein „Grabmal" durch die Stiftung des Stifters auf „ewige Zeit" im Sinne der geschichtlichen Möglichkeiten.

III.
Von den drei Elementen des Stiftungsbegriffes kommt dem Stiftungszweck eine hauptsächliche Funktion zu. Der Wille des Stifters wird in dem Zweck konkretisiert. Dieser bildet die Leitlinie der Stiftungstätigkeit und ist nach der Genehmigung der Stiftung durch den Bundesstaat, in dem sie gegründet wird, grundsätzlich sowohl der Disposition des Stifters, seinen Erben als auch dem Zugriff der Stiftungsorgane entzogen. Veränderungen in der Zweckbestimmung sind nur unter ganz engen Voraussetzungen und nur mit staatlicher Genehmigung zulässig. Die Rechtsordnung gibt mit dem Rechtsinstitut der Stiftung dem Stifter die Möglichkeit, seinen in der Bezeichnung des Stiftungszwecks verkörperten Willen zu institutionalisieren und über die Grenzen seiner eigenen Existenz hinaus zu verewigen.
Die Rechtsordnung gibt keine inhaltlichen Vorgaben für die Ausgestaltung des Stiftungszwecks. § 80 Abs. 2 BGB bestimmt lediglich, dass der Stiftungszweck das Gemeinwohl nicht gefährden darf. Dem Bürgerlichen Gesetzbuch liegt das Prinzip der gemeinwohlkonformen Allzweckstiftung und der Grundsatz der unbeschränkten Zulässigkeit aller, auch der privatnützigen Stiftungszwecke zugrunde.
Der Stifter hat die Stiftung mit einem Vermögen, dem sogenannten Stiftungsvermögen auszustatten. Die Vermögensübertragung hat zeitgleich mit dem Stiftungsvorgang zu erfolgen. Die Stiftung bedarf solcher Mittel, die zur Erfüllung ihres Zwecks ausreichend sind. Das Stiftungsvermögen hat zwar nicht die gleiche wesentliche Bedeutung wie der Stiftungszweck, jedoch muss es der Verwirklichung des Stiftungszwecks dienen können. Die Stiftung muss mit solchen Mitteln ausgestattet werden, die die dauerhafte Erfüllung des Stiftungszweckes ermöglichen.
Die Verwaltungspraxis zeigt, dass z.B. in Nordrhein-Westfalen ein Mindeststiftungskapital von 50.000,00 € zur Verfügung gestellt werden muss. Diese Ziffer aber muss überprüft werden im Verhältnis zu dem Stiftungszweck, dem das Kapital auf Dauer dienen soll und aus dessen Erträgnissen der Stiftungszweck dauerhaft verwirklicht werden soll. Das kann dazu führen, dass das Stiftungskapital erheblich höher sein muss. Diese Korrelation muss im Einzelfalle sorgfältig vom Stifter bedacht werden. Die anerkennende Behörde des Bundesstaates wird ihn aber diesbezüglich bei seinen Überlegungen unterstützen.
Die Stiftungsorganisation bestimmt sich in erster Linie nach der Satzung der Stiftung als dem eigentlichen Verfassungsrecht der Stiftung, erst subsidiär nach dem Landesrecht (z.B. Stiftungsgesetz des Landes NRW) und nach dem BGB. Als Mindestanforderung an die Organisation einer Stiftung verlangt das Gesetz die Einrichtung eines Vorstandes. Der Vorstand kann aus einer Person oder aus mehreren Personen bestehen.

Darüber hinausgehend kann der Stifter im Stiftungsgeschäft und in der Stiftungssatzung weitere Organe vorsehen, die entweder entscheidende, beratende oder den Vorstand kontrollierende Funktionen übernehmen können.

Bei vielen Stiftungen kann man neben dem Vorstand ein Kuratorium, einen Aufsichtsrat oder einen Beirat feststellen. Der Stifter ist frei darin, die Besetzung der Leitungsgremien in der Satzung der Stiftung konkret für den ersten Fall und abstrakt für nachfolgende Neubesetzungsfälle vorzunehmen.

IV.

Die Stiftung ist auch und gerade ein Instrument der Vermögensnachfolgeregelung. Es ist sinnvoll und verantwortungsvoll, sich mit der Frage schon zu Lebzeiten zu beschäftigen, wer das Vermögen oder Teile hieraus, das der einzelne Mensch ererbt hat und verwaltet, erarbeitet und erworben hat, erhalten soll, sei es bereits zu Lebzeiten oder beim Tode des Vermögensinhabers.

Viele Menschen, viele Eheleute haben keine direkten Nachkommen. In anderen Fällen möchten sie das Vermögen nicht ihren Nachkommen ganz überlassen und vererben.

Insbesondere entferntere Verwandte werden oft als Empfänger der zu vererbenden Vermögenswerte nicht gewollt.

In all diesen Fällen bietet sich die Stiftung als Empfänger von Vermögenswerten zu Lebzeiten des späteren Erblassers oder für den Fall seines Versterbens an. Der Erblasser kann eine Stiftung schon zu seinen Lebzeiten gründen oder auf den Todesfall. Auf eine gute Beratung durch einen auf Stiftungsgründungen und im Stiftungsrecht bewanderten Rechtsanwalt sollte er Wert legen. Es wird dabei auch zu überlegen sein, ob eine eigenständige gemeinnützige Stiftung sinnvoll ist oder eine unselbständige Stiftung, angelehnt an einen anderen gemeinnützigen Träger, oder eine eigennützige Familienstiftung.

Dadurch kann der Erblasser nicht nur Erbschaftsteuer sparen (die Vermögensanfälle an gemeinnützigen Stiftungen sind von der Erbschaftsteuer freigestellt), er kann auch, wenn er zu Lebzeiten Vermögen in die gemeinnützige Stiftung gibt, Einkommensteuer sparen.

V.

Die größte Bedeutung kommt den Stiftungen bei der Übernahme und Finanzierung solcher Aufgaben zu, die nach der Tradition der letzten 100 Jahre als öffentliche Aufgaben wahrgenommen werden. Es sind dies insbesondere Aufgaben in den Bereichen von Kultur, Wissenschaft und Sozialem. Etwa 94 % aller in Deutschland bestehenden Stiftungen sind gemeinnützig und verfolgen steuerbegünstigte Zwecke im Sinne der Abgabenordnung. Solche gemeinnützigen Zwecke sind in § 52 Abs. 2 der Abgabenordnung beispielhaft aufgezählt, nämlich die Förderung von Wissenschaft und Forschung, Bildung und Erziehung, Kunst und Kultur, der Religion, der Völkerverständigung, der Entwicklungshilfe, des Umwelt-, Landschafts- und Denkmalschutzes, des Heimatgedankens, die Förderung der Jugendhilfe, der Altenhilfe, des öffentlichen Gesundheitswesens, des Wohlfahrtswesens und des Sports, die allgemeine Förderung des demokratischen Staatswesens, die Förderung der Tierzucht, der Pflanzenzucht, der Kleingärtnerei, des traditionellen Brauchtums einschließlich des Karnevals. Besonders begünstigte Zwecke sind die mildtätigen Zwecke. Solche sind gegeben, wenn die Tätigkeit der Stiftung darauf gerichtet ist, Personen selbstlos zu unterstützen, die infolge ihres körperlichen, geistigen oder seelischen Zustandes auf die Hilfe anderer angewiesen sind oder die über sehr geringe Einkünfte verfügen, also die Unterstützung armer Menschen. Es wird bei jeder Errichtung einer Stiftung besonders sorgfältig zu prüfen und zu formulieren sein, wie der Stiftungszweck beschrieben werden muss, um den Willen des Stifters möglichst genau zum Ausdruck zu bringen, jedoch das Leben der Stiftung in der nicht bekannten Zukunft mit veränderten sozialen und gesellschaftlichen Rahmenbedingungen zu sichern und zugleich den Anforderungen des Steuerrechtes gerecht zu werden. Denn die Förderung der vorgenannten ideellen Zwecke wird vom Steuerrecht durch eine Steuervergünstigung belohnt und gefördert. Steuerlich gefördert wird sowohl die Errichtung der Stiftung und die Übertragung von Vermögenswerten in die Stiftung zu Lebzeiten des Stifters durch Vergünstigungen bei den Ertragsteuern und im Todesfalle durch die Freistellung von der Erbschaftsteuer. Hinzu kommen steuerliche Besonderheiten, die Ausnahmen von dem Gebot der Verwendung des Vermögensertragnisse aus dem Stiftungsvermögen zugunsten der gemeinnützigen oder mildtätigen Zwecke erlauben, um Rücklagen zu bilden, die z.B. wegen der Inflation erforderlich sind, um der Stiftung ein Vermögen zu erhalten, das sie in den Stand setzt, ihre steuerbegünstigten satzungsmäßigen Zwecke nachhaltig erfüllen zu können. Auch die Verwendung solcher Vermögensertragnisse, um in angemessener Weise den Stifter und seinen nächsten Angehörigen zu unterhalten, ihre Gräber zu pflegen und ihr Andenken zu ehren, wird von den Steuergesetzen als unschädlich bezeichnet.

Die Stiftung ist also gerade auch durch den Steuergesetzgeber mit solchen Vorteilen ausgestattet worden, die es erklärbar machen, warum immer mehr Stifter ihr Vermögen oder einen erheblichen Anteil ihres Vermögens in eine Stiftung einbringen und sich damit ein Grabmal für die „irdische Ewigkeit" setzen, das den Rang des Stifters und seiner Familie auf lange Dauer verkündet.

Die Übertragung von Immobilien im Rahmen

von Rechtsanwalt Dr. Udo Völlings; Hecker, Werner, Himmelreich & Nacken • Rechtsanwälte, Steuerberater, Wirtschaftsprüfer

1. Schenken statt vererben?

Wer in seinem letzen Willen über sein Vermögen verfügt, bleibt dennoch bis zum Tod Eigentümer dieses Vermögens. Zu Lebzeiten kann jeder mit seinem Geld, seinen Grundstücken und seinem sonstigen Eigentum tun, was er will.

Insbesondere die Schenkung einer Immobilie zu Lebzeiten ist ein möglicher Weg, einen Teil des eigenen Vermögens geordnet und rechtzeitig in andere Hände zu geben. Außerdem lassen sich durch geschickt verteilte Schenkungen Steuern sparen, die in machen Fällen das Erbe erheblich mindern können.

Es gibt viele Gründe, insbesondere ein Hausgrundstück schon vor dem Tod aus der Hand zu geben:

Durch die Übertragung einer Immobilie zu Lebzeiten können Eltern Ihre Kinder häufig genau dann unterstützen, wenn die Kinder dies brauchen. So wird gewährleistet, dass man nicht auf Erspartem oder selbst ererbten Vermögen „sitzen bleibt".

Weiteres Motiv für die Übertragung einer Immobilie zu Lebzeiten kann der Wunsch sein, einen Lebensgefährten oder Lebenspartner wirtschaftlich abzusichern oder für Pflege- oder Betreuungsleistungen zu entschädigen. Dies ist insbesondere für geschiedene oder verwitwete Menschen, die einen neuen Lebenspartner gefunden haben, wichtig.

Durch die Übertragung einer Immobilie kann auch die Versorgung des Schenkers gesichert werden. So kann durch die Übertragung einer Immobilie die Betreuung eines Schenkers im eigenen Zuhause gesichert und so ein häufig unerwünschter Heimaufenthalt vermieden werden.

Die Schenkung unter Lebenden eröffnet schließlich auch die Chance, die Pflichtteilsansprüche naher Verwandter, insbesondere die Pflichtteilsansprüche von Abkömmlingen, zu reduzieren.

2. Wann ist eine Schenkung wirksam?

Eine wirksame Schenkung setzt ein notariell beurkundetes Schenkungsversprechen voraus. Bei Grundstücken (dazu zählen juristisch betrachtet auch Eigentumswohnungen) ist außerdem für den Eigentumserwerb die Eintragung im Grundbuch erforderlich.

Die grundsätzliche Befugnis, über das eigene Vermögen zu verfügen, kann eingeschränkt sein, wenn der Schenker durch ein nicht mehr abänderbares gemeinschaftliches Testament oder einen Erbvertrag gebunden ist. Auch in diesen Fällen kann der Berechtigte kaufen, verkaufen oder sein Vermögen verbrauchen. Das Recht, zu schenken, ist jedoch eingeschränkt: Der im Erbvertrag oder einem gemeinschaftlichen Testament Bedachte wird davor beschützt, dass durch eine Schenkung zu Lebzeiten der Erbvertrag oder das gemeinschaftliche Testament unterlaufen würde. Wer in der Absicht, den Vertragserben oder den Begünstigten eines gemeinschaftlichen Testamentes zu beeinträchtigen, eine Schenkung macht, muss damit rechnen, dass der oder die Beschenkte das Geschenk nach dem Tode des Erblassers an den Vertragserben wieder herausgeben muss. Das Gesetz spricht hier von eine sogenannten „böswilligen Schenkung".

Probleme mit „böswilligen Schenkungen" entstehen meistens in den Fällen, in denen sich Eheleute durch Testament oder Erbvertrag gebunden haben und ein Ehegatte nach dem Tode des anderen Ehegatten eine neue Lebensgemeinschaft eingeht. Durch Schenkung an den neuen Lebenspartner werden dann die im Erbvertrag oder im gemeinschaftlichen Testament begünstigten Personen (meist sind dies die Kinder aus erster Ehe) benachteiligt.

Wer zu Lebzeiten eine Immobilie übertragen oder eine andere Schenkung machen will und bereits durch gemeinschaftliches Testament oder einen Erbvertrag gebunden ist, ist also gut beraten, sich rechtzeitig – und dass heißt so früh wie möglich – über mögliche spätere Rückforderungsansprüche von Erben oder sonstigen Begünstigten zu informieren. Wichtig ist insbesondere für den Beschenkten die Rechts- und Beweislage zu erleichtern. Hierzu gehört insbesondere die Dokumentation des „lebzeitigen Eigeninteresses des Schenkers", mit der deutlich gemacht werden soll, dass die Schenkung ohne Beeinträchtigungsabsicht des oder der Vertragserben oder Begünstigten vorgenommen wurde. Bei derartigen Schenkungsverträgen ist es dringend erforderlich, sich den Rat eines fachkundigen Rechtsanwalts einzuholen, um langwierige und kostspielige Prozesse nach dem Tode des Schenkers zu vermeiden oder wenigstens hinsichtlich des Risikos zu minimieren.

3. Die Absicherung des Erblassers

Immer wieder erleben großzügige Eltern, dass ihre Abkömmlinge mit dem Geschenk nicht so umgehen, wie man sich dies im Zeitpunkt der Schenkung erhofft hatte: Der beschenkte Sohn verkauft das mühsam ersparte Hausgrundstück und trägt den Erlös direkt in die Spielbank. Die bisher fleißige Studentin wird Mitglied einer obskuren Sekte, und die bisher fürsorgenden Neffen wenden sich einer neuen Lebenspartnerin zu, die von der versprochenen Betreuung und Versorgung des Schenkers im Alter nichts mehr wissen wollen.

Sind Haus und Vermögen erstmal übertragen, hat der Schenker grund-

der Unternehmennachfolge

sätzlich keinen Einfluss mehr auf sein Hab und Gut. Er muss mitunter tatenlos zusehen, wie das mühsam erarbeitete Vermögen belastet oder sogar veräußert wird. Ohne vernünftige Absicherung muss der Schenker sogar damit rechnen, sein vertrautes Heim noch im Alter zu verlassen. Es ist deshalb zwingend geboten, im Schenkungsvertrag Absicherungen festzulegen, die den Einfluss des Schenkers auf sein Vermögen bewahren und die vorbezeichneten Horrorszenarien vermeiden:

Nießbrauch

Wer sich als Schenker einen Nießbrauch an dem übertragenen Hausgrundstück vorbehält, behält das Recht, die Immobilie selbst zu nutzen. Dem Niebrauchberechtigten stehen insbesondere weiterhin alle Erträge aus der Immobilie zu. Obwohl der Beschenkte Eigentümer wird, kann also der Schenker weiterhin die Miet- oder Pachteinkünfte erhalten. Durch den Vorbehalt des Nießbrauches ist auch die Gefahr gebannt, dass undankbare Beschenkte den Schenker vor die Tür setzen können.

Rückübertragungsrecht bei grobem Undank

Im Gesetz sind nur einige (wenige) Fälle geregelt, in denen der Schenker wegen Fehlverhaltens des Beschenkten das Geschenk zurückfordern kann. Anerkannt wurden in der Rechtsprechung bisher Fälle, in denen beschenkte Kinder die Eltern mit dem Tode bedroht haben, sie grundlos einer Straftat bezichtigt haben oder beim Finanzamt oder anderen Behörden denunzierten.

Wer sich mit dem geringen gesetzlichen Schutz bei Fehlverhalten des Beschenkten nicht zufrieden geben möchte, ist gut beraten, im Schenkungsvertrag eigene Widerrufsvorbehalte festzulegen. So kann z. B. bestimmt werden, dass das Geschenk zurückfällt, wenn der Beschenkte drogen- oder alkoholabhängig ist oder sich einer Sekte zugewendet hat. Möglich ist es auch die Rückforderung des Geschenkes festzulegen, wenn das Kind eine Berufsausbildung nicht beendet oder vor seinen Eltern verstirbt.

Wohnungsrecht und Wohnrecht

Hierbei handelt es sich um die häufigste Absicherung bei der Übertragung von Wohneigentum auf die nächste Generation. Durch die Einräumung eines Wohnrechts erhält der bisherige Eigentümer das Recht, sein Haus oder seine Eigentumswohnung, auch wenn es schon vom Beschenkten mitbewohnt wird, alleine zu nutzen. Sind nach der Eigentumsübertragung mehr als 10 Jahre vergangen und wird der Wohnungsberechtigte pflegebedürftig und dadurch möglicherweise auch sozialhilfebedürftig, so hat das Sozialamt keinen Zugriff mehr auf das zuvor übertragene Eigentum.

Leibrente

Als Gegenleistung für die Übertragung eines Grundbesitzes kann die Zahlung einer Leibrente durch den Erwerber vereinbart werden. Hierbei handelt es sich dann nicht mehr um die klassische Schenkung, sondern um die besondere Art eines Kaufvertrages, in dem der Kaufpreis nicht in einer Summe, sondern in monatlichen Raten gezahlt wird. Leibrente kann dabei lebenslänglich oder nur als Zeitrente zu leisten sein. Vorteil einer Übertragung gegen Zahlung einer Leibrente ist es, dass dann, wenn die Höhe des Leibrentenversprechens in etwa dem Verkehrswert der Immobilie entspricht, die Immobilienübertragung in keinem Fall bei der Berechnung von Pflichtteils- oder Pflichtteilsergänzungsansprüchen zu berücksichtigen ist.

Wichtige Tips bei der Übertragung von Immobilienvermögen

Tip 1:

Mehrfache Nutzung persönlicher Freibeträge

Innerhalb von 10 Jahren besteht die Möglichkeit, Verwandten unter voller Ausnutzung der jeweiligen Steuerfreibeträge Vermögen unentgeltlich zu übertragen. Dies bedeutet, dass nach Ablauf der 10-Jahres-Frist im 11. Jahr erneut – bis zur Freibetragsgrenze schenkungssteuerfrei – Vermögen übertragen werden kann. Aber Achtung: Schenkungs- und Erbschaftssteuer werden gleich behandelt; dies führt dazu, dass bei einem Erbfall innerhalb des 10-Jahres-Zeitraumes in Anspruch genommene Schenkungsfreibeträge berücksichtigt werden und für den Erbfall also möglicherweise bereits verbraucht sind. Sinnvoll ist es deshalb bei größerem Vermögen, rechtzeitig an die vorweggenommene Erbfolge im Wege der Schenkung zu denken, um die bestehenden 10-Jahres-Fristen optimal ausnutzen zu können.

Bei vorweggenommener Übertragung von Vermögen fällt die Steuer zwar früher an, aber Erträge aus dem Vermögen und Wertsteigerungen fallen später nicht mehr unter die Erbschaftsteuer. Auflagen und Wider-rufsrechte, die das Risiko der vorzeitigen Weggabe des Vermögens verhindern, beeinflussen nicht die Berechnung der Schenkungssteuer.

Tip 2:
Vermeidung des Berliner Testamentes

Das klassische Berliner Testament, in dem sich die Eheleute wechselseitig als Erben und die Kinder als Schlusserben nach dem Tode des Letztlebenden einsetzen, verhindern, dass Steuerfreibeträge (in Höhe von 205.000,00 € für jedes Kind) nach dem Tode des Erstversterbenden Elternteils genutzt werden können. Hier kann durch die Schenkung in Wege vorweggenommener Erbfolge der Freibetrag sinnvoll eingesetzt und Steuernachteile vermieden werden.

Tip 3:
Beachten der Einkunftsgrenzen für das Kindergeld bei vorweggenommener Vermögensübertragung

Erhält ein Kind im Wege der vorweggenommenen Erbfolge eine Immobilie uneingeschränkt (also insbesondere ohne Wohn- und Nießbrauchvorbehalte), können durch die Übertragung dieses Vermögenswertes Einkunftsgrenzen für das Kindergeld überschritten werden. Gegebenenfalls kann dadurch sogar die Eigenheimförderung verloren gehen. Vor der Übertragung ist es daher sinnvoll, die Ertragssituation eines Gebäudes zu analysieren und gegebenenfalls Beschränkungen vorzunehmen.

Tip 4:
Sparen von Einkommensteuer durch Immobilienschenkung

Das derzeit geltende Steuerrecht sieht für jeden Steuerpflichtigen bei der Einkommensteuer einen Grundfreibetrag in Höhe von derzeit rund 7.235 € vor. Diese Steuerregelung eröffnet vermögenden Eltern, die unterhaltspflichtige Kinder haben, die Möglichkeit, Einkommensteuer zu sparen. So können Eltern, die ihren Kindern eine Eigentumswohnung am Studienort schenken, dadurch einen Teil ihres Unterhaltes unmittelbar durch die Schenkung an das Kind finanzieren und brauchen den Unterhalt nicht aus dem bereits versteuerten Einkommen zu bezahlen.

Tip 5:
Beratung

Aufgrund der Komplexität der Probleme in rechtlicher und steuerlicher Hinsicht ist es sinnvoll, sich vor einer Schenkung größerer Vermögensteile rechtzeitig in steuerlicher und rechtlicher Hinsicht beraten zu lassen.

DR. FRITZ ROSENBERGER
Rechtsanwälte Dr. Rosenberger & Balg

Tätigkeits- und Interessenschwerpunkte
Erbrecht • Recht der neuen Bundesländer • Immobilien- und Baurecht

Mitgliedschaften
Arbeitsgemeinschaft selbständiger Unternehmer (ASU)
Deutsche Gesellschaft für Baurecht
Belgisch-Deutsche Juristenvereinigung G.O.E.

zugelassen beim Land- und Oberlandesgericht Köln
vertretungsberechtigt bei allen Amts-, Land- und Oberlandesgerichten im Bundesgebiet

RHODIUSSTRASSE 18 • 51065 KÖLN

Tel. 02 21/61 22 38 • Fax 02 21/61 95 19

e-mail: dr.rosenberger@netcologne.de

Unternehmensnachfolge durch Erbschaft

von Rechtsanwalt Matthias Wallhäuser; Anwaltssozietät Leinen & Derichs, Köln

Für den Inhaber eines Unternehmens stellt sich mit fortschreitendem Alter nicht nur die Frage der weiteren Gestaltung der persönlichen Verhältnisse im Alter und nach dem Tode, sondern vor allem auch die Frage nach dem Schicksal des inhabergeführten Betriebs. Häufig genug handelt es sich tatsächlich um eine Schicksalsfrage, denn die Nachfolge will rechtzeitig und sorgfältig vorbereitet sein. Eine Möglichkeit ist die Unternehmensnachfolge durch Erbschaft.

Erbfolge per Testament oder Erbvertrag

Sowohl Testament als auch Erbvertrag haben Vorrang gegenüber der gesetzlichen Erbfolge. Dabei ist der Erblasser in der Gestaltung des Inhalts grundsätzlich frei. Zu beachten sind aber das Pflichtteilsrecht und das Verbot sittenwidriger Verfügungen.

Pflichtteil

Abkömmlinge, die Eltern oder der Ehegatte des Erblassers können von den Erben den sog. Pflichtteil verlangen, wenn sie durch „Verfügung von Todes wegen" von der gesetzlichen Erbfolge ausgeschlossen sind. Bei dem Pflichtteil handelt es sich um einen persönlichen Anspruch auf Zahlung einer Geldsumme in Höhe der Hälfte des Wertes des gesetzlichen Erbteils im Zeitpunkt des Erbfalls. Er kann nur unter engen Voraussetzungen entzogen werden.

Der Unterschied zwischen Testament und Erbvertrag

Das Testament wird vom Erblasser einseitig erstellt. Der Erblasser kann es jederzeit neu schreiben. Grundsätzlich gilt dann das zuletzt verfasste Testament. Eine Ausnahme kann gelten, wenn bestimmte Details in dem neuen Testament nicht angesprochen werden. Bei Erstellung eines neuen Testaments sollte vorsorglich das alte Testament – vollständig – widerrufen werden. Das eigenhändige Testament muss vom Erblasser persönlich geschrieben und unterschrieben sein. Notariell errichtete Testamente verursachen zwar Kosten. Hinsichtlich der Erbscheinerteilung führen sie aber zu Kostenersparnissen. Sie haben ferner den Vorteil, dass der Notar fachkundig und belehrungspflichtig ist, wodurch sich spätere Streitigkeiten ggf. vermeiden lassen. Wenn sich die Eheleute gegenseitig als Erben einsetzen, spricht man von einem „Berliner Testament". Verstirbt der länger lebende Ehegatte, erben die Kinder und Enkel, wie es das Testament vorsieht.

Der Erbvertrag wird zwischen dem Unternehmer (Erblasser) und dem ausgewählten Nachfolger geschlossen, der nicht der gesetzliche Erbe sein muss. Erbverträge können nur zur Niederschrift bei einem Notar bei gleichzeitiger Anwesenheit der Vertragspartner geschlossen werden. Eine Änderung des Erbvertrags ist nur mit Zustimmung beider Vertragspartner möglich.

Häufig führen Überlegungen zur Unternehmensnachfolge durch Testament oder Erbvertrag zu Unstimmigkeiten mit und unter den Erben. Persönlichen Befindlichkeiten kann am besten mit dem Hinweis darauf begegnet werden, dass es um den Erhalt des Unternehmens geht und nicht um die Bevorzugung des einen oder des anderen Erben. Immerhin hat der Nachfolger auch das unternehmerische Risiko dann zu tragen. Vermeiden Sie finanzielle Engpässe durch Abfindungsvereinbarungen mit den Erben.

Übereinstimmung von Gesellschaftsvertrag und Testament

Die Regelung im Gesellschaftsvertrag genießt Vorrang. Die Nachfolgeregelungen sollten daher in Gesellschaftsvertrag und Testament übereinstimmen. In beiden Dokumenten sollte daher übereinstimmend der zu übergebende Gegenstand hinreichend genau definiert und die Gegenleistung hinreichend genau bestimmt sein.

Testamentsinhalt

Es ist außerordentlich wichtig, im Testament klare Regelungen darüber vorzusehen, wie mit allen gesetzlichen Erben zu verfahren ist. Andernfalls sind erhebliche Belastungen für den Nachfolger zu befürchten, die nicht selten die Substanz des übertragenen Unternehmens angreifen und dessen Fortbestand gefährden. Klären Sie die notwendigen Fragen durch eine sachkundigen Rechtsanwalt vorher:
In welchem ehelichen Güterstand leben Sie und welche Auswirkung hat dies auf Testament und Erbvertrag? Besteht schon ein Testament oder ein Erbvertrag? Werden Pflichtteilsrechte der Erben berücksichtigt? Sollen bestimmte Erben bestimmte Vermögensteile erhalten (zum Beispiel durch Teilungsanordnung)? Müssen Ausgleichsansprüche geregelt werden? Etc.

Was spricht eigentlich gegen die gesetzliche Erbfolge?

Gesetzliche Erben sind der überlebende Ehegatte und die Abkömmlinge in Erbengemeinschaft. Der Gemeinschaft obliegt die Verwaltung des Nachlasses. Die Schwierigkeiten sind vorprogrammiert, denn Entscheidungen über das Vermögen dürfen nur einstimmig getroffen werden. Bei Minderjährigkeit eines Erben ist für maßgebliche unternehmerische Entscheidungen sogar die Zustimmung des Vormundschaftsgerichts erforderlich. Einigen sich die Erben dann nicht auf einen Auseinandersetzungsplan, kommt es in der Regel zur Zerschlagung des Unternehmens. Es liegt auf der Hand, dass der Verkauf in einer solchen Situation häufig nur einen Bruchteil des tatsächlichen Unternehmenswertes erzielen lässt. Um zu verhindern, dass Ihr Lebenswerk erbrechtlichen Streitigkeiten zum Opfer fällt, müssen Sie eindeutige Regelungen durch Testament oder Erbvertrag vornehmen.

Verfügungsgewalt

*von Wirtschaftsprüfer, Steuerberater Dr. Hans Rolf Schackert;
INTER AUDIT GmbH, Wirtschaftsprüfungs- und Steuerberatungsgesellschaft, Köln*

Abgeben ohne die Verfügungsgewalt aufzugeben oder wie schenke ich ohne mich von den beschenkten Erben abhängig zu machen

Der aus erbschafts- und schenkungssteuerlicher Sicht wohlfeile Rat, zu Lebzeiten unter Ausnutzung der Freibeträge alle 10 Jahre Vermögen auf die späteren Erben zu übertragen, scheitert oft genug daran, dass man nicht zu früh die Kontrolle und den Nutzen seines Vermögens aufgeben will. Steueroptimal geschenkt zu haben, aber am Ende des Lebens auf das Wohlwollen der Erben angewiesen zu sein, das ist eine Horrorvorstellung.

Dabei hat das Schenken mit der „warmen Hand" gegenüber dem Erben Vorteile. Nicht nur, dass es möglich ist, Freibeträge mehrfach auszunutzen; zu Lebzeiten ist der Schenker frei, wem er etwas zuwenden will. Im Erbfall gelten für die Ehefrau und die Kinder unabdingbare Mindestregelungen (beispielsweise der Pflichtteil).
Es wurde eine Vielzahl von Instrumenten entwickelt, die es dem Schenker ermöglichen, seine Vorstellungen weitestgehend aufrechtzuerhalten. Aber etwas – und sei es nur eine Rechtsposition – gibt man immer auf. Daher sollte man in jedem Fall zwischen den unterschiedlichen Aspekten, dem steuerlichen, dem familiären, dem betriebswirtschaftlichen und nicht zuletzt in dem ganz privaten eigenen Interesse abwägen, welche Gestaltungsmöglichkeiten man wählt.

Die klassischen Instrumente sind die Vorbehaltsrechte bzw. Auflagen. Das geläufigste Beispiel für diese Rechte ist der Nießbrauch und das Wohnrecht. Der Schenker behält sich etwas vor, das Eigentum als solches geht auf den Beschenkten über. Hierbei sind ggf. Formvorschriften einzuhalten (beispielsweise Notar oder Grundbuch) sowie die einkommensteuerliche Beurteilung in Betracht zu ziehen. Im Rahmen des Nießbrauchs können nicht nur „Einkommensquellen" (etwa Miet- oder Dividendenerträge), sondern beispielsweise auch Stimmrechte geregelt werden.
Eine Schenkung unter Auflage eröffnet die Möglichkeit, vom Beschenkten weitergehende Leistungen zu erhalten. Inhalt der Auflage kann jedes Tun oder Unterlassen innerhalb des allgemein üblichen Rahmens sein (Grenzen etwa bei Sittenwidrigkeit).

Eine weitere Möglichkeit eigene Ansprüche im Austausch gegen das Übertragen von Vermögen zu erhalten ist eine teilentgeltliche Schenkung bzw. die Vereinbarung von Renten. Durch Absicherung dieser Ansprüche, z.B. durch Vorkaufsrechte oder Hypotheken, schützt man nicht nur die eigene Rechtsposition, sondern kann bei entsprechender Gestaltung auch die Verwendung der geschenkten Vermögensgegenstände (z.B. einen Verkauf) erheblich erschweren.
Den Freibetrag sollte man jedoch im Auge behalten. Mindestens in dieser Höhe sollte tatsächlich eine Schenkung vorliegen. Die meisten Auflagen mindern den steuerlichen Wert der Zuwendung nicht. Die auf diese Belastungen entfallende Steuer kann jedoch für die Dauer der Belastung zinslos gestundet werden.

Insbesondere im Bereich des Betriebsvermögens besteht erstens in der Errichtung von und zweitens dem Rückzug auf gesellschaftsrechtliche Positionen eine Möglichkeit, dem Schenker den gewünschten Einfluss zu belassen. Gesellschaftsverträge oder Rechtsformen sind auf entsprechende Möglichkeiten hin zu überprüfen. Da Betriebsvermögen steuerlich bevorzugt behandelt wird, ist auch zu überlegen, ob Privatvermögen in Betriebsvermögen umgewandelt wird, um nach einer gewissen Zeit von dem Beschenkten bzw. Erben ggf. wieder entnommen zu werden.

Das typischste Beispiel für die hier angesprochene Gestaltung ist die Position eines Komplementärs. Der Komplementär ist der Geschäftsführer der Gesellschaft. Ist der Komplementär eine GmbH, könnte sich der Schenker die Mehrheit der GmbH-Anteile vorbehalten und alle anderen Anteile an der Kommanditgesellschaft weiterschenken. Seine Position als Geschäftsführer bleibt unantastbar. Auch im Bereich der bürgerlich-rechtlichen Gesellschaften (GbR), der OHG und der KG bietet die gesetzlich vorgesehene Einstimmigkeit bei Gesellschafterbeschlüssen oder im Gesellschaftsvertrag festgelegte hohe Mehrheiten Gestaltungsspielräume. Durch die Sperrminorität wird verhindert, dass gegen den Willen des Minderheitsgesellschafters Beschlüsse gefasst werden, er als Geschäftsführer abberufen wird oder andere Geschäftführer berufen werden.
Zu guter Letzt gibt es noch die Möglichkeit, vollzogene Übertragungen zurückzunehmen. Widerrufsvorbehalte in Schenkungsverträge aufzunehmen ist ein nicht unumstrittenes, zur Zeit aber durchaus angewandtes und akzeptiertes Vorgehen. Eine andere Möglichkeit besteht darin, sich von dem Beschenkten unwiderrufliche Verfügungsermächtigungen oder Vollmachten erteilen zu lassen. Unter Berufung auf diese Urkunden könnte jederzeit – auch ohne den Beschenkten zu informieren – die Rückübertragung von Vermögensgegenständen erwirkt werden. Auch hierbei ist auf Formvorschriften zu achten. Dass diese letzte Möglichkeit erbschaftssteuerlich nicht optimal ist versteht sich von selbst.
Es sollte jedoch möglich sein, für jedes Vermögen und jede Konstellation einen befriedigenden Weg der Übertragung auf die Nachfolger zu finden.

Dr. Hans Rolf Schackert
Wirtschaftsprüfer / Steuerberater

Claudia Schackert
Rechtsanwältin

INTER AUDIT G.m.b.H.
Wirtschaftsprüfungs- u. Steuerberatungsgesellschaft

Fasanenweg 4 · 51109 Köln (Brück) · Telefon (0221) 9 84 10 75 · Telefax (0221) 9 84 15 07 · Email: wpg@interaudit.de · www.interaudit.de

---

IHR GUTES RECHT

Erbrecht
Familienrecht
Mietrecht
Arbeitsrecht
Baurecht
Zivilrecht

Sie werden von uns in allen rechtlichen Angelegenheiten gerichtlich und aussergerichtlich engagiert und couragiert vertreten.

Dabei werden Sie während eines gesamten Verfahrensablaufs jederzeit umfassend informiert und kompetent beraten und betreut.

Sie werden von uns bei der Erstellung von sinnvoll gestalteten Verträgen und klaren, eindeutigen Verfügungen unterstützt, um unnötigen Rechtsstreitigkeiten von vornherein entgegenzuwirken.

John & Glöckner
ANWALTSSOZIETÄT

Doris John
Fachanwältin für Familienrecht
Weitere Tätigkeitsschwerpunkte:
Erbrecht und Mietrecht

Dr. Martin Glöckner
Fachanwalt für Arbeitsrecht
Weitere Tätigkeitsschwerpunkte:
Baurecht und allg. Zivilrecht

Stammheimer Str. 10-12
50735 Köln
Tel.: 0221 - 283 120
Fax: 0221 - 283 1212

BECKER-BLONIGEN
ANWALTSKANZLEI

Wir stehen Ihnen und Ihren Anliegen gerne zur Verfügung. Mein Team und ich helfen Ihnen bei der Lösung Ihrer rechtlichen Probleme.

G. Becker-Blonigen
Rechtsanwältin

M. Brammen
Rechtsanwaltsfachangestellte

NOTRUFTELEFON 0 163 8 23 24 25

KLOSTERSTR. 11 – 13
50931 KÖLN-LINDENTHAL

FON 0221 - 940 20 24
FAX 0221 - 940 20 25

E-MAIL KANZLEI@BECKER-BLONIGEN.DE

TÄTIGKEITSSCHWERPUNKTE
ERBRECHT FAMILIENRECHT WIRTSCHAFTSRECHT

INTERESSENSCHWERPUNKTE
**STRAFRECHT
LEBENSPARTNERSCHAFTSRECHT
INTERNATIONALES PRIVATRECHT**

Wer an die Nachfolge nicht denkt ...

... versündigt sich am Unternehmen!

*von Rechtsanwalt Dr. Wolfgang Dunkel;
Partner der Anwaltsozietät Leinen & Derichs, Köln*

Viele Unternehmer sorgen vor. Sie schließen eigene Unfall-, Krankentagegeld-, sonstige Versorgungsversicherungen und für das Unternehmen etwa Feuer- oder auch Betriebsausfallversicherungen. Damit sollen die wichtigsten Probleme von vornherein gelöst sein. Der Unternehmer glaubt sich persönlich und das Unternehmen in der Krisensituation – etwa bei einem Brandschaden – geschützt.

Viel wichtiger ist aber die Frage danach, was passiert, wenn die Seele des Betriebs – der Geschäftsinhaber – das Unternehmen verlassen muß oder freiwillig Abstand nimmt. Diese Frage wird oftmals nicht gestellt. Der Grund liegt darin, daß das eigene Ausscheiden aus der Betriebsführung ebenso verdrängt wird wie das Thema um den eigenen Tod mit der Folge des Vererbens von Vermögen.

Jeder, der in einem Unternehmen Verantwortung trägt, muß sich die Frage der Unternehmensnachfolge aber zu den Zeiten stellen, in denen er noch Gestaltungsmöglichkeiten hat. Nur so kann er die optimale Lösung für die Unternehmensführung finden. Die Lösung muß selbst dann heute gefunden werden, wenn die eigene Mitverantwortung im Unternehmen noch länger erhalten bleiben soll. Jedes Unternehmen ist auf mittelfristige und langfristige Planungen angewiesen. Es müssen die wertvollen Kontakte und das fachliche Know-How jetzt genutzt werden, um den Übergang vorzubereiten.

Für die Nachfolgeregelung sind viele Fragestellungen zu beantworten. Mindestens aber müssen folgende Problemstellungen beantwortet werden:

- Wer soll ab wann in welchem Umfang (mit)bestimmen?
- Soll das Unternehmen in der Familie gehalten oder an einen oder mehrre andere Personen übergeben werden?
- In welcher Rangfolge sollen mehrere Verantwortliche eingebunden werden?
- Soll der bisherige Betriebsinhaber das Unternehmen zu 100 % oder zu einem geringeren Prozentsatz mit allen Aktiva und Passiva abgeben (share deal) oder nur Vermögensteile davon (asset deal)?
- Behält sich der bisherige Betriebsinhaber Rentenbezüge oder ein Nießbrauchsrecht vor?
- Sollen für die Anteile des Unternehmens Gegenleistungen von dem Erwerber gezahlt werden (etwa durch Geldzahlung, Übernahme von Verpflichtungen, Pflegeleistungen pp. dann Kauf) oder nicht (dann Schenkung)?
- Welche steuerlichen Lasten ergeben sich in welcher Konstellation? Wie muß die Übertragung gestaltet werden, damit der Staat nicht noch einmal an dem im Arbeitsleben geschaffenen Wert mitkassiert?

Für jede gewünschte Konstellation kann eine sinnvolle Lösung gefunden werden. Diese sollte möglichst schnell angestrebt werden und nicht erst später, wenn der Streit der Erben vorprogrammiert ist. Ohne eine vorausschauende Lösung bricht das Lebenswerk des Unternehmers leicht auseinander: Der eine Erbe fühlt sich möglicherweise benachteiligt, macht Pflichtteils- und Pflichtteilsergänzungsansprüche geltend. Um solche Ansprüche befriedigen zu können, muß der Betriebsinhaber vielleicht Teile des Unternehmens oder das Unternehmen insgesamt veräußern. Diese negativen Folgen können auch eintreten, wenn die steuerlichen Folgen einer wohlmeinenden Regelung nicht bedacht werden. Wenn etwa der Neffe die GmbH fortführen und seine Schwester (Nichte des Übertragenden) mit der Hälfte des tatsächlichen Unternehmenswertes auszahlen soll, kann es ohne vernünftige Regelung zu folgendem Ergebnis kommen: Der Neffe zahlt überhaupt keine Steuern, die Nichte des Erblassers zahlt 30 bis 50 % des erhaltenen Geldes. Solche Lösungen zerstören jedes gute Verhältnis von Geschwistern untereinander. Es muß Vorsorge getroffen werden, und zwar nicht erst für den Fall des Todes. Bei schenkweiser Übertragung gelten dieselben Steuerregelungen.

Die rechtzeitige Unternehmensnachfolge sichert die Zukunft des Betriebsinhabers wie auch die Existenz des Unternehmens. Für die Art und Weise der Vermögensübertragung gibt es kein Patentrezept. Sie muß im einzelnen ermittelt werden.

Sie nennen die Vorgaben, wir schaffen die Lösung!

Tanja Cathrin Liebig
Rechtsanwältin

Tätigkeitsschwerpunkte:
Arbeitsrecht
Straf- und Strafverfahrensrecht
Verkehrsrecht

Interessenschwerpunkte:
Erbrecht
Ehe- und Familienrecht

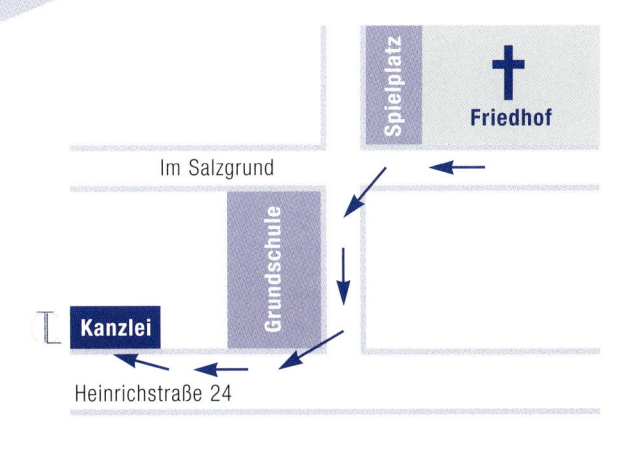

Kanzlei im Weißer Rheinbogen

Heinrichstraße 24 · 50999 Köln-Weiß
Tel: 02236/331550 · Fax: 02236/331551 · eMail: kanzlei@anwalt-liebig.de · www.anwalt-liebig.de

Fachbeiträge Steuern zu „Erben und Vererben"

Thema	Autor / Unternehmen	Seite
Alltägliche Fragen zur Erbschaft- und Schenkungsteuer		422
	Erik Zupfer, Steuerberater; Steuerberaterkanzlei Erik Zupfer	
Der Tod - Das Ende des Bankgeheimnis		424
	Thomas Königshofen, Steuerberater; Steuerberaterkanzlei Thomas Königshofen	
Der Tod ist das Ende des Bankgeheimnis		426
	Achim Lintermann, Steuerberater; Steuerberaterkanzlei Achim Lintermann	
Der Tod - Anfang der Probleme um die Erbschaft		430
	Gertrud Josten, Steuerberater; Steuerberaterkanzlei Josten	
Dynamische Unternehmens- und/oder Vermögensnachfolge		432
	Rainer Gansen, Steuerberater; Steuerberatungskanzlei Rainer Gansen	
Erben ist weiblich		442
	Dr. Wolfgang Dunkel, Rechtsanwalt; Anwaltsozietät Leinen & Derichs	
Gemeinschaftsvermögen bei Ehegatten als Schenkungs- und Erbschaftssteuerfalle		446
	Eleonore Steilen, Steuerberaterin; Steuerberaterkanzlei Eleonore Steilen	
Ihr persönliches Denkmal		452
	Paul Georg Fickus, Steuerberater; Steuerberater und Rechtsanwälte Fickus & Fickus	
Praxistipps zur Nachlassplanung		454
	Dr. Elke Ohrem und Thomas Wewel, Rechtsanwalt und Steuerberater; Hunold + Partner, Steuerberater, Wirtschaftsprüfer und Rechtsanwälte	
Sicherung des Lebenswerkes		459
	Alexander Hahn, Rechtsanwalt; Halft • Lohmar • Faillard • Hürten, Wirtschaftsprüfer, Rechtsanwälte und Steuerberater	
Spezialfragen zur Erbschaftsteuer		461
	Monika Kügler, Steuerberaterin; Steuerberaterkanzlei Monika Kügler	

H·L·F·H
WIRTSCHAFTSPRÜFER · RECHTSANWÄLTE · STEUERBERATER

Dr. Karl Halft
Rechtsanwalt beim Oberlandesgericht
Wirtschaftsprüfer / Fachanwalt für Steuerrecht

- Allgemeines Steuer- und Wirtschaftsrecht

Dipl.-Kfm. Karl F. Lohmar
Wirtschaftsprüfer / Steuerberater

- Freiwillige und gesetzliche Abschlussprüfungen
- Allgemeines Steuerrecht
- Intern. Steuerrecht
- Existenzgründung und Unternehmensnachfolge

Wolfgang Faillard
Rechtsanwalt / Wirtschaftsprüfer / Steuerberater

- Handels- und Gesellschaftsrecht
- Erbrecht und Testamentsvollstreckung
- Arbeitsrecht und Sozialpläne
- Familienrecht und Stiftungen

Dipl.-Kfm. Joachim Hürter
Wirtschaftsprüfer / Steuerberater

- Aktiengesellschaften
- Due Dilligence und Unternehmensbewertung
- Vereinssteuerrecht
- Rating und Financial Planning

Gottesweg 54 · 50969 Köln · Telefon 02 21 / 93 64 59 - 0 · Telefax 02 21 / 93 64 59 - 9 · Email: office@hlfh.de · www.hlfh.de

---

Der Weg ist das Ziel

Ihr Partner
für innovative
Wirtschafts- und
Steuerberatung

HUNOLD + PARTNER

H·P

planen
entwickeln
begleiten
● controllen

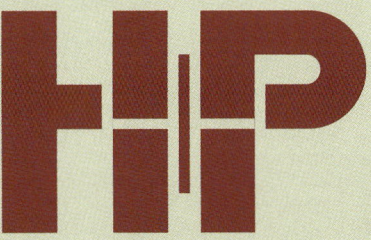

Steuerberater
Wirtschaftsprüfer
Rechtsanwalt

Wankelstraße 9
50996 Köln

Telefon 0 22 36 . 39 82-01
Telefax 0 22 36 . 39 82-82

Alltägliche Fragen zur Erbschaft- und

von Steuerberater Erik Zupfer; Steuerberaterkanzlei Erik Zupfer, Köln

In meiner Praxis werde ich immer wieder mit den gleichen Fragen zur Erbschaftsteuer konfrontiert, die offensichtlich viele Menschen beschäftigen, die sich erstmalig mit dem Bereich Erben und Vererben auseinandersetzen. Im Folgenden soll daher eine Übersicht über die wichtigsten Vorschriften gegeben werden. Dies kann wegen unseres komplizierten Steuerrechts aber nur ein allgemeiner Überblick sein und eine fachliche Beratung nicht ersetzen.

Zunächst ist darauf hinzuweisen, dass das Erbschaftsteuergesetz gleichermaßen für Erbfälle wie für Schenkungsfälle gilt. Die Schenkung ist nämlich nichts anderes als eine unentgeltliche Zuwendung unter Lebenden, während der Erbfall eine Zuwendung von Todes wegen darstellt. Die steuerlichen Folgen sind in beiden Fällen bis auf wenige Ausnahmen gleich. Sämtliche folgenden Ausführungen gelten daher für den Erbfall ebenso wie für die Schenkung.

Für die Frage, ob nach einem Erbe oder einer Schenkung eine Steuer zu zahlen ist, sind zwei Bereiche zu untersuchen:

1. **Wie hoch ist der steuerliche Wert des übertragenen Vermögens?**
2. **Wie hoch sind die abziehbaren Freibeträge?**

Erst danach kann aus einer Tabelle die tatsächliche Steuer abgelesen werden. Hierbei entscheidet hauptsächlich der Verwandtschaftsgrad zum Erblasser über die Höhe der Steuer.
Grundsätzlich gilt: Je enger die verwandtschaftliche Beziehung, um so geringer die Steuer. Die höchste Steuer hat zu zahlen, wer mit dem Erblasser überhaupt nicht verwandt war.
Bei der Berechnung der Steuer ist außerdem zu beachten, dass Erwerbe, die innerhalb von 10 Jahren von der gleichen Person erhalten werden, zusammenzurechnen sind und somit die Freibeträge nur einmal gewährt werden.

Schenkungen bringen daher nur dann eine Steuerersparnis, wenn der Schenker noch mindestens 10 Jahre lebt.

Der steuerliche Wert ergibt sich aus der Bewertung der einzelnen Wirtschaftsgüter nach dem Bewertungsgesetz abzüglich übernommener Schulden.

Meist handelt es sich bei den Übertragungen im privaten Bereich um Sparguthaben, Wertpapiere und Grundbesitz. Aber auch Hausrat, Schmuck, Münzen, Kunstgegenstände u. a. werden grundsätzlich in die Berechnung der Erbschaftsteuer einbezogen, wenn sich auch für diesen Bereich aufgrund der Freibeträge häufig keine Steuer ergibt. Die steuerlichen Folgen bei der Übertragung von Betriebsvermögen sind wesentlich komplexer und würden den Rahmen dieses Beitrages sprengen. Hierzu ist unbedingt fachlicher Rat einzuholen.

Sparguthaben werden mit dem von der Bank am Übertragungstag ermittelten Wert angesetzt. Gegebenenfalls sind noch Zinsen, die seit der letzten Fälligkeit entstanden sind, hinzuzurechnen. Diese Zinsen sind einkommensteuerlich noch dem Erblasser zuzuordnen und daher Bestandteil der Erbschaft, auch wenn sie erst nach dem Todestag gutgeschrieben werden.

Wertpapiere werden mit dem Kurswert am Übertragungstag berücksichtigt. Dieser wird von der depotführenden Bank mitgeteilt und kann unverändert in die Berechnung übernommen werden.

Sparguthaben und Wertpapiere werden also mit dem Wert angesetzt, den auch ein steuerlich unbedarfter Bürger ansetzen würde.
Ganz anders sieht es mit Grundbesitz aus. Für Zwecke der Erbschaftsteuer wird nämlich nicht der Verkehrswert eines Grundstücks oder Gebäudes angesetzt, sondern ein steuerlicher Bedarfswert ermittelt, dessen Berechnung hier kurz dargestellt werden soll. Dieser steuerliche Bedarfswert geht bei bebauten Grundstücken von der Jahresnettomiete aus, die im Durchschnitt der vergangenen 3 Jahre erzielt wurde oder die – bei Leerstand oder Eigennutzung – erzielbar gewesen wäre. Die Nettomiete, also die Einnahmen ohne Nebenkosten, werden mit dem Faktor 12,5 multipliziert, um einen ersten Ausgangswert zu erhalten. Dieser Ausgangswert wird um einen Alterswertabschlag vermindert, der 0,5 % für jedes vollendete Jahr der Bezugsfertigkeit, höchstens jedoch 25 %, beträgt. Anschließend erfolgt wiederum eine Erhöhung um 20 %, falls das Gebäude ausschließlich Wohnzwecken dient und höchstens 2 Wohnungen umfasst – es sich also um ein Ein- oder Zweifamilienhaus handelt.

Nachdem sämtliche Rechenschritte durchgeführt wurden, ist der so ermittelte Wert mit einem Bodenrichtwert zu vergleichen, der vom Gutachterausschuss der Stadtverwaltung festgelegt wird. Dieser Bodenrichtwert fließt mit 80 % in die Betrachtung ein und bildet die Untergrenze des Grundstückswerts. Häufig kommt dieser Bodenrichtwert bei sehr großen Grundstücken in teuren Wohnlagen zur Anwendung, wenn sich der Wert des Grund und Bodens nicht in den erzielbaren Mieten niederschlägt.

Für Zwecke der Erbschaftsteuer ist also vereinfacht ausgedrückt bei bebauten Grundstücken ein Bedarfswert, der sich nach der erzielbaren Miete richtet, mit einem Grundstückswert zu vergleichen und der höhere Betrag anzusetzen.

Sofern dieser Wert über dem tatsächlichen Verkehrswert liegt, kann der niedrigere Verkehrswert angesetzt

Schenkungsteuer

werden, wenn er mittels eines Gutachtens nachgewiesen wird. Die Kosten eines solchen Gutachtens trägt der Erbe als Steuerpflichtiger. Es sollte daher vorher abgewogen werden, ob die Kosten für das Gutachten unter der möglicherweise zu hohen Steuerbelastung liegen. Andernfalls macht die Erstellung eines Gutachtens wirtschaftlich keinen Sinn.

Auf Besonderheiten bei der Bewertung von Grundstücken wie etwa Nießbrauchsverpflichtungen und Erbbaurechten soll hier nicht näher eingegangen werden. Die Lösung derartiger Bewertungsfragen erfordert eine ausführliche Beratung.

Nach den allgemeinen Erfahrungen beträgt der steuerliche Bedarfswert bei bebauten Grundstücken in allgemeiner Lage etwa 50 bis 60 % des Verkehrswerts. Der Erbe eines Hauses zahlt also nur auf etwa die Hälfte des geerbten Vermögens Erbschaftsteuer, während Sparguthaben und Wertpapiere zu 100 % angesetzt werden. Diese Ungleichbehandlung ist daher derzeit Gegenstand einer Verfassungsklage. Es ist damit zu rechnen, dass schon bald andere Berechnungsgrundlagen anzuwenden sind, die zu einer Annäherung der Steuergrundlagen bei Immobilien und Finanzanlagen führen dürften. Es muss jedoch beachtet werden, dass z. B. ein Wertpapierdepot teilweise aufgelöst werden kann, um die Erbschaftsteuer zahlen zu können. Bei einer Immobilie ist dies nicht möglich. Hier muss das gesamte Objekt veräußert werden, wenn keine anderweitigen Mittel zur Verfügung stehen, um der Zahlungspflicht nachkommen zu können. Dies war in der Vergangenheit der Grund für die geringeren Wertansätze bei Immobilien.
Außerdem würde der Ansatz des Verkehrswertes zu einem erheblichen Verwaltungsaufwand führen, weil jede Übertragung einzeln mittels Gutachten bewertet werden müsste.
Nachdem der Wertansatz für das positive Vermögen nun allgemein umrissen wurde, ist zu klären, wie Schulden, die der Erbe zu übernehmen hat, berücksichtigt werden. Diese Frage lässt sich schnell beantworten: Schulden sind mit ihrem Rückzahlungssaldo am Übernahmetag zu berücksichtigen und mindern so den steuerpflichtigen Erwerb. Auch hierzu ist wiederum eine Verfassungsklage anhängig. Während das Vermögen in Bezug auf Immobilien wie dargestellt mit einem verminderten Wert angesetzt wird, dürfen Schulden, die mit Immobilien in Zusammenhang stehen, derzeit noch in voller Höhe abgezogen werden – und dies nicht nur bis zum steuerlichen Wert der Immobilie, sondern auch darüber hinaus, so dass sich durch den Abzug der Schulden rein rechnerisch ein negativer Immobilienwert ergeben kann, der mit anderem Vermögen wie z. B. Spareinlagen verrechnet wird.
Ebenso werden private Darlehen und unbezahlte Rechnungen vom steuerpflichtigen Vermögen abgezogen.
Auch hier sollen Besonderheiten wie z. B. unverzinsliche Darlehen nicht näher behandelt werden.

Weiterhin abgezogen werden Verbindlichkeiten aus Vermächtnissen und geltend gemachten Pflichtteilsansprüchen. Für die Kosten der Bestattung des Erblassers, ein angemessenes Grabdenkmal und andere mit der Abwicklung des Nachlasses zusammenhängende Kosten wird eine Pauschale von 10.300 € berücksichtigt, wenn keine höheren Aufwendungen nachgewiesen werden.

Bisher wurde untersucht, wie Vermögen und Schulden in die Erbschaftsteuer einfließen. Maßgeblich für die Höhe der Steuer sind natürlich daneben die anzusetzenden Freibeträge.

Der Gesetzgeber unterscheidet sächliche und persönliche Freibeträge. Zu den sächlichen Freibeträgen gehören die Steuerbefreiung für Hausrat und Kleidung von 41.000 €, sofern es sich um den Erwerb vom Ehegatten handelt oder eine vertikale Verwandtschaftslinie vorliegt (Eltern/ Kinder). Bei anderen Verwandtschaftsverhältnissen wie z. B. Geschwistern beträgt der Freibetrag nur 10.300 €.

Auch die persönlichen Freibeträge sind nach dem Verwandtschaftsverhältnis gestaffelt. Der Ehegatte erhält einen Freibetrag von 307.000 €. Für jedes Kind beträgt der Freibetrag jeweils 205.000 €. Dieser Betrag gilt auch für Stiefkinder sowie Kinder verstorbener Kinder, wenn also die Erbschaft direkt von den Großeltern auf die Enkel übergeht, weil die Kinder bereits verstorben sind. Wird ein Enkel zu Lebzeiten der eigenen Kinder des Erblassers bedacht, so gilt ein Freibetrag von 51.200 €.
Erben in seitlicher Verwandtschaftslinie (Geschwister und deren Kinder), Schwiegerkinder und -eltern sowie der geschiedene Ehegatte haben einen Freibetrag von 10.300 €. Für alle übrigen Personen sind Erwerbe bis 5.200 € steuerfrei.

Die Freibeträge gelten grundsätzlich für jede Übertragung gesondert. So kann ein Elternteil auf ein Kind 205.000 € innerhalb von 10 Jahren steuerfrei übertragen, so dass 2 Kinder von ihren Eltern insgesamt 820.000 € steuerfrei erhalten können.

Freibeträge sind nicht übertragbar und verfallen. Es ist daher immer zu prüfen, ob durch rechtliche Gestaltungen weitere Freibeträge ausgenutzt werden können, um eine möglichst geringe Steuerbelastung zu erzielen. Daher sollte schon zu Lebzeiten fachlicher Rat eingeholt werden, um die nächste Generation nicht mit unnötigen Steuerzahlungen zu belasten.

Der Tod - Das Ende des Bankgeheimnisses

von Steuerberater Thomas Königshofen; Steuerberaterkanzlei Thomas Königshofen, Köln

In der Vergangenheit glaubten viele Bundesbürger, dass ihre Ersparnisse in den Schließfächern und auf Konten der Banken sicher seien, sowohl vor dem Zugriff von Dieben und Betrügern als auch vor Begehrlichkeiten des Staates. Hierfür stand das Bankgeheimnis des § 30 der Abgabenordnung (AO), welches ursprünglich einmal ähnlich umfassend wie das unserer Schweizer und Luxemburger Nachbarn gedacht war.

In Zeiten steigender Staatsausgaben und zunehmender Belastung durch Steuern auf Einkommen und Vermögen entzogen mehr und mehr Steuerpflichtige ihr Vermögen und die Erträge hieraus der Besteuerung im Schutze des Bankgeheimnisses und verzichteten auf die Erklärung von Guthaben in Vermögensteuererklärungen und auf die Deklaration von Zinseinnahmen in Einkommensteuererklärungen. Die Folge war neben zu geringen Steuereinnahmen vor allem eine ungleichmäßige Besteuerung zu Lasten der ehrlichen Steuerzahler.

Nach erheblicher Kritik durch breite Schichten der Bevölkerung sowie nach entsprechender Beschwerde auch des Bundesverfassungsgerichts entschied sich der Gesetzgeber für eine Einschränkung des Steuergeheimnisses durch die Einführung des § 30a AO, welcher seither die Auswertung von Informationen über Sparer, die bei Steuerprüfungen von Bankinstituten gewonnen werden, regelt.

Hierzu zählen neben der Existenz von Bankkonten und Wertpapierdepots auch Angaben zu deren Bestand sowie hieraus erzielte Erträge. Ohne speziellen Verdacht durften solche Zufallsergebnisse in der Vergangenheit nicht verwertet werden.

Aus dieser Maßnahme ergab sich noch keine spürbare Besserung im Steuererklärungsverhalten der Kapitalanleger, die das kalkulierbare Risiko der Entdeckung zum Teil bewusst in Kauf nahmen.
Nur zu oft wurden ganze Depots „schlicht vergessen" oder tauchten in der Steuererklärung unvollständig auf.

Was viele Bundesbürger nicht in ihre Überlegungen miteinbezogen, ist die Tatsache, dass das Steuergeheimnis spätestens mit dem Tod des Kontoinhabers endet.

In diesem Zeitpunkt ist jedes Kreditinstitut zu einer Meldung an die Finanzbehörde verpflichtet, die die Kontonummern sowie die Kontenstände der von dem verstorbenen Kunden unterhaltenen Konten und Depots umfasst.

Hierdurch erhält das jeweilige Finanzamt wertvolles Kontrollmaterial für den Abgleich mit der von den Erben einzureichenden Erbschaftssteuererklärung und wird zudem in die Lage versetzt, die letzten Einkommensteuerveranlagungen des Verstorbenen auf Vollständigkeit und Wahrheitsgehalt zu prüfen.

Zwar ist die Verwaltung an die Festsetzungsverjährung gem. § 169 AO gebunden, diese beträgt aber in Fällen leichtfertiger Steuerverkürzung fünf Jahre und in Fällen von Steuerhinterziehung zehn Jahre. Hieraus folgt, dass im Falle unvollständiger Steuererklärungen der Erblasser zumindest einmal fünf Veranlagungszeiträume wieder aufgerollt und Zinserträge nachträglich versteuert werden. Dabei werden die Erben nicht nur mit den Steuernachzahlungen sondern auch mit Zinsen von 6% p.a. hierauf belastet. Sofern die Finanzverwaltung dem Verstorbenen Steuerhinterziehung nachweisen kann, erstreckt sich dieser Zeitraum – wie geschildert – auf zehn Jahre.

Schnell kann es dabei passieren, dass ein erwartungsvoll angetretenes Erbe von Steuer- und Zinsnachforderungen des Fiskus zumindest aufgezehrt wird. Eine weitere Folge der Kontrollmitteilung der Banken kann die Aufdeckung von Guthaben sein, welche der Steuerpflichtige zu Lebzeiten aus unversteuerten Geschäften gebildet hat (Schwarzgeld). In diesen Fällen erstreckt sich die Nachversteuerung nicht nur auf bisher nicht versteuerte Zinserträge sondern zudem auf die Vermögensquelle, in der Regel nicht versteuerte Einkünfte aus Gewerbebetrieb oder selbständiger Arbeit. Auch Gewinne aus verschwiegenen Spekulationsgeschäften sind denkbare Quelle versteckten Vermögens.

Nachdem auch die Einführung von Kapitalertragsteuer und Zinsabschlag nicht zu einer größeren Steuerehrlichkeit führte, da sich viele Steuerzahler mit dem pauschalen Abzug von 10 oder 25 % des Ertrages im Gegensatz zu ihrem individuellen Steuersatz noch günstig besteuert sahen, plant die Bundesregierung nach der Bundestagswahl im September 2002 nun eine Streichung des § 30a AO und damit die Abschaffung des Bankgeheimnisses. Folge hiervon soll der gläserne Bankkunde sein, über dessen Vermögen und Ertrag die Bank unaufgefordert Mitteilungen an die Finanzverwaltung übermitteln soll, die dort zu einem riesigen Datenpool zusammengeführt werden sollen.

Schon bei bisheriger Rechtslage muss sich der Kapitalanleger fragen, ob er den kurzfristigen „Erfolg" sucht, Steuern auf sein Einkommen durch eine bewusste Straftat (Steuerhinterziehung) zu umgehen und damit die nachträgliche Besteuerung für einen Zeitraum von zehn Jahren in Kauf zu nehmen, so dass den Erben in der Regel vom angetretenen Erbe nichts bleibt, oder ob er mit Hilfe eines steuerlichen Beraters seine Steuerbelastung bereits zu Lebzeiten plant und im Rahmen der gesetzlichen Möglichkeiten steuert und dadurch steuerehrlich bleibt, so dass sein Erbe der Familie (von der Erbschaftsteuer abgesehen) vollumfänglich erhalten bleibt.

Der Wunsch der meisten Sparer dürfte sein, das ggfs. selbst geerbte Familienvermögen durch eigenes Wirtschaften und eigene Arbeit zu mehren oder doch zumindest zu erhalten und an die nachfolgenden Generationen der Familie weiterzugeben. Eine Verschiebung der Steuerbelastung durch Verschweigen von Zinsen zu Lebzeiten und Nachbesteuerung bei den Erben führt nicht wirklich zum Erreichen des ursprünglichen Ziels sondern schmälert das Erbe zusätzlich durch Verzinsung der Steueransprüche des Staates. Die Inanspruchnahme kompetenter Ratgeber wie Steuerberater, Rechtsanwälte und Notare liegt daher nahe.

Besuchen Sie uns im Internet www.stb-koenigshofen.com

- Steuerliche Beratung für Kapital- und Personengesellschaften, Einzelunternehmer
- Steuererklärungen, Steuerplanung und -gestaltung
- Existenzgründungsberatung, gutachterl. Stellungnahmen hierzu
- Jahresabschlüsse
- Immobilien im Steuerrecht
- Erbschaft- u. Schenkungssteuer
- Liquidation u. Insolvenz
- Finanz- u. Lohnbuchhaltungen

TSK

Thomas Königshofen

STEUERBERATER

Habsburgerring 1 • 50674 Köln
Ruf (+49) 02 21 - 5 70 77 14
Fax (+49) 02 21 - 5 70 77 10

---

dipl.-kfm.
peter streil
steuerberater

einkommensteuer
erbschaft- und schenkungsteuer

piusstraße 131 (aachener str./friedhof melaten)
50931 köln (lindenthal)

telefon (0221) 9529130
telefax (0221) 95291320
email peter.streil@t-online.de
www.stb-streil.de

Der Tod ist das Ende des Bankgeheimnisses

von Steuerberater Achim Lintermann; Steuerberaterkanzlei Achim Lintermann, Köln

Erbschaften können Steuern auslösen. Das ist fast jedem bekannt. Hierbei denkt man gemeinhin an die Frage der Erbschaftsteuer, also derjenigen Steuer, die durch die Erbschaft erst ausgelöst wird. Was ist aber mit Steuern, die bereits vor der Erbschaft ausgelöst sind, die also der Verstorbene (der sog. „Erblasser") in seiner eigenen Person begründet hat?

Der nachfolgende Beitrag untersucht, welche Pflichten den Erben im Hinblick auf mögliche steuerliche Verfehlungen des Erblassers treffen können, wie man sich hierauf vorbereitet und was zu tun ist, wenn der Erbe feststellt, dass der Verstorbene seine eigenen steuerlichen Pflichten vernachlässigt hat.

Grundsätzliches

Der Erbe tritt – auch steuerlich – die Rechtsnachfolge des Erblassers an („Fußstapfen-Theorie"). Tritt der Erbe die Erbschaft an, so tritt er sie insgesamt an, also nicht nur bezüglich der positiven Vermögenswerte, sondern z.B. auch bezüglich der Steuerschulden. Der Erbe übernimmt als sog. „Gesamtrechtsnachfolger" (§ 45 Abgabenordnung, AO) sämtliche steuerlichen Pflichten des Rechtsvorgängers. Diese sind jedoch nicht begrenzt auf das zahlen bestehender, vom Finanzamt bereits festgesetzter Steuern, sondern auch auf die Erklärungs- und Zahlungspflichten für solche Steuern, die das Finanzamt möglicherweise zu Lebzeiten des Verstorbenen noch gar nicht festgesetzt hat.

Hierdurch können sich je nach Fallgestaltung ungeahnte finanzielle Belastungen für den Erben ergeben. Hinzu kommt eine im Einzelfall „knifflige" verfahrensrechtliche Position des Erben.

Ein Fallbeispiel

Karl Kölsch verstirbt am 01.08.2002 in hohem Alter. Karl Kölsch ist seit dem Jahr 1978 Witwer. Seine Tochter Karina Kölsch ist Alleinerbin. Sie erbt vom verstorbenen Vater dessen Mehrfamilienhaus in Köln-Ehrenfeld. In einer der Wohnungen lebte der Vater bis zu seinem Tode selbst, die übrigen vier Wohnungen im Haus sind seit Jahren vermietet und bringen Mieteinnahmen.

Karina Kölsch hatte zuletzt kaum Kontakt zu ihrem Vater und wusste über dessen finanzielle Verhältnisse wenig. Bei der Auflösung der Wohnung des Vaters findet Karina Kölsch völlig überrascht einen Depotauszug der Stadtbank Köln, aus dem sich ein Wertpapierbestand im Wert von ca. € 250.000,-- ergibt. Außerdem findet sie die Visitenkarte eines Beraters der Investmentberaterbank Luxembourg S.A. sowie einen Notizzettel mit dem handschriftlichen Vermerk „da spare ich die Zinsabschlagsteuer". Bei ihren Recherchen in Luxemburg erfährt Karina Kölsch, dass ihr verstorbener Vater dort ein weiteres Wertpapierdepot unterhielt, in dem Wertpapiere im Wert von € 200.000,-- verwahrt sind.

Karl Kölsch erhielt seit seinem 65. Lebensjahr eine BfA-Rente von zuletzt € 1.000,-- im Monat und dazu aus der Pensionskasse seines früheren Arbeitgebers eine weitere Rente von € 1.200,-- im Monat.

In der Wohnung des Vaters findet Karina außerdem einen Ordner mit der Aufschrift „Steuern". Darin findet sie eine Steuererklärung für das Jahr 1985 und darauf handschriftlich den Vermerk „ab jetzt keine Steuererklärungen mehr – bin ja jetzt Rentner".

Problemstellung

Karl Kölsch hätte Zeit seines Rentnerdaseins Steuererklärungen abgeben müssen. Obwohl er ansonsten Rentner war, hätten die Einnahmen aus der Vermietung der vier Wohnungen in seinem Haus sowie die steuerpflichtigen Zinsen aus seinen Geldanlagen in Köln und Luxemburg den sog. „steuerlichen Grundfreibetrag" überschritten, so dass er tatsächlich Steuern zu zahlen gehabt hätte. Karl Kölsch hat Steuern hinterzogen.

Die steuerlichen Erklärungspflichten des Karl Kölsch gehen, wie eingangs bemerkt, durch den Antritt des Erbes auf Karina Kölsch über, ebenso die Verpflichtung zur Zahlung der dadurch entstehenden Steuern.

Was weiß das Finanzamt schon?

Das Finanzamt erfährt in der Regel automatisch von allen Sachverhalten, die sich auf inländisches Vermögen beziehen. Von den Mieteinnahmen des „auf Karina umgeschriebenen" Mehrfamilienhauses in Ehrenfeld erfährt das Finanzamt (wenn nicht schon zuvor durch die Erbschaftsteuererklärung) spätestens dann, wenn Karina Kölsch in ihrer eigenen Steuererklärung für das Jahr 2002 Einkünfte aus Vermietung und Verpachtung erklärt. Dann kommt nämlich die Frage auf „Und was war vor dem Tod des Vaters? Hat der etwa alle fünf Wohnungen gleichzeitig bewohnt?"

Noch schneller erhält das Finanzamt Kenntnis über die Geldbestände bei der Stadtbank Köln. Diese muss nämlich nach § 29 der Erbschaftsteuer-Durchführungsverordnung (ErbStDV) gegenüber dem Finanzamt zwingend eine Anzeige abgeben und das Finanzamt über die Konten- und Depotbestände des Verstorbenen am Todestag aufklären.

Was muss man dem Finanzamt noch offen legen?

Leistungsprofil

- Erbschaft- und Schenkungsteuerberatung
- Einkommensteuerberatung
- Existenzgründungsberatung
- Unternehmensberatung
- Jahresabschlüsse
- Finanzbuchhaltung
- Lohnbuchhaltung

Fuß & Nick
Steuerberatungsges. mbH

Langgasse 8 • 50858 Köln

Tel.: 02 21/4 89 04-0
Fax: 02 21/4 89 04-10
Mobil: 01 78/4 55 77 99
fuss-nick@t-online.de

Wir beraten Sie gerne.
Rufen Sie uns bitte an oder senden Sie uns eine e-mail.

Achim Lintermann
Steuerberater

Ebertplatz 4
50668 Köln

Fon 0221 · 13 99 69 20
Fax 0221 · 13 99 69 246

mail@achim-lintermann.de

Nachdem Karina Kölsch, wie schon erwähnt, die gesamten Erklärungspflichten ihres verstorbenen Vaters treffen, muss sie das Finanzamt auch über diejenigen Zinsen informieren, die Karl Kölsch aus seinen ausländischen Guthaben erzielt hatte. Auch hier gilt: Spätestens bei der Abgabe ihrer ersten eigenen Steuererklärung, wenn die Guthabenszinsen ihr selbst zuzurechnen sind, muss sie das Finanzamt aufklären. Auch hier kommt schnell die Frage nach der Herkunft der Guthaben.

Steuerstrafrechtliche Betrachtung

So lange die steuerlichen „Verfehlungen" nur Karl Kölsch zugerechnet werden dürfen, hat Karina Kölsch es „nur" mit einer „geerbten Steuerschuld" zu tun. Das ist schlimm genug. Sie wird aber nicht schon dadurch zum Steuerhinterzieher, dass ihr Vater zu Lebzeiten Steuern hinterzogen hat (keine „Sippenhaft"). Problematisch wird es für Karina allerdings dann, wenn sie hofft, die „steuerlichen Leichen im Keller" ihres Vaters dadurch verbergen zu können, dass sie die Praxis des Vaters fortsetzt und ab sofort ihre eigenen Mieteinnahmen und Zinsen ebenfalls nicht erklärt. Leider ist dieses Verhalten bei vielen Erben festzustellen. Häufige Motivation dabei: „Es wird schon niemand beim Finanzamt etwas von der Vergangenheit erfahren. Dann muss ich wenigstens nicht aus meinem Erbe auch noch alte Steuern bezahlen. Schließlich habe ich ja nichts falsch gemacht". So oder ähnlich klingt es zur eigenen Verteidigung.

Bewusst oder unbewusst hätte sich Karina Kölsch auf diese Weise selbst zur Steuerhinterzieherin gewandelt. Das Erbe an sich verpflichtet Karina in unserem Fallbeispiel nur zum Nacherklären und Steuern zahlen. Die Fortsetzung der Praxis Ihres Vaters durch Karina begründet in ihrer Person selbst einen Steuerstraftatbestand. Dies kann – neben der ohnehin fälligen Steuernachzahlung – darüber hinaus zu empfindlichen Geldbußen, zur Festsetzung von Hinterziehungszinsen und zu unangenehmer Berührung mit dem zuständigen Finanzamt für Steuerstrafsachen und Steuerfahndung führen.

Wie weit darf das Finanzamt zurück rechnen?

Karl Kölsch musste, so setzt es das idealtypische Bild vom „normal kundigen Steuerbürger" voraus, wissen, dass seine Einkünfte steuerpflichtig waren. Dies wusste er z.B. anhand der jährlichen Mitteilungen seiner Banken auf den Zinsbescheinigungen („Kapitalerträge sind steuerpflichtig"). Vor allem aber kann Karl Kölsch sich nicht mehr selbst verteidigen. Deshalb wird ihm die „übliche steuerliche Grundkenntnis" eines Bürgers zugerechnet.

In unserem Fallbeispiel (Tod im August 2002, niemals Steuererklärungen abgegeben) darf das Finanzamt gegen Karina Kölsch („als Rechtsnachfolgerin des verstorbenen Karl Kölsch") sämtliche Einkommensteuern festsetzen und beitreiben, die gegen Karl Kölsch noch festgesetzt werden dürften, wenn er noch leben würde. Es geht also um die „steuerlich nicht verjährten Jahre bei Steuerhinterziehung". In unserem Fallbeispiel dürfte das Finanzamt die Einkommensteuer des Karl Kölsch für die Jahre 1989 bis 2001 bei Karina Kölsch nachfordern.

Die Praxis des Verfassers zeigt, dass selbst bei „überschaubar großer Erbmasse" schnell erheblich fünfstellige Euro-Beträge nacherhoben werden können. Ist, wie in unserem Fallbeispiel, ausreichend „liquide Erbmasse" (Bargeld oder Wertpapiere) vorhanden, erweisen sich solche Fallstricke aus der Vergangenheit des Verstorbenen als schmerzhaft, aber bestreitbar. Anders ist die Situation, wenn das Erbe nur oder überwiegend aus „gebundenen Mitteln" (z.B. Immobilien) besteht.

Abschlußbemerkung

Wer ein Erbe antritt, sollte sich einen Überblick darüber verschaffen, ob der Verstorbene zu Lebzeiten seine steuerlichen Pflichten erfüllt hat. Dies gilt insbesondere dann, wenn die Erbmasse aus vermieteten Immobilien und zinsbringenden Kapitalanlagen besteht oder wenn größere Geldbeträge vorgefunden werden. Stellt der Erbe fest, dass möglicherweise Handlungsbedarf besteht, sollte er handeln. Ignoranz gegenüber steuerlichen Altlasten des Erblassers ist kein guter Rat für den Erben. Die „Vogel-Strauss-Mentalität" (den Kopf in den Sand stecken und hoffen, es möge schon gut gehen) ist in Fällen wie dem geschilderten Fehl am Platze. Zu schnell wird aus der Steuerschuld des Rechtsvorgängers eine eigene Steuerstraftat des Erben. Deshalb rät der Verfasser den Betroffenen zu Eigeninitiative, gewissermaßen der „Flucht nach vorn". An den Tag gelegte Eigeninitiative ist – im Vergleich zum Entdecktwerden – häufig die klügere Variante.

Maarweg 139 · 50825 Köln
Tel. 02 21 / 94 97 10-0
Fax 02 21 / 94 97 10-30
Mobil 01 63 / 50 35 335

E-Mail:
winfried.darius@netcologne.de
Internet:
www.winfrieddarius.de

Winfried Darius
Diplom-Kaufmann
Steuerberater

ERIK ZUPFER
STEUERBERATUNGSGESELLSCHAFT mbH

- PRIVATE STEUERERKLÄRUNGEN
- VERMÖGENSNACHFOLGEBERATUNG
- UMFASSENDE STEUERLICHE BETREUUNG

FÜR EINZELUNTERNEHMER UND PERSONENGESELLSCHAFTEN

EIGELSTEIN 98 (EINGANG DAGOBERTSTRASSE)
50668 KÖLN
NÄHE HAUPTBAHNHOF · U-BAHN: EBERTPLATZ

TELEFON (0221) 91 28 37 0
TELEFAX (0221) 91 28 37 18
EMAIL: ZUPFER@DATEVNET.DE

BÜROZEITEN:
TÄGLICH AB 7.30 UHR,
MONTAGS UND MITTWOCHS BIS 19.00 UHR

Steuerberater
Günter Holstein
Landw. Buchstelle

- Handel
- Industrie
- Handwerk
- Dienstleistung
- Landwirtschaft

53639 Königswinter-Oberpleis
Dollendorfer Straße 4
Tel. 0 22 4 4/ 8 06 24
Fax: 0 22 44 / 91 27 46

53773 Hennef
Marktplatz 21
Tel. 0 22 42 / 9 20 60
Fax: 0 22 42 / 9 20 66

Email:
info-koenigswinter@holstein-guenter.de

Der Tod – Anfang der Probleme um die Erbschaft

von Steuerberater Gertrud Josten; Steuerberaterkanzlei Josten, Köln

Bis vorgestern war die Welt noch in Ordnung.

Die Familie – Vater, zwei Töchter, ein Sohn, zwei Schwiegersöhne, eine Schwiegertochter, fünf Enkelkinder – lebten in absoluter Eintracht, eine Musterfamilie.

Es war ein recht ansehnliches Vermögen vorhanden, das die Kinder, Schwie- gerkinder und Enkelkinder einmal erben sollten.

Als seine Frau noch lebte, hatte Vater oft mit ihr darüber gesprochen, wie das gemeinsam erworbene Vermögen nach ihrer beider Tod auf die Kinder aufzuteilen sei. Es sollte dabei gerecht zugehen. Andererseits sollten die Kinder, die in sehr unterschiedlichen finanziellen Verhältnissen lebten, aber auch auf eine möglichst gleiche Vermögensebene kommen.

Lange hatte Vater gegrübelt, wie er das in seinem Testament niederlegen wollte und war schließlich zu einem Ergebnis gekommen, das er für richtig und gerecht hielt.

Beim nächsten Familientreffen hatte er seine Pläne den Kindern mitgeteilt, die sich alle einverstanden erklärt hatten.

Nun galt es noch, gelegentlich einen Notar aufzusuchen und das Testament beurkunden zu lassen.

Dies schob Vater lange Zeit vor sich her. Es eilte ja auch nicht. Er war doch kerngesund und noch sehr aktiv. Zudem war die Angelegenheit unbequem und lästig. Obendrein war es auch kein gutes Gefühl, sich mit seinem Tod zu beschäftigen.

Demnächst wollte er seine Gedanken erst einmal schriftlich niederlegen und dann zum Notar gehen, demnächst....

Gestern ist Vater ganz plötzlich verstorben.

Die Familie sitzt heute zum ersten Mal ohne ihn zusammen und berät sich darüber, was nun alles geregelt werden muss.

Es sind bis zur Beisetzung so viele Formalitäten zu erledigen.

Die Tage vergehen in Hektik. (Ein gutes Bestattungsunternehmen könnte hier übrigens wertvolle Hilfe leisten.)

Es bleibt nicht aus – spätestens nach der Beerdigung steht die Frage nach der Erbschaft an.

Das Testament, von dem Vater gesprochen hat, ist in seinen Unterlagen nicht zu finden.

Was nun?

Es muss beim zuständigen Amtsgericht ein Erbschein beantragt werden.

Weil eine letztwillige Verfügung nicht vorliegt, tritt die gesetzliche Erbfolge ein, d.h. ungeachtet der vom Vater eigentlich gewollten Verteilung seines Vermögens erhält nun jedes Kind ein Drittel des gesamten vorhandenen Vermögens. Schwiegerkinder und Enkelkinder gehen leer aus.

Welche steuerlichen Folgen knüpfen sich an eine Erbschaft?

Es ist eine Erbschaftsteuererklärung zu erstellen, in welcher der gesamte Nachlass aufzuführen ist.

Dafür sind jeweils die steuerlich maßgeblichen Werte zu ermitteln.

Bei Grundbesitz bedeutet das, dass "eine gesonderte Feststellung des Grundbesitzwerts auf den Todestag für Zwecke der Erbschaftsteuer" durchgeführt werden muss.

Dieser Grundbesitzwert basiert in der Regel auf den Mieten der vorangegangenen 36 Monate, korrigiert um einen nach dem Alter des Gebäudes gestaffelten Abschlag.

Der Wert für den Grund und Boden ist gesondert zu ermitteln anhand der Bodenrichtwerte.

Der höhere der beiden Werte wird für die Erbschaftsteuer herangezogen.

Auch für das Betriebsvermögen ist ein Einheitswert auf den Todestag festzustellen.
Für börsennotierte Wertpapiere gilt der Tageskurs, der bei der Bank erfragt werden kann.

Bei nicht notierten Beteiligungen (z.B. bei GmbH – Anteilen) ist der Stichtagswert mit Hilfe des "Stuttgarter Verfahrens" zu ermitteln.

Ganz besonders schwierig wird es, wenn sich im Nachlass Beteiligungen an Immobilienfonds befinden.

Zur Berechnung des Anteilswerts müssen nämlich zunächst auch für die zum Fonds gehörenden Grundstücke die Grundbesitzwerte auf den Todestag nach der oben geschilderten Methode ermittelt werden, eine äußerst zeitraubende und kostenträchtige Angelegenheit.

Für Teppiche, Bilder, Schmuck, Sammlungen etc. sollten zur Wertfindung Gutachten amtlich bestellter Gutachter herangezogen werden.

Die so ermittelten Vermögenswerte werden addiert.

Davon abgezogen werden Schulden des Erblassers (z.B. aus Darlehen, Hypotheken, unbezahlten Rechnungen, Steuerschulden etc.), die Kosten für die Bestattung und die Nachlassregelung sowie pauschale Kosten für die Grabpflege.

Für verschiedene Vermögenswerte sieht der Gesetzgeber Steuerbefreiungen vor.

Je nach Verwandtschaftsgrad sind in der Höhe unterschiedliche persönliche Freibeträge zu berücksichtigen.

Auch die Steuerklasse wird durch den Verwandtschaftsgrad bestimmt. Der Steuersatz, nach dem die Erbschaftsteuer berechnet wird, richtet sich nach Verwandtschaftsgrad und Höhe des ererbten Vermögens.

Jede/r Erbe/in erhält einen Steuerbescheid über die von ihm/ihr zu entrichtende Erbschaftsteuer.

Ist ein Testamentvollstrecker bestellt, hat er sich um die Erstellung der Erbschaftsteuererklärung zu kümmern. Er haftet auch für die vollständige Zahlung der Erbschaftsteuer.

Welche Folgen ergeben sich weiter, wenn kein Testament vorliegt?

Mit dem Erbfall entsteht unter den Erben eine Erbengemeinschaft, für die das Finanzamt eine eigene Steuer – Nummer vergibt.

Zu dieser sind die Erträgnisse aus dem ungeteilten Nachlass jährlich in einer "Erklärung zur gesonderten und einheitlichen Feststellung von Besteuerungsgrundlagen" zu erklären.

In einem "Bescheid über die gesonderte und einheitliche Feststellung von Besteuerungsgrundlagen" stellt das Finanzamt die Summe der gesamten Erträge und die auf jede/n Beteiligte/n entfallenden Anteile fest. Es teilt sie den Wohnsitzfinanzämtern für Zwecke der Einkommensteuer mit.

Durch die Verteilung des Erbes auf die Erben (Erbauseinandersetzung) wird die Erbengemeinschaft aufgelöst.

Bei der Aufteilung ist jedoch strengstens darauf zu achten, dass alle Erben wertgleiche Anteile erhalten.

Hier ist besondere Vorsicht geboten bei Grundbesitz, Betriebsvermögen und Beteiligungen, weil die steuerlich gültigen Werte in der Regel von den Wertvorstellungen der am Nachlass Beteiligten erheblich abweichen können.

**Gertrud Josten
Steuerberater**

**Richard Josten
Dipl.-Finw., StB**

**Ute Josten
Dipl.-Kffr., StB**

Wir kümmern uns um alle steuerlichen Angelegenheiten, beraten in betriebswirtschaftlichen Fragen, erledigen Finanz- und Lohnbuchhaltungen.

Unser Klientel umfasst u.a.
❏ Mittelständische Betriebe (Einzelunternehmen, Personengesellschaften, GmbH)
❏ Reit- und Pferdezuchtbetriebe
❏ Vereine
❏ Privatpersonen
❏ Erbfälle

**50999 Köln • Pflasterhofweg 62 • Tel. 0 22 36 / 6 5495 • Fax: 0 22 36 / 6 18 62
E-Mail: kanzlei@steuerberater-josten.de**

Dynamische Unternehmens- und/oder

Nachdenkenswertes zu einer der schwierigsten Lebensentscheidungen: „Nachfolgefragen"

A) Vorbemerkungen

Nichtstun ist für Unternehmer und Senioren in der „Nachfolgefrage" keine Option, Nichtstun ist Existenzbedrohend.

Eine Unternehmens- und Vermögensnachfolge bedarf einer gründlichen Analyse, Planung, Vorbereitung, Realisierung und Kontrolle.

Die „Nachfolge" erfordert externen Rat und eine Moderatorenfunktion. Eine „Nachfolgeproblematik" ist erst dann erfolgreich realisiert, wenn Klarheit über folgende Fragen besteht:

- ✓ WELCHES VERMÖGEN (STRUKTUR UND UMFANG),
- ✓ SOLL WANN (ZEITPUNKT),
- ✓ AUF WELCHE PERSON (EN),
- ✓ BEI WELCHER GEGENLEISTUNG,
- ✓ UNTER BERÜCKSICHTIGUNG WELCHER ZIVIL- UND STEUERRECHTLICHEN OPTIMIERUNGEN
- ✓ UND DER FINANZIELLEN MÖGLICHKEITEN, WÜNSCHE UND BEDÜRFNISSE DER BETROFFENEN

übertragen werden soll.

Die Themen „Unternehmensnachfolge" und „Vermögensnachfolge" werden viel zu häufig verdrängt. Das ist falsch. Diese Themen müssen enttabuisiert, problematisiert und frühzeitig geplant und realisiert werden.

Notwendig ist dies, weil:

- ✓ „ALTERSVERSORGUNGSLÜCKEN" TEILE DES DERZEITIGEN VERMÖGENS AUFZEHREN KÖNNEN.
- ✓ DIE BEGEHRLICHKEIT DES FISKUS BEI DER ERBSCHAFTS-, SCHENKUNGS- UND VERÄUSSERUNGSSTEUER WEITER ZUNIMMT.
- ✓ DER OPTIMALE ZEITPUNKT ZUR UNTERNEHMENSÜBERTRAGUNG HÄUFIG VERPASST WIRD UND ZU SPÄT ERFOLGT.

B) Psychologische, betriebswirschaftliche, zivil- und steuerrechtliche Aspekte der Unternehmensnachfolge

b1) Situationsbeschreibung

Die Unternehmensnachfolge ist eine komplexe Aufgabe, vor der viele Unternehmer zu häufig die Augen verschließen.

„Durchwursteln", Augen zu und weitermachen. So lange wie möglich Chef und Lotse zu bleiben. Häufig bis zum zu frühen Tode, welcher möglicherweise durch die „Firma" verursacht wird. Das scheint das Ziel vieler Unternehmer zu sein.

Dies ist falsch und zerstörend, für das Unternehmen und die Familie

Wann ist es an der Zeit aufzuhören, die Früchte eines langen Arbeitslebens zu genießen, einen noch hohen (steuerlich begünstigten) Veräußerungserlös und Veräußerungsgewinn zu realisierten oder (steuerlich begünstigt) an einen Nachfolger aus der Familie zu übertragen?

Diese Frage stellen sich zu wenige Unternehmer !

In ca. 400.000 von den ca. 2 Millionen Unternehmen in Deutschland wird es in den nächsten fünf Jahren einen „Unternehmerwechsel" geben. Ursachen dafür sind:

- ✓ ALTERSBEDINGTER GENERATIONSWECHSEL CA.: 44 %
- ✓ UNERWARTETES SCHICKSAL CA.: 32 %
- ✓ SONSTIGE GRÜNDE CA.: 24 %

Von diesen Unternehmen gehen:

- ✓ AN FAMILIENMITGLIEDER 42 %
- ✓ AN MITARBEITER 13 %
- ✓ AN EXTERNE 37 %
- ✓ WERDEN GESCHLOSSEN 8 %

Die unerwartetete „Schicksalskomponente" (wegen Krankheit oder Tod im Alter von unter 60 Jahren) ist beachtlich hoch. Kluge Unternehmer sorgen für diesen „Super-Gau" mit folgenden Instrumenten vor:

- ✓ TESTAMENT
- ✓ VORWEGGENOMMENE ERBFOLGE
- ✓ FRÜHZEITIGE NACHFOLGEREGELUNG
- ✓ GEREGELTE STELLVERTRETUNG
- ✓ BERATENDER BEIRAT
- ✓ EHEVERTRAG
- ✓ RÜCKLAGEN FÜR ERBSCHAFTSTEUER UND ABFINDUNGEN

Und Sie ?

Der Verfasser hielt kürzlich vor Unternehmern ein „Nachfolgeseminar" Von den Unternehmern hatten nur 50 % ein Testament. Mehr als 60 % davon waren (steuerlich oft ungünstige) „Ehegattentestamente"

b2) Übergabe an Angehörige, Mitarbeiter oder Fremde ?

An

WEN UND WIE ?

wird übertragen. Diese Frage ist von Bedeutung für den Unternehmer, die Familie, die Mitarbeiter und den zukünftigen Unternehmenserfolg.

- ✓ TREIBEN SIE NIEMAND AUS IHRER FAMILIE IN DIE BETRIEBSNACHFOLGE
- ✓ IM ZWEIFEL VERKAUFEN SIE AN FREMDE DRITTE UND ÜBERTRAGEN DEN VERÄUSSERUNGSGEWINN AN FAMILIENMITGLIEDER
- ✓ PRÜFEN SIE DEN NACHFOLGER AUF FACHLICHE UND UNTERNEHMERISCHE KOMPETENZ UND SICHERN

Vermögensnachfolge

SIE DIE QUALIFIZIERUNG ZUM „UNTERNEHMER"
✓ ERFOLGSPOTENZIALE KÖNNEN SIE UNTER:

WWW.GANSEN-BERATUNG.DE
testen

b3) Übergabemodelle

Bei Unternehmensübergaben ist zu unterscheiden zwischen:

✓ SOFORTIGER ÜBERGABE UND KURZFRISTIGEM AUSSCHEIDEN DES ÜBERGEBERS.
✓ GLEITENDER ÜBERGABE ÜBER EINEN BESTIMMTEN ZEITRAUM.

Gleitende Übergaben findet man häufiger bei größeren Unternehmen und bei Familienmitgliedern.

Das nachfolgende „gleitende Übergabemodell" hat sich bewährt:

✓ MITARBEITERPHASE   1-2 JAHRE
✓ BETEILIGUNGSPHASE   3-6 JAHRE
✓ BEENDIGUNGSPHASE   7-10 JAHRE

Im 2. Jahr der Mitarbeiterphase wird der Nachfolger leitend und mit Gewinnbeteiligung tätig. In der Beteilungsphase wird der Nachfolger bis zu 40 % Anteile erwerben. In der Beendigungsphase wird er die Geschäftsführung und die restlichen Anteile übernehmen.

b4) Wer interessiert sich für das Unternehmen

Übernahmeinteressenten sind Familienangehörige, Mitarbeiter, Wettbewerber, Kapitalanlagegesellschaften, Holdinggesellschaften, Lieferanten, Existenzgründer.

Folgende Probleme haben Übergeber: Finden eines geeigneten Nachfolgers, Kaufpreisermittlung, Miethöhe, Steuerbelastung, rechtliche Probleme.

b5) Exkurs: Übernahme aus der Sicht des Übernehmers

Gegenüber einer Neugründung wird in der Übernahme aufgrund vorhandener Daten und einer (eingespielten) Organisation häufig das „kleinere Risiko" gesehen.

Die Praxis belegt jedoch, dass die Insolvenzgefahr bei Unternehmensübernahmen etwas höher ist, als bei Neugründungen. Gründe dafür sind:

✓ KAUFPREIS- UND INFORMATIONSRISIKO
✓ ZIVIL- UND STEUERRECHTLICHE RISIKEN
✓ ZWISCHENMENSCHLICHE RISIKEN

Zweidrittel der Übernehmer haben nach der Übernahme mit ernsthaften Problemen zu kämpfen. Jede 4. Betriebsübernahme wird scheitern!

Von den „Gescheiterten" hatten zweidrittel kein plausibles Unternehmenskonzept erstellt.

Die Erstellung eines Unternehmenskonzeptes ist ein wichtiger Erfolgsfaktor.

**Anmerkung:
Der Verfasser führt seit Jahren für Banken Gründungsseminare durch und doziert an der Fachhochschule zu dieser Thematik. Er berät auch Existenzgründer und Unternehmensübergaben.**

Weitere Informationen zur Existenzgründungsberatung unter:

www.gansen-beratung.de

b6) So bereiten Sie das Unternehmen für die Übergabe vor

Unternehmensübergeber sehen ihr Unternehmen emotional, wie ein Vater seine Tochter, – Nachfolger sehen das Unternehmen rational. Dies führt häufig, selbst bei Familienmitgliedern, zu überhöhten Kaufpreisforderungen.

Erstellen Sie eine (interne) Liste der positiven und negativen Unternehmensfaktoren. Wichtige Kriterien sind:

✓ WIRTSCHAFTLICHE UND TECHNSCHE POTENZIALE.
✓ STANDORT, BRANCHENENTWICKLUNG.
✓ PRODUKT- UND LEISTUNGSSORTIMENT.
✓ KUNDEN- UND LIEFERANTENBEZIEHUNGEN.
✓ MITAREITERQUALIFIKATIONEN
✓ RECHTSFORM, VERTRÄGE.
✓ SUBSTANZ- UND ERTRAGSWERT.

Für den Übernehmer spielen häufig auch Synergieeffekte eine wichtige Rolle.

b7) Übertragungsmöglichkeiten

Ihr Unternehmen können Sie durch **Schließung oder Übertragung** los werden. Schließen wird teuer!

In der Regel werden Unternehmen „im Ganzen" übertragen. U.U. können steuerlich günstig aber auch Unternehmensteile wie

✓ BESITZUNTERNEHMEN
✓ PRODUKTIONSUNTERNEHMEN
✓ VERTRIEBSUNTERNEHMEN

getrennt übertragen werden. Interessant sind auch Unternehmensbeteiligungen.

Möglichkeiten einer Übertragung sind:

✓ ÜBERTRAGUNG DURCH VERKAUF BEI SOFORTIGER BEZAHLUNG
✓ ÜBERTRAGUNG GEGEN EINRÄUMUNG WIEDERKEHRENDER LEISTUNGEN (RATEN, RENTEN, DAUERNDE LAST, NIESSBRAUCH).
✓ UNTERNEHMENSVERPACHTUNG.
✓ ERBRECHTLICHE UND SCHENKUNGSRECHTLICHE UNTER-

NEHMENSÜBERGABEN.
(VORWEGGENOMMENE ERBFOLGE, UNTERNEHMERTESTAMENT)

Trifft der Unternehmer keine „letztwillige Verfügung", tritt beim Tode die „gesetzliche Erbfolge" ein. Dies ist für Unternehmen häufig der

Super-Gau !

b8) So ermitteln Sie den „angemessenen" Kaufpreis

Der Markt bestimmt den Preis. Häufig ist der geforderte Kaufpreis zu hoch und aufgrund „objektiver Faktoren" nicht gerechtfertigt. „Kaufpreisbestimmend" ist die „Zukunftsfähigkeit" des Unternehmens.

Von der Wissenschaft hochgelobte „Finanzmathematische Methoden" bestehen häufig nicht den Praxistest. In der Praxis wird häufig der Unternehmenswert mit Hilfe einer Kombination von Substanz- und Ertragswert ermittelt. Für einige Branchen gibt es in Bezug auf den Ertragswert „umsatzabhängige Erfahrungssätze", die jedoch stark von einem „objektiven Ertragswert" abweichen können.

Der Substanzwert ergibt sich als Wert der materiellen und immateriellen Wirtschaftsgüter. Er liegt zwischen Neuwert und Buchwert und wird i.d.R. unter der „Fortführungsprämisse" bewertet. Der Substanzwert ist dann höher als bei Bewertung unter der „Zerschlagungsprämisse".

Ein über dem Substanzwert liegender Kaufpreis kann gezahlt werden, wenn in Vergangenheit und Zukunft ein „betriebswirtschaftlicher Gewinn" vorhanden ist. (Entspricht nicht dem „Steuerbilanzgewinn". Dieser vermindert sich um die „Kalkulatorischen Kosten").

Kalkulatorische Kosten sind:
✓ UNTERNEHMERLOHN, ... MIETEN,
✓ ... ZINSEN, ... ABSCHREIBUNGEN UND ... WAGNISSE.

Der Ertragswert errechnet sich aus einem durchschnittlichen jährlichen „betriebswirtschaftliche Gewinn" multipliziert mit einem „Vervielfacher". Je nach Branche und „Zukunftssicherheit" wird der „Vervielfacher" mit zwei bis sieben Jahre angesetzt.

Möglicherweise sind zur Kaufpreisermittlung noch „ersparte Schließungskosten" zu berücksichtigen.

C) Grundzüge des Erbschafts- & Schenkungssteuerrechts

c1) Grundzüge

Die steuerlichen Belastungen eines Vermögensüberganges sind bei höheren Vermögen deutlich höher, als viele denken und steht im „Fokus der Begehrlichkeit des Fiskus". Mit zukünftigen Steuererhöhungen ist zu rechnen.

Als Steuerfall gilt:

✓ DER ERWERB VON TODES WEGEN,
✓ DIE SCHENKUNG UNTER LEBENDEN,
✓ ZWECKZUWENDUNGEN UND ÜBERTRAGUNG AUF STIFTUNGEN

Die Steuerbelastung wird durch folgende Faktoren bestimmt:

✓ ART DES VERMÖGENS (BEEINFLUSST DEN STEUERWERT)
✓ STEUERKLASSE (§ 15)
✓ ALLGEMEINE & VERSORGUNGSFREIBETRÄGE (§§ 16+17)
✓ SPEZIELLE FREIBETRAGSREGELUNGEN FÜR BETRIEBSVERMÖGEN
✓ STEUERBEFREIUNGEN (§ 13)
✓ STEUERSÄTZE (§19)

Der „erbschaftssteuerliche Wert" kann vom „tatsächlichen Wert" (Verkehrswert) stark abweichen.

Bei ...

✓ AKTIEN UND GELDVERMÖGEN ENSPRICHT DER ERBSCHAFTSTEUERWERT DEM VERKEHRSWERT.
✓ IMMOBILIEN LIEGT DER ERBSCHAFTSWERT HÄUFIG BEI 60 % DES VERKEHRSWERTES.
✓ BETRIEBSVERMÖGEN LIEGT DER ERBSCHAFTSWERT HÄUFIG UNTER 50 % DES VERKEHRSWERTES.
✓ DIE ERBSCHAFTSWERTE EINER ERTRAGSSTARKEN GMBH LIEGEN DEUTLICH ÜBER DENEN VON PERSONALUNTERNEHMEN.

Erfahrungswerte
Verhältnis Steuerwert /Verkehrswert.

✓ UNBEBAUTE GRUNDSTÜCKE 70 %
✓ EINFAMILIENHÄUSER 50 %
✓ MIETWOHNGRUNDSTÜCKE 55 %
✓ GESCHÄFTSGRUNDSTÜCKE 60 %
✓ GMBH (ERTRAGSTARK) 60 %
✓ PERSONALGESELLSCHAFT (ERTRAGSTARK) 40 %

Durch den „Steuerwertansatz", spezielle Freibeträge und die Zuordnung zur Steuerklasse I, wird die Steuerbelastung des Betriebsvermögens deutlich begünstigt.

C2) Kurzüberblick Gestaltungsmöglichkeiten

Die „Gestaltungsmöglichkeiten" zur Minimierung der Erbschaft- und Schenkungsteuer sind vielfältig.

Die subjektiven Faktoren des Übergebers und die vielfältigen „Entscheidungsparameter" der „Steueroptimierung" machen den „Vermögensübergang" zu einer äußerst komplexen Entscheidungsaufgabe, bei der „Beratungskompetenz" dringend erforderlich ist.

Die „freie Gestaltbarkeit" des Übertragungsvorganges führt dazu, dass die Erbschaftsteuerlast weniger von der Bereicherung des oder der Erben ab-

BERGAUF GEHTS LEICHTER MIT KOMPETENTER

- ✓ Wirtschafts- & Steuerberatung
- ✓ Existenzgründungs- & Aufbauberatung, Betriebsübernahmen
- ✓ Betriebswirtschaftliche Beratungen
- ✓ Unternehmensbewertungen
- ✓ Unternehmensplanung & Controlling
- ✓ Sanierungs- & Insolvenzberatungen
- ✓ Vermögensverwaltung & -aufbau
- ✓ Dynamische Vermögens- und Unternehmensnachfolgen
- ✓ Erfolgspotenzialoptimierung

VERMÖGENS- & UNTERNEHMENSNACHFOLGE OPTIMIEREN!

Setzen Sie Übertragungsziele, planen und entscheiden Sie den Übergang Ihres Vermögens und Unternehmens. Legen Sie fest,

- ✓ welches Vermögen (Struktur und Umfang),
- ✓ wann (zu welchem Zeitpunkt)
- ✓ und auf welche Person(en),
- ✓ bei welcher Gegenleistung und unter Berücksichtigung
- ✓ welcher rechtlichen und steuerlichen Optimierungen
- ✓ und den finanziellen Möglichkeiten und Bedürfnissen der Beteiligten

übergehen soll. Treffen Sie durch ein Testament und/oder vorweggenommene Erbfolge Vorsorge gegen unerwartete Schicksalsschläge. Steuer- und wirtschaftsberatende Berufe helfen dabei!

BERATER-TEAM MIT KOMPETENZ RAINER GANSEN

Steuerberater und vereidigter Buchprüfer
Diplom-Kaufmann und Diplom Betriebswirt
Lehrbeauftragter der Fachhochschule Köln (Wirtschaft)

Aachener Straße 60
50674 Köln (Nähe Rudolfplatz)
Tel.: 0221/5777930

Hasenfeld 21
51503 Rösrath Forsbach
Tel.: 02205/92420

www.gansen-beratung.de
E-mail: gansen@gansen-beratung.de

hängt, sondern vom Gestaltungsgeschick und Gestaltungswillen des Erblassers.

Umfangreiche Gestaltungsempfehlungen finden Sie u.a. unter:

www.gansen-beratung.de

D) Steuerliche Konsequenzen und Gestaltungsmöglichkeiten bei Unternehmensübertragungen

d1) Steuerliche Vorbemerkungen

An Vermögens- und Unternehmensübertragungen möchte auch der Staat einen stattlichen Anteil haben.

Vielfältige Steuergesetze können bei einer Unternehmensübertragung relevant werden. Es sind dies:

- ✓ UMSATZSTEUERGESETZ
- ✓ GRUNDERWERBSTEUERGESETZ
- ✓ GEWERBESTEUERGESETZ
- ✓ UMWANDLUNGSTEUERGESETZ
- ✓ EINKOMMENSTEUERGESETZ
- ✓ KÖRPERSCHAFTSTEUERGESETZ
- ✓ ERBSCHAFTS- UND SCHENKUNGSTEUERGESETZ

Besondere Bedeutung für die Unternehmensnachfolge hat das Einkommen- und Erbschaftsteuergesetz.

Durch den Beschluss des BFH, Erbfall und Erbauseinandersetzung nicht mehr als einheitlicher Vorgang zu sehen sind, hat das Einkommensteuergesetz in die Erbauseinandersetzung Einzug gehalten. Es erfasst u.a. Gleichstellungs- und Ausgleichszahlungen.

d2) Vollentgeltliche Unternehmensnachfolge beim Verkauf von Einzelunternehmen oder Miteigentumsanteilen

d2a) Einkommensteuer

Eine Unternehmensveräußerung im ertragsteuerlichen Sinne liegt vor, wen ein ganzer Betrieb oder Teilbetrieb auf andere Rechtsträger übergeht. Voraussetzung ist, dass Leistung und Gegenleistung „gleichwertig" sind.

Bei Verkauf an fremde Dritte ist i.d.R. davon auszugehen. Bei Angehörigen kann dies in Zweifel gezogen werden. Mit der Folge, dass es sich um eine „teilweise Schenkung" handelt.

Veräußerungsgewinn ist nach § 16 Abs. 2 EStG der Betrag, um den der Veräußerungspreis nach Abzug der Veräußerungskosten den Wert des Betriebsvermögens oder des Anteils am Betriebsvermögen übersteigt.

Es kann sich auch ein Veräußerungsverlust ergeben. Dieser ist uneingeschränkt mit anderen Einkünften verrechenbar, ist rücktrags- und vortragsfähig.

Besteuerungszeitpunkt ist der Übergang des wirtschaftlichen Eigentums an den wesentlichen Betriebsgrundlagen, unabhängig davon, wann der vereinbarte Kaufpreis fällig ist.

Bis 1998 galt bei Unternehmensveräußerungen neben einem Freibetrag der halbe Steuersatz. Die zusammengeballte Realisierung stiller Reserven sollte nicht vom progressiven Einkommensteuertarif voll erfasst werden.

Ab 1999 hat sich die Veräußerungsbesteuerung mehrfach geändert. Bis auf weiteres gilt derzeit:

- ✓ <u>REGELFALL „FÜNFTELUNGSVERFAHREN"</u>
  NACH § 34 ABS.1 ESTG WERDEN EIN FÜNFTEL DES VERÄUSSERUNGSGEWINNES ERMITTELT UND DEN LAUFENDEN EINKÜNFTEN HINZUGERECHNET. DIE DADURCH ENTSTEHENDE HÖHERE STEUER WIRD MIT FÜNF MULTIPLIZIERT. DIES IST DIE „VERÄUSSERUNGSSTEUER"

- <u>„HALBER STEUERSATZ"</u>
- ✓ EINMALIGER FREIBETRAG GEMÄSS § 16 ABS. 4 ESTG. AB 2001 WIRD DEM VERÄUSSERER EIN FREIBETRAG VON 51.200 € GEWÄHRT, WELCHER SICH AB EINEM VERÄUSSERUNGSGEWINN VON 154.000 € VERMINDERT. BEI EINEM VERÄUSSERUNGSGEWINN VON ÜBER 205.200 € ENTFÄLLT DER FREIBETRAG GANZ.
- ✓ EINMALIGE VERGÜNSTIGUNG UNTER BESTIMMTEN VORAUSSETZUNGEN AB 2001 WURDE IN § 34 ABS. 3 ESTG EIN MODIFIZIERTER „HALBER STEUERSATZ" WIEDER EINGEFÜHRT. DIESER WIRD NEBEN DEM FREIBETRAG GEWÄHRT. DER HÖHE NACH IST DER „HALBE STEUERSATZ" AUF DEN JEWEILIGEN EINGANGSTEUERSATZ BEGRENZT.
- ✓ VORAUSSETZUNGEN DAFÜR:
  - GELTUNG NUR FÜR AUSSERORDENTLICHE EINKÜNFTE NACH § 34 ABS.2 NR.1 ESTG.
  - IST DIE VOLLENDUNG DES 55. LEBENSJAHRES ODER DAUERNDE BERUFSUNFÄHIGKEIT.
  - ES MUSS SICH UM DEN VERKAUF EINES GANZEN BETRIEBES ODER TEILBETRIEBES HANDELN.

Wird als Gegenleistung eine „wiederkehrende Leistung" vereinbart, kann der Veräußerer zwischen Sofortversteuerung und der Zuflussbesteuerung wählen. „Wiederkehrende Leistungen" sind Leibrenten, Kaufpreisraten und Zeitrenten.

- ✓ SOFORTBESTEUERUNG WIE OBEN
- ✓ ZUFLUSSBESTEUERUNG
  DIE STEUERPFLICHT ENSTEHT ERST, WENN DIE SUMME DER GELEISTETEN ZAHLUNGEN DEN BETRAG DES KAPITALKONTOS IM VERÄUSSERUNGSZEITPUNKT ÜBERSTEIGT.

Ausführlicher dazu unter:

www.gansen-beratung.de

SOZIETÄT
& Hans Josef Pohl
Steuerberater · Rechtsbeistand
Hans Georg Döpper
Steuerberater

Grundsätzlich bieten wir alle Leistungen an, die im steuerberatenden Beruf üblich sind.
Dazu gehören neben der Erstellung von Buchhaltungen, Lohnbuchhaltungen und Bilanzen auch Körperschaftssteuer-, Einkommensteuer-, Gewerbesteuer- und Umsatzsteuererklärungen

Zusätzlich beschäftigen wir uns mit betriebwirtschaftlicher Beratung, Vermögensberatung, Existenzgründungsberatung, Erbschaftssteuer, Vereinen und Steuerstrafrecht. Einen weiteren Schwerpunkt bildet eine große Zahl von Freiberuflern.

Letzlich ist hervorzuheben, daß die Rechtsberatung unter Beschränkung auf die Gebiete des bürgerlichen Rechts und Handelsrechts zu unserem Tätigkeitsfeld gehört.

CARMEN SCHÜTZE
STEUERBERATERIN

Heidestraße 170 (Heidecenter)
51147 Köln (Wahnheide)
Termine nur nach Vereinbarung

Telefon 02203/96627-0
Telefax 02203/96627-27
E mail Stbin.Schuetze@t-online.de

WILHELM BURO

Rechtsanwalt
Dipl.-Betriebswirt

Tätigkeitsschwerpunkte:
Arbeitsrecht · Ehe- und Familienrecht · Mietrecht

Interessenschwerpunkte:
Verkehrsrecht · Beratung und Vertretung
mittelständischer Unternehmen

Heidestraße 170
51147 Köln (Porz-Wahnheide)

Telefon (02203) 102026
Telefax (02203) 102028

d3) Einkommenssteuerliche Folgen beim Verkauf von Anteilen an Kapitalgesellschaften

Befindet sich eine wesentliche Beteiligung im Privatvermögen, erfolgt die Besteuerung nach § 17 EStG. Ab 2002 gilt für die Besteuerung nach § 23 und 17 EStG das „Halbeinkünfteverfahren", wonach letztlich nur die Hälfte des Veräußerungsgewinnes zu versteuern ist. Die bisherige „Fünftelungsregelung" entfällt.

Befinden sich die Gesellschaftsanteile im Betriebsvermögen von Personengesellschaften, findet ebenfalls das „Halbeinkünfteverfahren" Anwendung.

Befinden sich die Gesellschaftsanteile im Betriebsvermögen einer Kapitalgesellschaft, sind solche Veräußerungen ab 2001 (vorerst) steuerfrei. Eine Besteuerung erfolgt bei Ausschüttung nach dem „Halbeinkünfteverfahren".

d4) Unternehmensnachfolge als Schenkung, vorweggenommene Erbfolge oder von Todes wegen

Grundsätzlich begründet der Tod des Unternehmers keine Betriebsveräußerung oder Betriebsaufgabe. Der Unternehmensübergang stellt i.d.R. einen unentgeltlichen Vorgang nach § 6 Abs.3 EStG dar. Die Buchwerte sind fortzuführen.

Eine bestehende Erbengemeinschaft hat laufende Einkünfte. Die Auseinandersetzung einer Erbengemeinschaft kann vielfältige und unerwünschte einkommensteuerliche Wirkungen auslösen.

Im Bereich der Erbschaftsteuer erlangt Betriebsvermögen folgende Vergünstigungen:

✓ BEWERTUNGSVORTEIL BEI DER ERMITTLUNG DES „STEUERWERTES
✓ ABSOLUTER FREIBETRAG
✓ RELATIVER FREIBETRAG
✓ STEUERKLASSENPRIVILG

Weiterer Ausführungen und Gestaltungsmöglichkeiten unter:

www.gansen-beratung.de

E) Schlussbemerkungen – 11 Todsünden & 11 Gebote der Vermögens- und Unternehmensnachfolge

Die Vermögens- und Unternehmensnachfolge ist eine komplexe Entscheidung, die ihr bisheriges Lebenswerk erhalten, und nicht gefährden soll.

Die 11 zivil- und steuerrechtlichen Todsünden des Vermögensübergangs

1) Ungeregelter Nachlass
Wenn nicht die gesetzliche Erbfolge gewünscht ist, muss ein Testament erstellt werden.

2) Unklare Formulierungen
Jeder Wille und jedes Detail muss zum Zwecke der Beweisbarkeit schriftlich in korrekter Form geregelt werden.

3) Voreilige Schenkung
Die eigene Lebenssituation und die Entwicklung der Erben sind nur eingeschränkt planbar, Notfallvorsorge für sich und den (Ehe-)Partner sind erforderlich.

4) Unvorbereiteter Unternehmensübergang
Geeignete Nachfolger müssen früh an Führungsaufgaben herangeführt werden. Rechtsform und Gesellschaftsverträge müssen regelmäßig überprüft werden.

5) Unkontrollierter Nachlass
Testamentsvollstreckung und Teilungserklärungen bei komplexen Vermögen und vielen Erben verhindern Streit.

6) Scheidungsfolgen wider Willen
Auf dem Umweg über das Kind im Falle von dessen Tod wird der geschiedene Ehegatte Erbe. Erben die Eltern von ihrem geschiedenen Sohn, müssen diese den Unterhalt für die ehemalige Ehefrau zahlen.

7) Die ungenutzte 10-Jahres-Steuerspar-Frist
Vermögensübertragungen sollen alle 10 Jahre unter Nutzung der Freibeträge vorgenommen werden.

8) Keine doppelte Steuern zahlen
Beim Ehegattentestament („Berliner Testament") kassiert der Fiskus möglicherweise zweimal.

9) Das falsche Vermögen übertragen
Betriebsvermögen und Immobilienvermögen kosten meist weniger Erbschaftsteuer als Privatvermögen oder sonstiges Vermögen.

10) Der nachteilige Familienstand
Lebenspartner und nicht „verwandte" Erben haben Erbschaftssteuerklasse III. Heirat, Adoption und Betriebsvermögen können zu beachtlichen Steuervorteilen (Steuerklasse I) führen.

11) Die falschen Eigentümer
Kinder haben bei Erbschaft und Schenkung pro Elternteil einen Freibetrag von 205.000 Euro. Beide Eltern sollen Vermögen besitzen und vererben.

Die 11. Gebote einer Vermögens- und Unternehmensnachfolge

1)
Die letzte große Lebensaufgabe ist erfüllt, wenn Sie wissen:

– Welches Vermögen,
– wann,

michler

doris michler

steuerberaterin

olpener str. 588

51109 köln-merheim

telefon 0221.891996

telefax 0221.9890660

email doris.michler.stb@t-online.de

Tätigkeitsschwerpunkte:

- Finanz- und Lohnbuchführung
- Jahresabschlußarbeiten
- Betriebswirtschaftliche Beratung
- Handwerksbetriebe
- Freiberufler/Gewerbetreibende
- Personen- u. Kapitalgesellschaften
- Hauseigentümer einschl. Denkmale

STEUERBERATERIN

Tel.: 0221/9472610
Fax 0221/4971954
Email: gerlindepesch@web.de

GERLINDE PESCH
Aachener Straße 510

50933 Köln

MONIKA KÜGLER
STEUERBERATERIN

MONIKA KÜGLER

FRIDOLINSTRASSE 35

50823 KÖLN-EHRENFELD

TEL. 02 21 / 97 31 48-0

FAX: 02 21 / 97 31 48-12

E-MAIL: MONIKA-KUEGLER@T-ONLINE.DE

- auf welche Person(en),
- bei welcher Gegenleistung,
- unter Berücksichtigung von zivil- und steuerrechtlichen Gestaltungen,
- unter Berücksichtigung der Möglichkeiten und Bedürfnissen der Beteiligten,

übergeht.

2)
Bei Unternehmensnachfolgen ergibt sich eine besondere Verpflichtung gegenüber den Mitarbeitern und den Geschäftspartnern.

3)
Treffen Sie Nachfolgeregelungen nach Eignung und Neigung. Zwingen Sie niemanden aus der Familie in eine ungeliebte Unternehmensnachfolge

4)
Machen Sie unbedingt ein Testament. Setzen Sie dabei Prioritäten für den Ehepartner und sichern Sie Vermögen für Kinder und Kindeskinder.

5)
Bei einen Vermögen, welches Ihre individuellen Freibeträge nicht überschreitet, ist das Ehegattentestament richtig.
Liegt das Vermögen deutlich darüber, sollten Sie im Interesse einer Steuerminimierung andere Formen wählen, ohne jedoch die Absicherung des (Ehe-)Partners zu vernachlässigen.

6) Wählen Sie für die Unternehmensnachfolge die optimale Rechtsform unter Berücksichtigung der unterschiedlichen Interessen von Übergeber und Übernehmer.

7)
Überlegen Sie, ob eine Übertragung an Kinder als Verkauf oder Schenkung erfolgen soll. Vor- und Nachteile prüfen.

8)
Stellen Sie dem Übernehmer die für ihn wichtigen Informationen zur Verfügung. Erstellen Sie eine Erfolgsplanung für drei bis fünf Jahre.

9)
Verkaufen Sie zu einem fairen Preis. Nehmen Sie sich kein Beispiel an den überteuerten Unternehmensverkäufen der letzten Jahre.

10)
Nisten Sie sich bei Ihrem Nachfolger nicht ein. Stehen Sie nur übergangsweise kurzfristig zur Verfügung. Danach nur noch auf Anforderung als „Berater".

11)
Genießen Sie die letzte Lebensphase. Seien Sie stolz auf die richtige Bewältigung Ihrer „Nachfolgeproblematik" und vertrauen Sie dem Nachwuchs.

Weitere Informationen finden Sie unter:

www.gansen-beratung.de

Wir beraten Sie gerne !
Mit Herz & Kompetenz !
Berater-Team
Rainer Gansen
Steuerberater in Köln + Rösrath

von Rainer Gansen, Steuerberater; Steuerberaterkanzlei Rainer Gansen, Köln

Besuchen Sie uns im Internet **www.stb-koenigshofen.com**

- Steuerliche Beratung für Kapital- und Personengesellschaften, Einzelunternehmer
- Steuererklärungen, Steuerplanung und -gestaltung
- Existenzgründungsberatung, gutachterl. Stellungnahmen hierzu
- Jahresabschlüsse
- Immobilien im Steuerrecht
- Erbschaft- u. Schenkungssteuer
- Liquidation u. Insolvenz
- Finanz- u. Lohnbuchhaltungen

TSK

Thomas Königshofen

STEUERBERATER

Habsburgerring 1 • 50674 Köln
Ruf (+49) 02 21 - 5 70 77 14
Fax (+49) 02 21 - 5 70 77 10

ERIK ZUPFER
STEUERBERATUNGSGESELLSCHAFT mbH

- PRIVATE STEUERERKLÄRUNGEN
- VERMÖGENSNACHFOLGEBERATUNG
- UMFASSENDE STEUERLICHE BETREUUNG
  FÜR EINZELUNTERNEHMER UND PERSONENGESELLSCHAFTEN

EIGELSTEIN 98 (EINGANG DAGOBERTSTRASSE)
50668 KÖLN
NÄHE HAUPTBAHNHOF · U-BAHN: EBERTPLATZ

TELEFON (0221) 91 28 37 0
TELEFAX (0221) 91 28 37 18
EMAIL: ZUPFER@DATEVNET.DE

BÜROZEITEN:
TÄGLICH AB 7.30 UHR,
MONTAGS UND MITTWOCHS BIS 19.00 UHR

CARMEN SCHÜTZE
STEUERBERATERIN

Heidestraße 170 (Heidecenter)
51147 Köln (Wahnheide)
Termine nur nach Vereinbarung

Telefon 02203/96627-0
Telefax 02203/96627-27
Email Stbin.Schuetze@t-online.de

Gertrud Josten
Steuerberater

Richard Josten
Dipl.-Finw., StB

Ute Josten
Dipl.-Kffr., StB

Wir sind mit unserem Team gerne für Sie tätig in unserer Steuerberatungskanzlei im Kölner Süden.

50999 Köln • Pflasterhofweg 62 • Tel. 0 22 36 / 6 5495 • Fax: 0 22 36 / 6 18 62
E-Mail: kanzlei@steuerberater-josten.de

Erben ist weiblich

– Optimierung der Erbschaftsteuer durch steuerfreie Zuwendungen in der Ehe –

von Dr. Wofgang Dunkel, Rechtsanwalt; Anwaltssozietät Leinen & Derichs, Köln

In den kommenden zehn Jahren werden über 1,4 Billionen EURO vererbt - Immobilien, Wertpapiere, Lebensversicherungen, Bargeld. Zwei Drittel hiervon gehen an Frauen, insbesondere Ehefrauen.

Angesichts leerer Kassen weckt diese enorme Erbmasse bei Politikern Begehrlichkeiten. Im Visier der Politiker ist vor allem der Vermögensübergang von Haus- und Grundbesitz, der zur Zeit noch steuerlich privilegiert ist. Rückenwind erhalten die Politiker durch das höchste deutsche Finanzgericht, denn die Richter halten das zur Zeit geltende Erbschaftsteuerrecht für verfassungswidrig. Da Immobilienvermögen nur mit ca. 50 bis 60 % des Verkehrswertes, Barvermögen oder Wertpapiere/ Aktien demgegenüber mit dem vollen Verkehrswert besteuert werden, sehen die Bundesrichter den Gleichheitsgrundsatz als verletzt an und stellen damit die jetzige Besteuerungspraxis gänzlich in Frage. Schließt sich das Bundesverfassungsgericht der Auffassung ihrer Finanzkollegen an, droht den nicht privilegierten Vermögensarten – das ist neben dem Grund- auch das Betriebsvermögen – eine deutlich höhere Erbschaftsteuerbelastung.

Wer nicht will, dass der Fiskus im Erbfall übermäßig partizipiert, muss vorher handeln. Leider ziehen die wenigsten eine Vermögensübertragung bereits zu Lebzeiten in Erwägung. Aber gerade durch Kettenschenkungen, durch die geschickte Ausnutzung der Freibeträge und die frühzeitige Übertragung von Vermögen zu Lebzeiten kann viel Geld gespart und dadurch dem Fiskus entzogen werden. Schenkungen zu Lebzeiten sollten aber wohl bedacht sein und nicht nur der Steuer wegen blind erfolgen. Gerade Eltern sollten auf die Nachfolgegenerationen nur das übertragen, was sie zur Sicherung ihres Lebensabends unstreitig nicht benötigen.

Das jetzige Erbschaftsteuersystem sieht vor, dass die Freibeträge für jeden Elternteil und jedes Kind gelten, so dass in einer Ehe nicht einer alles allein besitzen sollte. Denn besitzt ein Ehepartner alles und der andere nichts, können Freibeträge bei Schenkungen auf Nachfolgegenerationen nicht optimal ausgenutzt werden. Will der vermögende Ehepartner bereits zu Lebzeiten seinen Kindern Vermögen oberhalb der Freibeträge zukommen lassen, so können diese bei einer Kettenschenkung eines Teils des Vermögens über den Ehegatten an die Kinder auf ganz legitime Weise verdoppelt werden.

Auch das häufig vereinbarte Berliner Testament kann erhebliche Nachteile in sich bergen. Verstirbt der überlebende Ehegatte alsbald nach dem Tod seines Ehegatten, wird Vermögen in kurzer Zeit zweimal der Besteuerung zugeführt, wenn die gemeinsamen Kinder zu Nacherben bestimmt sind.

Da die Freibeträge für jeden Elternteil und jedes Kind gelten, sollte in einer intakten Ehe nicht einer alles besitzen. Besitzt der Mann beispielsweise alles und die Frau nichts, können die Kinder die Freibeträge nur einmal geltend machen. Erben sie aber von beiden Elternteilen, verdoppelt sich der Freibetrag.

Wird z.B. im sogenannten Berliner Testament großes Vermögen komplett dem Partner und erst in der Folge den Kindern vererbt, fällt jedes Mal für den über den Freibeträgen liegenden Teil Erbschaftsteuer an. Diese könnte im Fall der frühzeitigen Vermögensübertragung zu Lebzeiten deutlich verringert, wenn nicht vollständig vermieden werden.

Beispiel:
Ein Elternteil stirbt und hinterlässt ein Vermögen in Höhe von 800.000 €. Alleinerbe ist der überlebende Ehepartner, Nacherben sind die zwei Kinder. Nach Abzug des allgemeinen Freibetrags von 307.000 € und des Versorgungsfreibetrags von 256.000 € muss der Ehepartner noch 237.000 € versteuern. Einige Jahre später verstirbt auch er und hinterlässt die 800.000 € den beiden Kindern. Diese müssten nach Abzug der Freibeträge von jeweils 205.000 € die verbleibenden 390.000 € versteuern. Hätten die Kinder jedoch bereits beim Tode des Erstversterbenden die Hälfte des Vermögens geerbt, wäre der Fiskus von der Erbschaft ausgenommen worden, da die Erbsumme durch die Freibeträge vollumfänglich abgedeckt gewesen wäre.

Zur Optimierung des Erbfalls sollte demnach zumindest der Ehepartner schon zu Lebzeiten bedacht werden.

Leben die Eheleute im Güterstand der Zugewinngemeinschaft oder der Gütertrennung, besitzt jeder Ehegatte eigenes Vermögen. Es muss demnach ein Ausgleich zwischen den Eheleuten derart ausgestaltet werden, dass keine Schenkungsteuer anfällt. Hierzu kann insbesondere der Freibetrag für Schenkungen an den Ehegatten in Höhe von 307.000 € genutzt werden, der alle zehn Jahre erneut zur Verfügung steht. Weiterhin bieten sich u.a. folgende Maßnahmen an:

- Durch Einkünfteverlagerung, beispielsweise durch einen Anstellungsvertrag oder durch Gründung eines Betriebes für den Partner, erfolgen Vermögenszuwächse ohne schenkungsteuerliche Konsequenzen. Vielfach können dadurch auch Ertragsteuern gespart werden.

SRP Rogalli, Rybka GmbH
Steuerberatungsgesellschaft

SRP Sauerland Rybka und Partner
Wirtschaftsprüfungsgesellschaft
Steuerberatungsgesellschaft

„Vorsorge vermeidet Nachsorge"

... sagt ein altes Sprichwort. Und hier setzen wir mit gestaltender und zukunftsorientierter Beratung in steuerlichen Fragen zu Schenkungen, Erbfolge und Testamenten an.

Neben den klassischen Aufgabenfeldern der Steuerberatung und Wirtschaftsprüfung bieten wir Unterstützung in folgenden Bereichen:

- Vorausschauende Steuerplanung und steuerliche Optimierungen
- Konzeption von Unternehmenstransaktionen, Restrukturierungen und Gründungen
- Gutachterliche Tätigkeiten
- Betriebsprüfungen und Steuerstreitigkeiten

Ihre Ansprechpartner: WP StB Dipl.-Kfm. Reiner Rybka und StB Dipl.-Kfm. Sören Flohr erreichen Sie unter:
Telefon 02 21-34 906-0, Bonner Straße 172-176, 50968 Köln, e-mail: info@srp-wpg.de, www.srp-wpg.de

ULRIKE SOMMER
STEUERBERATER

ULRIKE SOMMER
STEUERBERATER

BONNER STRASSE 178
50968 KÖLN
TELEFON (02 21) 38 18 02 u. 38 52 06
TELEFAX (02 21) 38 25 17

ERIK ZUPFER
STEUERBERATUNGSGESELLSCHAFT mbH

- PRIVATE STEUERERKLÄRUNGEN
- VERMÖGENSNACHFOLGEBERATUNG
- UMFASSENDE STEUERLICHE BETREUUNG

FÜR EINZELUNTERNEHMER UND PERSONENGESELLSCHAFTEN

EIGELSTEIN 98 (EINGANG DAGOBERTSTRASSE)
50668 KÖLN
NÄHE HAUPTBAHNHOF · U-BAHN: EBERTPLATZ

TELEFON (0221) 91 28 37 0
TELEFAX (0221) 91 28 37 18
EMAIL: ZUPFER@DATEVNET.DE

BÜROZEITEN:
TÄGLICH AB 7.30 UHR,
MONTAGS UND MITTWOCHS BIS 19.00 UHR

- Die Übertragung des Eigentums oder Miteigentums an einem im Inland selbstgenutzten Familienwohnheims mittels Schenkung zwischen Ehepartnern ist steuerfrei. Das gilt auch für wiederholte Zuwendungen und ohne Betragsgrenze.

- Durch die Zuwendung von nicht selbstgenutzten Immobilien, die bei der Schenkungsteuer nur mit fünfzig bis sechzig Prozent angesetzt werden, können im Rahmen des Freibetrages von 307.000 € alle zehn Jahre mehr als 500.000 € steuerfrei an den anderen Ehepartner übertragen werden.

- Übliche Gelegenheitsgeschenke bleiben ebenfalls schenkungsteuerfrei. Da das Gesetz keine Wertgrenze für die „Üblichkeit" enthält, schwankt der Grenzwert in Literatur und Rechtsprechung zwischen 1.500 € und 40.000 €.

- Bei einer länger bestehenden Ehe kann der schenkungsteuerfreie Zugewinnausgleich durch einen vorübergehenden Übergang zum Güterstand der Gütertrennung vorzeitig vollzogen werden.
Ähnliche Überlegungen gelten bei Übertragungen an Kinder.

Durch geschickte Gestaltung lässt sich der Fiskus mit rechtzeitigen Schenkungen ganz legal aus der Erbenliste streichen. Doch wer trennt sich schon gerne bereits zu Lebzeiten von Teilen seines hart erarbeiteten Vermögens? Was ist, wenn das verbleibende Vermögen zum Lebensunterhalt nicht mehr ausreicht? Kein Problem, es kommt nur auf die Ausgestaltung des Schenkungsvertrages an.

Bei allen Schenkungen, ob aus erbschaftlicher Intention heraus getroffen oder nicht, kann sich der Schenker auch das Recht auf finanziellen Ausgleich einräumen lassen. Wird der Schenker überraschend zum Pflegefall oder kann aus anderen Gründen seinen Lebensunterhalt nicht mehr bestreiten, sollte für diese Fälle der Beschenkte zu einem finanziellen Ausgleich oder zur Rückzahlung der Schenkung verpflichtet werden.

Da davon auszugehen ist, dass die derzeitigen noch relativ günstigen erbschaftsteuerlichen Regelungen zur Bewertung insbesondere von Immobilienvermögen „gekippt" werden, ist Eile angesagt.

Also, rechtzeitig über Vermögensübertragungen nachdenken!

KANZLEI THEISSEN

Steuer- und Rechtsberatung

Dipl. Finanzwirt
HILDEGARD THEISSEN
Steuerberater

Dipl. Finanzwirt
KARL JOSEF THEISSEN
Wirtschaftsprüfer · Steuerberater

GUIDO THEISSEN
Rechtsanwalt

Schweinheimer Str. 2
51067 Köln (Holweide)

Telefon   0221 / 69 40 -57 / -58
           0221 / 69 63 50
Telefax   0221 / 69 56 47

eMail Sekretariat: Zentrale@Sozietaet-Theissen.de

Gemeinschaftsvermögen bei Ehegatten als Schenkungs- und Erbschaftssteuerfalle

I. Grundlagen:

Oft wird im Laufe einer Ehe ein Bankkonto oder Wertpapierdepot, das bisher nur als alleiniges Konto eines Ehegatten geführt wird, zu einem gemeinschaftlichen („Und" bzw. „Oder") Konto umgewandelt. Damit soll der Ehegatte an dem erwirtschafteten Guthaben auf diesen Konten beteiligt werden, da er es ggf. mit aufgebaut oder den Aufbau mit ermöglicht hat.

Zivilrechtlich erwirbt der Ehegatte nach § 430 BGB das hälftige Eigentum am Guthaben bzw. den Wertpapieren. Er wird dementsprechend in seinem Vermögen bereichert, es sei denn, es wird ausdrücklich etwas anderes vereinbart.

Familienrechtlich stellt die Einräumung der gemeinschaftlichen Verfügungsmacht demgegenüber nicht notwendig eine unentgeltliche Zuwendung und damit eine Schenkung an den anderen Ehegatten dar. Nach der Rechtsprechung des Bundesgerichtshofes (BGH) sind Zuwendungen unter Ehegatten in der Regel keine Schenkungen. Diesen Vorgängen liegt vielmehr die Vorstellung oder Erwartung zugrunde, dass die eheliche Lebensgemeinschaft Bestand hat. Die Zuwendungen werden meist der Ehe willen und als Beitrag zur Erhaltung oder Sicherung der ehelichen Lebensgemeinschaft erbracht.

II. steuerliche Folgen:

Ganz anders wird dies jedoch im **Schenkungssteuerrecht** gesehen. Seit der Grundsatzentscheidung im Jahr 1994 (BFH vom 2.3.1994 – II R 59/92, BStBl 1994 II S. 366) geht der Bundesfinanzhof (BFH) in ständiger Rechtsprechung davon aus, dass unbenannte oder ehebedingte Zuwendungen zwischen Ehegatten schenkungssteuerpflichtig sind. Dies bedeutet, dass bei einem bestehenden Bankkonto mit einem Guthaben in Höhe von 500.000,- €, das bisher auf einen Ehegatten alleine geführt wurde, bei Umwandlung in ein „Und" oder „Oder"-Konto beim empfangenden Ehegatten ein schenkungssteuerpflichtiger Erwerb in Höhe von 250.000,- € droht. Dieser Erwerb wird jedoch den Schenkungssteuerfinanzämtern regelmäßig nicht angezeigt, obwohl gemäß § 30 Erbschaftssteuergesetz (ErbStG) innerhalb von 3 Monaten sowohl vom Schenker als auch Beschenkten beim für die Erbschaft- und Schenkungssteuer zuständigen Finanzamt eine Mitteilung hierüber gemacht werden muss.

Die Finanzverwaltung hat in einer jüngst veröffentlichten Verfügung ihre bereits vor Jahren geäußerte Absicht bekräftigt, unter Mitwirkung der Sachbearbeiter auf den Einkommenssteuerveranlagungsstellen und den Außenprüfern gezielt Zuwendungen unter Ehegatten aufzuspüren.

Wird innerhalb der gesetzlichen Frist keine Anzeige beim Finanzamt erstattet, hat dies für die Ehegatten unerwartete Folgen. Eine Verjährung des Steueranspruchs tritt bei unterlassener Anzeige nicht ein. Die Festsetzungsfrist beginnt nicht vor Ende des Kalenderjahres, in dem der Schenker gestorben ist oder die Finanzbehörde von der vollzogenen Schenkung Kenntnis erlangt hat. Dieser Umstand birgt somit eine große Brisanz für eine Fülle von unbenannten Zuwendungen, die in der Vergangenheit erfolgt sind und bis heute dem Finanzamt nicht angezeigt wurden. Mangels einer absoluten Grenze für den Fristbeginn der Festsetzungsverjährung kann so noch Jahrzehnte zurück die Steuer ggf. zuzüglich Hinterziehungszinsen festgesetzt werden.

Eleonore Steilen
Dipl. Finw. (FH) · Steuerberaterin
vereidigte Buchprüferin

Die Festsetzung von Steuern droht jedoch nur, soweit zusammengerechnet innerhalb von zehn Jahren insgesamt mehr als die seit 1.1.1996 gültigen Freibeträge übertragen werden. Diese betragen 307.000,- € als Ehegattenfreibetrag sowie ggf. zusätzlich bei einer Erbschaft 256.000,- € als Versorgungsfreibetrag.

Es werden jedoch nicht nur Schenkungen auf Bankkonten und -depots, sondern alle Schenkungen, wie z.B. auch Immobilienübertragungen zusammengerechnet. Wird Immobilienbesitz der bisher nur einem Ehegatten allein gehörte ganz oder zum Teil auf den Ehegatten übertragen, gelten die obengenannten Grundsätze ebenso. Auch hier kann durch eine in der Vergangenheit getätigte Übertragung auf den Ehegatten eine Schenkung vorliegen, die bisher steuerlich noch nicht erfasst wurde.

Eine Ausnahme gilt bei der Schenkung zwischen Ehegatten für das zu eigenen Wohnzwecken genutzte Haus oder Eigentumswohnungen. Diese Schenkungen bleiben gemäß § 13 (1) Nr. 4a ErbStG schenkungssteuerfrei.

Eleonore Steilen
Dipl. Finw. (FH) · Steuerberaterin
vereidigte Buchprüferin

Axel Brenner
Steuerberater

Wir finden auch Ihren
individuellen Weg

Bonner Landstr. 91
50996 Köln
Telefon 0 22 36 / 9 62 32 - 0
Fax 0 22 36 / 96 23 29
eMail steilen.brenner@datevnet.de

III. erbrechtliche Folgen

Zu erbrechtlichen Nachteilen kann ein gemeinschaftliches Konto insbesondere dann führen, wenn ein Berliner Testament vorhanden ist. In diesem Fall können die pflichtteilsberechtigten Kinder ihren Pflichtteil bezogen auf den Guthabenanteil des Verstorbenen geltend machen. Der überlebende Ehegatte sieht sich in diesem Fall also möglicherweise Ansprüchen ausgesetzt, die tatsächlich das Vermögen betreffen, das zwar auf dem gemeinschaftlichen Konto eingezahlt, jedoch von ihm allein erwirtschaftet wurde, z.B. im Fall von unterschiedlichen Erben bei beiden Ehe-gatten:

Axel Brenner, Steuerberater

Der Ehemann verfügt über ein Bankguthaben in Höhe von 500.000,- €. An diesem Guthaben beteiligt er seine Ehefrau zur Hälfte. Bei beiden Ehegatten liegen aus den ersten Ehen je ein Kind vor, gemeinsame Kinder sind nicht vorhanden.

Stirbt nun die Ehefrau, so steht dem leiblichen Kind der Ehefrau der Pflichtteil aus dem anteiligen Guthaben der Ehefrau, hier aus 250.000,- €, zu.
Ist neben dem gemeinschaftlichen Bankguthaben noch weiteres umfangreiches Vermögen der Ehefrau vorhanden, so kann es beim erbenden Ehegatten dazu führen, dass durch Überschreiten der erbschaftssteuerlichen Freibeträge bei ihm Erbschaftssteuer genau auf das Bankguthaben anfällt, das vorher per Schenkung auf die Ehefrau übertragen wurde.

IV. steuerliche Lösungsansätze

Liegen die so zusammengerechneten Erwerbe oberhalb der Freibeträge, so kann – immer nur nach sorgfältiger Prüfung der einzelnen Sachverhalte und nach ausführlicher Beratung durch einen Steuerberater - eine Selbstanzeige beim zuständigen Finanzamt rasch klare Verhältnisse schaffen. Hierdurch wird zumindest Straffreiheit zu erlangen sein. Leben die Ehegatten im gesetzlichen Güterstand der Zugewinngemeinschaft, kann durch den Abschluss eines die Zugewinngemeinschaft beendenden Ehevertrages zugleich auch die bereits in der Vergangenheit bei der oder den einzelnen Schenkung(en) eingetretene tatbestandlich vollendete Steuerverkürzungshandlung rückwirkend beseitigt werden und diesbezüglich Straffreiheit erlangt werden (hierzu Götz, DStR 2001 S. 417). Dies ist wiederum ein Ausweg, der nur nach sehr sorgfältiger Beratung und nur bei hohen Steuernachzahlungen angezeigt sein dürfte, da hiermit auch zivil- und steuerrechtliche Folgen verbunden sind.

Eine weitere Maßnahme für die

Kanzlei Steilen und Brenner

Bedarfsbewertung – Erbschaftssteuer auf Grundstücke

I. Einleitung

Ab dem 1.1.1996 wurde die Bewertung des Grundbesitzes neu geregelt und die Erbschafts- und Schenkungssteuer neu gestaltet.
Grundlage hierfür war der Beschluss des Bundesverfassungsgerichtes aus dem Jahre 1995. Das Bundesverfassungsgericht stellte klar, dass das Erbschaftssteuergesetz gegen den Gleichheitsgrundsatz des Art. 3 verstößt. Ausgangspunkt war, dass festverzinsliche Wertpapiere und Aktien mit dem tatsächlichen Wert angesetzt wurden, Grundbesitz dagegen nur mit dem Einheitswert, auf der Basis des 1.1.1964. Das folgende Beispiel soll dies verdeutlichen:

a) Herr A verstirbt 1995 und hinterlässt Aktien und festverzinsliche Wertpapiere in Höhe von 1 Mio. DM.

b) Herr B verstirbt ebenfalls 1995 und hinterlässt ein Zweifamilienhaus, das bei einem freihändigen Verkauf ebenfalls 1 Mio. DM erbringen würde. Der Einheitswert zum 1.1.1964 beträgt jedoch lediglich 150.000,00 DM für dieses Haus.

Erbschaftssteuerlich passierte folgendes:

a) die Erben des Herrn A mussten in ihrer Erbschaftssteuererklärung den vollen Wert der festverzinslichen Wertpapiere und Aktien in Höhe von 1 Mio. DM angeben und auch versteuern.

b) die Erben des Herrn B mussten in ihrer Erbschaftssteuererklärung nur den Einheitswert von 150.000,00 DM angeben. Zwar war dieser Einheitswert mit 140% anzusetzen, aber auch der sich ergebende Betrag von 210.000,00 DM, der dann zu versteuern war, stand in keinem Verhältnis zu dem Betrag, den die Erben des Herrn A zu versteuern hatten.

Diese Ungleichbehandlung sollte durch den Gesetzgeber beseitigt werden.

II. Was bedeutet Bedarfsbewertung?

Die neuen Grundbesitzwerte werden nicht mehr wie die Einheitswerte 1964 und früher flächendeckend für alle land- und forstwirtschaftlichen Betriebe und Grundstücke ermittelt. Man kann sich vorstellen, welch ein Aufwand nötig war, um alle Grundstücke in Deutschland zu erfassen und zu bewerten. Aus diesem Grund fanden die Bewertungen nur im Abstand von vielen Jahren statt. Obwohl früher vorgeschrieben war, dass alle sechs Jahre für sämtliche Grundstücke eine neue Bewertung durchzuführen war, ist tatsächlich nur eine Feststellung aller Einheitswerte auf den 1.1.1935 und den 1.1.1964 erfolgt.

Es macht deshalb Sinn, dass nur noch dann eine Bewertung stattfindet, wenn das Erbschaftssteuer-Finanzamt den Grundbesitzwert für die Festsetzung der Erbschafts- und Schenkungssteuer benötigt (sog. Bedarfsbewertung).
Dies bedeutet leider auch für eine Schenkung, dass man nicht mehr auf einen bekannten Wert zurückgreifen kann.
Will man im Vorfeld wissen, welcher Betrag an Schenkungssteuer auf den Beschenkten zukommt, muss zunächst der Grundbesitzwert eigenständig ermittelt werden.

III. Ausnahmen von der Besteuerung

Ein Ehegatte kann dem anderen Ehegatten Eigentum oder Miteigentum an einem im Inland gelegenem, eigenen Wohnzwecken dienendem Familienwohnheim verschaffen, ohne dass diese Zuwendungen der Schenkungssteuer unterliegen oder auf Freibeträge angerechnet werden. Als Familienwohnheim gilt ein Haus oder eine Eigentumswohnung, wenn sich dort der Mittelpunkt familiären Lebens befindet. Die Formulierung „zu eigenen Wohnzwecken" setzt eine tatsächliche Nutzung des Familienwohnheims durch die Ehegatten voraus.

Neben Ein- oder Zweifamilienhäusern kann auch ein Haus mit drei Wohnungen als Familienwohnheim gelten, wenn die Wohnungen von der Familie genutzt werden. Bemerkenswert ist, dass das Gesetz keine Wertobergrenze vorsieht. Also fallen auch luxuriöse Ein- und Zweifamilienhäuser unter die Befreiung. Auf diese Weise lassen sich erhebliche Werte steuerfrei und ohne Ausnutzung von Freibeträgen übertragen.

Achtung:

Es sind nur Übertragungen zwischen Lebenden steuerbefreit. Zuwendungen von Todes wegen fallen nicht unter die Steuerbefreiung.

IV. Die tatsächliche Bewertung des Grundbesitzes

a) Bewertung von unbebauten Grundstücken:
Unbebaute Grundstücke sind Grundstücke, auf denen sich keine benutzbaren Gebäude befinden.
Typischer Fall nicht benutzbarer Gebäude: Die Gebäude sind zerstört oder so verfallen, dass sie auf Dauer nicht mehr genutzt werden können. Ist das Grundstück als unbebaut anzusehen, ergibt sich der Grundstückswert aus der Grundstücksfläche mal Bodenrichtwert abzüglich 20%. Die Bodenrichtwerte sind von den Gutachterausschüssen der Kommunalverwaltungen auf den 1.1.1996 zu ermitteln. Diese Werte sind nicht bindend, so dass sie angefochten werden können. Kann nachgewiesen werden, dass der tatsächliche Wert niedriger ist, so ist dieser Wert zugrunde zu legen.

Berechnungsbeispiel:

Ein unbebautes Grundstück mit einer Größe von 1.000 m^2 und einem Bodenrichtwert von 200,00 € je m^2 ist wie folgt im Erbschaftssteuerfall anzusetzen:
1.000 m^2 x 200,00 €
= 200.000,00 €
- 20% Abschlag
= 40.000,00 €

V. Ausblick

Der II. Senat des BFH (Bundesfinanzhof) hält das Erbschaftssteuergesetz in der jetzigen Form, vor allem was die Bewertung des Grundvermögens angeht, wiederum für verfassungswidrig. Das Bundesverfassungsgericht hat also noch einmal das letzte Wort und es bleibt abzuwarten, wie die Entscheidung ausfällt.

Eleonore Steilen
Dipl. Finw. (FH) · Steuerberaterin
vereidigte Buchprüferin

Axel Brenner
Steuerberater

Bonner Landstr. 91
50996 Köln
Telefon 0 22 36 / 9 62 32 - 0
Fax 0 22 36 / 96 23 29
eMail steilen.brenner@datevnet.de

Stadtspuren Band 30
Werner Adams / Joachim Bauer (Hrsg.)

Vom Botanischen Garten zum Großstadtgrün

200 Jahre Kölner Grünanlagen
ISBN 3-7616-1460-8
408 Seiten, mit 732 farbigen Abbildungen, Skizzen und Karten
Großformat, gebunden

Überall im Buchhandel!

J.P. BACHEM VERLAG
www.bachem-verlag.de

Gärten und Parks
BACHEM

Ihr persönliches Denkmal

von Steuerberater Paul Georg Fickus; Steuerberaterkanzlei Fickus & Fickus, Köln

Zur steuerlichen Förderung denkmalgeschützter Grabanlagen

Die Investitionen in Immobilien, sei es zu eigenen Wohnzwecken, sei es zum Zweck der Vermietung, ist in den vergangenen Jahrzehnten vom Staat mit steuerlichen Anreizen gefördert worden. Diese Förderung erfolgte z.B. durch hohe Abschreibungssätze oder großzügige steuerliche Abzüge für die eigenen vier Wände, die noch vor einigen Jahren ohne Rücksicht auf Einkommensgrenzen jeder Eigenheimbesitzer in Anspruch nehmen konnte. In den vergangenen Jahren hat sich auf diesem Feld einiges getan; soweit es Immobilieninvestitionen in den alten Ländern der Bundesrepublik betrifft, meist zu Ungunsten der Investoren: Die Förderung der selbstgenutzten Wohnimmobilie ist bereits seit längerem an Einkunftsgrenzen geknüpft, nach den jüngsten Plänen der Bundesregierung soll sie gar für Kinderlose ganz gestrichen werden. Auch im Bereich des Wohnungsneubaus zeigt sich ein ähnliches Bild: Die Abschreibungssätze haben sich in den vergangen Jahren verringert, eine weitere Absenkung ist auch hier geplant.

Die rastlos nach Steuerersparnissen forschenden Investoren haben sich aus diesem Grund entweder anderen Anlagen zugewandt oder aber im Immobilienbereich ihr Augenmerk (wieder) auf denkmalgeschützte Objekte gerichtet. Ganz gegen den allgemeinen Trend haben sich die Vorschriften zur steuerlichen Förderung von Investitionen in selbstgenutzte oder fremdvermietete denkmalgeschützte Immobilien im vergangenen Jahrzehnt nämlich als äußerst „reformresistent" erwiesen: Nachdem Oskar Lafontaines Versuch, die Abschreibungssätze auf Investitionen in solche Objekte zu halbieren, Ende der neunziger Jahre abgeschmettert worden war, haben „die alten Gemäuer ... bisher alle Angriffe (von Seiten des Bundesfinanzministers, Anm. d. Verfassers) ohne nennenswerte Schäden überstanden", weshalb sie auch heute noch für den Spitzenverdiener zu den lukrativsten Anlagen zählen (Volker Loomann: Denkmäler sind für Spitzenverdiener lukrative Anlagen, in: Frankfurter Allgemeine Zeitung, Dezember 2002).

„Fürchte dich nicht, denn ich habe dich erlöst, ich habe dich bei deinem Namen gerufen, Du bist mein!" (Jesaja 43, 1). Die Worte des Propheten Jesaja spendeten in der Vergangenheit vielen Gläubigen Trost beim Gedenken an ihr Lebensende. Der Tod beendete zwar die irdische Existenz, stand aber zugleich für den Beginn eines neuen jenseitigen Lebens, für den es in verschiedener Weise Vorbereitungen zu treffen galt. Für die (wenigen), die die Mittel hierfür besaßen, gehörte dazu oftmals auch die Planung oder gar der Bau der eigenen Grabstätte bereits zu Lebzeiten. So sind uns nicht nur von Kaisern, Königen und Bischöfen eindrucksvolle Grabanlagen überliefert, sie finden sich auch auf den Friedhöfen unserer Stadt, geplant und gebaut im 19. Jahrhundert von wohlhabenden Bürgern der Stadt Köln.

Demgegenüber leben heute unter uns immer weniger Menschen in der Erwartung, dass mit dem Tod nicht alles zu Ende ist. Diese ganz auf das „Hier und Jetzt" gerichtete Lebens- und Denkweise führt nicht nur dazu, dass die Regelung des Nachlasses von vielen Menschen gar nicht oder nur halbherzig betrieben wird, was sich auf das Lebenswerk des Verstorbenen bzw. auf die rechtlichen und steuerlichen Belastungen seiner Erben verheerend auswirkend kann, sie führt auch dazu, dass heute – abgesehen von der Dauergrabpflege - kaum einer noch Vorsorge für die Gestaltung der eigenen Grabstätte trifft oder auch nur darüber nachdenkt. Wer aber den Melatenfriedhof kennt, in Berlin über den Dorotheenstädtischen Friedhof spaziert ist und in Paris die Grabanlagen auf dem Friedhof Pere Lachaise besucht hat, der hat eine Vorstellung davon, zu welchen Verlusten an Bestattungskultur diese Haltung führt. Dabei kann die rechtzeitige Investition in ein denkmalgeschütztes Grab schon im Diesseits Steuervorteile mit sich bringen. Die hierfür einschlägige Vorschrift des deutschen Steuerrechts ist aber selbst unter Fachleuten weitgehend unbekannt:

§ 10 g des Einkommensteuergesetzes.

Die Vorschrift begünstigt generell Aufwendungen für Herstellungs- und Erhaltungsaufwendungen an schutzwürdigen Kulturgütern, die weder zur Einkunftserzielung noch zu eigenen Wohnzwecken genutzt werden. Die spezielle Förderung im Zusammenhang mit Grabanlagen findet sich unter der Nummer drei des ersten Absatzes, in der auch „gärtnerische, bauliche und sonstige Anlage, die keine Gebäude oder Gebäudeteile und nach den jeweiligen landesrechtlichen Vorschriften unter Schutz gestellt sind," als förderungswürdige Kulturgüter definiert werden. Hierbei handelt es sich um Grabstätten, die einst von Privatpersonen errichtet wurden, über den Ablauf der einmal vereinbarten Grabnutzung hinaus erhalten geblieben und somit in das Eigentum des Friedhofträgers, also z.B. der Stadt Köln, gefallen sind, deren Gebühreneinnahmen zwar den Abriss der Anlagen decken, nicht aber ihre Renovierung.

Wer, wie die Autoren, in der Nähe des Melatenfriedhofes geboren und aufgewachsen ist, dem sind vielleicht von sonntäglichen Spaziergängen die imposanten Grabstätten entlang der Hauptwege des Friedhofes oder aber das ein oder andere kleine alte Grabkreuz auf einem der Seitenwege im Gedächtnis geblieben, die heute zu eben diesen förderungswürdigen Anlagen gehören. Da der Stadt Köln als Eigentümer dieser Grabstätten das zur Renovierung notwendige Geld fehlt, haben der Stadtkonservator und das Amt für Landschaftspflege bereits 1981 ein mittlerweile bundesweit nachgeahmtes „Kölner Modell" von Patenschaften für solche Anlagen ins Leben gerufen, das denkbar einfach funktioniert: Der Pate, der einen als Kulturgut geschützten Grabaufbau von der Stadt erwirbt (die Grabstelle verbleibt im Eigentum der Stadt), verpflichtet sich damit, die Anlage in Abstimmung mit dem Stadtkonservator in Stand zu setzen. Im Gegenzug erhält der Pate von der Stadt nicht nur eine Urkunde, sondern auch das Recht, die Grabstätte später selbst - gegen die üblichen Belegungsgebühren - zu nutzen.

Die Anschaffungskosten des geschützten Grabaufbaus, die in Köln zwischen 500,00 € und 1.000,00 € betragen und damit als vergleichsweise gering betrachtet werden können, sind steuerlich nicht abzugsfähig. Die mit der gärtnerischen oder baulichen Instandsetzung verbundenen Renovierungskosten, die in der Regel um einiges höher liegen, können jedoch, nachdem der Stadtkonservator die Notwendigkeit dieser Aufwendungen bescheinigt hat, im Jahr der Durchführung der Renovierungsmaßnahme und in den neun folgenden Jahren zu jeweils 10 % wie Sonderausgaben steuerlich abgesetzt werden. Wer also z.B. in 2003 € 20.000,00 in den Erhalt einer Anlage investiert, kann in den Jahren 2003 bis 2012 jährlich € 2.000,00 steuermindernd geltend machen und – je nach persönlicher Steuersituation – Steuervorteile von über € 1.000,00 jährlich erzielen.

Angesichts durchschnittlicher förderungsfähiger Aufwendungen je Grabstätte von ca. € 3.000,00 in Köln ist Investition in eine geschützte Grabstätte für viele Interessierte realisierbar. Die damit zu erzielenden Steuervorteile werden hierfür sicher nicht den Ausschlag geben, bilden aber einen doch beachtlichen Anreiz zum Erhalt von Anlagen ehedem bekannter wie unbekannter Kölner Persönlichkeiten, die in ihrer Vielfältigkeit Zeugnis ablegen vom Selbstverständnis ihrer Erbauer und der Bestattungskultur ihrer Zeit.

Der Autor hat Kunstgeschichte studiert und ist heute als Steuerberater Partner einer Kölner Sozietät. Er arbeitet (mit Blick auf den Melatenfriedhof) in Lindenthal.
Die Auskünfte zu den Besonderheiten Kölns sowie das Bildmaterial (ein restauriertes Grab vom Melatenfriedhof, Zustand vor und nach der Restaurierung) stammen von Herrn Stadtkonservator Dr. Beines, dem an dieser Stelle herzlich gedankt sei.

MELATENKANZLEI
RECHTSANWÄLTE & STEUERBERATER
in Kooperation

KIERDORF & SCHÜBEL
RECHTSANWÄLTE

FICKUS & FICKUS
STEUERBERATER

Wir beraten Sie in allen rechtlichen und steuerlichen Angelegenheiten, insbesondere:

– Erbrecht- und Erbschaftsteuerrecht
– Rechtliche und steuerliche Gestaltungsberatung bei Vermögensübertragungen
– Immobilienrecht und Immobiliensteuerrecht einschließlich Denkmalschutz

Geleniusstrasse 1 (schräg gegenüber Haupteingang Melatenfriedhof)   50931 Köln

Tel. 02 21 / 56 90 90-0
Fax: 02 21 / 56 90 90-90

mail: zentrale@melatenkanzlei.de
Internet: www.melatenkanzlei.de

P Parkmöglichkeit direkt am Haus

Praxistipps zur Nachlassplanung

HUNOLD + PARTNER
Steuerberater
Wirtschaftsprüfer
Rechtsanwalt

3 Praxistipps zur Nachlassplanung

Tipp 1:
Heiraten lohnt sich immer noch..........zumindest aus erbschaftsteuerlicher Sicht

Tipp 2:
Sponsored by Oma und Opa: Überspringen einer Generation bei der Erbfolge

Tipp 3:
Ein kleiner Dank an die hilfreiche Nachbarin

Ein paar einleitende Worte..zu uns

Unsere Leistungen basieren wie nachfolgend dargestellt auf 5 Säulen. Weitere Informationen zu unserem Unternehmen finden Sie auch unter www.hunold-partner.de.

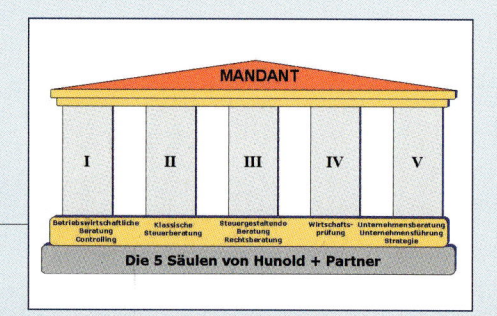

Die 5 Säulen von Hunold + Partner

MANDANT

I	II	III	IV	V
Betriebswirtschaftliche Beratung Controlling	Klassische Steuerberatung	Steuergestaltende Beratung Rechtsberatung	Wirtschaftsprüfung	Unternehmensberatung Unternehmensführung Strategie

Säule I:
Betriebswirtschaftliche Beratung Controlling
Wir stehen nicht nur in steuerlichen Fragen, sondern auch im Hinblick auf die betriebswirtschaftliche Situation Ihres Unternehmens an Ihrer Seite. Unsere Leistungen stellen wir Ihnen in Form von einzelnen Modulen oder als integrierte Konzepte, als laufende, kontinuierliche Beratung oder als Einzelberatung zur Verfügung.

Säule II:
Klassische Steuerberatung
Steuerberatung ist eine Frage des Vertrauens und bildet das Fundament Ihres geschäftlichen und privaten Erfolges. In individuellen Beratungsgesprächen sowie durch die persönliche Betreuung unserer Teams begleiten wir Sie bei allen anstehenden Fragen.

Säule III:
Steuergestaltende Beratung
Wir beraten Sie, bevor das Kind in den Brunnen gefallen ist. Wir setzen uns frühzeitig mit Ihnen gemeinsam an den Tisch und entwickeln die für Sie steuerlich und wirtschaftlich optimale Lösung.

Rechtsberatung
Recht und Steuern bilden im komplexen Wirtschaftsleben eine Einheit. Hunold + Partner bietet Unternehmensberatung durch Steuerberater, Wirtschaftsprüfer und Rechtsanwälte aus einer Hand. Wir bieten professionelle Unterstützung bei Unternehmenskäufen und -verkäufen, Beteiligungserwerben, Umstrukturierungen und Nachfolgeregelungen – sei es im Großen oder im Kleinen.

Säule IV:
Wirtschaftsprüfung
Für sämtliche Aufgaben aus dem Bereich der Wirtschaftsprüfung steht Ihnen ein erfahrenes Team aus Berufsträgern und Assistenten zur Verfügung. Im Rahmen der Wirtschafts- und Unternehmensberatung übernehmen wir ebenfalls Gutachter- und Sachverständigentätigkeiten, wie zum Beispiel Unternehmensbewertungen.

Säule V:
Unternehmensberatung Unternehmensführung Strategie
Nach unserer festen Überzeugung gehört es zu den Aufgaben des Steuerberaters, den Mandanten in Fragen der Unternehmenssteuerung zu unterstützen. Wir haben ein System entwickelt, aus dem die Chancen und Risiken in einem Unternehmen frühzeitig erkannt werden können. Dabei spielen die Zahlen eine wichtige, jedoch sekundäre Rolle. Denn immer dann, wenn Zahlen einmal feststehen, sind die Fakten längst geschaffen. Kein Mensch kann an dieser Tatsache etwas ändern.

Ein paar einleitende Worte..zum Thema

Folgende Aussagen machen die Notwendigkeit einer Nachlassplanung sowohl im privaten als auch im betrieblichen Bereich besonders deutlich:

➢ „Es werden jährlich ca. 1,5 Mrd. € an den Fiskus abgeführt, weil es versäumt wurde, effektive steuerliche Gestaltungen für die Vermögensnachfolge zu wählen."
➢ „Nur etwa 4 Prozent aller Testamente entsprechen den gesetzlichen Vorschriften."
➢ „Etwa 80 Prozent aller Erblasser überlassen alles der gesetzlichen Erbfolge."

Auch wenn die letzte Aussage häufig damit begründet wird, dass die bei einem fehlenden Testament eintretende gesetzliche Erbfolge die Sache schon richten werde, liegt der wahre Grund in der Psyche des Menschen. Die niedrige Testamentsquote ist wohl eher auf die Urangst des Menschen zurückzuführen, seine eigene Sterblichkeit vor Augen geführt zu bekommen. Der berühmte Maler Pablo Picasso hat beispielsweise die Unterschrift unter sein Testament mit der Begründung verwei-

HUNOLD + PARTNER
Steuerberater
Wirtschaftsprüfer
Rechtsanwalt

gert, dass er nicht sein eigenes Todesurteil unterzeichen möchte. Auch hat die Stadt Paris eines seiner herrlichen Museen der Tatsache zu verdanken, dass die Erben Picassos die Erbschaftsteuer nicht zahlen konnten und sich so mit der Stadt geeinigt haben.

Häufig ist es auch so, dass erst eine Krankheit oder ein Todesfall in der nächsten Umgebung Anlass ist, sich mit dem Thema der Nachlassplanung auseinander zu setzen. Dann geschieht dies aber meist unter einem enormen psychischen Druck. Es wäre doch viel angenehmer, sich zu einem früheren Zeitpunkt – zu einem Zeitpunkt des Wohlbefindens – mit diesem etwas brisanten Thema der eigenen Sterblichkeit auseinander zu setzen. Häufig ist sich der Erblasser bzw. Schenker auch gar nicht bewusst, welche Gestaltungsmöglichkeiten einer steuer- und zivilrechtlich optimalen Vermögensübertragung er hat, was oft zu weiteren Fehlern führt.

Das Zusammensetzen mit guten Beratern, z. B. dem Steuerberater und Rechtsanwalt als Vertrauensperson, sichert die rechtzeitige Erbfolge unter Berücksichtigung der Wünsche des Erblassers bzw. Schenkers.

Insbesondere im unternehmerischen Bereich ist statt der Einstellung „Ich kann später alles regeln" eine strategische Nachfolgeplanung für die Überlebensfähigkeit des Unternehmens unerlässlich und notwendiger Bestandteil des betrieblichen Controlling. Und die Zeiten ändern sich: eine fehlende Planung der Unternehmensnachfolge führt mittlerweile dazu, dass das Rating der Banken für den Unternehmer schlechter ausfällt als bei einer vorhandenen Planung. Damit wird die Fremdfinanzierung für ihn teurer oder ist gar gefährdet.

Nachfolgend drei beispielhaft ausgesuchte Praxistipps, welche Ihnen die Vielfalt der unterschiedlichen Gestaltungsmöglichkeiten im Rahmen der Nachlassplanung ein wenig näher bringen soll.

Tipp 1:
Heiraten lohnt sich immer noch..........zumindest aus erbschaftsteuerlicher Sicht

Problem:
Ehepartner sind out - Lebensabschnittsgefährten sind in. Dies gilt zwar im richtigen Leben, aber nicht im Erbschaftsteuerrecht. Denn hier wird der Entwicklung unserer bzw. moderner Lebensverhältnisse nicht gefolgt. Die Gewährung von bestimmten Vorteilen wird hier immer noch an der formellen Eheschließung fest gemacht. Sind Kinder aus einer „alten" Eheschließung vorhanden, wird das Ganze für den neuen Lebensgefährten besonders brisant. Nach der gesetzlichen Regelung, also ohne das Vorhandensein eines Testaments, steht dem Ehegatten ein Erbteil zu, der die Pflichtteilsansprüche aller vorhandenen Kinder (eheliche, nichteheliche, adoptierte) reduziert. Nichteheliche Kinder aus einer Verbindung mit einem Lebensgefährten haben gegenüber Vater und Mutter hingegen höhere Pflichtteilsansprüche, da der Lebenspartner keinen gesetzlichen Anspruch auf das Erbe hat. Zwar gibt es klare Tendenzen des Gesetzgebers, Ehe- und sonstige Lebenspartnerschaften in allen rechtlichen Bereichen gleich zu stellen. Für das Erbrecht und das Steuerrecht gilt jedoch bis auf weiteres das Gesagte.

Exkurs: Pflichtteilsrecht
Ist ein Abkömmling des Erblassers durch ein Testament von der Erbfolge ausgeschlossen („enterbt"), kann er von dem Erben ein Pflichtteil verlangen. Gleiches Recht steht dem Ehegatten des Erblassers zu. Der Pflichtteil ist ein reiner Geldanspruch; er kann nur in seltenen Ausnahmefällen entzogen werden und besteht in der Hälfte des Wertes des gesetzlichen Erbteils. Voraussetzung des Pflichtteilsanspruchs ist somit, dass der Pflichtteilsberechtigte nicht oder nicht hinreichend am Nachlass beteiligt wird. Das Pflichtteilsrecht garantiert den Abkömmlingen, dem Ehegatten und, falls keine Abkömmlinge vorhanden sind, den Eltern eine Mindestbeteiligung am Nachlass. Somit kann der Pflichtteil oft zu einer Schranke für letztwillige Verfügungen oder auch Schenkungen werden. Entstehen im Rahmen der Unternehmensnachfolge beispielsweise aufgrund einer Enterbung Pflichtteilsansprüche naher Angehöriger, kann dieser Geldanspruch zu Liquiditätsengpässen im Unternehmen führen. Des Weiteren stellt der Anspruch eine private Schuld dar, und somit können die damit in Zusammenhang stehenden möglichen Zinsen nicht als Betriebsausgabe abgezogen werden. Hier empfiehlt sich ein notariell beurkundeter Pflichtteilsverzichtsvertrag, wobei dieser z. B. auf das betriebliche Vermögen beschränkt werden kann. Ein weiteres Problem stellen die durch Vorabschenkungen ausgelösten Pflichtteilsergänzungsansprüche dar, welche allerdings grundsätzlich nach 10 Jahren verjähren. Ausnahme sind Schenkungen an Ehegatten, deren Frist erst mit Eheauflösung beginnt.

Hat nun der Erblasser bzw. Vater Heinz zwei Kinder, Tochter Lena aus der geschiedenen Ehe mit Luisa und Sohn Max mit seiner Lebensgefährtin Birgit, so sind beide Kinder gesetzliche Erben zu jeweils der Hälfte. Will Heinz nun seine Tochter Lena enterben, da diese in eine wohlhabende Familie eingeheiratet hat, kann Lena ihren Pflichtteil beanspruchen. Der Anspruch besteht in der Hälfte des gesetzlichen Erbteils, also ein Viertel des Nachlassvermögens. Der Geldanspruch richtet sich an den Erben, also an den Sohn Max und wird mit dem Todestag des Vaters Heinz fällig. Die

HUNOLD + PARTNER
HP
Steuerberater
Wirtschaftsprüfer
Rechtsanwalt

Lebensgefährtin Birgit zählt nicht zu den gesetzlichen Erben. Birgit könnte nur in einem Testament als Erbin eingesetzt oder mit einem Vermächtnis bedacht werden. Ansonsten geht sie „leer" aus. Sie ist zudem von ihrem Sohn Max, dem einzigen Erben, abhängig, welcher für die Erfüllung der Vermächtnisse zuständig ist. Zudem befindet sich Birgit in der ungünstigen Erbschaftsteuerklasse III.

Testamentarische Zuwendungen an Birgit werden wesentlich höher belastet als bei gesetzlichen Ehepartnern, welche wie die Kinder der niedrigsten Steuerklasse I angehören. Bei den Steuerklassen handelt es sich zudem um einen echten Stufentarif, d.h., der Steuersatz der erreichten Wertstufe wird auf den gesamten steuerpflichtigen Erwerb erhoben. Des Weiteren kann Birgit nur einen persönlichen Freibetrag in Höhe von 5.200 € geltend machen und erhält eine sachliche Steuerbefreiung für Hausrat u.ä. von 10.300 €.

Lösung:

Zumindest aus erbschaftsteuerlicher Sicht wäre es für Heinz und Birgit sinnvoll zu heiraten. Der gesetzliche Erbteil bzw. die Pflichtteilsansprüche der Kinder würden erheblich reduziert und Birgit würde wie auch die Kinder rechtmäßige Erbin. Die Höhe der Reduzierung ist hierbei wiederum abhängig vom Güterstand des Erblassers.

Exkurs: Erbschaftsteuerliche Aspekte des Güterstandes

Das eheliche Güterrecht kennt drei Arten des Güterstandes, wobei automatisch die Zugewinngemeinschaft gilt, wenn die Ehepartner bei Eheschließung oder später keine andere Regelung treffen. Bis zur Auflösung der Ehe durch Scheidung oder Tod sind die Vermögensmassen beider Ehepartner getrennt zu sehen. Allerdings wird der im Laufe der Ehe jeweils erworbene Zugewinn ermittelt und in Geld ausgeglichen, sofern ein Unterschied besteht. Bei der Gütertrennung hat die Ehe mit dem Vermögen beider Ehegatten nichts zu tun. Bei der Gütergemeinschaft verschmelzen hingegen die bisher jedem einzelnen zugeordneten Vermögensmassen zu einem gemeinschaftlichen Vermögen. Da im Güterrecht bis auf einige Formvorschriften grundsätzlich Vertragsfreiheit besteht, können auch Eheverträge abgeschlossen (oder später wieder geändert) werden. Es ist auch zulässig, Elemente einzelner Güterstände miteinander zu kombinieren. Ein Beispiel für einen notariell zu beurkundenden Ehevertrag ist die Einigung auf den Güterstand der sog. modifizierten Zugewinngemeinschaft. Hier werden durch Vertrag einzelne Vermögensteile vom Zugewinn ausgeschlossen, z. B. Betriebsvermögen, Beteiligungen.

Entscheiden sich Heinz und Birgit für den gesetzlichen Güterstand der Zugewinngemeinschaft, erbt Birgit die Hälfte, und Lena und Max erben jeweils ein Viertel. Wird Lea enterbt, erhält sie ihren Pflichtteil in Höhe von ein Achtel und Birgit und Max entsprechend mehr.

Entscheiden sich die beiden hingegen für den Güterstand der Gütertrennung, reduziert sich der Pflichtteil von Lena nur auf ein Sechstel, da Birgit hier nach dem Gesetz nur ein Drittel erbt. Will man den Pflichtteilsanspruch auch hier auf ein Achtel reduzieren, müssen die beiden einen Ehevertrag mit modifizierter Zugewinngemeinschaft möglichst unter Ausschluss des Scheidungsrisikos abschließen. Es kommt somit auf den Willen des Erblassers an, welche Verteilung des Erbes gewünscht und zudem erbschaftsteuerlich optimal ist. Die Heirat mit Heinz bietet für Birgit erhebliche erbschaftsteuerliche Vorteile. Sie fällt nun in die Steuerklasse I (Bei einem steuerpflichtigen Erwerb von 2 Mio € hätte sie beispielsweise statt 35 Prozent nur noch 19 Prozent an Erbschaftsteuer zu zahlen). Ihr persönlicher Freibetrag erhöht sich von 5.200 € auf 307.000 €, es steht ihr gegebenenfalls ein Versorgungsfreibetrag in Höhe von 256.000 € zu, und die sachliche Steuerbefreiung erhöht sich von maximal 10.300 € auf insgesamt maximal 51.300 €. Zudem könnte Heinz seiner Birgit das gemeinsam bewohnte Haus erbschaft- bzw. schenkungsteuerfrei schenken. Leben Heinz und Birgit im gesetzlichen Güterstand der Zugewinngemeinschaft, bleibt der Zugewinn ebenfalls erbschaftsteuerfrei.

Wollen Heinz und Birgit trotz allem nicht heiraten, gibt es zur Zeit noch die Möglichkeit der Umgestaltung des privaten in betriebliches Vermögen z. B. durch die Einbringung in eine GmbH & Co. KG. Dann kann es auch einer Lebenspartnerin in der günstigsten Steuerklasse I vererbt werden, da bei der Unternehmensnachfolge immer die Steuerklasse I gewährt wird. Zudem wird ein Betriebsvermögensfreibetrag in Höhe von 256.000 € gewährt. Des Weiteren ist der über den Freibetrag hinausgehende Wert von Betriebsvermögen lediglich mit 60 Prozent anzusetzen. Diese Ausweichgestaltung steht allerdings momentan in der Kritik des Bundesfinanzhofs. Überdies ist in absehbarer Zeit eine Entscheidung des Bundesverfassungsgerichts zu dieser Frage zu erwarten. Viele Experten rechnen schon heute damit, dass dieses Steuersparmodell demnächst nicht mehr möglich sein wird.

HUNOLD + PARTNER
H|P Steuerberater
Wirtschaftsprüfer
Rechtsanwalt

Tipp 2:
Sponsored by Oma und Opa: Überspringen einer Generation bei der Erbfolge

Problem:
Aufgrund der Tatsache, dass sowohl Kinder als auch die Kinder der Kinder der Steuerklasse I angehören, kann das Überspringen einer Generation bei der Erbregelung besonders erbschaftsteuersparend sein. Zu beachten ist hierbei allerdings, dass die Kinder der Kinder lediglich einen Freibetrag in Höhe von 51.200 € geltend machen können. Die Kinder und Kinder verstorbener Kinder können hingegen einen Freibetrag in Höhe von jeweils 205.000 € nutzen. Da die Enkelkinder oft zu den wichtigsten Bezugspersonen der Großeltern gehören, ist es naheliegend, dass eine materielle Unterstützung auch noch über den Tod hinaus gewährt werden soll. Wenn dies dann zusätzlich mit erbschaftsteuerlichen Vorteilen verbunden ist, weil die Vermögenswerte über einen längeren Zeitraum konserviert werden können, die eigenen Kinder bereits durch eigenes Vermögen finanziell abgesichert sind, steht dem Überspringen einer Generation bei der Erbfolge nichts mehr entgegen. Es ist doch ein erhebendes Gefühl, wenn die Enkel ihr Studium von Oma und Opa finanziert bekommen, welche ihnen schon bei den Schulaufgaben behilflich waren. Bei der Übertragung größerer Vermögen an Minderjährige empfiehlt sich die Gründung einer gemeinsamen Vermögensverwaltungsgesellschaft, mit der die spätere „Verschleuderung" des Vermögens durch den volljährigen Enkel vermieden werden kann.

Betrachtet man den Fall von Opa Hans, seinem Sohn Thomas und seinem Enkel Lutz, ist das Überspringen einer Generation sowohl unter steuerrechtlichen als auch unter persönlichen Zielvorgaben zu empfehlen. Opa Hans ist Eigentümer eines Wohn- und Geschäftshauses. Der Steuerwert beträgt 1,5 Millionen € und der Verkehrswert 3 Millionen €.

Exkurs: Erbschaftsteuerliche Bewertung von Immobilien
Bebaute Grundstücke werden grundsätzlich nach einem Ertragswertverfahren bewertet, wobei der so ermittelte Wert immer noch weit unter dem Verkehrswert liegt. Hierbei ist anzumerken, dass der Abbau dieser Vergünstigung schon seit längerem geplant, aber bis dato immer noch nicht durchgeführt wurde. Momentan setzt der Fiskus die Gebäude durchschnittlich mit etwa dem halben Verkehrswert an. Künftig sollen mindestens 80 Prozent des Verkehrswerts bei der Ermittlung der Erbschaft- und Schenkungsteuer zugrunde gelegt werden. Nach aktueller Gesetzeslage stellt die Jahresrohmiete multipliziert mit 12,5 minus eines möglichen Abzugs aufgrund von Altersminderung oder plus eines möglichen Zuschlags von 20 Prozent für Ein- und Zweifamilienhäuser die Grundlage für die Berechnung des sog. Bedarfswerts dar. Bei Gebäuden, die vermietbar sind, aber entweder eigengenutzt oder unter ungewöhnlichen Umständen vermietet werden, tritt an die Stelle der tatsächlichen die übliche Miete. Der Ertragswert eines bebauten Grundstücks muss mindestens so hoch wie ein unbebautes Grundstück an der selben Stelle sein (sog. Mindestwert). Der Steuerpflichtige kann per Wertgutachten gegen die Bewertung des Fiskus vorgehen und den niedrigeren gemeinen Wert am Besteuerungszeitpunkt nachweisen.

Würde das Haus zuerst auf seinen Sohn Thomas und 30 Jahre später auf seinen Enkel Lutz übergehen, fällt bei Verbrauch der persönlichen Freibeträge durch Vorschenkungen die nachfolgende Gesamtbelastung an. Es wird hier davon ausgegangen, dass sich der Steuerwert bei Übergang von dem Sohn Thomas auf den Enkel Lutz auf 80 Prozent des Verkehrswerts erhöht hat.

Übergang auf Sohn Thomas:
Steuerpflichtiger Erwerb: 1,5 Mio €
Steuersatz: 19 Prozent
Steuer: 285.000 €

Übergang auf Enkel Lutz
30 Jahre später:
Steuerpflichtiger Erwerb: 2,4 Mio €
Steuersatz: 19 Prozent
Steuer: 456.000 €
Gesamtlast: 741.000 €

Lösung:
Direkter Übergang auf Enkel Lutz:

Steuerpflichtiger Erwerb: 1,5 Mio €
Steuersatz: 19 Prozent
Steuer: 285.000 €
Gesamtlast: 285.000 €
Steuerersparnis: 456.000 €

Unter Vernachlässigung einer Abzinsung des Betrags beträgt die hiermit gesparte Erbschaftsteuer 456.000 €. Da es aber sicherlich nicht von Vorteil ist, dem Enkel bereits in jungen Jahren ein solches Vermögen in die Hand zu geben, sollte dies beispielsweise vom Vater Thomas noch eine bestimmte Zeit verwaltet werden. Des Weiteren könnte Thomas ein Nießbrauchsvorbehalt eingeräumt werden. Dies hat aber wiederum den einkommensteuerlichen Nachteil, dass der Nießbraucher Thomas nicht abschreibungsberechtigt ist, da er keine Anschaffungskosten hat und der Enkel Lutz keine AfA geltend machen kann, da er wegen der Nießbrauchsbelastung keine Einkünfte erzielt.

HUNOLD + PARTNER
HP Steuerberater Wirtschaftsprüfer Rechtsanwalt

Eine weitere Möglichkeit im Rahmen des Überspringens einer Generation bei der Erbfolge, wäre die Gründung eines Enkelfonds, welcher auch erst testamentarisch entstehen kann. Da diese Gestaltung längerfristig angelegt ist, ist sie im Einzelfall intelligenter und angenehmer und erfordert nur eine geringe Kapitalbindung. Hier bietet sich die Bildung einer Kommanditgesellschaft an, in der die Großeltern als geldeinbringende Kommanditisten und die Eltern als geschäftsführende Komplementäre fungieren. Im Erbfall erhält Enkel Lutz dann eine nicht übertragbare Gesellschaftsbeteiligung, welche von den geschäftsführenden Eltern verwaltet wird.

Tipp 3:
Ein kleiner Dank an die hilfreiche Nachbarin

Problem:
Leider sind im Alter häufig die nahestehenden Bezugspersonen nicht die nächsten Verwandten, sondern „Fremde". Kinder und Enkelkinder leben in einer anderen Stadt, zum Geburtstag gibt es eine Karte und zu Weihnachten das obligatorische Familientreffen. Die 16jährige Maja hingegen, die Tochter der Familie Schmitz aus dem Nachbarhaus, war schon als kleines Kind ständiger gern gesehener Gast im Hause und steht auch heute noch jederzeit für kleine Gefälligkeiten, wie beispielsweise das Erledigen von Besorgungen, zur Verfügung. Da ist es nicht verwunderlich, dass Oma Anne das Bedürfnis hat, auch Maja in Ihrem Testament zu bedenken bzw. ihr eine kleine Zuwendung von Todes wegen zukommen zu lassen. Aus erbschaftsteuerlicher Sicht ist dies allerdings ungünstig, da das Erbrecht bei der Gewährung von Vorteilen auf das Verwandtschaftsverhältnis abstellt und Nichtverwandte in die ungünstigste Steuerklasse III fallen und lediglich einen Freibetrag von 5.200 € geltend machen können.

Lösung:
Unter erbschaftsteuerlichen Gesichtspunkten ist im Fall Maja eine testamentarische Anordnung, dass die Erbschaftsteuer nicht von Maja, sondern vom Nachlass zu zahlen ist, sinnvoll. Somit kann ihr der zugewendete Betrag netto zufließen. Hat Oma Anne allerdings mit dem schon verstorbenen Opa Hugo ein sog. Berliner Testament abgeschlossen, ist Majas Vermächtnis gefährdet.

Exkurs: Berliner Testament
Ein in der Praxis häufiger Fall des gemeinschaftlichen wechselbezüglichen Testaments ist das sog. „Berliner Testament". Hierbei setzen sich die Ehegatten gegenseitig als Alleinerben ein. Somit wird der überlebende Ehegatte alleiniger Vollerbe. Das bei Tod des überlebenden Ehegatten noch vorhandene beiderseitige Vermögen fällt einem oder mehreren Dritten als sog. Schlusserben zu. Nach dem Tod des Ehegatten ist der überlebende Ehepartner grundsätzlich an seine wechselbezüglichen Verfügungen gebunden. Zu Lebzeiten beider Ehepartner ist ein einseitiger Widerruf des „Berliner Testaments" in Form einer notariell beurkundeten Erklärung gegenüber dem anderen Ehegatten jederzeit möglich.

Die erbrechtliche Anordnung versteinert mit dem Tod von Opa Hugo, und Oma Anne hat keine Möglichkeit mehr Maja zu bedenken. Das Testament ist unabänderlich, und auch eine Schenkung kann von den Schlusserben angefochten werden. Ohne vorhandene Dokumentation des Vermögenstransfers kann Maja sogar in den Verdacht einer Straftat kommen. Es muss ein lebzeitiges Eigeninteresse für eine derartige Zuwendung dokumentiert werden, welche Oma Anne durch eine zusätzliche notarielle Beurkundung den Zustand der Geschäftsfähigkeit unter freier Willensbestimmung testiert. Wäre Maja eine Angestellte von Oma Anne, könnte man die Zuwendungen in gewissen Grenzen in eine Gehaltszahlung einkleiden. Die optimale Lösung ist hier die Vorsehung einer klaren Öffnungsklausel im gemeinschaftlichen Ehetestament zu Lebzeiten beider Ehepartner. Somit erhält der verbleibende Ehepartner in einer gemeinsam festgelegten Höhe eine Option.

Autoren:
Dr. Elke Ohrem,
Rechtsanwalt und Steuerberater
Thomas Wewel,
von

HUNOLD + PARTNER
Steuerberater
Wirtschaftsprüfer
Rechtsanwalt

Steuerberater, Wirtschaftsprüfer und Rechtsanwälte in Köln

Sicherung des Lebenswerkes

von Rechtsanwalt Alexander Hahn; Sozietät Dr. Halft, Lohmar, Faillard, Hürter; Rechtsanwälte, Wirtschaftsprüfer, Steuerberater; Köln

Ein Unternehmer steckt im Rahmen seiner aktiven Tätigkeit viel Zeit und Mühe in sein Unternehmen. Möglicherweise ist er mit dem Unternehmen durch einige schlechte Jahre, hoffentlich jedoch durch viele erfolgreiche Jahre gegangen. Es ist also ähnlich wie in einer Ehe. Insofern ist neben der Absicherung der Ehefrau und der Kinder der Erhalt und die Sicherung seines Lebenswerkes, nämlich seines Unternehmens, von zentraler Bedeutung.

Wichtigster Garant für eine erfolgreiche Unternehmensnachfolge ist deren langfristige Planung. Der Unternehmer hat für seine Nachfolge sowohl zivil- wie auch steuerrechtliche Bestimmungen zu beachten. Vornehmlich hat er sich jedoch über seinen Nachfolger ausreichend Gedanken zu machen. Schließlich ist nicht jede Person gleich zur Führung eines Unternehmens geeignet. Während die Frage des geeigneten Nachfolgers auch von vielen subjektiven Kriterien des Unternehmers beeinflußt wird, wird die eigentliche Planung der Unternehmensnachfolge von objektiven gesetzlichen Rahmenbedingungen bestimmt. Folgende Hinweise zu den Rahmenbedingungen sollen helfen, die Chancen und Risiken der Unternehmensnachfolge transparenter zu machen und auf die gemeinsame Planung mit dem Steuerberater oder Rechtsanwalt vorzubereiten.

Die erbrechtlichen Gestaltungsmöglichkeiten

Hat der Unternehmer seine Erben nicht testamentarisch bestimmt, tritt die gesetzliche Erbfolge ein. Das hat zur Konsequenz, daß Personen oder sogar eine Erbengemeinschaft in die Position des Erblasser eintreten, die von diesem nicht erwünscht und möglicherweise auch nicht geeignet sind. Daher ist es ratsam, sich schon frühzeitig über seinen geeigneten Nachfolger Gedanken zu machen und diesen dann im Rahmen der (erbrechtlichen) Gestaltungsmöglichkeiten entsprechend zu bestimmen. Um seinem letzten Willen Geltung zu verschaffen, hat der Erblasser die Möglichkeit, diesen in Form einer letztwilligen Verfügung namentlich als Testament oder Erbvertrag festzuhalten. Der Erblasser ist in der Gestaltung seiner letztwilligen Verfügung grundsätzlich frei. Er kann seine Erben frei bestimmen sowie Vermächtnisse oder Auflagen anordnen. Die Freiheit des Erblassers wird lediglich durch eventuelle Pflichtteilsansprüche der Hinterbliebenen und die guten Sitten beschränkt. Weitere Gestaltungsmöglichkeiten sind beispielsweise das Vermächtnis, die Teilungsanordnung oder die Testamentsvollstreckung.

Die gesellschaftsvertragliche Nachfolgeklausel

Während im Rahmen der angesprochenen Gestaltungsmöglichkeiten erbrechtliche Bestimmungen getroffen werden können, regeln gesellschaftsvertragliche Nachfolgeklauseln, ob und an wen eine Beteiligung nach dem Tod eines Gesellschafters vererbt werden kann. Dabei gilt, daß Beteiligungen an Kapitalgesellschaften im Grunde frei übertragen und vererbt werden können, wenn im Gesellschaftsvertrag nicht beispielsweise die Zustimmung der Gesellschaft gefordert wird. Dagegen sind Beteiligungen an Personengesellschaften grundsätzlich nicht übertragbar und können auch nicht ohne weiteres vererbt werden. Hier jedoch kann der Gesellschaftsvertrag die Übertragung und Vererbung generell oder auf bestimmte Personen zulassen (sog. Nachfolgeklausel). Enthält der Gesellschaftsvertrag keine Nachfolgeklausel, ist es den Erben nicht möglich in die Position des Erblassers nachzurücken. Für diesen Fall hätten sie lediglich Anspruch auf ein Abfindungsguthaben, soweit dieser Anspruch nicht auch gesellschaftsvertraglich ausgeschlossen oder eingeschränkt ist. Will der Unternehmer also vermeiden, daß seine letztwillige Verfügung ins Leere geht, muß er die gesellschaftsvertragliche Nachfolgebestimmung mit dieser Verfügung abstimmen. Wird beispielsweise der Ehegatte Alleinerbe, ist aber nicht im Gesellschaftsvertrag als Nachfolger zugelassen, fällt die Beteiligung an die übrigen Gesellschafter. Diese Konstellation hätte zudem unangenehme steuerliche Folgen. Da sich die Beteiligung nicht vererbt, kommt es nicht zur Buchwertverknüpfung. Vielmehr erhält der Ehegatte eine Abfindung und muß die Differenz zwischen Buchwert und Abfindungsbetrag zusätzlich zur Erbschaftsteuer als Einkommen versteuern.

Die Wahl der richtigen Rechtsform

Nicht nur die Haftung, sondern auch die Höhe der Steuer hängt von der gewählten Gesellschaftsform ab. Aufgrund der unterschiedlichen Bewertung von Personen- und Kapitalgesellschaften führen die unterschiedlichen Rechtsformen auch zu einer unterschiedlichen Schenkungs- oder Erbschaftsteuer. Bei der Personengesellschaft erfolgt die Bewertung nach der Steuerbilanz. Eine GmbH oder eine nicht börsennotierte AG wird dagegen nach dem sog Stuttgarter Verfahren bewertet: Neben den Werten aus der Steuerbilanz ist auch die Ertragsaussicht des Unternehmens maßgebend. Dieser Unterschied macht sich daher insbesondere bei ertragsstarken Unternehmen bemerkbar. Beispiel: Eine Personenhandelsgesellschaft (OHG/KG) wird in der Steuerbilanz mit einem Wert von 1 Mio. € ausgewiesen, bei einem jährlichen Ertrag von 500.000 €. Bewertet wird das Unternehmen mit 1 Mio. €. Die gleiche Gesellschaft als GmbH würde mit einem

Wert von 2,4 Mio. € steuerlich bewertet werden.

Anteile an börsennotierten Aktiengesellschaften werden selbstverständlich mit dem jeweiligen Kurs zum Stichtag bewertet. Der seit Monaten andauernden Baisse kann insofern auch eine gute Seite abgewonnen werden: Aktienvermögen kann derzeit steuergünstig übertragen werden.

Allgemeine Steuerfreibeträge

Steuern lassen sich in erheblichem Umfang durch das konsequente Ausnutzen der Schenkungsfreibeträge sparen. Insbesondere können umfangreiche Vermögenswerte steuerfrei auf die nächste Generation übertragen werden. Alle 10 Jahre kann von jedem Elternteil an jedes Kind 205.000 € übertragen werden. Für Enkelkinder steht noch ein Freibetrag von je 51.000 € zur Verfügung.

Sondervergünstigungen

Zu den allgemeinen Freibeträgen besteht für die Übertragung inländischen Betriebsvermögens und für Beteiligungen inländischer Kapitalgesellschaften ein weiterer besonderer Freibetrag in Höhe von 256.000 €. Dieser Freibetrag kann einmal vom Übertragenden in Anspruch genommen werden. Hinzu kommt ein Bewertungsabschlag von 40 % für den verbleibenden Wert des Betriebsvermögens. Bei Kapitalgesellschaften wird der Freibetrag und Abschlag jedoch nur gewährt, wenn an der Kapitalgesellschaft eine Beteiligung von mehr als 25 % besteht. Diese Sondervergünstigungen können rückwirkend entfallen, wenn der Beschenkte/Erbe das Betriebsvermögen innerhalb von fünf Jahren veräußert oder Entnahmen tätigt, die seinen Gewinnanteil um mehr als 52.000 € übersteigt. Zudem steht die Regelung derzeit zur verfassungsmäßigen Überprüfung des Bundesverfassungsgerichts.

Beteiligung des Unternehmensnachfolgers zu Lebzeiten

Für die Beteiligung des Unternehmensnachfolgers bereits zu Lebzeiten sprechen also neben dem psychologischen Effekt vor allem auch gewichtige steuerliche Gesichtspunkte. Als Beteiligungsformen kommen beispielsweise das (patiarische) Darlehen, die stille/atypisch stille Beteiligung und die Beteiligung als Gesellschafter in Betracht.

Nießbrauchsrecht, Rente dauernde Last

Will der Übertragende eine als Altersversorgung gedachte Einkommensquelle nicht aus der Hand geben, läßt sich das durch die Einräumung eines Nießbrauchrechts erreichen. Auf diesem Weg sichert er sich bis zum Lebensende den Ertrag und zugleich gegebenenfalls seinen Einfluß auf das Unternehmen. Auch steuerlich bietet diese Konstruktion erhebliche Vorteile. Die Steuer, die auf den Wert des Nießbrauchs entfällt, kann bis zum erlöschen des Nießbrauchs zinslos gestundet werden. Der Nachfolger kann die so gestundete Steuer aber auch sofort zum Barwert abgezinst ablösen. Anstelle des Nießbrauchs kommt auch die Vereinbarung fortlaufender Zahlungen in Form einer Rente oder dauernder Last in Betracht.

Rückforderungsrechte

Um auf unerwartete Entwicklungen reagieren zu können, sollte sich der Übertragende stets Rückforderungsrechte vorbehalten. Damit kann er beispielsweise verhindern, daß beim plötzlichen Tod des Beschenkten die Beteiligung an ungewollte Personen vererbt wird. Das Rückforderungsrecht sollte bereits in der ursprünglichen Schenkungsurkunde geregelt werden. Nur dann wird im Fall der Rückforderung die bereits gezahlte Steuer rückerstattet. Zu beachten ist, daß der Übertragende jedoch nicht die wirtschaftliche Verfügungsmacht behält.

Liquiditätsbelastungen

Wird der Nachfolger überraschend mit Ansprüchen konfrontiert, etwa aus Pflichtteilen, unerwarteten Steuerforderungen oder aus testamentarischen Fehlern, kann dies erhebliche Geldansprüche auslösen. Die ausreichende Liquidität ist also unbedingt in die Planung mit einzubeziehen.

Weitere Maßnahmen

Der Unternehmer sollte sein Testament mit den jeweiligen steuerlichen Rahmenbedingungen abgleichen. Verheiratete Unternehmer sollten kontrollieren, ob eine sinnvolle Güterstandsvereinbarung getroffen wurde. Gerade die häufig vereinbarte Gütertrennung ist für den überlebenden Ehegatten erbschaftsteuerlich ungünstig. Durch einen Wechsel in eine modifizierte Zugewinngemeinschaft kann sichergestellt werden, daß im Scheidungsfall keine Ausgleichsansprüche hinsichtlich bestimmter Wirtschaftsgüter entstehen, im Todesfall jedoch die Steuervorteile für die übertragenen Wirtschaftsgüter erhalten bleiben.

Des weiteren sollte der Unternehmer seine Lebensversicherungsverträge optimal strukturieren. Dienen sie dazu, den Ehegatten abzusichern, ist es in der Regel besser, wenn der Ehegatte selbst Versicherungsnehmer ist und der Unternehmer lediglich versicherte Person. Bei seinem Tod fällt dann die Versicherungssumme dem Ehegatten steuerfrei zu. Ist dagegen der Unternehmer Versicherungsnehmer, ist die Summe im Todesfall erbschaftsteuerpflichtig.

Spezialfragen zur Erbschaftsteuer

von Steuerberaterin Monika Kügler; Steuerberaterkanzlei Monika Kügler, Köln

Einleitung

Die Erbschaftssteuer gewinnt immer mehr an Bedeutung, da ihr Aufkommen stetig ansteigt.
Der Erbe ist verpflichtet dem Finanzamt den Vermögenszuwachs zu melden.
Aber auch über Amtsgerichte, Notare, Banken, Versicherungen und andere Behörden erfahren die Finanzämter den Vermögensanfall. Diese Institutionen sind anzeigepflichtig.
Dies kann dann beim Erben zu deftigen Steuernachzahlungen führen. Somit ist eine richtige Strategie notwendig.

Steuernachzahlungen für den Erblasser

Die Finanzverwaltung sucht im Rahmen der Erbschaftssteuer natürlich auch nach bisher unversteuerndem Einkommen (z.B. Schwarzgelder) beim Erblasser, dies geschieht durch Kontrollmitteilungen an das Wohnsitzfinanzamt des Erblassers. Die Erben müssen dann die hinterzogenen Steuern (Einkommensteuer, Umsatzsteuer, Gewerbesteuer und evtl. Lohnsteuer) einschl. Hinterziehungszinsen zahlen. Die Verjährungsfrist beträgt 10 Jahre nach Steuerveranlagung.

Vererbung bzw. Schenkung von Unternehmen

Unternehmensvererbung bzw. Schenkung ist besonders bei Nichtverwandten günstiger als die Übertragung von Privatvermögen: u.a. Freibetrag 256.000,00 € zuzüglich Bewertungsabschlag von 40 %, sowie Stundung der Steuer, damit der Bestand des Betriebs nicht gefährdet ist.
Bei Übertragung (Schenkung) an Nichtverwandte ist die Überführung von Privatvermögen ins Betriebsvermögen zur Stärkung des Eigenkapitals für evtl. Investitionen als Gestaltungsmöglichkeit zu überlegen (beachte aber § 42 AO – Gestaltungsmissbrauch). Allerdings muss beachtet werden, dass bei einer späteren Rücküberführung von Vermögensteile in das Privatvermögen die Versteuerung von Stillen Reserven anfällt und voll der Einkommensteuer, Umsatzsteuer, Gewerbesteuer bzw. Körperschaftssteuer zu unterwerfen ist.
War der Erblasser Inhaber einer GmbH und hat diese GmbH eine versorgungsrechtliche Zusage zugunsten des überlebenden Ehegatten ausgesprochen, ist der Bezug dieser Rente nicht erbschaftssteuerpflichtig, da es sich um eine sog. Firmenrente handelt.

Nichteheliche Lebensgemeinschaften

Hier ist ein Testament unabdingbar. Der steuerliche Freibetrag beträgt nur 5.200,-- €, die Steuerklasse ist die höchste.
Bei einem Nießbrauch und Rentenvermächtnis wird die Erbschaftsteuer erst aus den gezahlten Bezügen entrichtet.

Checkliste für die Erben

I. Zugewinnausgleich bei Ehegatten berechnen
Der Zugewinnausgleich ist steuerfrei

II. Verwandtschaftsgrad zum Verstorbenen
Der Verwandtschaftsgrad ist wichtig für die Einteilung in eine günstige Steuerklasse.
Es gibt 3 Klassen, je enger das Verwandtschaftsverhältnis um so niedriger der Steuersatz.
Wenn sich Eheleute als Alleinerbe eingesetzt haben, sind die Nacherben des zuletztverstorbenen Ehegatten so gestellt, dass der günstigere Verwandtschaftsgrad geltend gemacht werden kann, allerdings nur für das Erbe, dass vom Erstverstorbenen stammt. Dies kann wichtig für Stiefkinder, Neffen, und Nichten sein.

III. Pflichtteil mindert die Steuer
Ein eingeforderter Pflichtteil mindert das Erbe und somit die Erbschaftssteuer im Zeitpunkt des Todes des Erblassers.
Der Pflichtteilsberechtigte ist erst mit Geltendmachung seines Anspruchs erbschaftsteuerpflichtig.

IV. Beachtungspunkte für den zukünftigen Erblasser
1. Freibeträge und Steuerklassen sind abhängig vom Verwandtschaftsgrad,
2. Schenkungen an zukünftige Erben sind alle 10 Jahre steuerfrei möglich,
3. Geldschenkungen für Erwerb einer Immobilie genau definieren,
4. Grundbesitzvererbung bzw. Schenkung sind günstiger,
5. Evtl. Nachlassplan und Strategie erstellen,
6. Schulden und Verbindlichkeiten können abgezogen werden.

Impressum

Herausgeber:
Jürgen Fritsch Verlag
Brunnenstraße 38
92318 Neumarkt
Telefon: 0 91 81 / 46 49 28
E-Mail: juergen-fritsch-verlag@t-online.de
Internet: www.radfahren-in-deutschland.de

Nach einer Idee von:
Günther Ortmann
Wingertsheide 9
51429 Bergisch Gladbach
E-Mail: info@dvhka.de
Internet: www.dreimol-vun-hätze-kölle-alaaf.de

Konzeption • Projektleitung • Anzeigenverkauf
Günther Ortmann

Autor:
Günter Leitner
Wolfsstraße 13
50667 Köln
E-Mail: Koelnblick@t-online.de

Fotograf:
Dipl.-Ing. Alexander Glaser
Theodor-Storm-Straße 7a
51373 Leverkusen
E-Mail: aglaser@t-online.de

Design • Gestaltung • Titel
Jürgen Fritsch Verlag

Lektorat:
Jürgen Fritsch Verlag

Druck:
J. P. Bachem GmbH & Co.KG
Cottbuser Straße 1
51063 Köln
E-Mail: info@bachem.de

Auflage:
15.000 Exemplare - kostenlose Verteilung

Finanzierung:
Über die Werbeanzeige der beteiligten Firmen mit einer Werbe- bzw. Imageanzeige sowie durch die Unterstützung von Sponsoren (Auflistung auf Seite 10-34)

Erscheinungsdatum:
„Tag des Friedhofs" in Köln
21. September 2003

Friedhofspläne:
Amt für Landschaftspflege und Grünflächen, Stadt Köln

Bildnachweis /Quellenbezug:
„Vorwort"
  Seite 1:
  Bild des Oberbürgermeisters
  Presseamt der Stadt Köln

Zu den Artikeln der Friedhofsbeschreibungen sowie für „Karneval auf Melaten" und „Architekten und Kölns Friedhöfe":
Seite (Inhalt):   Alexander Glaser

Zur Friedhofsbeschreibung „Domgruft"
  Seite 312:
  Köln, Dom, Bischofsgruft, Blick nach Osten;
  © Dombauarchiv Köln, Matz und Schenk
  Seite 313:
  Köln, Dom, Krypta, Blick nach Osten;
  © Dombauarchiv Köln, Matz und Schenk

Zu den weiteren Artikeln und Beiträgen des Buches:

„Wer nicht sterben kann, kann auch nicht leben"
  Seite 180-181:
  Katholisches Stadtdekanat Köln;
  © Robert Boecker

„Hospizarbeit" und „Sterbevorbereitung"
  Seite 182-183:
  Katholisches Stadtdekanat Köln;
  © Beatrice Tomasetti, Bergisch-Gladbach

„Nichts ist so sicher wie der Tod"
  Seite 184-185:
  Katholisches Stadtdekanat Köln;
  © Robert Boecker

„Ein Singen geht über die Erde"
  Seite 186 -187:
  Katholisches Stadtdekanat Köln;
  © Robert Boecker (Gekreuzigter in der Morgendämmerung)
  © Dr. Manfred Becker-Huberti (Grabstein mit Narzissen)

„Dem Tod und der Trauer begegnen"
  Seite 222-227:
  Evangelischer Stadtkirchenverband Köln;
  © Stefan Rahmann, Köln

„Das Friedhofswesen"
   Seite 252-256:
   Siehe Verzeichnis auf Seite 256

„Vom Kirchhof zum Zentralfriedhof"
   Seite 257-269:
   Siehe Verzeichnis auf Seite 269

„Rechtlich unselbständige örtliche Stiftungen der Stadt Köln"
   Seite 316 - Bild oben:
   Altersstiftung, Wohnanlage Pallenbergheim
   Bild unten:
   Altersstiftung, Wohnanlage Pallenbergheim (Eingangsbereich)
   Seite 317 - Bild oben:
   Musikstiftung; Gemeinsame Begräbnisstätte Hubert Josef Hausmann und seiner beiden Doggen „Nothung" und „Thorwald"
   Bild mittig:
   Musikstiftung; Grabstein Stifter Hausmann
   Bild unten:
   Musikstiftung, Gedenktafel Stifter Hausmann

„Gymnasialer Stiftungsfond"
   Seite 326:
   Kölner Gymnasial- und Stiftungsfonds

Redaktionsbeiträge zum Kapitel „Trauerkultur"

Autoren: Sind bei den Artikeln genannt.

Redaktionsbeiträge der Rechtsanwälte und Steuerberater:

Autoren: Sind bei den Artikeln genannt.

Sonstiger Hinweis:
Die Verantwortlichkeit des Inhaltes liegt bei den einzelnen Autoren. Die Beiträge sind von den Autoren für den Tag der Herausgabe im September 2003 freigegeben.
Der Rechtsstand entspricht dem Tag der Abgabe beim Verlag. Weder die Autoren noch der Verlag übernehmen eine Haftung gegenüber Dritten in Bezug auf genannte gesetzliche Bestimmungen in den Artikeln, die zwischenzeitlich durch neuere Rechtssprechung geändert wurden.

© Hinweise zum Copyright

Das Verwenden von Texten und Bilder dieses Buches bedarf der Genehmigung des Verlags sowie der Autoren. Es gelten die Bestimmungen des Urheber- und Verlagsrecht (UrhR).

Der Verlag bedankt sich bei allen Beteiligten, die zur Herausgabe dieses Buches beigetragen haben.

Neumarkt, den 21. September 2003

Haltestellen der KVB an den Friedhöfen

Friedhöfe A-Z	Haltestelle Straßenbahn Nr. / Bezeichnung der Haltestelle	Haltestelle Stadtbahn Nr. / Bezeichnung der Haltestelle
Bocklemünd	126 (Nattermannallee)	–
Brück, Hovenstraße	158 (Friedhof Lehmbacher Weg)	–
Brück, Lehmbacher Weg	154 (Friedhof Lehmbacher Weg)	–
Chorweiler	126 (Friedhof Chorweiler)	–
Dellbrück	–	3, 15 (Dellbrücker Hauptstraße)
Deutz	151 (Deutzer Friedhof)	7, 8 (Poller Kirchweg)
Dünnwald	155 (Am Portzenacker)	
Ensen	–	7, 8 (Gilgaustraße)
Eil	152, 160 (Eil Kirche)	–
Esch	126 (Esch Friedhof)	–

Haltestellen der KVB an den Friedhöfen

Friedhöfe A-Z	Haltestelle Straßenbahn Nr. / Bezeichnung der Haltestelle	Haltestelle Stadtbahn Nr. / Bezeichnung der Haltestelle
Flittard	152 (Edelhofstraße)	–
Fühlingen	120 (Fühlingen)	–
Godorf	135 (Friedhof Godorf)	–
Holweide	157 (Burgwiesenstraße)	–
Junkersdorf	143 (Sterrenhofweg)	–
Kalk	–	1 (Kalker Friedhof)
Langel	164, 501 (Porz-Langel-Kirche)	–
Leidenhausen	152, 160 (Eil Kirche)	–
Libur	163 (Libur Margarethenstraße)	–
Longerich	121 (Longerich Friedhof)	6 (Longerich Friedhof)
Lövenich	143 (Saarstraße)	–
Melaten	142 (Geisselstraße)	1, 7 (Melaten)
Merkenich	–	12 (Merkenich-Mitte)
Meschenich	132 (Engeldorfer Hof)	–
Mülheim	152, 153 (Mülheimer Friedhof)	–
Müngersdorf	141, 144 (Wendelinstraße)	U1 (Alter Militärring)
Niederzündorf	164, 501 (Zündorf Marktstraße)	–
Niehl	134 (Merkenichstraße)	–
Nord	–	6, 12, 18 (Mollwitzstraße)
Oberzündorf neu	164, 501 (Zündorf-Altersheim)	–
Ost	154 (Ostfriedhof)	–
Pesch	126, 127 (Pesch Schulstraße)	–
Porz	154 (Glashüttenstraße)	–
Rath	–	9 (Rath-Heumar)
Rheinkassel	121 (Feldkasseler Weg)	–
Rodenkirchen alt	130 (Frankstraße)	–
Rodenkirchen neu	131, 135 (Grüngürtel)	–
Rondorf	132, 131 (Rondorf)	–
Schönrather Hof	152, 153 Neuer Mülheimer Friedhof)	–
Stammheim alt	155 (Gisbertstraße)	–
Stammheim neu	152 (Friedhof Stammheim)	–
Steinneuerhof	131 (Am Steinneuerhof)	–
Süd	131, 138 (Oberer Komarweg)	–
	131, 138, 149 (Zollstock-Südfriedhof)	12 (Zollstock-Südfriedhof)
Sürth	131, 135 (Kölnstraße)	–
Urbach	162 (Urbach Friedhof)	–
Volkhoven Weiler	125 (Wezelostraße)	–
Wahn	162 (Wahn Friedhof)	–
Weiden alt	141 (Frechener Weg)	–
Weiden neu	141 (Frechener Weg)	U1 (Weiden Schulstraße)
Weiß	131, 135 (Weißer Friedhof, Weißer Hauptstraße)	–
Westhoven	–	7, 8 (Berlinstraße)
West	–	3, 4 (Westfriedhof)
Widdersdorf alt	145 (Adrian-Meller-Straße)	–
Widdersdorf neu	145 (Widdersdorf)	–
Worringen	120 (Hackhauser Weg)	–

Nicht enthalten sind die Haltestellen der konfessionellen und aufgelassenen Friedhöfe.